Verena von Kerssenbrock

Max: Feldpostbriefe 1914–1918

C

Erinnerung an die gemeinsamen Verwandten mit lieben Grüße

Concetto 6

Lesarten der Künste

Verena von Kerssenbrock (Hrsg.)

Die Münchner Künstlerfamilie Max

Feldpostbriefe 1914–1918

scaneg Verlag • München 2017

© 2017 by scaneg Verlag München

Alle Rechte vorbehalten – all rights reserved
Satz: Klewa München
Herstellung: Memminger MedienCentrum
ISBN 978-3-89235-806-0

Für Veronika und Nikolaus

Editorische Vorbemerkung

Viele der Quellen, vor allem Briefe, aber auch Postkarten, Tagebücher, Zeichnungen, Gemälde und Fotos, die in diesem Buch publiziert werden, befinden sich in Privatbesitz. Eine weitere große Sammlung von Briefen und Zeichnungen gehört zum Nachlass dieses Malers, der im Germanischen Nationalmuseum Nürnberg (GNM, Deutsches Kunstarchiv, Nachlass Max, Colombo von) aufbewahrt wird. Einige Briefe von seiner Frau Paula Max stammen aus den Nachlässen der jeweiligen Empfänger im Münchner Handschriften-Archiv der Monacensia.

Die Auswahl und Anordnung sämtlicher Briefe, Texte, Fotos und Zeichnungen in den Jahrgängen der Feldpost 1914 bis 1918 wurde von der Herausgeberin Verena von Kerssenbrock, einer Ur-Enkelin von Colombo Max, festgelegt. Sie verfasste auch die beiden umrahmenden illustrierten Berichte über das Leben der Münchner Künstlerfamilie Max vor und nach der Zeit des Ersten Weltkriegs und wählte die dort verwendeten Textdokumente, Fotos und Zeichnungen aus.

Lebensbericht über die Münchner Künstlerfamilie Max und die Ereignisse vor Beginn der Feldpost-Korrespondenz

Colombo Max, der Hauptkorrespondent der Feldpostbriefe, wurde am 10. Mai 1877 als Columbus Josef, drittes Kind des bekannten Münchner Künstlers Gabriel von Max und dessen Frau Emma Kitzing geboren. Mit seinem zwei Jahre älteren Bruder Corneille erweiterte er den künstlerischen Stammbaum der Familie Max.

Über die Künstlerfamilie Max heißt es in der Monographie[1], dass die Wurzeln der böhmischen Familie aus Bürgstein – das heute Sloup v Cechàch heißt – bis ins 17. Jahrhundert zurückreichen. Zunächst sind Kunsttischler und Orgel-Gehäusebauer belegt, der erste akademisch ausgebildete Bildhauer war Anton Max, der um 1780 das Stammhaus der Familie mit eigener Werkstatt erbaute. Sein Sohn Joseph Franz führte die Werkstatt weiter, und von dessen zwei Bildhauer-Söhnen war Joseph der Vater von Gabriel Max. Joseph Max, der also der Großvater des Feldpost-Schreibers Colombo ist, trat in die Prager Akademie ein und führte ab 1830 ein eigenes Atelier und traf auf einer Italienreise auf Bertel Thorvaldsen, der seine künstlerische Auffassung prägte. Joseph Max arbeitete vor allem in Nordböhmen und Prag, wo er Figuren für das Rathaus und die Karlsbrücke schuf.

JOSEPH MAX

---

[1] Karin Althaus, Susanne Böller: Gabriel von Max 1840–1915, Katalog der Ausstellung im Lenbachhaus, München, Hirmer Verlag, 2010, S. 18-35.

Colombos Vater Gabriel (1840–1915) war das dritte Kind von Joseph Max, er wuchs zusammen mit seinen Geschwistern Marie, Heinrich, Albrecht und Caroline in Prag auf. Seine ältere Schwester Marie heiratete später den Kirchenmaler und Konservator Prof. Rudolf Müller. Deren Sohn war der Verlags Photograph Heinrich Leo Müller (1859–1939), der in der folgenden Feldpost eine große Rolle spielt, da er von Ernestine Harlander, seit 1893 die zweite Frau Gabriels, für dessen Erbe als Nachlassverwalter eingesetzt wurde. In offiziellen Unterlagen ist nur der Name Leo Müller auffindbar, was zu Verwirrung führen kann. Colombo schreibt dazu: „Nur über den Galeriedirektor L. Müller muss ich etwas lachen. Wenn Heinrich recht feierlich sein will, so nennt er sich ‚Leo Müller'" (Feldpost, 10. Juni 1916). Sein jüngerer Bruder Alois war Konservator wie sein Vater und Goldschmied. Alois Müller versuchte durch Fürsprache beim General-Kommando in Nürnberg eine Befreiung Colombos vom Kriegsdienst im Januar 1917 zu erreichen, was ihm aber nicht gelang. Neben den Söhnen hatte Gabriels Schwester Marie eine Tochter Agnes; während der Kriegszeiten lebte sie manchmal in der Max-Villa in Ammerland am Starnberger See in Gemeinschaft mit Gabriels erster Ehefrau Emma geb. Kitzing und ihren im Hause wohnenden Schwestern Helene und Mimi. Gabriels Bruder Heinrich war Mitglied der Münchner Akademie und arbeitete als Maler und Fotograf. Sein Bruder Albrecht wurde Bahningenieur und lebte in Reichenberg (Liberec). Seine Schwester Caroline heiratete den ungarischen Historienmaler Gyula von Beczur. Dieser war ein Freund und Kollege von Gabriel Max als Professor an der Münchner Akademie. Im Prospekt zur Münchner Ausstellung im Lenbachhaus heißt es zusammenfassend über Gabriel von Max:

Sein zentrales Interesse galt der Entwicklungsgeschichte des Menschen, dessen Ursprung, Wesen und Weiterleben. Der in Prag, Wien und München ausgebildete Maler wurde seit seinem Erfolg im Jahr 1867 zu einem der einflussreichsten Künstler sowohl in der tschechischen wie der Münchner Kunstszene. Historien – und Figurenbilder mit christlichen, literarischen und mythologischen Motiven folgten und trugen ihm große Bewunderung als „Seelenmaler" ein, der sich vor allem Stoffen widmete, die um Liebe, Religion, Tod und Jenseits kreisen. Zu aktuellen wissenschaftlichen Themen wie Medizin, Vivisektion und darwinistische Evolutionslehre entwickelte Max eine neue Bildsprache. Gegen Ende des Jahrhunderts widmete er sich zunehmend seinen wissenschaftlichen Interessen. Große Erfolge feierte er mit seinen Affenbildern. Max intensive Sammeltätigkeit in den Gebieten der Anthropologie, Zoologie, Ethnologie und Prähistorie mündete in einer über 60 000 Objekte umfassenden Sammlung, die heute größtenteils in den Reiss-Engelhorn-Museen in Mannheim aufbewahrt wird und von beeindruckender Breite und Qualität ist.[2]

---

2   Prospekt zur Ausstellung Gabriel von Max, Malerstar, Darwinist, Spiritist, Okt. 2010 bis Jan. 2011, München Lenbachhaus.

GABRIEL MAX (links), EMMA MAX von Colombo gemalt (rechts)

1873 heiratete Gabriel von Max Emma Kitzing, Tochter des Münchner kgl. Oberstabsarztes Dr. Gustav Kitzing und dessen Ehefrau Charlotte, geb. Mustiere, die Mutter von drei Kindern wurde: Ludmilla, genannt Milla (31.03.1874), Corneille (12.05.1875) und Colombo. Die Kinder besuchten keine Schule, auf den Wunsch des Vaters hin lebte die Familie großteils isoliert. Neben Hauslehrern unterrichtete der Vater sie selbst. Außer naturwissenschaftlichen und spiritistischen Experimenten gehörte auch das Auskochen von Schädeln im Haushalt des Gabriel von Max zum Alltag.

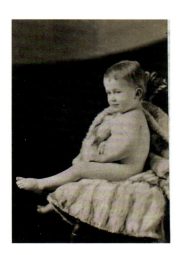 

COLOMBO als Kind

Die damals berühmte Kinderbuchautorin Tony Schumacher erzählt, wie sie bei einem Besuch im Hause Max im Jahre 1888 die Familie des Künstlers erlebte:

Die Ehefrau Emma Max sagt:
In den ersten sieben Jahren unserer Ehe habe ich mich redlich bemüht, ihn zu ergründen, er ist gar ein eigener! Ich habe redlich versucht, geistreich zu sein, aber er braucht doch eine Frau, die mehr fürs Alltägliche ist. Ganz kann ich ihn nie ergründen, muss mich oft darüber grämen und jetzt, nach 15jähriger Ehe, ist er mir immer noch in manchem ein Rätsel, – grundgut, aber er ist oft gar so unberechenbar!

Tony Schumacher berichtet weiter:
*Es klang rührend, was sie sagte. Sie erzählte, wie nervös und angegriffen sie selber oft sei, wie sie, nach seinem Wunsch, mit niemandem verkehre, und die Kinder auch nicht. So lebe sie mit diesen und lerne mit diesen und jeden Tag gehe sie zwei Stunden an die Luft. (...)
Max sprach viel, aber schlicht und bescheiden, meist sich in persönlichen Dingen bewegend... Er scheint ein zärtlicher Vater zu sein, erzählte viele Geschichten von den Kindern: „Lernen tun sie nur, wenn sie müssen." sagte er lachend, „aber umsomehr klettern sie. Seit die Singalesen da waren, krapseln sie mir auf die höchsten Bäume, –das kostet mich schrecklich viele Hosen! – Sie wählen sich die rauhesten Tannen dazu aus, da bleiben oft die Beinkleider oben hängen und die Buben kommen ‚ohne' unten an! Aber englisch parlieren, das tun sie gut!"
Die Kinder waren lieb, aber eigenartig. Ich fragte das Mädchen, ob sie viele Puppen habe. „Papa liebt nicht, wenn ich mit Puppen spiele!" Eingedenk der einstigen Erzählung, dass die Max'schen Knaben auch nicht mit Soldaten spielen dürften, sagte ich: „Aber ihr habt's gut in den langen großen Gängen, wo ihr so herumspringen könnt, - was spielt ihr denn am liebsten?" „Gespenster!" sagte das Mädchen. „Ja wie macht ihr denn das?" „Wir binden uns ein großes weißes Tuch um und machen uns mit Kohle recht schauerliche Augen. Dann stellen wir uns in eine Ecke und wenn die anderen vorbei kommen, so müssen sie sich recht fürchten." Einer der Knaben sagte: „Am liebsten spielen wir aber mit Tieren." Und sie erzählten von ihren Hunden, Igeln, Mäusen, Schafen, Rehen, von schwimmen und rudern, von dem großen Hund Harald, der einen Braten aus der Küche gestohlen und sie wurden ganz lebhaft dabei.*[3]

1897 ging Colombo wie schon sein Bruder Corneille an die Münchner Kunstakademie und studierte bei Professor Wilhelm von Diez. Beide Brüder besuchten abschließend die private Kunstschule von Anton Azbé, in der viele prominente Künstler ausgebildet wurden, darunter später auch Wassily Kandinsky und Alexej von Jawlensky. Zu Studienzwecken fuhr Colombo im Sommer nach Italien – er unternahm mehrere Reisen sowohl mit seinem engen Freund, dem Bildhauer und Medailleur Joseph Wackerle (1880–1959)

---

3   Tony Schuhmacher: aus „Erinnerungen an Gabriel Max", Ausstellungskatalog Lenbachhaus, S. 338-349

als auch mit seinem Bruder Corneille. Sie besuchten Venedig, Florenz, Rom, Neapel und Sizilien. In den Jahren 1901 und 1902 hielt er sich den ganzen Sommer studierend im Haus des Bildhauers Adolf Ritter von Hildebrand bei Florenz auf. Hildebrand war einer der führenden deutschen Bildhauer seiner Zeit. Außer seiner Villa mit Atelier in der Maria-Theresia-Straße, die heute das Münchner Literaturarchiv Monacensia beherbergt, hatte er auch ein Atelier in Florenz im ehemaligen Kloster San Francesco di Paola. Colombo fühlte sich in der Familie Hildebrand bald zuhause und pflegte engen Kontakt mit den Kindern Eva, Elisabeth, Irene, Sylvie, Bertele und dem späteren katholischen Theologen Dietrich, genannt Gogo.

Selbstbildnisse von COLOMBO (links) und CORNEILLE (rechts)

Irene Hildebrand heiratete 1907 den im russischen Kaiserreich geborenen Bildhauer und Medailleur Theodor Georgii, der Fedja genannt wurde. Er war der wichtigste Schüler und Mitarbeiter Adolfs von Hildebrand, konvertierte 1922 zum katholischen Glauben und kam daraufhin in engeren Kontakt zur sakralen Kunst. Der Glaube spielt von Anfang an eine sehr wichtige Rolle in der Familie. Während des ersten Weltkriegs schrieb Irene, die Zusi genannt wurde, später eindringliche Briefe an Colombo.
Ihre Schwester Bertele verlobte sich erst mit dem Dirigenten Wilhelm Furtwängler, heiratete dann aber den Komponisten und Pianisten Walter Braunfels. Das kompositorische Schaffen von Braunfels ist umfangreich. Es umfasst zahlreiche Opern, Orchesterwerke, Chöre, Lieder, Kammermusik und Werke für Klavier.
Colombo malte Bertele auf einem Pferd mit wehenden Haaren. Es ist eines der Bilder, die auch später als Postkarte gedruckt wurden.

EMMA mit den drei Kindern
Corneille, Ludmilla, Colombo

Eine weitere Tochter der Hildebrands, Eva, heiratete den Architekten und Hochschullehrer Carl Sattler. Von 1925–1933 war Sattler Direktor der Kunstgewerbeschule München als Nachfolger von Richard Riemerschmid. Nach dem Zweiten Weltkrieg war er 1946 – 1947 Präsident der Akademie der Bildenden Künste München.

Das Land Italien übte eine große Faszination auf Colombo aus, die ihn Zeit seines Lebens nicht loslassen sollte. Wenn es irgendwie möglich war, verbrachte er die Sommer dort.

Bei seinen Besuchen in Rom schwärmte er für die hübsche Italienerin Ida, die später den jüdischen Maler Steinhof heiratete. Doch noch mehr wurde er von der jungen Kunst- und Tanzstudentin Paula in München angezogen. Er lud sie in sein Atelier ein, um sie zu malen, und sie wurde später nach ihrer Heirat 1910 die Empfängerin der meisten Feldpostbriefe.

Paula wurde nicht nur von Colombo verehrt. Auch der Bildhauer und Medailleur Professor Hans Schwegerle (1882–1950), der Paula im Fach Modellieren unterrichtete, wollte sie porträtieren sowie einige andere Künstler.

Paula kam am 18. August 1884 in London als einziges Kind des Arztes Dr. Wolfgang Schmidt und seiner Frau Margareta Adelheid, geborene Mehling zur Welt. Sechs Monate nach Paulas Geburt zog die Familie nach Worms am Rhein. Dort besuchte Paula später das Institut der englischen Fräulein. Nachdem der Vater sehr früh verstarb, beschloss Paulas Mutter nach München zu ziehen. In München lebte sie bis zu ihrem Tod 1906 zusammen mit ihrer Schwester Sophie Mehling, die von allen nur Tante Olly genannt wurde. Hier wohnte auch die mit dem verstorbenen Vater verwandte Familie Beissbarth, die für Mutter und Tochter weitere Sicherheit bedeutete.

Die Schwester von Paulas Vater, Nanette Schmidt, hatte den Münchner Georg Konrad Karl Beissbarth geheiratet und die Zwillingssöhne Daniel und Hermann geboren. Daniel Beissbarth hatte Emma Karoline, geborene Traub geheiratet, welche sich rührend um die Cousine Paula kümmerte. Hermann, der Zwillingsbruder, war immer das dritte Rad in dieser Ehe. Nach dem Tod von Daniel heiratete Emma, zum Unmut ihrer beiden Söhne den Zwillingsbruder ihres Mannes. –

PAULA

MUTTER und Tante MEHLING, VATER

Familie EMMA BEISSBARTH

Die Gebrüder Beissbarth hatten Autokarosserien hergestellt und sie dann nach Wunsch der hochwohlgeborenen Kunden mit Motoren und anderem ausgerüstet und ausgeliefert. Der erste bayrische Führerschein ist auf Hermann Beissbarth ausgestellt. Auch das erste bayrische Nummernschild, die Nr.1, gehörte zum Wagen Daniel Beissbarths, es befindet sich heute im Deutschen Museum.

OSSI und HERMANN BEISSBARTH (Ostern 1911)

1902 schrieb sich Paula Schmidt in der königlichen Kunstgewerbeschule München (KGS) ein, die 1868 gegründet wurde und neben der Münchner Akademie der Bildenden Künste und der Nürnberger Kunstgewerbeschule die bedeutendste künstlerische Ausbildungsinstitution in Bayern war. Der Bildhauer und Medailleur Professor Hans Schwegerle (1882–1950), dessen erstes großes Werk „Der verlorene Sohn" 1902 mit der „großen silbernen Medaille", der höchsten Auszeichnung der Akademie prämiert wurde, unterrichtete sie unter anderem in Modellieren. Nebenbei belegte sie auch Unterrichtsstunden im Tanzen. Die damals sehr beliebte US- amerikanische Tänzerin und Choreographin Isidora Duncan war von Paula begeistert, was diese weiter antrieb, sich zu vervollkommnen. 1905 kam dazu eine weitere Ausbildung in der Malschule in Dachau von Hans von Hayek. 1906 wurde sie von Franz Reinhard, einem Schüler von Franz von Stuck, in dessen Atelier am Bavariaring in Modellzeichnen unterrichtet.

Bald wollte Professor Schwegerle Paula nicht nur unterrichten, sondern auch modellieren. Mehrere Werke entstanden, und die Zuneigung beider füreinander wurde immer stärker. Es kam zu einer Verlobung. Aber schon 1906 wurde die Beziehung Schwegerles zu Paula zunehmend schwieriger. Schwegerle kritisierte, nörgelte und brüskierte Paula in der Öffentlichkeit. Es kam häufiger zum Streit. Paula merkte, dass sie sich von Schwegerle lösen musste. Dann gab es für sie noch den Maler Colombo Max, der so ganz anders war als Schwegerle. Ein paar mal wurden Mutter und Tochter Schmidt in die Max-Villa nach Ammerland eingeladen. In ihrem Tagebuch schrieb Paula am 12. April 1906:

An Ostern waren Mama und ich 2 Tage in Ammerland am Starnberger See. Veranlaßt hinzugehen hat uns Herr Max Colombo, dessen Familie eine Villa, Wald und Segelboot dort haben. Ich bin draußen wie aus einer Blindheit erwacht und finde es jetzt eine Sünde dass der Mensch in seinem kurzen Leben so wenig vom freien Himmel sieht und besonders dass er überhaupt vergißt, dass er in Mauern in der Stadt sitzt. Den ganzen Tag hab ich mich im stillen Wald und auf dem glitzernden See in Gottes freier Luft und Sonne gebadet. Nach der ersten Nacht bin ich gleich um 5 Uhr früh aufgestanden und allein zur Maxschen Villa gegangen und habe Herrn Colomb Steinderln ins Zimmer geworfen. Wenn wir nicht gewandert oder gesegelt sind wir spazieren gegangen und haben in toller Abwechslung still der Natur gelauscht und dann haben wir uns wieder gerauft, in Blätterhäufen geworfen und haben Kletter und Springübungen gemacht.- Mit vielen kleinen Pflänzchen und tiefem Bedauern bin ich wieder nach München gefahren-...

Paula verliebte sich in Colombo. Einen Monat später merkte sie, dass sie schwanger war. Einem Freund in Amerika schrieb sie verzweifelt am 10. Mai 1906:

... Du weißt, ich bin eine furchtbar gesunde Natur; freie Bewegung, Anmut, Schönheit und wilde natürliche ungezwungene Ausgelassenheit in der Natur, das lieb ich. Und nun sieh, C.M., der Maler, war schön und kräftig, voll Natur und Schönheitssinn. Er war in der Natur aufgewachsen, wie in einer Schule und lebt auch jetzt meist für sich allein in der Natur.

Ich weiß, dass er mich ganz gern gehabt hatte (auch seine Leute). (Auch dass er einen festen guten Charakter hat.) Gesagt haben wir uns nie, wie gut wir uns „gefielen" und leiden möchten. (Auch das gefiel mir, dass er so wenig leichtsinnig war). Meinte er, dass H.S. eben doch schon in gewissem Sinne Rechte hätte? An Ostern waren Mama und ich in Ammerland in der Villa Max und dort habe ich herrliche Tage verbracht. Ich wusste noch nichts von dem Kommenden, aber ich hatte das Gefühl, als musste ich diese Zeit ausnützen und ich sagte es auch immer. Nun ist C.M. wie immer nach Rom gefahren. Ich werde seine Liebe nicht besitzen. Ach, seine Blicke und seine Worte, hatten mir sie was versprochen? – Doch das ist all zu Ende. – Nun heißt es: soll ich alles Kommende alleine für mich tragen und tun, fort gehen und fort bleiben? Soll ich später versuchen, meine Mutter umzustimmen und mit mir zusammen woanders leben. (Aber sie wird nie vernünftig sein können, sie wird alles verkehrt auffassen und machen, sie wird nicht helfen, sie wird verderben.)
Oder soll ich, wie H.S. nun durchaus will, heiraten? Wird das gut und recht sein? ... Es hat alles keinen Wert. ...

Paula trennte sich von Hans Schwegerle. Sie entschloss sich, das Kind alleine aufzuziehen. Nur wenige Leute erfuhren es.
Colombo war hin- und hergerissen. Er war schockiert, sein Stolz war gekränkt, und doch konnte er seine Gefühle und seine Liebe zu ihr nicht unterdrücken. Er versuchte ihr beizustehen. Seine Familie machte es ihm nicht leicht. Sie bezeichneten Paula als „Hure" und versuchten, ihn von dieser fernzuhalten. Zunächst flüchtete er nach Rom, um seine Studien fortzusetzen und um nachzudenken.

COLOMBO im Atelier
von PAULA fotografiert
1906

Colombos Bruder Corneille hatte unterdessen 1905 Wilhelmine Gedon, die Tochter des Architekten Lorenz Gedon geheiratet. Sie wurde in der Familie und in allen Feldpostbriefen immer nur „Storchl" genannt. Mit diesen beiden und seinem Freund Josef Wackerle verbrachte er den Rest des Sommers in San Fruttuoso an der italienischen Riviera.

Paulas Mutter, Margaretha Schmidt, erkrankte an einer schweren Rippenfellentzündung. Aufopferungsvoll und stark pflegte Paula ihre Mutter, erschütternde Briefe gingen nach Rom an Colombo.
Am 1. Nov. 1906 schrieb sie in ihr Tagebuch:

War das wohl die schwerste Zeit meines Lebens? Kann es noch Grauenhafteres geben, als ich erlebt habe? – Am 11. Oktober ist meine arme Mutter nach fürchterlichem Leiden gestorben. – In einigen Wochen---------------...

In einigen Wochen, am 1. Januar 1907, um 4 Uhr früh wurde Thomas Hermann Richard Josef Schmidt geboren. Paula hatte die große Wohnung in der Landwehrstrasse aufgelöst und war zusammen mit der Schwester ihrer Mutter - Tante Olly - in die Victoriastrasse gezogen. Das Studium musste sie abbrechen, um Geld zu verdienen. Sie arbeitete bei Professor Kurz im Künstlerinnenverein und erhielt erste Aufträge, unter anderem eine Madonna in Öl für das Landhaus der Familie Tafel. Eine weitere Madonna malte sie für das Grab ihrer Mutter, zu dem Colombo das Marterl entwarf. Auch wenn er angestachelt durch die Familie immer wieder in tiefes Grübeln verfiel, zog es ihn doch zu Paula. Wenn sich die beiden nicht sahen, wanderten Briefe und Karten hin und her.

In der Zeitschrift „Jugend" erschienen Zeichnungen Paulas, sie arbeitete als Porzellanmalerin und die ersten Tanzauftritte folgten. Sie nannte sich nun Paula Cäcilie Schmidt-Goy.

Durch seelische und körperliche Anstrengungen geschwächt, wurde sie immer wieder von Krankheiten heimgesucht. Im Mai 1908 wurde eine Blinddarmentzündung diagnostiziert, die nicht operiert wurde, dafür musste sie monatelang das Bett hüten. Eine erste gemeinsam geplante Reise mit Colombo nach Italien musste sie aufgeben. Sie hoffte noch, mit Joseph Wackerle und seiner Freundin Margit Gulbransson, die er im November heiraten sollte, nachzureisen, aber die Schmerzen waren zu groß. Erst im September konnte Paula mit Colombo zusammen das Landleben in Beuerberg genießen.
Am 18. September 1908 schrieb sie in ihr Tagebuch:

Beuerberg liegt sehr schön. Ach, alles ist so frei und in München möchte man fast ersticken. Ein erbarmungswürdiges Leben ist dieses Kastenleben in der Stadt. Ich möchte immer auf dem Land sein und dort sollte ein Theater sein zum tanzen und Leute dürften aus der Stadt dann herauskommen...Ich weiß aber recht wohl, dass es so was niemals gibt; (denn dann wäre es bald auch kein Land mehr) Tommy tut mich auch erbarmen in der Stadt. Er ist

draußen wie ein Apfel geworden und ganz braun. Herr Max hat prachtvolle Fotographien von uns gemacht, Tommy ist darauf ein wahrer Rubensbub. (natürlich immer im Aktkostüm) -
Ich will schnell da was lustiges aufschreiben; es ist eine Charakteristik von mir, gemacht von C. Max

<u>Paula:</u>
Von Weitem sieht man ihren Gang und da meint man sie hat…..und da meint man nicht, dass sie so tanzen kann und wenn man sie näher betrachtet, sieht man, dass sie eine sehr herrische Natur hat, da sie immer die Zeigefinger leicht erhoben hält. Ihr Gesicht ist der helle Sonnenschein und ihre Bescheidenheit ist so groß, dass sie die Strahlen derselben durch Puder zu dämpfen sucht. Mit ihren mistfarbenen Augen hat sie sehr große Übung, so dass sie zur gleichen Zeit, fliegende Vögel, Passanten, Maulwürfe beobachten kann; welche Beweglichkeit jedoch von manchen falsch aufgefasst wird. Ihr Schönstes ist ihr Mund, besonders wenn er geschlossen ist, auch geöffnet ist er nicht ohne; ihre mächtigen Haare flößen Angst ein. Die mammutsfarbenen Haare trägt sie in einem vollen Nest ober dem anmutigen Nacken und wenn man am Halse die Linie nach vorne verfolgt, trifft man vorne auf ein korallenfarbenes Muttermal. Nase normal. – Aus all diesem erkennt man ihren scheinheiligen Charakter.

Ich habe da ein wenig Raum gelassen, damit man später noch mal was einfügen kann. Auch was besseres vielleicht, denn das ist sehr frech, aber ich muß sehr darüber lachen. Als Antwort schrieb ich:

<u>Colombo:</u>
Siehst Du seine Gliedmaßen sich von ferne heran bewegen, erkennst Du an seinem Gang nicht seine große Geschicklichkeit in der <u>Natur</u>. Von Kopf siehst Du nicht viel außer einer misanthropischen Nase. Tropisch sind seine Augen und der Teint. Sein Mund ist das Hübscheste aus welchem sein Allernettestes hervorquillt und das ist sein herzgewinnendes Gelächter. Dieses ist warm, mitleidsvoll und gutmütig. Gerne möchte man sich seine Seele auch so vorstellen, aber die ist sehr gewunden und labyrinthisch. Seine Hände sind großzügig und die reinsten Schönheitsbäcker. Seine Füße sind seine Lieblingsgliedstücke, die er gerne entblößt. Seine Sprache dringt einem gebrochen in´s Herz. Um den Nabel rum ist er am appetitlichsten. (Herz gemalt.) Er malt in schönen Linien ideale Sachen. Entweder er tobt sich an großen Bildern aus, oder wenn er kleine malt, lässt er seine Wut an anderen aus.—Aus alledem ersieht man dass er ungemütlich ist und ein konträr sehnsücht´ger Hummelelefant und ein träumerischer Halbitaliener. Aus seinem Mund kommt außerdem Gelächter rum: Italien, das Meer, Ida, Eiter, herrlich, wundernett; soll und muss.
– Ich wüsste noch manches, schreib aber nit….

COLOMBO und TOMMI

PAULA und TOMMI

Im April 1909 unternahmen die beiden ihre erste gemeinsame Italienreise.

Paulas Tagebuch, 29. Oktober 1909
... Am 12. April machte ich zusammen mit Colombo Max meine erste Reise nach Italien. .. Wir gingen viel zu Fuß, so auch das erste Stück von <u>Brenner</u> bis <u>Sterzing</u>. (1.Tag) Trient (2.Tag). Am 3.Tag von Trient über Vezzano nach Castel Toblino zu Fuß. 4. Tag über Riva nach Gargnano. 5.Tag über Toscolano und Modena nach Manerba, wo´s mir am Allerschönsten vorkam. Am 7. Tag fuhren wir nach Desenzano. Am 8. Tag nach Verona und nachts nach München. Die ganze Reise war ein wunderschöner Traum...

Im Mai 1909 bekam Paula die große Chance, Karriere zu machen. Max Reinhard, damals Direktor am Deutschen Theater in Berlin, engagierte Paula mit einem Festengagement als Tänzerin und Schauspielerin. Sie verbrachte zehn glückliche Tage auf der Berliner Bühne, wusste aber, dass sie Colombo mit diesem Beruf verlieren würde. Er sah es nicht gern, und sie kündigte wieder. Dafür machte er ihr ein paar Tage darauf einen Heiratsantrag.

Über Paula und ihre Wirkung als Künstlerin schreibt der Arzt und Schriftsteller Dr. Felix Schlagintweit :
*... Ich muss alles von ihr erzählen, was ich mit ihr erlebte, und da wird aufkommen, dass sie nicht nur eine phantasievolle Kunsttänzerin und Zeichnerin, Malerin, sondern eine wirklich geniale Erfinderin grotesker Gestalten und Szenen war, die man nicht vergessen kann. Ich lernte sie noch als Fräulein Schmid auf einem Atelierfeste bei Hans Beatus Wieland in der Karl- Theodor- Straße kennen. Sie tanzte da, lange vor dem sterbenden Schwan der Pawlowa, uns eine hinsinkende, sich entblätternde Rose vor. Bald hörte ich, dass sie Reinhardt nach einem Debüt als Elfe im Sommernachtstraum durchaus nach Berlin haben wollte, dass sich aber Colombo Max so in sie verliebte, dass er sie nicht mehr fortließ. –
Paula hatte die schönsten Hände, Handgelenke und Fesseln, die eine Tänzerin nur zieren können. Nach Jahren habe ich ihr das erst wieder sagen können, als sie einmal ihren Arm auf einer Stuhllehne neben mir ausruhen ließ.
Je älter sie wurde, desto witziger wurde sie. Ich sah sie auf einem Atelierfest als Peter den Großen in Fischerstiefeln trampelnd herumtanzen mit zottiger, schwarzer Perücke und einem grausam geringelten, kleinen schmalen Schnurrbart unter der Kalmückennase. Oder sie machte einen Trommler der Grande-Armee-Napoleons mit ungeheurem Generalschiffhut. Oder sie trug ein Cul-de Paris-Kleid mit einem kleinen Blumenstöckchen auf dem Cul...*[4]

Kaum war Paula mit Colombo verlobt, überschattete wieder eine Krankheit das gemeinsame Leben, wie das Tagebuch vom 29. Oktober 1909 belegt:
...Am 5. Juli wurde ich krank und am 6. hieß es Scharlach und man fuhr mich sogleich (auf meinen Wunsch) mit der Sanitätskolonne ins Krankenhaus rechts der Isar. Colombo fuhr mit dem Rad dem Wagen nach und begleitete mich bis zur Infektionsabteilungstüre.

---

4   Felix Schlagintweit, Ein verliebtes Leben, Süddeutscher Verlag, München 1967, S. 386

Dann sah ich für 8 Wochen niemand mehr als die Ärzte und Schwestern.(..) Jeden Tag kamen Briefe. Colombo machte eine große Reise von Italien über Marseille, <u>Tanger</u>, Lissabon, Frankreich nach Hamburg mit dem Schiff...

Gerade auch durch die vielen Krankheiten immer wieder aufgehalten, erkannte Paula, dass es zu schwer wurde, für ihren Sohn Tommi und für die Tante zu sorgen. Als freischaffende Künstlerin genug Geld zu verdienen, erwies sich als fast aussichtslos. Ein Freund der Familie, Herr Josef Breg – er war der Erzieher und Lehrer der Kinder des bayerischen Kronprinzen Rupprecht, – versuchte Paula den Vorschlag nahezubringen, dass es Tommi besser hätte, bei einer gutsituierten Familie aufzuwachsen. Eine mit ihm bekannte Familie Wendt konnte er schon empfehlen. Dr. Wendt und seine Frau suchten ein Kind, das mit ihrer siebenjährigen Tochter Birgit aufwachsen könnte, da sie selbst keine Kinder mehr bekommen konnten.
Die Familie Max wollte den „Bastard" nicht aufnehmen, und Colombo, der eigentlich Tommi sehr liebte, wollte den Frieden in seiner Familie nicht aufs Spiel setzen. Colombo wohnte inzwischen bei seiner Mutter Emma in der Lessingstrasse, was das Ganze erschwerte.
Im Juni 1910 schließlich brachte Paula ihren Sohn in die Obhut der Familie Wendt. Ihn zur Adoption freizugeben, brachte sie nicht übers Herz, wie ihr Tagebuch belegt.

TOMMI

...Am 10. Juni habe ich ihn hingebracht. - Ich musste schon lange denken wie ich den Kleinen in gute Hut geben könne, denn bei mir war es zu unsicher. Meine Verhältnisse sind in zu schlechtem Stande, als dass ich ein Kind mithineinreißen könnte. Ich konnte die Sorge nicht mehr ertragen. Es machten mich die über meine Kräfte wachsenden Sorgen zu allem unfähig. – Ich hatte keine Beweise, dass ich mir würde allein weiter helfen können und vor allem dass mir der Kleine dabei nicht verwahrlost. Ich meine das nicht so wörtlich. - Aber hätte die Tante und hätte ich verdient – wie wäre es ihm da gegangen? Und ich allein für drei-?? Geht das? – Ich fühlte oft meine Kraft sehr schwinden und alles verwirrte sich. – (...) - - Wie die Tage waren, da ich ihn hinbrachte? – Wie soll man das schreiben. – ich weiß es ja. Man macht einen eisernen Ring um sein Herz – aber der bleibt. – ...

Hochzeitsfoto
September 1911

Ihre Wohnung in der Victoriastraße wurde aufgelöst. Die Möbel wurden in der Paul-Heyse Straße, Wohnung und Atelier von Gabriel von Max und auch Colombos Atelier, gelagert. Die Sorge um diese Wohnung mit der gesamten Einrichtung wird nach 1915 wiederholt zum Gegenstand in der Feldpost. Bis zur Hochzeit wohnte Paula dann mit ihrer Tante Olly in Mitterndorf am Chiemsee, wo am 27. September 1910 die standesamtliche Hochzeit erfolgte. Trauzeuge war Colombos sehr guter Freund und Landschaftsmaler Nikolaus Schmid-Dietenheim (1878–1915), der später im ersten Weltkrieg nur 37-jährig ums Leben kam. Um sich von den zahllosen Schmids zu unterscheiden, fügte er seinem Namen Dietenheim, seinen Geburtsort, hinzu. Er war Mitglied der Luitpolder Gruppe, die 1892 gegründet wurde, als Abspaltung der Münchner Künstlergenossenschaft (MKG), die gemäßigt moderne Ziele vertrat und sich vor allem für eine hohe künstlerische Qualität starkmachte.

Am 28. September kamen neben Tante Olly, dem Maler Schmid und dem Brautpaar auch Colombos Bruder Corneille mit seiner Frau „Storchl", außerdem der Arzt und Orthopäde Dr. Heini Weber, der Schwager von Colombos Schwester Ludmilla, und Frau Eilers als Gäste zur kirchlichen Trauung nach Mitterndorf.

PAULA in Ischia

Colombos Schwester Ludmilla, die seit 1906 mit dem Dipl. Ing. Lothar Hans Weber verheiratet war, erschien nicht. Sie besaßen inzwischen ein Landgut am Starnberger See, den Kloiberhof, wo Ludmilla auch ihre zwei Kinder Gabriele (1913–1998) und Zoe (1907–2000) zur Welt brachte. Ludmillas Abneigung gegen Paula war besonders stark, dafür wurde ihr Schwager Heini ein tiefer und guter Freund von Colombo und Paula.

Nach der Hochzeit verließ Paulas Tante Olly München und trat eine Stelle bei Familie Riemerschmid in Dresden an, während Paula zu Colombo in die Lessingstrasse zog. Es begann eine schwierige Zeit, denn die Sehnsucht nach ihrem Sohn Tommi und auch die Sorge um ihn machten sie depressiv. Ihre Tanzauftritte waren gestrichen, sie wollte ihrem Mann eine gute Ehefrau sein. Mal- und Zeichenaufträge hatte sie einige, unter anderem für die damalige Kunst- und Literaturzeitschrift „Jugend", welche von 1896 bis 1940 erschien. Dem Bildredakteur Franz Langheinrich gefielen ihre Arbeiten.

Das Jahr 1911 brachte einen großen künstlerischen Auftrag für Colombo auf der Insel Ischia von der Familie Dohrn, mit der Colombo sein ganzes Leben lang freundschaftlich verbunden war. Schon 1872 hatte Anton Dohrn in Neapel aus privaten Mitteln die berühmte „Zoologische Station" gegründet, die heute noch als Statione Zoologica –Acquario vom italienischen Staat als biowissenschaftliches Forschungsinstitut mit etwa 300 Mitarbeitern betrieben wird. In einer Studie über dieses Institut von Margret Bovert heißt es:
.... *Anton Dohrn hatte den Einfall gehabt, zur Finanzierung seiner damals nahezu unvorstellbar kühnen Plänen nicht nur ein großes Schauaquarium zu bauen, sondern ein System internationaler Tischmieten zu schaffen. Mieter dieser „Arbeitstische" wurden seitdem viele Regierungen, manche Universitäten, wie Cambridge und Oxford, und einige wissenschaftliche Körperschaften...*[5]
Das große, in einem Park am Ufer gelegene Gebäude in Neapel wurde zu einem weltbekannten Zentrum für internationale Meeres-Forschung, an dem viele bedeutende Wissenschaftler beschäftigt waren. Die umfangreiche Bibliothek ist mit Fresken von Hans von Marées ausgestattet, bei denen Colombos Freund und Förderer Adolf von Hildebrand mitgearbeitet hatte. Nach dem Tod des Gründers Anton Dohrn im Jahre 1909 übernahm sein Sohn Reinhard die Leitung der Station, und dessen Frau hatte auf der Insel Ischia als Erholungsstation für die am Aquarium in Neapel arbeitenden Wissenschaftler ein großes Haus, das Castello San Pietro, erbauen lassen, das Colombo nun ausstatten sollte. Daher hielten sich Paula und Colombo nach einem kurzen Besuch in Florenz von Mai bis Oktober 1911 auf Ischia auf.
Der Begründer der Zoologischen Station, Anton Dohrn, hatte mit seiner Frau Maria von Baranowski vier Kinder: Reinhard, Wolf, Boguslav und Harald. Während Reinhard mit seiner Frau Tatjana Romanowa Giwago ab 1909 die Station in Neapel führte, leitete Harald ab 1912 an der Seite seines Bruders Wolf die berühmte „Bildungsanstalt für

---

[5] Margret Bovert, „Reinhard Dohrn, Ein Leben für die Zoologische Station Neapel", Sonderdruck der FAZ Februar 1963

Musik und Rhythmik von Emile Jacques-Dalcroze GmbH" in dem neu entstandenen Handwerks- und Kunstzentrum in der Dresdner Gartenstadt Hellerau.
Im Bericht von Margret Bovert heißt es weiter:

... Der expansive Wolf hatte den Drang des Vaters geerbt, etwas noch nie Dagewesenes ins Leben zu berufen. Er war ein Anhänger Friedrich Naumanns, Mitbegründer und Leiter des Werkbunds, und hat als frühes Experiment handwerklichen, künstlerischen, sozialen und geistigen Zusammenwirkens die Bildungsanstalt und Gartenstadt Hellerau gegründet, wo vor dem Ersten Weltkrieg Heinrich Tessenow baute, Jakob Hegner druckte, Jacques-Dalcroze seine Schule für Rhythmik einrichtete und wo die Festaufführungen von Glucks „Orpheus", von Claudels „Annonce faite à Marie" zu Höhepunkten eines neuen europäischen Lebensgefühls wurden.

Das war die Welt, in die 1914 der Krieg einbrach. Seine psychologischen und ideologischen Auswirkungen waren weitaus zerstörender als die Verwüstungen der Materialschlachten. Sie trafen Dohrn in den weit verzweigten Lebenssphären, mit denen er sich verbunden fühlte. Dalcroze verließ in einer Aufwallung von Deutschenhaß Hellerau und baute in Genf ein Konkurrenzunternehmen auf. Die Mutter fand während der bolschewistischen Wirren auf ihrem Gut Wydranka den Tod. Die Zoologische Station und alle sonstigen Besitzungen der Dohrns in Neapel, auf Ischia und in Forte dei Marmi wurden vom italienischen Staat beschlagnahmt. Die Internationalität der Wissenschaft, die vor 1914 so selbstverständlich gewesen war, und die zu den Lebensvoraussetzungen der Station gehörte, war zerbrochen...[6]

Doch 1911, als nach Colombos ausgedehnten Arbeiten auf Ischia die Cholera ausbrach, konnten er und Paula noch kurz ihren Freund Reinhard Dohrn in Neapel besuchen und flüchteten dann über Florenz zurück nach Deutschland. Die Aufträge für Colombo liefen gut zu dieser Zeit. Wie schon sein Bruder Corneille seit 1907 durfte er nun auch als Mitglied der „Königlich Privilegierten Münchner Künstlergenossenschaft" seine Werke in den Räumen der Maximiliansstraße oder im Glaspalast präsentieren. In Baden-Baden beim amerikanischen „Kaffeekönig" Herman Sielken malte er 1912 die Kuppel eines Schwimmbades mit 7 Tugenden, 10 weiblichen Figuren, 5 Putten, 5 Landschaften und allerhand Girlanden aus.

Der Schwager von Corneilles Frau, der Bildhauer, Maler und Innenarchitekt Franz Naager, der lange in Venedig tätig war, stattete das Bad mit Marmor aus.
Corneilles Frau Wilhelmine, Tochter des Architekten Lorenz Gedon, hatte zwei Schwestern, die sich einen Mann teilten: Hans Rauch. Gogo bekam die Tochter Hansi mit Rauch, Dora den Sohn Johannes. Zu Johannes Geburt verließ Paulas Tante Olly ihre Stelle bei Riemerschmids in Dresden und half in Berlin bei der Familie Rauch aus. Franz Naager heiratete nach dem Scheitern seiner ersten Ehe seine Jugendliebe Gogo Gedon.

---

6   Boveri, Sonderdruck FAZ 1963

Schwimmhalle Baden-Baden

Heiliger Michael mit Engelsturz

Colombo stellte seine Gemälde auch in Brakls Kunsthaus am Münchner Beethovenplatz 1 aus. Sein Bild „Zirkustänzerin" – Paula in Tanzkostüm und schwarzer Perücke – feierte Erfolge wie auch das Bild „Märzsonne" im Glaspalast. Ein Staatsauftrag, ein Altarbild „Der heilige Michael" für die Kirche in Stadtsteinach wurde Weihnachten 1913 fertig. Ihre eigene Untätigkeit neben einem beschäftigten Mann und die Sorge um Tommi machten Paula immer depressiver. Frau Dr. Kuppelwieser, die Frau des bekannten Meeresbiologen und Zoologen Hans Kuppelwieser, liebte die Unterhaltung und auch die Zeichenkunst Paulas. Immer wieder lud sie auf ihr Schloss in Lunz in Niederösterreich ein. Auch im September 1912 wollte sie, dass Paula mit Tommi eine gemeinsame Zeit genießen konnte. In diesen vier Wochen kam auch Colombo von Baden-Baden aus auf Besuch.

Hans Kuppelwieser hatte zuerst in Leipzig studiert. 1901 ging er an eine Meeresforschungsstation nach Villefranche an der französischen Riviera. Dort lernte er seine spätere Frau Pauline Gorodetzky, genannt Polja kennen, die, wie sie es selber bezeichnete, aus der südrussischen Steppe stammte. Sie hatte in Dresden ein Mädchenpensionat besucht und ebenfalls in Leipzig studiert, noch bevor dort Frauen regulär dort zum Studium zugelassen waren. Nach der Hochzeit 1905 ließen sich die beiden in München nieder, wo Hans Kuppelwieser als Privatdozent wirkte. Ihre Villa in München Bogenhausen hatte der spätere Architekt Hitlers, Paul Ludwig Troost, geplant. Bei Kriegsbeginn rückte Hans Kuppelwieser als Oberstleutnant der Reserve ein und kam an die Kriegsschauplätze in Galizien und am Isonzo. Seine Ehefrau lebte unterdessen auf dem vom Schwiegervater verwalteten Gut Kyrnberg oder im Schloss Seehof in Lunz am See. Nach 1918 konnte sich Hans Kuppelwieser nur mehr der wirtschaftlichen Entwicklung des väterlichen Gutes in Lunz widmen.

Die gemeinsame Zeit in Lunz bei Kuppelwiesers tat Paula gut, Tommi liebte die Tiere, die Natur und vor allem das Fischen. Wieder kam es zur Trennung. Colombo reiste mit ihr nach Triest und dann für einige Zeit nach Venedig, wo sie öfters Franz Naager und seine Frau trafen, die einen Palazzo in der Stadt hatten.

Doch dann erreichte die beiden eine alles verändernde Nachricht: Herr Dr. Wenz hatte eine Geliebte und wollte sich von seiner Frau trennen.

Noch bis Mai 1913 dauerte es, bis sich die Familie Max einigen konnte, ob Tommi auch das Grundstück in Ammerland betreten durfte. Endlich aber konnte sich Colombo seiner Familie gegenüber durchsetzen. Im Oktober wollte seine Mutter Emma aus der Wohnung in der Lessingstrasse ausziehen und in die Kobellstrasse gegenüber ihrer Tochter Ludmilla ziehen. Die junge Familie hatte dadurch ihr eigenes Reich und konnte Tommi aufnehmen.

Ein erster gemeinsamer Urlaub vom 18. Juli bis 24. September 1913 führte sie über Kopenhagen nach Schweden in das Fischerdorf Stockvik. Eine sehr glückliche Zeit, in der viele Bilder entstehen.

Schwedische Landschaft 1913

Im Oktober 1913 begann das gemeinsame Familienleben. Colombos Bericht in Bildern:

Colombo versucht zu schlafen,
während Paula Tommi zur Ruhe mahnt

Es wär so schön Skifahrn zu gehen

Herrlichstes Wetter zum Malen –
aber leider Küchendienst.

Das Kind braucht was zu essen!

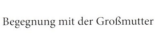

Begegnung mit der Großmutter

Müde bin ich geh zu Ruh

Essen

Doch das friedliche Familienleben währte nicht lang.
Am 28. Juni 1914 wurden der Thronfolger Österreich-Ungarns, Erzherzog Franz Ferdinand und seine Gemahlin Sophie bei ihrem Besuch in Sarajevo von einem Mitglied der serbisch-nationalistischen Bewegung Mlada Bosna ermordet. Am 29. Juli beschossen österreich-ungarische Truppen die serbische Hauptstadt Belgrad. Die Europäer schlitterten in den Weltkrieg hinein. Am 1. August erklärte Deutschland Russland, am 3. August Frankreich den Krieg. Da Deutschland sich ein Durchmarschrecht durch das neutrale Belgien erzwang, griffen auch die Engländer ein. Am 6. August folgten die Kriegserklärungen Serbiens an das Deutsche Reich und Österreich-Ungarns an Russland, am 11./12. August Frankreichs und Großbritanniens an die Doppelmonarchie, und am 23. August Japans an das Deutsche Reich und Österreich-Ungarns an Japan.

Die Ereignisse in der Familie Max während der Kriegsjahre 1914–1918

Beide Söhne des Künstlers Gabriel von Max wurden sofort eingezogen.
Colombo, als Unteroffizier in der Landwehr, kam erst nach Ingolstadt, dann aber, ab 23. Oktober 1914 wurde sein Bataillon nach Frankreich an die Front verschickt. Als Landwehr war er verpflichtet, die Infanterie mit Munition zu versorgen. Die Stellungen waren je nach Kriegslage um Lille und La Bassée. Als entschiedener Gegner des Kriegs, im Unterschied zur jubelnden Masse, wollte Colombo keine höhere Stellung innehaben, auch in den folgenden Jahren nicht.
Corneille war im Landsturm, blieb erst in München, kam dann aber in die Nähe von Antwerpen. Schon bald durfte er dort Offiziere malen und bekam eine Stellung als Sekretär und Kartenzeichner.
Von Ingolstadt war der Weg nach München nicht so weit, Paula und Colombo konnten sich anfangs ab und zu noch sehen. Doch dann war man ganz auf die Feldpost angewiesen. Fast täglich schrieb man sich. Auch wenn Colombo vieles nicht erlaubt war zu erwähnen, und er so manche Kriegsgräuel ausließ, berichtete er detailliert über das Lebens als Soldat. Doch sein künstlerisches Auge sah und malte nicht nur die Grausamkeit des Krieges. Er bewunderte die französische Landschaft und Bauwerke, beschrieb und zeichnete die menschlichen Charaktere und freundete sich mit dem „Feind" an. Paula berichtete ihm vom Leben in München und den Querelen im Hause Max. Nicht einfach hatte sie es, sich zwischen diesen zu behaupten. In der Max-Villa in Ammerland am Starnberger See lebten Mutter Emma Max, Corneille und seine Frau „Storchl", die Schwestern von Emma Max, Tante Mimi und auch manchmal Tante Helene. Colombos Schwester Ludmilla mit ihren Kindern Gabriele und Zoe lebten nicht weit entfernt im Kloiberhof.
Große Unterstützung erfuhr sie dagegen von den Töchtern Adolf von Hildebrands Irene Georgii, genannt Zusi, und Bertele Braunfels, von Eva Sattler mit ihrer Familie und von ihrer Cousine Emma Beissbarth.

Mehrere Freundinnen begleiteten Paula: Käthe Groth, eine Lehrerin, die Paula liebevoll Drobele nannte. Zu den Freundinnen zählten auch die Schwestern Irma und Lisel Richter. Irma war zu Anfang mit dem Bauamtassessor Willy Gollwitzer verheiratet und hatte mit ihm drei Kinder: Irmgard, Peter und Paul. Nach ihrer Scheidung heiratete sie Dr. phil. Univ. Prof. Karl Alexander von Müller, der im Krieg für die Vaterlandspartei eintrat. Gollwitzer war auch nach der Scheidung weiterhin mit Colombo befreundet. Die Schwester Lisel Richter hatte den Geschäftsmann und Vertreter der Vaterlandspartei Gottfried Feder geheiratet.
Dann gab es noch die Freundin Luise Kohn mit ihrer Tochter Ilse.
Ein sehr enger Freund wurde Heini Weber, der Schwager von Colombos Schwester Ludmilla, der aber auch bald als Arzt eingezogen wurde. Colombo konnte ihn im Juli 1916 in Cambrai besuchen.

Zu Kriegsanfang kam Paula immer wieder bei Freunden wie der Familie Sattler unter, sowie auch bei Frau Kuppelwieser. Doch auf Dauer war das nicht befriedigend. Der Krieg fand kein Ende, und Paula zog wieder mit Tommi in die dunkle Wohnung in der Lessingstrasse. Ihre Tante Olly verließ ihre gute Stellung bei Familie Rauch in Berlin und unterstützte in München Paula und Tommi.
Colombos Vater Gabriel von Max war am 24.11.1915 plötzlich verstorben, und Colombo, der immer eine starke Bindung zu seinem Vater hatte, versuchte, sich durch diverse Eingaben vom Kriegsdienst befreien zu können, um sich um den umfangreichen Nachlass des Vaters zu kümmern. Seine Kontakte reichten durch die Freundschaft mit Herrn Josef Breg bis zu Prinz Rupprecht von Bayern und auch über die zweite Ehefrau seines Vaters Ernestine Harlander in die obersten Reihen der Generäle – der Bruder Ernestines war General Karl Harlander –, aber im Feld wurden seine Eingaben zunächst einmal abgeblockt. Der Kriegswahnsinn und die Unmöglichkeit, bei der Verschacherung des väterlichen Erbes eingreifen zu können, ließen Colombo fast zugrunde gehen. Durch eine Verwechslung der beiden Max-Brüder (C. Max, beide auch noch im Mai geboren) kam Corneille schon im Mai 1916 auf Eingabe frei und wurde auch nicht mehr eingezogen. Beide Brüder verzichteten auf den Adelstitel.
Obwohl Colombo sogar einen Staatsauftrag, ein Gemälde des heiligen Martin für einen Altar der Kirche in Kirchham (Passau) bekommen hatte, ließ ihn der Kriegsapparat im Gegensatz zu vielen anderen Kollegen bis zum Schluss nicht los.
Im Herbst 1916 wurde er als Küchenfassungsunteroffizier in Frankreich eingeteilt, was ihn zum einen davor rettete, an die Front abgestellt zu werden, ihm aber auch die Hoffnung raubte, nach Hause zu kommen. Sein zuständiger Leutnant Paulus, selbst zuvor Kunstkritiker, erwartete Gehorsam und Dankbarkeit und genoss das Machtpotential.
Neben oft erschöpfender Arbeit und Einsätzen malte Colombo den Speisesaal aus. Viele Antikriegsbilder entstanden, die aber nicht öffentlich werden durften, genauso wie er sich auch in seiner „Meinung" zurückhalten musste. Kriegseindrücke, Landschaften und Porträts wurden in der Liller Kriegszeitung und in der Zeitschrift „Jugend" abgedruckt. Meist war er aber nicht in der Lage zu malen.

Endlich gelang es Colombo im Januar 1917, nach Straßburg versetzt zu werden. Von dort war ihm die Möglichkeit versprochen worden, für den Staatsauftrag des Altargemäldes frei zu kommen. Doch wieder wurden seine Hoffnungen zunichte gemacht. Statt nach München wurde er nach Grafenwöhr versetzt. Dennoch sah er es als Glücksfall an, nicht mehr mit der ständigen Todesbereitschaft leben zu müssen. Bald stand er in der Gunst des kunstbegeisterten Feldwebels Prückel, der aber auch nicht auf seine Gesellschaft verzichten wollte. Als stellvertretender Waffen- und Gasunteroffizier malte er nebenbei regelrecht um sein Leben, um nicht wieder an die Front zu müssen. Viele Offiziere und Majore ließen sich porträtieren. Er erhielt Aufträge, Offiziersräume und Säle in Grafenwöhr auszumalen. Auch Kameraden wurden gezeichnet für ein Stück Butter, Landschaften wurden gegen Esswaren getauscht. Mit Nahrungspaketen unterstützte er seine hungernde Familie in München.

Im Herbst 1918 wurden Dolmetscher für Italienisch gesucht. In dem Glauben, damit in München stationiert zu sein, bewarb er sich und wurde zu seiner Verzweiflung nach Berlin beordert. Um möglichst schnell dort aus der Kriegsmaschinerie wieder loszukommen, beschloss er, die Italienisch-Prüfung nicht zu bestehen. Durch seinen „guten Draht" in Grafenwöhr wurde er bald wieder dorthin zurückgeholt.

Nach der Revolution von November 1918 wurde er noch zum Soldatenrat gewählt, und er war einer der letzten, die bei Kriegsende nach Hause kamen.

Während der gesamten Kriegsjahre schrieben sich Colombo und Paula fast täglich. Colombos Erzählungen von Erlebnissen, Menschen und Landschaftsbeschreibungen, Abenteuerliches wie emotional Quälendes erreichten die in München und Ammerland lebende Paula. Diese beschrieb ihm die Münchner Szenerie, die bedrohlichen Ausbruchswellen von Scharlach, Diphtherie und Grippe, die manchmal schwierigen, aber auch erheiternden Familiengeschichten, sie kämpfte für ihren Mann um Freilassung, machte Eingaben, um die Rechte zu sichern und die Hoffnungen Colombos, das väterliche Erbe von Gabriel von Max vor der völligen Zerstörung zu bewahren. Sie organisierte Bildertransporte für Ausstellungen, Verkäufe und berichtete über spannende Hamsterausflüge sowie zuletzt auch – live dabei – von der Novemberrevolution.

Leider sind viele Briefe Paulas verschwunden, dennoch beschreiben über 1000 Briefe aus fünf Jahren die aufregende Lebensgeschichte von zwei Menschen, die von Anfang an den katastrophalen Kriegswahn nicht verstehen und sich weigern, diesen mitzumachen. Colombos Einstellung zum Krieg wird besonders aus seinem Eintrag deutlich, den er in einem Gebetbuch macht, das ihm 1915 am Feld ausgeteilt und zur Stärkung geschenkt wurde. Er schreibt:

Ein Soldat kann kein Christ sein. Also mit dem Staate oder mit dem Christentum muss gebrochen werden. Vor dieser Wahl steht jeder Soldat. Pfarrer, die das bestreiten, haben das Christentum nur gelernt aber nicht erfasst.

Es wird oft behauptet ein Reich mit Völkern verschiedener Rassen und Sprachen könne es nicht geben. Und jetzt hört man immer ein Lob über Österreich singen. Aus was besteht denn das?
Könnte man da nicht auch eine Europäische Union für möglich halten.
Es ist nicht freundlich ein (Buch)Geschenk mit einer Kritik zu beantworten. Aber im Krieg weiß man nicht, ob man selbst oder alles um einen herum verrückt ist.
Darum hat man das Bedürfnis anderen lieben gescheiten Menschen eine Gehirn- und Herzprobe (wie dem Arzte eine Blutprobe) zu geben.
Herzlichen Dank auch für das Buch, besonders für die Freundlichkeit ..... Es stehen viele gute Sachen darinnen. Nur finde ich hier, wie in vielen Büchern, die jetzt erscheinen, das Anpassen göttlicher Worte an den Krieg sehr unpassend. Mir kommt es fast so vor, als ob das Christentum aus dem Krieg möglichst viel Profit schlagen wollte. Ich fürchte diese Leute werden nach dem Krieg große Enttäuschung erfahren. Man sollte es nicht so betonen, besonders weil auf unserer Seite die Türken kämpfen. Zu diesem Krieg müsste die Germanische Mythologie auch genügen und nicht nötig die Jüdische herbeizuziehen.
Das Schreckliche in diesem Krieg ist nicht das große Leiden und der Tod, sondern dass es Menschen sind, die Brudermord üben und den Hass kultivieren. Es gäbe nur einen Weg den göttlichen Willen zu erfüllen, der wird aber nicht geschrieben und ist verboten. Der Papst fühlt ihn ja, es wird ihm aber den Kopf kosten. Ich will keinen Propheten spielen, aber diese Kriegschristentumbücher reizen mich meine Ansicht einmal auszusprechen. Dass wir in einer Lage sind, gute Miene zum bösen Spiel zu machen, gebe ich zu. Ob das aber gerade Gott gefällig?[7]

---

7 „Gebetbuch" – „Unsterbliche Lieder zu singen in Drang und Not", 12 Psalmen mit Einleitung versehen von G. J. Haberl, Furche Verlag, Kassel 1915.

1914

1: Aus dem Tagebuch der Paula Max
Ammerland am Starnberger See, 5. Aug. 1914

(...) Es drängt mich in dieser Zeit so sehr zum Schreiben und besonders weil Colomb fort ist, ist es mir gewissermaßen eine angenehme beruhigende Beschäftigung, bei der ich meine Gedanken sammeln muss und mich zugleich aussprechen kann. Hoffentlich kommt Colombo recht bald wieder und er kann dann alles lesen, was wir getan und gedacht haben.(...)
Es kommt nun ganz darauf an, wie lange Colombo weg bleibt und wie lange dieser jetzt angefangene Krieg dauern wird. – Noch wird ja nicht von „Kämpfen" gesprochen, aber wenn dieser unglückselige Krieg beginnen sollte, dann kann er schwer werden und lange dauern. (Wenn nicht unsere modernen Mordwaffen zu schnell vertilgend sind.) Wir sprachen ja schon vor 10 Tagen viel vom Krieg, doch mit leisem Unglauben.

Den Abend, als wir vier: Colomb, Corneille, Storchl und ich zum Gasthaus vorgingen und die Mobilmachungs – Bekanntmachung an der Türe angeschlagen vorfanden, werde ich nie vergessen. Es war doch ein Schlag aus heiterem Himmel. – Der schöne Sommer, die schönste Zeit, 1. Aug.! Zum ersten Mal bin ich den ganzen Sommer in Ammerland[8] und freute mich so auf den heißen August. Nun ist es so herrliches Wetter! Heute war der See glatt bis zum Abend wie ich ihn nie gesehen habe und märchenhaft still. Kein Schiff, kein Segelschiff, kein Motorboot und kein Dampfschiff. Man glaubt zu träumen, hier diese Ruhe und draußen soll Krieg werden. Mein Verstand kann diese beiden Dinge nicht vereinen. – Er steht still!! Ich kann es nicht glauben, dass Colomb ernstlich fort ist. Oh nein, ich weiß es sehr gut, aber begreife es nicht.

Wer ist der „Feind". Warum?? Warum muss ein nicht mehr junger und so selbstständiger Mensch wie Colomb gezwungen werden, alles zu verlassen und zum Raufen gehen. Muss ich mir auf einmal wirklich eine Wut auf die Russen und die Franzosen einbilden?? Und auf wen am meisten? Und heute heißt es noch England hat den Krieg erklärt. Unbegreiflich! Warum? Sind die Menschen noch nicht reif und gebildet genug, um sich so blutig wie Buben oder Raufbolde zu schlagen? Eine gemeinsame Begeisterung ist wunderschön, aber warum leider nur in diesen Dingen? So allgemein? – Es ist alles so schrecklich traurig! –

Heute habe ich, wie auch gestern, mit Colomb telefonisch gesprochen. Der Arme ist sehr aufgeregt durch das ewige Warten und Tatenlosigkeit. Nicht, dass er sich nach dem Kämpfen sehnen wird; das glaube ich nicht von ihm.

Was ist bisher Tatsächliches von der Sache zu berichten, wie erging es speziell bei uns. Am 2. Aug., Samstag fuhr Colomb in Begleitung von Corneille in die Stadt[9]. Ich war eigentlich ruhig beim Abschied, denn ich hatte viel Hoffnung, dass er vielleicht schon nach ein paar Tagen zurückgeschickt werde. Nur der allerletzte Augenblick am Dampfschiffsteg war schwer – ich kämpfte aber nieder. Er ist ja bloß Landwehrmann, ich glaube, es ist etwas Trost, wenn es auch recht schlecht zu stehen scheint. Meine Leute sind so bös auf Österreich, dass sie zuerst kriegerisch anfingen mit den Serben. Jetzt wachsen überall die Feinde und die Schwerter aus dem Boden (= Maschinengewehr). Einen Brief an meine Tante nach Holland bekam ich zurück, das waren schon erste Zeichen von gestörten Verhältnissen. Die Furcht vor Spionen lässt unzählige Vorkommnisse, wohl auch begründet, geschehen. Viele Frauen mit auffallenden perückenhaften Haaren, Nonnen und englisch aussehende Damen werden verhaftet oder auf der Straße angegriffen. Colomb will mich nicht allein nach München lassen. Und ich möchte so gerne, halte es hier fast nicht mehr aus vor Unruhe. Immer weiß Colomb noch nicht was mit ihm geschehen

---

8   Ammerland = Diese Villa am Starnberger See ist Sommerwohnort der gesamten Familie Max: Mutter Emma (Mama), Corneille mit seiner Frau Storchl, Colombo mit Paula und oft die beiden Schwestern der Mutter, Tante Helene, Tante Mimi und diverse Mädchen. Colombos Schwester Ludmilla wohnt mit ihrem Ehemann Hans Weber und den beiden Töchtern in der Nähe auf dem Kloiberhof. Gabriel von Max ist oft bei seiner zweiten Frau Ernestine in Ambach.

9   München

wird. Er schläft zu Haus und isst bei Heini. Schlecht wird es ihm nicht gehen aber was kommt?

Ich freue mich hier nicht über das schöne Wetter, bade zwar täglich pflichtschuldigst, schwimme vier Mal hin und her. Kein Plätschern, kein Lachen, kein Floßspielen dabei, kein Ausflug nach St. Heinrich, wo es so schönen Sand gibt, abends nicht ein Trio, auf das sich alle doch freuen. Ich vergesse auch Tommi zu dem Klavierüben anzuhalten. Beständig suche ich Beschäftigung, was Richtiges ist's aber nicht.

In der Frühe nach dem Tommi aufgewacht, darf er manchmal etwas zu mir; dann stehen wir sehr schnell auf. Er besorgt die Möwe und setzt die Schildkröte aufs Gras. Dann geht er nach dem Frühstück Fische (für die Möwe) fangen. Ich hole den Gimpel ins Zimmer, gebe ihm das Hanfkorn wie gewohnt aus dem Mund, räume auf und schaue aufs Ufer. Nun wird entweder spazieren gegangen oder man tut irgendetwas und wartet auf die Zeitung und Post. Es gibt ja nur noch täglich ein Postschiff. Vor Tisch wird gebadet und ich lasse die Möwe am Ufer im Wasser sich baden und putzen. Sie wird täglich zahmer, aber was geschieht mit ihr, wenn wir nach München müssen? Hoffentlich nimmt sie der Zoologische Garten. Sie wird dick und ihr gebrochener Flügel sieht nicht mehr so traurig aus.

Nach Tisch telefonierte ich an Colomb. – Entwickelte heute die Partenkirchner Fotos fertig, dann war Milla da, ich nähte etwas. Um 6 Uhr gingen wir wieder über die Post, doch ohne Neues zu erfahren. Nur ein Auto soll mit Spionen irgendwo fahren und über die Straßen wurden Wägen gestellt und Bäume gelegt. Heute Abend sollen sich die Insassen in Radler verwandelt haben. Und die letzten Männer von Ammerland sollen auf den Straßen mit Laternen und Gewehren heute die ganze Nacht Wache halten.

Die Nacht liebe ich ja gar nicht, d.h. das Dunkle. Es ist sehr schwer für mich alleine schlafen zu müssen. Das ist wohl meine schlimmste Eigenschaft und gegen die kann ich so gar nichts machen. Die Furcht vor etwas Verstecktem, Plötzlichem. Wenn Corneille und Storchl hineingehen, dann kann ich nicht hierbleiben mit Mama und Mädchen. Wenigstens einen Hund oder Revolver möchte ich gern. Colomb ärgert meine Angst sehr, ich bin verzweifelt und zornig darüber, aber sie ist mir als Kind zu sehr anerzogen und ins Blut geimpft. Nicht bei allen Sachen bin ich feig, dessen bin ich sicher. Mit dieser Zuversicht muss ich meine heutige Aufzeichnung aus großem Schlaf, abschließen.

****

2: GNM

Montag, 3. August 1914, München, 10 Uhr

Liebe Paula!

Schnell, zwei Stunden habe ich jetzt noch heraus dürfen. Gell, habt keine Angst. Die Wasserleitung von München soll vergiftet sein (wahrscheinlich nur ein Gerücht). Ich hab heute noch kein Wasser getrunken, also keine Angst. Sitze oben bei Heini in der Wohnung. Aber Ihr, gell, dürft nur aus dem Pumpbrunnen Wasser trinken.

Untersucht bin ich noch nicht, also kann ich noch Militär frei werden. Um 11 Uhr wird es sich entscheiden. Gott sei Dank, dass Du nicht mit nach München bist. Es kann sich alles noch zum Guten wenden.
Wahrscheinlich bleibe ich noch längere Zeit in München und kann womöglich zuhause schlafen.
Bei Heini[10] habe ich ja auch immer Unterkommen.
Viele Grüße an Mama, sie soll auch ruhig sein.
Tommi Kuss, er soll Dir immer schön folgen.
So bald als möglich mehr.
Dein treuer Landswehrmann
Colomb
Schreiben kannst Du vorderhand am besten Adresse Heini.

****

3:         GNM

4. 8. 1914

Liebe Paula
Ich bin immer noch da, muss warten. Sie haben genug, können uns noch gar nicht unterbringen. 2 Mal war ich gestern umsonst draußen. Nur gut, dass das Trambahnfahren nichts kostet. Abends konnte ich sogar beim „Ungerer" baden.
(..) Ich esse immer bei Heini. Machen unserem Herzen Luft. Man kennt München nicht mehr. Ein furchtbares Hasten. (..)Es hagelt Nachrichten und Gerüchte, die meistens widerrufen werden. (..) Die Nerven werden ordentlich aufgerüttelt. Heute, wie am Bahnhof die Oberländer ankamen, war mir das Weinen nah.
Gestern Mondschein. Mit Heini durch Englischen Garten.
Über mich kann ich noch nichts sagen. Schlafe zuhause. Ich komme vielleicht sogar noch einmal hinaus. Herein kommen sollst Du aber vorderhand nicht. Um 4 Uhr muss ich wieder in die Kaserne. (..)
Viele Grüße, Küsse, Dein Colomb
Morgen mehr

****

4:         Aus dem Tagebuch der Paula Max

6. Aug.

In der Frühe Colombs Nebenhaus Malzimmer aufgeräumt, Eierreste die sehr gestunken weggeschüttet. Stoffe zusammengelegt. Kamillentee gekocht, weil ich Magenschmerzen bekommen. Nach Tisch an Colomb telefoniert. Er fühlt sich schlecht wieder in den Gedärmen. Ob dies gut oder schlecht sein wird? Isst nicht mehr bei Heini, da dessen Köchin zur Erntearbeit.

---

10   Heini = Heinrich Weber, Arzt, Schwager von Colombos Schwester Ludmilla, siehe Lebensbericht.

Gestern Corneille einberufen; d.h. Landsturm von 1897–1890. Er wird wohl auch daran sein, wenn auch 1898, denn bei Landwehr ist er nicht mehr. Morgen wollen wir nach München fahren: Corneille, Storchl und ich. Wollen Abend wieder hier sein. Freue mich darauf. Heute regnet es ununterbrochen. Colombs Karte vom 4. Aug. heute bekommen.

Dienstag 11. Aug. 1914

In München war es für mich viel besser, ich hatte wenigstens keine Ungewissheit über Colomb. Die Tage brachten wir hauptsächlich auf den Straßen zu, wegen Besorgungen, zum Essen gehen; Colomb tägl. zur Kaserne.

Das Leben in München ist ganz verändert, aufregend, betrübend, teils sind die Leute sehr traurig, teils begeistert. Unbegreiflich viele Soldaten. Überall kommen Kolonnen herbei. Die Leute geben ihnen manches kleine Geschenk auf der Straße, Birnen, Pfirsiche, Zigarren. Ausländische Damen sind nicht recht ihres Lebens sicher und allenthalben sieht man wieder Gruppen zusammen strömen, aus irgendeinem Verdacht.

Beim Notar war ich mit Colomb, um mir eine Vollmacht ausstellen zu lassen, über Geld und Geschäftsabschlüsse. Beim Essen in der neuen Börse trafen wir immer mit Heini zusammen, der ganz verändert ist. Der Krieg hat ihn seelisch gerissen.

Sonntag, 9., entschloss sich Colomb doch mit Heini und mir auf einen Tag hierher nach Ammerland zu kommen, denn man brauchte ihn noch immer nicht. Wir fuhren um 12.12 von München ab mit der Isartalbahn in Viehwägen, da es keine anderen mehr für diesen Verkehr gibt. Von Wolfratshausen hatten wir einen schönen, heißen Weg herüber. Man glaubte aus einem Gefängnis entlassen zu sein und meinte alles sei schon vorüber. Wir badeten hier; am Montag machten wir zusammen einen größeren Spaziergang, ärgerten uns über das wenig Allgemeinnützlich machen können. Heute früh ½ 6 radelte Colomb nach Wolfratshausen hinüber.

****

5: GNM

Dienstag, 11. August 1914, München

Liebe Paula!

Hier das gleiche Bild. Immer noch Überfluss an Unteroffizieren. Ich hätte gut noch bleiben können. Die Morgenfahrt nach Wolfratshausen war sehr schön. Natürlich hat mein Gummi kurz vor Wolfratshausen ein Loch bekommen. Ich bin aber doch noch zur Bahn gekommen. (..)

Morgen Mittwoch um 9 Uhr muss ich wieder in der Kaserne nachfragen. Vielleicht kann ich dann doch noch einmal hinaus kommen.

Viele Grüße an alle. Kuss Tommi Dein Colomb

****

6:	TESTAMENT COLOMBO

München, 12. August 1914

Gute tapfere Frau – Liebe Paula!!
Wenn mir da zustoßen sollte, was jedem Menschen einmal bestimmt ist, so sollen Folgendes meine letzten Wünsche sein.
Dir liebe Paula soll alles gehören, was mir gehört und Du kannst frei darüber verfügen können.
Nur von dem, was ich an Geld hinterlasse, bitte ich Dich in äußerstem Notfall nach Deinem Gutdünken meinen lieben alten Eltern zu helfen.
Meine Sachen und Erinnerungen brauchst Du nicht aus Pietät behalten. Verkaufe und verschenke sie nach Gutdünken, wenn Du willst. Mir tut der Gedanke wohl, wenn vielleicht andere Menschen daran Freude haben.

Meinen Freunden und Verwandten darfst Du Erinnerungen anbieten (musst Du natürlich nicht).
Für Tommi kann vielleicht manches später von Wert sein.
Meine Fotografien und Skizzenbücher behalte so lang, als möglich.

Was Dich liebe Paula anbelangt, so tue das, was Du für Dich und Tommi schuldig bist und Dich zufrieden macht.
Tommi soll ein guter hilfreicher Mensch werden. (Tapfer, aber den Krieg hassend)
Er soll Dir immer dankbar sein, nie Vorwürfe machen, denn Du hast für ihn, wie selten eine Mutter gesorgt.
Und ich sage Tommi, wenn er einmal Verstand hat, er möchte mich, so wie Dich nicht verurteilen, wir haben nur Bestes gewollt. Es war meine größte Sorge im Leben am End Tommis Vater nicht ersetzen zu können.

Meine Geschwister bitte ich im Namen der Liebe die uns verbindet, Dir zu helfen und auch einen Teil der Erbschaft, die vielleicht mir zugefallen wäre, Dir zu geben.

Und Dir und allen die mich gern haben sage ich
ich gehe ruhig und leicht
Aus <u>dieser</u> Welt

Dein Dich innig liebender und Dich beschützender Colomb Max

****
7:	Aus dem Tagebuch der Paula Max:

12. Aug. 1914

Gestern und heute herrliches Wetter. Zum Vergessen lassen schön, um so schlimmer, wenn einem alles Geschehende zum Bewusstsein kommt. Heute von Colomb eine Karte erhalten. Er ist noch immer nicht eingereiht und hätte gut hier bleiben können.

Heute waren viele Leute bei uns, ich war gar nicht in der Stimmung dazu. Alois Müller[11] mit Frau und Söhnen. Abend nach Tisch kamen alle, auch Milla und saßen bei Bier in der Veranda. Es war eine Folter für mich und ich strickte ununterbrochen, um die Augen nicht aufschlagen zu müssen. Wenn Colomb nicht wäre, ich könnte es nie und nimmer aushalten. Außer der Mutter, (Käthi) neben mir und Storchl und Corneille, dachte niemand an Ernst. Ich war innerlich furchtbar erregt, besonders über Milla, die mit schiefem Hut mit Feder kam, eine Unmasse Bier trank und sich in lautem Gelächter und Witzen auslieζ. Kein Wort des Interesses an einer so ernsten Sache, kein Bedauern und Nachdenken. Ich will mir Mühe geben nur an ihre Dummheit zu denken. Colomb aber hätte nicht dabei sein dürfen od. es sehen. Es tat mir leid für ihn.

Etwas Anderes: Tommi machte Fortschritte im Schwimmen. Er schwamm zu Rössels Ufer zu seinem neuen Freunde Lorenzo hinüber. Sein besonderer Sport ist jetzt auch mit dem Gesicht unter Wasser zu schwimmen. Er sank nämlich häufig bei seinen Schwimmversuchen unter Wasser und nun schwimmt er von vorneherein einfach ganz unter Wasser. Er ist wirklich auch sehr braun und wenn er im Wasser ist oder andere Kinder hat, so lustig. Heute Abend sagte er: „Dass der Vati bald wieder kommt und ihm nichts geschieht, höchstens ein Splitter im Bauch." „Was tun die Soldaten bei Splittern?" –
Ich möchte jemand recht netten mit gleichen Ansichten hier in Ammerland haben. Jemand ruhigen, sanften.
----

15. Aug.

Am 13., da ich nicht ganz wohl war, lag ich etwas länger zu Bett. Nach Tisch, ich traute meinen Ohren nicht, hörte ich Colomb im Hof ankommen. Er kam von Wolfratshausen herüber geradelt. Ich habe mich furchtbar gefreut und wollte nicht von seiner Seite weichen. Ich fixierte einige Fotografien neben ihm, die er mitgebracht und dann saßen wir am Ufer an der Sonne. Abends, nach Tisch war's wieder dort so schön und warm. Friedlich und glücklich saß ich in Colombs rechtem Arm und schaute nach Sternschnuppen. Am anderen Morgen radelte Colomb um 6 Uhr weg. Tommi küsste noch lange sein Kopfkissen.

Ungefähr um 9 Uhr kam Tommi zu mir ins Zimmer und sagte, der Gimpel (unser aller Liebling) sitzt auf dem Fensterbrett. Ich sprang sofort herbei und sah, dass Mama beim Tragen des Käfigs einige Stäbchen herausgezogen hatte. ½ Stunde stand ich dann unten im Hof, ohne etwas von ihm zu sehen, noch zu hören und pfiff ihm. Endlich gab er Antwort und kam näher, d.h. von irgendwo herunter. Ich rappelte verzweifelt mit seinem Hanfkornschachtelchen (das er genau kennt) und ging ihm langsam entgegen. Er hüpfte unbeholfen und freundlich auf mich zu, aber immer auf unteren Ästen. 2 Mal versuchte ich vergeblich nach ihm zu fassen. Er fraß erstaunt aus der vollen Schachtel. Endlich ein Griff mit der linken Hand, ich hatte ihn.

---

11   Alois Müller = Sohn der Schwester von Gabriel von Max.

Nachmittag leider mit Mama eine unangenehme Sache. Mama ging mit einem Korb mit 6 Eiern, Brot und Butter zum Kloiberhof. Ich schwankte lange und fragte auch Storchl, dann fragte ich doch, ob sie alle diese Eier allein essen wolle. Die Zeiten sind so ernst jetzt und wir sind viel schlimmer daran als Ludmilla mit ihrem verdienenden Mann, der nicht einrücken muss. Es ist vollkommen ungerecht unsere Eier hinauf zu schenken. Mama brach sofort in Tränen aus und gab 3 Eier zurück, sagend dass ich es verbiete. Sie kann weder vernünftig noch logisch denken. Sie meint, wir seien hässlich und kleinlich und kann die Gegenwart und das Prinzip nicht erfassen. Ich habe mich sehr aufgeregt und werde selbst nie mehr etwas sagen. –

Am Abend suchte ich lange für Tommi und seinen Freund das neue Reifspiel, was Colomb Tommi diesen Sommer geschenkt hat und auf das er sehr achtgeben soll. Endlich sagte mir Fanny, Mama habe es vor Tagen der kleinen Zoe auf den Kloiberhof mitgegeben. Ich war einfach paff.

Nun muss man sich wohl oder übel beständig mit kleinen Dingen herumärgern, wenn man nicht alles gehen lassen will, wie´s kommt und einem gemacht wird. Hier ein Krieg und draußen der Weltkrieg, denn täglich kündigen neue Völker den Krieg an.

Zuerst war es wohl Serbien und Österreich (wenn man es klar ersehen kann) Dann Deutschland und Russland, hierauf Frankreich dazu. Augenblicklich spielen bei uns diese letzten die Hauptrolle. Inzwischen begannen unsere Kämpfe mit Belgien (Einnahme von Lüttich). England erklärte den Krieg. Ägypten, die Türkei, alles erklärt Krieg oder mobilisiert.

Beim Kaffee erschien Rudi Gedon[12] mit Annerl. Am Nachmittag regnete es stark. Wir saßen hinter dem Haus und hörten den Kindern zu, wie sie Krieg im Blockhaus spielten. Tommi hatte Annerl als rote Kreuzschwester geholt. Nach wilden Kämpfen wurde ein Lazarett gemacht.

Die letzte Nacht war auch sehr unruhig, ein furchtbares Gewitter. Wir Frauen standen sogar eine Weile in Hemden auf dem Flur beisammen, weil einige sich fürchteten. Bei Gewitter bin ich nicht so furchtsam, wie bei anderen Dingen.

Mein erster Strumpf für Colomb ist bald fertig. Wenn ihm alle Wünsche, die ich in die Maschen hinein stricke helfen können, muss es ihm gut ergehen!

****

8:         GNM

München, 15. August 1914

Liebe gute Paula!

Wie Du siehst, bin ich noch nicht fort. Die Sache hat sich nur soweit geändert, dass ich statt in der Kaserne im Ausstellungspark warten muss. Das heißt, ich muss zweimal im Tag hinaus und fragen (oder warten), ob ich gebraucht werde. Denn von dort werden die Leute, wo man sie gerade braucht, weggeschickt. Ich bin nicht in Uniform, bekomme

---

[12] Rudi Gedon = Bruder der Frau von Corneille Max

aber von morgen an Essen und die Löhnung ist mir auch schon ausgezahlt worden. 22 M. Diesmal leicht verdient, nicht?

Du kannst Dir aber nicht vorstellen, wie es im Ausstellungspark aussieht. Die großen Hallen sind voller Pferde. Das Ausstellungskaffee, das Tanzhaus, die Rollschuhbahn, alles sind Massenquartiere. Alles liegt voll aufgehäuftem Stroh, wo auch bei Tag einzelne Leute herumlungern. Da liegen Koffer und Pappschachteln. Besonders komisch wirkt das im Kaffee. Die schöne grüne Verkleidung, Bilder an der Wand und darunter diese Lager und das gewöhnliche Volk, welches teilweise mit recht schäbigen Kleidern herumliegt und sitzt. Hinten in der Küche ist die Kantine, überall stehen Maßkrüge. An den Wänden hängen noch die Plakate mit den feinsten Speisen und Getränken. Und abends brennen die schönen Beleuchtungskörper. Mitten in dem Durcheinander sieht man einen eingeseift sitzen, der rasiert wird.

In der Rollschuhbahn haben sie einen ausgestopften Mann mit einer Flasche in der Hand aufgehängt. Den nennen sie Zar und beschimpfen ihn. Überall auf dem schön gepflegten Rasen liegen Leute herum. Er ist stellenweise recht verwüstet. Alle Wasserbecken und Zierbrunnen in der Ausstellung werden täglich mit frischem Wasser versorgt. Die Leute dürfen sich darinnen waschen und Fußbad nehmen. Das eine Wasserbecken im Vergnügungspark ist so schön mit Blumen umstanden. Das meiste darin ist niedergetreten. Ich hab selbst gesehen, wie einer mit größter Seelenruhe seine nassen Füße an den schönsten süßlichen Blumen abgestreift hat. Dafür, dass aber 1200 Menschen draußen campieren, ist verhältnismäßig alles noch ziemlich geschont.

Ob und wann ich fort komm, weiß niemand. Es sind so viele Leute da, dass ich wahrscheinlich noch lange nicht dran komm. Weg von hier kann ich leider vorderhand nicht mehr. Wenn Du Lust hast und kannst, könntest Du ja mit Corneille herein kommen. Dann könnten wir Deinen Geburtstag doch bisl feiern.

Was ist mit Tommi, ist er wieder wohl? Gell, gib ihm einen Kuss von mir.

Noch etwas, dass ich's nicht vergess: Ich hab vom Militär aus einen roten Schein bekommen, es ist ein Ausweis für meine Frau, welcher Dich berechtigt, wenn Du in Not kommst, eine Unterstützung zu verlangen. Ich habe ihn mir auf alle Fälle stempeln lassen. Hoffentlich brauchst Du ihn nicht. Ich lege ihn in den Schlüsselkasten.

Liebe Paula, seit friedlich draußen und nehme die Aufregungen nicht zu Herzen. Gell, ich hab einen langen Brief geschrieben, aber Fehler werden viele darin sein. Die darfst Du nicht sehen.

Bitte, wenn Du herein kommen solltest, so nehme die Fotografieabdrucke mit. Aber gell, wenn Tommi oder Du nicht wohl ist, oder wenn Du Tommi nicht allein draußen lassen willst, so komme nicht. Ich nehme es gar nicht übel. Ich bin ja wahrscheinlich am 7. September immer noch da. Viele Grüße an Alle.

Und Du sei umarmt und geküsst

Von Deinem treuem Mann Colomb

Am 23. August hat Colombos Vater, Gabriel von Max, Geburtstag

Lieber Papa!
Auch ich gratuliere Dir und schicke Dir meine herzlichsten Wünsche! Das ist alles was ich geben kann und schöner poetischer vermag ich es nicht zu sagen. Meine Gedanken werden stets wieder abgelenkt und eilen zu Colombo.
Mit innigem Gruss und Wunsch
Deine Paula

Colombo kommt in die Kaserne nach Ingolstadt

9:         GNM

5. Sept. 1914

L.P. Ich weiß gar nicht, wie mir ist, so schnell ist alles gegangen. Jetzt abends komme ich erst zum Essen. Vom Bahnhof her ging es im Marsch in die Kaserne. Alte Festungszitadelle. Als Empfang humpelten uns eine Masse Verwundete entgegen. In einem Saal mit 200 Betten wollten wir schlafen. Ich, mit zwei Kameraden, habe uns aber lieber in einem Gasthaus einquartiert. Morgen müssen wir um 8 Uhr antreten. Was mit uns ist, wissen wir immer noch nicht. Adresse kann ich noch keine angeben. Sonst wäre es hier ganz nett, nur das schrecklich viele Militär verdirbt's.
Viele Grüße und K. an Dich und Tommi.

10:         GNM

Ingolstadt, 6. Sept. 1914

Liebe gute Paula!

Bis jetzt ist es hier nicht so schlimm, als es ausgesehen hat. Also, gestern hatten wir eine lange hungrige Fahrt ohne Liebesgaben. Um ½ 5 Uhr waren wir hier. Vom Bahnhof ab Marschieren bis in eine Kaserne, alte Festung, großer Wiesenplatz mit vielen Verwundeten. Halt in einem schrecklich öden Festungshof. Wie ein Gefängnis. Durften aber bald abtreten und uns in der Stadt über der Donau drüben Quartier suchen. Ich habe mich etwas an zwei Ehemänner angeschlossen. Wir drei haben ein ganz nettes Zimmer bekommen.

Die Stadt überfüllt mit Soldaten, ganz gut gegessen und dann im Mondschein Stadt besichtigt. Reizende alte Stadt. Kein elektrisches Licht und Trambahn. Heute Morgen mussten wir wieder um 8 Uhr in der Kaserne sein. Vorher hatten wir uns noch gefangene und verwundete Franzosen angesehen. Wenn sie nicht rote Hosen an hätten, könnte man sie für intelligente Bayern ansehen. Es sind kleine und große, braune und blonde. Sie wuschen sich alle gerade sehr reinlich. (Warum der Krieg?)

Also in der Kaserne mussten wir natürlich wieder warten, wie in München. Ich bin die Wiese abgegangen und habe mit verwundeten Bayern gesprochen. Die machen einen schrecklichen Eindruck. Die meisten sind sehr bleich und alle haben fast noch die Felduniform an. Sie ist oft noch voll Schmutz und meistens ganz voll gestocktem Blut, so dass die Ärmel oft ganz steif sind. Man sieht in denselben auch die Stich, Schuss und Schnittlöcher. Das so etwas erlaubt ist. Ich denke, die Leute sind stolz darauf, die <u>Armen</u>. Daneben auf der sonnigen Wiese stehen ganz friedlich die riesen Mordmaschinen.

Das ganze Leben und Bild auf diesem Platze macht tief traurig, denn es spricht mir von einer großen, großen Sünde.

Wie aus dem Dreißigjährigen Krieg: Schmutzig und oft wie Greise

Nach einigen Stunden warten, bekamen wir wieder frei bis morgen Montag, früh 6 Uhr. Wenn ein Zug gegangen wäre, hätte ich Dich besucht.
So dumm, hier werden wir mindestens wieder 14 Tage herum gezogen. Du kannst mich vielleicht noch einmal besuchen. Heute Nachmittag war es herrlich, man ist hier gleich aus der Stadt. Wir sind die Donau entlang in Wiesen hinaus gegangen, im Gras gelegen und ich habe sogar, denke nur, gebadet. Ich bin in der Donau geschwommen. Hat mich an den Tiber erinnert. Du siehst, mir geht es gut. Aber um Dich bin ich traurig. Was machst Du? Sorge Dich nicht um mich. Morgen kann ich Dir hoffentlich meine genaue Adresse schreiben. Bis jetzt weiß ich immer noch nicht, wo ich bleib. Eine Karte kannst Du versuchen postlagernd zu schreiben. Aber ich glaube das gibt es jetzt nicht. (Hauptpost Ingolstadt). Mit Brief und Sachen schicken warte noch. (..)

Heute habe ich auch einen Leichenzug von zwei gestorbenen Franzosen gesehen. 4 Pferde vor einem Brückenwagen auf dem 2 Särge mit einem zugedeckt stehen. Alles nimmt die Hüte ab.

Ich schreibe in einem Gutshausgarten vor der Stadt. Abendsonne, Kinder spielen friedlich. Mein Bleistift ist zu weich. Hier gibt es fast gar keine Zeitungen. Wären die Soldaten nicht, wüsste man wenig vom Krieg.
Sei ruhig, ich schreibe Dir immer die Wahrheit. Papa hab ich geschrieben.
Viele Grüße und Küsse Dir liebe Paula und Tommi
Dein Colomb.
Meine Tasche mit überflüssigen Kleidern schicke ich in die Paul Heyse Straße[13]. Nachrichten von Corneille schicke mir auch nach später.

****

11: GNM
Liebe Paula
Ich habe heute Mittag auf der Post gefragt, aber es ist nichts von Dir da. Ich weiß also gar nichts von Dir. Wollte telefonieren, aber ich weiß ja nicht, wann Du zu Hause oder ob Du überhaupt noch in München bist. Hier scheint es sich gerade so hinauszuziehen wie in München. Ich bin wohl als überzähliger Unteroffizier eingeteilt, aber meine Kolonne wechselt alle Augenblick die Benennung. Mit Corneille werde ich wahrscheinlich nicht zusammen kommen. Bei uns sind viele Freiwillige und Junge. Es kann sogar sein, dass ich wieder nach München komme. Dienst habe ich eigentlich immer noch keinen, auch keine Uniform. Heute Morgen habe ich freiwillig 2 Stunden auf sattellosem Pferd Pferde bewegt. Zum Städtlein hinaus geritten. Vor arbeitenden Franzosen hat mich das Pferd fast abgeworfen. Um 10 Uhr war ich wieder frei und hab ein schönes Bad in der Donau genommen.

---

13 Paul-Heyse-Straße = Wohnort und Atelier von Gabriel von Max und Atelier von Colombo

Es ist überhaupt sehr nett hier. Wie in Worms. Wiesen bis an den Fluss, alte Weiden und Pappeln. An der Stelle wo ich bade, da baden auch immer so nette Kinder. Die schmücken sich mit Hopfenranken und Weiden.
Die schönen Tage sind aber doch traurig, besonders wenn man allein ist, und viel denken kann. Wenn man so im Gras liegt und von der Ferne Soldaten singen hört und ab und zu das Totenglöckchen einem gestorbenen Verwundeten zur letzten Ehre erklingt, würgt es einen oft ganz. Gestern Abend und heute Früh sind ununterbrochen Infanterie Bataillone ausmarschiert. Bei einem gestern Abend, bei einer der letzten Kolonnen lief eine Mutter mit Kinderwägelchen neben ihrem Mann her, aufgelöst mit großer Anstrengung Schritt haltend. Es war Dämmerung und die Stadt staubig und müde.
Heute Morgen bin ich geweckt worden, mein Bett wackelte vom Taktschritt der Soldaten. Dieser schreckliche Taktschritt, der einen nicht aus den Ohren geht. Sie sangen: „Oh Heimat, oh Heimat, wie schön bist doch Du!" Und es zieht vorüber fort, wer kommt wieder?

Eigentümlich ist, dass mein Bauch hier viel besser ist, trotzdem, dass ich Kommissbrot esse und oft zweimal im Tag Bier trinke. Ich nehme gar keine Rücksicht mehr darauf. Ich bin überhaupt schon ganzer Fatalist, wie es kommt, so wird es schon recht sein. Ich möchte Dir so viel sagen, weiß aber nicht, soll ich es ins Tagebuch oder Dir schreiben.

Hier ist Philistertum Reinkultur. Kalbsbraten mit Kartoffelsalat. (..)
Du kannst im Text auch Oberst Dauman als meinen Onkel einflechten. Wenn's der Wachtmeister liest, ist ganz gut.
Hier sind immer noch nicht Zimmer zu bekommen. Vielleicht ist es besser, wenn ich noch lange hier bleibe, Du kommst auf paar Tage her, als ich nach München (weil es fraglich ist, dass ich Urlaub bekomme). Hier ist der Bahnhof aber ziemlich weit von der Stadt entfernt. In München sind die Fahrpläne leichter zu erreichen. Ich glaub, es verkehren auch Schnellzüge, so dass Du auf einen Tag herkommen könntest. Warte aber, bis ich eingekleidet bin. Es kostet hin und zurück ungefähr 6 M.
Aber eben fällt mir ein, dass Du Tommi ja nicht allein lassen kannst. Wenn ich nur irgendwas wüsste von Dir. Habe heute Abend wieder auf der Post ohne Erfolg gefragt. Vielleicht telegraphiere ich Dir, wenn rasch etwas zu entscheiden ist, gell.
Jedenfalls würde ich Dich am Bahnhof abholen oder Du fährst in die Stadt mit Pferdetram und gehst in die Liebfrauen Kirche.
Oder ist vielleicht besser, wir lassen's beim Münchener „Adjö" sagen. Jedenfalls schreiben wir uns darüber noch. Ich bin heute müd. Morgen muss ich um 5 Uhr aufstehen.
Küsse Dein Colomb

****

Colombo kommt in die Kaserne nach Ingolstadt

12: Postkarte: Tommi, gemalt von Corneille Max

Ammerland, 7. Sept. 1914

Mein lieber Colomb!
Leider keine leere Postkarte zu Hause. Ich dank Dir herzlichst für Deine Karte und den Brief. Bin froh über die Berichte bis jetzt. Hoffentlich bleibst Du in Ingolstadt oder wenigstens recht lang. Ihr könnt ja nicht fort. Du kannst ja noch gar nichts. Ich komme sicher Dich besuchen. So lange es geht. Ich habe Samstag gleich alles zu Hause geordnet und bin Sonntag früh 7.40 hierher gefahren. War Samstag bis 12 Uhr nachts bei Frau Mohr.[14] Sonntagmittag: Gestern mit Tommi nach Ambach gegangen. War sehr gut, Papa erfreut, glaube ich. Er wartete auf uns.
Tante Helene und Agnes noch hier. Ich bleibe vorläufig hier, besonders da seit heute etwas mehr ruhebedürftig. Dann nehme ich alles zusammen und über München. Möchte dann am Liebsten zu Dir. (..)
Meine Wünsche für Dich sind so mächtig, dass Sie Dich überall hin erreichen werden. Von Mama herzlichste Grüße und Küsse und sie wünscht, dass der Krieg bald zu Ende ist. Heini, Sonntag hier, war sehr ärgerlich Dich nicht mehr gesehen zu haben. Corneille nach Germersheim, schläft Scheune, sonst nicht zu anstrengend. Oberst Harlander[15] fährt ja alle zwei Tage nach Ingolstadt. Wann ich?
Deine treue Paula.

****

13: GNM

Ingolstadt, 10. September 1914

Liebe Paula
Allmählich gewöhne ich mich hier ein. Ich komme mir wie ein Rekrut vor. Das Schlafen in der Kaserne und das Sklaventum im Dienst ist einem anfangs ganz ungewohnt. Ich hab mir zwar meinen Strohsack recht schön gerichtet. Das mitgenommene Handtuch

---

14 Frau Mohr = Nachbarin in der Lessingstraße
15 Oberst Harlander = Bruder von Ernestine, der zweiten Frau von Gabriel von Max.

48

tut mir große Dienste. Es dient als Kissenüberzug, Handtuch, Küchentuch. Ans Menaschieren hab ich mich gewöhnt und vertrag es auch.

Das Schlafen in der Halle, die zehnmal so lang wie Beissbarth[16]halle, ist ganz romantisch.

Besonders, wenn mir vorne das kleine Licht von der Nachtwache brennt. Durch die großen Fenster scheint der Mond auf das schlafende Menschenmaterial. Um ½ 5 -5 Uhr wird geweckt. Hinaus an den Brunnen zum Waschen. Natürlich ohne Schüssel. Dann gibt es Kaffee oder Kakao, gar nicht schlecht: zwei Weißbrote dazu. Ich mache mein Bett und alles selbst. 6 Uhr Appell. Dann muss ich in die Stadt zu meinen 5 Pferden mit 4 Mann, die ich zu beaufsichtigen habe. Die Pferde sind in einem Gasthaus einquartiert. Da heißt es füttern, putzen und Pferde bewegen auf zu passen. Ich hab fast nur junge Leute. Einen wie der Lorenz G., der sich furchtbar vor den Pferden fürchtet. Um ¾ 12 ist Menaschieren und um 1 Uhr ist Appell. Nachmittags ist fast nichts zu tun. Abends um ½ 7 Uhr wieder Appell. Um 10 Uhr schlafe ich immer schon. Baden kann ich fast täglich. Gestern, den 10. habe ich Deine lieben zwei Karten bekommen (vom 8. und 9. Sept.). Einstweilen kann ich immer noch nichts bestimmen. Das Durcheinander ist groß. Keiner weiß was, wann es fort geht. Adresse wird auch immer geändert. Wir haben weder für uns, noch für die Pferde was. (**Ausrüstung**)
Einmal heißt's, es geht am 17. dann wieder erst am 1. Oktober.

16   Beissbarth = Autokonstrukteure, Paulas Verwandte, siehe Lebensbericht.

Der Name „Feld Haubitzen" braucht Dich nicht ängstigen. Wir sind 20 – 40 Kilometer hinter der Schlachtlinie. (...)
Das Leben und Wohnen ist hier schwer, wegen Zimmer finden. Auch werde ich kaum auswärts schlafen dürfen. Das sehen wir noch, auf 1 Tag kannst Du jedenfalls kommen. (...) .....
Urlaub ist mir und allen eben beim Appell gestrichen worden. Vorderhand werde ich also nicht nach München kommen. (..)
Dich küssend und grüßend   Dein Mann Colomb

Lieber Tomi!
So reite ich. Dank Dir für Deinen lieben Gruß. Du bist sehr brav.
Küsse Dein Vati.

****

14:              GNM

Ingolstadt, 17.Sept.1914

Liebe Paula!
Was hast Du denn Deiner Cousine Emma[17] geschrieben! So viele Sachen haben sie mir geschickt. Aber nur sehr praktische wirklich.
1. Schöne, sehr warme Unterhose, ebensolche Unterjacke. Passt.
2. Würste (Salami und Streichwurst)

---

17   Cousine Emma = Emma Beissbarth

Ein kleines sehr praktisches Besteck. Eine wunderschöne elektrische Taschenlampe mit Reservebatterien. Sehr viel Schokolade und einige Päckchen Kaugummi (wie gewunschen für mich). Die Wurst leistet mir hier noch große Dienste.
Von Dir habe ich noch keine Nachricht. Gell, danke auch noch Beissbarths für die schönen Sachen. Ich schreibe ihnen auch gleich eine Karte.
Mein Leutnant heißt v. Pannwitz (ungefähr 50 Jahre alt). Mit einem anderen von mir sprach ich heute und es hat sich herausgestellt, dass er schon einmal mit Dir in München getanzt hat. (Ich glaub Pfeifer heißt er). Er war beim Anschirren im Hof dabei. (blonder Spitzbart)
Aber Urlaub bekommen wir wahrscheinlich doch keinen. (..)
Herzliche Grüße Dein Colomb

****

Colombo bekommt kurz Urlaub

15: GNM

Ingolstadt, 21. Sept. 1914

Liebe Paula!
Ich bin ganz frisch an die Bahn gekommen. Der Zug war voll Militär. Das schlafen ging nur sitzend. Dienst war heute nicht viel.
Denke Dir nur, unter unseren Pferden ist aber doch eine Seuche ausgebrochen. Wir können vorderhand nicht reiten und fahren.
Und wann wir überhaupt fort kommen ist jetzt sehr ins Weite gerückt.

Tante Olli hat mir entsetzlich viele Zigarren und Zigaretten geschickt. Da reiche ich für einen ganzen Feldzug. Nur weiß ich gar nicht mehr meine Sachen unterzubringen. Dein Paket habe ich bekommen, aber aus diesem Grund heute noch gar nicht geöffnet. Olli möchte ich danken, weiß aber ihre Adresse nicht genau. Mama und Storchl hat mir geschrieben. Beide meinen, Du bist noch bei mir und lassen Dich grüßen. Mama verspricht mir sehr lieb mit Dir zu sein, wenn ich fort muss.
Heute bin ich untersucht. Felddiensttauglich erklärt und geimpft worden. Deine Karte habe ich auf Militäradresse bekommen. Handtücher wurden heute sehr schöne gefasst. Mein Urlaub war wirklich schön, ich habe ihn sehr genossen und schön in Erinnerung. Spare nur Marken und schreibe mir Feldpost. Nur wichtige Sachen postlagernd und schau, dass Du zur Ruhe kommst, Tommi zu lieb.
Herzliche Küsse und Grüße
Dein Colombo Max

****

Colombo wieder kurz in München

16:	GNM

Ingolstadt, 28. Sept. 1914

Liebe Paula!
Ich bin doch um 9 Uhr gefahren. War in der Stadt und konnte verschiedenes besorgen. (..) Hab mir schöne Handschuhe gekauft. Mundharmonika auch. Unterjackenladen war nicht offen.
Es ist gut abgelaufen, der W. hat nichts gesagt. Es war nicht viel Dienst, mein Kamerad hat mich vertreten. Herr Leutnant P. ist noch in Urlaub. Also der Schreck umsonst. (...)
Die Karte schicke ich gleich fort, dass Du nicht länger in Sorge bist, gell.
Grüße und Küsse an Dich und Tommi
Dein Colomb am 4. Hochzeitstag.

****

Colombo war wieder kurz in München

17:	GNM

Ingolstadt, 9. Oktober 1914

Liebe Paula!
Hier habe ich alles so angetroffen, wie ich mir gedacht hab. Die Kolonne ist nicht gegangen und geht auch nicht so bald. Mein Bett war belegt und keine Decken da. Ich musste in Kleidern mit meinem Ölmantel zugedeckt schlafen und frieren. Mein Pferd ist mir genommen und ich hab heute ein rechtes Sauviech bekommen. Meine Menage Schüssel ist gestohlen. Ich bin heute ständig wütend. Sonst geht es mir gut.
Von den Pferden sind natürlich wieder viele krank. Uniform habe ich gefasst. Aber wie die passt!! – Landsturm haben wir jetzt auch bei uns. In Eile. Viele Grüße Dein Colomb

****

18:	GNM

Ingolstadt, 11. Oktober 1914

Liebe Paula! Deine Karte vom 9. Oktober hab ich schon heute bekommen. Also, ich bin zum Teil eingekleidet. Der Rock passt ganz gut, nur mit den Stiefeln hat es Schwierigkeiten. Die sind alle so und mein Fuß ist so.

52

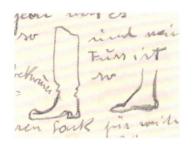

Es gibt hier welche für Plattfüße. Unterhosen habe ich schöne dicke bekommen, auch zwei Hemden, 2 Paar Socken, Wollhandschuhe u.s.w. Werde mir wahrscheinlich einen verschließbaren Sack für mich machen lassen. Es heißt, wir kommen am 20. fort. (Belgien?) Unsere Pferde sind jetzt aber fast schon alle krank; also ist es eine große Plage.
Heute bin ich wieder besserer Laune. Hab gut geschlafen. Der Schmied hat mir eine Decke abgetreten und eine hab ich ja noch gehabt. Man gewöhnt sich wieder an den Schmutzbetrieb. (..) Zum Briefschreiben komme ich jetzt nicht. Hab Schur[18]. Bitte sag auch Mama wenn es Dir möglich von mir.

Schön war's schon in München.
1000 Grüße Dein Colomb auch Tomi Kuss

****

Brief von Bertele Braunfels[19] ohne Datum

19:        GNM
Lieber Colombo
Nun hat auch Ihr Stündlein geschlagen, was Sie fort ins Feld bringt. Da drängt es mich Ihnen zu sagen, wie aus vollem Herzen ich Ihnen Glück wünsche und wie Sie meine Gedanken liebevoll begleiten.
Oft tat es mir leid, dass uns die Lebensumstände so auseinandergerissen haben, auch Ihre liebe Frau würde ich so gerne näher kennenlernen. Aber ich wusste Sie glücklich und so ließ ich viel Zeit vergehn ohne solche Eile zu haben. Ich hatte aber immer das unbewusste Gefühl, als ob man nahen Freunden sicher wieder nah komme. Nun aber, wo ich sie Beide in so schwerer Zeit weiß, wacht alle alte Freundschaft wieder neu auf und ich fühle inniglich mit Ihnen. Es ist eine schwere Zeit, aber es gilt einer großen Sache. Wie sehr hoffe ich Sie, lieber Colomb bald unter heiteren Umständen zu sehn. Wenn es Ihnen nur recht gut geht, das ist mein warmer Wunsch, der Sie begleitet
Tausend liebe Grüße von Ihrer Freundin Bertele

18   Schur = Tagesdienst
19   Bertele Braunfels = Tochter von Adolf von Hildebrand, wurde von Colombo auf dem Pferd gemalt

****

20: GNM

Ingolstadt, 12. Okt. 1914

Liebe Paula

Deine drei lieben Karten bekommen. Ob wir fort kommen oder nicht schwankt immer hin und her. Heute ist es zwar bestimmt beim Appell verlesen worden, dass es Freitagabend um 8 Uhr abends weg geht. Wir bekommen neue Pferde. Wohin wird aber nicht gesagt. Wahrschenlich Belgien. (...)

Sonntag war selbst Nachmittag Dienst. Heute hatte ich einen Augenblick Zeit zu baden. Sonst geht es mit der Laune und Wutanfällen wieder besser.

Du kennst ja unseren Schmied, der Nette. Den haben am Sonntag seine 3 Schwestern besucht. 3 runde behagliche, auffallend hübsche, ich mein baurisch hübsche, mit großen Zügen und braunen Gesichtern. Fast weißblond. In grünen Bauernkleidern mit schwarzen Kopftüchern. Der Bruder hat alle seine schönen Sachen, die er gefasst, gezeigt und sie waren voller Bewunderung. Sie brachten eine ganze Bauernbehaglichkeit mit in unsere öde Halle. Komisch, man merkt es dem Schmied an, dass er aus einer netten Familie ist.

Stiefel habe ich jetzt gut passend bekommen. Auch sonst bin ich tadellos ausgerüstet. Nur eine 2te Feldkrawatte könnte ich brauchen. Wenn Du keine mehr schicken kannst, kaufe ich mir eine, gell. Und einige Taschentücher schicke, die Neuen sind immer so steif. Die Seife finde ich nicht, werde mir hier eine kaufen. Postlagernd mit Vermerk der Rücksendung, wenn es nicht abgeholt wird. (...)

Gell. Gehe manchmal zu Mama. (...) Corneille hat mir eine Karte geschrieben. Er kommt auch bald fort. Liebe Paula, mir tut es so leid, wenn Du Dir einmal Hoffnungen machst und dann wieder traurig bist, wenn etwas doch nicht ist. Ich bin schon ganz in Angst, was Deine nächste Karte bringt. (...)

Viele, viele Grüße und Küsse Dein Mann Colomb

Tommi Kuss

****

21: GNM

Ingolstadt, 14. Okt. 1914

Liebe Paula!

(..) Also, wir kommen erst Montag fort, wie ich mir gedacht habe, vielleicht auch da nicht. Aber Dienst gibt es jetzt viel. Ich komme fast gar nicht mehr in die Stadt. Abends tot müde. Um 4 Uhr aufstehen. Gestern haben wir den ganzen Tag Übung gehabt. Im Freien gegessen.

5 Stunden geritten. (...)

1000 Grüße Dein heute sehr müder Mann Colomb

Tommi auch Küsse

22: GNM

Ingolstadt, 18. Okt. 1914

Liebe, liebe Paula
Sonntagnachmittag ist es (Kirchweih). Ich liege auf meinem Bett am Schreiben. Hab meine Sachen etwas geordnet und gepackt. Habe Schur. Außerdem sind wir in Marschbereitschaft und niemand darf ausgehen. Gut, dass Du nicht gekommen bist. Die Wagen sind mit Granaten beladen und ich habe auch meine 7 Sachen beisammen. Ich bin also Unteroffizier von einem Zug, d.h. zwei Fahrzeugen. Habe also 9 Pferde und 7 Mann unter mir. Da gibt es zu tun. Diese Woche sind wir viel ausgerückt. Hab immer ein nettes ponyartiges Pferd geritten. Ein reizendes Viecherl, der Liebling aller. Läuft mir überall nach. Leider wird es aber zu schwach sein für mich im Feld.
Die lange Nacht ist jetzt schon unangenehm. Wir marschieren immer schon um 5 Uhr in den Stall. Beim Hinunter marschieren wird jetzt gesungen. Es ist ganz nett, wenn dann an allen Fenstern bei verschlafenen Lichtern Köpfe und Silhouetten erscheinen.
Wohin es geht ist immer noch unsicher. Auch kommen wir wahrscheinlich erst Dienstag oder Mittwoch weg. An Essvorräten führen wir große Mengen mit. Das Essen wird in Kochkisten bereitet.
Meine Gedanken sind aber fast immer bei Dir. Dass Du alles gut und praktisch machst, bin ich überzeugt. Du hast ja viel Erfahrung gemacht in letzten Jahren. Von dem Einen[20] will ich nicht sprechen, nicht mit Hoffnungen vorgreifen. Verzeih, wenn ich so wenig schreib, aber ich komm so wenig dazu. (...)
Neulich war Parade und wir sind dem General Speidel vorgestellt worden. Es ging gut und wir sind abmarschfähig. Jetzt Schluss, ich muss die Mannschaft in den Abendstall führen.

1000 Grüße und Küsse
Dein Colombmann

23:

19. Okt.1914

Lieber Colomb!
Den Briefträger habe ich schon auf der Straße erlauert und mich sehr, sehr über Deinen Brief gefreut. Die Photographien habe ich mir (für mich Abdruck) heute Abend geholt, nachdem ich heute früh schon wieder einmal bei Troger[21] war, um die Filme wenigstens anschauen zu können. Am Besten ist das Essbild, wenigstens am deutlichsten. Du stehst so nett da, mit dem rundlichsten Pferderl. Aber deutlicher möchte ich Dich noch. Könnte ich Dich noch deutlicher bekommen?

---
20   Paulas großer Wunsch: Ein weiteres Kind
21   Troger = Fotolabor in München

Alles ist beim Alten bei mir. Ach schade, dass Du nicht ein bissel mehr an das Eine denkst. Ich hätte so gerne noch mal (später vielleicht) mit Dir drüber gesprochen, persönlich. Am 31. sollte diese Eine wieder da sein. Sicher kommt sie wieder nicht. Wahrscheinlich am 14. Juni 1915.
(..) Am Rentamt war ich. Ja, alle Deine Briefe dafür habe ich und erledige alles. Es wird schon gut gehen. (..) Immer bei Dir
Deine treue Paula.

****

Brief von Irene Georgii[22]

24:         GNM

München, Maria Theresiastr. 23, 20.Okt. 1914

Colombo, mein lieber Freund, ich kann Sie nicht ins Feld ziehen lassen ohne Ihnen einen warmen Gruß noch zu senden! Ich weiß, wie schwer es Ihnen ums Herz ist, und mir schlägt eine warme Freundschaftswelle für Sie ans Herz und bange Sorge, wenn ich an die Gefahren denke, denen Sie ausgesetzt sind. Alles Schöne, Heitere was wir zusammen erlebt haben, steht auf einmal so lebendig, so warm, so jung und wehmütig vor meinem inneren Auge, ich sehe den sonnigen ...Strand von Porte und den lieben braunen Colombo, wie er auf I. Cecchino ins Meer reitet, wie golden und fern und friedlich liegt es hinter einem, wie schwer wie ernst und hart steht das Leben jetzt vor einem. So muss man einen Freund nach dem anderen ins Feld ziehen sehen und kann nichts tun, als beten, immer wieder beten. Meinen Fedja werde ich wohl nun doch auch bald fortlassen müssen, er will sich wahrscheinlich einem freiwilligen Autosanitätsverband anschließen, wo auch Gogo dabei ist.
Ihre liebe Frau möchte ich oft sehen in dieser schweren Zeit, ich habe sie so lieb und verstehe ihre liebe reine Seele so besonders gut. Wir wollen voll Mut und Vertrauen in die Zukunft schauen und auf ein schönes baldiges Wiedersehen bauen. Lieber Colombo, seien Sie tapfer und lassen Sie mich Ihnen warm die Hände drücken und für Sie beten. Leben Sie wohl und Gott sei mit Ihnen
In Freundschaft, Ihre Irene Georgii
Von Fedja, meinen Eltern und Geschwistern tausend Grüße!

****

25:         GNM

20. Okt. 1914

Lieber, lieber Colomb!

---

22   Irene Georgii = Tochter von Adolf von Hildebrand, genannt Zusi, Fedja = ihr Ehemann, Gogo = ihr Bruder

Wie geht's Dir, wo bist Du? Es ist mir doch sehr arg, dass Du weggekommen bist oder fortkommen sollst. Ich sehe es nicht ein mit dem „müssen". Ich meine immer, ich hätte mir nicht so viel vorreden lassen sollen und auf den Aberglauben des „Nichts dem Schicksal entgegentun" hören. Im übrigen glaube ich z.B. an Storchls Ernst in dieser Beziehung gar nicht. Im Gegenteil. Sie hat doch auch alles daran gesetzt, für Corneille Urlaub zu erwirken und sagte mir heute, sie glaube, dass der Landsturm überhaupt bald heim käme, Corneille meint sie wenigstens.

Irmas Mann, der im Kriegsministerium ist, hat mir Verschiedenes gesagt. Und wie wirst Du es mit Deinem Bauch aushalten? Wenn Du nun bald krank wirst? Aber dann schaue nur, dass Du bald zu mir nach Hause kommst, nicht lange im Lazarett liegst.

Ich bin ein wenig geärgert heute. Storchl hat mir Rosa für 4 Tage geholt. Ich hatte sie doch eigentlich vom 15. an, als mein Mädchen. Ich habe doch auch Fanny nicht von Mama geholt. Und jetzt wo ich doch so gerne ein bisschen Ruhe gehabt hätte und aufpassen soll. Es ist ja alles noch beim gleichen bei mir. Soll ich nicht doch Olly schreiben, wenn noch mal ein Monat rum ist? Dann habe ich doch endlich jemand zuverlässigen bei mir. (..)

Schade, ach, wenn Du nur bald nach Hause kämst. Eben kommt Dein Päckchen von Ingolstadt. Bist Du noch dort? (..) Also Corneille kommt heute um 7 Uhr abends für 4 Tage Urlaub. Wenn Du nun noch in Ingolstadt wärst, bekämst wohl keinen Urlaub jetzt? Wie lange werde ich nichts von Dir hören??

Ich möchte Dir immer schreiben, schreiben und ich weiß doch nicht wie und was ich noch sagen soll brieflich.

Leb wohl! Komme bald wieder
Immer bei Dir
Deine treue Frau.

****

26:                GNM

Ingolstadt, 21. Okt. 1914

Liebe Paula.
Ich bin immer noch da, bekomme aber nichts von Dir, weil Du wahrscheinlich meinst, ich bin weg. Morgen, Donnerstagabend geht es sicher fort. Soll Richtung Stuttgart gehen. (...) Liebe, liebe Paula. Lebe wohl. Das wird alles so werden, wie es sein muss! 1000 Küsse. In Eile. Sag Papa und Mama meine Adresse. In Bahn mehr. Dein Colomb

****

Auf Überweisungszettel

27:                GNM

Ingolstadt, 22. Oktober 1914

Eben Deinen lieben Brief bekommen. Morgen geht es sicher um 6 Uhr abends weg. Blumen geschmückt. Du bekommst bald weiter Nachricht.
Viele Grüße an Corneille und Alle.
Wenn Gott will, komme ich zurück. Ich habe reines Gewissen. Freilich lasse Olly kommen, wenn es wirklich wahr ist. Strenge Dich nicht an. Mama wird Dir auch gerne helfen, sie ist gut.
Umarmung Dein Colomb

****

28: GNM

Liebe Paula 23. 10. 1914
Nacht durchgefahren. Sehr kalt. Viele Liebesgaben ganze Nacht hindurch. Dein Brief (Hildebrands) und Deine liebe Karte noch am Bahnhof erhalten. Hast Du die Briefe hoffentlich gelesen. Zusi ist sehr gut. Gehst Du manchmal zu ihr?
Abschied in Ingolstadt feierlich. Mein Pferd mit gelbem Laub geschmückt. Herrliche Sonne. Aber vergnügt bin ich nicht, wie Du meinst.
1000 Grüße Dein Colomb. Tommi auch Küsse

****

29: GNM

24. Okt. 1914
Die 2. Nacht in der Bahn. Um 2 Uhr in Koblenz. Schade, dass Nacht war. Leute nett, geben vieles und winken überall. Worms muss ich vorbei gekommen sein. Kartoffelpufferchen bekommen. Nächste Station Köln, dann Aachen, dann? Meine Adresse weißt Du ja. Hier ist es milder als in München.
Küsse Grüße Frau und Tommi

****

30: GNM

Dören, Annaheim, 24. Okt. 1914
Ersten großen Verwundeten und Gefangenen Transport begegnet. Gefangene Engländer. Großer Trubel an den Kantinen. Kaffee und Butterbrot ist hier die Hauptnahrung. Habe ja auch keine Bewegung.
Küsse
Dein Colomb

****

31: GNM

24. Okt. 1914

L.P. Wieder Kaffee mit Butterbrot. Aus allen Teilen Deutschland sind hier Militärzüge zusammen gekommen. Das ist ein anderer Grund der mich nach Aachen führt als ich gehofft. Lebe wohl Deutschland – auf Wiedersehn. Heute Abend sind wir wahrscheinlich schon weit in Belgien.
Schnell Karte abwerfen
1000 Grüße
Dein Colomb

****

32: GNM

24. Okt. 1914

L.P.
Bei Abenddämmerung stehen wir in einer Vorstadt von Lüttich im Zug. Von einer Brücke habe ich diese Karte im Spagat aus einem schreienden Händlerhaufen gezogen. Wenn die furchtbaren Spuren des Krieges nicht wären, wäre das ein erfreuliches schönes Land. Ausgebrannte Häuser und Schlösser. Umgestürzte Lokomotiven und Wagen am Wegesrand. Finstere und traurige Gesichter. Dein Colomb

****

33: GNM

25. Okt. 1914

L. Paula! Wieder eine Nacht gefahren durch ganz Belgien. Über Lüttich, Loben. Brüssel leider aber nichts gesehen. Bahnlinien alle besetzt. Land macht friedlichen Eindruck. Corneille kann froh sein, wenn er her kommt. Billiger als in Deutschland. Gut geschlafen. Bald werden wir in Frankreich sein. Hier ist es wärmer als bei uns.

****

34: GNM

Frankreich, 25. Okt. 1914

Liebe Paula
In Tourcoing sind wir ausquartiert worden und nun in 4 Stunden hierher nach Mouvaux gefahren. Wunderschöne vornehme Gegend. Vom Krieg nichts zu sehen. Ulmenalleen, schöne Parks und alte Schlösser. Leute auf den Gassen in Sonntagskleidung schauen uns zu, auch viele in Trauerkleidern. In den Läden verlockende Esssachen. 3/4 6 und wir haben noch kein Fleisch gesehen. Bissl Kanonendonner wie bei einem fernen Gewitter

ist's Einzige was an den Ernst der Lage erinnert. Aber wir kommen nicht nah hin. Ich memoriere mit allen Kräften während des Reitens mein Französisch. Die Karte schreibe ich stehend auf der Straße, wo unsere Kolonne warten muss aufs Nachtquartier. Liebe Paula, weit bin ich von Dir weg, aber im Geiste nah.
Grüße und Küsse auch an Tommi, Dein Colomb

****

35:           GNM
26. Okt. 1914

Liebe Paula
Jetzt komme ich weniger zum Schreiben. Tagsüber Marsch oder Unterkunft suchen. Gestern in einem Bauernhof, heute in einer Wollfabrik geschlafen. Das Schießen hört man Tag und Nacht. Feuerschein. Jetzt geht's Richtung Dünkirchen. Hunger leide ich nicht. Wetter schön.
Auf der Karte Roubaix, Grüße Küsse
Hoffentlich bekomme ich bald Post
Das Faustrecht ist schwer anzugewöhnen

****

Brief von Joseph Wackerle[23]

36:           GNM
27.10.1914

Lieber Colombo
Wie geht's, lass bald was hören, ich bin noch hier in Berlin, nicht eingezogen. Hoffentlich hast Du Dir gute warme Bauchbinden mitgenommen. Es interessiert mich, wo Du überall hinkommst. Von Schmid habe ich nichts gehört, er ist aber schon lange draußen. Ich wünsche Dir, dass Du es gut hast und gesund wieder heimkommst. Pass auf Dich auf, dass Du nichts unrechts neinisst, wegen Deinem Magen.
Herzlichen Gruß
Dein Wackerle   Mit herzlichen Grüßen Margit Wackerle

****

37:           GNM
28. Okt. (wahrscheinlich)

Liebe Paula!
Gestern habe ich schon mehr von Kriegsverheerung gesehen. Heute Nacht das erste Biwak gehabt. Hab aber ganz gut in meinem Wagen geschlafen. Essvorrat tut mir gute

---

23   Joseph Wackerle = Freund und Bildhauer, Majolika-Figuren Nymphenburg, Neptunbrunnen

Dienste. An den Kanonendonner gewöhnt man sich. Man sieht sogar lachende Einwohner. Aber meine Ansichten werden stahlhart ins Herz gehämmert. Gell, sei vernünftig. Post habe ich noch keine. Gelegentlich schicke mir bitte Schokolade und Liebichpillen. (...)
Gell, sag an alle immer Grüße, ich kann unmöglich viel schreiben. Auch jetzt stehe ich neben meinem Pferd auf der Straße beim Halt. Dem nächsten Soldaten gebe ich dann die Karte. (...)
Liebe Paula und Tommi lebt glücklich
Küsse und Grüße Dein Colomb

****

38:                      GNM
Menin: Vor dieser Stadt waren wir einen Tag.   29. Okt. 1914

L.P. Hab schon zwei Karten geschrieben, aber keiner Feldpost begegnet. Gestern haben wir hier etwas Ruhetag gehabt. In einem Bauernhof einquartiert. Leute sprechen wallonisch. Gutes Brot, Buttermilch. Auf Bett geschlafen. Feindlichen Flieger beschießen gesehen. Armen Bauern wird alles verdorben und genommen. Eine Batterie für elektrische Lampe schicken, wenn Du meine Paketadresse hast. Wetter sonnig. Hier lauter Bayern. (...)

****

39:                      GNM
                                               30.Okt.1914

L.P. Heute Nacht wieder Biwak gehabt. Großes Feuer. Gutes Zelt mit Stroh, sehr gut geschlafen. Ringsherum Lagerfeuer. Ganze Nacht Kanonen und Maschinengewehrfeuer gehört. Die Engländer sollen zurück gehen. Wenn Du mir schreibst, so sage auch bitte einiges über die allgemeine Lage. Hier erfährt man gar nichts. Ob's noch lange dauert? Hier ist es ja viel milder als bei uns. Wunderschön, Bruegellandschaft.
1000 Grüße Dein Colomb
Mittag und Abend bekommen wir Wein

****

40:   1. November 1914

L. Paula. Jetzt ist alles hier zusammengekommen. Viele Kolonnen und der Stab. Heute soll die Entscheidung fallen. Gestern ist der Kaiser und der Prinz Rupprecht an uns vorbei. Auch traurige gefangene Inder habe ich gesehen. Die Englischen Flieger sind un-

heimlich frech. Heute Nacht hat mein Pferd ein Fohlen zu früh bekommen. Was so ein armes Tier aushält. Heute haben wir wieder im Mondschein im Freien bleiben müssen. Ich konnte aber in einem Stall eine Schlafstelle finden. Das Essen ist jetzt reichlich. Bis jetzt haben wir noch keine Feldpost bekommen. Immer mehr Verwüstung, obwohl wir noch an keinem eigentlichen Schlachtfeld vorbeigekommen sind. Die armen Bauern tun mir leid. Ganz verschüchtert, alles zertreten. Und die armen Soldaten, die an die Front kamen sehen schrecklich aus. Von Begeisterung oder Singen hört man nicht viel.
Küsse, Grüße Dein Colomb (..)

****

41: GNM

4. Nov. 1914

Liebe gute Frau Paula!
Immer noch keine Nachricht von Dir. Mir kommt es schon wie eine Ewigkeit vor, dass ich fort bin. Ich bin jetzt einige Tage nicht zum Schreiben gekommen. Leider auch nicht zum Fotografieren und Zeichnen. Zu Letzterem hätte ich oft große Lust. Es gäbe so viel zu machen. Heut sind wir in einem guten Quartier. Großer Bauernhof. Ich sitze in der geheizten Stube. Heute Nacht hatte ich bis 2 Uhr Nachts drei Fahrzeuge allein zu führen. Zuerst herrlicher Mondschein, dann Nebel. Hab mich aber nicht verirrt und das Lob meines Leutnants bekommen. Hier muss ähnliches Klima wie in England sein. Die Vögel singen oft noch. Sonne mild. Wir haben oft Nachtfahrten. Jetzt bei Mondschein ist es ganz schön. Vor Feinden ist es bei uns ja sicher. Der Krieg ist aber schrecklich. Grau in Grau. Gesichter bleich und ermattet. Bei Tag und Nacht ziehen gebeugt, gebrochene Verwundete vorbei mit frisch blutenden Wunden. Alles ist zerstampft wie auf der Theresienwiese nach dem Oktoberfest. Das ungedroschene Korn wird den Pferden eingestreut. Tag und Nacht ziehen endlose Truppen und Kolonnen ab und zu. Man muss oft stundenlang an Wegkreuzungen warten.
Hier ist eine riesen Armee zusammengezogen. Prinz Ruprecht, mager und bleich habe ich zweimal gesehen. Die Kirchen sind in der Nacht beleuchtet und es liegen Verwundete darinnen.
Die Stimmung schwankt, einmal geht es einem gut, im nächsten Augenblick ist man wieder tief betrübt. Man greift mit allem nach jedem erholenden Augenblick. Heute ist der erste Tag, wo der Kanonendonner etwas nachlässt.
Seit Ingolstadt bin ich erst einmal aus den Kleidern gekommen. Tennen und Strohlager sind meine Liegestätten. Die Reinlichkeit lasst natürlich zu wünschen übrig. Man gewöhnt sich daran. Ich bin gesund und fühle mich ganz wohl. Manchmal mache ich mir am Feuer am Holzspieß einen Braten.
Meine Decke und Ölmantel sind Goldes Wert. Jetzt habe ich ein gutes, aber leider ein einäugiges Pferd. Die armen Tiere müssen oft Nächte lang angeschirrt im Freien stehen und an den Straßenrändern liegen so viele Tote.

Heute sind wir in Comines in Frankreich, wo wir morgen sein werden, weiß ich nicht. Ich höre, es geht nach Norden.
Über das Schreckliche des Krieges, gell Du verstehst mich, kann ich nicht viel schreiben. Aber Du darfst nicht glauben, dass ich mich geändert.
Bitte geh öfters zu Papa und Mama, beruhige sie und berichte.
Was macht Tommilein, ist er gesund? Hier laufen alle Kinder in Holzschuhen. Einen Kuss von mir, er soll mich nicht vergessen und Dir helfen und Freude machen. Ansichtskarten bekomme ich jetzt keine, weil wir fast immer im Freien oder in Bauernhöfen sind. Heute ist feuchter Nebel. Post soll weg gehen. Also Schluss. Sei umarmt und geküsst von Deinem, sich um Dich sorgenden Colomb.
Nehme einen Dienstboten, wenn Du zu Hause bleibst.
Wo ist Corneille? Viele Grüße an Storchl

****

42: 4. November 1914

Lieber Colomb!
Ob Du meine Briefe und Karten bekommst? Gleichviel, ich schreibe trotzdem jetzt wieder täglich, so hab ich mir's vorgenommen. Hast Du meine Gestrige? Deine zwei letzten vom 25. und 26. habe ich Papa und Mama gezeigt. Papa hat etwas Husten, sonst geht es allen gut.
Corneille ist ja ganz ruhig noch in Speyer, er hat sich wegen früherem Nierenleiden zurückstellen lassen. Storchl sagte auch zu Anderen vieles was sie selbst nicht tat.
Wenn ich nur wüsste, ob Du sicher meine Post erhältst? (..) Der Weltkrieg wird immer verwickelter. Und hier ist es unangenehm friedlich, z.B. bei Lisl das Obst einkochen und häusliche Leben wirkt oft Nerven verwirrend auf einem.
Alles Gute Colomb! Grüße und Küsse von uns. Deine treue Paula.

****

43: GNM
 6. Nov. 1914

Liebe l. P.
Heute Nacht mussten wir wieder mal im Freien campieren. Ich schlief im Wagen gut. Früh hat uns mein Tee gute Dienste getan. Eben, vielmehr heute den ganzen Tag lagern wir an einer Friedhofhecke. Deutsche Soldatengräber. In den Bäumen viele Vogelnester. Starke Nebel jetzt immer. Schlacht dauert an. Goya ist der beste Kriegsschilderer. Moderne Menschen in mittelalterlicher Beschäftigung. O! der Krieg.
Tommi Küsse und Du umarmt Dein Colomb
Noch keine Post

****

44:             GNM

                                        Comines, 8. Nov. 1914, Sonntag

Liebe Paula!

Wir sind immer noch in diesem Quartier, weil die Schlachtlinie sich nicht weiter vorgeschoben hat. Heute ist etwas Ruhetag. Gestern bin ich nach 24-stündiger Abwesenheit mit einem Fahrzeug und 3 Mann auch wieder hergekommen. Wir mussten an einer Kirchhofhecke warten, bis uns unsere Munition abgenommen wurde. Abends und morgens machten wir bei dichtem Nebel Lagerfeuer. Kochten und brieten uns allerlei. Als Sitz diente uns eine Totenbahre aus dem Friedhof. Ich war Koch und Anführer. In der Nacht wurde furchtbar geschossen. Die Deutschen machen jede Nacht Sturmangriff. Die Inder sollen sich furchtbar tapfer halten. Gefangen werden fast nur Franzosen. Im nahen Ort sind beide Kirchen voller Schwerverwundeter. Die leicht Verwundeten kommen scharenweis dahergeschlichen, Tags wie nachts. Manche sehen schrecklich aus. Oft gehen Franzosen wie Deutsche friedlich aber gebrochen nebeneinander. Hier alles gelber Lehm. Die Soldaten sehen gerade so aus, beschmiert und zerfetzt. Neulich nahm ich einen Verwundeten im Mondschein auf mein Fahrzeug, wickelte ihn in meine Decke und schaffte ihn in das Lazarett. Massengräber sieht man überall. Hier sind die Menschen schon apathisch, doch zu Hause muss der Schmerz groß sein. - Wo soll das enden? Dein Brief ist sehr gedrückt. Arme Paula, was kann ich tun? Ich bin wirklich auf keiner Vergnügungsreise. Wenn Gott will, kann ich aber dann auch für unsere Sache Beweise bringen. Wie alles wird, kann ich nicht sagen. Ob's bald vorbei?

Die Schlacht hier soll die Entscheidende sein.

Und zu Hause. Nehm einen Dienstboten. Die undankbare Rosa jage fort, sie ist ja dumm. Eben wird in der Ferne ein Flieger mit Schrapnell beschossen.

Viele Grüße . Hier sind noch viele Stare.

So sehe ich aus:

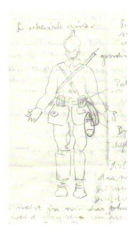

Schmutzig bin ich oft sehr. Aus den Kleidern komme ich nicht leicht. Nur die Stiefel ziehe ich so oft es geht aus. Heute Nacht ist wieder ein Gaul von uns verreckt. Arme Tiere.

Liebe gute Paula, das Wichtigste ist, dass Du schreibst, was mit Dir ist, ob Du gesund bist. Du weißt ja, wie das ohne hin ist, allein so weit weg sein müssen, nicht helfen zu können. (..)
Küsse Tommilein. Sei umarmt liebe Frau, sei nicht traurig. Alles geht, wies gehen muss. 1000 Küsse und Grüße Dein Colomb.

****

45:				GNM
Comines, 12. Nov. 1914

Deine 4 Karten und 2 Briefe in verkehrter Reihenfolge bekommen. Gott sei Dank endlich Nachricht. Du warst krank. Schreibst Du mir auch, wie es wirklich war? Arme Paula! Schone Dich recht und rege Dich wegen mir nicht auf, gell. Ess genügend und spare nicht zu sehr. Im Notfall kann ich Dir auch noch von meinem Geld schicken. Hier bekomme ich nicht einmal meine Löhnung los. (..)
Ich kann mir nicht denken, dass der Krieg noch lange dauern kann. Uns geht es ja noch annehmbar, wir sind doch meistens (die Menschen) in der Nacht unter Dach. Aber die arme Infanterie. Eben geht ein Wind wie in Stockvik[24]. Wir stehen bei der Schlacht vor Ypern.
(..) So ein Indianerleben habe ich noch nie geführt. Wenn's nicht schlechter kommt, halte ich es vielleicht aus. An das Wiedersehen traue ich mir nicht zu denken. Aber Sehnsucht habe ich oft große. Bete, dass der Krieg bald zu Ende ist. Neulich habe ich einen Buben gesehen, der ähnelte Tommi sehr. Das sollen unsere Feinde sein. Ich verstehe nicht.
Tausend Grüße und Küsse Dein Colomb
Meinen Ehering bringe ich nicht mehr vom Finger. Hornhaut.

****

46:				GNM
16. Nov. 1914

Liebe Paula!
Bekommst Du meine Post? Telegrafieren kann ich jetzt leider nicht, um Dich zu beruhigen. Es gibt keine Privattelegraphenleitung. Tante hat mir geschrieben. Das wäre nett, wenn sie auf einige Zeit zu Dir käme. Du sollst Dich aber nicht so um mich sorgen. Ein Zeugnis von Forell[25] kannst Du mir ja für alle Fälle schicken. Mein Darm ist eben aber besser, als von vielen anderen. Ich bekomm oft Milch zu kaufen. Das Wetter ist jetzt sehr schlecht. Sturm, Regen und Niesel. Der Boden ist knöcheltief Schlamm. Die Stiefel bleiben fast darinnen stecken. Nur gut, dass wir eben immer in der Nacht unter ein Dach kommen. Die Strümpfe trocknen dann ganz schön am Fuß im Stroh. Sind immer noch

24   Stockvik = in Schweden, erste gemeinsamer Urlaub, Bild siehe Lebensbericht
25   Forell = Arzt

an einem Fleck. Die Engländer wollen nicht weichen. Franzosen ergeben sich viele. Lange kann es bei dem Wetter aber nicht mehr dauern.

Zigarren wären mir (..) sehr willkommen und gewöhnliche Wollhandschuhe. Ein Büchschen Schuhfett wäre auch wichtig. Aber plage Dich nicht, gell. Liebe Paula, eben bin ich wieder 2 Tage vom Quartier weg. Vielleicht erwartete mich dort Post. Hier die einzige Freude. Sorge und denke immer an Dich
Dein Colomb

****

47:            GNM
                                    20. Nov., abends, 8 Uhr 1914
Liebe Paula.
Schon lange will ich Dir schreiben, aber immer geht es nicht. Den ganzen Tag im Freien, steife Finger, immer irgendeinen Dienst. Die letzten Tage war es ganz schlecht. Eisiger Wind und Regen und seit gestern Schnee und heute sogar ein Januarfrosttag. Du musst Dir vorstellen, dass wir immer bei jedem Wetter im Freien unter offenem Himmel am Feuer essen. Das heißt, nur manchmal kann man ans kleine Feuer. Holzmangel. Immer durchweichte Schuhe. Und ohne in ein Zimmer zu kommen, gleich auf einer zugigen Scheune schlafen gehen. Meist schon um 7 Uhr. In den letzten Nächten habe ich recht gefroren. Heute endlich, sitze ich nach 8 Tagen wieder an einem Tisch in einer geheizten Stube. Rauche eine gute Zigarre die mir Zusi Georgii[26] per Feldpost geschickt (sehr nett von ihr) und Deinen lieben Brief habe ich vor mir. Hast Du also endlich Post von mir? Am Tisch sitzen leider auch noch 6 Soldaten die durcheinander schreien. Also gesammelt bin ich nicht recht. Die Hauptfreude, dass es Dir gutgeht und Tommi.

----

21. Nov.
Natürlich gestern Abend um ½ 10 Uhr, kaum habe ich mich gesetzt, Dir zu schreiben, mussten wir ausrücken bis nach 1 Uhr nachts. Sternenklar, starker Frost, -2 -3 Grad Kälte. Bei Fackelbeleuchtung Munition fassen.
Dafür habe ich aber zum ersten Mal in einem bettartigen Ding in einem Zimmer geschlafen und mich teilweise ausziehen können. Welcher Genuss! Und stelle Dir nur vor, eben habe ich sogar meinen Oberkörper gewaschen und ein frisches Hemd nach 4 Wochen angezogen, welcher Genuss!
Also, deine Karten, Briefe habe ich glaube ich alle bekommen. Paket keins noch. Du kannst Dir meine Beschäftigung nicht vorstellen. Wir fahren von den Orten Lille und Tourcoing Munition an die Nähe der Front. Wir müssen sie dann an eine leichte Kolonne überladen, welche die Granaten der Batterie bringt. Wir haben ein Standquartier, wo die Pferde und wir ausruhen und bei Pausen liegen. Hier steht alles furchtbar dicht

26 Zusi = Irene Georgii, Tochter von Adolf von Hildebrand, siehe Lebensbericht

und die Schlacht geht nicht recht vorwärts, darum sind wir so lange an einem Ort. Wir sind in einem Bauernhof. Wir haben auch sogar schon Straßen repariert. Der Schnee und die Kälte sind etwas Abnormes dieses Jahr. 2 Wochen war jetzt fast ununterbrochen Kanonendonner und Gewehrfeuer Tag und Nacht zu hören. Wir hatten uns schon daran gewöhnt. Ein paar Mal schlugen verirrte Englische Granaten 100 m vor uns ein. Seit 2 Tagen ist es fast ganz still, was wird dies wohl bedeuten.

Nachts ist fast immer der Himmel von Feuerbrünsten gerötet. Es ist schrecklich, was alle Menschen hier leiden müssen.

Jetzt habe ich schon wieder Angst, ich werde unterbrochen, darum noch schnell einiges Wichtiges.

Bist Du am End so lieb, mir per doppeltem Brief (so hat Zusi auch die Zigarren geschickt) etwas Klosettpapier, etwas Zucker und ganz billige oder alte Wollhandschuhe von mir zu schicken. Die Ledernen sind herrlich, zum Arbeiten aber schade. Auf Dein Weihnachtspaket freue ich mich sehr. Du bist sehr lieb. Wenn Du gelegentlich etwas Marsöl schicktest wäre auch sehr schön. Meine Wickelgamaschen bereue ich sehr, nicht mitgenommen zu haben. Hier reiten viele damit. Ob man sie wohl schicken könnte? Gell, nur immer Wünsche habe ich. Aussehen tun wir wie die Russen.

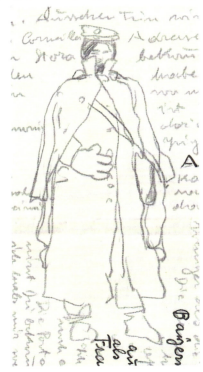

Vielleicht sehe ich Georgii noch mal heraussen. Der wird aber schauen. Die meisten stellen sich einen Krieg doch anders vor. Allerdings leiden Offiziere und dergleichen viel,

viel weniger als die Masse. Die Bayern hier haben fast oft mehr Hass auf die Preußen als auf die Franzosen.
Ich hab nur noch einen Sporn. (..)
Jetzt Schluss, 1000 Küsse und Grüße, auch an Tommi
Dein Colomb

****

48:                    GNM
                                                              Comines, 22. Nov. 1914
Liebe Paula Frau.
Jetzt bin ich seit zwei Tagen in einem besseren Quartier. Bauernhof mit gemütlicher Stube. Blumen am Fenster. Eine arme Bäuerin, deren Mann im Krieg ist. Alle Pferde und Kühe außer 3 sind ihr genommen. Ich schlafe mit 2 Soldaten in einem Zimmer auf einer Matratze, sehr gut. Seit 3 Tagen wird fast gar nicht mehr geschossen. Es heißt, wir bleiben vielleicht hier viele Wochen?
Zeichnung dass Du unsere Lage bissl vorstellen kannst.

Da bin ich mit 20 Pferden und 9 Mann

Von da fahren wir zum Fassen nach Lille oder Tourcoing oder zum Abgeben mit 3-4 bis 14 Fahrzeugen auf der Straße über Comines gegen Ypern.

Bei zwei Fahrzeugen ist immer ein Unteroffizier. Je nach Zahl der Wägen werden die Unteroffiziere abgewechselt. Oft werden die Wägen an der Ablieferungsstelle nicht alle leer, da müssen sie warten 1-2 Tage im Notquartier. Das hat mich auch manchmal getroffen. Jetzt wird wenig geschossen, daher brauchen wir weniger tun. Heute Früh waren wir sogar in einer ganz netten Kirche. Die Ministranten machten Soldaten in Uniform. Kalter Wintermorgen, Sonne, sicher 5 Grad Kälte. Alle Teiche sind tragfähig zugefroren. Die Stare singen aber immer noch. Ich habe mir Holzschuhe ausgeliehen, die sind sehr schön warm zu Hause.

Milch und Butter gibt es auch in Fülle. Zusi Georgii hat mir Ölsardinen geschickt. Wirklich nett von Ihr. Von Dir habe ich noch kein Feldpostpaket. Du hast es am End zu gut gemeint und das Paket zu schwer gemacht.
Wenn wir über Weihnachten hier bleiben müssten, wäre es nicht der schlechteste Platz. Wie geht es Tommi, wieder gut? Bei uns herrscht nur Zahnweh, sonst sind alle ziemlich gesund. Meine Kameraden sagen, dass ich sogar viel besser aussehe, als in Ingolstadt. Sehr nützlich war mir mein Ölmantel gegen Nässe und jetzt beneiden mich alle um meine Pelzhandschuhe. Ich habe Schweinefett ausgelassen und sie damit eingerieben. Gestern habe ich mir sogar ein Hemd waschen lassen.
Hast Du kein Dienstmädchen? Plage Dich nicht zu arg, gell. Jetzt kommen schon wieder Wünsche:
I. Mein französisches Notizbuch (im roten Bücherkasten)
II. Einen ganz kleinen Taschendictionar. Die Zigarren kannst Du auch so schicken. Brauchst mir nicht unter Pflaumen verstecken. Nach Obst und Gemüse habe ich große Sehnsucht. Das bekommt man hier nie. Also Getrocknetes macht mir große Freude. Ich schicke Dir schon wieder einmal 5-10 Mark, wenn Du so viel für mich ausgibst. Die Leute hier sagen, das Wetter ist abnorm. Diese Kälte!
Es ist so, wenn wir in einer Stadt zum Fassen sind, laden wir am Bahnhof ein. Da müssen die Unteroffiziere dabei sein. Kaum sind wir fertig, heißt es wieder fort. Man reitet an den schönsten Läden vorbei und kann nichts kaufen. Außer man erwischt einen Straßenhändler und kauft vom Pferde aus. Jetzt waren wir viele Tage mit Straßen ausbessern beschäftigt. Hast Du eigentlich meine Reisetasche aus Ingolstadt bekommen? Hast Du Troger[27] wegen den Fotos gefragt? Die Soldaten drängen mich immer wegen den Fotos. Ich möchte welche bestellen.

Tommi ist also brav und lieb. Sage viele, viele Grüße und ich schicke ihm Küsse so viele wie die Sterne, wenn ich nachts draußen bin. Natürlich auch Dir. Also schlaft und lebt glücklich und wir wollen alle um den Frieden beten. Dein Mann in Liebe Colomb
Gell, lese Papa und Mama meine Briefe vor oder erzähle ausführlich. Papa lasse ich gute Besserung wünschen. Wollte eben ihm schreiben, habe aber keine Karte und kein Kuvert mehr.

---

27 Troger = Fotolabor in München

****

Brief von Gabriel von Max

49:                GNM

München, 23. Nov. 1914

Oh, mein Colomb!
Die emsige Paula will heut ein kleines Kistchen an Dich absenden, als Ausfüllung leg ich mein Halstüchel bei. Ich such und such und finde nicht das, was Dich anheimeln könnte. Selbst die Hand ist schreiblahm. Dieses Wetter! Könntest Du dünne lange Pelzstrümpfe gebrauchen? Wenn geschäftlich ein bisschen …. sich rühren würde, aber alles ist erstarrt. So oft sie Nachricht hat, kommt die liebe Paula es mir mitzuteilen. Man möcht aus der Haut fahren, dass man nicht umgehend Deinen bescheidenen Wünschen nachkommen kann. Nun kann es aber nicht mehr lang dauern.
Was soll ich Dir weiter schreiben? Die Unsichtbaren behüten Dich, komm bald zu Deinem Vater
G.v.Max

****

50:                GNM

So Halo (?) bei Comines, 25. Nov. 1914

Liebe Paula
Dein Feldpostpaket mit den süßen Schnitten habe ich bekommen. Herzlichen Dank. Sie haben mir gut geschmeckt und ich hab beim Essen immer an Dich gedacht. Wir bleiben nun wahrscheinlich länger da. Zum Glück sind wir in einem guten Quartier. Jetzt ist wieder wärmer, aber Regenwetter. Die zwei letzten Tage war ich immer bei Holz requirieren. Da hab ich auch verlassene zerstörte Häuser gesehen. Ein Jammer: Schöne alte Truhen sind herausgeworfen und werden zerschlagen. Der Inhalt armer Leute herumgestreut. Manchmal könnte ich doch zeichnen. Bitte schicke mir ein Skizzenbuch mit hartem Einband und Tonpapier. (grau, nicht zu glatt, oder gelbgrau) dann farbige Kreide: weiß, kaltrot, braunrot, gelb, ockergelb und ultramarinblau und einen Radiergummi. Skizzenbuch ungefähr 10 x 20 cm. Deine letzte Nachricht habe ich vom 14. Nov., Deinen lieben Brief.
Zeitungen (Neueste) bekomm ich manchmal zu lesen. Wenn's nicht zu teuer ist, möchte ich sie gerne abonnieren. Der Papst scheint endlich ein Christ zu sein.
100 Grüße und K.
Dein Colomb Max

****

51:   GNM

Le Halo (?) bei Comines, 26. Nov. 1914

Liebe, liebe Paula!
(..) Gute Paula, Du sorgst Dich um mich. Wir haben aber jetzt bessere Tage. Wenig Dienst. Wir haben eine Hütte in der gegessen und gekocht wird. Eine große Wohltat. Überhaupt, wir alle haben uns wie bei einer Expedition eingehäuselt und für den Winter eingebaut. Da gibt es die abenteuerlichsten Quartiere in Speichern und Schuppen. Öfen und Fenster werden gemacht und Löcher mit Lehm und Stroh verstopft. Das misslichste ist der Laternen und Sichtmangel an dem wir leiden. Ewige Nacht. Stroh, Kohlen und Holz haben wir in Mengen gesammelt. Wenn Du mich sehen würdest, wie ich in meinen Holzschuhen im Hofe und Haus herumstolpere. Um 6 Uhr wecke ich alle meine Leute. Die müssen Pferde warten. Ich mache Feuer in der Stube. Ein Mann holt Kaffee im Hauptlager. Wir kaufen uns zusammen Milch und frühstücken bei Laternenschein. Dann geht es hinüber und der Tagesdienst wird verlesen. Abends geht es wieder so. Ich habe aber rechte Lumpen unter meinen Leuten. Grantig und zänkisch sind alle. Keiner gönnt dem anderen was. Gestohlen wird wie in Ingolstadt. Es ist sehr schwer gerecht zu sein. Wenn sie Zeit haben, spielen sie immer Karten unter Flüchen, so lange bis sie sich wieder verzanken.
Mein Adressbüchel ist wieder zum Vorschein gekommen bei einem dieser meiner Schutzbefohlenen. Das Soldatenleben im Simplicius Simplicissimus ist gar nicht übertrieben geschildert. Nett ist, dass einer von meinen Leuten sehr nett Mundharmonika spielt. Ich hab ihm meine geschenkt. Ein anderer spielt zweite Stimme auf dem Kamm. (..)
Hier an den Bauernhöfen sind überall außen große Räder. Die sind zum Treiben der Buttermaschine.

Zwei Hunde müssen darinnen immer aufwärts laufen. Eigentlich eine Schinderei. (..) Danke Dir für das Attest von Forell. Das werde ich bereithalten

Oh liebe Paula, Du weißt gar nicht, wie ich immer an Dich denke und nicht erwarten kann, dass dieser Zustand ein Ende nimmt. Ich halte aber schon aus mit der Hoffnung eines Wiedersehens, wenn nicht bald, so doch einmal.
Viele Grüße an alle. Wackerle, Nagers, Storchl, Tante, Kuppelwieser, Corneille, Friedel habe ich Karten geschrieben. Beissbarths habe ich die Adresse verloren gehabt. Werde demnächst schreiben.
Jetzt schicke ich den Brief ab in der Hoffnung, dass Du ihn bekommst. Tommilein Küsse und Grüße. Sage ihm, mein Pferd kann Flieger nicht leiden. Sobald es ein Auto hört, schaut es mit seinem einzigen Auge in die Luft und wird unruhig.
Umarmung Dir liebe Paula und Dank was Du für mich tust.
Dein Colomb

****

52:             GNM
                                                                    03.12 1914
Liebe Paula
Wie es im Krieg geht, über Nacht ist alles anders. Wir sind plötzlich in eine Stadt gekommen. Pferde in Ställen mit elektrischem Licht. Zu Kaufen bekommt man auch fast alles. Farbige Kreide, Tusche, nur Tonpapier nicht. Obst und Gemüse, frisches. Wie lange wir bleiben ist aber die Frage. Jedenfalls genieße ich die Vorteile der Stadt sehr. Heute bin ich Wache habender. Unsere Kolonne steht an einem solchen Kanal. Ich meine, ich bin am

Nymphenburger Kanal. Das kam sehr unerwartet. Unsere Winterquartiere mussten wir verlassen. Von Storchl habe ich Zeitung bekommen.
1000 Grüße und Küsse, Dein Colomb

****

53:                    GNM
                                        Tourcoing, (Roubaix), 5. Dez. 1914
Liebe gute Paula!
Heute bin ich mit Post überschwemmt worden. Von Dir. Lieben Brief mit Klosettpapier. Gestern dasselbe von Storchl. Dann Zeitungen von Dir und Storchl. Ölsardinen von Heini. Eine Schachtel Zigarren von Alois. Alles natürlich furchtbar gefreut. Nur trifft das alles ein, wo ich wie Gott in Frankreich lebe. Wie Du weißt, wir sind in einer Stadt. Wir bekommen täglich 5 Franken, müssen uns selber versorgen. Hier gibt es alles zu kaufen, ich staune, manches sogar billiger, als bei uns. Z.B. Ölsardinen kosten die Hälfte. Äpfel sind billig. Gemüse, sogar Zigarren gibt es. Die Leute sind freundlich und entgegenkommend. Besonders die Flamen haben den Ulenspiegelcharakter. Alles Sozialdemokraten, die den Krieg nicht wollten. Wahrscheinlich bleiben wir längere Zeit hier. Wir haben eben weniger zu tun. Unsere Batterien auch. Das habe ich nicht erwartet. Es tut mir leid, dass Du jetzt Dir vielleicht so viel unnötige Mühe mit schicken gemacht. Die Vorräte werde ich mir aber alle im Kistel aufheben.
Heute war ich in der Stadt einkaufen. Farbstifte, Tonpapier.
Es gibt so viele nette Sachen, besonders Schuhe, aber ich kann nichts schicken. Geld werde ich Dir aber schicken, ich kann alles ja gar nicht brauchen.
Morgen habe ich Urlaub nach Lille. Da schicke ich 2 Zeichnungen an Langheinrich[28] ab, die ich gemacht. Die eine stellt ein Grab eines Bayrischen Landwehrmannes dar, den wir begraben. Täglich sangen viele Stare sein Grablied. Vielleicht schaust Du mal hinüber, ob der Brief angekommen.
Es ist so dumm, dass unsere Nachrichten immer falsch ankommen. Wenn es mir gut geht, bekommst Du meine Briefe aus schlechter Zeit und umgekehrt. Hier ist viel Sturm, wie in Stockvik. Oft recht kalt. Ich sitze in einer kleinen, fast an Italien erinnernden Schenke beim Wein. Vom Krieg nichts zu merken.
Jetzt Schluss, die Leute müssen schließen. Den Brief möchte ich morgen in Lille aufgeben, also gute Nacht, 1000 Grüße und Küsse, vielen Dank, Dein Colomb

****

54:                    GNM
                                        Mouvaux bei Roubaix, 13. Dez. 1914
Liebe Pauluscha!

---

28   Langheinrich = Redakteur der Zeitschrift „Die Jugend"

Ich habe jetzt wohl oft Zeit, komme aber doch nicht zum Schreiben. Also seit mehr als 8 Tagen sind wir die Hanse im Glück. Bekommen Geld und alles zu kaufen was wir wollen. Ich kann mich nachts ausziehen und hab mit einem Unteroffizier ein schönes großes Bett. Eine Hausfrau mit Kind und Großmama macht uns Kaffee und was wir wollen. Ihr Mann ist im Krieg. Sei beruhigt, sie ist nicht schön. In der Früh müssen wir leise sein, mit den großen Stiefeln Zehen gehen, weil das Kind schläft. Sonst werden wir aber gut behandelt. Die gutmütigen deutschen Barbaren. Wir teilen unser Essen mit den Leuten, die ja den Krieg gar nicht verstehen oder begreifen. Sie leiden nur sehr darunter. Das schwierigste ist, Brot zu bekommen. Das Billigste: Ölsardinen.

Wir sind in der Stadt, wo wir gleich am Anfang mal waren. Hier sind einige Städte (**Fabrikstädte**) ganz nah beisammen. So wie München Pasing.

Hier ist also nun unser Hauptquartier. Ab und zu müssen Fahrzeuge von uns in die Stellungen hinaus Munition abgeben. Mich hat es noch nicht getroffen, aber wahrscheinlich bald.

Alle Truppenteile die hier sind, haben jetzt für den Winter bessere Quartiere. Ich bekomme jetzt alles, was früher schon erwünscht gewesen wäre. (..) Der Krieg wird anscheinend noch lange dauern und ich noch dankbar für alle die Sachen sein.

Hier ist viel Dickensstimmung. Dann sieht man viele Wohnungen a la Euch: Victoriastraße. Olly Typen. Schöne Salons, die mit großem Schmerzen Soldaten überlassen werden. In unserem Wachtlokal stehen zwei reizende Papierblumenvasen. Gold mit blau und grün aus der Napoleons Zeit unter Glas. Aber die Leute hängen so an den Sachen und mitnehmen kann man's ja auch nicht.

Es wäre ja ganz angenehm, wenn wir hier Weihnachten verleben könnten. Unserem Leutnant hat das Christkindl das Eiserne Kreuz gebracht.

Wieder ein Tag vorüber

Unterdessen: Zigarren von Alois, Hemd von Zusi, Deine Briefe und Karten von 1./3. Dez. und Brief von 30. Nov., sowie Sprachbüchlein von Dir und ein Paket mit Schokoreis und Schokolade ect. von Tante bekommen. Jetzt kommt wirklich alles zusammen und ich hab es <u>unheimlich</u> gut. Die Jugenden habe ich auch alle bekommen. Auch die mit meinem Erzengel. Dir liebe Paula, 1000 Dank für alles. Ich schäme mich ja ganz, so gut habe ich es.

Gestern haben wir sogar in einem Bad in der Stadt baden dürfen. Das war eine Wonne! Dein Brief hat mich wirklich erheitert. Nur Tommis Hüsteln sollte aufhören. Hier ist das Klima eigentlich viel besser als in München. Selbst die Soldaten bekommen eine gute Hautfarbe.

In Lille erscheint jetzt eine deutsche Zeitung. Da soll ich auch was dafür zeichnen. Aber leider kommt man doch nie zur rechten Ruhe. Hier hinter der Front wird man noch mehr mit Appellen und Diensten geplagt. Ich sehe, dass ich mehrere Pakete nicht erhalten habe. Vielleicht bekomme ich sie noch. Deine Adressen sind auch ganz richtig. Es ist eben Schuld von meinem Wachtmeister, der jeden Tag fast eine Andere verliest. Du kannst keine Vorwürfe bekommen. Heute ist Sonntag und ich habe bissl mehr Ruhe.

55:                    GNM
                                                                    13. Dez. 1914
Liebe Paula!
Anbei ein Gedicht von einem 19 jährigen Kanonier von uns, der mein Bild gesehen (**für die „Jugend"**) und dieses Gedicht gemacht.
Ich habe ihm versprochen, es mit vorzulegen. Am besten Du bist so gut, es mal drüben zu zeigen. Es ist ja sehr jugendlich geschrieben. Ich weiß ja auch nicht, ob die „Jugend" mein Bild brauchen kann.
Es ist ein bayrischer Landwehrmann. Hat 3 Kinder zu Hause. Er wurde von einer Fliegerbombe getötet. Man ließ ihn liegen. Wir haben ihn unter einem Baum begraben. Eigentümlicher Weise versammelten sich die Stare oft auf diesem Baum und sangen ihr Abschiedslied. Langheinrich könnte da auch ein Gedicht darüber machen.
Viele Grüße Dein Colomb

Ich glaube dieser Brief wird auch der Christkindlbrief.
Also ich komme im Geiste zu Euch an diesem Abend und wünsche Euch alles Gute. Wo Du den Abend verbringen wirst? Jedenfalls mache Tommi einen netten Baum und hänge Küsse von mir darauf.
Und wir 2 wollen tapfer sein und innigst um den wirklichen Frieden im Himmel und auf Erden beten.

Anbei mich in Papier. Hoffen wir auf gutes Ende.
Sei umarmt und geküsst und bedankt ebenso Tommilein.
Dein Colombo im Feld

****

56:   undatiert

Mein lieber, lieber Colomb!
Endlich kann ich morgen Dein Päckchen abschicken. Ach, was ist darinnen, so weniges eigentlich, aber was kann ich Dir hinaus – da hinaus – schicken?! Es ist nicht wie ein anderes Weihnachten und doch schenke ich mit doppelter Liebe. Mein Herz schicke ich förmlich in dem Kästchen mit. Das Kistchen ist ja seit langem meine einzige Beschäftigung. Was ich alles darum herumrede, wirtschafte und darüber vergesse und deswegen zerstreut bin!!
Du bekommst ja noch von anderen Päckchen und so wirst Du zusammen doch allmählich allerhand bekommen, was Du brauchen kannst. Hier in dem Kästchen findest Du vor allem als Weihnachtsmittelpunkt das selbstgeputzte Bäumchen an dem nur wenige Schoklädchen und großartig in Silber – und Goldpapier gewickelte getrocknete Pflau-

men. Ich meine immer ein so wenig <u>wert</u>volles, aber liebe<u>volles</u> Paket, müsste seinen Eigentümern doch sicher erreichen. Das ist mein herzlichstes Hoffen. Tommi's Brief, Zeichnung und modellierter „Vati" sind beim Bäumchen. Auch die feldgraue Halsbinde mit „Colombo" bestickt. Oben in den Ecken stecken 5 Schächtelchen Liebigpillen von denen 4 von Papa sind. (Papa's Kistchen kommt morgen noch eigens fort). Das Schönste im Kistchen sind gewiss die weißen Socken von Olly, so wunderbar gestrickt. Von ihr ist auch das Feldwaschmittel „Kiri" samt dem bunten Einwickellappen. Auch der Quäkers Schokoladereis. Einige getrocknete Bananen sind wieder von mir und ein paar Haselnüsslein, einige Plätzchen, 3 Lebkuchen, einige Zigarren. Dann sind noch ein paar Socken, von Frau Geer gestrickt, dabei. 4-5 ältere Taschentücher sind zum Einwickeln benutzt und zwei Zeitung Vorderseiten liegen oben auf.

Ich glaube aber fest, dass Du fühlst, was fest zwischen allem liegt. Unsere innigen Wünsche werden Dich immer erreichen. Wir denken und leben ja nur für Dich. Ich als Erwachsener, ein Teil von Dir und Tommi als ein Teil von mir. So viel es überhaupt ein Kind kann, liebt Dich Tommi und hat am Kistchen stets mitgeholfen. Die Krawatten sind von uns zusammen genäht (er hat die Maschine dazu gedreht). Nur ein Gedanke erfüllt uns: Dass Du bald gesund und froh zu uns kommst.

Sei froh, wenigstens an diesem Tag, an Weihnachten! Wir denken nur an Dich!! Tausend innigste Küsse, lieber Colomb, lieber Vati, wir sind bei Dir!
Deine treue Frau Paula.

****

56 a.   Brief von Tommi

Lieber Vati!
Zu Weihnachten einen Kuss
und dann gar keinen Verdruss.
Komm bald zurück.
Mit gutem Glück.
Hoffentlich ist der Krieg bald zu End,
dass wir nicht so lang getrennt.
Dein Tommi

57:		GNM

Roubaix, 20. Dez. 1914

Liebe, gute, meine Paula
Ich bin überschwemmt mit Post. Kann Deine lieben Briefe gar nicht so oft durchlesen wie ich wollte. Und all die Pakete und heute gar noch die zwei großen Weihnachtskisten (Du und Papa). Ich schäme mich ja ganz. Die Kistchen habe ich noch gar nicht eingehend durchsehen können. Darüber werde ich noch ausführlich schreiben. Nur jetzt so viel, dass ich tief gerührt bin. In Deinem schönen lieben Weihnachtsbrief habe ich auch hineingespitzt. Richtig wird er am Weihnachtsabend gelesen. Ich fühle mich wirklich gar nicht mehr einsam. Du stellst in früheren Briefen so viel Fragen, dass ich schnell ein paar Zeilen schicke.
Wenn ich so stundenlang auf dem Pferd sitze, fällt mir so vieles ein, was ich Dir schreiben muss. Wenn ich schreibe, fällt es mir nicht so rasch ein, wie es müsste. In letzter Zeit war ich öfters beim Abliefern. Auch heute die ganze Nacht bei strömendem Regen und Sturm am Pferd. Stockdunkel. Am ganzen Horizont Leuchtkugeln und Scheinwerfer. Das Gute ist, dass wir jetzt immer wieder in ein gutes Quartier zurück kommen, wo man sich trocknen kann.
Also Deine Fragen: Bitte keine Sporen schicken.
Meine Schreiberei wird immer recht trocken, ich kann Deine Briefe eben nicht gleich beantworten und beim Schreiben auch nicht wieder alles durchlesen.
Deine Hauptfrage ist wegen Deiner Lebenseinteilung und Wohnung. Es ist mir so schmerzlich, wenn Du Dich so arg einschränken müsstest. Mit dem besten Willen weiß ich nicht, wie Dir jetzt notariell zu helfen. Zum richtigen Arbeiten komme ich nicht. Von dem, was ich mir von meinem Lohn erspare, wirst Du nicht weit kommen. Mit anderen zusammen Haushalten ist praktisch gedacht. Um Unterstützung anzuhalten ist nicht unehrenhaft. Unter den jetzigen Verhältnissen ist es nicht ohne Aussicht. - Jedenfalls kannst Du es mit meinem roten Militärzettel probieren. Auch mit dem Künstlerunterstützungsverein kannst Du es versuchen. Beides aber vielleicht erst, wenn es gar keine anderen Aussichten mehr gibt.
Wegen der Wohnung würde ich in diesem Sinn mit der Hausfrau sprechen, dass Du leider gezwungen bist, die Wohnung aufzusagen, außer sie ließe die Miete, solange der Krieg dauert zur Hälfte nach. Geht sie nicht darauf ein, so kündige. Vermieten tut sie die Wohnung bis zum Frühjahr ja doch nicht. Besonders, wenn Du etwaigen Reflektanten die Nachteile derselben sagst. Uns bleibt dabei für das Frühjahr freie Hand.
Wegen meiner Bilder lasse ich Dir freie Hand. An Studien hänge ich meistens mehr als an Bildern. Eben fällt mir ein dass Du mein Sparkassenbüchel hast. Dort kannst Du auch ungefähr 60 M Zinsen abheben. Sehe nicht zu schwarz, es wird schon wieder werden. Wenn ich nur bald und ganz zurück käme.
Heute bin ich müde, weil gar nicht geschlafen, ich schreibe darüber noch mehr.

Handschuhe, Skizzenbuch (schönes), Wickelgamaschen und alles bekommen. Tausend Dank kann ich nur sagen.

Und das neue Jahr überrummelt uns auch schon wieder. Was ich Dir und Tommi dafür erbete, weißt Du ja. Ich kann mich nicht in Worte fassen. Dies nur im Falle, diese Zeilen, die letzten in diesem traurigen Jahre sein sollten.
Anbei einige Foto, die ich hier entwickeln ließ. Zwei von Ingolstadt (Abreise) eine eines meiner Quartiere in Belgien, Ende Oktober.
Tausend Küsse Dir und Tommi
Dein Colomb
Außen auf dem Kuvert:
Diesen Brief, Heute der 4. Januar zurückbekommen. Unbegreiflich
(…)
23. Dez. abends
½ 12 Uhr. Heute Nacht habe ich doch nicht weg müssen. Dafür habe ich von heute auf morgen Wache. Da habe ich immer am meisten Zeit zum Lesen und Schreiben. Aber selbst hier liegt Weihnachtsstimmung in der Luft. Heute Abend kommen so viele Weihnachtspakete an in Post. Auch ich bekam zwei Kisten (Storchl und Beissbarths). Ersteres habe ich aufgemacht, letzteres ist das Allergrößte, das ich je bekommen. Wird morgen geöffnet. 2 liebe Briefe von Dir, einen von Mama und eine Karte von Zusi. Dann die neuesten Zeitungen. Da hab ich so viel auszupacken und zu lesen gehabt, dass es schon so spät geworden ist. Die Wachablösung schnarcht neben mir, sonst ist alles still. In den Weihnachtstagen sind wir aber doppelt wachsam und bewaffnet, nach höherem Befehl. Also wieder herzlichen Dank Dir für alles. Ich weiß nicht, wie ich mich im Detail ausdrücken kann. Deine Briefe sind so lieb und eingehend und meine kommen mir immer so oberflächlich vor. Ich möchte immer, komme aber nie über das Nötigste weg. Es gibt immer so viel zu danken, zu sagen, dass dies immer schon einen Brief ausmacht. Also morgen ist Weihnachten. Am liebsten würde ich allein sein. Aber wir werden es zusammen feiern müssen mit Gesang und Trinken. Dein Kistchen wird aber doch erst morgen eingehend besehen und Dein Brief mit Andacht gelesen und Bäumchen angezündet. Ach Gott, mir ist so gar nicht weihnachtlich, wie können die Menschen jetzt dieses Fest feiern.
Deine zwei Briefe bringen wieder so viel Neues zu besprechen, wo anfangen, ich kann Dir nicht nachkommen. Glücklich bin ich, dass es Dir gut geht. Warum bekommst Du aber keine Post von mir?
Sei nicht unglücklich, dass Du kein Glück mit meinen Bildern hast. Mein internationales Geschmier ist ja jetzt auch gar nicht Zeitgemäß. Lass, meine Sachen müssen jetzt in der Zeit des Todes nur Ärgernis erregen. Wenn ich hier oder zu Hause nur zum Arbeiten käme, ich würde sehr zeitgemäßes machen. Natürlich bin ich Mitglied im wirtschaftlichen V.B.K., war bei der Gründung dabei. (..)
Liebe Paula, mir geht es ja sehr gut, ich werde von Dir und Freunden verhätschelt, aber doch verliere ich schon die Geduld, so lange nichts tun und nur verrohen. Die Menschen

sind blind. In den Zeitungen steht nur rohes oder süßliches und sentimentales Zeug von unscharfen Beobachtungen. Wir führen hier den reinsten Festungskrieg, darum ändert sich auch unsere Lage nicht. Wir dürfen aber Gott danken, dass wir hier so gut untergebracht sind.

Zwei Dinge gehen mir nur ab. Erstens dass ich seit zwei Monaten keine Kirchenglocke mehr gehört. (Die Glocken dürfen nicht läuten) und zweitens kein frisches Wasser getrunken. Ich esse jetzt Mittags mit vielen anderen in einem sog. „Estaminet" (**Schenke**), gut und billig.

Wirtsleute: Flamen. Die Flamen von denen es hier viele gibt, sind eine sympathische Rasse. Groß, stark, offen, lebenslustig, derb und immer freundlich. Meist blond mit großen Zügen. Die hiesigen Franzosen sind sehr gemischt, auch liebenswürdig aber ernster und oft sentimental. Von unserer Wirtin mit Kind sind wir weggezogen. Sie hat es mit dem Kind zu arg gemacht. (Eine zweite Milla). Da habe ich lieber das Schlachtfeld geräumt. Jetzt wohnen wir in einer Wirtschaft, aber leider auch zu zweit in einem Bett, aber sauber und gut. Also ich habe momentan wenig Anspruch auf Mitleid.

Einer von unserer Kolonne ist jetzt wegen Untauglichkeit nach München zurück gekommen. Er ist bei der „Jugend" Packer, wird Dich vielleicht aufsuchen von mir Grüße bringen.

Heute hat das Christkindl mir viel gestreut, könnte ich's auch Euch. Morgen komme ich auf Gedankenflügel zu Euch. Gute Nacht, schlaft gut.

Un, deux, trois Gut Nacht lieber Tommi, mein Tommi gut Nacht.

Und Dir viele Küsse, Dein Mann Colomb

(Muss doch bissl schlafen)

24. Dezember 1914

Guten Morgen liebe Paula und Tommi. Also heute ist Weihnacht. Hier hat es gefroren, kalter Nordwind. Der Mantel war auch bissl dünn in der Nacht.

Die Wickelgamaschen haben mir herrliche Dienste geleistet. Jetzt konnte ich meine Reitstiefel mal endlich trocknen und gut mit der Weihnachtsschmiere schmieren. Neben mir wo der Wachtmeister ist, raschelt das Christkind mit Liebesgaben. Ob's wohl heute noch was zu fahren gibt?

Seit zwei Tagen hört man gar nicht mehr schießen.

Dann wird das Paket von Beissbarths geöffnet.

Also den Brief schnell wegschicken. Nochmals 1000 Grüße

Dein Colomb

****

Aufgenommen den 22. Okt. 1914, Ingolstadt

****

Brief von Gabriel von Max an Colombo

58:              GNM

München, 28.12.14

Mein Colomb! Colomb!
Ob Du wohl meine Briefe bekommst! Ich kann Dir zwar nichts anderes schreiben, als wie Paula Dir schreibt und immer jammern wird Dir fad.
Die dummen Feiertage sind vorbei, finster, kalt, ekelhaft. Freche Nachbarbuben haben die Butzenscheiben am Übergang eingeworfen, Anzeige, Kampf, ect, ect. Alles stockt, Fluchen überwiegt das Beten, die Augen trocknen aus, so geht das miserable Jahr zu Ende. Wünsche schreiben ist albern. Wenn das Meer England verschlingen würde, Frankreich durch Erdbeben zerstört und Russland sich selbst töten würde, dann, dann könnte man wünschen anfangen.
Komm gesund wieder in meine Arme so lang ich noch lebe, das ist meine Sehnsucht. Paula scheint fort zu sein. Stora wohnt bei Nager. Ernestine hat geschwollenes Gesicht, mit Zahnweh zu tun.

Was im Himmel leer ist, kann ich mir nicht denken. Die Unsichtbaren seien schützend um Dich!
Dein alter Vater
G. Max

Ernestine schreibt Dir extra. Papa.

****

25. Dez. 1914, Roubaix
(aus Colombos Skizzenbuch)

****

59:
                                                                                             28. Dez.1914
Liebe, liebe Paula!
Weihnachten ist vorüber. Wir haben es gefeiert mit Münchner Bier, aber zur Beschaulichkeit war keine Zeit. Ich habe geholfen einen Saal schmücken. Der Baum war geschmückt und brennende Kerzen. Alle: Heilige Nacht gesungen. Liebesgaben verteilt worden. Äpfel, Lebkuchen, Zigarren, Karten, Wollsachen. Stille klare Mondnacht. Kein Schießen zu hören. Vorm Schlafengehen Dein Bäumchen noch angezündet und Dein und Tommis Brief gelesen. Du hast so hübsch und lieb geschrieben und Tommi auch. Ich habe ja ein großartiges Weihnachten gehabt. Nur Ihr alle habt gefehlt. Beissbarths haben unheimlich viel geschickt. Alles kann ich aber sehr gut brauchen. (1 große Flasche Benediktiner, Tee in allen Formen, Zucker, Lebkuchen, Biskuit, Fleischkonserven, 2 Würste, Papier, Fußwärmer, Pfeife, Tabak, Sturmfeuerzeug, Schokolade).
Gut dass wir im Standquartier, da kann ich essen, was ich nicht unterbringen kann.
Dein Kistchen hat mir aber besonders Freude gemacht, ich sah wohl den Eifer und die Liebe mit dem es zusammengestellt. Du hast meine Lieblingsbissen erraten. Ich esse

alles mit besonderer Andacht. Von den Feiertagen war nicht viel zu merken bei uns. Außer Kirchgang, Geistlicher in Verlegenheit, was er predigen soll. Am zweiten Tag habe ich mir Urlaub nach Lille geben lassen. Und zwar um in die Galerie zu gehen. Man muss einen Erlaubnisschein haben von der Kommandantur. Der Bau ist fast so groß, wie die Alte Pinakothek. Leider ist er schwer von Granaten getroffen worden. Viele alte Meister sind von Schurquellkugeln durchlöchert und von Scheiben zerschnitten. An der Wand hängen stellenweise noch Rahmentrümmer. Sämtliche Oberlichter sind in 1000 Splittern. Außer mir waren noch einige höhere Offiziere da. Der Sohn des Direktors, der führte war sehr liebenswürdig gegen mich. Als er hörte, dass ich Maler bin und Sohn von G. v. Max ließ er die Offiziere stehen und führte mich allein in die Stapelräume, wo die geretteten Bilder stehen und zeigte mir vieles was nicht öffentlich ist jetzt. Auch kann ich zu jeder Zeit ohne Kommandanturschein kommen. Leider kann ich zu wenig Französisch. Auch wunderschöne moderne Plastiken sind da. Für Augenblicke hatte ich das Militär und den Krieg ganz vergessen.

Momentan haben wir fast gar keine Munition zu liefern. Es geht nichts vorwärts. Es ist ja auch etwas langweilig so, aber ich muss doch froh sein, denn jetzt im schlechten Quartier sein, wäre sehr schlimm. Es friert oder regnet und stürmt abwechselnd. Aus Zufall habe ich Deinen Brief, wo die Annahme meiner Zeichnungen an die „Jugend" und Dein Mieterlass steht unterm Christbaum geöffnet. Es hat mich sehr gefreut. Ersteres weil Du wieder bissl Geld bekamst, letzteres weil es Dir doch viel Mühe, Geld und Arbeit erspart. Von Heini[29] habe ich auch einen liebe Brief und zwei Postpakete bekommen (Mit Batterie, Zucker und Konserven).

Denke Dir nur; gestern habe ich einen Brief von Dir vom 11. November bekommen. Wo der nur sich herum getrieben. (Den Prinzen Rupprecht habe nicht nur ich, sondern alle gesehen.)

Eben geht so ein furchtbarer Sturm los, das Haus zittert, meine Hausleute sind ganz besorgt. Das kann einen Sturm am Meere geben.

Ich las in der Zeitung, der Krieg dauert wahrscheinlich bis in den Sommer. Was tun wir da? Ich glaube es nicht. Das wäre eine lange Trennung. Liebe Paula, ich vergesse Dich nicht, aber Du wirst vielleicht Langeweile bekommen. Keine Zeit ist aber zu lang wenn wir uns nur dann wieder alle gesund wieder sehen, gell.

Mir Nachreisen zu können, musst Du Dir aus dem Kopf schlagen. <u>Es geht</u> nicht, es sind hundert Gründe, die ich gar nicht aufzählen kann.

Die Originale meiner Zeichnungen wird wohl die „Jugend" im Besitz behalten, wenigstens die eine wird ja Langheinrich als Eigentum betrachten, weil ich Grüße draufgeschrieben. Wenn nicht, könnte man sie vielleicht aufgezogen irgendwo zum Verkauf ausstellen. (Kunstverein?)

Zur Hälfte zur Wohltätigkeit.(..) Aber ich denke immer an Dich und tausend Grüße und Küsse Dein Colomb

---

29   Heini = Heinrich Weber = Arzt und Freund, siehe Lebensbericht

a.   28. Dez. 1914

Frankreich
Lieber Tommi!
Du hast mir große Freude mit Deinen Weihnachtsgeschenken gemacht. Danke auch für Deinen Brief. Zu mir war das Christkind sehr brav.
Leider kann ich Dir gar nichts schicken, was nur noch in einen Brief geht.

Ich wünsche Dir alles Gute zu Deinem Geburtstag und zum neuen Jahr. Bleibe so brav wie bis jetzt mit Deiner lieben Mutti. Wenn der liebe Gott es will, komme ich auf bald wieder. Dann wirst Du schon ganz groß und erwachsen sein.
Es küsst Dich Dein Vati Soldat.

****

Zeichnung: Colombo 1915

1915

60:                       GNM

1. Jan. 1915

Sehr liebe gute PaulaFrau!
O nein, Du bist sehr lieb und fleißig im Schreiben. Nur ich bin's nicht, aber es ist nicht meine Schuld. Ich bekomme viel Post. Kann wirklich zufrieden sein. Eine geregelte Antwort ist nicht möglich. Hundertmal kommt etwas dazwischen oder ich werde gestört. Da heißt es mittendrin, alles liegen und stehen lassen und fort. Die Postzeit verschiebt auch alles. Heute bekam ich z.B. Deinen Brief vom 24. Dez. und bin doch schon im ersten Tag vom neuen Jahr. Indirekter Frühling, mit Dir kann ich nur geistig sein.
Aber das neue Jahr. – Gott bringe den Frieden und ein Wiedersehen – und für Dich noch sonst alles Gute.
Die letzten Tage im alten Jahr waren noch recht bewegt. Eine dumme Affäre in meiner Stallung (siehe Postkarte) kam noch zum Schluss. Und gestern war ich von ½ 9 Uhr früh bis ½ 7 Uhr abends im Sattel ausgenommen. 1 Stunde Ruhe. Ich musste mit einem Wachtmeister zusammen 20 Wägen requirieren. Ein Geschäft, dass mir schrecklich

ist, von dem ich Gott sei Dank bis jetzt ziemlich verschont blieb. Den armen Leuten, die meist nichts vom Kriege wissen wollen, noch das Letzte nehmen ist unmenschlich. Arme weinende Witwen. Wir fordern es mit dem Karabiner am Rücken. Ich kann so mit den Leuten fühlen und muss doch bös schauen und fordern. z.B. bei einem kleinen Bauern, wo ich sehe, wie er gespart und endlich es zu einem Wagen gebracht, den er liebevoll einen Stall gebaut. Der wird beschlagnahmt und fürs begreifliche Sträuben beschimpft. Wirklich, ich eigne mich nicht für den Krieg. Ich bin nicht begeistert und kann auch nie, wie Manche den Hiesigen vorhalten, wie die Franzosen Haue bekommen, wie's manche tun.
Genug, ich hab am letzten Tag im Jahr bös räubern müssen und noch dazu war traurig stürmender Gussregen.
Du wirst mir verzeihen, dass ich die Neujahrsnacht verschlafen habe, darauf hin. Ich habe gut geschlafen und muss süß geträumt haben, denn ich war sehr enttäuscht beim Erwachen wo ich bin.
Heute zum neuen Jahr habe ich gleich wieder Wache. Insofern gut, dass ich wenigstens Ruhe zum Schreiben habe, bei Beissbarth-Tee mit Heini-Zucker in Gesellschaft Deiner Briefe.

So Pferde machen einen Haufen Arbeit und Sorge, die nimmt mir keiner ab. Ich habe den Künstler herausgehängt, um zum Zeichnen zu kommen. Gut, es macht den meisten Spaß, will mir aber der Wachtmeister oder Offizier dafür Vergünstigungen geben, ist doch die Eifersucht der anderen Unteroffiziere da. Ist etwas in meinem Stall nicht ganz oben an oder machen meine Leute (Ich habe die ärgsten Lumpen der Kolonne) dumme Sachen, so ist das Geschrei los. Die Unteroffiziere klagen, dass sie meine Arbeit tun müssen und dergleichen. Also, ich muss immer auf dem Sprung sein, allem nach zu kommen, denn die anderen Unteroffiziere, meist Bauernsöhne sind viel gewandter in der Behandlung der Leute als ich. Ich bin verschrien als zu Gut mit der Mannschaft. Das zu meiner Entschuldigung, dass ich oft so durcheinander schreibe und oft nicht ausführen kann, was ich will.
(...)
Gute Nacht, auch Dir Tommilein.
Küsse im neuen Jahr
Colomb.

Neulich nachts bei dem furchtbaren Sturm, brach eine kleine Panik in meinem Stall aus. Elektrisches Licht ausgelöscht. Vermeintliche Barrikade im Durchgang. Alarm. Alles schießt. Verhaftungen. Darunter auch Portier mit Frau. In der Nacht soll auf dem Weg zur Wache auf unseren Leutnant geschossen worden sein. Glaube nicht daran. Fabrikdurchsuchung. Resultat: 36 000 Fr. gefunden und am Speicher versteckt Brieftauben. Das ganze Fabrikpersonal verhaftet. Jetzt Prozess. Fabrik auch Konsumverein. Ich und mein Kamerad Unteroffizier H. müssen jetzt allein in diesem riesen Bau schlafen, bewachen. Also wieder Strohsack mit Kleidern. Dafür ist die Fabrik mit den feinsten Lebensmitteln angehäuft. Kisten und Tonnen voll Ölsardinen. Manchmal Käse, Tunfisch, Lobster, Konserven, Bonbons, wie 1000 und 1 Nacht. Offiziell darf man nichts nehmen, aber es wird genommen. Ich bin aber nicht einverstanden mit der Sache, wird böses Blut machen, denn so viele mitbeteiligte, ärmere Leute können jetzt nichts mehr bekommen, weil geschlossen. Arme Portiersfamilie musste vom Essen weg, aus der traulichen Wohnung. Wir fanden das Abendessen noch am Tisch. Auch ein Kanarienvogel ist da. Überall sieht man die sorgende Hausfrau. Nun müssen wir mit unseren Stiefeln alles beschmutzen. Wahrscheinlich sind sie schuldlos. In der Nacht war ich nicht dabei, leider. Ich hätte es nicht so weit kommen lassen.

Am ehesten ist der Direktor schuldig. Das Volk will hier nur Frieden. Ich getraue mir überall hin ohne Waffen gehen und schlafen. Deutsche sind gutmütig, aber wehe wenn sie blinde Wut bekommen.

Das ist die Fabrik wo hinten meine Stallung ist.

Speicher Brieftauben

Jetzt doppelt Posten   Eingang

****

61:                            GNM

10. Januar 1915

Liebe gute Paula

Ich habe so viele Briefe von Dir zu beantworten, dass ich gar nicht weiß, wo anfangen. Du bist sehr lieb, ich kann förmlich mit Euch erleben. Heute habe ich wieder Wache und daher etwas Muße zum Schreiben. Aus Deinen Briefen aus Partenkirchen weht es mich ganz frisch und heimatlich an. Die Karte mit Schnee hat mich besonders wehmütig gestimmt. Bei uns ist auch ein netter junger Gebirgler, dem hat sie auch sehr gefallen. Die Bauern sind überhaupt die Nettesten bei uns. Sie haben alle etwas ernstes und nobles, besonders die Oberbayern. Tommis Fieber hat mich erschreckt, aber Dein heutiger Brief wieder beruhigt. Im Winter verdirbt man sich halt immer am leichtesten in der Sonne. Wie kann ich Eure lieben guten Worte alle erwidern? Ich bin in Gedanken auch immer bei Euch, habe verteufelt wenig Kriegsbegeisterung und hoffe nur auf baldigen Frieden. Ich melde mich nie, wenn es heißt freiwillig gefährliche Aufträge auszuführen. Du nimmst es mir vielleicht übel, aber ich tue es Euch und allen zu Hause zu Liebe. Ich kann nicht helfen, ich sehe den Krieg von so einer ganz anderen Seite. Heldentum ist viel Eitelkeit. Wenn's sein muss, tue ich alles wie die anderen und ich glaube nicht als letzter. Genug davon.

Das Christkind war also sehr brav zu Euch. Papa oder Mama hast Du zu Weihnacht nicht gesehen? Ich habe auch so furchtbar viel bekommen. Und das meiste war so sorgsam und liebevoll von Dir verpackt. Immer wieder 1000 Dank. Mit den Neujahrskarten hat aber der Krieg scheinbar keine Besserung gebracht. Ich habe fast all zu viele bekommen. Hoffentlich nimmt man es bei der Beantwortung bei einem Soldaten nicht zu streng. Selbst Papa konnte ich noch nicht einen Brief schicken.

Liebe Paula, ich sehe besonders aus einem Deiner Briefe, dass es wieder Familienreibereien gegeben hat. Nehms nicht so schwer und wichtig. Was können Dir die „Gedonschwätzereien" anhaben. Nehme das Beste von jedem und drücke, wenn's sein muss beide Augen zu, nur des Friedens halber. Du weißt nicht, wie einem solche Albernheiten hier lächerlich vorkommen. Ich habe den Grundsatz, dass mich nur solche Menschen beleidigen können oder etwas anhaben können, vor denen ich große Hochschätzung habe, z.B. hat mein Leutnant oft einen sehr beleidigenden Ton gegen mich. Aus obigen Gründen lache ich im Zimmer dazu. Mache es auch so. Storchl meint es vielleicht auch nicht so bös oft und sagt es nur sehr scharf. Sollte ich vom Krieg zurück kommen und Unfriede zuhause finden, das wäre nicht schön. Dann würde vielleicht eine Heldenwunde weniger schmerzen. – Gell, gehe nicht zu viel aus dem Weg, das kann auch beleidigen. Storchl schreibt, dass sie nur von Mama von Dir hört. Schwamm drüber.

In letzter Zeit ist unsere Beschäftigung Stroh zu fahren. Die Armen in den Schützengräben wollen was Trockenes. Und vorne ist alles verwüstet. Da gibt es lange Fahrten. Neulich war ich 12 Stunden im Sattel; meist Gussregen. Die Straßen sind an manchen Stellen Seen. Abends im Dunkeln musste ich noch ganz allein eine Meldung an die Ab-

teilung bringen. So dunkel, dass einen sogar schon die Zigarre blendet. Mein tapferes Pferd, trotz einem Auge, hat es aber gut gemacht. Den Revolver habe ich aber auch etwas gelockert. Der Weg ist einsam, so weit ungefähr wie Ammerland – Starnberg. Die Abteilung ist in einem Schloss. Ziemlich modern oder modernisiert. Liegt aber wie alle Schlösser hier romantisch feenhaft in einem Park mit hohen Bäumen. Mit Wasser umgeben, doppelbogige Steinbrücke, hohes Bauwerk mit vielen Doré- haften Zinnen und Türmen. Große erleuchtete Fenster.
Die Wache nimmt das Pferd. Ich kam mir ganz komisch vor. Eine riesen Vorhalle mit Steintreppe. Meine schweren Stiefel hallen. Aus einem Zimmer hört man Musik. Ich trete in den Melderaum. Ein riesen Saal mit 2 offenen Kaminen. Teppiche dämpfen den Schritt, schöne Barockahnenbilder an der Wand. Der Diensttuende Unteroffizier nimmt mir die Meldung ab. Das ist so ein Komfort. Dreckig, und aus Dreck und Dunkelheit so wo hinein kommen.

Neulich war ich auch wieder mal einen ganzen Nachmittag beim Stroh abliefern. Aber da hat es so gegossen, dass ich trotz Ölmantel bis auf die Haut nass war. Noch dazu abends, die Dunkelheit. Einer meiner Wägen fiel in eine Odelgrube und ich brachte ihn nicht mehr heraus u. dl. (Meinen Ölmantel habe ich jetzt neu geölt). Das sind die Schattenseiten meines jetzigen Lebens.
Jetzt aber die bessere Seite. Das ist mein (unser) Posten an der Fabrik. Wir sind die einzigen Inhaber des Schlüssels. Da sind wir nachts öfters mit der Laterne auf Entdeckungen ausgegangen. Eine riesen Halle und Keller darunter hauptsächlich mit Essvorräten angefüllt. Hummer, Tunfisch, Ölsardinen, Langusten, Lachs, Marmelade, Champignons, Gemüse, Tomatenkonserven. Eine Tonne voll Honig, Honigkuchen. Ballen von Kaffee, Tee, Zucker, etc. Dann Holländerkäse, so gut wie Chester. Dann aber auch Seifen von Paris und dergleichen Damensachen.
Da war die Wahl schwer. Anfangs waren wir gewissenhaft, nun haben wir uns aber gut mit allem versorgt. Denn bei Tag kamen die Preußen und schafften die Sachen Wagen auf Wagen weg. Ich glaube, es waren allein 300 Kisten Ölsardinen. Da stöberten die Soldaten überall herum, stahlen nach Noten. Und wir haben uns daher unseren Bewachungslohn auch selbst geholt. Wenn Ihr nur da wärt oder ich Euch etwas schicken könnte. Das war ein Griff ins Volle.
Aber mitnehmen können wir nicht viel und verschlingen können wir auch nicht alles. Also lass Dir und Euch alle Eure Liebesgaben nicht reuen. Das ist mir doch lieber als alles andere. Das Meiste ist auch hier nicht zu haben.
Die Pelzweste ist sehr schön, ich habe mir Wollärmel daran stricken lassen, bei einem Stricken um 2,50 M. So kann ich jetzt meine Wolljacke wechseln. Jetzt bin ich an warmen Sachen reichlich ausgestattet, weiß schon gar nicht wo unterbringen. Am 17. sollen wir fortkommen, wohin? Nur an einem mangelt es mir, und das sind Zigarren. Die hiesigen sind alle ausverkauft und nach Lille komme ich nicht leicht mehr. Auch unter diesen Umständen (Krieg) nicht. Nichtraucher sein, ginge zu schwer. Man weiß ja nie, wie lange man noch die Jüdischen Genüsse hat.

Jetzt wollte ich noch ein Loblied auf mein Pferd singen, aber ich werde schon müde. Jedenfalls sollten die Pferde auch belohnt werden.

Es ist 12 Uhr, ich muss die Wache ablösen lassen und dann werde ich schlafen, vielleicht träume ich von Dir, wie heute morgen. Wir waren zusammen in einer Stadt mit großen schönen Häusern und stillen friedlichen Straßen, das Meer in der Nähe. Es war Friede. Warum ist Krieg? Weil Mittelalterige Länder am Balkan Europa vergiftet haben, gerade wie ein schlechter Mensch viele gute verderben kann.
Gute Nacht Küsse
Dich und Tommi umarmt Dein Colomb.

Guten Morgen. Nichts geträumt. Nur meine Füße haben mir in den Reitstiefeln wehgetan. Heute wieder schön. Welch Sehnsuchtsgefühle, eine Drossel singt in dem nahen Park.
Eben höre ich von einem von uns, der bei der Batterie vorn war: Das gar kein Kriegseifer mehr da wäre. Die unseren verkehren ganz friedlich mit den Engländern von einem Schützengraben zum anderen. Tauschen Zeitungen, Briefe, Kleidungsstücke. Zu Weihnachten hätten sie ausgemacht 3 Tage nicht zu schießen. Alles führt ein Maulwurfsleben. Beide Stellungen sind so stark, dass nichts vorwärts gehen kann. Nur Artillerie schießt manchmal. Wenn keine Offiziere wären, würde der Krieg bald einschlafen, glaube ich. Hier sollen gar keine Franzosen mehr sein.

Paula, ich muss schließen
Sei 1000 Mal gegrüßt und geküsst
Dein Colomb

Colombo mit Pferd

****

Paula und Tommi wohnen bei Frau Dr. Kuppelwieser (siehe Lebensbericht) in Ihrer Münchner Residenz. Sie möchte Unterhaltung, und Paula ist auch froh, nicht alleine zu leben.

62:
München, 13. Januar 1915
Pienzenauerstr. 17
Lieber, sehr, sehr lieber Colomb!
Gestern habe ich Deine Karte vom 7. Januar bekommen. Frau Dr. Kuppelwieser am Nachmittag eine von ihrem Mann vom 6. Wir konkurrieren im Spaß. Frau Dr. ist oft so pessimistisch. Ich selbst denke immer, dass Du ja sicher gut zu mir zurückkommst. Auf lange habe ich mich schon gefasst gemacht, das ja. Wenn Du nur kannst, das ist es als Erstes und als Zweites: Dass Du gesund bist, gell.
Frau Dr. hält mir oft Reden (aber so halb im Spaß, man weiß nicht recht, Du kennst sie ja). „Alles gewöhnt sich", „und bald stellt man sich den Mann nur noch vor," „Man bekommt neue Interessen," u.s.w. Das kann ich gar nicht begreifen. Wenn ich vielleicht 18 Jahre wäre. Nein, es ist auch sicher nicht ihr Ernst.
Gestern Abend hat sie die Stereoskopbilder hergeholt und mit allerhand Entzücken – Ausrufen ihren Mann angeschaut. Aber sie sammelt nur die Bilder von ihm von rückwärts. Sie sagt, man kann sich da so schön das Gesicht vorstellen.
Dich in Lunz, „als Wanderer" auf dem freien Berg habe ich auch gesehen. Armer Colomb, was für ein Unterschied zwischen dieser Photographie und der, die Du mir schicktest bei Ausritt aus Ingolstadt. Ich würde Dich aber darauf kaum erkennen. So verschwommen ist das Bild. (...)
In der Zeitung steht hin und wieder vom Frieden, d.h. nur von den anderen Völkern. Die Verhandlungen seien aber unzeitig.
Unser Leben fängt an sich allmählich auch zu verkriegsmässigen. Weißbrot und weiße Semmel gibt es nicht mehr. Nur Kriegssemmel aus gemischtem Mehl. Und vom 15. an bekommt man kein frisches Brot und Semmel mehr in der Frühe, da die Bäcker nachts nicht mehr backen dürfen. Alles wird eingeschränkt. Ich will sehen, wie es in ein paar Monaten sein wird.

Tommi geht in die Volksschule. Vorläufig. Vielleicht ist's überhaupt jetzt das Beste. Er hat 15 Min und die Schule ist neu und großartig eingerichtet. Die Schönste, die ich je sah. Liegt frei (auf dem Weg zu Sattlers[30]). Hat Marmorbassin mit fließendem Wasser für Händewaschen. Kleine Springbrünnchen zum Trinken ohne Becher. Einen riesigen Turnsaal auch für schwedisches Turnen. Nur leider hat er den vollen geregelten Unterricht. Mir war der Halbe lieber. Mit dem Musikunterricht bin ich noch nicht entschieden.

---

30 Sattler = Eva Sattler, Tochter von A.v. Hildebrand, Paula wird bei Familie Sattler wohnen

Heute Mittag gehe ich in meine Wohnung, da wird geräumt und gepackt. (..) Gummischuhe muss ich auch kaufen für uns Beide. Das Haus ist zu schön und das Wetter zu schlecht.

Wie bin ich froh, dass du Mamas Packet hast. Auch die Haube und die Pelzweste? Es ist nur dumm, dass ich jetzt recht selten zu Papa und Mama kommen werde. Ich habe Frau Dr. versprechen müssen, Tommi nie allein im Haus zu lassen. Nun hol ich ihn wohl immer von der Schule ab oder bin zu Hause, wenn er kommt. Der Weg aber verschlingt eine Riesenzeit. Du kannst wohl alles begreifen.

Lieber Manncolombo! Komme bald! Tausend innige Küsse

Deine treue Frau Paula

Kuppelwieser Haus: Pienzenauerstraße in München (gebaut 1914)

****

63:                                    GNM

    Brief an Paula: 17. Januar -

Jetzt sind wir wieder aus der Fabrik ausgezogen und in der Wirtschaft, wo vorher. Und zwar abwechselnd eine Nacht im Stall, die andere im Bett schlafen.

So, so, Du hast von Französinnen geträumt. Aber bist nicht eifersüchtig, gell. Die Fabel von den leichtsinnigen Französinnen finde ich hier nicht bewahrheitet. Die Mädchen sind hier fast anständiger als bei uns. Sie wollen auch gar nichts von den Deutschen wissen. Sie machen sich höchstens lustig darüber. Sie sind sehr liebenswürdig, lassen sich aber zur großen Enttäuschung unserer Soldaten gar nicht anfassen. Die Frauen gehen noch weiter, da habe ich schon Ohrfeigen austeilen sehen. Die Sitten sind sehr ähnlich wie in Italien, in den Großstädten mag es anders sein. Also wenn ich schlecht sein wollte, wie Du vielleicht im Stillen befürchtest, so ginge es nicht einmal so leicht. Gell, also lasse Dich nicht von Träumen beunruhigen.

                                                                                  18. Januar

Wenn ich nicht Wache habe, komme ich nicht recht zum Schreiben. In Deinem letzten lieben Brief hast Du viele Zweifel. Ich glaube eine gute Richtschnur lässt im Leben sich nicht zersplittern. Auch bei Tommi muss man darauf sehen. Violinenunterricht wäre ja sehr nett, Noten kann er ja dabei auch lernen. Aber erstens ist das erste Gewinsel auf einem Saiteninstrument sehr unangenehm zu hören, in diesem Falle also Frau Dr. K. vielleicht recht störend. Und zweitens schriebst Du, vielleicht bleibt Fr. Dr. K. nur 14 Tage in München. Dann müsstest Du wieder zum Klavier zurückkehren. Bei der Schule ist es das Gleiche. Du kannst aber am besten entscheiden, denn Du weißt alles und machst es sicher recht. Dieser Brief käme mit einem guten Rat doch zu spät.

Wirst Du Dir nicht manch einmal außer Deiner Häuslichkeit und Tätigkeit etwas verlassen vorkommen. Ich meine heimatlos und mich mehr vermissen. – Oder mich vergessen.—Andernfalls bin ich aber sehr beruhigt, dass ich Dich so gut aufgehoben und in sympathischer Gesellschaft weiß. Ich bin Frau Dr. sehr dankbar für ihren guten Willen und liebe Gastfreundschaft. Tommi zum Turnen schicken ist sehr gute Idee. Er kann ja auch manchmal mit Zusis Kindern spielen.

Jetzt ist es 5 Uhr, ich muss wieder in den Stall.

Nach dem Abendessen (Tunfischkonserve, dann gekochte Zwetschgen aus der Militärküche). Heute Morgen hat es geschneit, dann Regen. Wie lange wir wohl noch hier liegen bleiben werden? Beim Abendappell Deinen lieben Brief vom 13. Januar bekommen. Es hat mich sehr gefreut, Du hast Dich also im neuen Zuhaus schon ganz nett eingelebt. Gell, aber manchmal gehst Du schon zu Papa oder Mama. Ich kann Ihnen nicht so oft schreiben wie dir. Auch möchte ich manchmal hören wies Ihnen geht, gell.

(..) Oft kommt es mir doch ganz wie ein Traum vor, dass ich hier in Frankreich im Krieg bin. Das heißt vom Krieg merken wir momentan wenig, außer fernen Kanonendonner. Die Menschen kommen mir hier gar nicht bösartig und wie hassenswerte Feinde vor.

Paula und Frau Polja Kuppelwieser (bunte französische Seidentapete)

Im Gegenteil, es gibt viele sehr sympathische. Neulich war ich in einem kleinen Laderl Brot kaufen. Ein altes Ehepaar. Im Nebenzimmer sehe ich einen schönen alten Schrank, darauf geschmackvolle Goldfiguren.
Ich bewundere diese Sachen, spreche mit den Leuten. Das alte Weiberl ist darüber so geschmeichelt, dass sie mir Brot, welches sie ihren Landsleuten verheimlichte, verkaufte. Sogar eine warme Suppe anbot, ihr ganzes Herzeleid ausschüttete, dass ihr Sohn gefallen, mich bedauerte und nach meiner Frau und Kindern sich erkundigte.
Am Land mussten wir neulich Stroh holen. Mein letzter Wagen warf gleich um. Ich und 4 Mann beluden ihn von neuem. Das sahen die Bauern, gleich luden sie uns zum Mittagessen ein. Gedeckter Tisch, Suppe, Schweinefleisch, Kartoffel, Brot und Bier. Bezahlung wollten sie nicht annehmen. Fast alle sind sehr ehrlich. Wir waren über 14 Tage von unserem alten Quartier weg, ließen viele Sachen unverschlossen zurück, aber auch nicht ein Stückchen fehlte. Selbst einen verschimmelten halben Apfel bewahrten sie auf. Jedenfalls stehlen die Kameraden mehr als die Einwohner.

20. Januar!

Ich komm halt nicht zum Fertigschreiben. Eben hatte ich Stallwache, weil alles zum Baden gegangen. Ich bin nicht mit, weil ich bissl verschnupft bin. Halt von der eisigen Nacht und Nässe. Jetzt hat jeder von uns eine wollene Decke und jeder Unteroffizier einen Gummimantel bekommen. Unsere Ausrüstung wird immer besser. Aber jetzt dauert es mir wirklich bald zu lange, ich fange an zu Versimpeln. Um was Richtiges zu tun, habe ich doch nie lang genug Zeit, auch keinen Raum und an diese Dienerei und Schlaferei in meinem Alter sich zu gewöhnen, ist schwer.
Aber alles will ich gern tun, wenn nur der Krieg bald aus ist, gell. Auch Du sei tapfer und halte aus. Das Gute muss siegen. Der freundschaftliche Verkehr zwischen den feindlichen Schützengräben ist leider verboten worden. Ich glaube fast der Krieg wird schließlich an sich selber sterben. Obwohl alle im Frühjahr eine energische Fortsetzung desselben erwarten. Beten und hoffen wir dass die Menschen zu sich kommen.
(..)
Liebe, liebe Paula und Tommi, ich bin weit weg und in Gedanken doch immer bei Euch.
Viele herzliche Grüße an Frau Dr. Kuppelwieser und Euch 1000 Küsse
Dein Euer Colomb
Einen Gruß mit Hanfkorn dem Gimpel

****

64:

München, 18. Januar 1915

Pienzenauerstr. 17
(es schneit und ist kalt)
Armes Weiberl!! (Fink, der entkommen ist)
Mein lieber Colomb!

(..)Was denkst Du nur immer, gewiss ist's Dein Ernst nicht, dass ich es Dir übel nähme, dass du keine gefährlichen Aufträge übernimmst! Dass du das Eiserne Kreuz nicht hast! Lieber Colomb, Du kennst mich doch. Ich schaue extra weg, wenn Leute mit dem Eisernen daher kommen. Ich lieb doch gar nicht das „sich zeigen wollen" Ich kenne Dich und weiß zu gut, wie wenig feig und ängstlich Du bist. Und weiß, wie Du aus größter Gefahr ein Menschenleben retten würdest und hast. Aber ich Dank Dir, dass Du jetzt nicht Dein Leben aufs Spiel wagst, wenn es nicht nötig, mit Tollkühnheit. Wie soll ich schreiben? Nein, wir brauchen uns doch darüber nicht mehr auszusprechen. Ich bitte Dich herzlich, immer an den Wert Deines Lebens, nicht bloß für Dich selbst zu denken. Colomb, Du weißt doch, dass wir ohne Dich nichts sind. Ich, Deine Frau, ist nur wegen Dir und für Dich da. Sie denkt und tut alles für Dich und im Gedanken an dich. Mit Dir ist für sie alles verloren. So ernst wie dies gemeint, wird nicht immer etwas gemeint sein. Ich habe schon zu viel erlebt. Ich weiß genau, was ich sage. Du bist in Gefahr, ohne dass du das Geringste zu tun brauchst. Ach ich weiß es!
Frau Dr. und ich kommen bei solchen Gedanken meist zum Schluss in Wut. Das ist natürlich und ehrlich. Bei Frau Dr. ist es ebenso ähnlich wie bei mir, dass bei ihren Bekannten nirgends ein Mann mit ins Feld musste. (..) Die Hiesigen haben so ganz andere Begriffe vom Krieg als Ihr draußen und wir Kriegsfrauen.
Gestern hörte ich, dass Heini Stabsarzt geworden ist und nun 600 M noch monatlich bekommt!! Ja, ja! Er bleibt nun wohl ganz hier. Aber einmal werde ich ihm telefonieren, dass er jetzt in guten Verhältnissen ist, dass er Dir viele Zigarren schicken darf.   (..)
Nein, am Weihnachtsabend habe ich Papa nicht gesehen. Er sagte, er sei allein und froh. Ernestine gehe zu Harlanders. Da wollte ich auch nicht hinüber gehen. Gell. Bei Mama war ich um 4 Uhr. Dann ging sie zu Milla. Gell, Colomb, Du denkst doch sicher nicht, dass ich mit Storchl Streit suche. Eben, ich will keinen und möchte Frieden und Ruhe. Ich kann nichts machen, wir stehen halt auf etwas „gespanntem Fuß" (oder Plattfuß), wie man so sagt. Mir ist es ja eben so zuwider und gerade jetzt das Geplänkel. Drum bin ich so gern allein.
Schau, gestern Mittag war ich wieder bei Gogo und Storchl war da. Ich sage auch keinen Ton, wenn ich merke sie ist anderer Ansichten. Sie hält die Vergeltungstheorie z.B. für ganz richtig. z.B. dass die ältere Engländerin, ein Fräulein, Freundin von M. Kyle in Partenkirchen, die sich für ihr Alter dort festgesetzt hat und sehr arm ist, dass man dieser alle ihre engl. Stunden entzogen hat und die Arme fast nichts mehr zum Essen hat. So weit gehe ich nicht. Storchl meint auch, man könne nicht wissen, ob nicht auch noch die geborenen Russen und Russinnen gefangen würden und deren Geld und Häuser eingezogen. Gesagt habe ich dazu nichts, aber ich denke, dass es nicht so weit kommen wird. Vielleicht gewöhnt sich Storchl bissel das Rauchen gerade ab und ist gereizter.
Wann kommt der Friede??
Die Beschreibung von Deinem nächtlichen Ritt und dem schönen Schloss ist so gut. Ich sehe alles vor mir. Dein Pferd mag ich sehr gerne. Einen Gruß von mir.
(..) Jetzt zur Post. Innigste Umarmung. Immer bleibt bei Dir
Deine treue Frau

65:   23. Januar

Gute Paula und Tommi!

Da ich kein anderes Papier gerade bei der Hand habe, nehme ich diese missglückte Karte. Jetzt möchte ich Euch wirklich schon bald wieder sprechen. Aber ich glaube wirklich, es wird dieser unselige Krieg noch lange dauern. In die Zukunft denken will ich nicht, auch nicht, wie schön es sein könnte, wenn ich zurück kommen sollte. Die Städter haben's leicht, schöne Zeitungsphrasen zu schreiben. Von fröhlichen Gesichtern in den Schützengräben habe ich hier noch nichts gesehen oder gehört. Dass sich aber 40 Mann an einem Tag die Füße erfroren, das schon.

Dass junge Leute mit den schwersten Nervenleiden und allen möglichen Krankheiten heim kommen, das ebenso. Früher hat es das „sich Eingraben" nicht gegeben. Ich glaube, dass es diesmal viel mehr Kranke nach dem Feldzug geben wird, als früher. Erschossen werden ja nicht so viele. Wenn's die Menschen es nicht anders wollen ist es recht, aber schöne Romane darüber schreiben ist scheußlich. Mehr Sachlichkeit der Menschheit zulieb.

Liebe, gute Paula. Gell, so viel schreiben, wie Du kann ich nicht. Ich schreib sonst zu viel, ich mein es könnte doch ein anderer die Briefe in die Hände bekommen.

Mein Pferd dankt für die Grüße und erwidert sie.

Heute hat es gefroren, aber Sonnenschein.

Viele, viele Küsse

Euer Colomb

66:                               GNM

                                                                                                    1. – 2. Februar 1915

Hab ein ganz rotes Hemd (Liebesgabe), rote Nase

Liebe Paula Frau!
Du hast mich recht verwöhnt mit deim Schreiben. Jetzt, weil ich 2 Tage keine Nachricht von Dir habe, denke ich mir schon weiß Gott was. Du bist krank oder hast mich vergessen oder willst mich bissl kürzer halten ect. Aber selbstverständlich kannst Du eigentlich nicht immer so viel schreiben. Nur musst Du mir es sagen, gell, wenn Du nicht so oft dazu kommst. Ich bin Dir deshalb nicht böse. Heute habe ich wieder einmal Wache. Mein Husten und Schnupfen ist viel besser, nur bin ich heute müde und damisch. Gestern sind wir nämlich das 2. Mal geimpft worden. Bisl fühlt man das Gift doch im Körper. Manche bekommen sogar Fieber. Mit einer Spritze wird man in die Brust gestochen und eingespritzt. Ich bin immer noch der Bräunste von allen, es ist sogar dem Arzt aufgefallen. Also Tommilein braucht nicht sorgen, dass ich nun ganz weiß bin. In 8 Tagen werden wir nochmals injiziert, dann ist Schluss. Sehr einverstanden war ich ja mit der Sache nicht, aber es war unmöglich sich davon zu befreien.
Schade, neulich hat es geheißen, man kann ein Paket nach Hause schicken. Ich habe Verschiedenes zusammengerichtet. Für Dich Seife, für Tommi Holzschuhe und Schulhemd. Nun geht es doch nicht und ich weiß nicht, was mit dem Zeug anfangen.
Dann habe ich Dir Zeichnungen geschickt, nur weiß ich aber nicht, ob ich nicht das Paket zu schwer gemacht. Gell, schreibe mir, ob Du es bekommen.
(..) Liebe Paula, was für Zeiten gehen wir entgegen, wie lange dauert dieser Mittelalterzustand? Werden wir mit unseren Ansichten ganz verwaisen? Soll und kann man noch Künstler bleiben oder muss man was anderes unternehmen? D.h. wenn man gut davon kommt. An diese Dinge denke ich viel und da kommt mir die Zukunft nicht rosig vor.
(..) In der Zeitung stehen immer Ermahnungen, man soll sich mit Esswaren versorgen. Hast Du Dir einen Vorrat an Hartwurst und Kakao u.d.gl. angelegt?
Heute wieder keine Post von Dir. Was ist das nur? Bist Du oder Tommi krank? Hoffentlich kommt morgen was. Viele Küsse für Tommi
Und Dich umarmt Dein ferner Mann, der Dich nicht vergisst.

Dein Colomb
Viele Grüße an Tommi, Dr. Kuppelwieser

****

67:                              GNM
                                                                    6. Februar 1915
Liebe gute arme Paula!
Neulich, auf einmal ist's über mich gekommen und ich dachte, jetzt halte ich es nicht mehr länger aus, ich muss auf und davon. Ich wusste genau, dass Du krank warst, bevor ich Deinen Brief bekommen, ich war so verstimmt. Zum Glück ist es nicht so schlimm und ich habe mich auch wieder bissl aufgerappelt. Mir geht es ja gut, wir haben fast nichts zu tun. Das Wetter ist wunderschön. Sonne, mild, heute konnte man im Freien in der Sonne sitzen. Die Amseln und Drosseln singen so lockend und sehnsüchtig. Aber man kann sich doch über nichts freuen. Es ist doch nur eine Galgenfrist. Ich darf nicht heimatliche Gedanken, Pläne für die Zukunft und Heimat anspinnen. Wir wissen alle, dass es einmal wieder weg gehen wird und dann schlimmer wird, als zuvor. Eben dieses in der Gegenwart vegetieren und Gedanken einschränken müssen, ist oft so schwer. Du schreibst so lieb und lebendig, dass es mir immer ganz heimatswarm ums Herz wird, wenn ich Deine Zeilen lese. Besonders Dein letzter Brief mit den netten Tommi Aussprüchen hat mich gerührt und erfreut.

                                                                    8.Februar (..)
Gell, ich habe verschiedene Packln an Dich abgeschickt. In einem sind alte Briefe, in einem paar Seifen für Euch und in zwei sind je ein Holzschuh für Tommi. Gell, die gehören aber nur, wenn man so schnell ins Feld hinaus laufen will, nicht fürs Zimmer. Gell, das sage ich Tommilein und viele, viele Grüße und ich hoffe dass ich vielleicht doch bald wieder zurück komme und ihn darin sehen kann. (..)
Gestern habe ich mir wieder mal Urlaub nach Lille geben lassen. Die Galerie anschauen. Ich habe auch den Direktor so lange gebeten, bis er 3 herrliche Goya, einen Girlandio, einen Van Dyck und noch paar herrliche alte Bilder aus dem Keller bringen ließ und uns zeigte. Mehrere Offiziere und ein Berichterstatter (wie aus dem Simpel) waren auch anwesend. Da hättest Du hören sollen, wie wir Barbaren in hysterisches Entzücken ausgebrochen sind. Der Kommandeur des Landessturmbataillons in Lille war dabei und sehr freundlich mit mir. (Gab mir seine Adresse).

Heute ist ein Frühlingstag. Ziehende Wolken wie in Stockvik, gute Luft vom Meere her, Sonnenblicke.
Ich schäme mich ganz. Alle, besonders Storchl machen so ein Wesen daraus, dass ich auch Mama bissl was geschickt. (Geld) Ich habe es ja leicht entbehren können. Warum soll ich hier viel ausgeben oder gar aufbewahren. Wenn mir etwas zustößt, nützt mir das Geld auch nicht mehr. Ihr könnt es besser brauchen.

(..) Auf Wiedersehn. Kuss. Tommilein, Dir auch. Da die Hand. 1000 Grüße Colomb Viele Grüße Frau Doktor K.

Das Erdbeben in Italien ist schrecklich. Ich war nie in dieser Gegend, nur in der Nähe. Hab aber viel davon gehört. Auch Leute von dort gekannt. Ja, der liebe Gott kann das Töten noch besser als wir Menschen, vielleicht wollte er uns das zeigen.

****

Kriegsflugblätter
Beiblatt zur Liller Kriegszeitung, 6. Juni 1915

****

68: GNM

Das ist die Bildergalerie in Lille

69:                           GNM

Roubaix, 16. Feb. 1915

Liebe, gute Frau!
Heute ist Karnevals Dienstag. Tut es Dir nicht ein bissl leid, dass Du nicht tanzen kannst? Oder habt Ihr in München so was gemacht? Am Junggesellen Abend? So, so, Frau Dr. Kuppelwieser hält Dir die Junggesellen warm. Im Krieg kann alles vorkommen. Aber ein halbes Jahr musst Du schon noch auf mich warten, gell ja. Wenn Dir die Zeit auch bissl sehr lange wird. Heute ist ein wunderschön sonniger Tag. Eben bin ich im Freien gesessen und hab ein Glückskäferl gefunden. Also habe ich vielleicht doch Glück. Jedenfalls von der Beziehung, dass ich von Dir sehr viel Post bekomme. (...)
Eben ertönt der Warnungsruf meiner Wirtin: „Vater Chef e la!" Das ist mein Leutnant, der mich neulich auch hier im Quartier überrascht und vor allen abgekanzelt. Er ist bei uns und bei der Bevölkerung nicht beliebt. Jetzt warnen sie mich immer, wenn er zu sehen ist. Eben ist er vorbeigegangen, aber in den Stall muss ich doch bald.

Aschermittwoch, 17. Februar 1915

Auweh! Gestern hat mich mein Leutnant doch noch erwischt. Er ließ mich vom Stall aus im Quartier holen. Ich hatte reines Gewissen, da mein Kamerad im Stall meinen Dienst tat. Und doch kanzelte er mich schön ab. Und ich musste still stehen wie ein Rekrut. Das ist schwer. Unter anderem sagte er: „Wenn Sie sich nicht bessern, versetze ich Sie zur Infanterie und schicke Sie vor in die Schützengräben." Da erwiderte ich, das <u>geht nicht</u>, ich habe nicht bei der Infanterie gedient. Da wurde er ganz blass vor Wut und sagte: „Ich bin der Mann der das machen kann, soll ich's Ihnen beweisen ect." Ich erwiderte noch Verschiedenes, aber alles in vorschriftsmäßiger Form. Er sagte mir noch viele schöne Sachen und zum Schluss: „Ich werde Ihnen schon noch militärischen Geist beibringen." Zum Schreiben hatte ich gestern keine Lust mehr, ich war recht heiß.

Liebe Paula, wegen seinen Äußerungen brauchst Du Dich nicht ängstigen. Er kann das mit mir nicht tun, das ist nicht in seiner Gewalt. Er hat nur den Größenwahn. Dann ist er ein Ostpreuße und gew. Junker, also behandelt er uns bissl wie Leibeigene. Nur gut, dass sein Benehmen schon ziemlich bekannt ist in der Division. Unser Leutnant Stellvertreter hat sich auch mit ihm gestritten und zu mir gesagt: „Er kann nicht verstehen, wie er einen gebildeten Menschen wie mich behandeln kann." Bei anderen Kolonnen haben Offiziere und Unteroffiziere gemeinschaftlich Mittagstisch. (Unser Leutnant heißt halt von Pannwitz aus Pasing). Ich glaube, er hasst mich nur darum, weil ich als einer der wenigen gebildeten Zeuge seiner Launen bin. Er ist halt auch nicht mehr jung, 50 – 58, leider Freiwilliger und eitel, gewesener schöner Mann. Mir macht ja die Schimpferei nichts, ich denke mir meinen Teil. Aber giften tut man sich, wenn einer aus 3 wöchigem Urlaub kommt, alle Bequemlichkeiten auch hier hat und dann einen, der wirklich alles

getan hat, vorwirft man tue seine Pflicht nicht. So hat jeder fast von uns seine Schmerzen. Auf die Dauer wird es nicht gehen. Preußen und Bayern vertragen sich halt nicht. Gell, ich hab Dir diese eigentlich sehr unwichtigen Dinge nur darum so ausführlich geschrieben, weil Du vielleicht doch einmal in München oder Pasing etwas über ihn hörst oder reden kannst.
Wenn's nicht besser wird, will ich mich vielleicht doch einmal, wenn es nötig sein sollte an Herrn Oberst Harlander wenden. Aber nur im Notfall. Gell, aber beunruhigen braucht Dich die ganze Sache nicht. Wir haben es hier ja sonst sehr gut. Unser Dienst ist bis auf weiteres derselbe wie in Ingolstadt. Unsere Zukunft hängt nicht vom Wetter, sondern von den Erfolgen oder Stellungswechsel unserer Division ab. Mit der Gesundheit geht es auch wieder besser. Husten und Halsentzündungen sind jetzt sehr häufig bei uns, darum hat es auch mich bissl erwischt gehabt. (..) Mir den Reclam Katalog zu schicken, war eine gute Idee von Dir, herzlichen Dank.
Also, wenn es Dir keine zu große Mühe macht, würden mich folgende Bücherln (alle natürlich ungebunden) interessieren.
*.Tolstoi No 2915 -16, No 4707 – 8
*. Waterloo No 1997 – 98
7 jähriger Krieg 134 – 37
Fichte 392 -93
Du brauchst nicht alle auf einmal schicken. An den mit Stern ist mir mehr gelegen. Umarmung und Küsse Dein Colomb
Schmidt hat mir geschrieben

a) Lieber Tommilein!
Ich danke Dir für Deinen Brief, der sehr lieb. Nein, ich sorge mich nicht mehr um Dich, weil ich hör, dass Du der Brävste bist und auch schon Bogenhausen kennst. Wenn ich Dich nur sehen könnte, groß und im rosa Schlafrock. Aber ich muss leider noch hier bleiben. Mein Pferd ist wieder gesund und ganz munter. Den Gimpel musst Du von mir grüßen, gell. Ich beneide Dich, weil Du in dem schönen Haus bei Frau Kuppelwieser wohnen darfst. Jetzt muss ich mein Pferd füttern, es scharrt schon mit seinem Fuß.
Also Tommilein, lebe wohl.
Kuss und viele, viele Grüße
Dein Vati

****

102

Der Photograph war ein junger Mann von 15 Jahren.
Roubaix im Februar 1915

****

70:                  GNM

Roubaix, 19. Feb. 1915

Liebe, liebe Paula!
Ich habe gedacht, dass ich auf Wache schreiben kann richtig. Nun bin ich aber doch immer gestört worden und hab noch dazu meine müde Zeit nach dem Impfen. Wir sind jetzt das 3. und letzte Mal geimpft worden. Schlechte Laune ist auch dabei. Auch gibt es oft Grund zum Ärgern, besonders wenn man ungerechter Weise von Vorgesetzten gezankt wird. Weißt Du, auf Dauer ist dieses Leben der Abhängigkeit und Untergebenheit in meinem Alter Geist und Charakter tötend. Oh ich fürchte nach dem Krieg werden noch die Offiziere etwas gelten. Hier geht ja auch der Mensch erst beim Leutnant an. Also heute nur kurz.
Deine lieben Briefe mit Zeichnung und den mit den 2 Fotos bekommen. Diese finde ich auch gut, jedenfalls etwas lustiger und nett dass die Figur dabei. Sehr freuen sie mich, aber Du bist wirklich sehr schlank. (Es steht Dir aber gut.) Isst Du so wenig? Das ist ja verkehrt, ich werde dick und Du mager. Neulich hab ich mir's ausgedacht, dass Du wahrscheinlich zu wenig schlafst. Du schreibst von Einladungen und abends Theater. Da wird es doch spät. Und in der Früh stehst Du um ½ 7 Uhr auf. Da schlafst Du zu wenig. Legst Du Dich nicht nach Tisch hin? Schlage Frau Dr. Kuppelwieser doch vor, auch mal in das Kino am Nachmittag zu gehen. Da muss doch manches Historisches vom Krieg zu sehen sein?
So jetzt habe ich wieder mit 2–3 Menschen sprechen müssen, jetzt kann ich wieder schreiben. Gell, Du verstehst mich. Frau Dr. K. nimmt es Dir sicher nicht übel, wenn Du nicht immer so lange auf bleibst. Jetzt bin ich von Deinen Fotos ganz woanders hingekommen. Gell, vielen herzlichen Dank. Jetzt kann ich mir Dich noch besser vorstellen.
(..)

Heute fange ich schon das 3. Mal zum schreiben an. Eben schrieb ich stehend im Stall. Unser Leutnant (der überdies jetzt 3 Wochen in Urlaub in München war) will, dass wenn kein Dienst, wir immer im Stall sind. Gut, man kann alles machen. Also kaum schreibe ich, kommt einer ich möchte ihm eine Tafel schreiben.
Jetzt ist es schon 4 Uhr, schnell noch bissl an Deinem Brief. Liebe, liebe Paula. Mittag habe ich wieder einen Brief von Dir bekommen. Das ovale Foto finde ich am nettesten von allen, die da drinnen sind. Also das ist mein tapferes treues deutsches Weib. Den Brief beantworte ich später. Zur gleichen Zeit habe ich eine Karte von Schmid[31] bekommen. Der arme ist wieder seit Anfang Dezember in Sosein im Schützengraben. Es geht ihm immer noch gut. Das muss aber schrecklich für seine Frau sein, die doch ein Kleines erwartet. Stündlich auf das Schrecklichste gefasst sein.
(..) Viele, viele Grüße Dein Colomb
Tommilein Kuss

****

71:
Roubaix, 20. Feb. 1915

Weißt Du gar nicht, liebe Paula, dass Du die Schutzheilige für Zähne bist? In dem Ort, wo ich hier die Eisenbahn verlassen habe, ist die Kirche der St. Paulin. Da pilgern alle hin, die Zahnweh haben. Ist das nicht komisch.
Um jeden Tag der überstanden ist, bin ich froh, ist es doch ein Tag näher dem Frieden. Er muss bald kommen. (..)
Küsse und Umarmung, leider aus weiter Ferne. Dein Mann Colomb, ……Vater grüßt und küsst Tommi

****

72:   GNM
Schon der 22. Feb. 1915

Liebe, liebe Paulin!
Also schnell, dass Du nicht so lange warten musst. Täglich geht es aber unmöglich dass ich schreib, gell. Deine lieben Briefe bekomme ich alle, die mir große Freude machen. Heute kann ich Dir etwas Freudiges mitteilen. Unser Leutnant ist weggekommen. Die Unzufriedenheit in der ganzen Gruppe hat sich so gesteigert und aus verschiedenen Gründen musste er gehen. Leider ist aber auch unser Leutnant Stellvertreter, der immer ganz anständig mit mir war, auch versetzt worden. Jetzt kannst Du wenigstens ohne Sorge sein, dass mir der Leutnant nichts mehr anhaben kann.
Hier wird es immer stiller und man merkt fast gar nichts vom Krieg.
Ich fühle mich auch wieder wohler.

---

31 Schmid = Nikolaus Schmid-Dietenheim, Maler, Freund und Trauzeuge, siehe Lebensbericht

(..) Gestern war ich einen Sprung in Lille. Da habe ich die Jugend No. 8 gesehen und gekauft. Oh weh! Meine Zeichnung sieht recht schwächlich aus. Hab halt noch gar keine Erfahrung in Federzeichnungen. Aber es freut mich doch, dass es endlich gekommen. Bitte, lass Dir so viel Hefte, als möglich von dieser Nummer geben. 2 schicke mir bitte ausgeschnitten. Gelegentlich möchte ich auch der Witwe des L. Mannes eins schicken. Oder soll ich es lieber nicht?
(..) Heute muss ich Dich auch in Eile umarmen, denn die Post geht weg.
Viele Grüße und Dank an Frau Dr. Kuppelwieser.
Tommilein Gut Nacht. Dein Colomb, liebe Paula

****

73:                    GNM

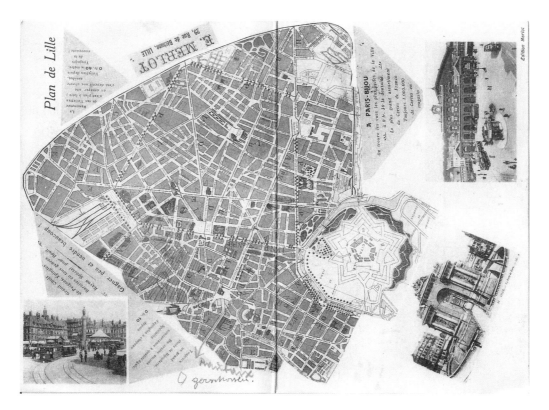

Roubaix, 24. Feb. 1915
Liebe, liebe Paula!
Wenn ich nur auch so antworten könnte, wie Du nett und lieb schreibst. Ein Brief ist netter und unterhaltsamer als der andere. Tommi schreibt auch schon sehr schön. Wenn Du von Süden und Sonne sprichst, wird mir freilich auch das Herz ganz warm, sehn-

süchtig und weh ums Herz. Gegenwärtig habe ich zwar bissl Angst vor Hitze. Mit meiner schweren Uniform kann ich's mir nicht recht vorstellen, wie es auszuhalten ist. Du machst schon Luftschlösser, was wäre wenn ich zurückkomme. Das ist ja gut. Wir sitzen aber so hoffnungslos hier fest, dass ich mir gar nichts mehr zu denken traue. Die Freiwilligen haben's natürlich besser als ich, der einrücken musste. Ich bin kein freier Mann, der seinen Gefühlen folgen kann. Warten ist unsere Losung.
Wenig zu tun und doch keine freie Zeit, um etwas anderes anfangen zu können, das lähmt mich oft ganz. Mir geht es ja nicht schlecht. Meine Wäsche wird gewaschen. Die Sachen auch gut geflickt und ausgebessert von meinen Hausleuten. Es sind ja auch 3 Töchter da, von denen eine Näherin ist. Erschrecke nicht, es ist keine Gefahr vorhanden. Das Essen ist annehmbar, wenn nötig können wir uns zu Hause bissl was kochen lassen. Nur das Schlafen ist bissl eng. Ich schlafe wieder mit meinem Kameraden Hutterer zusammen in einem Bett. Da gibt es oft Rippenstöße und Fußtritte ab, aber es ist halt doch ein Bett mit meiner Wäsche und ich kann mich bissl ausziehen.
Komisch, wie sich das Volk hier schon an uns gewöhnt hat. Man wird auf der Straße gegrüßt, nach den Namen genannt. Kleine Kinder, die fast noch nicht sprechen können, sogar ganz vertrauensvoll. „L`almont" wenn man vorbei geht.
Gestern ist mir was Komisches passiert. Ich war in einem Laden. Es stellt sich heraus dass die Leute perfekt Italienisch sprechen. Ich möchte reden, kann aber kein Wort Italienisch mehr. Alles durcheinander. Mir geht es wie den alten Fremdenführern, die alles durcheinander sprechen. Sehr traurig.

Paula! Hörst Du noch zu? Ja so, ich sitze im Wachlokal in Roubaix und nicht bei Dir in München. Wenn ich schreibe ist mir, als ob ich stumm wäre und verzweifelte Sprachversuche machte mich mit Dir zu verständigen. Ich glaube, wenn ich heim käme, wäre mir, als ob ein Stummer die Sprache wieder gefunden.
Du Glückliche, warst in einem Konzert. Wie habe ich Sehnsucht nach schöner Musik. Jetzt ist es 12 Uhr nachts. Ihr beide schlaft. Tommilein mit roten Backen, ich kann mir es so gut vorstellen.
Küsse, träumt schön und seid beim Erwachen nicht zu arg enttäuscht wie mir es immer hier geht.
Morgen früh muss dieser Brief fort. Also gute Nacht. Ich soll so vielen schreiben und werde nie fertig. Wann ist denn der Krieg endlich aus? Vergess mich nicht. Küsse, küsse Dein Mann Colomb

****

Unteroffizier Hutterer, Dez. 1914,
Roubaix 1914 (Skizzenbuch)

****

**Brief von Frau Kuppelwieser an Colombo,
als Witz gedacht....**

74:              GNM

München, 21.II. 1915

Lieber Herr Max!
Ich habe bis jetzt Ihnen nicht geschrieben, da ich nicht wollte über alles Mögliche zu schreiben und das Wichtigste zu verschweigen. Jetzt finde ich es, ist es meine Pflicht Ihnen es mitzuteilen. Ihre Frau verkehrt seit einiger Zeit mit ---, den Namen bin ich nicht berechtigt Ihnen mitzuteilen. Fragen Sie den Dr. Weber, es ist schon Stadtgespräch.
Ich hoffe Sie nehmen mir diesen Brief nicht übel. Es ist besser, man weiß, wie man dran ist. Meinem Manne geht es gut, aber mir dauert der Krieg auch schon zu lange.
Herzliche Grüße Pauline Kuppelwieser.

****

75:              GNM

2. März 1915

Liebe, gute Paula!!!!
Deinen lieben, gar nicht langweiligen Brief mit den 2 Fotos bekommen. Wirklich sehr gefreut. Die Fotos finde ich auch sehr, sehr nett, viel besser als all die anderen. Du hast recht. Du bist besonders gut und mir am liebsten auf dem Zimmerbild. Tommi sehr lieb auf dem anderen. Beide sind so gemütlich und nicht posiert. Halt ganz was anderes, als vom Fotografen. Ich bin Deiner Freundin Irma sehr dankbar. Vermittle bitte meinen Dank und sie hat mir eine große Freude und Gefallen damit gemacht. Ich höre Dich förmlich sprechen, wenn ich die Bilder ansehe.
Nein, Du bist mir nicht untreu, das sehe ich. Wenn auch Frau Dr. Kuppelwieser mir einen sehr bösen Brief geschrieben hat. Freilich habe ich lachen müssen, darüber. Bei den ersten Zeilen war ich nur erschrocken, da ich dachte, Dir ist am End etwas passiert. Sonst brauchst Du Dir keine Gedanken machen, dass ich nicht gleich den Witz gemerkt.

Oder würde es Dich freuen, wenn ich ein kleines bisserl eifersüchtig wäre? Gell, nein – Jetzt ist die Zeit zu ernst, Du weißt ja, dass ich sonst immer gern bereit dazu bin.
3. März 1915
Gestern 2 Briefe (24. /26. eine Karte) von Dir bekommen und eine Karte von Alois auf dem die Nachricht von Paulis[32] Tod steht. Von Papa noch nichts erhalten. Hast Du ihm schon die neue Adresse gegeben? Ich war über die Nachricht sehr in Sorge für Papa! Aber Du beruhigst mich etwas. Vielleicht war jetzt die beste Zeit für dieses Unglück, das doch voraus zu sehen war. Dass man sich besonders im Alter sehr an ein Tier hängen kann ist einzusehen. Hoffentlich bekomme ich Papas Brief bald.

Liebe Paula, ich bewundere Dich wirklich, dass Du so mit Frau Dr. K. aushältst. Es ist sehr schön von Dir und auch eine Tat. Hast Du's durch den Verkehr mit mir gelernt? Nein, gell. So launisch bin ich nicht.
Aber höre nun: Zu arg darfst du Dich nicht quälen lassen. Wir kennen ja die guten Eigenschaften von Frau und Herrn Dr. Kuppelwieser und haben eine ehrliche Freundschaft, gell ja. Nicht wegen Essen und Trinken, wie viele andere. Eben deshalb würde ich Dir raten, es nicht zu weit kommen zu lassen. Ich meine, dass es nicht auf einmal zum Bruch kommt, dass Du es auf einmal nicht mehr aushalten kannst. Es würde mir auch wegen ihm leid tun. Freundschaftliche Gegenrede kannst Du besonders jetzt nicht führen, da muss ich dabei sein und Du nicht so abhängig.
Aber gell, nur Storchl nichts merken lassen, sonst sagt sie gleich Du seist charakterlos. Ich würde aber unbedingt die Einladung von Irma annehmen. Sonst halt, so gut es geht aushalten. Oder, wenn Du siehst dass es gar nicht mehr geht, wieder in die Lessingstraße ziehen. Vielleicht kann doch jemand mit Dir wohnen. Wie es auch geht, jedenfalls sei gescheit und gehe in Frieden und mit guter Erinnerung weg. Wann, das wirst Du sehen und fühlen. Ich würde es vollkommen einsehen und Dir gar nicht bös sein, wenn Du es für richtig hieltest, weg zu gehen. Leben wirst Du auch so können. 20 M kann ich ein bissl Notration im Monat schicken. Vielleicht kämst Du zum Zeichnen. Und der Krieg muss doch auch bald ein Ende haben.
(..) Viele Grüße an Frau Dr. Kuppelwieser, Tommilein einen Kuss. Und Dich umarmt Dein alter Colombmann.

****

---

[32] Pauli = Affe von Gabriel von Max

Familie in Roubaix, 1915

****

76:                    GNM

Roubaix, 11. März 1915

Liebe Paula!
Deinen langen unterhaltlichen, sehr lieben Brief gestern erhalten. Auch für das Büchl herzlichen Dank. Als gerade darinnen bissl lesen wollte, kam Alarm. Da habe ich geschwitzt und alles ist durcheinander gerannt. In 2 Stunden waren wir alle marschbereit. Aber weg ist es noch nicht gegangen, wir müssen nun auf weiteres warten. Gell, schreibe mir immer auf dünnes überseeisches Papier, das kann ich leichter aufheben. Kuppelwieser Tagesbeschreibung ist sehr amüsant. So witzig kann ich nicht schreiben und unser Leben war letztere Zeit sehr uninteressant. Hab ich's Dir nicht schon einmal geschrieben? Also nochmals ausführlich:

Um ¾ 6 geht mein Wecker los, ich schaue auf meine leuchtende Uhr, stoße meinen Kameraden, der nie aufwacht. Der sagt aber nach paar Minuten, ich bin auf der linken Seite noch nicht ganz ausgebacken und dreht sich um. Nach einigem Warten, springe ich aus dem Bett und reiß ihm auch die Decke weg. Endlich sind wir angezogen und wandern in die Küche hinunter, Reitstiefel anziehen. Alles schläft noch im Haus. Unterdessen huscht eines der Töchter daher (mit Haarwuckerln) und sperrt uns auf. Wir nehmen unsere Handtücher und gehen in den Stall. 6 ¼: Meist alles schon auf. Wir beaufsichtigen oder helfen beim Füttern und Putzen der Pferde mit. Der Vizewachtmeister kommt, gibt den Tagesbefehl. Wir waschen uns im Tränke Eimer, putzen Stiefel und Kleider. Abwechselnd holt einer von uns beiden Milch in einem nahen Bauernhof. 7 Uhr ins Quartier. Kaffee fertig. Milch gewärmt. Schon mehr Familienmitglieder auf.

Frühstück: 2 Tassen Milchkaffee mit Butterbrot und Liebesgaben. Die letzte Zeit dann gewöhnlich wieder in Stall. Satteln. (Mit den Leuten herumstreiten und befehlen muss man immer) ½ 9 Uhr ausrücken. Handkolonne. Bis 10 ½ Uhr. Wir haben schon die ganze Umgebung abgeritten. Leider viel Pflaster. An den Kanälen entlang ist es am nettesten. Einrücken, Pferde nachsetzen, Stall herrichten lassen. Pferde, die es brauchen, zum Doktor schicken. Streu richten und Geschirre putzen lassen. Füttern. (Stell Dir unser beiden Fanny ins männliche übersetzt vor und Du kannst Dir denken, dass man fast immer sich ärgern muss.)

12 Uhr: Appell oben am Kanal. Verlesen von Befehlen. Strafen, Dienstverteilung. Dann Essen fassen. Wir tragen unseres in unser Quartier, wärmens auf, kochen was dazu. Es gibt (Schinken mit Kraut und Tee oder Suppe und Ochsenfleisch mit Kartoffeln) Bei und nach Tisch üben im Französischen. Mein Kamerad, eigentlich ein Bauer lernt sehr gut. Um 2 Uhr müssen wir wieder im Stall sein. Verschiedene Dienste. (Fussard fassen, Waffen und Kleiderappelle oder man muss mit einigen Gespannen ausrücken). Möglichkeit zum Schreiben mit Unterbrechungen. 5-6 Uhr: Stall misten, Füttern. 6 Uhr: Appell. Der schönste Moment: Postverteilung. Abendkost (meistens Tee oder Kaffee mit oder ohne Käse. Da kaufe ich mir meistens was. 7 Uhr: ab ins Quartier. Stiefel ausziehen. Holzschuhe an fürs Steinpflaster. Essen. Post lesen und Besuche von anderen Unteroffizieren. Ganze Familie versammelt. Kinder lernen. Näherin macht Kleider an der Probierfigur. Haben sogar Gasbeleuchtung. Es ist der einzige geheizte Raum im Haus, daher immer alles da versammelt. Bissl in unserem Kram, der auf zwei Tischen ausgebreitet ist und unser Heim darstellt, herumräumen. 9 – ½ 10 Uhr: ins Bett. Ich liege außen. Daher manch hitziger Kampf im Schlaf um die Decken. Sonst ist es zu zweit besser als allein zu schlafen, da wärmer. Zimmer ist kalt und das Wasser läuft bissl an den Wänden runter. Und doch werden wir jetzt bald diesem guten Quartier nach weinen. Wohin es geht, weiß keiner. In die Bahn sollen wir kommen (verladen werden).
So das war ungefähr unser Tagesdienst. (Den Dienst wie Fassübung, Meldungen reiten, Stroh fassen, Holz für Schützengraben fahren etc. muss Du Dir dazwischen hinein denken.)
(...) Gell, bitte mir kein Skizzenbuch mehr schicken. Ich weiß ja gar nicht mehr, wo alles unterbringen. Eine wichtige Frage ist die, was tun wegen Wohnung. Glaubst Du, dass Du billiger als 300 M mit Umzugskosten im Halbjahr wohnen kannst? Mein Atelier ist eine große Arbeit. Besonders, dass nicht alles kaputt wird. Geschickte Packer gibt es jetzt wenig. Du müsstest halt alles ins Orgelatelier stellen lassen. Vielleicht komme ich doch zurück, dann hätte ich gleich wieder einen kostspieligen Umzug. Schwabing ist ja gut, aber der Name ist mir immer noch nicht sympathisch. Diese Künstlermittagstische kann ich mir schon vorstellen. Die ärgste Sorte ist doch nicht im Krieg und geändert haben sich die Menschen auch herzlich wenig in den Städten, nach den Zeitungen zu schließen. Ich glaube Dir würde es in einer so kleinen Wohnung dort und sonst in dieser Gesellschaft nicht gefallen. Du würdest Dich so lange fügen wollen, bis Du vielleicht auch unfrei wärst? Ich habe vielleicht keinen Einblick. Du hast vielleicht recht, ich spreche nur mit Dir darüber. Gell, bist nicht bös. Das Handeln bleibt immer Dir überlassen, mir sind ja doch Hände und Füße gebunden. Du machst es ja richtig.
(..) Gute Nacht, schlafe gut, auch Du Tommilein. (..)
1000 Küsse Umarmungen
Dein versimpelter Mann Colomb
****

Colombo 1916

****

Postkarte aus Antwerpen von Corneille Max

77:                     GNM

Haesdruck, 14. März 1915

L. Colomb!
Die letzten Tage war aus Westen wieder viel Kanonendonner hörbar. Da habe ich oft an Dich gedacht. Du bist ja dem großen Lärm viel näher. Wir haben die letzte Zeit viel Dienst gehabt. Schwere Geschütze in Stellung bringen und einbauen. Ich musste viel mit der Schaufel arbeiten und Bäume fällen. Die viele Arbeit im Freien ist ja sehr gesund. Ich fühl mich auch sehr wohl. Ich glaube, dass wir doch bald fertig werden. Der Angriff auf die Dardanellen kommt mir wie eine letzte Anstrengung der Verbündeten vor. Wenn dieser auch fehlschlägt, werden sie schon klein beigeben. Bitte, lass mal was von Dir hören, wie es Dir geht.
Dir viel Glück wünschend grüßt Dich Dein Corneille

****

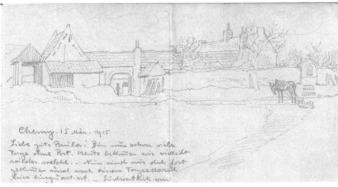

78:                    GNM
                                                    Chemy, 15. März 1915
Liebe gute Paula!
Bin nun schon viele Tage ohne Post. Heute bekommen wir vielleicht wieder welche. Nun sind wir doch fort gekommen und nach einem Tagesmarsch hier einquartiert. Südwestlich von Lille. Ein ganz kleines Dörfchen. Aber es ist schon Frühling und der Schmutz nicht mehr so arg. Die Bäume treiben schon aus. Aber zum Kaufen bekommt man hier gar nichts. Nicht einmal Milch. Gut, dass ich mich recht herausgegessen habe. Leider habe ich mich am vorletzten Tag fotografieren lassen und nicht mehr bekommen. Meine alten Quartierleute werden sie aber aufheben und wenn die Post wieder geht, kannst Du sie bekommen. Komisch, der Abschied vom alten Quartier fand mit tränenden Augen auf Französischer Seite statt. Einesteils bin ich ganz froh, dass wir jetzt am Land sind. Es wäre ganz gemütlich, wenn wir nicht im Krieg und der Schlacht wieder näher wären. Unsere ganze Division ist hier. Die Engländer wollten mit 5 facher Übermacht durchbrechen.
Heute um 5 Uhr früh war es wunderschön mild. Sterne. Gegen Westen Leuchtkugeln. Noch ganz dunkel und doch sangen schon 100 Lerchen in der Luft. Gegenwärtig müssen wir auf weitere Befehle zu Munitionsfassen und Abgeben warten. Kann jede Minute kommen. Also schnell diese Zeilen an Dich. Hoffentlich bekommst Du sie. Heute Nacht habe ich mit dem Leutnant Stellvertreter in einem Zimmer geschlafen. Gutes Bett. Er traut sich jetzt auch mehr freundlich zu mir zu sein, weil der alte Leutnant weg ist.
Wie es Euch geht? Jetzt bin ich gar nicht mehr gewöhnt keine Post zu bekommen. Jetzt haben wir wieder Lichtmangel. Die schöne Zeit mit Elektrischem ist vorbei. Gut, dass die Nacht nicht mehr so lange.
Viele, viele 1000 Grüße und Küsse
Dein Mann Colomb
Leider kann ich nicht mehr schreiben. Eine Blume aus dem Gartel.

(Gepresste Blume dabei)

****
79:                    GNM

Ecke aus meinem Quartier, Alter Hof von 1797. Der Bleistift schmiert leider auf diesem Papier.
                                                    Chemy, 16. März 1915

(Gepresste Blumen, extra in Papier eingewickelt dabei)

* *

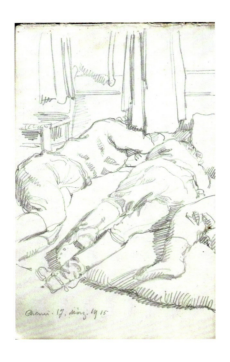

Chemy, 17. März 1915 (Skizzenbuch)

* *

* *

80: GNM

Chemy, 18. März 1915

Liebe Paula!
Jetzt habe ich binnen 2 Tage 5 Briefe von ----

20. März, Avelin -- Unterbrochen worden. Marschbereitschaft und in zwei Stunden Abmarsch. Sind nun in ein anderes Dorf weiter zurück gekommen. Sehr nett bei einem Schloss mit großem Park gelegen. Offiziere und Wachtmeister liegen darin. Ein altes Schloss, ähnlich wie Badenburg in Nymphenburg, nur größer mit Wassergraben herum und fast so großem Park wie Nymphenburg. Schöne alte Bäume und viele Vögel. Der Appell ist am Platz vor Schloss. Sollen schöne alte Bilder darinnen sein, werde dann hin gehen.
Gestern war ein schrecklicher Tag. Mussten den ganzen Tag Munition fahren, bei eiskaltem Schneesturm. Ich habe den ganzen Winter noch nicht so gefroren. Sind ganz in die Nähe von La Bassée (den Ort wirst Du von der Zeitung kennen) gekommen. Heute ist klarer Frost. Bin also froh noch um Wollsachen. Mein Quartier hier ist sehr gut. Eigenes Zimmer, eigenes Bett, gute Milch. Lange wollen wir aber auch hier nicht bleiben, schade. Liebe Paula, das wegen Urlaub ist zu überlegen. Schön wäre es freilich. Nur das Zurückkehren sehr bitter. Oder vielleicht würde ich dann wo anders hin versetzt, das wäre unangenehm. Das Schwierigste ist, einen schwerwiegenden Grund für Urlaub zu bekommen. Ich bin Landwehr und das ist nicht so einfach. Ob wegen Arbeit Grund genug ist, kann ich mir nicht vorstellen. Bei einem unserer Leute ist die Frau niedergekommen und er hat auch keinen Urlaub bekommen. Mein jetziger Oberleutnant heißt Hoffmann, ist ganz nett. (Zivil: Forstamt) Der Abteilungsführer heißt Hauptmann <u>Klemm</u>. Ein sehr reicher Mann. Ob er gut zu sprechen ist, weiß ich nicht, auf mich. Wegen der Sache mit dem früheren Leutnant, ich glaube aber nicht, dass er gegen mich was hat. Nur lasst er sehr ungern Leute von der Kolonne weg und wird böse wenn man den Dienstweg nicht einhält. Ich weiß nicht wie es gehen könnte. Traue mir nicht zu hoffen. Ohne Arbeit und Verdienst wäre es ja auch nicht das Richtige zu Hause.

Bin weg geholt worden ins Schloss zum Fotografieren. Musste Schloss mit Leutnant aufnehmen. Der Herr Wachtmeister ist sehr unverfroren, kommandiert mich förmlich dazu. Aber ich mache es schon so, dass ich auch was davon habe. Das Schloss und der Park ist wirklich schön. Anbei Blumen von dort. Innen war ich auch. Sehr geschmackvoll eingerichtet. Hübsche alte Bilder. Besonders zwei haben mich sehr gefesselt und wehmütig gestimmt. Zwei Biedermeier Bilder, Ansichten vom Golf von Neapel. Ischia in der Ferne in goldiger Abendsonne. Welche Erinnerungen….!! Schöne chinesische und japanische Vasen und Uhren. Der Wachtmeister schläft in einem Himmelbett und möchte so viel als möglich stehlen. Schiniert sich aber doch bissl. Große Bibliothek ect. Es wäre so friedlich und schön hier. Aber mitten unter Vögelgesang hört man surren. Da zieht doch oben ein englischer Flieger vorbei. Immer noch <u>kein Frieden</u>?

Wir haben einen neuen Oberarzt: „Büler" aus München. Der Name ist mir bekannt, weiß aber nicht wohin damit. Ich glaube Heini oder Storchl kennt ihn.

****

Avellin, 17. März 1916 (Skizzenbuch Colombo)
****

81: GNM

Avelin, 23. März 1915

Liebe, liebe Paula!
Paar Tage keine Post bekommen. Gestern Abend dafür Deinen lieben Brief vom 15. und 16. mit Fotos erhalten. Sehr gefreut natürlich. Du bist sehr gescheit und handelst ganz richtig. Das geht natürlich nicht, dass Du jetzt gleich Frau Kuppelwieser davon läufst. Es ist sehr schön von Dir, dass Du aushältst. Von Frau Sattler[33] ist es sehr lieb, was sie Dir vorschlägt. Wenn Du hin ziehen solltest, müsstest Du aber auf alle Fälle natürlich etwas zum Haushalt beisteuern. Gell, mir zu liebe. Ich werde Dir so viel Geld als möglich schicken. Sonst ist es ja so, als ob ich Dich und meine Familie Almosen preisgebe. Auch sind Sattlers nicht so reich wie Frau Kuppelwieser und Du fühlst Dich etwas freier, gell? Aber schön wäre es da oben im Frühling. Nett wäre es auch, wenn Du mit Zusi[34] nach Ammerland ziehen könntest.
(..)
Frühlingsanfang war hier ein herrlicher Tag. Sonnig und warm. Unsere Pferde können wir auf der saftgrünen Wiese weiden. Die Vögel singen, die Sträucher schlagen aus und blühen teilweise. Im Schlosspark bin ich oft, da ist es so schön. Riesen Pappeln und ein großer Eichenwald. (<u>Deutsche</u> Eichen) Vorne gegen Sonnenuntergang hat das Schloss eine große Terrasse, welche in drei Bögen den Kanal überquert. Im Wasser wird von unseren Leuten mit Netzen gefischt. Ins Schloss gehe ich so oft als möglich. Es sind

33 Frau Sattler = Eva Sattler geb. Hildebrand, siehe Lebensbericht
34 Zusi = Irene Georgii, Schwester von Frau Sattler

wunderschöne Porzellan und Majolika Sachen da. Auch in den alten Büchern zu wühlen ist ganz interessant. Hübsche alte Stiche. Möchte nicht wissen, was schon gestohlen wurde. Die Preußen waren 4 Monate da. Es ist auch im Ort gemütlich. Unsere Wache ist am Hauptplatz an der Kirche, da kann man auf dem Stroh vor dem Hause in der Sonne sitzen. Die Leute grüßen beim Vorbeigehen freundlich. Und die Kinder spielen und bringen mit Stolz ihre Deutschen Worte an.
Seit einigen Tagen ist eine zweite schwere Kolonne, die zu uns gehört da. Alles ganz neu. Die Mannschaft nur Landsturm erst seit 14 Tagen eingezogen. Da ist wenig Hoffnung, dass ich Urlaub bekomme. Neulich Früh habe ich zum ersten Mal einen Zeppelin im Feld gesehen.
(..)
Eben lese ich dass meine Gruppe „Die 48." eine Ausstellung im Kunstverein vom 21. März bis 4. April veranstalten.
Eigentlich hätte ich was hinschicken können. Aber was? Eine Zeichnung? Lieber nicht, vielleicht muss ich die Kunst nach dem Krieg doch aufstecken.
Viele, viele Umarmungen und Küsse Dir und Tommi
Dein Colomb

****

Avelin, 1916 (Skizzenbuch)
****

82:                    GNM

Avelin, 25. März 1915

Liebe Paula!
Deine lieben Briefe vom 19. und 20. M. bekommen. Wie immer sehr gefreut. (Außer die Rechnung). Vor allem möchte ich Dir die Geburt eines gesunden Knaben in meinem Zug anzeigen. Ich bin stolz darauf. Ein Pferd einer meiner Fahrer hat ein reizendes Foh-

len bekommen. Zu komisch ist so ein Vieh. Es hat einen Bart und die Augen und Beine gehorchen noch nicht recht. Den ganzen Tag sauft es an der Mutter. Wenn möglich wollen wir's mitnehmen. Man begegnet jetzt oft Kolonnen, wo Fohlen nebenher springen.

(..) Ach liebe Paula, ich habe jetzt 2 Tage eine große Qual. Im Schloss in einer Dachkammer, die von einem meist besoffenen Soldaten Diener bewohnt ist, in einer erbrochenen Wandkammer, habe ich mehrere wunderschöne alte Bilder entdeckt. Ganz sicher vom Besitzer in der Eile versteckt. Einige sind direkt Galeriebilder. Von einem habe ich geträumt, so schön ist es. (Sicher von Brueghel oder Brauer). Eine Hexenküche, a la Ulenspiegel. Sicher <u>sehr</u> wertvoll. Auch ein sehr schönes Meerbild, leider eingestoßen. Was nur tun? Sage ich es den Offizieren, dass es sehr wertvolle Bilder sind, so requirieren sie dieselben womöglich für sich. Das ich sie mitnehmen kann, ist ausgeschlossen. Sage ich nichts, so schlägt der besoffene Soldat oder irgendein anderer dieselben vielleicht in Trümmer. Müssen wir fort, kommen vielleicht Gewissenlosere, die nichts schonen.

26. März
Gestern habe ich es doch noch gesagt wegen den Bildern. Natürlich wollen jetzt alle dieselben sehen. Aber, o weh, welche Unbildung und Unkenntnis. Alle bewunderten hauptsächlich die schönen Goldrahmen. Ob sie bei denen besser aufgehoben sind, ist sehr fraglich. Ich habe sie mir teilweise bissl abgezeichnet. Der einzige nette und gebildete Offizier (Offizier Stellvertreter Pfeifer) ist auch weg zur Maschinengewehrabteilung versetzt worden, der hätte etwas verstanden.

Liebe Paula, oft denke ich mir, vielleicht vergisst Du mich doch allmählich und es wird Dir recht langweilig. Du bist mir bös, dass ich keinen Urlaub bekomme? Vielleicht ist es besser so, denn wenn mir doch etwas zustoßen sollte, so ist es Dir nicht mehr so arg, wenn Du mich bissl vergessen hast. Gell nein, das sind dumme Gedanken von mir.

Osterhasen gibt es hier viele, euch sollen sie alles Gute bringen.
(..)
Hildebrands sind religiös? Ich habe auch gegenwärtig viel darüber nachgedacht. Naiv können wir selbstverständlich nicht mehr glauben. Was sind die gegenwärtigen betenden Massen? Sie sind blind und sehen die Kernidee aller Religionen nicht. Sie hängen alle an der Glasscheibe und sehen die Türe nicht, wo sie hinaus können ins Freie.

Das ist reizend, dass sich der Gimpel von Tommilein streicheln lässt.
1000 Grüße und Küsse Dein Colombmann und Tommi auch das Beste

****

2. April, Karfreitag (Skizzenbuch)

83: GNM

Avelin, 3. April 1915
Liebe, liebe Paula!!
Alle Briefe und die schöne Mundharmonika bekommen. Vielen, vielen Dank. Ja, die erinnert mich an Italien. Süße Erinnerungen. Hier war aber auch schönes Wetter. Wir haben in Hemdsärmeln ein Mistbeet angelegt und Salat und Rettiche gepflanzt. Für alle Fälle! Heute heißt es aber leider, es ginge bald wieder weg.

Die Zeichnung ist mein Quartier. Vom Friedensverein habe ich wieder ein Packel mit guten Sachen und Flugschrift bekommen. Von Heini sehr lieb, einen Kuchenstollen. Von Mama viele Ostereier. Ich fürchte, Du wirst gar keine schöne Ostern haben mit Fr. K. Bin wirklich froh, wenn Du mal weg kannst. Was mit unserer Wohnung tun? Wenn

Du anfragst, müssen immer Leute hinein gelassen werden können. Entweder bist Du gebunden oder die neugierige Hausmeisterin muss herumführen. Meine Bilder müsstest Du halt alle umdrehen oder verhängen. Ich fürchte selbst, dass der Krieg lange dauern wird. Aber ob Du billiger wohnen kannst? Wenn ich zurück komme, könnten wir ja immer noch vermieten, unter der Zeit z.B im September. Wenn Du aber eine nette Wohnung in dieser Gegend weißt, so sage auf. Zum Anfang kann ich ja im Orgelatelier arbeiten.
 (..)
Bitte schicke mir gelegentlich farbige Postkarten zum darauf zeichnen. Verliere den Mut und die Geduld nicht bei Frau Kuppelwieser. Bleibe auch Du selbst. Ich bin halt gefesselt. Küsse Tommi von mir.
1000 Grüße und Umarmungen
Dein Colomb
Grüße an Frau Dr. Kup.

****

84:                          GNM
                                               Avelin, 5. April 1915
Liebe, liebe Paula!
Heute ist Ostersonntag, den 5. April 1915. Ist es zu glauben? Und wir sind immer noch getrennt. Wir sind noch hier in Avelin. Wetter, warmer Westwind, herrliche Abendrö-

ten. Ländlich still. In der Morgendämmerung lärmender Gesang der Vögel vom Park her. Landschaft großzügig mit viel Himmel und sehnsüchtigen Wolken. Mein kleines Pferd hat eine Stiefmutter bekommen, die es fast mehr liebt, als die Mutter.
(..) 1000 Küsse und Umarmung Dein Colomb

****

85: GNM

Avelin, 8. April 1915

Liebe, liebe Paula!!
Gestern habe ich Deinen lieben Brief mit der schrecklichen Nachricht, dass Schmid[35] gefallen ist, erhalten. Zufällig auch zur gleichen Zeit die Zeitung von Beissbarths, wo die Todesanzeige drinnen ist.

---

35   Schmid = Schmid-Dietenheim, Maler und Freund, siehe unten

Schrecklich, ich bin ganz niedergeschmettert. Der arme Mensch und die arme, arme Frau. Aber ich habe es geahnt. Es verging fast kein Tag, an dem ich nicht mit Sorge an ihn dachte. Auf seine letzte Karte habe ich mich förmlich nicht mehr antworten trauen, denn ich dachte ich bekomme sie doch zurück. Der arme Schmid muss Schreckliches durchgemacht haben. Seit Dezember war er im Schützengraben. Wenn Du die Infanteristen sehen würdest, die so lange draußen sind. Wie die zu Tode geängstigten, ausgehungerten Mäuse sehen sie aus. Er ist in der Front bei uns gefallen. Da wo unsere Division zu Hilfe kommen musste. Du weißt, ich habe von der 4 fachen Übermacht geschrieben.

Was hier dann geredet wird: Wie unvorsichtig und schlapp die Preußen waren und wie die Bayern alles herausreißen mussten. Wir hatten schreckliche Verluste. Zu traurig, hätte der Krieg nicht aus sein können. Jetzt im Frühling sterben müssen. Und gerade immer die besten Menschen. Ich bin ganz fassungslos.

<u>Wehe, wen die Verantwortung dieses Mordens trifft.</u>

Wenn ich nur erfahren könnte, wo Schmid gefallen. Vielleicht komme ich mal in die Gegend. Es sollen lange Berge von Leichen draußen gelegen sein. Dieses Morden ist schrecklich. Wenn man nur wüsste zu was. Hier ist alles gerade so kultiviert wie bei uns. Ich werde vielleicht der armen Frau von Schmid selber schreiben. Ein Rächer von ihm werde ich sein, solange ich lebe.

Aber etwas könnten wir ihm gleich tun. Die „Jugend" soll einmal weniger Juden beschäftigen und lieber eines von den schönen Bildern von Schmid möglichst bald bringen. Dass die Menschen auch sehen, was in dem Kriege zu Grunde geht. Ebenso von Hans Lesker (1879–1914).

Zu viel Glück auf einmal ist immer unheimlich, war's bei Schmid nicht so? Es ist mir, als ob ich etwas in die Welt hinaus schreien müsste. Es ist mir so klar, aber ich muss still sein.

<u>Nikolaus Schmid-Dietenheim (1878 Dietenheim – 1915 gefallen in Frankreich)</u>
Landschaftsmaler. Beschickte die Ausstellungen im Münchner Glaspalast. War Mitglied der Luitpolder Gruppe. Um sich von den zahllos malenden Schmid's zu unterscheiden, fügte er dem Namen seinen schwäbischen Geburtsort bei. Er malte 1910 am Chiemsee und auf der Ratzinger Höhe. Ist im 1. Weltkrieg mit nur 37 Jahren gefallen.
<u>Source</u>: Galerie Franz Gailer, Frauenchiemsee

nach http://artroots.com/art6/
nikolausschmiddietenheim.htm

9. April
Gestern konnte ich nicht weiter schreiben. Auch besser, ich war zu aufgeregt. Heute donnern die Kanonen wieder gewaltig. Was das wieder arme unschuldige Menschen kostet.
Und wir haben jetzt eine ganz friedliche Arbeit. Wir müssen Felder bestellen, Mist fahren und ackern. Wir arbeiten, als ob wir jahrelang dableiben müssten. Auch nirgends ein Zeichen, dass bald Schluss ist. Zu essen haben wir fast mehr als ihr. Wir bekommen, zum Beispiel große Stücke herrlichen Emmentaler. Wie ich ihn vorher nur bei Mader bekommen habe. Dann alle drei Tage einen Laib Brot. Die Milch ist hier besser als in München. Wir lassen uns vieles von unserer Hausfrau kochen. Mir geht es nur zu gut. Und Ihr habt vielleicht zu wenig.
Gestern habe ich auch die Farbstifte mit liebem Brief und die schönen harten Eier (wohlerhalten) bekommen. Die Stifte scheinen nicht schlecht zu sein, nur bissl andere Farben, als ich wollte. Herzlichen Dank. Die Eier sind ja wunderschön, hat die Tommi wirklich selbst bezeichnet? Sie machen mir eine große, große Freude und ich sehe, dass mich der deutsche Osterhase auch nicht vergessen hat. (…)
10. April
Nein, immer werde ich nicht fertig. Abends, wenn die meiste Ruhe wäre, ist die Beleuchtung schlecht. (..)
Liebe Paula, der Brief ist ein rechtes Stückelwerk. Die Osterbeschreibung fehlt auch noch. Also Sonntag etwas länger geschlafen. In meinen Holzschuhen hinüber gegangen, Leute geweckt. Schöner Morgen. Mondsichel wie Messing. Vögelsang in den Büschen und Hecken. Milch von den Kühen weg gekauft. Frühstück mit Heinis Kuchen. Mein Kamerad musste dienstlich weg. Ich in den Park und in verschiedenen Gärten Grünes und Blumen gepflückt und ein schönes Osternest gemacht. Die gefärbten Eier vom Friedensverein und Mamas Schokoladeneier und Hase. Um 10 Uhr Kirchgang mit deutscher Predigt. Mittag also Ostertisch mit schönem Nest und 2 Flaschen gutem Wein. (allen Soldaten verteilt worden). Nachmittag in einen nahe gelegenen Ort Ausflug gemacht. Ein zerstörtes Schloss in einem schönen Park angesehen, bissl gezeichnet. Fliegerstation vorbei. Am Abend nach dem Essen Mundharmonika gespielt. Auch das Lied aus Mitterndorf[36].
Am Montag 2 Stunden in der Früh geritten. Regenwetter. Nachmittag Choleraimpfung im Schloss. Bei mir hatte es keine Folgen. Nur bin ich sehr hitzig und wild dadurch geworden. Weiß Gott, was man da alles eingeimpft bekommt. Nachher in der Schlossbibliothek Bücher angesehen. Natürlich oft an Dich gedacht.

Bitte könntest Du mir nicht eine Linse schicken? Als Brennglas benutzbar. Ich möchte Versuche machen, denn ich arbeite an meiner Flugzeugszerstörmaschine. Du weißt, ich habe Dir meine Idee schon mal gesagt. Die Linse braucht nicht groß zu sein. So wie

---

36   Mitterndorf = Ort der Trauung von Colombo und Paula

meine Taschenuhr. Arme Paula, was ich immer von Dir verlange, gell schrecklich. 2 paar feste waschechte Leinen oder dünne Wollsocken könnte ich auch brauchen.
Oft komme ich mir wie verbannt oder verzaubert vor. Und die Hoffnung, dass noch im Frühling Friede sein werde, ist ganz geschwunden.
Oh, liebe, liebe Paula Dein Colomb
Tommi Küsse
Meine Zeichnung in der Jugend wirkt besser als die erste.

****

86:                          GNM
                                                             Avelin, 13. April 1915
Liebe, liebe, arme Paula!
Gestern ist mein Brief am Nachmittag weggegangen und abends habe ich Deinen vom 8. April mit dem neuen Wohnungszwischenfall bekommen. Also schnell beantworten. Ich glaube, jetzt behalten wir die Wohnung wieder am besten. (..)
Auch habe ich den Vorteil, dass Degginger[37] mit dem Zahlen (komme ich) nicht so eilen, nachsichtig sind. Was bei einer neuen Wohnung nicht der Fall ist. Abgesehen von allem ist Dir auch noch eine große Arbeit erspart. Also rechne nach und denke alles durch, ich glaub Du kommst auf meine Ansicht. Ganz ungebunden können Leute wie wir nie sein. Vielleicht könntest Du unsere Zimmer vermieten.
(..) Ich hab so gut es in der Eile und heutigen Unterbrechungen geht, gedacht und geschrieben. Ich bin nämlich vormittags die längste Zeit mit einem meiner Kanoniere beschäftigt gewesen: Die Leute, wo er einquartiert ist, haben nach mir geschickt. Sie fürchten sich so, der Soldat hat ein Karussell (**Rausch**). Ich komme hin. Er natürlich schrecklichen Schnapsrausch. Nach langem Überreden im Sanften, bringe ich ihn in sein Zimmer zur Ruhe, dass es nicht aufkommt. Kaum bin ich da und schreibe wieder, kommt wieder die Hausfrau leichenblass. Der Soldat bedrohe sie mit dem Gewehr. Gehe ich hin, ist alles auf der Straße in Deckung und blass. Ich gehe ins Haus, da steht mein Kanonier und fuchtelt in höchst gefährlicher Weise mit seinem Karabiner herum. Natürlich geladen. Was ihn angefochten, weiß ich nicht. Ich nehme ihm das Gewehr und nehme es mit nach Hause, er verspricht mir zu schlafen. Nach einer Weile werde ich wieder geholt, er schläft nicht, weil er sein Gewehr nicht mehr findet. Eigentlich habe ich lachen müssen. Aber meine Schreiberei hat darunter gelitten. Jetzt muss ich weg und dann geht die Post gleich weg.
(..)
Die Bilder im Schloss sind jetzt auf meine Veranlassung schön aufgehängt im schönen Saal. Geschehen wird jetzt nicht leicht mehr etwas daran. Außer die Schlachtlinie verändert sich ganz bedeutend.
(..) 1000 Kussgrüße Dein Colomb

****

---
37   Degginger = Vermieter der Wohnung in der Lessingstraße

87: GNM

Ein kleines reizendes 6 Monate altes Kind von einer armen jungen Frau deren Mann im Krieg ist, faltet, wenn die Mutter das Kreuz ihm auf die Stirne und Brust macht, die Hände.
Die Kinder haben großes Interesse an den Soldaten überhaupt. Ein ganz Kleines besucht mich oft im Stall und macht ein furchtbares Geschrei, wenn die Mutter es holen will und hängt sich an mich. Die Kinder wissen halt noch nichts vom Erbfeind und Krieg. (..)

Liebe, liebe gute Paula! Avelin, 16. April
(Nun muss ich Dich doch endlich anreden)
Gehören wir uns eigentlich noch? <u>Wer</u> hindert uns, zusammen zu kommen? Die Religion verbietet die Trennung doch? Kommen Dir nicht auch manchmal solche Fragen in den Kopf? Zusi ist gescheit, wie will sie Religion und Krieg vereinen? (..)
Ollys Paket vom 20. März habe ich erst jetzt bekommen. Die hat so gute Sachen geschickt, nur leider war eine große Tube Kondensmilch geplatzt. Also das meiste schwamm in einem süßen Schleim. Das wäre was für Dich gewesen. Es ist aber rührend, dass sie mir so viel schickt.
(..) Die „Jugend" ist so ein Beispiel, wie die Gebildeten sich den Krieg zum Nervenkitzel kultivieren. Wenn auch 1000 ende begeisterte Feldpostbriefe in der Zeitung stehen. Was ist das gegen die Millionen Männer, die im Felde stehen und anders denken?

17. April, Fournes!
Das ist schnell gegangen, liebe Paula. Gestern war ich noch in Avelin im wahren Frieden. Heute bin ich hier vorne, wo kein Haus mehr ganz unversehrt ist von früheren Kämpfen. Wir müssen nämlich ständig Gespanne für Arbeitsdienst (Zufahren von Material für Reserve Schützengräben) abstellen. Nun hat es mich als führenden Unteroffizier dazu getroffen. Ich bin also allein mit 6 Fahrern und 3 Kanonieren hier einquartiert. Kochen und schlafen, alle zusammen. Wir haben nur nachts 2 - 3 Stunden zu fahren, sonst nichts zu tun. So sicher wie in Avelin ist es nicht, aber auch nicht sehr gefährlich.
Heute um ½ 8 Uhr machen wir die erste Fahrt. Hast Du schon was Genaueres gehört, wo Schmid gefallen, vielleicht kann ich sein Grab finden.
Du schreibst ganz klein in Deinem letzten Brief, ganz schüchtern, liebste gute Paula, ob ich Dich nicht vergesse. Sei ganz ruhig, nein das ist nicht möglich, haben wir nicht so vieles Schönes zusammen erlebt und wir lieben uns doch auch?
Gell, nicht zweifeln, ich fühle das sonst. Mir ist, als ob, wenn Du nicht mit Liebe an mich denkst, mir leichter etwas zustoßen könnte.
Also halte mir den Daumen, liebe mich und halte aus.
Küsse Tommilein
Umarmung und Kuss mit herzlich an Dich denken Dein Colomb
Viele Grüße an Frau Kuppelwieser

88:　　　　　　　　　　　　　　　　　　GNM

Fournes, 18. April 1915
Liebe Paula!
Eben sitze ich in der Sonne in einem Garten. Es ist sehr nett. Unser Quartier liegt außerhalb dem zerstörten Ort, den fast immer Flieger belästigen. Heute, bei so einem schönen stillen blauen Frühlingssonntag geht die Schießerei fast nicht aus. Lerchengesang und surrende Schrapnells mischen ihre Töne in der Luft.
Wollte im Ort zeichnen, bleibe aber doch lieber nun heraussen. Sei aber nicht in Sorge, so gefährlich ist das nicht. Gestern Abend haben wir eine schöne Fahrt

gehabt. In der Abenddämmerung weg, dann eine stille Sternen Mondnacht. Um 11 Uhr waren wir wieder daheim. Schauerlich wirkte ein ganz zusammengeschossenes Dorf im Dunkeln. Am Ende stehen die Reste einer Kirche. Eigentümlich flackert der Schein der Leuchtkugeln an den stillen verlassenen Mauern. In der dunklen Ebene vor uns, da sollen die Englischen Stellungen sein. Die Leuchtkugeln tanzen wie die Irrlichter. Licht oder Rauchen ist verboten. (..)

Also gestern Abend: Alles geht möglichst lautlos. Keine lauten Kommando, ganze Regimenter Infanterie ziehen lautlos vorbei, übernehmen unsere Sachen. Wir sind an der Abgabestelle. Schnell abladen, es liegen schon ganze Haufen Sachen da auf beiden Seiten der Straße.
Komisch. Die Dörfer und Städte verschwinden, werden zerstört und in aller Stille entsteht eine neue Stadt unter der Erde. Wir müssen außer dem Unterständematerial Tische, Bänke, Betten, Ofen, Elektromotoren, ect. fahren. Da werden uneinnehmbare Stellungen gebaut. Beim Rückweg atmet man gewissermaßen etwas auf, denn die Schießerei ist schon recht nahe da vorn. Aber sorge Dich nicht, es ist nicht so gefährlich, wie es sich ausnimmt.
Gell, das brauchst Du Mama und Papa nicht alles so genau erzählen. In 14 Tagen werde ich ja wieder abgelöst. Schade, dass ich keinen Film habe, so konnte ich auch meinen Apparat nicht mitnehmen. Traurig sehen die vielen Gräber hier aus. Überall sieht man sie mit ihren weißen Kreuzen hervorleuchten in der Nacht. Ob wohl Schmid auch so ein Kreuz hat? Er muss wo in der Gegend liegen. Eigentlich eine sehr friedliche Gegend. (..)

So arg viel habe ich nicht gezeichnet, wie Du meinst. Viel verkritzelt. Du bist aber fleißig und hast eine nette Arbeit mit dem Silber zeichnen. Ja, die Alten hatten reichlich Phantasie.
Du sprichst von Einfachheit. Du hast recht, ich halte mich gegenwärtig nur an den einfachen Naturen. Derbheit, Witz und eine unerwartete Zartheit findet man da in angenehmer Verbindung oft. Ob ich selber schon verbauert bin, weiß ich nicht. Jedenfalls ist mir Halbbildung, die viele Offiziere haben, verhasst. (..)
1000 Küsse Dein Colomb

****

89: GNM

Fournes, 19. April 1915

Liebe, liebe Paula!
Heute ist strahlend schönes Wetter. Für uns nicht so erfreulich. Aber ich konnte mir im Freien bissl die Füße und den Körper waschen und der Moment Sonne hat so wohl getan. Hier sieht es ungefähr so aus, wie auf dieser Karte. Heute Nacht sind wir wieder durch mehrere total zusammen geschossene Dörfer gefahren. Schrecklich traurig. Erst um ½ 1 Uhr Nachts zurückgekommen. Sonst ist dem Engländer am Sonntag arbeiten, größte Sünde. Schießen tut er an diesen Tagen aber am meisten. Komisches Christentum. Wie kann der Mensch sich so erniedrigen?
Meine Uhr geht nicht mehr. Schicke mir bitte meine Silberne. Sie kommt ja sicher an. Schicke mir bald auch Deine neue Adresse, gell.
In Liebe an Dich denkend, Dein Colomb

****

1915 (Skizzenbuch)

****

90:                              GNM
Fournes, 20. April 1915
Liebe Paula!
Wieder eine Nachtfahrt überstanden. Schöne Mondnacht. Staubige Straßen. Heute trüb, nebelig, wahrscheinlich Regen. Meine Uhr geht auf einmal wieder, also bitte meine andere nicht schicken. Eben höre ich Militärmusik. Nach langer, langer Zeit wieder einmal Töne.
Bitte könntest Du mir die „Jugend" oder den Ausschnitt meiner Zeichnung „An der Straße nach Ypern" schicken? Mein früherer netter Offizier Stellvertreter, der hier zur Maschinengewehrabteilung versetzt ist, möchte gerne eine.
Viele, viele Küsse auch Tommi Dein Colomb in Eile

****

91: GNM

22. April 1915

(..) Eben sind 4 Wägen voll Einwohner von hier fort gekommen. Arme Leute, die sich nicht mehr ernähren können. Fast nur Frauen und arme, arme Kinder. Alle weinten so arg, dass einem das Herz weh tat.

****
92: GNM

Unser Schlafraum Fournes, 22. April 1915

Fournes, 23. April 1915

Liebe Paula!
(..) Gott sei Dank, eben bekomme ich von Dir einen Brief. Den vom 18. April, so lieb. Und ich fühle mich wieder weniger einsam. Ja, der schöne Frühling, hier ist er nur traurig. Wie die Blumen, so wachsen hier die Totenkreuze. Täglich neue blütenweiß aus dem Boden. Die Muttergottes in der Kirche hat keinen Kopf und keine Hände mehr. Weggeschossen. Wer bittet nun für uns verblendete Sünder? Vor jedem Heiden müssen wir schamrot werden. (..)

****

Fournes, 20. April 1915 (Skizzenbuch)

****

93: GNM

Fournes, 24. April 1915

Liebe Paula!
Heute immer noch kalter Sturm. Ich war eben in einem Schlosspark, da sangen die Vögel so schön und alles schlägt schon mächtig aus. Der Wind brauste so heimatlich in den Bäumen, wie in Ammerland. Die Natur ist überhaupt das einzig heimliche hier. Alles

andere was mit den Menschen zusammen hängt, ist Ödigkeit, Schmutz, Schande und lauernde Gefahr.
An zerschossenen Kirchen sieht man hier in der Nacht die unglaublichsten Verstümmelungen.
Der Mondschein macht eigentlich diese verstörten Höfe und Dörfer noch unheimlicher. Die meisten Gebäude sind ja von Soldaten bewohnt, meist im Keller. Aber jedes Licht ist sorgfältig gegen Außen abgesperrt. Die Straßen sind staubig. Die Soldaten huschen unheimlich lautlos an einem vorbei, grau wie der Staub.

25. April
Heute ist wieder Sonntag. Ich bin sehr müde. Heute erst um ½ 2 Uhr Nachts ins Bett gekommen. Habe Pech gehabt. 3 meiner Fahrzeuge sind stecken geblieben, musste helfen ab und aufladen. Es war bewölkt. Unter den Soldaten, besonders vorne sind viele Unzufriedene. Man hört nur eine Rede, wenn es nur bald zu Ende wäre. Viele murren, die Offiziere sind schlechter Laune, obwohl sie es am besten haben. Die meiste Zeit in Lille fahren sie nur, wenn es sehr nötig ist an die Front mit Auto. So kann man natürlich lange Krieg führen. Die Soldaten haben das Schwerste auszuhalten.
(..)

Großer Hof im Mondschein. Man sieht kein Licht darinnen, aber der Hauptverbandplatz

****

94:

27. April 1915, Fournes

Liebe, liebe Paula!
Das ich gerade jetzt so wenig Post von Dir bekomme. Heute ist es immer noch kühler Nordwind. Ich habe einen rechten Schnupfen. Heute Nacht habe ich im Mondschein zeichnen probiert. Bald ist mein Kommando überstanden. Am Samstag.
Viele, viele Küsse Dein Colomb

Frühlingsnacht
Bei jedem der vielen Kreuzen steht es: „Hier ruht ein Held (Deutscher Held)" Der Name ist unbekannt. Ob wohl Schmid auch so wo liegt?

****

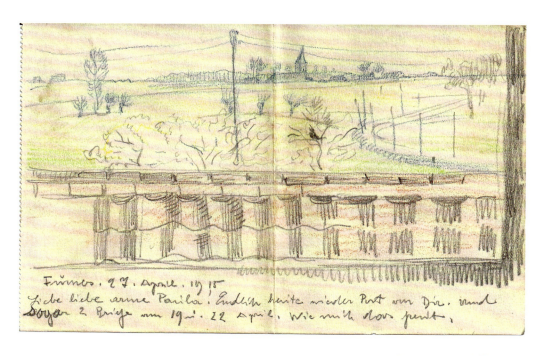

27. April 1915, Fournes

Liebe, liebe arme Paula!
Endlich heute wieder Post von Dir. Und sogar 2 Briefe vom 19. und 22. April. Wie mich das freut. Gerade jetzt habe ich so Bedürfnis täglich etwas von Dir zu hören. Wenn ich abends ausrücke, so beruhigt mich der Gedanke am gleichen Tag etwas von Dir gehört zu haben. Sonst bilde ich mir immer ein, stößt mir etwas zu, so kommt Dein Brief den andern Tag zu spät. Das sind vielleicht dumme Ideen und zu viele Gedanken, die ich mir mache. Am glücklichsten sind hier die, die gar nichts denken. Es sind auch die meisten nur Maschinen. Was ich mich plage, die Soldaten zur Menschenwürde und selbstständig denken aufzustacheln. Ich komme mir wirklich oft wie ein Revolutionsprediger vor. Aber wie der Masse eine Idee beibringen? Man muss so vorsichtig sein.

28. April 1915, Fournes

Liebe gute Paula
Gestern ist das Schreiben nicht gut gegangen. Ich war bissl gelegen, bin heute Nacht auch nicht ausgerückt gewesen. Bin bissl verkühlt und habe mir vom Arzt 1 Tag Schonung geben lassen. Jetzt eben sitze ich im Gras unter einem blühenden Kirschbaum. Hier blüht jetzt schon alles. Und ein schöner sonniger Frühlingstag ist. Die Schwalben sind da und überall zwitscherts und singt es. Nur die Menschen sind der Schmutzfleck. Schon in al-

ler Frühe geht die Schießerei an und in der Luft kreisen die mordlustigen Flieger. Bisweilen bringt der Frühlingswind Aasgeruch mit. Nein, der Frühling kann mich nur traurig machen. Ich bin ständig traurig und wütend, mache spöttische Bemerkungen, wo ich Soldaten treffe. Was hilft es, die meisten verstehen mich nicht. Sie schämen sich nicht, es ist unfasslich all die 1000den schämen sich nicht!!!
In den Zeitungen wird nur über den Krieg geschrieben. Aber noch nie habe ich einmal gelesen, dass sich ein Mensch über den Krieg geschämt hätte. Bei Anblick von Verwundeten, Leichen und all dem Zerstörten habe ich immer nur ein mächtiges Gefühl der Scham. Kann sein, dass ich nicht normal bin. Jedenfalls wäre eine öffentliche Anfrage in der Zeitung über diesen Punkt interessant.

Nein, liebe Paula, so will ich nicht weiter schreiben, das hat jetzt keinen Sinn. (..) Gestern habe ich einen Brief von Papa bekommen. Auch ziemlich traurig.

Liebe Paula, also bekomme ich keinen Urlaub. H. Klemm kann sicher keine Geschichte machen. Er ist so fett, dass ich immer Angst um ihn habe. Es geht ihm so gut. Von Haus aus Millionär und jetzt noch dieses Faulenzerleben. Überhaupt, die Offiziere bekommen es ihr ganzes Leben nicht mehr so gut, wie sie es jetzt haben. Die Unteroffiziere von unserer Kolonne müssen freiwillig Treiber machen, dass die Herrn Offiziere arme Kaninchen und Hasenmütter zum Verzehren haben und Jagdsport treiben können. Wir haben viele Unteroffiziere, auch sehr junge. Dienst ist wenig.
Suff und Weiberei wird arg gefrönt. Darum muss ich zum Arbeitsdienst und bekomme keinen Urlaub. Wer denkt hier an mich? Der Mensch geht doch erst beim Offizier an.
Heute geht das Schreiben gar nicht, ich habe gestern Aspirin genommen und da bin ich heute ganz unmöglich. Bin wie zerschlagen. Aber schreiben möchte ich halt doch. Das Zeichnen geht gar nicht, was soll man auch zeichnen? Zerschossene Häuser, Kirchen, Gräber? Unsere Schande? Eben probieren die Pioniere neben uns Mordmaschinen. (Handgranaten). Das macht einen schrecklichen Lärm.
Heute ist es fast heiß. Was ich mir zum Geburtstag wünsche? Frieden!!!! Und vielleicht leichte Wickelgamaschen (vielleicht aus Leinwand) und <u>hauptsächlich ein Foto von Dir</u>, gell.
Jetzt Schluss für heute, an der Sonne ist es zu warm, im Schatten zu kalt und im Haus zu schmutzig. Und ich hab auch keine Ruhe zum Schreiben.
29. April, Fournes 1915
Heute Nacht eine klare milde Vollmondnacht. Heute Sonne. Ich bin wieder besserer Hoffnung und Laune.
Viele, viele Grüße und Küsse
Dein Colomb

****

96:	GNM
Fournes, 1. Mai 1915

Liebe Paula!
Das ist ein erster Mai! Schon seit ½ 1 Uhr nachts zittern die Fenster vor furchtbarem Artilleriefeuer. Die Menschen sind Affen.
Kuss Dein Colomb, Tommi Kuss

****

97:	GNM

½ 1 Uhr Nachts, 1. Mai in Fournes

Fournes, 1. Mai 1915

Liebe, liebe Paula!
Heute ist also der 1. Mai! Habe mir was anderes erwartet. Heute Nacht, als wir um ½ 1 Uhr einrückten, hatten wir einen schönen Schrecken. Wir waren 200 Meter von unserem Quartier entfernt, ich hoch erfreut, weil wir heute hätten abgelöst werden sollen. Eine stille schwüle Nacht. Der Vollmond rot. Da kommen Englische Granaten über uns gesaust. Die fauchen schauerlich. Ich wie der Blitz vom Gaul und in den Graben gelegt.

Mein Pferd im Galopp davon. Mein Fahrer wie gelähmt. Aber sie sind vorbei gegangen und ziemlich weit am Waldrand krepiert. Wir kamen also mit dem Schrecken davon. Mein Pferd fand ich vor meinem Stall.

Ich war heute schon bissl enttäuscht, dass wir nicht abgelöst wurden. Jetzt wird es wahrscheinlich erst Montag.

Ängstige Dich nicht, es wird schon gehen. Ich schreibe Dir nur alles, weil's mich erleichtert und Dir vielleicht auch lieber ist.

Hier sieht man immer einen berittenen Kapuziner herum reiten. Ein netter Vertreter Gottes. Eigentlich sollten die Pfaffen und Frauen aller Länder einen riesen Protest gegen den Krieg machen. Da könnten die Frauen mal zeigen, dass sie dem Manne psychisch überlegen sind.

Heute ist der 1. Mai, ich habe die Sozialdemokraten schön verspottet. Jetzt sind so viele, ganz grüne, rosenrote Infanteristen frisch von der Heimat hier angekommen. Die rühren mich furchtbar. Alle etwas verlegen ängstlich, manche traurig. Alle gesittet, reinlich und willig. Zum Gegensatz der Soldaten, die lange im Feld sind, mit ihrem gleichgültigen Leichenausdruck und verwahrlostem Äußeren. Die meisten sind richtiges Kanonenfutter, denn so viele Schwächliche dabei. Viel ungedienter Landsturm. (..)

****

Paula wohnt ab nun bei Familie Sattler in der Perfallstrasse in München.

****

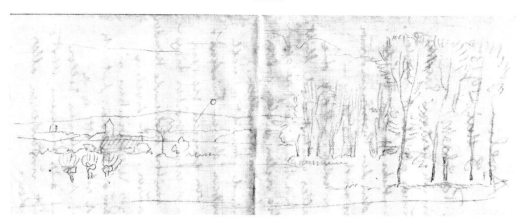

S.W. Aussicht, Fournes, 1. Mai 1915
Auf dem fernen Waldbedeckten Hügel sitzen auch die Engländer und Franzosen. Hinter den Bäumen rechts liegt Les Bassée.

Aussicht gegen N.W. Fournes 1. Mai 1915
Die fernen Hügelketten sind von den Engländern besetzt.
X der sogenannte Kimelberg, den die Engländer furchtbar befestigt und wir gerne haben möchten. Von dort beherrscht man die Küste.

Avelin, 3. Mai 1915

Liebe, liebe, liebe Paula!
Ganz unerwartet bin ich gestern, Sonntagnachmittag von Fournes abgelöst worden. Das war wie eine Heimkehr in den Frieden. Je weiter man von dem Kanonendonner wegkommt, je leichter wird das Herz und man hebt den Kopf wieder. Oh, die Welt ist so schön, alles grünt und blüht. Wirklich, die Dörfer hier sind jetzt reizend. Rote Mauern

und die vielen, vielen, weiß blühenden Bäume hinter denselben. Meine Leute und ich sind gar nicht schnell geritten, wir alle haben diesen Friedensheimzug im Kriege von ganzem Herzen genossen. Weg von diesen Gräbern und Trümmerfeld. Wieder saubere lachende Kinder sehen und ordentliche Häuser. In Avelin war auch ein freudiges Wiedersehen und Begrüßen. Mein Kamerad Hutterer hat sich wirklich auch gefreut und sehr nett ein Abendessen gerichtet. Auf meinem Teller lag das erste Radieschen aus unserem Mistbeet. Überhaupt ist unterdessen alles grün hier geworden. Allmählich löst sich der Ernst und die Starre, die über einem liegt.
Ich bin gerührt und dankbar, dass es gut vorüber gegangen.
Liebe Paula, Du weißt nicht, wie ich die Stunden gezählt habe. Nicht aus Feigheit, denn alles ist Bestimmung, nein ich hatte so ein schlechtes Gewissen vor Dir und Euch. Wie, wenn ich getroffen worden wäre und ich wollte damals doch nicht in Ingolstadt bleiben. Wärst Du mir böse gewesen? Aber jetzt ist es ja gut abgelaufen und ich danke meinem Schutzengel, dass es so ging.
Jetzt kann ich Dir's ja sagen, dass viele, viele Infanteriekugeln an mir vorbei gepfiffen sind und <u>zufällig</u> daneben eingeschlagen haben. Wir mussten ja bis auf wenige Meter an die Schützengräben fahren. Leider waren wir auch tagsüber nicht recht sicher, vor all den modernen Mordinstrumenten. Also, das immer bereit sein, geht bissl auf die Nerven und auch auf den Magen. Hier sagen alle, dass ich wieder magerer geworden bin. Aber sonst bin ich ganz gesund (außer Husten).

Es ist üblich von den mächtigen Tönen der Kanonen und hohen Begeisterung der Soldaten aus dem Feld zu schreiben. Ich bin aber halt gar kein so deutscher Held. Der Kriegslärm und die Gefahr hat eine ganz andere Wirkung auf mich. Es erzeugt in mir Wut aus Scham über die Menschheit. Dies hat bei mir am Sonntag den Höhepunkt erreicht. Ich ging in die Militärmesse in die zerschossene Kirche. Gesteckt voll Soldaten, besonders Infanteristen. Schönes Orgelspiel und erschütternder Männergesang. Dann Predigt von einem jungen Feldgeistlichen. Ich war so schrecklich erregt, kämpfte immer mit dem Entschluss vor zu treten und der Menge die Wahrheit zu sagen. Der Geistliche betont immer die allgemeine Christenheit und Mutter Gottes, die für uns bittet. Da konnte ich mich nicht mehr halten und musste sagen: „Ach Gott, sie hat ja keinen Kopf und keine Hände mehr." (Die sind weggeschossen). Da sahen sich aber viele nach mir erstaunt um und verstanden mich nicht. Bei der Wandlung sah ich so viele tief andächtige unter den Männern, dass ich mir dachte: Warum sie aufwecken und vielleicht unsicher machen, so viele, die vielleicht bald tot sind. Es ist nicht der richtige Augenblick. Ich bezwang meine Aufregung, passte aber den Geistlichen nach der Kirche ab. Sagte, ich müsste ihn sprechen. Er verstand mich und nahm mich mit auf sein Zimmer.
Wir sprachen mindestens eine Stunde unter 4 Augen. Ich sagte ihm meine Ansichten. Er begründet den Krieg als ein Gericht Gottes, ein Volk mittels des Anderen zu strafen. Ohne Todesopfer ist nichts Großes zu erreichen. Gestand aber ein, dass eigentlich nur einige wenige Große, die alle Schuld trifft, an dem Krieg schuld sind. Er meint Gott gibt dem Menschen die Freiheit zu sündigen. Aber ich meinte, man müsste die Menschen

vor der Sünde doch warnen. Er sagt, das ginge jetzt nicht an. Da frug ich, wird es die Geistlichkeit nach dem Krieg tun? Da sagte er, Krieg war und wird immer sein. Da sah ich, dass wir uns nicht verstehen können und stellte mich dumm und überzeugt. Einen Appell an die Menschenwürde von mir ließ er gar nicht gelten. Er meint, der einzelne Mensch ist so was Kleines und es stehe ihm nur Demut zu.
Findest Du dass die richtige Auffassung des Christentums? Ich nicht.
Nach dieser Unterredung bin ich nur noch fester in meinen Ansichten geworden. Nach dem Krieg gibt es viel Arbeit.

Du wirst meinen, ich bin bissl verrückt. Nein, ich schreibe Dir dies nur so ausführlich, weil ich es sonst vergesse und Du doch an all meinen Erlebnissen teilnimmst.
Um 2 Uhr nachmittags wurde ich abgelöst und jetzt sitze ich da im Frieden im alten Quartier. Alles kommt mir wie ein Traum vor, aber ich werde diese Zeit nie vergessen.
Sei umarmt, wenn es nur wirklich sein könnte. (..)
Viele, viele Grüße und Küsse auch an Tommi. Dein Colomb (..)

****

99: GNM

Avelin, 4. Mai 1915

Liebe Paula!
Ich genieße die Ruhe. Ich liege in meinem schönen weißen Bett und habe die Fenster weit offen in den Garten hinaus. Die Sonne scheint, Amseln singen wohlig und manchmal rauscht es ganz leise in den weichen Blättern einer Linde.
Heute Nacht habe ich etwas gefiebert und immer von Fahren, Straßen und Krieg geträumt. Du weißt, ich habe bissl meinen Bronchialbellhusten, der mich nicht schlafen lässt. Aber mir ist, als ob ich von einem langen (die 14 Tage) Fieber genesen wäre. Es kommt mir wie ein Traum vor. Hier ist es ja so friedlich und alles so Frühlingssaftig und freudig. Nur das ferne ständige Gewitter lasst ihn (den Krieg) nicht vergessen. Und ich will ihn auch nicht vergessen, so lang er nicht aus ist.
(..)
Liebe Paula, alles habe ich bekommen. Das Kistel von Frau Kuppelwieser ist ja großartig. Was da alles Gutes darinnen ist. Es ist nichts kaputt. Aber Du sollst mir nichts mehr schicken. Ich hab ja genug zu essen hier und Ihr könnt es besser brauchen. Höchstens die Preiselbeeren.
Alle Soldaten arbeiten jetzt hier am Feld. Dreschen, Stroh fahren, Rüben sammeln, sähen, eggen, pflügen, walzen. Unteroffiziere haben die Aufsicht.
Nur wir zwei, mein Pferd und ich haben Schonung. Ich liege im Bett und das Pferd steht im Stall, weil es von einem anderen geschlagen wurde. Das Arme hat genug Schrecken durchgemacht, über das Pfeifen der Kugeln wurde es ganz betrübt.
(..)

138

Du meinst Sattlers Buben sind kein guter Einfluss auf Tommi. Das ist halt das Schwierigste mit dem in der Welt herumwandern, ein Kind leidet leicht darunter. Es wäre mir leid, wenn Tommi seine Unschuld verlieren würde. Die Gesellschaft macht bei Kindern alles aus. Bernhard hatte vor Jahren mal so ein dummes Kindermädchen, die lernte ihm das Schämen. Nur kein Schämen (Ästhetik ist was anderes) und Geheimnistuerei.
Die Trinkgelder bei Kuppelwieser sind recht.
Nun muss ich noch Verschiedenen schreiben, also Schluss, gell.
Viele, viele Küsse und Grüße auch Tommi Umarmung
Dein Colomb

RUHENDER BARBAR IN FLANDERN.

In so einem Bett liegt hier unser Wachtmeister. Allerdings ein Barbar

Avelin, 3. April 1915

Gruß Colomb

****

139

✶✶

100:
4. Mai 1915

Meinem lieben Mann Colombo einen innigen Geburtstagsglückwunsch und feste treue Umarmung von Deiner Frau Paula

Es sieht aus als sei's eine Probierladnerin. Stellung aber Spezialstellung dieses Automatfotografen. (..)
Tommi findet es nicht ähnlich und sagt: „wieder so klotzige Augen." Das kommt vom blendenden Licht. Erkennst Du mich aber? Meine Liebe lässt sich leider nicht fotografieren. Diese kommt so geflogen.
Wickelgamaschen kommen extra heute und Brief von Tommi.

****
Paula wohnt bei Familie Sattler, siehe Lebensbericht

101:
München, 5. Mai 1915

Mein lieber armer Colomb!
Bist Du noch immer in Fournes? Heute Deine Karte vom 1. Mai von dort bekommen. Es ist entsetzlich, dass Du so weit vorne bist und dabei dieses Kämpfen! Ich habe ja immer nicht den richtigen Begriff, wie es bei Dir geht und wie die Gefahren sind für Dich. Ich lese nur, was Du mir schreibst und lese zwischen den Zeilen. Ich wünsche heiß und hoffe stark. Und glaube fest, es geht Dir gut und deshalb bin ich ruhig. Dir zu lieb.
So furchtbar traurig bin ich nur, weil Du gar so sehr leidest, besonders seelisch. Das möchte ich ändern. Du darfst Dich nicht so bekümmern Colomb. Ich glaube, Du denkst so vollkommen ausnahmsweise und leidest umsonst für andere. Du darfst es nicht so schwer nehmen. Der Krieg ist da. Krieg war immer schon. Die Menschen sind doch ganz dieselben geblieben. Man hat sich ganz kriegerisch eingelebt. Die Friedensvereinsideen versteht niemand und niemand mehr. Man sieht doch, dass man kämpfen wollte und gerne ficht, sonst ginge es nicht so schnell vom Frieden zum Krieg über. Du solltest sie alle lassen, kämpfen und leiden und sterben. Sie wollen es doch. Es ist sicher furchtbar was man sieht. Aber alles ist eine große offene Wunde und sonst im Frieden gibt es auch tausend verborgene Leiden, für die wir auch nicht die Gerechtigkeit und das Mitleid finden können.
Nachdem ich jetzt sehe, da der Krieg doch schon so lange dauert und gewiss genügend Opfer gefordert hat, um die Menschen anders zu machen, dass sie noch nicht anders sind, bin ich der Überzeugung, der Krieg musste kommen.
Mir tun nur diese Einzelnen furchtbar leid, denen es ihren angebornen Frieden nimmt, wie Dir. Du gehörst eben auf eine Insel. Ich will bei Dir sein – selbstverständlich. Ob es mir gebührt? Ich kann zwar nie blutig oder laut kämpfen aber streitbare, unfriedvolle Gedanken und Eigenschaften habe ich leider auch sehr menschlicher Weise in meinem Innern. Haben die Menschen im Frieden doch auch sehr hässliche Eigenschaften, nur

anders. Vieles dreht sich hier um Geld und es wird mit Geld gezahlt und dort wird ums Leben gehandelt und mit Blut bezahlt. Geld hier, Blut dort. Ruhm hängt an Beidem.
Ich bitte Dich lieber Colomb, gedenke nicht, Dich als Einziger gegen Millionen zu wenden. Du verdirbst es ihnen und Dir. Es geht nicht, Du kannst nicht mehr so reden und schreiben.
Wenn es Corneille vielleicht von seiner gemütlichen Festung aus an Dich tut, so kann es etwas anderes sein. Hier höre ich nirgends ähnliches. Es hilft ja nichts, Lieber. Du vertrauerst Dich um etwas, was es wirklich nicht will. Es ist nicht anders. Du wirst es nach dem Frieden erkennen.
Ob Du mich verstehst? Gewiss immer. Ich habe Dich zu lieb, Colomb, sonst würde ich nicht um Dich besorgt sein.

Ich danke Dir so, dass Du mir jetzt täglich geschrieben hast. Das beruhigt mich wenigstens etwas.
Heute gab's viel zu tun. Ich führte die Kleine spazieren, brachte die Buben ins Bett und dergleichen mehr.
Grüße von Bertele und Herr und Frau Professor. Frau Kuppelwieser wird nach dem 6. wieder auf noch paar Tage herkommen, da Herr Dr. nur 14 Tage Urlaub hatte.
Lieber Colomb, gute Nacht! Immer neben Dir ist Deine treue Frau
6. Mai. Guten Morgen. Hab wie jetzt immer von dir geträumt.
Herr Sattler und Georgii[38] sind nach Russland, d.h. gegen dort gekommen.

****

102:                    GNM

                                                    Avelin, 8.Mai 1915
Liebe gute Paula!
(..)
Liebe Paula, ich bin immer noch bissl irritiert und auch noch nicht ganz gesund. Der Husten lasst mich nicht recht schlafen, darum bin ich am Tage recht langweilig und müde. Dienst mache ich keinen. So kann ich wenigstens verschiedenes Zeichnen, was ich schon lange wollte. Meist Ruinen und Gräber gehen mir durch den Kopf, eigentlich nichts für mich. Es ist halt der Krieg. Fournes hat mir bissl meine Lebensfreude gedämpft. Mein Kamerad Hutterer sagt, ich sei ganz anders geworden, seit ich in Fournes war. Das haben aber auch die Jungen einige Zeit, nachdem sie von Vorne kommen, also warum soll's nicht bei mir altem Ehemann so sein. Das vergeht schon, nur verzeih halt, dass ich bissl fad schreibe.
Hier ist so wunderschönes Maiwetter. Warmer Wind vom Meere, der so viel silbrigen Dunst bringt. Es gibt so viele Blumen, besonders in den Gärten.

---

38   Herr Sattler und Georgii = zwei Schwiegersöhne von Adolf von Hildebrand, siehe Lebensbericht

142
(..) Ich gehe jetzt immer in meinem Trikotanzug, da komme ich mir vor wie ein Verbannter. Ich sehe genauso aus. Ich wundere mich immer, dass ich keine Kettenkugeln habe. Wann ich wohl wieder verschickt werde?

Die Natur ist mein einziger Trost hier. Heute sah ich so schöne Goldlaufkäfer und Blumen (Gartenblumen) gibt es, die ich bei uns noch gar nicht gesehen habe.

Jetzt, arme Paula kommt mein Wunschzettel. Ich möchte nämlich verschiedene Sachen. Da es im Feld mit dem Malen doch nicht geht, möchte ich mich mehr aufs Zeichnen legen. Ich sehe aber, dass ich mit meinem Paar Instrumenten nicht alles rausbekomme. Also bitte, schick mir gelegentlich:
1. Eine kleine Tube Deckweiß, welche nicht gelb wird
2. Ein Spritzgitter mit Pinsel

(..) Lieeeeeeeebe Paula, Kuss Dein Colomb
Heute Deine Foto und Tommis Brief bekommen. Große Freude, das nächste Mal darüber.

****

Paula hat die Wohnung in der Lessingstraße doch nicht aufgegeben. Sie zieht nun allein mit Tommi dorthin zurück. Scharlach-Ausbruch im Hause Sattler !

****

103:   11. Mai 1915 Lessingstraße

Mein Colomb! Lieber Colomb!
Aus der Wohnung kommt der Brief. Die Karte von gestern wirst Du haben und wissen weshalb ich hier bin. Es ist sehr schnell das alles gegangen. Und ein großer Sprung, ein

großer Unterschied. Es will mir hier natürlich gar nicht behagen. Wie herrlich war's bei Sattlers. Dieses Licht, Luft, Sonne! <u>Der</u> Garten! Und die netten Menschen!

Wie vom Paradies in einen Stadthinterhof kam ich mir vor. Nein wirklich, sei nicht bös, ich finde unsere Wohnung düster, kalt und unfreundlich. Will man lüften, kommt einem direkt ein Kaminrauch und schwarzer Ruß entgegen. Alles schmutzig und die ganze Gegend geschmacklos. Sicher Colomberl, wenn Du so Bogenhausen schätzen gelernt hättest, Du würdest es dort heimatlich finden. Dort lebt man. <u>Atmet</u> man. Man kann die Natur direkt vom Haus aus beobachten. Zwischen der richtigen Stadt (mit Bahnhof und Zentrum) liegt reinigend wirkend der englische Garten. Auch die Menschen sind drüben netter. Und so <u>viele,</u> nette Kinder für Tommi, während hier nur – Emmi! Tommi war auch drum seit Januar nie krank und sah so gut aus.

Gell, Du bist ganz erstaunt über meinen stürmischen Redeanprall! Es ist vorbei, aber es musste doch ausgesprochen werden, was ich seit gestern Nachmittag immer denke und empfinde, seit wir hier mit dem Auto ankamen.

Vorgestern Abend fing plötzlich Bernhard an über Halsweh zu klagen und um 10 Uhr abends erbrach er sich ein paar Mal im Bett. Ich hatte ihn noch ins Bett gebracht, da er sich immer allein fürchtet. Nun war niemand da für ihn, da doch das Kindermädchen im Krankenhaus. Wir dachten immer noch an Masern. Ich telefonierte also Hecker an, ob er meine, dass ich bei Bernhard schlafen kann. Als ich ihm aber beschrieb, dass er erbrochen ect. sagte er nein und er glaube, es sei was anderes und komme noch. Gegen 11 Uhr kam er, konnte aber noch nichts sagen. Am anderen Morgen hieß es Scharlach. Ich überlegte einige Zeit, ob ich bleiben oder gehen soll. Bleiben, 1. wegen der einsamen Frau Sattler und da Tommi es vielleicht doch bekäme. Nicht bleiben, weil ich doch nicht helfen könne und wenn Tommi es bekommt, es zu viel dort sei. Bekäme er's dort nicht, so wäre ich und Tommi doch auch immer die 2 Monate mit dem ewigen Schwert über dem Kopf (= Angstgefühl) behaftet und dürften nirgends wo anders hin. Also entschloss ich mich zu gehen. Es ist ja vielleicht schon zu spät. Aber nun wäre ich hier in meiner Wohnung. Ich packte Tommi zuerst und brachte ihn zu Frau Kuppelwieser und packte dann die Koffer. Schlief die Nacht bei Frau Dr. mit Tommi und fuhr gestern von Sattlers mit allen Sachen per Auto hierher.

Das war Deine Geburtstagsfeier! Aber gedacht habe ich doch immer an Dich! Ich telefonierte an die Marienanstalt und dann an Storchl wegen eventuell Rosa. Richtig, Storchl hatte gerade gestern auch ihren Umzug von Frau Gedon zu Gogo. Rosa ist schon seit einem Monat in Storchls Wohnung für sich selbst und näht, um zu verdienen. Also konnte ich sie gleich haben. Nur sagte sie, falls Corneille Urlaub haben würde, ginge sie gleich hinüber. Das ist ja komisch. So war's damals auch. Ich möchte schon lieber ein sicheres Mädchen.

Wenn nur Tommi gesund bleibt. Diese Tage ist das mein Hauptgedanke. Wenn 10 Tage vorüber sind, bin ich wirklich froh. Es will auch niemand mit mir zu tun haben. Emmi kann ich keine Stunde geben.[39] Selbst Beissbarth's[40] zögern, wo doch ihre Buben erst im

---

39 Emmi = Nachbarstochter Emmi Mohr bekommt Zeichenunterricht
40 Beissbarth = Paulas Verwandte, siehe Lebensbericht

Herbst Scharlach hatten. Die Wohnung zu stöbern und räumen, auf das ich eine wahre Gier habe, muss ich noch bleiben lassen, da ich mit Tommi möglichst viel spazieren gehen will. Die Wohnung ist so kalt, staubig und unwirtlich. Er verliert sonst all die schöne Bogenhauser Frische. Und nun kommt gerade Olly am 14. oder 15. her.
(...) Frau Kuppelwieser meint, ich solle draußen z.B. Mauerkircherstr. eine Wohnung mit 3 Zimmern nehmen. Es würde sich vielleicht doch ein Atelier draußen dann finden. Sie hatte einmal neben ihrer Wohnung (für Besuche) eine reizende Wohnung in ihrem Haus noch zu 600 M im Jahr. 2 Zimmer, Küche ect, Bad, Dampfheizung und alles sehr hell und bequem.
Es ist zu arg, dass man gar nicht zu einer Entscheidung kommen kann. Ohne Wohnung könnte ich ja schon sein, kommenden Herbst und Winter. Wohnte halt bei Sattler oder Kuppelwieser. Das habe ich schon gelernt. Aber wenn Du kommst! Bitte sage nochmals etwas!
Heute früh war ich bei Papa. Er meint, ich solle doch <u>jetzt</u> nach Ammerland gehen, aber ich müsste doch dort irgend jemand haben für meinen Verkehr, sonst sei's mir zu einsam und mit Tante Helene, Mimi und Agnes sei es nicht so ganz nach meinem Geschmack. Und lachte dabei. Papa meinte, er wolle Mimi schreiben, Helene bräuchte nicht hinaus, <u>ich</u> ginge vor. Aber das will ich nicht veranlassen. Es ist ja wahr, vor Tante Helene graust's mich am meisten, d.h. ihrer Aggressivität. Fanny richtete mir gestern aus: „Ihrer Frau Paula kratze ich einmal die Augen aus." Das war ja wahrscheinlich Spott, aber fad passen würde es zu ihr. Onkel Daumann soll krank sein, d.h. halt seine alte Geschichte mit Bronchen. Mimi hatte auch etwas zu tun damit und Schwesternzwisten. Da gibt es allerhand, das netter zum erzählen, als jetzt schreiben. Uii! Heuer wird Ammerland eine Drachenburg. Wenn Zusi oder Frau Wenz irgendwo in Ammerland wohnen würden, wäre ich ja ganz gern dort und könnte dann mich bissel stärken und erfreuen an jemand anderem.

Heute sind Filme gekommen. Ich werde sie zu Hauberrisser bringen. Hoffentlich werden sie besser. Leider gibt's so wenig männliche Arbeiter dafür.
Gute Nacht! Wie denke ich hier in der Wohnung an Dich. Der Flieder beginnt zu blühen. Der Paradiesvorhang ist zu und alles ist immer noch leer.

****

104:                      GNM

Avelin, 13. Mai 1915

Liebe arme Paula!
(..) Am 9. Mai mussten wir in einer Stunde Marschbereit sein. Man hatte Angst, dass die Engländer durchbrechen. Da musste ich alles, Hals über Kopf, zusammenwerfen. (..) Etwas Besorgnis macht mir Deine letzte Karte. Hoffentlich bekommt Tommi nicht auch Scharlach. Dann hätte ich große Angst, um Dich auch. Schade, dass Du von Sattlers weg musstest. Ich war so glücklich, Dich unter so netten Menschen zu wissen. Dein Brief

vom 6. hat mich daher so gefreut, weil er so nett geschrieben und man merkte, dass Du Dich dort wohl fühlst. Auch ist es so schön dort, der große Garten. Nun ist alles anders. Wer bedient Dich in der Lessingstraße? Du Arme, zuerst hast Du Dich so um mich gesorgt und nun kommt das.

Ich bin immer im Zwiespalt, soll ich Dir immer alles schreiben, wie es bei mir steht oder nicht? Mache ich Dir am End unnötige Sorge. Andersteils ist es aber so schwer, harmlos zu schreiben, wenn man in schwererer Lage ist. – Ich meine, es würde Dich zu arg überraschen, wenn mir etwas zustoßen würde und Du gar nichts ahnen würdest. Gell, Du verstehst mich und bist mir nicht böse.

Mama und Papa habe ich jetzt schon geschrieben, Du brauchst über das Vergangene nicht alles sagen. Du fragst, wie es kommen wird? Das müssen wir dem lieben Gott überlassen. Nach Fournes brauche ich voraussichtlich so bald nicht wieder. Der Krieg darf aber doch bald ein Ende haben.

Mein Husten ist wieder ganz vorbei.

Mein Geburtstag war ein herrlicher Sonnentag. Ich lag viel im Gras, denn wir hatten zufällig an diesem Tag wenig Dienst. Schon um 10 Uhr machten wir ein Frühstück mit eigenen Radieschen. Im Nachbarsgarten entdeckte ich echten Waldmeister und setzte mir mit Weißwein eine Maibowle an. Denke Dir nur.

Nachmittag war Pferdevisitation vor dem Schloss, dann Wagen schmieren. Abends besuchte mich noch der Schmied und noch ein Kamerad und brachte mir Spaßhalber jeder einen großen Strauß Flieder (ist hier massenhaft) und ein Geschenk sorglich eingewickelt, ein Viertel Kommissbrot. Wir tranken also Maiwein und waren ganz lustig. Natürlich waren meine Gedanken meist bei Euch. (..)

14. Mai

Heute keine Nachricht von Dir. Ich bin beunruhigt wegen der Krankheit. Könnte nicht im Notfall Olly bei Dir bleiben und Tommi pflegen? Ach, wenn Du nur ein richtiges Heim hättest. Das herumziehen ist auf die Dauer doch recht schwer. Du bist der Spielball anderer Leute. Ob es mit dem Maße der Überwindung, den Du bei Frau Kuppelwieser aufwendest, es doch vielleicht in Ammerland ginge. Ich will Dich aber nicht dazu überreden. Wegen Frau Kup. kannst Du tun, was Du willst. Ich habe nichts dagegen, wenn Du nach Lunz gehst. Ob aber doch nicht kurz über lang dort dieselben Kämpfe und Verdrüsse angehen? Du musst so viel einstecken und eine charakterlose Gesellschaftsdame machen. Je unabhängiger man sein will, je schwerer muss man arbeiten.

Partenkirchen wäre mir sympathisch, ob Dir aber das Geld reicht? Das wären 160 M im Monat, eigentlich nicht so arg viel. Mehr als 30 M kann ich Dir aber leider mit dem besten Willen im Monat nicht schicken.

Einige Tage wirst Du jetzt leider doch in der Lessingstraße bleiben. Wenn Du Dich zu etwas entschließt, so überlege halt immer, ob die Übel größer, als die Vorteile sind. Das brauche ich Dir aber gar nicht zu sagen.

Gell, meine Wollsachen, die ich jetzt in die Perfallstraße geschickt habe, schütze etwas vor Motten und lasse sie beisammen, so dass Du sie im Herbst gegebenenfalls wieder zusammen findest. Wie es mir aber möglich sein wird, noch so lange auszuhalten, kann ich mir jetzt nicht vorstellen. Wenn nur Italien nicht anfängt. Oh, das Volk ist ja so dumm überall und lasst sich alles vorschwätzen. Ich hoffe aber, dass die Italiener so viel Charakter haben, eine Revolution anzufangen. Leider hat halt in solchen Fällen der Staat alle Telegraphen in Händen und dem Volk ist alle Verständigung abgeschnitten.
Ich glaube wirklich, ich habe nicht die richtigen Nerven für den Krieg. Aber deshalb komme ich nicht heim.

Deinen lieben Brief vom 5. Mai habe ich eben gefunden. Du kannst Dich erinnern, Du schreibst über den Krieg im Allgemeinen. Ich verstehe Dich vollkommen, Du wolltest mich hauptsächlich damit beruhigen. Sehr lieb und richtig, ich schreibe vielleicht auch unklar.
Leider kann ich aber Deine Ansichten über den Krieg nicht teilen. Sei froh, dass ich eine große Leidenschaft habe, in diesem Fall gegen den Krieg. Am ärgsten sind die Gleichgültigen daran. Dass ich aber leidenschaftlich für den Krieg sei, wäre Dir sicher nicht recht. Ich bilde mir halt mal ein, dass ich die Sache von der richtigen Seite sehe und dies meine einzige Tugend ist. Tugend verstehe ich hier so: Aufrechterhaltung meines Selbstgefühls. Bei so langem abhängigem und unterwürfigem Leben wie gegenwärtig der Fall ist, ist dies sehr notwendig. Aber darüber kann und darf man nicht schreiben. Sei ganz ruhig, ich bin nicht so dumm, gell Du verstehst mich vielleicht. (..)
Liebe Paula, ich bin bissl müde, jetzt wird immer um 5 Uhr aufgestanden. Sei geküsst, umarmt und wieder geküsst in Treue und alter Liebe Dein Colomb
Tommilein viele, viele Grüße und ich schreibe ihm bald, gell er ist brav und bleibt gesund.

****
105:

13. Mai 1915

Mein Liebster! Colomb!
Eben sind wir erst nach Hause gekommen, ¼ nach 9 Uhr. Recht leichtsinnig gell. Wir waren im Zoologischen Garten. Da Tommi immer nicht mit Kindern zusammen kommen kann, muss ich ihn beschäftigen und am liebsten im Freien. Nach Bogenhausen ist halt so weite Tramfahrerei, besonders sonntags und feiertags wie heute, unangenehm. Um ½ 5 Uhr wollten wir uns mit Heini bei den Seelöwen treffen, aber erst um ½ 6 Uhr erschien er. Es war prachtvolles Wetter und Heini meinte, wir sollten draußen Abend essen. Da hatte er Recht und drum sind wir so spät heimgekommen. Tommi sprang noch immer im Halbdunklen von unserem Tisch zu den Eulen hinüber und Raubvögeln und entdeckte, dass die Pfauen sich zum Schlafen auf die Bäume setzen. Aka haben wir leider nicht mehr vorgefunden. Keine einzige Lachmöwe mehr. Sollen teils davon geflogen sein und eine von der Mantelmöwe getötet. Ist möglich oder hat sie ein Wärter verspeist.

Das große Elefantenhaus ist fertig und sehr schön und hygienisch eingerichtet. Darin ist auch ein munteres junges Nilpferd, das sich vom Wärter am Gaumen kitzeln lässt. In dem Flughaus für Vögel entdeckten wir einen Gimpel. Aber der Arme kann kaum mehr aus dem Futtertrögchen hüpfen, da er immerzu Hanf frisst. Natürlich muss Hanf für die anderen da sein, aber der phlegmatische maßlose Gimpel verträgt es halt nicht. Er sieht aus, als seien seine Tage schon gezählt. Tommi will ihn absolut haben und retten. Ich glaube nicht, dass es geht.

Heini[41] habe ich all Deine letzten Briefe vorgelesen. Wie geht es nun mit Deinem Husten? Ob Du heim musst? Kann es denn draußen überhaupt sich bessern? Ich weiß Dir gar keinen Rat.

Dein Kästchen mit Blumen habe ich gestern bekommen. Du bist rührend lieb. Wir danken Dir. Leider haben die Blümchen aber schon sehr schlecht gerochen und sind auch gar nicht mehr zu sich gekommen. Die Reise ist doch zu weit für sie gewesen.

Morgen schicke ich dir ein Päckchen mit einer kleinen Preiselbeerbüchse und 3 Zigarren und etwas Pfläumchen und Bonbons zum Ausfüllen daneben. Nur ein Gruß.

Am Sonntag werde ich Olly sehen. Hoffentlich ist Tommi wohl. Morgen früh möchten 2 Degginger Töchter Zeichnungen von mir sehen, um etwas zu kaufen. So komisch. Ich war baff. Als ich gestern unten telefonierte, sagte es mir die Jüngste. (Die verheiratete Älteste ist die andere). Die Eltern sind verreist eben. Die Töchter sind sehr nett finde ich. Wirklich.

(..)

Zusi sprach ich heute telefonisch. Sie geht leider sicher nicht an einen See aufs Land. Wahrscheinlich Gegend Tölz. Schade, dort wird's mir zu teuer sein.

Wie schön ist es draußen! Alles blüht. Ich glaube, wenn Du jetzt gerade kommst, frei würdest oder gar Frieden, ich wäre außer mir vor Seligkeit.

Seit Oktober betet Tommi alle Abend darum und für Dich. Keinen Abend wird's vergessen.

Gute Nacht, Colomb! Innige Umarmung!! Deine treue Frau

****

106:

14. Mai 1915

Lieber einziger Colomb!

Heute Deinen Brief vom 8. Mai bekommen. Alle Briefe sind so traurig. Es ist nicht zum ertragen. Was soll ich für Dich tun? Es muss etwas geschehen! Soll ich nicht einmal einfach zu General Harlander[42] hingehen? Warum nicht? Papa will ich morgen einmal fragen.

Ich denke immer nur an Dich. Du darfst nicht mehr vor. Du sollst nicht so traurig sein und sollst gesund werden. Sage, weißt du ein Mittel mit dem ich alle diese drei Dinge kurieren kann? Warum kannst Du selbst nicht einmal um Urlaub eingeben? Sage, ist

---

41 Heini = Heinrich Weber, Freund und Arzt, siehe Lebensbericht
42 General Harlander = Bruder von Ernestine Max, als Oberst,

zu befürchten, dass du nach einem Urlaub an eine andere Stelle kommst? Gefährdeter? Deshalb zweifeln wir hier immer. Aber mir scheint, Ihr müsst auch jetzt schon gefährlichere Dinge tun, als Munitionsfahren. Wie und warum ist denn das so??

Dann bitte ich Dich noch, lese nicht mehr Tolstoi jetzt. Ich will Dir etwas anderes schicken. In diese Briefe lege ich jetzt immer Deine kleine Zeitung bei, ob sie hier liegt oder Du liest sie.

Die Drillichjacke, das Deckweiß, Gitterchen, ect. will ich Dir morgen schicken. Auch hole ich die Fotos bei Hauberrisser ab. Ich bin sehr begierig darauf.

(..) Heute war ich zum Mittagessen bei Heini, musste aber gleich wieder weg, da ich um 2 Uhr schon bei Frau Kuppelwieser sein musste zum Abschied. Morgen reist sie ab. Immer frägt sie, ob ich nicht in 5 oder 6 Wochen zu ihr nach Lunz kommen will. Schließlich, wenn sie Frau Goldschmid noch dazu lädt mit den Kindern, wäre mir lieber. Hättest Du aber dann auf einmal Urlaub, so müsstest Du immer uns telegrafieren.

Aber heute weiß ich noch gar nichts. Alles ist verändert und ich sehne mich nur nach Frieden und Dir.

Heute bin ich 3 Mal durch den englischen Garten gegangen. Einmal zu Frau Kuppelwieser, dann mit Tommi nochmals spazieren zu den Pionieren hinüber. So grün wie heute kann's nie mehr sein. Gerade heute hättest Du da sein müssen. Mai – Urlaub, wie schön. Mai – Frieden noch schöner. Jetzt braust ein Frühlingssturm draußen. Ich möchte immer nur hinaus. Am liebsten lief ich direkt zu Dir. Tut das keine Frau?

Was soll ich Dir von uns erzählen? Etwas Lustiges: Heute Abend badete ich Tommi und wusch ihm den Kopf. Der Schwamm war etwas heiß, als ich über seine Augen kam. Er sagte in der Eile: „Au, wie heiß, da brütest Du mir ja die Augen aus!" Er meinte gewiss „brühen". Eier sind die Augen ja nicht. Ich habe auch gebadet. Wie grauslich und klein kommt mir unsere Badewanne jetzt vor. Natürlich.

Aber Du könntest sie wohl brauchen, gell. Armer Colomb! Ich will jetzt einfach Frieden. (..) Gute Nacht! Es ist 10 Uhr. Ich bin sehr müde. Halt, übrigens waren heute die Degginger Töchter da um 9 Uhr früh. Kauften mir etwas ab. Ein kleines Gemüsestillleben. Weißt Du, so ganz klein, mit Artischocken und Spargeln. Gell komisch.

Der Frühlingswind bringt Dir meine Grüße und Küsse

Gute Nacht! Deine treue Frau

****
Brief von Gabriel Max an Paula

107:   Samstag

Liebe Paula, ich bin schon ganz nervös, keine Nachricht von Colomb! Hast Du auch keine? Was anfangen?

Dich und Tommi grüßend Dein

G. Max

****

Von Paula für Colombo darauf geschrieben:

Eben Dies in ganz schwarz – randigem Kuvert bekommen. Schreibe doch selbst bitte an Papa. Ich weiß gar nicht, was ihm sagen von Dir.

****

15. Mai 1915 abends

Mein lieber, lieber Colomb!
(..) Heute war ich bei Papa, nachdem er den beiliegenden Brief herüber geschickt. Ich erklärte ihm, da er klagte, Du habest noch nicht auf seinen Brief mit den 20 M (vom 5. Mai) geschrieben, dass Antwort erst 16. oder 17. Mai da sein könnte, auch wenn Du gleich geschrieben. Du hast den Brief vielleicht erst am 11. bekommen und vom 11. 6 Tage sind der 17. Und 5 – 6 Tage braucht doch ein Brief.
Zuerst sprach ich lang mit Papa und Ernestine wegen Ammerland. Papa möchte, dass ich hingehe und Ernestine, begreift es nicht, dass ich lieber wo anders sein will. Wie kann ich das deutlich erklären ohne indiskret zu sein. Ich sagte doch bloß, dass ich vielleicht besser zu anderen als z.B. Tante Helene passe. Papa will Helene nun verbieten hinzukommen. Aber das ist mir sehr arg. Das will ich nicht. Welchen Hass von Tante Helene und Mama wird auch bös sein! Ich sagte zu Papa entschieden „Nein".
 Ja, wenn ich jemand von mir Bekannten mit ins Haus nehmen dürfte, dann. – Das ist das Unglückselige an Ammerland. Keiner kann das tun, was er liebt und braucht. Und so bleibt es leer schließlich. Gott sei Dank, könnte es ja jetzt nicht verkauft werden. Ich möchte es gleich selbst kaufen können. Oder oben unter der großen Buche ein eigenes Häuserl bauen. Mit unten Küche, Mädchenzimmer und großem Wohnzimmer und andere kleine Räume. I. Stock: 2 Schlafzimmer und Atelier. Gell fein! Das tun wir einmal! Und dann habe ich bei Papa gesprochen, dass du Husten hast. (Er wusste es schon von Alois). Und dass Du so nervös und verstimmt seist. Ein Urlaub wäre so nötig. Ernestine will mit mir am Montag ins Kriegsministerium zu Harlander gehen (d.h. fahren). Ich bin voll Mut.

Ach, heut Nacht habe ich wie fast immer wieder, von Dir geträumt. So deutlich. Du warst da, hattest Urlaub. Ich war ganz außer mir. Sprang in die Höhe und konnte natürlich schweben. Vor Freude machte ich in der Luft ganze Trapezkünststücke, dann zog ich mein grün und schwarz gewürfeltes Landkleid an. (Stoff vom Chiemsee). Auf einmal war auch Corneille da. Ich war erstaunt, dass er zugleich mit dir Urlaub habe.
Könnte es Wirklichkeit sein? Ich sitze da im stillen Wohnzimmer und höre feste Tritte auf der Straße drunten. Herzklopfen bekomme ich, weil ich mir vorstelle, du könntest es sein.
10 Uhr ist's wieder. Ich muss ins Bett. Ich stehe so früh immer auf und laufe viel herum und spaziere mit Tommi. Bei Mama war ich heute auch ganz früh. Mimi sieht schmal aus und ist sehr nervös. Milla lässt sich wahrscheinlich elektrisches Licht auf dem Kloiber einrichten. Das ist heuer praktisch, denn wie wird's mit dem Petroleum bestellt sein?

Colomb, wie geht es Dir? Sage, musst Du wirklich wieder nach Fournes? Ach nein!! (..)
Mit inniger Umarmung Deine treue Frau

****

108:                    GNM

Avelin, 17. Mai 1915

Liebe gute Paula!
Deine beiden lieben Briefe vom 11. und 13. Mai haben mich wieder etwas wegen der Scharlachgefahr beruhigt. Es war aber sehr gut, dass Du ausgezogen bist. Hoffentlich kommt nichts nach.
Dass Dir es in unserer alten Sorgenwohnung nicht gefällt, kann ich mir vorstellen. Besonders nach Hildebrands nicht. Du weißt aber auch, was mein einziges Sehnen und Trachten war. Hinaus aufs Land! Arbeitshalber und vieler anderer Gründe wegen, die Du sehr gut kennst, blieb ich schweren Herzens. Um wenigstens schnell aufs Land zu kommen, liebe ich die Bahnhofsnähe. Und das Atelier in der Paul Heysestrasse gibt mir bissl das, was Du bei Hildebrands auch liebst. Die Gegend ist freilich nicht schön. Und doch würde ich jetzt viel drum geben, wenigstens dort sein zu können. Liebe Paula, Du liebst jetzt wie ich auch Land und Sonne. Wie ist das zu machen? Wir als nicht Reiche müssten uns das mit Entbehrungen und Einsamkeit erkaufen. Frage nur Uhl und Goldschmid darüber. Und für eine Vorortsvilla mit Garten haben wir kaum das Geld. Eine Wohnung in Bogenhausen wäre ja sehr nett, besonders für Dich. Wenn ich aber einmal doch zurückkäme und noch Künstler bleibe, so bräuchte ich ein Atelier. Ob dort wohl eins zu finden wäre, einigermaßen so, wie in der Paul Heyse Straße? Unter 800 – 900 M sicher nicht. (..)
Wenn Du im Oktober ausziehen willst, musst Du mindestens den ganzen September räumen und packen. Einstellen in der Paul Heyse Straße könntest Du schon, das würde mir Papa tun, wenn ich bitte. Aber dann wo wohnen? (..) Dein treuer trauriger Colomb

151

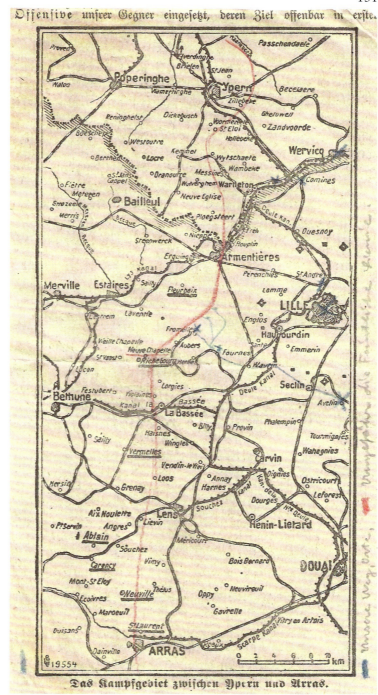

Blau: Unsere Wege, Orte
Rot: Ungefähr die feindliche Linie

109:                           GNM

Vendeville, 19. Mai 1915

Liebe gute Paula!
(..) Oh liebe Paula, wegen Tolstoi lesen, sei nicht besorgt, der ist ja so zahm und sagt mir nichts Neues.
Ich danke Dir aber doch sehr für die Künstlerzeitung. Wenn Dich darinnen aber etwas interessiert, so behalte sie, gell, denn ich muss sie doch wegwerfen danach. Denn bei uns kommen jetzt immer so plötzlich Marschbereitschaften, dass ich nicht weiß, wohin mit allem in der Eile. Erst vorgestern spät abends war Alarm bei strömendem Regen. Erst am anderen Morgen ging es weg. Quartierwechsel, näher nach Lille. Leider, in Avelin hatten wir alles so schön. Und hier ist ein schmutziges, kleines, fast baumloses Nest. Wie schade, meine Kulturinsel, das Schloss ist nicht mehr da. Ich bin allein im Quartier, wir hoffen alle, dass wir bald wieder weg kommen. (..)
Dass ich Papa aufgeregt, tut mir sehr leid. Papa kann ich aber nur, wenn ich gesammelt bin schreiben. Gell, meine Stimmungen sage ihm nicht immer, das ängstigt ihn, gell.
(..) Oh, was macht ihr, was wird Harlander von mir denken. Vielleicht sich recht ärgern. Der einzige Urlaubsgrund wäre Regelung der Wohnungsfrage. Dass es Dir ohne meine Hilfe und großem Schaden nicht möglich ist, mein Atelier aufzugeben und der Hausherr andernfalls doch den hohen Zins will. Wegen Gesundheit ist nichts zu machen. Wenn man nur bissl den Arzt in Anspruch nimmt, wittern dieselben (glauben zu wittern) Drückebergerei. Das ist ekelhaft. Besonders wenn man so groß und kräftig aussieht wie ich. Und das wieder fort gehen, Abschied nehmen zu Hause nach dem Urlaub fürchte ich bissl. Oder nein, Urlaub wäre schon schön. Aber der Frieden muss kommen, **muß**.
20. Mai
Liebe Paula. Die Post geht weg, also 1000 Grüße, viele Küsse und Umarmungen Dein Colomb

110:

17. Mai 1915

Lieber, lieber, lieber Colomb!
Gestern und heute hab ich nichts von Dir gehört. Hoffentlich geht es Dir gut. Ich hänge ja wie angebunden mit meinen Gedanken an Dir. Stört etwas anderes dazwischen, so kehren sie jedes Mal mit schmerzlichem Ruck zu dir zurück.
Lieber Colomb, wie lange wird der Krieg noch dauern? Und nun wird Italien doch wohl anfangen. Erst hatte man noch einmal Hoffnung.
Tommi geht es gut. Er sah etwas blass aus. Das ist der Wechsel wohl in diese Wohnung. Den ganzen Winter, d.h. seit Januar sah er ausgezeichnet und frisch aus. Aber ich denke er ist außer Gefahr.
(..)

Was ich heute früh getan: Bin mit Ernestine um 11 Uhr per Auto ins Kriegsministerium zu General Harlander[43] gefahren. Von ihm kann keine Urlaubseingabe gemacht werden. Aber er kennt Herrn Klemm persönlich und wird ihm schreiben. Also musst Du auch um Urlaub ersuchen und auch sagen, dass Du krank seist. Ich denke, er wird Dir entgegen kommen, nachdem er den Brief bekommen. Entweder hörst Du <u>zuerst von ihm</u>, was ich annehme oder wenn's zu lange dauert, melde Dich sicher. Ich sagte auch, dass Du so sehr in den Nerven herunter und zerstört seist. Die ganze Zeit habe Dir ja soviel nicht gefehlt, soweit dass Du Deine Pflicht nicht hättest tun können, aber jetzt hätte ich die volle Überzeugung, es ginge nicht mehr.
Harlander sagte halt auch, man könne nicht leicht Urlaub bekommen, besonders für zu Haus. Erholung draußen schon eher. Denn, wenn so ohne die ganz ernsten Gründe, dann liefen schließlich alle nach Haus und was wäre dann. Also ich stimmte ihm natürlich ganz bei. Er hatte wenig Zeit, war aber ganz freundlich. Er sieht ja ausgezeichnet „blühend" aus. Der „echte" Soldat!! Wie soll ich mich besser ausdrücken? Du weißt, in Briefen finde ich manches Mal so schwer die richtigen Worte.

Etwas anderes will ich Dir beschreiben, was so lustig war. Ernestine sah so nett aus. Ganz in hellgrau, auch Schuherln und Hut mit rosa Rosen vorne und hinten aufgebundenen Strauß weißer Straußfedern. Eine ganz graue Federkrause mit riesen Schleife um den Hals – an dem noch der Preis mit rotem Fädchen hing!! – Sie küsste ihren Bruder zum Abschied voller Stolz stürmisch und forderte mich auch dazu auf. Ich war eigentlich noch ganz blass und zittrig von der Unterredung, lachte aber doch und sagte höflich: „Oh, ja das täte ich schon." (Oder so ähnlich), tat es aber nicht. Damit waren die 5 Minuten Audienz zu Ende. Ernestine meint, vielleicht könntest Du gar schon auf einmal Ende dieser Woche hier sein. Nein, daran darf ich gar nicht denken.
Lieber, lieber Colomb, sei innig in meine Arme geschlossen von Deiner treuen Frau.

****

111: GNM

Vendeville, 21.Mai 1915

Liebe, liebe, gute Paula!
Heute Früh Deinen lieben Brief vom 17. Mai bekommen. Auch das Packerl mit den guten Esssachen und paar lieben Worten. Sei geküsst und gedankt. Also warst Du doch bei General Harlander. Er hat hier auch schon gewirkt und ich bin kurz nach Deinem Brief zu unserem Hauptmann gerufen worden. Gut, dass ich Deine Zeilen schon gehabt. Klemm hat mit meinem Hauptmann gesprochen und auch gesagt, ich müsste nun auch um Urlaub eingeben. Mir wurde aber von Klemm der Wink gegeben, nicht wegen Krankheit einzugeben, sonst käme ich höchstens in ein Sanatorium nach Belgien. Also ich gab an, dass ich sehr viel verlieren würde, wenn ich meine häuslichen Verhältnisse nicht persönlich regeln könnte, Du seist nicht im Stande es allein zu machen und auch

---

43 Harlander = Bruder der zweiten Frau von Gabriel Max, siehe Lebensbericht

nicht so sehr kräftig. Also mein Gesuch lautet auf 14 Tage Urlaub wegen dringender häuslicher Verhältnisse. Und mein Hauptmann war so freundlich, dazu zu setzen, dass ich jetzt ziemlich leicht abkömmlich wäre. Es ist also möglich, dass ich Urlaub bekomme, vielleicht aber erst in 8 Tagen.

Seitdem nun aber in mir diese Hoffnung aufgedämmert, bin ich ganz zappelig, denn ich hatte mir alles schon so lang aus dem Kopf geschlagen. Mach nur auch Du Dir keine Hoffnungen, sonst wäre die Enttäuschung zu groß. Auch habe ich bissl schlechtes Gewissen, wegen meiner Kameraden. Gell, und zu freundlich warst Du hoffentlich nicht mit Harlander.
(..)
Im neuen Quartier habe ich mich nun bissl eingewöhnt. Man bekommt Milch und Eier sehr gut. Aussehen tue ich schon wieder fast zu gut. Mit Krankheit ist wirklich nichts zu machen. Ich verbrenne halt auch so leicht an der Sonne. (..)
Liebe Paula, sei umarmt und geküsst, herzlichst gegrüßt auch Tommi
Dein Mann Colomb

****

112:                         GNM

Vendeville, 24. Mai 1915

Liebe, liebe, liebe Pauluschka!
Was ich nicht erhofft habe ist doch geschehen, mir ist 14 Tage Urlaub genehmigt worden. Eben habe ich es erfahren. Aber erst vom 28. Mai ab. Also am 29. werde ich fahren, mir schwindelt ganz. Erst jetzt merke ich, wie ich mir alles was Hoffnung auf Wiedersehen ist, aus dem Kopf geschlagen habe. Die Freude macht mich fast traurig. Oh, wenn nur nichts dazwischen kommt. Die Reise braucht ungefähr 32 Stunden. Bereite Mama und Papa auch vor, im Fall ich nicht mehr zum Schreiben komme. Wenn möglich telegraphiere ich noch genaue Ankunft Dir.
Paula, Paula, ist das möglich, <u>möglich</u> liebe Paula!!!!
Kann ich wirklich sagen, auf Wiedersehen?
1000 Grüße Dein Colomb

****

113:

26. Mai 1915, abends

Mein lieber Colomb!
Heute habe ich 2 Briefe von Dir bekommen vom 20 und 22. Ich bin auch ganz in Schwindel versetzt bei dem Gedanken an „vielleicht möglichen Urlaub". Ich hoffe zwar nicht sehr – doch warum sollte er nicht sein können. Jetzt ist's zwar eine schlechte, schlechte Zeit, aber viele haben doch immer wieder Urlaub.–

Ich will gar nichts weiter denken. Nur habe ich gar keine rechte Ruhe, nicht mal zum Schreiben. Denke immer was zu tun und dass ich möglichst viel vorbereite, falls Du kämst, dass ich dann nur die Zeit für Dich!

Gestern Abend sind wir von Ammerland herein. Was für ein herrliches Wetter! Auch heute noch. Ich sollte Dir mit Beschreiben das Herz nicht schwer machen. Mai ist doch der schönste Monat. So frisch und so üppig. Und die Wiesen! Und noch ohne Heuschnupfen kann ich sie genießen. Ach Lust <u>aufs</u> Wasser hatte ich sehr oft. Aber der Kahn ist ja ohne die Männer eine Unmöglichkeit.

Mit Frl. Groth[44] war ich dort sehr froh. Sie ist so nett. Sehr fein und gescheit und ein reiner Mensch. Ich bin stolz auf meine Menschenkenntnis, dass ich sie herausgefunden. Wäre schließlich auch eine nette Frau für Heini. Ist hübsch, - nicht schön. Nicht groß, nicht mager, schwarz mit rundem Gesicht und gescheiten großen Augen. Ich bewundere ihr stets gleichmäßiges Wesen. Ihre Geduld mit Kindern mit so viel Interesse dabei. Ihr Vater ist Professor hier. Sie hat sehr gescheite Ansichten. War 5 Jahre in England und 2 in Frankreich. Ich habe die Idee eventuell mit ihr im Sommer zusammen etwas zu mieten und einige Kinder zu uns zu nehmen. Tommi, Harass, Emmy Mohr sicher 14 Tage (denn Frau ist jetzt Krankenschwester tagsüber) Wenn Goldschmidt einberufen, dann die Goldschmidt Kinder mit deren Hausdame dazu. Ich habe Ahnung als könnten wir massenhaft Kinder dazu bekommen. Jeder ist verblüfft und begeistert davon.

(..)

Gell, bitte telegrafiere ja. Ich traue mich nicht mehr einen ganzen Tag von zu Haus weg. Oh, lieber Colomb! Bist Du bös, wenn ich Dich aus Deinem Leben reiße? Verzeih! Ich hatte so Angst um Dich. Gute Nacht!

Sei innigst umarmt von deiner treuen Frau (..)

****

Colombo bekommt Urlaub

****

---

44   Frl. Groth = Lehrerin, Freundin von Paula, auch Drobele genannt

✶✶✶

114: GNM

Vendeville, 12. Juni 1915

Liebe, liebe, arme Paula!
Also können wir uns jetzt wirklich wieder nur schriftlich verständigen. Mir ist der Urlaub wie ein Traum. Die Reise und hier alles beim Alten. Heuernte und ich mindestens noch 14 Tage entbehrlich. Himmel bedeckt und fast gar keine Kanonendonner aus der Ferne. Friedlich und heimatlich singen die Amseln. Ich habe ein hübsches Zimmer vom Offiziersstellvertreter bekommen, der ausgezogen. Heute Nacht, da ich so spät ankam, schlief ich bei Hutterer auf der gleichen Matratze am Boden. Ich war todmüde. Die Reise war schrecklich heiß, die Wägen überfüllt mit Soldaten. Die Fahrt von Metz über Sedan hierher sehr interessant. Zwischen Mittelfrankreich und hier ist ein großer Unterschied. Dort Schmutz und Öde, Wildnis, verbrannte Dörfer. Je weiter nördlich, um so reinlicher und kultivierter. Dazwischen schöne große Eichenwälder. Romantische alte Kirchturmspitzen.

An allen Flüssen, wo deutsche Truppen liegen, sind Schwimmbäder gebaut. Ich habe aus dem Zug arg nach dem Wasser gelechzt. Mainz und Bingen hab ich auch bei Tag gesehen. So schön. Fruchtbar.

Das Fortfahren war für mich leichter als für Dich Arme. Du bist so allein zurückgeblieben und heimgegangen. Ich musste gleich mit Kameraden sprechen, die in der gleichen Lage waren wie ich. Heini kam bald nach unserem Auseinandergehen, aber in Zivil. Er brachte mir auch noch Esssachen mit und gab mir Orangen. Aber ich dachte immer an Dich und Tommi und wie traurig Ihr vielleicht seid. Der arme Tommi, sage ihm, dass ich seinen guten Willen zum Singen schon anerkenne, er soll aber das nächste Mal früher anfangen. Du darfst auch nicht traurig sein, gell. Mir geht es ja gut und hier ist es ja so still und sicher.
Alles hat sich sehr gefreut, mich wieder zu sehen, nun muss ich die ganze Zeit von daheim erzählen und kann daher gar nicht so viel schreiben als ich will. Am meisten Aufsehen machen meine neuen Gamaschen und Stiefel unter den Kameraden. Allgemeines Besprechen darüber. Hutterer ist sehr erfreut über das Messer. Am Rehbraten esse ich noch immer, er ist sehr gut. Nur der Durst ist groß hier.
Mein Pferd kommt erst heute von Fournes zurück.

Oh Paula, wie einem das Schreiben am Gedanken austauschen hindert. Das merkt man erst jetzt, wie viel, viel leichter es mündlich ist. Gell, verspreche mir, dass Du nicht traurig bist und auch genügend isst. Das Weggehen war so schwer. Mir wird es leichter, wenn Du mir schreibst, dass Du nicht zu traurig bist, gell.
Hier ist es nicht ganz so heiß, wie bei uns. Tommi Kuss
Sei umarmt getröstet, gell außer Sorge
Dein Colomb Mann

****

115: GNM

Vendeville, 14. Juni 1915

Liebe, liebe Paula!
Da also die Karte, die Du schon gesehen hast. Mir kommt der Urlaub immer wie ein schöner Traum vor. Alles geht hier den gleichen Gang. Schreibe mir doch, ob ich wirklich zu Hause war. Wenn ich nur bald Nachricht von Dir hätte. Hier ist es nicht mehr so heiß wie in München. Hab mich auch schon wieder an die Uniform gewöhnt. Mein armes Pferd ist etwas mager geworden, seit dem ich fort war. Dienst ist nur Landwirtschaftlich. Also nicht gefährlich. Wenn es so bliebe, wäre es ja nicht schlimm. An unserer Front wird gegenwärtig wenig angegriffen. Wenn nur bald Frieden wäre. Im Felde könnte ich es nicht besser haben, als ich es gegenwärtig habe, das Dir zum Trost.

Jetzt muss ich groß schreiben, weil es schon so dunkel ist.
Eins, zwei, drei …Gute Nacht
Kannst Du schon wieder singen, lieber Tommi? Ja und von dem Gimpel habe ich ganz vergessen Abschied zu nehmen.
Paula, Du warum höre ich Dich nicht mehr sprechen?
Gute Nacht
Küsse, inniger als je
Dein Colomb

****

116:                          GNM

Vendeville, 16. Juni 1915

Liebe, liebe Paula!
Deinen ersten lieben Brief bekommen. Ich höre Dich fast darinnen noch sprechen. Was glaubst Du, ob ich mit meinem Urlaub zufrieden war? Liebe Paula, wie im Himmel war ich. Nur Euch zu liebe war ich anfangs dagegen. Aber Du warst tapfer, wirklich. Aber Du sollst Dich jetzt mal ausweinen, nicht immer verschlucken, das tut Dir nicht gut. Freilich, am Bahnhof geht das nicht. Oh hier sehe ich erst, was ich alles vor hatte und erzählen wollte im Urlaub. Der war aber so schnell vorbei. Und warum musste ich eigentlich

zurück. Dienst ist gar keiner fast. Die Unteroffiziere faulenzen alle, außer Hutterer, der die Heuernte leitet.

Mein Bett

Avelin, das Schloss:

160

Das Wetter ist herrlich. In der Sonne wogen die Felder, die herrlich stehen. Fast immer kühlender Wind vom Meer. Flieger kommen auch seltener. Mein Divisionsführer heißt (General) S. Kanzoni, dann Major Klemm und am Ende mein Hauptmann Hoffmann. Vorderhand könnte ich es ja im Feld nicht besser haben als hier. Wenn man halt wüsste, wies kommt. (..)
Gestern habe ich lachen müssen. Hutterer stand hinter mir. Ich sah einen Flieger in der Ferne. Da sagte ich: „Paula, schau ein Flieger!" So bin ich wieder gewöhnt mit Dir zu erleben. Vielleicht werde ich mein Pferd doch Paula taufen, dann kann ich mit ihm reden.
(..) Wie schön mein Bett ist, siehst Du anbei. Es ist auch sehr gut.
(..) Tommi, der Arme, viele, viele Grüße und Küsse
Viele Grüße an Hildebrandt. Jetzt geht die Post weg.
Paula! Küsse Dich. Es war so schön, dass wir uns wieder gesehen.
Dein Colomb

****

117:                    GNM
                                                    Vendeville, 21. Juni 1915
Liebe gute, aber arme Paula, dass Du so einen Mann hast der so schlecht schreibt. (..)
Was ich fotografiere? Ich probiere nur den Apparat aus. Hier gibt es nicht viel Interessantes. Gestern hat mich der Schmied mit anderen zusammen in unserem Bad aufgenommen. Ob's was wird?

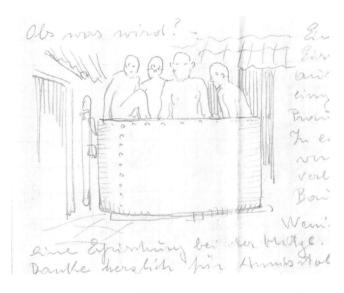

Ein großer Eisenkessel aus einer eingefallenen Brauerei. In einem Hof von einem verlassenen Bauernhof. Wenigstens bissl eine Erfrischung bei der Hitze. (..)

Wir leben jetzt ganz unkriegerisch. In der Früh wird gemäht und nachmittags schwanken die vollen Heuwägen herein. Abends Gesang mit Ziehharmonika in der Kantine. Ich tue als Aufsicht so mit und helfe aus Vergnügen dabei. In der Mittagsstunde auf den Feldern draußen so weit das Auge sieht, ist es sehr schön. Nur einzelne schöne Baumgruppen im blauen Dunst.

(..) Paula, Paula, hörst Du mich nicht? Wie ist das möglich, vor wenig Tagen haben wir doch noch gesprochen zusammen und nun höre ich Deine Stimme nicht mehr.
Meine Krankheit will jetzt nicht kommen. Ich reite nicht viel und das Wetter ist scheinbar auch nicht günstig dafür. Jetzt wäre also wenig Grund zur Erscheinung. Geduld bringt Rosen.
1000 Küsse mit Gefühl
Tommi gute Nacht
Euer Soldat Colomb (..)

****

1915 (Skizzenbuch)

118:                          GNM
                                             Vendeville, 24. Juni 1915
Liebe, liebe Paula!
(..) Gestern haben wir lachen müssen. Ich hatte Wache. Plötzlich kommt die Quartierfrau von unseren Sachsenunteroffizieren gelaufen. Will den Hauptmann sprechen. (9 Uhr abends)
In ihrem Bett liege der Unteroffizier mit einem Weibsbild aus Lille. Hauptmann mit Posten geht hin. Das Frauenzimmer hat auch noch dazu keinen Passierschein. Wird verhaftet. In unser dunkles Arrestloch gesteckt. Mit schöner Bluse und Hut muss sie jetzt 4 Tage darinnen bleiben, auf Stroh schlafen. Das Komische war, dass mit der Verhaftung die Glocken anfingen zu läuten. Es kam eben auch der Funkspruch dass Lemberg gefallen. Das Dorf kam also in große Aufregung und dachte, das hänge mit dem Frauenzimmer zusammen. Der Unteroffizier muss jetzt sehr viel Spott anhören, auch von der Bevölkerung. Die Quartierfrau hat ihn aber nur aus Eifersucht verraten. Er hat es halt mit jeder wie ein Vieh.

Oh, der Urlaub war schön. Ich tröste mich immer noch mit der Erinnerung daran. (..)
Umarmung
Kuss liebe Paula Dein Colomb Tommi Küsse

**Brief von Joseph Wackerle, (Künstlerfreund, siehe Lebensbericht) -
Brief beigelegt in Colombos Brief vom 24. Juni**

119:                          GNM
Lieber Colomb,
ich hoffe, dass es Dir immer noch gut geht, wie Du damals schriebst. Kannst Du nicht beurlaubt werden? Ich habe jetzt meine Einrückung vor mir. Schwere Kavallerie, also Ulan oder Kürassier, aber ich musste mich kürzlich wieder mustern lassen, um zur Infanterie umgeschrieben zu werden. Nur dass ich Krampfadern an einem Beine habe, hat mich davor behütet. Denn dann doch lieber Kavallerist. Ein Ende des Krieges ist ja nicht abzusehen. Ob ich noch denke wie im August? Meinst Du, ich denke anders? Damals musste ich unbedingt so denken. Denn es war Verteidigung. Übrigens hoffe ich, dass wir noch viel über das alles reden können, ich habe manchen Strauß hier. Es zeigen sich Instinkte in den Menschen, die jetzt mit dem Mantel des Patrialis uns wundervoll gedeihen.

Nun haben übrigens Deine geliebten Italiener auch angefangen. Ich weiß genau, dass diese Leute in Italien, die wir nett finden, wohl gegen den Krieg sind, aber die Mittelklasse in den Städten ist doch das Unappetitlichste, was es gibt. Die haben eine noch größere

Geld und Machtgier als anderswo. Die armen Tiroler, die nur ihre Heimat lieben und stille Menschen sind, werden ja ruiniert, ob Sieg oder Niederlage.
Nach diesem Krieg müssen sich alle, die nur etwas auf Menschlichkeit halten und in der Macht und Geld nicht alles Heil sehen, zusammenschließen um noch etwas zu retten. Aber vielleicht wird alles ganz anders. Man weiß ja nichts. Der arme Schmid[45], der nur leben und arbeiten wollte. Mein Bruder ist in Lyon und frägt mich immer, wann der Krieg ungefähr aufhören wird, weil ihm jeder Tag graust beim Aufstehen.

Von der Stimmung in Berlin kann ich nichts schreiben. Man hört nur Parole „Durchhalten!" und sie werden wohl durchhalten, denn militärisch stehen sie gut und Menschen gibt es ja noch genug. Es gilt als heroisch, dass Frauen nicht mehr um ihren Mann oder Sohn weinen. Ich finde es weniger schön.
Lass es Dir so gut, als möglich gehen und schreibe wieder einmal. Ich habe ein paar Sachen von Dir in der „Jugend" gesehen, die sehr nett waren.
Mit den herzlichen Grüßen, auch von Margit
Dein W.

****

120: GNM

Vendeville, 28. Juni 1915

Liebe gute Paula!
Gestern und heute werde ich überhäuft von Packerln von Dir. Du bist sehr brav und sehr lieb. Gestern zweite Fotoserie und Packerl mit Katzenzungen, Lebkuchen, Nüsse und Honigtube. Rührend von Tommi, dass er mir die Schokolade überlässt. Aber so was müsst Ihr behalten.
(..) Also heute wird mein Pferd Paula getauft. Es ist wirklich recht brav. Eigentlich hat es auch paar sehr ähnliche Eigenschaften wie Du. Erstens wird es verkannt. Es wird meistens unterschätzt und leistet mehr als manches großes Drum. Es hat kleine Füße (aber keine Plattfüßerln) und hauptsächlich eine sehr empfindliche Haut. Es hat eben ganz kurze seidige Haare. Fliegen bringen es zur Verzweiflung. Es bekommt von Stichen ganze Blasen, wo ich gar nichts merke fast, wenn ich gestochen werde. Und kleinlaut wird es auch gleich und eingeschüchtert, wenn ich es bissl schimpfe. Gell, liebe arme Paula, ich war oft recht bös mit Dir.
(..) Gute Paula, sei umarmt, ich bin, wenn auch nur in Gedanken bei Dir
Kuss Dir und Tommi
Dein Colomb

****

---

45 Schmid = Schmid-Dietenheim, der gefallene Maler-Freund

Brief von Corneille Max

121: GNM

Antwerpen, 8. Juli 1915

Lieber Colomb!
Am Samstag geht's in den lang ersehnten Urlaub. Ich habe mit knapper Not 13 Tage herausgeschunden. Die letzten 3 Wochen habe ich es sehr schön gehabt. Denn ich bin in Antwerpen beim I. Offizier vom Platz im Quartier. Außer den Sitzungen zum Porträt habe ich keinen Dienst und kann mir die schöne Stadt Antwerpen gründlich ansehen. Malutensilien, Rahmen, alles bekommt man wie in München. Leinwand sogar besser.
Ein lebensgroßes Kniestück, in feldgrauer Uniform mit grauem folgenden Kragen und allen Kriegsorden, in trister, belgischer Landschaft mit großen Wolken. Das ist ein Problem, besonders in Ölfarben, wo die einzelnen Grau leicht schmutzig werden und schwer auseinanderzuhalten sind.
Außerdem male ich noch das lebensgroße Porträt des Vaters vom Herrn Oberst, nach Fotografie. Beide Bilder sind fast fertig, wenn ich vom Urlaub zurück. Vorne bleibe ich nur noch einige Tage hier in Antwerpen, dann geht's wieder zur Batterie zurück. Doch ich nehme mein Malzeug mit, da Herr Oberst auch eine Landschaft von mir will. Natürlich alles zu Kriegsspesen. Für mich ist ja das schon sehr viel wert, dass ich wieder mal beruflich tätig sein kann.
Ich gehe viel am Fischmarkt und kaufe ein für unsere gemeinsamen Malzeiten, da Herr Oberst meinen Fischkenntnissen vertraut. Auch komme ich öfters bei Autofahrten mit Herrn Oberst in die schöne Umgebung.
So war die letzte Zeit für mich sehr wenig kriegsnärrisch und ich habe mich ordentlich erholt.
Mich freut es, dass auch Du friedliche Arbeit hast. Hoffentlich bleibt es für uns beide so. Ich freue mich zunächst auf die Urlaubsfahrt.
Wenn Dir der Dienst zu anstrengend werden sollte, so geb doch ein zur Versetzung zum Landsturm. Bei uns ist viel Landwehr, die wegen schwacher Gesundheit zu uns versetzt wurde. Auch einer, der es mit den Gedärmen zu tun hat, wie Du.
Jetzt leb wohl. Hoffentlich ist's bald aus.
Dein Kornel

****

122: GNM

Vendeville, 9. Juli 1915

(..) Ich habe heute einen unschreiberischen Tag. Bin kriegsmüde (nicht persönlich) und wild. Heute frug mich jemand: „Wie weit bist Du eigentlich Soldat?" - Da habe ich geantwortet: „5 mm" (So weit meine Uniform reicht). Stimmt das nicht? (..)

****

123:          GNM

Vendeville, 16. Juli 1915

Liebe, arme, gute Paula!
Ich bin Dir jetzt die Antwort auf 5 Briefe schuldig. Gell, ich habe lange nicht geschrieben, verzeih! Aber die Zeit rast und gegenwärtig zeichne und male ich wieder bissl mehr. Und wenn es schön ist, muss ich oft zur Aufsicht aufs Feld. Das ist ja ganz schön. Besonders weil hier so riesen Kornfelder sind. Ich habe das noch nie erlebt, das Anbauen, Reifen und Ernten. Die Felder haben in den verschiedenen Reifestadien große malerische Reize. Leider kann ich so was nicht malen. Ein reifes Gerstenfeld ist schön wie goldiges Haar. Ich probiere alles. Das Mähen ist misslungen. Ich habe gleich eine Sense abgeschlagen. Aber Garben binden und stellen kann ich. Der Flachs wird ausgerissen. Bei dieser Arbeit meint man gar nicht, dass man im Krieg ist. An den sonnigen Tagen geht es aufs Feld. Voran der Oberbauer (ein Soldat), dann 10 bis 12 Mann mit Sensen in Drillich, viele mit Strohhüten. Hinten kommen dann 20 Weiber in Kopftüchern, die aufnehmen und helfen müssen. Die scherzen, lachen und rufen und nehmen es jetzt schon ganz selbstverständlich hin, dass sie mit den Deutschen arbeiten. Gell, komisch so was im Krieg. Wenn gearbeitet wird, kommt dann der Herr Verwalter hoch zu Ross[46] und schaut auf den verschiedenen Feldern nach. Außer in der Früh 2 Stunden reiten, ist dies unser Dienst jetzt. So ließ es sich ja aushalten, wenn man nicht getrennt wäre. Ja, liebste Paula, das ist das Schlimme.
(..) Tommi soll sich im Wald ein kleines Schloss mit Graben und allem bauen, in der Erde für die Soldaten.
Mein Pferd hat unlängst einen Schlag bekommen. Die Wunde eiterte. Und das Bein wurde ganz geschwollen. Ich musste ihm feuchtwarme Umschläge machen. Ich musste lachen. Kaum heißt es Paula, muss ich schon Umschläge machen. Es bringt guten Willen aber wenig Verständnis für die Behandlung entgegen.

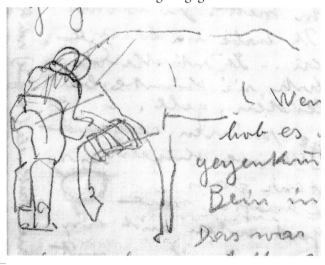

---
46   Hutterer = Kriegskamerad aus Landshut, an ihn richtet Colombo den letzten Brief von 1918

Wenn ich wickelte, hob es ganz entgegenkommend das Bein in die Höhe. Das war aber nicht gut, denn dann stellte es das Bein wieder. (Die Muskeln wurden dünn, der Verband rutschte)
Vielleicht war es darüber erstaunt. Jedenfalls machte es aber die Bewegung immer wieder.

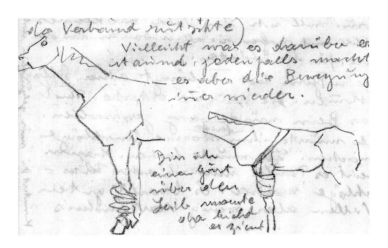

Bis ich einen Gurt über den Leib machte, da hielt er ziemlich.
Jetzt ist es aber wieder ganz schön geheilt. Gell, ich schreibe Dir dummes Zeug.
(..) Neulich hatten wir Marschbereitschaft. Blieben aber doch hier. Landarbeiten gibt es jetzt hier bis in den Herbst in Hülle und Fülle. Man spricht von 1917 schon. Ich möchte wirklich Tiermaler werden. Die Menschen ekeln mich schon an. So ein Mittelding. Kein ganzes Vieh und auch nichts Ganzes Höheres.(..)
Gell, schreibe mir aber immer alles, ich verstehe schon. Mit Briefen kann ich Dich halt so wenig stützen und helfen. Du Arme! Was tun?

167

1000 Grüße und innige Umarmung. Sei glücklich und betrachte alles von 100 Meter Höhe. Dein besorgter Mann

****

124:                    GNM

Vendeville, 26. Juli 1915 2 Uhr nachts

Liebe, gute Paula!
Gott sei Dank hast Du endlich Post von mir bekommen. Weiß der Teufel, wo die oft hängen bleibt. (..) Heute habe ich Wache. Wir müssen jetzt immer die ganze Nacht wach bleiben (auf Wache). Draußen ist warm und schöner Mondschein. Es ist unglaublich still. Aber die Stunden gehen doch langsam. Zuerst habe ich an meiner Ernteliste geschrieben, dann bissl gelesen und nun schreibe ich Dir. Also, ich bin jetzt meistens den ganzen Tag allein mit meinem Pferd am Feld. Abenteuerlich aufgepackt mit Holzschildln um die Felder zu nummerieren. Neulich habe ich furchtbar lachen müssen.

Ich ritt, so nichts ahnend, dahin. Zügel los und Mamdeln aufgeschrieben.
Da fliegen direkt vor uns ein ganzer Haufen junger Rebhühner auf. Du weißt wie die raspeln. Mein Gaul erschrak so, dass er sich fast am Boden setzte. Natürlich kam ich auch fast außerm Gleichgewicht.
Mein Pferd ist aber recht gelehrig. Ich habe ihm jetzt beigebracht: Wenn ich mit der Zunge schnalze geht es Trab, wenn ich „huu" rufe, Galopp und wenn ich „hot" mache Schritt. Außer es ist schlechter Laune.

Gell, ich schreibe dummes Zeug. Das ist aber mehr für Tommi.
Wir haben jetzt halt ein ziemlich friedliches Leben. Vom Krieg sehen wir nur Fliegerkämpfe. Seit kurzer Zeit greifen die Deutschen die feindlichen Flieger mit Maschinengewehren an. Sie machen die reinsten Hetzjagden. Wolken sind oft Schutz und Verstecke.
(..)

****

125:                    GNM
                                        Vendeville, 29. Juli 1915
Liebe, gute, liebe Paula!
(..) Nun die Hauptsache, warum ich Dir heute noch schreibe. Heute Nachmittag ist uns mitgeteilt worden, dass wir wieder mal weg kommen. Die ganze Ernte liegen und stehen lassen. Übermorgen Früh geht es weg. Man sagt nicht weit, mehr gegen Arras zu.
Ich habe erst eine ungenaue Adresse bekommen. Auf die schreibe höchstens Karten, bis ich Dir genau die Neue schreibe, gell. Lange kann's nicht dauern. Wir bleiben schon Kolonne. Dumm ist nur, dass wir von Major Klemm und der 6. Div. wegkommen, zu einem preußischen Armeekorps. Ob's dann noch Urlaub gibt? Corneille hat mir mal von Kolonnen geschrieben, die bei ihnen in Antwerpen sind, da kommen aber halt nur Schwache hin, von der Landwehr. Hat er nicht darüber gesprochen? Sehen wir halt zuerst, was aus uns gemacht wird, dann geht vielleicht doch noch was zu machen. (Vielleicht ist es Dir bissl ein Trost, wenn Du weißt, wie ich, wie ein Stück Vieh verschickt werde, dass Dir Dein Leben nicht so schlimm vorkommt.)
Also unsere Adresse soll sein:
Bay. Res. Fuss. Artillerie Regiment No 3
7. Armeekorps
Der 8. Batterie zugeteilt
Rege Dich aber nicht auf, das ist nicht so schlimm, als es klingt.
(..) Liebe Paula, gute Nacht, Kuss, Umarmung, hoffen wir und beten wir um Frieden.
Dein Colomb
Tommi herzliche Küsse.

****

Unser Schlafraum,   Annveullin 2. August 1915

Liebe, liebe Paula!
Zum Abschied von Vendeville habe ich noch Deinen sehr lieben Brief vom 28. Juli bekommen. Also so arg weit sind wir nicht gekommen. Höchstens 14 Kilometer von Vendeville weg. Was sie mit uns vorhaben, lässt sich noch nicht so genau bestimmen. Ich glaube, die Preußen brauchen uns für die Ernte. Wir mussten heute wenigstens viele Mähmaschinen bespannen. Außerdem heißt es, sollen wir bisweilen in der Nacht Munition (21 Mörser) zu den Batterien fahren. Wie das ist, lässt sich noch nicht sagen. Das Nest hier ist viel größer als Verde, aber nicht so nett, weil überschwemmt mit preußischen Truppen. (Rekrutendepot). Die guten Quartiere vorüber. Mein Himmelbett mit einem Strohsack vertauscht, das Dach als Himmel, wo es aber bissl hereinregnet. Ich hause mit Hutterer. Hausleute nett. Kleines Gärtel mit einem saftigen Feigenbaum.
Eben habe ich ein Wasser (Kanal) gesucht zum Baden, nichts gefunden.
(..) Hier sind schrecklich viel Fliegen. Man kann kaum schreiben. Im Gesicht und auf den Händen krabbeln sie die ganze Zeit herum.
Also lebe wohl, 1000 Grüße und Küsse

170
Dein Colomb
Gestern habe ich geträumt von Euch. Aber ich war so traurig, weil Ihr schrecklich mager und dann ganz faltig wart.

Adresse eben wieder anders:
Munitions Kol. Der 8 Batterie
Bay.Res.Fuss.Art. Reg. No3
Feldpoststation No 6
Der 6. Armee

****

127:                              GNM

Annveullin 3. – 4. August 1915, ½ 1 Uhr nachts

Liebe Paula!
Da sitze ich nun wieder einmal als Wachhabender. Ein verlassenes Haus mit vornehmen Fenstern. Es ist sehr still herinnen, nur das Schnaufen der schlafenden Wachmannschaft zu hören und verschlafene Fliegen. Nur draußen donnert's manchmal dumpf und bös in der dunklen Nacht. Die Kanonen. Man ist sie gewöhnt. Sie schrecken nur, wenn man sich in friedliche Gedanken verträumt. Eben hatte ich mich zum ersten Mal wieder in

einen Roman (von Tolstoi) vertieft. Man vergisst für Augenblicke die Gegenwart und erschrickt in der Wirklichkeit.
Liebe Paula. Ich habe noch keine Post von Dir bekommen, seit dem ich hier bin. Ich fürchte, jetzt wird es Schwierigkeiten mit derselben haben.

Allmählich gewöhnt man sich hier ein. Schön ist es nicht. Eine kleine, fast ganz neue Stadt. In der Nähe Kohlenbergwerke. Viele Preußen mit denen wir Bayern nie sympathisieren können. Sie haben so eine freche Sprechart. Und ihre oberflächliche und barbarische Art die Ernte zu besorgen, ruft bei unseren sorgfältigen Bauern keine Sympathie hervor. Es gibt oft Zusammenstöße. Ein Vorteil ist hier, dass am Hauptplatz manchmal ganz schöne Militärmusik ist. Auch sind meine Hausleute ganz nett. Freundliches Ehepaar mit 8 jährigem Sohn. Zart mit blonden Locken. Verwöhnt und von den Eltern angestaunt. Ich musste alle seine Zeichnungen bewundern, die teilweise eingerahmt sind. Die Kinder sind hier sehr zutraulich. Ein kleines 4 jähriges Mädchen hat meine besondere Liebe. Wenn ich sie sehe und mich am Boden hocke, so wirft sie sich strahlend in meine Arme. Ihre unschuldige Liebenswürdigkeit rührt mich ganz. Gell, Du verstehst mich. Sonst ist es recht trübselig hier. Und die Zukunft noch düsterer. Wie wird man noch einen ganzen Winter aushalten können? Meine Geduld fängt ernstlich an zu wanken. Gestern nachts mussten wir zum ersten Mal Munition abgeben. Ich war nicht dabei. Wir müssen direkt bei den Batterien abgeben. Viel Gefahr ist ja nicht dabei, außer die Geschütze werden beschossen. Durch den Stellungskrieg ist hier aber fast gar keine Formation mehr, die nicht manchmal an die Front müsste. Vielleicht hat der Krieg doch bald ein Ende.
Alles geht sonst einer gründlichen Vertrottelung entgegen. Komisch, dass ich nirgends einen Leidensgenossen oder Gleichgesinnten treffe. Jeder stellt sich möglichst verwildert und scheniert sich, als gebildet zu gelten.

Heute habe ich etwas Komisches erlebt. Gegenüber unserem Wachlokal ist eine große Kirche mit fast immer verschlossenen Türen. Heute Nachmittag hörte ich ein Instrument darinnen spielen. Horchte hin. Es war eine einzelne Violine, die ein ungarisches Zigeunerlied (Lieblingslied von Andor Benczur) sehr gut spielte. Die Kirche war verschlossen. Nach einer Weile kam Offizier (ein echter Offizier) mit seinen Burschen mit Violinkasten heraus. Ich war sehr überrascht.
(..) Jetzt ist es ½ 2 Uhr. Die Nacht geht langsam. Ich bin etwas müde. Werde mich bissl hinlegen. Eigentlich ist es verboten. Neulich hat einer deshalb 2 Tage Mittelarrest bei Wasser und Brot bekommen. Und wir haben doch gedacht, wir sind freie Menschen vor dem Krieg.
All dies jetzige Elend kommt von der falschen Erziehung der Menschen und der Unselbstständigkeit der Einzelnen im Denken her. Findest Du nicht auch?
Gute Nacht liebe Paula, schlaf gut, träume das Schönste. Tommi alles Gute, dass er immer ein Kind bliebe. Mama viele, viele Grüße
Dich küssend Dein Colomb.

128:	GNM

Annveullin 8. August 1915

Liebe! Gute! Paula!
Nach 7 Tagen endlich ein Lebenszeichen von Dir.
(...) Allmählich gewöhne ich mich auch hier wieder ein. Feldaufsicht trifft mich alle anderen Tage. Munition ist erst einmal abgeliefert worden.
Mit meiner großen Badesehnsucht wäre es mir neulich fast schlecht gegangen. Ich ritt mit unserem Wachtmeister aus, mit dem geheimen Wunsch eine Badegelegenheit zu finden. Wir kamen zum Kanal. Ein halb versunkenes Schleppschiff war da. Beste Gelegenheit. Pferd angebunden und gebadet. Herrlich! Auch gesprungen. Fesselballon ganz in der Nähe. Kaum mit Baden fertig, aufgesessen, frisch und neugeboren, wie nur was gefühlt. Plötzlich furchtbarer Krach über uns. Wussten zuerst nicht was los. Ballon wurde beschossen von Engländern aus unglaublicher Ferne mit großen Granaten, die aber zu tief gingen. Wir machten, dass wir davon kamen, indem noch 3 weitere Granaten über uns krepierten. Mein Pferd hatte schreckliche Angst und ich machte mir große Vorwürfe.
Seit 14 Tagen ist aber der Ballon nicht mehr beschossen worden und noch gar nicht an dieser Stelle. Komischer Zufall. Aber es ist besser, wenn man nicht muss, keine Ausflüge zu machen.

Die Siege in Russland sind erfreulich. Ob sie aber so große Wirkung haben werden wie man meint, ist fraglich. Viele Menschen kosten sie uns doch.
Ich kann mir gar nicht vorstellen, einen Winter noch aushalten zu können. Man merkt jetzt schon wieder, dass der Tag kürzer wird und da kommen die Erinnerungen an die Leiden des Winters. (..)
Lass es Dir gut gehen, viele, viele innige Küsse
Dein Colomb

****

129:                        GNM
                                            Annveullin 10. August 1915
Liebe, liebe Paula!
(..) Hier ist es so öde, weil so viel Infanterie einquartiert ist. (Rekruten die immer singen). Wenn es bissl geht, flüchte ich aus dem Städterl. Neulich war ich wieder beim Kanal und habe ein herrliches Bad genommen. Es war kein Ballon da, also auch keine Gefahr. Gestern habe ich in einem kleinen Wäldchen einen Weiher entdeckt, auch gleich gebadet. Und zu meiner großen Freude viele Brombeeren gefunden. Einige Tage war es jetzt entsetzlich schwül hier. Ab und zu schießen die großen Kanonen. Da hört man Schuss und Aufschlag ganz deutlich. Muss dabei immer denken, wer ist nun dabei wieder umgekommen. Wenn's nur endlich ein Ende nehmen würde. Es ist wirklich entsetzlich so jämmerlich und untätig dahin leben zu müssen im besten Alter. Irgendeine Hoffnung zu haben, habe ich schon aufgegeben. Der Kriegswahn hat sich schon zu tief eingefressen, an einen Sieg der Vernunft ist nicht mehr zu denken.

Heute Nacht hatte ich auch noch einen ganz bösen Traum. Du hättest weiß Gott was angestellt, weil Du dachtest ich käme nie mehr zurück. Ich war so traurig, als ich Dich sah und Du auch. Hoffentlich bist Du aber lustig und Deine Freundin macht Dir den Aufenthalt etwas angenehmer in Ammerland.
Viele Grüße an alle. Tommilein Kuss
Dich umarmt Dein ferner Mann Colomb

****

130:                        GNM
                                            Annveullin 15. August 1915, Sonntag
Liebe, liebe, gute Paula!
(..) Heute ist ein schöner sonniger Sonntag. Sonst ging der liebe Gott durch den Wald, jetzt beschießen sie Flieger.
Ich möchte Dir eine große Freude machen zum Geburtstag, aber wie? Ich fürchte, ich kann nur wieder schriftlich schicken. Geld allein ist so nüchtern. Hier gibt es gar nichts zu kaufen. Nach Lille fahren ist so eine Sache. Der Bahnhof, wo der Zug abgeht, wird

so oft von Fliegern mit Bomben beworfen. Heute, wo ich fahren wollte, ist wieder ein sehr klarer Tag und auch Sonntag, da bekomme ich nichts in Lille. Gehe ich später, dann bekommst Du halt ein Geschenk zu spät.
In den letzten Tagen hatte ich mehr Dienst. Musste auch in der Nacht Munition fahren. Die Batterie steht in einem Park zwischen Fournes und La Bassée. Riesen Geschütze, ganz mit grün versteckt. Bei kleinem Taschenlampenlicht muss die Munition (riesen Geschosse, eines 2 ½ Zentner) in die Unterstände gebracht werden. Mit schlechtem Gewissen, dass man bei so was beihilft. Ach, hätte ich nur mehr Begeisterung für den Krieg. Ohne dieser, gehört wirklich sehr viel Überwindung dazu.

Mit Urlaub wird es jetzt schlecht aussehen, da jetzt ständig 5 Mann in Urlaub sind und alle daran kommen müssen, ehe ein 2. bewilligt wird.
Hätte ich wegen dem Heiligenbildauftrag etwas bekommen, so hätte ich vielleicht darauf hier eingeben können. Aber sonst habe ich wenig Hoffnung.
Zur Landwirtschaft werden nur solche verwendet, welche sich darinnen auskennen. Ich meine zum Beispiel in Belgien. Es ist sehr freundlich von Deiner Freundin, dass sie an ihren Vater geschrieben, aber das wird nichts helfen. Lüttich hat keinen Zusammenhang mit hier.
Körperlich wüsste ich auch nicht, was eingeben. Bei dem wenigen Essen ist mein in Frage kommendes Leiden nicht möglich. Höchstens, dass ich eine Woche nach Lille ins Lazarett komme. Vielleicht wird es aber doch noch was.

Ich will Dir nicht alle Hoffnung nehmen, besonders heute nicht, wo ich vorhabe, Dir zu Deinem Geburtstag Glück zu wünschen.

Zur gleichen Zeit mit Deinem Brief habe ich den von Mama bekommen. Sie schreibt, dass ihr so friedlich lebt und dass Mama sich ein Vorbild an Dir nimmt, wie Du die Sorgen mit Überwindung und Ruhe trägst.
Das freut mich zu hören.
Ich wünsche Dir viel Glück zu Deinem Geburtstag und gratuliere, dass Du das Leben so im Guten ausgenützt und Dir so viel Seelenstärke angeeignet. Das wird Dir auch Glück bringen.
Das ist meine Philosophische Gratulation, nun die aus Liebe. Wie kann ich die Dir mitteilen?

Ich liebe Dich und bin Dir treu. 1000 Küsse
Meine Glückwünsche für immer. Meinen Schmerz, dass es schon Dein 2. Geburtstag ist, wo ich nicht bei Dir sein kann.
Alles soll Dich lieben und Du sollst immer glücklich sein. Und meinen Wunsch, dass ich einmal zurückkehren kann und alles einholen. (..)
In der Gegend hier sind viele russische Gefangene bei der Erntearbeit. Ich sprach und fotografierte auch welche. Sind meist nette Kerle. Ich nannte Tolstoi, da lächeln alle.
Wie geht es mit Tommis Schwimmen? Ich bade fast täglich in meinem Weiher. Tommi, viele, viele Grüße
Kuss und Gruß Der Westwind den ich liebe, bringt sie Dir
Dein Colombmann

****

131: GNM
Annveullin, 18. August 1915, Mittwoch

Liebe Paula, Frau!
Arme! Heute ist Dein Geburtstag, lass Dich küssen aus der Ferne. Als ob Dir zu Ehren, läuteten heute die Glocken so schön. Und ich habe Wache, so wenigstens Ruhe an Dich zu denken. Zum Schreiben leider nur Kerzenbeleuchtung.
Eigentümlich, Nachmittag in gegenüberliegender Kirche wunderschön Violine spielen gehört. Wer war's? Der Divisionsadjutant. Ein Berliner aktiver Oberst. Spielt immer dort, wenn er Zeit hat. Hätte es nicht für möglich gehalten. Der Mensch interessiert mich.
Ich hatte eben Deinen lieben Brief vom 15. August mit Enzian und sehr nettem Gimpelbild erhalten. Las ihn in dem Vorplatz der Kirche bei Musikbegleitung und war gerührt. Musik ist wirklich eine Nervenzupferei.
Durch den Türspalt tat ich einen Blick in die Kirche. Da stand der magere Preuße mitten in der hohen Kirche und spielte wirklich gefühlvoll. Ganz komisch.
Sonst bin ich auf Offiziere gerade sehr schlecht zu sprechen.

Montag war ich in Lille, wollte Dir doch etwas besorgen. Versuchte es mit dem Rad. Natürlich Gewitter Gussregen. In der Nähe von Vendeville mit Tram nach Lille. Natürlich ich nass und sehr schmutzig. Stadt gar nicht mehr gewohnt. Die vielen Läden. Die massenhaften Offiziere, die man grüßen muss. Die Frauenzimmer, oft sehr hübsch angezogen (Die Französinnen machen aus der Trauerfarbe natürlich eine kleidsame Mode), kokettieren und werden verfolgt. In der Nacht bei den Schützengräben und bei den Batterien sieht man sehr selten Offiziere. Bei den Deutschen Läden und Restaurationen richtet sich die Freundlichkeit nach den Axelstücken. Alles in allem unerfreulich in Lille. Hatte wenig Zeit, im Dunklen heimradeln. Straßen zerweicht oder schreckliches Schüttelpflaster. Keine Laterne und von allen Posten angehalten, fiel ich abends sehr müde ins Bett. Weiß nicht ob's Dir Freude macht, was ich besorgt. Ziehe dabei den guten Willen und Kriegsgeldlage halt in Betracht, gell ja.
Die Zeichnung da hinten habe ich schon lange gemacht. So sieht hier der moderne Kriegshimmel aus. Fesselballone die Tag für Tag gegen Westen spähen. (Habe neulich 8 gezählt.) Aeroplane und Beschießung.

Eben war ich draußen. Herrlicher Sternenhimmel. Nur das unruhige Flattern der Leuchtkugeln von der Front her stört den Frieden.
 (..) Heute bin ich schläferig und die Unterhaltung mit Dir geht schwer. Es ist schon bald 1 Uhr Nachts.

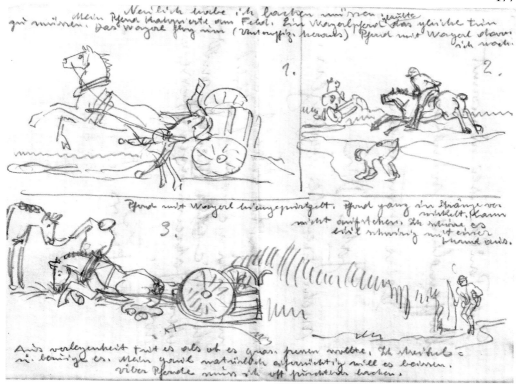

Neulich habe ich lachen müssen. Mein Pferd kollaborierte am Feld. Ein Wagerlpferd glaubte das Gleiche tun zu müssen. Das Wagerl flog um. (Unteroffizier heraus). Pferd mit Wagerl davon, ich nach.
Pferd mit Wagerl hingepurzelt. Pferd ganz in Stränge verwickelt. Kann nicht aufstehen. Ich schiene es bissl mit einem Hemd aus. Aus Verlegenheit tut es als ob es Gras fressen wollte. Ich scheitel und beruhige es. Mein Gaul natürlich eifersüchtig, will es beißen. Über Pferde muss ich oft fürchterlich lachen.
Liebe Paula, sei umarmt, hoffentlich wird Dein kommendes Jahr Dir mehr Freude bringen.
Gute Nacht und träume von der Liebe, die wie der Wein mit den Jahren immer besser wird. Kuss!!!

****

132: GNM

Annveullin, 22. August 1915

Liebe, liebe Paula!
(..) Von Storchl lasse Dich bitte nicht verstimmen, auch nicht gegen mich. Du musst wissen, Corneille lebt fast wie im Frieden und ich bin an der Front. Muss jeden Augenblick

Marschbereit sein. Corneille ist mit seiner Truppe von München weg gekommen, hat Münchner Offiziere. Ich bin in eine ganz fremde Truppe gekommen. Zu einer Kolonne die keine höheren einflussreichen Offiziere hat. Bei uns sind Ordnung nur gemeine und haben einen schlechten Dienst.

Wegen der Kunst kann ich mir keine Vorwürfe machen. Ich arbeite so viel, als es möglich ist, mit meinem schwachen Material, das ich mitführen kann. Hab in den schwierigsten Momenten gearbeitet. Hab doch bissl was für die „Jugend" gemacht und jetzt kommen noch 2 Zeichnungen von der Liller Kriegszeitung.

Ich habe mich jetzt aufs Pferde malen verlegt und habe eben (auf Auftrag) einen Feldgeneralswachtmeister zu Pferde in Arbeit. In Aquarell ziemlich schwer. Es würde mich sogar sehr reizen Porträts von Soldaten und Offizieren, besonders zu Pferd zu machen. Das habe ich schon in den ersten Monaten des Krieges erkannt, dass, das Zukunft hat. Darum habe ich mich jetzt auch sehr mit Pferden gequält.

Das ich gerade nur niedere Offiziere zu Vorgesetzten habe, die wenig von Kunst verstehen, kann ich nichts dafür. Meinen Leutnant (überdies Feldwebelleutnant) habe ich schon gezeichnet. Mit diesem stehe ich ganz gut. Wir sprechen und philosophieren oft ganz frei zusammen. Unser Hauptmann ist ein Forstwart und ein großer Pedant. Andere Vorgesetzte (höhere) sind uns hier gar nicht bekannt gegeben. Wir gehören halt zur 8. Batterie des 3.Res.F.A. Reg.

Der Kommandeur der 6. Armee ist Prinz Ruprecht. Nein, es ist wirklich nicht meine Schuld (glaube ich), dass ich nicht verstanden habe, die Kunst als Selbsthebemittel zu benützen. Ich kann mich nicht anbieten, sonst habe ich alle Unteroffiziere zu Feinden, die mir dann die schwierigsten Arbeiten zubringen. Zwischen ihnen und den Offizieren ist eine große Kluft.

Schau, liebe Paula, wenn ich denken muss, dass es meine Schuld ist, dass ich manchmal in Gefahr komme, so ist es noch viel, viel schwerer zu tragen. Ich habe sowieso nur meinen Willen, der mich über manchmalige Todesängste hinweghelfen muss. Keine Hoffnung, keine Begeisterung, kein Patriotismus stützt mich sonst. (..)

Meine Adresse schreibst Du ganz richtig. 1000 Küsse und innige Umarmung
Dein Colomb

****

133:                           GNM
(Nr.1)
                                               Annveullin, 25. August 1915

Liebe Paula!
(..) Gell, meinen letzten Brief nimmst Du nicht übel, ich war so trübselig gelaunt. Ja, ich werde jetzt auch alle Nachrichten nummerieren.

Wegen dem Staatsauftrag habe ich nichts bekommen. Solche Schreiben werden, soviel ich mich erinnern kann, persönlich übergeben. Es kann sein, dass er, da ich nicht in der

Wohnung war, zurückgegangen ist. Oder braucht es länger, wie gewöhnlich bei Staatsschreibereien. Von den Architekten ist es nur Neugierde. Er hat jedenfalls auch Maler dafür vorgeschlagen und möchte hören, ob ich den Auftrag schon endgültig habe. Ich werde ihn warten lassen. Freuen würde mich die Arbeit schon und vielleicht ist ein Urlaub dabei heraus zu bekommen. Wenn Du mal nach München kommst, so kannst Du mir vielleicht mal einen Auszug von dieser Heiligenlegende und ein paar Bilder (Gebetsbüchlbild in allen Kirchenbänken zu bekommen) schicken, bitte. Schwer ist es natürlich, hier Entwurf machen. Fast ohne Farben.

Sorge Dich nicht wegen mir, es geht schon, im Krieg sein, ganz ohne Gefahr ist nicht leicht möglich. Wir müssen Gott danken, dass es so ist. Ja, besuche Papa nur mal mit Deiner Freundin. Danke Dir für alles was Du für mich tust, liebe Paula!

Inniger Kuss, Dein Colomb

****

134:                              GNM

Gefangene Engländer in Poel-Kappelle.

Neulich sah ich auch einen französischen Gefangenen. Der war sehr hübsch und gut angezogen. Ganz feldgrau. In der Ausrüstung stehen unsere Feinde uns nicht nach. Annveullin, 27. August 1915 (..)

****

135: GNM
(Nr.3)
                                                    Annveullin 29. August 1915,

Liebe, Liebe Paula! (..)

Anbei Zeichnung, wie neulich der Flieger herunter geschossen wurde. Es war gegen Abend. Wie gewöhnlich Fliegerkampf in der Luft. Plötzlich ein Jubelgeschrei und Hurra. 100 von Soldaten stürzen auf die Straße. Ich sehe auch hin. Da stürzt (vielmehr schraubt sich wie eine Lindenblüte) ein Flugzeug aus Sprengwolken herunter. Die Flügel zusammengeklappt. So arg ich die Flieger hasse, so war's mir doch weh ums Herz für die Insassen. Nun ging es hinaus zur Absturzstelle. Eine Völkerwanderung zu Fuß, Pferd, Wagen, Auto und Flieger. Ein steter Jubel in der Luft. Es war aber weiter als man dachte. Ich sattelte mein Pferd und zog auch mit. Natürlich viel zu spät, um etwas rechtes zu sehen oder fotografieren zu können. Ein paar Stücke des vollständig zerknickten Aeroplane und Teile einer der beiden Insassen (die beide tot waren), war das einzige was ich zwischen der Menschenmenge, die immer zurückgedrängt wurden erspähen konnte. Es war ein französisches Luftschiff mit zwei Engländern darinnen. Sie hatten uns den ganzen Tag sehr gequält und waren zu frech geworden. Zwei Tage danach hatten wir von Fliegern ziemlich Ruhe. An der Unfallstelle war es nicht gemütlich, denn sie war schon in dem Bereich der feindlichen Geschütze und ein anderer feindlicher Flieger machte Miene uns zu überfliegen.

Sonst ist ja das Leben hier sehr eintönig. Bissl Landwirtschaft, Appelle und ständiges Warten, ob der Befehl kommt, Munition zu fahren. Es ist ziemlich ruhig. Man erwartet aber einen Angriff. Recht frei aufatmen kann man nie.
Ich glaube nicht, dass mir hier Skizzen für ein Bild gelingen würden. Ich habe keinen ungestörten Raum für mich. In unserem Schlafraum ist überhaupt kein Tisch. Wir wären froh, wenn wir Bettstellen hätten. Mein Kopfkissen ist ein Sandsack mit Holzwolle ausgestopft. Unten bei den Hausleuten ist auch keine Ruhe.
Wenn die Papiere kommen sollten, kannst Du sie mir aber doch schicken, gell. Wenn alles fehlschlägt, geht es vielleicht mit diesen etwas zu bewirken.
(..) Das ewige bum – bum der Kanonen macht einen stumpfsinnig. Man hört auf die Einschläge und denkt, wo das wohl war. Wie die Menschen die Nächstenliebe auffassen! Neulich sagte sogar ein <u>Geistlicher</u>, aus Liebe zu Deinem Nächsten musst Du jetzt töten. Soll man da noch Christ bleiben?
Liebe Paula, ich danke Dir, dass Du Papa und Mama zum Geburtstag Freude gemacht. Du bist sehr lieb, Umarmung und Kuss, Dein Colomb

****

137:                              GNM
(Nr.4)
                                    Annveullin, 1. September 1915, Mittwoch
Liebe, Liebe gute Paula Frau!
Heute muss ich sagen, endlich Ruhe (10 Uhr abends auf Wache). In letzterer Zeit hat alles abgesehen, mich zu stören, indem sie sich mit mir unterhalten wollen. Alles, besonders die Unteroffiziere kommen zu mir aus Langeweile. Dass ich immer was tue, das finden sie scheinbar sehr unterhaltlich. Wie und was ich zeichne, oder sonst was ich unternehme interessiert und sie setzen sich neben mich. Du weißt, wie ekelhaft das einem oft ist.
(..) Eigentlich, wir beide, mein Pferd und ich sind nicht mehr recht felddienstfähig. Mein Pferd leidet an sog. Sattelzwang. Neulich fiel es deshalb dreimal im Stall fast in Ohnmacht.

Ich hatte es etwas zu rasch und fest gegurtet. Da fiel es um und sah immer ganz traurig seinen Bauch an. Erst nachdem ihm der Sattel weg genommen wurde, erholte es sich. So schlimm ist es ja bei mir nicht, aber jetzt wo es wieder kälter wird, werden meine verschiedenen kleinen Leiden schon wieder angehen.
Heute ist es schon sehr kühl und es regnet ausgiebiger. Der Tag wird kürzer. Es schaudert einen schon bissl an der Erinnerung an vorigen Winter.
(..) Gute Nacht und träume schön (vom Frieden.) Ob wir ihn wohl je erleben? Tommi Kuss im Schlaf!
Ich wickle mich in meinen Mantel und denke schlafend an Euch.
Euer trauriger Colomb, der Dir einen Gute Nacht Kuss gibt.

****

138:                            GNM
(Briefpost Nr.5)
                                              Annveullin, 3. September 1915
Liebe, Liebe, gute Paula!
Deinen lieben Brief vom 28. Aug und 29. Aug bekommen.(..) Deine lieben Zeilen. Die schönen guten Schokoletterln. Die Papiere vom Ministerium. Denke Dir, welcher Zufall. Der Ort wo das Bild hin soll, liegt in der Gemeinde, wo Hutterer[47] geboren und aufgewachsen ist. Er kennt alles dort. Dann ist hier in Annveullin eine Hl. St. Martins Kirche mit einigen Darstellungen von diesem Heiligen. Dieser Auftrag würde mich sehr, sehr freuen. Nun muss ich mir's nur überlegen, wie ich es am besten mache. Ob ich mir das Material alles her schicken soll, oder warten, bis ich Urlaub bekomme. Die im Ministerium werden wohl wissen, dass ich im Feld bin und ich kann ihnen von hier aus meine Einwilligung zusenden.
Gestern habe ich unseren Arzt gesehen. Ein Kind, ungefähr 23 Jahre alt. Heute Nacht war ich fiebrig, ich bekomme einen riesen Schnupfen. Es wird hier schon kühl.
Gute Paula, Du bist so lieb, sei umarmt und geküsst. Vielleicht gelingt es doch, dass ich Urlaub bekomme.
1000 Grüße, Dein Mann Colomb
Küsse Tommilein, Mama viele Grüße

****

139:                            GNM
(Nr.6)
                                              Annveullin, 6.September 1915
Liebe, liebe Paula!
(..) Heute früh konnte ich nicht schreiben, weil ich auf den Arzt warten musste. So geht es hier heraussen. Jetzt habe ich mich gestern früh schon zum Arzt gemeldet und jetzt

---

47   Hutterer = Kriegskamerad, das St. Martins-Bild ist für die Kirche von Kirchham

um 4 Uhr Nachmittags ist er immer noch nicht gekommen. Er ist eben bei der Batterie und hat mehrere Orte zu besuchen, wo er überall hinreiten muss. Wenn es halt nicht etwas sehr pressantes ist, denkt er sich, der kann auch warten. Nur ein Unteroffizier, wahrscheinlich Drückeberger. Verstehen soll er ja gar nichts als Arzt. Ich mache mir wenig Hoffnungen. Aber heute waren meine H. gerade schlechter, morgen kann ich schon wieder besser sein. Die Laune ist entsprechend schlecht. (..)
Wegen dem Ministerium habe ich noch nichts unternommen. Erst möchte ich wissen, ob Aussicht ist, dass ich wegen Gesundheitsrücksichten Urlaub bekomme. Dann erst versuche ich es mit den Papieren. Von nun an soll man aber nur 10 Tage Urlaub bekommen. Dass wir zum Major Klemm zurückkommen, ist nicht viel Aussicht mehr da.

Gestern, Sonntag, haben die hiesigen Soldaten ein sehr schönes Konzert in der St. Martinskirche gegeben, zu Gunsten der Hinterbliebenen. Ich war ganz gerührt. Anbei Programm. Der Cellosolist war gerade unter der Holzfigur des Hl. St. Martin gesessen. Die Abendsonne schien durch die Glasfenster. Sehr Stimmungsvoll. (..)
Anbei Zeichnung von dem kleinen Georg, Sohn meiner Hausleute. 9 Jahre alt. Etwas verwöhnt. Lange blonde Locken, sehr groß, sehr schlank aber sehr gute Haltung. Aus der Schule, zeichnet er den ganzen Tag. Abends werden seine Haare wie bei einem Mädchen in Zöpfe geflochten. Bissl erinnert er mich an die Zoe[48]. Nur ist er sehr liebenswürdig. Tommi ist aber schon ein anderes Mannsbild als dieser. Aber diese Zeichnungen schickt er Tommi auf meine Veranlassung. Vielleicht zeichnet ihm Tommi auch was. (An was für einem schönen See er wohnt?) Diese Sachen sind abgezeichnet, sonst macht er alles ziemlich oberflächlich, nur sehr genau in der Ausführung.(..)

7. September
(..)Wenn man die Infanteristen erzählen hört, so müssen wir wirklich immer wieder Gott danken, dass ich keiner bin. Wenn ich nicht erschossen würde, käme ich sicher ins Zuchthaus. Das könnte ich schweigend nicht erleben.
Sei innig gegrüßt und geküsst Dein Colomb

---

48 Zoe = Tochter von Colombos Schwester Ludmilla und ihrem Ehemann Hans Weber

184

****

140:                              GNM

Bei diesem Dorf stehen unsere Batterien
(Nr.7)

Annveullin, 9. September 1915

Lieeeeebe Paula!
(..) Heute war ich also endlich beim Arzt, ich musste zu ihm hin radeln. Untersuchung sehr oberflächlich. Sprechen oder Zeugnis abgeben, kommt man nicht dazu. Er, ein Bürscherl, dem man im Frieden nicht einmal die Hühneraugen schneiden ließ, ist der Vorgesetzte.
Wenn er nicht will, kann ich nicht sprechen. Was weiß der von Menschen? Er denkt, was liegt mir an diesem Unteroffizier. Mir ist alle Möglichkeit genommen, mich erkennen zu geben. Und ich habe die schlechte Gewohnheit gleich aus Wut und Stolz zu schweigen. Also, er hat mich untersucht. Verschreibt mir Tabletten, Zäpfchen, alles was ich ja weiß und sagt: dienstfähig. Schluss. Also nicht einmal Schonung, von Urlaub gar nicht zu sprechen. Aber ich werde mich immer wieder melden, bis es ihm zu dumm wird. Wenn ich mich nur von einem höheren Arzt untersuchen lassen könnte. Unserer ist ja nicht einmal Unterarzt. Unser Leutnant ist ganz meiner Ansicht. Vielleicht versuche ich jetzt doch mit meinem Auftrag Urlaub zu bekommen.
Liebe Paula. Das wegen dem Messing und Kupfer ist sehr arg, aber ich höre, es soll vorderhand nur angegeben werden. Also nichts einliefern bevor man nicht muss, gell. Hier, die Franzosen haben massenhaft Messing und es wird ihnen nicht genommen. (..)

****

141: GNM
(Nr.8)

Annveullin 11. September 1915

Liebe, liebe Paula!
Gute, Du hast mir schon wieder so viel geschickt. Das gute Apferlmus und Bonbon und Zig. Du sollst mir ja nicht so viel schicken.
Gestern war ich wieder beim Arzt. Wir verstehen uns halt nicht. Er ist Student mit Schmissen voller Eifer. „Gut" sagt er „Wenn sie darauf bestehen, so kommen sie halt ins Lazarett, werden operiert und alles ist gut." Ich sagte, das ließ ich mich nicht und glaube auch nicht, dass ich damit ganz geheilt werde. Er sagte, ja dann werden mich die Ärzte halt so wieder felddienstfähig erklären. Er meint halt, ja dem Drückeberger werde ich schon helfen. Urlaub oder dergleichen ist ausgeschlossen, meint er. Ich sagte ihm aber, dass es mein freier Wille war, dass ich mich im Winter noch nicht krank gemeldet habe und dass ich nicht mehr so jung wäre. Also, er will mich sonntags nochmals untersuchen und dann sich entscheiden. Wenn es nun nicht geht, wie ich befürchtet. Ich komme in ein Lazarett, werde beobachtet und komme dann in irgendein Landsturmbataillon hier in der Gegend. Urlaub natürlich ausgeschlossen. Aber nun heißt es halt durchhalten, da ich die Sache schon angefangen. Erschrecke also nicht, wenn ich vielleicht aus einem

Lazarett schreibe. Dort kann ich vielleicht eine Eingabe machen. Ans Ministerium traue ich mir vor einer Entscheidung immer noch nicht zu schreiben.
Viele, viele Grüße und Kuss Dein Colomb

****

142:                              GNM

Kirche in La Bassée. Allerdings wird der liebe Gott Zweifel bekommen, wem er von uns Menschen helfen soll.

Annveullin 12. September 1915

Lieeeebe Paula!
Heute ist ein herrlicher Tag. Kein Wölkchen und frischer Südwind. Natürlich macht einem das doppelt Heimweh. Ich soll erst morgen zum Arzt. Ich wusste ja, wie lange alles absichtlich hier hinausgezogen wird.
Heute ist Sonntag und gestern ist beim Appell Divisionsbefehl verlesen worden, dass es den Soldaten verboten ist, in Französische Messen zu gehen. Begründung: <u>Weil die Franzosen um ihren Sieg beten und für unsere Vernichtung</u>.
Ist das nicht unglaublich, solche Ansichten gibt es. Ein nettes Vertrauen auf Gott, der sich überreden lässt. Eine furchtbare Zumutung an uns Soldaten, dass wir das glauben sollen. Mehr als mit diesen Worten könnte dem Christentum nicht geschadet werden. Die dümmsten Bauern bei uns haben darüber lachen müssen. Das Ganze ist aber ein trauriges Zeichen des Zeitgeistes. Wie im Mittelalter.

****

143:                      GNM
(Nr.9)

                                 Annveullin 14. September 1915

Liebe, gute Paula!

Heute habe ich Wache. Du siehst also, dass ich noch nicht weg bin. Das wird auch wahrscheinlich nicht so bald der Fall sein. Also, ich war gestern nochmals beim Arzt. Um 8 Uhr soll er im Revier sein und um 10 Uhr kommt der hohe Herr. Er hat mich nochmals untersucht und mich vor die Entscheidung gestellt. Entweder komme ich ins Lazarett zur Operation oder ich bleibe hier in seiner Behandlung. Ich sagte, operieren ließe ich mich nicht. „Also bleiben sie hier in meiner Behandlung," ist seine Antwort. Ich frug möglichst dumm, ob denn H. zu heilen sind. Er sagte zögernd, nein nicht ganz, aber fast, so dass sie Dienst machen können. Da steckt der Widerspruch, der mir helfen kann. Dabei gibt er mir eine Kur an, die jeder Bader einem so obenhin sagt. Diät oder dergleichen erwähnt er überhaupt nicht. Ich habe nur innern Dienst und bin Reiten frei. Meine Frage wegen Erholungsurlaub und spezialärztlicher Behandlung beantwortete er nur mit einem höhnischen Lachen und den Worten: „Wegen dem bissl?" Menschlich reden kann man überhaupt nicht mit ihm. Erstens lässt er einem keine Zeit und zweitens hätte ich auch nicht können vor Wut. Wenn ich ihn nur ansehe, reizt er mich schon so, dass ich mich sehr beherrschen muss. Er fühlt sich so schrecklich wichtig und ist dabei so jung und grün wie nur möglich. Jetzt wird er aber oft von meinem Leiden zu hören bekommen. Wie er sich das vorstellt, dass ich im Feld immer innern Dienst machen soll, weiß ich nicht.

Vielleicht kannst Du mit Heini[49] mal über diese Sache sprechen, was der sagt.

Ich habe nun in Erfahrung gebracht, dass mir noch ein anderer Weg offen steht. Ich kann mich noch auf Verlangen kommissarisch untersuchen lassen. Ganz sicher bin ich der Sache aber noch nicht. Ich werde mich noch erkundigen. Oder ich gebe so um Urlaub ein und lasse mich in München untersuchen. Aber schnell wird es keinesfalls gehen und Du musst leider Deine Hoffnungen, dass ich bald komme, herunter schrauben.

Wie die Sachen liegen, habe ich heute kurz entschlossen meine Zusage endlich an das Ministerium geschickt. Jetzt muss ich Dich aber bitten, dass Du Dich mit dem Ministerialreferenten ins Benehmen setzt. Das heißt, mal hingehst. (v.a.v. vom Aquarium). Du musst sagen, dass ich demnächst einen längeren Urlaub bekomme, aber schon jetzt die nötigen Angaben möchte, um Vorarbeiten für die Skizzen machen zu können.

Wenn Du das Material ausgehändigt bekommen solltest, so siehst Du schon, was Du mir davon schicken kannst. Das wichtigste ist mir der Plan und die Größe des Bildes und Altars mit Angabe, was das Bild darstellen soll. Der Sicherheit halber und wegen der Post ist es am besten, Du machst eine Pause von den etwaigen Plänen und schickst diese. Was von Fotos für mich in Betracht kommt, siehst Du schon.

---

49   Heini = Heini Weber, Freund und Arzt, siehe Lebensbericht

Natürlich brauche ich dann auch die Farben, wie ich Dir schon geschrieben. An Pferden und Modellen hätte ich hier Überfluss. Etwas ganz dünne, glatte Leinwand (Kreidegrund) könnte ich auch brauchen. Ein ziemlich ungestörtes Plätzchen auf meinem Speicher habe ich mir auch geschaffen. Also wenn alles fehl schlägt, werde ich versuchen hier die Skizzen zu machen.

10 Uhr abends.

Jetzt kann ich erst wieder weiter schreiben. Heute Nachmittag sind wir wieder mal Typhus geimpft worden. Sehr erfreulich ist es überhaupt nicht mehr hier. Wir haben jetzt auch wieder so ein Schansel wie in Fournes. Aber diesmal Batterie und Unterstandsbauten außerhalb La Bassée (bei Tag). Vorderhand muss ein junger Unteroffizier von uns mit. Ob ich auch daran komme, weiß ich noch nicht. Dumm ist es nur, dass dies im Bereich der starken Artilleriefeuer liegt. Die Engländer schießen jetzt sehr lebhaft. Es ist überhaupt komisch, dass wir hier ruhig leben, wo wir doch so nah an der Front sind. Ungefähr so weit wie Ammerland von Seeshaupt. Wenn ich zu meinem Wachfenster hinaussehe, so sehe ich den Schein der Leuchtkugeln am regnerischen Himmel.

Das Neueste ist, dass jetzt jeden anderen Tag je 9 Mann und ein Unteroffizier nach Ostende fahren darf. Ein Seebad nehmen. Allerdings dort nur 4 Stunden Aufenthalt. Ein zweifelhaftes Vergnügen. Es soll halt besonders die armen Infanteristen etwas zerstreuen, denn die Begeisterung ist hier beträchtlich gesunken. Vielleicht komme ich auch hin. In Brügge sind auch 2 Stunden Aufenthalt. (..)

Sei umarmt und in Liebe geküsst von Deinem sorgenvollen Mann Colomb

****

144:                          GNM
(Nr.10)

Annveullin, 16. September 1915

Liebe, liebe Paula!
Deine lieben Zeilen und den Deiner Freundin bekommen. Sie schreibt wirklich sehr gut und nett. Schade, dass sie schon geht. Wenn ich überhaupt kommen kann, so komme ich nicht so bald. Das wegen meinen H. ist wahrscheinlich nicht Grund genug, besonders bei unserem Arzt. Nachdem ich jetzt 3 Tage innern Dienst gemacht, wurde ich gestern Abend für heute auf Dienst an die Front nach La Bassée bestimmt. Ich war sehr überrascht, weil ich weder vom Arzt noch vom Sanitätsunteroffizier was zu sehen bekommen habe, oder gesagt oder gefragt wurde, ob ich wieder Dienst machen kann. Ein Beispiel, wie hier so was behandelt wird. Dem Dienst entging ich, weil sich der junge Unteroffizier freiwillig dazu meldete. Ich muss sagen, ich schäme mich fast vor mir, dass ich momentan erschreckt war. Ich hatte aber fast den ganzen Tag gemalt und mich mit Entwürfen geplagt. Du weißt, wie man sich da vertiefen kann in eine andere Welt und die Nerven werden auch bissl gereizt. Man vergisst auf den Krieg und dann soll man plötzlich mit-

ten hinein und sich alles was einem mit dem Leben verbindet aus dem Kopf schlagen. Nein, ich werde hier keine Entwürfe machen können.(Wenigstens keine Guten.) Der Auftrag macht mich fast traurig und zappelig. Er zwingt einen in die Zukunft zu denken und das darf ein guter Soldat nicht. Die besten Unteroffiziere bei uns sind versaufen und verhuren ihr Geld und denken nicht an die Zukunft. Ich aber bin daran meinen ganzen Fatalismus zu verlieren. Wie kann ich's da aber dann hier noch aushalten? Ich habe um kommissarische Untersuchung eingegeben. Unser Hauptmann ist aber so ängstlich und kennt sich nicht recht aus.
Hoffen wir halt.
Inniger Kuss Dein Colomb

****

145: GNM

Annveullin, 19. September 1915

Liebe, liebe Paula!
(..) Also gestern wurde ich zum Hauptmann und zu unserem Doktor gerufen zur Besprechung. Es war peinlich. Der Arzt natürlich viel milder in Gegenwart des Hauptmanns. Er las sogar das Zeugnis von Forell. Aber die Sache kommt doch zu keinem Resultat. Ein nach Hause kommen, wegen meinen Beschwerden, ist ausgeschlossen. Die Anforderungen sind jetzt zu groß. Eine Versetzung sehr schwierig. Ich soll mich doch operieren lassen im Lazarett, da hätte ich einige Wochen Ruhe, könnte mich erholen und dann wieder gesund an die Front. Warum ich mich nicht operieren lasse? Etappendienst wäre für mich auch nicht gesund, ect.
(So schlimm steht es mit mir aber nicht, Du weißt dass ich meine Ka. überh.) Die können sich einfach nicht vorstellen, dass es Menschen gibt, die mit dem Krieg nichts zu tun haben wollen. Wie kann ich da sprechen. Ich kann nur darauf bestehen und schweigen. Um der Sache ein Ende zu machen (dem peinlichen Gespräch) sagte ich, ich werde es mir überlegen.
Vorderhand ist also das Resultat dieses, dass ich Dienst mache, wenn es geht und sonst halt ins Revier komme. Jetzt brauchen sie halt eben alles Menschenmaterial und können nicht mehr so auswählen, wie anfangs des Krieges.
Das habe ich aber dem Hauptmann noch hingerieben, dass ein Jahr als gewöhnlicher Unteroffizier Dienst zu machen bei der Kost nicht so einfach ist. (Er ist natürlich erstklassig verpflegt). Er meinte recht dumm, was das Essen mit meinen Beschwerden zu tun hätte. Reden ist da überhaupt unnötige Zeitverschwendung. Der Herr H. ist Kriegsfreiwilliger (sonst Staatsangestellter) und der Arzt ein junger übereifriger Mensch (sonst sehr reich).
Jetzt werde ich es einfach mit Urlaub versuchen aufgrund meines Staatsauftrags. Sonst ist ja der Herr Hauptmann ganz nett mit mir. Dann kann ich mich in München untersuchen lassen. (..) Meine Vorgesetzten habe ich Dir schon mal geschrieben. Hauptmann der Kolonne (Hofmann), Oberleutnant der Batterie (Herb), gehören dem 7. Armee

190

Korps an. Durch den Stellungskrieg ist aber hier aber alles durcheinander geschoben. Unser Regiment liegt z.B. bei Arras. Den Namen des Regimentskommandant habe ich noch gar nicht ausfindig machen können. Der wird von uns überhaupt nichts wissen. Dass wir der 6. Armee angehören, weißt Du ja. (Prinz Rupprecht)
Jetzt leider schnell Schluss, sonst kommt der Brief erst morgen weg.
10 000 Küsse in Liebe Dein Colomb
Tommilein Grüße

19. September 1915

Eine Straße aus la Bassée[50]
Neulich flog zum Überfluss noch eines unserer Handgranatenlager in die Luft und warf 3 Häuser um. Einwohner natürlich keine mehr.

19. September 1915
La Bassée
An dem sich die Engländer ihr Mütchen stillen.

---

50   Die Herbstschlacht bei La Bassée und Arras vom 25.September – 4.November 1915

146: GNM

Annveullin 21.September 1915

Liebe, liebe Paula!
(..) Zwei Tage hintereinander ist jetzt gegen Abend ein englisches Flugzeuggeschwader (10 Flieger) über unsere Stellungen und Ort gekommen. Gut, dass hier noch so viele Zivilisten sind, sonst hätten sie uns sicher bombardiert. Das war ein Geschieße, der ganze Himmel voll Sprengwölkchen. Getroffen wurde keiner. Gegen Lens ist seit 2 Tagen furchtbarer Kanonendonner. Die drüben müssen was vorhaben.

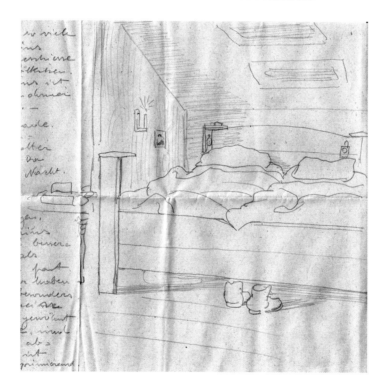

Das ist unsere selbstgemachte Bettlade. Über uns „Jugend" Landschaften aufgenagelt. Neben mir der Kerzenhalter an der Wand und Deine Fotografie. Da sage ich Dir jeden Abend gute Nacht. Mein Kissen ist mit Holzwolle ausgestopft. Da haben Deine Feldpostpaketeln auch dazu beigetragen. Gell, ganz wohnlich haben wir uns es gemacht. Wir haben eine bissl bessere Ecke des Dachbodens ausgesucht, als vorher. (..)
Küsse Dein Colomb
Macht Tommi keine Zeichnung für mein Französlein? Ihm viele herzliche Grüße

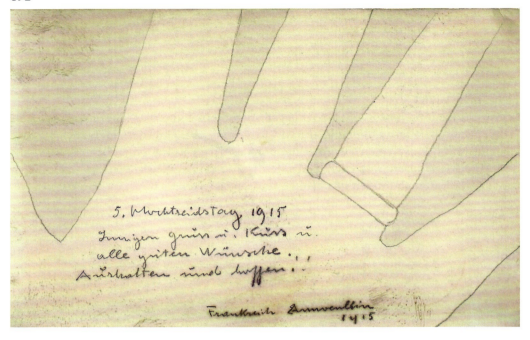

Postkarte: Colombos Hand – Finger mit Ring

5. Hochzeitstag 1915
Innigen Gruß und Kuss und alle guten Wünsche.
Aushalten und Hoffen.
Frankreich, Annveullin 1915

23. Sept. Annveullin 1915

Guten Morgen!
Heute ist es etwas besser. Auch das Schießen hat etwas aufgehört. Gestern habe ich also um Urlaub gebeten. Ja, ich bekomme schon welchen, **aber** wahrscheinlich erst in einigen Wochen. Die anderen Unteroffiziere müssen erst daran gewesen sein. Und Ausnahmen gibt es bei unserem Hauptmann nicht. Es ist ja auch gerecht, obwohl die meisten dieser Unteroffiziere nicht verheiratet oder gar nicht heim oder aus wichtigen Gründen heim gehen. Gönnen tue ich ja jedem von Herzen.
Ja liebe Paula, das sind schmerzliche Hochzeitstage. Wenn ich zurückdenke, haben wir in unserer Ehe überhaupt noch nicht sehr viel Ruhezeit gehabt für uns. Vielleicht ist uns das Schicksal doch noch gnädig. Viel Schönes haben wir ja schon auch zusammen erlebt und wir dürfen Gott dankbar sein.

Schicken kann ich Dir zu diesem Tag leider nichts Greifbares, nur meinen Segen und mein sorgenvolles, aber für Dich in gleicher Liebe schlagendes Herz das tun. Denken wir an die schönen Tage in Mitterndorf[51] und gedenken dem armen guten Schmid[52].
(..)
Meine Wintersachen darfst Du auch gelegentlich mal lüften. Es ist noch sehr schön, aber es kann doch plötzlich die Kälte kommen.
Und was zu lesen, wenn Du mal was schicken könntest. Das „Forum" habe ich schon vergebens von Heini gebeten. Vielleicht auch ein kleines Evangelium. In Reclam gibt es auch glaube ich den Islam (die Lehre).
Jetzt schnell an die Post. Liebe, liebe Paula
Küsse und sei umarmt
Dein Colomb
Tommi viele Grüße

****

147:                    GNM

                                              Annveullin 24.September 1915
Gute, liebe Paula!
Heute wieder mal auf Wache. 2 Tage keine Post von Dir. Hoffe morgen was zu bekommen. Hier sind schwere Tage in banger Erwartung. Der Artilleriekampf tagt Tag und Nacht fort. Heute Nachmittag wurde das Donnern so furchtbar, das ich Angst hatte die Fenster bersten. So etwas habe ich noch nicht erlebt. Ein atemloses Rollen durch schwere Schläge (unsere schwere Artillerie) und Einschläger übertönt. Wie da Menschen in der Nähe aushalten können, ist unbegreiflich. Die armen, armen Infanteristen. Hier sind fast alle fort. Alles ist in Spannung, wie es ausgeht. ---- Eben hat ein ganz großes Geschütz gefeuert. Ein Krach, Ruck und in die Ferne gehendes Rauschen und dann dumpfer Aufschlag. Das ist Menschenerfindung, Menschenwerk, unfassbar. Mir kommt es eher wie Teufelswerk vor.
Heute abends noch ein Anschlag, dass die großen Angriffe bei Arras und Lens glücklich zurückgeschlagen, lasst einen etwas aufatmen.
Wies bei uns gegangen ist, noch nicht bekommen, das Feuer hat aber jetzt in der Nacht etwas nachgelassen. Der Englische Sturm wird aber noch erwartet. Einige Inder sind aus Furcht davor zu uns übergelaufen. Gestern war noch zum Überfluss ein starkes Gewitter, welches den Lärm noch erhöhte.
Jetzt ist eine schwüle Nacht, so dass ich bei offener Türe sitze. Lächerlich friedlich klingt ein Glockenspiel, welche alle halben Stunde auf dem Martinsturm hier spielt.
Eben habe ich mich mit einem meiner Leute aus Partenkirchen über alles dorten unterhalten. Schöne Erinnerungen, schreckliche Gegenwart. Wann wird man Hoffnung auf

---

51   Mitterndorf = Hochzeitsort am Chiemsee, siehe Lebensbericht
52   Schmid = gefallener Freund und Trauzeuge Schmid Dietenheim

Frieden haben dürfen? Bei Arras müssen die Kämpfe furchtbar gewesen sein, mir ist sehr bange um Hansl Müller.
(..)
25. Sept. Sonntag
Guten Morgen
Heute Nacht hatte ich wenig Ruhe. Um ½ 2 Uhr musste ich 15 Kanoniere wecken. Da ist jeder in einem anderen Quartier und sie haben meist sehr guten Schlaf. Die müssen um 2 Uhr mit einem Unteroffizier nach La Bassée Stellungen bauen. Um 4 Uhr musste ich dann die Ostendefahrer wecken.
Eben kam der Leutnant, sprach mit mir. Wir sind wieder mal Alarmbereit. Gasmasken sollen wir auch bekommen. Die Sache wird ungemütlich. Das Schießen hat plötzlich ganz aufgehört. Wahrscheinlich ist alles müde.
Ängstige Dich nicht, ich schreibe Dir halt alles was hier vorgeht. Wir müssen halt hoffen und vertrauen. Schnell diesen Brief einwerfen, sonst geht er heute nicht mehr ab. Auch muss ich heim, um meine Sachen bissl zusammen zu richten für alle Fälle.
Gell, Du hast mich lieb.
Viele Küsse und innige Umarmung, Dein Colomb
Tommi Kuss

****

148: GNM

Montag, den 27. September 1915, Annveulin

Gute Paula!
Deinen lieben, lieben Brief vom 22. (Donnerstag) Sept. bekommen. Hutterer ist heute in Urlaub und hat ein Briefl an Dich mitgenommen. Er hat 10 Tage Urlaub. Kommt so am 5. Oktober wieder nach München. Wenn Du ihm da einen Brief mit doppeltem Umschlag nach München auf die Adresse (Ludwig Hutterer, Implerstr.12, München) schickst, so bekomme ich ihn schnell. Nun habe ich das Geschäft, die Post immer zu holen, so lange er weg ist.
Jetzt abends ist es etwas ruhiger geworden, die Hauptgefahr scheint abgewendet zu sein. Also man kommt ------------- zur Ruhe -- wollte ich schreiben, da klang es schon von der Straße herauf: „Unteroffizier Max ausrücken zur Munitionsabgabe!" Natürlich strömender Regen, 10 Uhr abends. Also schnell entschlossen auf die Kanzlei. Das ist der Moment, wo ich zeigen kann, wie störend ich sein kann mit meiner zeitweisen Innendienstfähigkeit. Ich habe mich nämlich schon am Morgen zum Sanitätsunteroffizier gemeldet und gesagt ich kann nicht reiten. Das wurde vergessen. Also Aufregung und Entrüstung auf der Kanzlei, mit Verspätung wird ein anderer Unteroffizier geweckt. Dumm ist es nur, dass so schlechtes Wetter ist. Es sieht so aus, als ob mich dies abschrecken würde. Aber entweder oder, ich kann diese Hinzieherei nicht mehr aushalten. Mache ich aber Dienst, so sagt alles, der kann ja Dienst machen, alles ist Schwindel.

Allerdings kommen meine Beschwerden allen sehr lächerlich vor, gewissermaßen auch mir, gegen das riesen Elend, das eben hier herrscht. Alle Lazarette bis weit zurück sind überfüllt.
Die Äußerungen, die Du mir geschrieben (die Mama und Storchl gesagt haben sollen), zeigen mir, dass ich selbst zu Hause falsch verstanden werde. Sie betrüben, aber ärgern mich nicht. Ich glaube, ich habe an Überwindung genug gelernt und wenn ich's nicht mehr tue, so ist es höchstens Euch zu liebe. Operieren lassen ist so viel, als nach 2 Wochen wieder absolut felddiensttauglich ins Feld zu kommen. Soll ich die Schicksalsfügung meiner Familie halber nicht ergreifen? Soll ich wirklich ein Held sein? Der Tod und die Verstümmelung ist mir jetzt so wie so täglich nahe genug. Ich schildere vielleicht meine Lage immer zu wenig. Dem Vaterland könnte ich vielleicht auf andere Weise mehr dienen, als jetzt hier. Aber genug davon. Ich bin ja überzeugt, dass so etwas nur mit der Unüberlegtheit gesagt werden kann.
Gute Nacht liebe Frau. Gell, Du verstehst mich??? Schlafe gut und sei überzeugt, dass ich alles bedenke und mein Herz und Gewissen prüfe, bevor ich handle. Was andere von mir denken, ist mir gleich, wenn Du mich nur verstehst und mein Gewissen rein ist.

28. Sept. Guten Morgen liebe gute Paula!
Also heute ist unser Hochzeitstag. Sind wir froh, dass es so ist. Heute schweigen die Kanonen fast ganz, aber ich will lieber nichts beschriebe.
(..) Nochmals Grüße und Küsse ich Dich zu unserem Hochzeitstag.
Dein Colomb

****

149: GNM

Annveullin 2. Oktober 1915

Liebe, liebe Paula!
(..) Ja, es sind schlimme Tage hier gewesen und ich fürcht sie sind noch nicht aus. Wie ich jetzt noch von hier wegkommen kann, weiß ich keinen Rat mehr. Aller Urlaub ist bis auf weiteres aufgehoben. Jetzt wird nur noch eine Eingabe ans Generalkommando oder Ministerium helfen. (Letztere weiß ich nicht, ob geht.)
Jedenfalls musst Du Dich aber auch um die Unterstützung von Kriegerfrauen bewerben. Ich sehe nicht ein, warum gerade wir so lange ganz ohne Verdienst sein sollen. Die Frauen aller anderen bekommen etwas. Die bissl eine Anstellung haben, sogar ihren Zivilgehalt nebenbei. Ich sehe nicht ein, dass man dem Staat, dem man soviel opfert, etwas schenken soll. Oh, die meisten Menschen daheim wissen nicht was Krieg ist. Das Zeitungsgeschmier ist ekelhaft und belügt alle.
Heute ist es sehr kalt. Wenn wir nicht bald meine Sachen bekommen und ich keine Aussicht habe weg zu kommen, so müsstest Du mir halt wenigstens die warmen Unterhosen schicken. Wolljacke und Hemden habe ich ja hier, auch Handschuhe. Die ewige Nacht und Kälte wäre also wieder da. Und der Friede?

So lange sich nicht alle hüten aufzuopfern, hat es kein Ende.
Liebe, liebe arme Paula
1000 Grüße
Und inniger Kuss und Umarmung Dein Colomb (..)

****

Brief von Irene Georgii, geb. Hildebrand, (Zusi) siehe Lebensbericht

150:
München, 8. OKT. 1915

Lieber Colombo, erinnern Sie sich noch, wie wir uns das letzte Mal hier sahen, da sprachen wir über die Möglichkeit, dass Sie Tommy adoptieren würden und sie schienen gar nicht abgeneigt, es zu tun. (...) Das Verfahren ist doch eigentlich sehr einfach und das Resultat ein so wichtiges für Tommi und für Ihre liebe gute Frau, dass ich sehr hoffe, dass Sie, lieber Colombo sich entschließen werden, es zu tun. Ich kann mir nicht denken, dass es Ihnen bei Ihrer Verwandtschaft ernstliche Unannehmlichkeiten bringen kann, da doch alle einsehen müssen, dass es nur schön von Ihnen ist, so zu handeln. Und ich finde, dass Sie in dieser Angelegenheit nur Ihrer Frau und Tommi Rücksicht schuldig sind in erster Linie und ihrer Mutter und Vater erst in zweiter Linie. Mir scheint, das gerade jetzt im Krieg es ein günstiger Moment ist, die Sache zu unternehmen und das herausschieben ist nicht ratsam, da doch Tommi immer älter wird. Damals, als Sie sich entschlossen haben, Tommi zu sich zu nehmen, dachten Sie auch es würden unüberwindliche Schwierigkeiten, und dann ging es ganz gut. Seien Sie auch nicht böse, lieber Colomb, dass ich mich in diese zarte Angelegenheit so einmische, aber bei meiner wahren Freundschaft für Sie und Ihre Frau, liegt es mir so sehr am Herzen, dass alles klar und glücklich und ganz schön für Sie Beide werde. Ich will Sie natürlich ja nicht drängen zu etwas was Ihnen widerstrebt, aber ich weiß, dass Sie es im Grunde gerne tun möchten und nur äußere Schwierigkeiten scheuen, darum schreibe ich Ihnen davon, um Ihnen darüber weg zu helfen. Liebster Colombo, wie furchtbar tobt der Krieg um Sie nun jetzt, wir zittern um Ihr liebes Leben, Gott beschütze Sie.
In Wärme, Ihre Irene Georgii

****

151:       GNM
Annveullin 12.Oktober 1915

Liebe, gute Paula!
Sehr recht ist es, dass Du mir alles, was Dich drückt schreibst und Deiner Seele Luft machst. Ich verstehe Dich in allem sehr gut. Dass es in Ammerland trübselig ist bei dem Regen, weiß ich zur Genüge und es ist gut, dass Du nach München bist. (..)

Neulich bildete ich mir ein, man müsste es den Geistlichen sagen, wie man denkt über den Krieg. Ich ging also zum Beichten, die einzige Möglichkeit sie sprechen zu können. Ich glaube der Pfarrer war sehr erstaunt über mich und unsicher. Form hielt ich natürlich gar keine ein, es war fast mehr eine Besprechung und keine Beichte im wahren Sinn des Wortes.

Ich sagte, dass ich es für eine Sünde halte, dass ich Soldat bin und dem Mord Vorschub leiste. Auch, dass ich zu wenig Demut habe. Für das erste hatte er die allbekannte Entschuldigung. Unter anderem, dass der Krieg ein Gottesgericht wäre. Da stimmte ich bei und sagte, die 40 Jahre Frieden haben wir schlecht ausgenützt. Die zweite Sünde war ihm schon ein größeres Fressen. Und er wand es so herum, dass ich halt gehorsam gegen die Vorgesetzten sein soll. Anscheinend waren ihm das aber nicht genügend Sünden und er frug natürlich nach Weibern und dergleichen. Ich betonte aber nur immer meine 2 Hauptsünden, aus die er sich aber geschickt herauswand. Am Schluss wurde ich aber ärgerlich, denn er frug ganz besorgt, was Du für einen Glauben hättest. Als ob das hierher gehören würde. Ich sagte nichts mehr, ließ ihn reden und ging. Du wirst lachen, gell. Ich beichtete nur in der Hoffnung, das vielleicht er öfters so etwas zu hören bekommt und vielleicht doch einmal ein Pfaff zu denken anfängt.

Liebe, liebe Paula, Du sagst, ich soll schreiben. „Arm um Dich". Oh in Gedanken umarme ich Dich doch so oft. Jeder Brief ist ein herzliches an Dich schmiegen und umarmen. Ich möchte Dir Dein Herz trösten, fühle alles mit Dir.
Dein Colomb küsst Dich, Tommi auch.
Es ist gut, wenn Du jetzt nach München ziehst.

****

Annveullin 13. Oktober 1915

Liebe, gute Paula!
Heute früh bin ich nicht mehr dazugekommen, hatte auch nicht mehr die Ruhe, Dir etwas zu schreiben, was ich schon lange mit Dir besprechen wollte. Niedergeschrieben habe ich's schon einmal, aber in München, wo Du es nur finden würdest, wenn mir etwas zustoßen sollte.

Aber Zusi ist die Veranlassung, dass ich es jetzt schon mit Dir bespreche. Es handelt sich um Tommi. Er kommt in ein Alter, wo er schon über manches nachdenkt und ihm dieses Missverhältnis mit dem Namen unnötige Gedanken in ihm wachrufen könnte. Du weißt, ich habe Tommi gern und bin gerührt über seine Anhänglichkeit und Liebe zu mir. Ich möchte ihm also möglichst die bittern Seiten des Lebens ersparen. Vielleicht könnte es ihm ein Kummer sein, wenn er zu früh erfahren würde, dass ich sein Vater nicht bin. (Später bin ich verpflichtet, es ihm zu sagen) (..) Jetzt im Kriege muss ich sagen, kam mir die Sache nicht so wichtig vor. Besonders auch, weil es mir nicht möglich ist, darüber mit meinen Eltern und Verwandten zu verhandeln, das heißt, Dich vor etwaigen Angriffen zu schützen. Du verstehst mich, wen und wie ich das meine. Du weißt auch, dass meine Eltern gut sind, aber wegen ihrem Alter nur langsam an Neuerungen herantreten.

Gefährlich sind nur die übrigen Verwandten. – Aber ich hoffe, dass auch die der Krieg vielleicht großdenkend gemacht.

Also die Sache liegt jetzt so. Zusi sprach mit mir davon im Urlaub. Ich hatte nicht Zeit ihr alles zu erklären. Nun schreibt sie mir davon und hat sich auch darüber erkundigt. Den Weg hat sie mir mitgeteilt. Du wirst vielleicht enttäuscht, gar böse sein, dass ich Dir davon nichts gesagt. Aber ich hatte meinen Willen niedergeschrieben und wollte mich zuerst erkundigen und die Sache reifen lassen, bevor ich Dir vielleicht das Herz schwer machte. Sei überzeugt, dass ich hauptsächlich Dir zulieb so gehandelt. Auch sehe ich, dass der Krieg nicht endigt und meine Lage eher gefährlicher als besser wird.

Also liebe Paula, nun frage ich Dich um Deine Meinung, besonders ob es Dir überhaupt recht wäre. (..) Papa würde ich dann schreiben, warum und was ich tun will. (Oder vielleicht noch besser niemandem etwas sagen)

Jetzt bin ich ganz schläfrig und muss den Brief morgen nochmals durchlesen. Heute war nämlich wieder ein schwerer Englischer Angriff. Der arme Hutterer wäre fast erschossen und von den Gasbomben erstickt worden. Er arbeitet nämlich in den vorderen Stellungen. Eben schnarcht er nämlich schon in unserem Himmelbett. Die Stimmung ist ungemütlich, wir müssen die ganze Zeit Munition fahren. Morgen sind meine 3 Tage reiterfrei auch wieder vor rüber.

Gute Nacht
Kuss Dein treuer Mann

14. Okt

Guten Morgen liebe, liebe Paula!

Ich glaube, Du wirst meinen Brief schon verstehen. Auch nicht denken, dass ich vorher nie über diese Sache nachgedacht habe.

Mein Leutnant sagte mir gestern unter 4 Augen, dass mein Hauptmann ein Schreiben, wegen meinem Urlaub bekommen, aber äußerte, der soll nur warten bis alle Unteroffiziere daran waren. Mein Leutnant meint, das Beste wäre eine Eingabe an das Generalkommando. Denn es sei ein Gesetz da, dass Soldaten, die zu Hause wirtschaftlich geschädigt würden, Urlaub bekommen sollen. (Generalkommando in München)

Vielleicht kannst Du das erfragen, wie das zu machen.

Sei innig geküsst und umarmt Dein Colomb

Das sind Inder, welche zu uns übergelaufen sind Ende September 1915 und uns die große Englische Offensive verraten haben. 30 haben es versucht und nur diese sind mit dem Leben davon gekommen, die anderen sind alle beim Herüberlaufen erschossen worden.

****

Lange Zeit kommt keine Post von Paula. Colombo wird nervös. Schließlich stellt sich heraus, dass Paula an Diphtherie erkrankt ist.

****

152:                                   GNM
                                                          Annveullin 18.Oktober 1915
Meine liebe, liebe, gute, arme Paula!
Hutterer, der Gute hat mir heute Morgen doch die lang ersehnte Nachricht von Dir gebracht. Also meine Unruhe war doch berechtigt. Ich hatte bei Deiner letzten Nachricht zwischen den Zeilen gelesen. Also Paula, was machst Du für Sachen. Du warst in solcher Gefahr und ich wusste nichts davon. Der Himmel sei Dank, dass es so gegangen und sich alles so gut gefügt. Da sieht man, überall sind Gefahren, nicht nur im Krieg. Aber Du warst tapfer und sehr vernünftig, dass Du Dich zum Serum entschlossen. Ich umarme Dich liebe Paula, die Du mir eigentlich neu geschenkt bist. Ich bin sehr froh, dass Du mir alles gleich geschrieben, das ist mir ja eine Beruhigung, wenn Du mir alles sagst. Dein langer Brief ist so reizend, ich glaube es ist der netteste, den Du mir je geschrieben. Gell, morgen habe ich Wache, da schreibe ich Dir lange.
Heute nur schnell das Wichtigste.

Gell, jetzt schau nur, dass Du recht gesund wirst. Denke und sorge Dich gar nicht um mich. Esse gut und spare nicht, ich werde Dir so viel als möglich Geld schicken. Gell, Mama soll auch nicht so sparen.
Hauptsächlich stehe nicht zu früh auf. Solche Krankheiten sind heimtückisch. Wenn Du Dich auch wohlfühlst, so gebe doch recht acht.

Um meine Briefe wegen Eingabe und dergleichen kümmere Dich nicht, gell. Sei ein braves folgsames Kind mit Deiner Kinderkrankheit. Dann frage den Arzt genau wegen der Diät. Vielleicht hat das Gegengift irgendwelche Eigenheiten. Wie zum Beispiel bei Typhusimpfung kein Alkohol getrunken werden darf.
Das Zimmer in Ammerland muss später desinfiziert werden. Das in München vielleicht auch. In den Abort Chlorkalk. Und dann möglichst bald nach München. Die Feuchtigkeit begünstigt diese Krankheit. Aber Du weißt ja das alles selbst. Ich sitze da und will mich betätigen und kann es leider halt nur mit Worten. Am liebsten wäre es mir, wenn Du noch einen Arzt in München darüber fragen könntest, aber wie das machen? Soll ich Heini schreiben? Kann Olly vielleicht Urlaub bekommen?
Wenn ich nur nicht so weit weg wäre. Aber die Hauptsache ist Gott sei Dank überstanden, ein Glück dass der Arzt in Wolfratshausen scheinbar ganz geschickt. Aber nochmals sei vorsichtig.
Mama und allen sage einstweilen meinen herzlichen Dank. Rege Dich nicht auf und denke nur schöne Sachen und bleibe ruhig im Bett.
Ich bin im Geiste immer bei Dir und umarme und küsse Dich
Dein glücklicher Mann Colomb

****

153:                              GNM
                                              Annveullin, 19. Oktober 1915
Liebe Paula!!
Also endlich bissl Ruhe auf Wache. Wie im Winter sprühender Eisenofen und keine Lampe! Wie schön ist doch der Sommer.
Gestern abends, welche Freude, habe ich nochmals einen Brief von Dir bekommen, den vom 13. Eigentlich kann ich's immer noch gar nicht fassen, dass Du so krank warst, in solcher Gefahr. Es ist so unerwartet gekommen und jetzt wo man eigentlich immer nur an Kriegsgefahren denkt besonders. Ich muss nochmals sagen, dass ich sehr, sehr froh bin, dass Du mir gleich geschrieben und alles. Andernfalls hätte ich immer Ängste, wenn einige Tage keine Post von Dir käme. Wenn ich das nicht mehr vertragen würde, könnte ich ja keinen Tag mehr im Krieg bleiben.
Deine zwei Briefe haben mich auch schon etwas beruhigt. Besonders weil sie auch so frisch und reizend witzig geschrieben. Ich schäme mich fast mit meinen trübseligen

Nachrichten und Schreiben die ich an Dich richte und die Du vielleicht gerade jetzt bekommst.

Liebe Paula, es ist abends, ich setze mich also in Gedanken an Dein Bett, nehme Deine Hand, ich meine, spreche mit Dir (zuerst über Deine Briefe). – Im Auto war der Arzt aber schnell da, wie gut. Ich kann mir ihn so gut vorstellen. Ich hatte doch auch in Ammerland in diesem Zimmer Typhus. Mein Arzt kam aus Starnberg, auch ein vertrauenserweckender gemütlicher unelegant er Mann. Gut, dass Du Dich gleich zum Serum entschlossen. Wo, an welcher Stelle hat er eingespritzt? Ja, das ist nicht sehr angenehm. Zu Deinem Ruhm muss ich aber sagen, dass bei uns viele Soldaten große Angst vor der Impfung hatten. Ich sah viele bleiche Gesichter. Auf die Impfung, hattest Du dann eine unruhige Nacht? War das der Kampf der zwei Gifte? Oder wie? Warum hast Du Storchl gerufen? Hast du Angst oder Schwächegefühle gehabt? Bist Du gemessen worden? Wie Du Mama schilderst ist so nett. Die arme, meint es wirklich gut, aber natürlich ist sie bissl aufgeregt. Arme Paula, ja die Handschuhe, die bewussten! Da habe ich mich auch schon oft darüber aufgehalten und gelacht. Unermüdlich ist aber Mama im Pflegen, es geht die ganze Zeit Stiegen auf und Stiegen ab den Gang entlang. Ich hab's oft aus Spaß ihr mit den Fingern vorgemacht auf dem Nachtkästl.

Als Kind aber verlangte ich immer Papa, wenn ich Fieber hatte, da wurde es mir schon besser, wenn er mir die Hand auf die Stirn legte. Was ich für ein Pfleger bin, weiß ich nicht, aber gerne, so gerne hätte ich Dir in dieser Zeit geholfen.

Also Storchl hat auch tapfer mit Bettwache gehalten, das ist nett von ihr.

(..) Es hat sich aber doch gut getroffen, dass Du in Ammerland krank bist. Was wäre in München gewesen? Oder gar bei Frau Kuppelwieser? Bei so etwas fühlen sich doch nahe Verwandte am meisten verpflichtet. Solche Fälle meinte ich auch, als ich Dir manchmal sagte, es gibt Fälle, wo man nur Verwandte beanspruchen kann.

Ich habe so lachen müssen, wie Du Deine Speierei schilderst. Mit Tommilein würde ich doch vorsichtig sein, nicht viel ins Zimmer lassen. Das freut mich, dass Tommilein so tapfer war beim Impfen. Aber wie? Ist er geimpft oder eingepikst worden? Was für ein Serum ist das? Beim Diphtherie Serum dachte ich immer und hörte, dass es nur als Gegengift verwendet werden darf. Wenn keine Diphtherie da, wäre das Gegengift sogar schädlich. Das muss doch ein anderes Serum sein, als das, welches ich meine. Auf dieses, welches Dir geholfen, schimpfe ich sicher nicht, liebe Paula.

Jetzt wirst Du bald nicht mehr wollen, dass ich Deine Hand halte, so lange spreche, vielmehr schreibe ich. Aber ich muss ja so viel sagen.

(..) Dass Tommilein den Tisch deckt, finde ich sehr nett. Eben war ich sehr an ihn erinnert. Durch eine Glasscheibe von unserem Wachlokal hier getrennt, ist ein kleines Zimmer mit großem Bett. Die beiden Kinder (Ein Bub und Mädchen) des Besitzers dieses Häuschen haben sich's nicht nehmen lassen in diesem Bett schlafen zu gehen. Natürlich, sie können herüber spitzen durch die Glasfenster zu den deutschen Soldaten, das ist interessant. Aber sie schlafen jetzt auch schon lange.

Ich verstehe Dich so gut, wie Du das Gefühl beschreibst nach dem Fieber. Ja man ist so leicht, so frei, so ungewöhnlich. Aber auch schwach und Du musst Dich wärmen und nicht verkühlen.

Heini[53] hat mir unter anderem geschrieben, dass durchschnittlich seine Verwundeten guter Laune sind. Freilich, Du kannst Dich sicher hineindenken. Der Kriegszustand ist wie ein Fieber, die Todesangst und dann sind sie doch noch am Leben, gerettet und glücklich. Die Depression kommt erst viel später. (..)

Dumm, ich werde ganz zerstreut, weil die Wachmannschaft wieder wach ist und zusammen spricht, einer mit unangenehm schnarrender Stimme. Ich muss sagen mit einer dummen Stimme.

(..) Wie nett Du schreibst. Ja, der leere Magen macht poetisch und erzeugt Höhepunkte, wie Du ganz richtig sagst. Als Junggeselle habe ich deshalb manchmal ein Mittagessen oder ein anderes ausfallen lassen. Aber nach einem Fieber ist man noch viel, viel feiner. Dass sich nun alles so fürchtet vor Dir, wegen Ansteckungsgefahr ist lächerlich. Sonne ist ein sehr gutes Desinfektionsmittel. Angesteckt bist Du wahrscheinlich im Kino worden. Die bekannte schlechte Luft. Diphtherie herrscht scheinbar jetzt. Eine Verwandte von unserem Hauptmann hat sie auch gehabt, ist aber schlecht ausgegangen.(..)

Paulakind, jetzt geht es gegen 1 Uhr, Du musst schlafen. Ich fall auch schon auf dein Bett mit meinem scheußlichen Kopf, den ich jetzt habe. Gute Nacht.

Eigentlich habe ich nicht geschrieben, was ich wollte. Ich wollte Dir ja nur lustig schreiben, daweil ist es ein Kanzleikaffeebrief geworden.

Ich, von hinten,   von vorne

---

53   Heini = Heini Weber, Freund und Arzt, siehe Lebensbericht

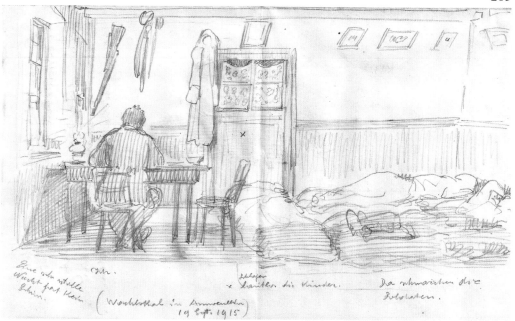

Ich.   x schlafen lautlos die Kinder.   Da schnarchen die Soldaten.
Eine sehr stille Nacht, fast kein Schuss.
(Wachlokal in Annveulin, 19. Sept. 1915)
(..) Freue Dich am gesund werden und sei gescheit wie bisher. Sei umarmt, innig geküsst von Deinem Colomb
Tommi auch Kuss und Gruß

Von links nach rechts:
Vitzewachtmeister (Posterer); Protestant (Baupolier); Weiberverführer (Sachse); Bader aus der Schweiz, immer der Gescheiteste, meint er; der gute Schmied; Münchner, sehr jung, Glosedarm; Atheist und Maurer;
Sanitätsunteroffizier
Komme mir wie ein Fanatiker vor. In letzter Zeit halte ich oft ganze Tischpredigten über Politik und Religion. Muss im Innern oft über die Tafelrunde lachen.

****

Brief von Corneille Max

154:                          GNM
                                                              Haesdonek, 21.10.15
Lieber Colomb.
Endlich habe ich wieder mal direkte Nachricht von Dir erhalten, lange erfuhr ich nur auf Umwegen, wie es Dir ungefähr geht. Aus Deiner Karte ersehe ich, dass Du meine letzte Post, die ich nach meinem Urlaub geschrieben, nicht bekommen hast.
Bei der großen Gas – Offensive an der Westfront habe ich viel Sorge um Dich gehabt, da es doch gerade in der Gegend von Lille bei La Bassée und Lenz sehr gefährlich zugegangen ist; also ganz in Deiner Nähe.
Storchels Bericht in einem Brief hat mich beruhigt. Aber bissel etwas werdet Ihr schon gerochen haben, von der edlen Waffe des 19. Jahrhundert.
Ich weiß eigentlich gar nicht, was Du für eine Tätigkeit hast. Munitionsfahren könnt Ihr doch nicht alle Tage. Was macht Ihr sonst? Musst Du auch kommandieren, beim Fußexerzieren, oder bleibt Euch dieses Vergnügen erspart?
Ihr werdet jetzt wohl auch ein Standquartier haben und Du ein Zimmer mit Bett. In diesem Falle hat es ja ein Unteroffizier doch bissel besser.

Wie Du vielleicht schon wissen wirst, bin ich von der II. Batterie als schreibkundige Ordonnanz und artilleristischer Zeichner zum Kommandeur vom Westabschnitt abkommandiert worden. Das kam gerade zur rechten Zeit, denn kurz darauf bekam die II. Batterie Marschbefehl.
Meine Winterkameraden sind jetzt alle in Frankreich an der Front in Feuerstellung und wohnen in Löchern unter der Erde. Die armen Landsturmknochen werden da genug Rheumatismus bekommen.
Meine Tätigkeit beruht im Schreiben. Da habe ich oft geschwitzt bei den langen Berichten, die mir der Kommandeur schnell diktierte. Außerdem musste ich weite Radfahrten in die Umgebung machen, und von Kirchtürmen aus Fernsichten zeichnen. Das waren meistens Tagestouren und sehr lustig. Dann gibt's auch viel in Karten einzuzeichnen und mit Zirkel und Lineal auszumessen.
Ich habe unter der Artilleriekanzlei ein eigenes großes Zimmer mit einem riesigen Tisch, auf dem Karten, Aktenmappen, Skizzen, ect. liegen. Ober dem Tisch eine Gaslampe und

im Kamin ein belgisches Öferl. Das ist mein Arbeitsfeld, wenn ich nicht auswärts bin. Mit der 1. Batterie, der ich jetzt angehöre, habe ich sonst weiter gar nichts zu tun.
Meine Arbeit ist sehr interessant, nur das Schreiben, obwohl es schon mit Hilfe von Orthographiebüchern viel besser geht, ist immer noch meine schwächste Seite. Die Offiziere mit denen ich täglich in Berührung komme, sind alles sehr nette Menschen und was ich im Schreiben verpatze, mache ich im Zeichnen wieder gut. Man muss sich in dieser schrecklichen Zeit jeder Situation möglichst gut anpassen und allem die gute Seite abgewinnen.
Das Essen ist bayrisch. Kartoffel mit Fleisch, einmal sauer, einmal hart, einmal weich. Da muss sich der Magen schon daran anpassen und Hunger macht ihn gefügig. Das Brot ist gut und auch gesund.
Über Massenmord ect. rede ich lieber gar nicht. So lange es noch Zeit war, wurden die Friedensbewegungen verlacht und vernachlässigt, jetzt da das von uns so oft vorhergesagte Elend da ist, hat sich darüber empören und darüber aufregen gar keinen Sinn. Wenn der Krieg vorbei ist, muss aber doppelt gearbeitet werden, dass so etwas entsetzliches nicht mehr vorkommt unter sogenannten Kulturmenschen.
Es hätte keine bessere Reklame gemacht werden können für die internationale Friedensbewegung, als sie dieser Krieg gemacht hat.

Ich glaube fest, dass es bald gar wird und wir die längste Zeit schon überstanden haben. Alle für den Krieg verantwortlichen Minister werden krank und wollen sich vor der Niederlage noch schnell drücken. Das ist ein gutes Zeichen. Serbien wird bald erledigt sein. Ich habe das Leben gründlich satt und meine ganze Aufmerksamkeit ist auf jedes Zeichen gerichtet, das Hoffnung auf baldigen Schluss und Erlösung der vielen tausenden von armen Menschen von ihrem schrecklichen augenblicklichen Dasein erweckt.
Schreib mir mal mit kurzen Schlagwörtern, was Du alles treibst und wie es Dir geht. Wir sind gar nicht so weit voneinander weg und hören doch so wenig voneinander.

Hast Du gehört von dem Gerücht, dass unser Sonnenparadies San Fruttuoso ins Meer gestürzt sein soll. Ich glaub's noch nicht. In dieser Zeit der Verhetzung wird jedes Ungemach, das ein Volk trifft von der Presse der anderen Partei vergrößert. So glaube ich auch da, dass es stark übertrieben ist und vielleicht nur einige Mauern eingefallen sind. Storchl will durch die Schweiz Erkundigungen einziehen, was aber sehr lange dauert. Ich werde Dir gleich berichten, sobald ich was Sicheres weiß.
Hoffen wir das Beste. Der letzte Brief von Nettina war, dass ich eine Radierung von Fruttuoso um 70 Lire verkauft habe. Dann war Schluss und der eiserne blutige Vorhang ist gefallen zwischen uns.
Jetzt leb wohl und verlier den Mut nicht, bald sehen wir uns in München wieder.
Alles Gute
Dich umarmend Dein Corneille, immer noch Gefreiter

****

155:                    GNM

Annveullin 22. Oktober 1915

Heute vor einem Jahr sind wir von Ingolstadt weggekommen.
Liebe, liebe Paula!
Deinen Brief mit Tommiangelegenheit bekommen. Herzlichen Dank. Sei ganz ruhig, Du hast mich zu diesem Vorhaben nicht veranlasst. Ich werde es so schnell als möglich erledigen. Den Verwandten braucht man natürlich noch nichts sagen. Papa und Mama werde ich's gelegentlich tun.

Von Deiner Krankheit schreibst Du aber gar nichts. Ich sehe nur mit Befriedigung, dass es Dir besser gehen muss. Aber Obacht geben, doch immer noch, gell.
(..) Herzlichen Gruß und viele Küsse Dein Colomb
Tommi Kuss.

****

156:                    GNM

Annveullin, 30. Oktober 1915
Wache

Liebe, liebe Frau!
(..) Meine gestrige Zahnwehkarte wirst Du haben. Heute ist es schon viel besser. Ich habe heute morgens recht gearbeitet, dass ich schwitzen musste, das war gut. Auf unserem Wagenparkplatz ist nämlich bodenloser Schmutz. Den müssen wir jetzt mit Steinen und Schutt richten. Sand gibt es hier nicht, also Ziegelsteine. Ein verlassenes, zerschossenes Haus an der Landstraße wird hergenommen. Ich hatte heute Aufsicht. Natürlich inszenierte ich meiner Wut und Zahnweh entsprechend gleich große Einstürze und half fest mit.

So eine Mauer einwerfen ist ganz lustig. Allerdings denkt man sich, was werden die armen Besitzer sagen, wenn sie zurück kommen. Aber hier ist und wird so viel zerstört, dass man sich das Denken abgewöhnt. Die Einwohner sind auch daran gewöhnt und nehmen alles ziemlich gleichgültig hin. Komisch ist, dass sich die Einwohner förmlich um Soldaten reißen, jetzt im Winter. Sie können so doch bissl mitessen, von Kohle und Licht profitieren. Denn wo Soldaten sind, wird Elektrisches Licht eingerichtet. So bin ich jetzt fast in einer dummen Lage. Hutterer und mein Quartier unter dem Dach ist jetzt schon bissl kalt. Unsere Hausleute sind unglücklich, dass wir weg wollen. Ein großes Bett bei einem (mir zwar nicht sympathischen Unteroffizier) ist frei. Wir wollten nicht auf einmal weg. Hutterer geht zuerst. Die Hausfrau hat Tränen in den Augen, bietet alles auf, dass ich nicht auch gehen soll. Wascht mir alles umsonst. Macht einen Himmel über unser Bett, dass es wärmer ist. Legt meine Holzschuhe mit gewärmtem Zeitungspapier aus, wenn ich heimkomme ect.

Es ist auch eine nette Familie und ich gehe ungern weg. Sie ist der Mann im Haus. (48 Jahre) Er ist sehr liebenswürdig (Schreiber beim Bürgermeister). Und der verwöhnte, aber intelligente Sohn auch ganz nett. Abends spielen wir immer Dame oder Domino oder dergleichen zusammen und trinken ein von ihr selbstgebrautes Getränk (sehr erfrischend) dazu. Alles in allem ein anheimelndes Familienleben. Nicht spießig, eher witzig. Besonders angerechnet habe ich speziell sehr, dass sie Sorge um uns zeigte, bei der großen Offensive. Wenn ich ausrücken musste zu Munitionsfahren sagte sie leise und ehrlich: „Kommen sie gut zurück, zu ihrer Frau" (Dir). Und war sichtlich erfreut, wenn wir unversehrt zurückkamen. Du darfst aber nichts meinen, sie ist sehr wüst und stellt mit Vorliebe Rattenfallen.

Also, ich bin noch nicht ausgezogen, denke mir von Tag zu Tag, vielleicht gibt es doch Urlaub. Wenn es recht kalt ist, schlafe ich bei Hutterer. Der andere Unteroffizier (in Zivil Bader) heizt aber immer so schrecklich für die Nacht, und das ist so ungesund.

Da schreibe ich Dir aber immer recht uninteressante Sachen. Ich möchte Dich aber irgendwie unterhalten und hier gibt es halt so wenig Erfreuliches.

Ja, neulich habe ich lachen müssen. Wie ich letzten Sonntag mit dem Rad weg war, kam ich in den Ort an einen Bahnübergang, die Schranken waren geschlossen. Viele Leute standen dahinter. Der Zug ist vorüber, die Schranken werden aufgezogen. Oh, da hängt ein Kind daran. Irgendwas hat sich am Mäntelchen festgehakt und es in die Luft gezogen. Die Schranken bleiben stehen, es wird herunter geholt. Bekommt natürlich von der Mutter Prügel. Das Gesicht war zu komisch. Ich habe wirklich lachen müssen.

Feders haben wegen Fotos gefragt, schriebst Du? Ja, recht gerne würde ich welche schicken. Aber eigentlich habe ich wenig interessante, auch kann man hier nicht immer Abzüge machen lassen. Ich habe hauptsächlich Pferde für mich fotografiert. Die interessanteren Dinge spielten sich meist nachts ab. Oder man hat den Apparat nicht dabei, oder es geht einem gegen das Gefühl Aufnahmen zu machen. Verstümmelte Leichen oder Schwerverwundete bringe ich nicht übers Herz aufzunehmen. Ich meine, es kommt mir zu sensationell vor gegen diesen ernsten Moment.
In La Bassée und an der Front gebe es schon manches aufzunehmen. Meine Kameraden quälen mich auch immer, ich soll es tun. Ich finde es aber nicht der Gefahr wert, der man sich dabei aussetzen muss. Ich könnte es nicht verantworten. Bei Tag ist nämlich das Artilleriefeuer viel stärker und unberechenbar. Ich glaube das Fotografieren gehört nicht zum Gottvertrauen. Beim Offensivkrieg ist es etwas ganz anderes.

Jetzt muss ich noch bissl was Liebes Dir schreiben. Ich meine „liebe Paula" sagen, oder „wie geht es Dir jetzt?", „Was willst Du?", „Soll ich Dir Mundharmonika vorspielen?" Aber wahrscheinlich bist Du, bist Du diese Zeilen bekommst, schon wieder ganz flott oder gar schon in München. Richtig können wir uns eigentlich nur mit Gedankenübertragung verständigen.
Gell, ich habe Deiner Tante Olly geschrieben, dass sie nicht meinen soll, dass wir sie nicht bei uns wollen. Im Gegenteil, sie ist zu jeder Stunde mir herzlich willkommen, wenn sie meint, sie könne es vielleicht bei Rauchs nicht mehr leisten oder wenn sie lieber zu Dir möchte. Auch die Gründe habe ich geschrieben, warum wir sie bis jetzt nicht gerufen. Glaubst Du, sie wird mich verstehen? Du weißt, wie leicht sie etwas falsch versteht. Aber ich habe möglichst klar geschrieben.
Jetzt lege ich mich bissl schlafen, gute Nacht, liebe gute Paula. <u>Schlaf gut</u>, morgen schreibe ich noch bissl, dann geht der Brief weg, gell.

Guten Morgen!! Paula, Tommilein! Heute ist der 31. Oktober schon.
Die Sonne scheint aber ganz freundlich zu den Fenstern herein. Hutterer ist zur Post hinüber geradelt, vielleicht bringt er was von Dir.
Tommi ist aber sehr brav. Sogar Feuer kann er schon machen? Und sage ihm, sein Brief hat mir sehr gefallen und gefreut. Die Buben hier machen sich sehr gute Bögen und schießen mit Pfeilen sehr weit. Neulich nachts ist mir eine ganz kleine Katze zugelaufen. Die ist nun im Quartier ganz heimlich geworden.
Oh, Paula, meinen Schutz über Dich, inniger Kuss, Dein besorgter Colomb
Frieden?

****

157:	GNM

Annveullin 3. November 1915

Liebe, liebe Paula!
Während ich in Sorge die letzten Briefe aus Ammerland beantworten will, kommt Dein lieber Brief vom 29. aus München und nimmt mir einen Stein vom Herz. Dass Du meinen Brief vom 20. noch immer nicht hast, wundert mich sehr. Vieles, was darinnen steht, hast Du aber von Dir aus schon getan und gedacht. Das wegen Zimmer desinfizieren. Über Deine Karikatur habe ich sehr lachen müssen. Furchtbar Spaß hat mir Tommis Büchl gemacht, besonders über die Petroleumlampe habe ich so sehr lachen müssen. Ich habe das Büchl verschiedenen Kameraden vorgelesen, die sehr viel Spaß daran hatten. Den kleinen Buben in meinem Quartier hat es so angeregt, dass er auch gleich ein Buch erfunden. Weiß Tommi es, dass ich es habe? Oder darf ich darüber noch nicht schreiben? Ich schicke es Dir gleich wieder zurück, gell. Dass Tommi so viel Gefühl für Musik hat, ist nett.
Jetzt kann ich mir vorstellen, was Du in Deiner Krankheit hast alles anstellen müssen. Arme Haut! Ich glaube Mandeln halten solche Krankheiten eher ab.
Dein letzter Brief hat mich am meisten gefreut. Über Emmas Handlungsweise habe ich ganz nasse Augen vor Rührung bekommen. Sie ist wirklich ein gutes Wesen. Bin ich froh, dass Du glücklich in München bist. Wegen dem Zimmer desinfizieren habe ich vergessen zu schreiben, alles Farbige möglichst zu entfernen. Alle Metallfarben greift diese Säure an. Meine Bilder werden auch kaputt sein. Das macht aber nichts, wenn Du nur wieder gesund bist. So bald Du darfst, gehe nur recht viel spazieren.
(..) Lebe wohl, sei vorsichtig und schone Dich. Tommi meine Grüße und Kuss. Lass Dich umarmen und begrüßen in der Stadt
Kuss innigst. Hoffen wir!!
Dein Colomb

****

158: GNM

Annveullin, 7. November 1915

Arme liebe Paula!
(..) Auch wenn Du Dich anscheinend wohl fühlst, liebe Paula, musst Du doch noch Acht geben. Esse blutreinigende Sachen, wie Spargel, Spinat, ect. Emserwasser mit Milch ist auch sehr gesund. Gell, jetzt nicht sparen wollen. Emma Beissbarth[54] ist rührend gut. Wenn ich zurück komme, muss ich ihr was Schönes schenken, weiß aber nicht, mit was man ihr Freude machen könnte. Deine Vettern, besonders Dani, sind sicher auch dabei im Spiel.
Gell, noch etwas, wenn Du im Bett liegst und schreibst oder liest: Zieh am Oberkörper immer etwas an, dann braucht es im Zimmer nicht so warm zu sein.

Nicht so   sondern so

Gell, das soll kein Vorwurf sein, sondern ich weiß, man denkt nicht daran. Und merkt es erst, wenn man friert. Sonst bin ich ganz beruhigt, dass Du vernünftig bist. Aber verspreche mir, nicht rasch wegen mir gesund sein wollen. Vor 14 Tagen kann ich keines Falls kommen und dann bin ich froh, wenn ich Dich noch pflegen darf.
Dein Brief ist so nett und unterhaltlich. Von hier ist so wenig zu schreiben. Es ist ruhig. Man hört tagelang keinen Schuss.

---

54   Emma Beissbarth = Paulas Cousine, siehe Lebensbericht

Gestern nahm hier Prinz Rupprecht eine Parade ab und verteilte Orden. Er ging ganz nahe an mir vorbei. Ich finde dass er schrecklich mager geworden ist.
Unser Wachtmeister und der Sachse haben nun das Verdienstkreuz. Ersterer weil er Vizewachtmeister ist und letzterer anscheinend weil er aus Brasilien freiwillig herüber gekommen ist. Mehr haben sie nicht geleistet als die anderen, im Gegenteil.
Gell, Du willst nicht, dass ich auch einen Orden bekomme. Ich bin halt der Ansicht, dass es wichtiger ist, ganz heim zu können. Bei uns müsste man sich schon sehr und absichtlich, wo es nicht nötig ist, in die Gefahr begeben, um das Eiserne zu bekommen. Die meisten Orden haben schon einen schlechten Beigeschmack. Unser Küchenunteroffizier, der noch nie eine Kugel pfeifen gehört und uns und alle Soldaten beschwindelt und Geld abnimmt, wie nur möglich, hat das Eiserne, u.s.w.
Also gell liebe Paula, Du wirst mich doch noch lieben, wenn ich auch keinen Orden habe. Mein Vollbart ist auch nicht schön genug für so etwas und meine Männerbrust zu schmal.
(..) Gestern bin ich wieder mal geritten und zwar, um die Post zu holen. Mein Pferd ist ganz scheu, weil es so selten aus dem Stall kommt. Ich musste lachen. Ich hatte die Post in meinem Rucksack am Rücken. Mein Pferd scheute vor einem Auto und machte Sprünge und wollte durchgehen. Ich hatte Postpacketln mit Butterteigplätzchen bei mir. Das war die reinste Bröselmaschine, das Gehüpfe am Pferd.

212

Also diesen Brief gebe ich einem Unteroffizier mit, der ihn in München einwirft. Es fahren zwei weniger sympathische, die ich nicht gerne zu Dir schicke, besonders jetzt, wo Du im Bett liegst.
Hoffentlich komme ich selbst bald.

So stellt man sich zu Hause in Deutschland den Krieg vor, gell.
Jetzt aber schnell, ich habe gar nicht auf die Uhr geschaut. Die reisen ja schon ab. Sei umarmt, geküsst, getröstet und umarmt.
Dein Colomb.

****

159: GNM

Annveullin, 9. November 1915

Liee-be Paula!
(..). Neulich hat mir der Pfarrer von Kirchham[55] geschrieben. Da ich so lange nichts hören habe lassen, hätte er ans Ministerium geschrieben, ob mir nicht ein anderer, wenig eiliger Auftrag zugesprochen werden könnte. Und dieser jenem Künstler gegeben werden könnte, welcher schon einmal Entwürfe gemacht. Die Gemeinde möchte schon bald das Bild sehen. Natürlich liest man zwischen den Zeilen. Ich hatte ja auch gar keine Verpflichtung dem Pfarrer zu schreiben. Dem Ministerium schrieb ich ja gleich. Das Ministerium wird auf meiner Seite sein. Vielleicht bekomme ich dadurch Urlaub.
Das braucht Dich liebe Paula nicht ärgern. Ich schreibe es Dir jetzt nur um vielleicht anzugeben (an der Eingabe), dass meine Wirtschaftlichen Verhältnisse gefährdet sind, wenn ich nicht Urlaub bekomme.

---

55   Kirchham = Staatsauftrag für Gemälde in der Kirche

Das und dass Du krank bist, habe ich dem Hauptmann gesagt. Der machte mir über Deine Krankheit noch Angst und sagte dann am Schluss lachend: Es ist halt Krieg!
Ein Wort von ihm würde genügen, dass ich Urlaub bekäme. Ich kann ihn nicht verstehen. Er selbst hat hier 600 M. monatlich, nichts zu tun und nebenbei noch seinen Gehalt als Oberforstrat.
Aber für andere Menschen hat er kein Gefühl. Vielleicht schreibe ich nochmals an Harlander.
Gell, verspreche mir aber, dass Du noch nicht ausgehst. Trinke heilende Sachen. Kamillentee, Eibischtee ect.
Sei innigst umarmt und nicht traurig, es muss alles gut werden
Dein Colomb
Tommi Küsse

****

160: GNM

Annveullin, 11. November 1915
Wache

Liebe, liebe, liebe Paula!!
Heute habe ich wieder mal Wache. Jetzt werde ich sie noch öfters bekommen, da wir noch Eine abzustellen haben. Alle abkömmliche Infanterie ist zum Schanzen an die Front gekommen, da der viele Regen die Schützengräben zerstört. Alles munkelt von einer neuen Offensive. Jetzt ist es 11 Uhr nachts, es stürmt und regnet draußen. Eine Abteilung von uns ist beim Munitionsabgeben.
Ich habe bis jetzt an einem Brief ans Ministerium wegen dem ungeduldigen Pfarrer geschwitzt. Vielmehr nur der Kopf, die Füße sind recht kalt.

Also vor allem Dank für Deinen lieben Brief vom 6. Nov. mit Tommi am Klavier. So schnell wie Du meinst, geht es mit meinem Urlaub nicht, auch ist er nicht so sicher. Heute habe ich erfahren, dass mein Hauptmann noch gar nicht darum eingegeben. Er ist so langweilig und fühlt nichts für andere. Ich muss ihn auf irgendeine Art wieder erinnern. Vier Wochen bekomme ich kaum. Das könnte nur durch eine Eingabe mit der Bemerkung „dringend" an das Generalkommando von zu Hause aus gehen. Mir sperrt ja der Herr Hauptmann alle Wege. Das heißt, wenn der Herr Hauptmann sein Wort hält und nichts anderes dazwischen kommt. Voraussichtlich also vom 18. oder 19. ab. Schreibe mir deshalb aber doch weiter, wenigstens kurz, gell.
Schau liebe Paula, ich schicke Dir Geld, weil ich Dir was schicken will und hier gar nichts zu kaufen gibt, was Dir Freude machen könnte. Was soll ich damit anfangen. Alle paar Tage eine Büchse kondensierte Milch, manchmal ein Glas Bier oder irgendeine Kleinigkeit, das sind meine ganzen Ausgaben. Mir tut es nur leid, dass ich Dir nicht mehr schicken kann.

(..) Ich habe mir vorgenommen, dem Staat nichts mehr zu schenken. Ich werde auch darauf drängen, dass Dir die Unterstützung für Kriegerfrauen nachgezahlt wird. Ich habe erfahren, dass wohlhabende Leute diese beziehen. Warum sollen wir alles tragen? Die Reichen haben genug Vorteile durch die Kriegsanleihe. Über Politik spreche ich lieber nicht, ich habe Hutterer sowieso schon ganz närrisch gemacht.
Es ist so arg hier immer so viel Zerstörtes zu sehen. Neulich hatte ich bei einem Kohlebergwerk hier in der Nähe etwas zu tun. Natürlich verlassen und außer Betrieb. Die Bauten sind halb zerstört, Maschinen verrostet und zertrümmert. Am Förderschacht geht der Riesengurt für den Fahrstuhl in die Tiefe: Ganz tief unten hört man rauschen. Da strömt schon über ein Jahr Wasser in die Stollen. Was da für menschliche Arbeit und Schweiß mit Einsetzung des Lebens und Gesundheit zerstört wird. Und solche Bergwerke sind viele in dieser Gegend. Und die Menschenleben, die der Krieg vorderhand kostet? Sünde über Sünde. Und in der Zeitung steht alles so sonnig. Uns ist es nicht so, keinem und ich spreche mit vielen. Schluss

Liebe Paula, ich will Dich nicht traurig machen. Ich bin es ja auch nicht immer, nur wenn ich so viel denke. Eigentlich bin ich aber doch glücklich, dass ich noch alles richtig sehe, trotz der Neuesten Nachrichten.
Die Freude über einen Urlaub halte ich noch sehr im Zaum, obwohl ein kleines Hoffnungsflämmchen brennt.
Anbei ein 5 Centimestück, wie sie hier schon in Ermangelung von Kleingeld gemacht werden.
Ist das ein ekelhafter Brief. Stecke ihn in den Ofen, wenn Du willst, aber sei nicht traurig. Sei geküsst und geherzt meine liebe Paula, Gute Nacht
Hörst Du den Sturm? Der bringt meine Grüße mit.

****

Von Colombo abgeschriebener Brief des Pfarrers M. Stirner, wegen Hochaltarbild in Kirchham:

161:

Kirchham, den 31. Oktober 1915

Werter Herr Kunstmaler!
Wie es doch zusammentreffen kann? 4 Monate * hatten wir vergeblich auf ein Lebenszeichen von Ihnen gewartet, so dass ich mich genötigt sah, an die Kommission für Verteilung von Staatszuschüssen ein Schreiben zu richten und nun, 4 Tage darauf kommt Ihr Brief. Der Hochaltar ist zwar noch nicht ganz fertig, aber so, dass er einem vollendeten Altar ähnlich sieht und die Leute fragen schon immer, ob denn das Bild nicht auch bald kommt? Ich aber musste immer sagen, dass noch gar kein Entwurf hierfür vorliegt. Wir glaubten, Sie kämen wohl vor völligem Kriegsende überhaupt nicht dazu und so erlaubte ich mir an die

Kommission die Anfrage, ob es nicht möglich wäre, Ihnen eine andere, nicht so vordringliche ** Arbeit zu übertragen.
Für das Hochaltarbild haben wir einen anderen Herrn vorgeschlagen, der im Frühjahr schon zur vermeintlichen Erneuerung 3 Entwürfe gefertigt hatte.
Wir schätzten es uns ja an sich zur Ehre, wenn ein Kriegsteilnehmer das Bild gefertigt hätte, andererseits aber ist das Verlangen der Leute nach baldiger Fertigung des Bildes erklärlich und verzeihlich, wenn wir wünschten, dass ein anderer, auch zur Zeit ohne Auftrag in wenig rosigen Verhältnissen lebender Künstler, eine Winterarbeit erhielte und Sie von der Kommission durch einen anderen Auftrag schadlos gehalten würden.
Die Kommission wird sich wohl in dieser Sache an Sie wenden und vielleicht hat es gerade für Sie die günstige Wirkung, dass Sie einen längeren Urlaub erhalten, weil wir auf das Gemälde schon so hart warten.
Die ganzen Akten und Zeichnungen sowie die Photographien des Altares von früher mit Reliefbild müssen noch bei der Kommission liegen.
In aller Hochachtung
M. Stirner, Pfarrer.

*Ich habe den Auftrag erst am 28. August bekommen.
**Warum das Bild so vordringlich sein soll, verstehe ich nicht. Ich lese etwas ganz anderes zwischen den Zeilen, Du nicht? Dem Pfarrer werde ich vorderhand nicht schreiben, das würde ein schlimmer Brief werden. Ich habe Dir das nur abgeschrieben, weil es Dich vielleicht interessiert.

Mich trifft keine Schuld, weil ich die Sache eigentlich nur mit dem Ministerium auszumachen hatte und das Schreiben an den Pfarrer mein eigener Wille war. Eher konnte ich nicht schreiben, wegen der Verzögerung des Urlaubes.

(In der Anlage: Briefskizzen an das Ministerium und den Pfarrer Stirner.)

****

162: GNM
Annveullin 13. November 1915
Liebe, arme Paula!
Herzlichen Dank für Deinen Brief vom 8. Nov mit Abziehbild. Du bist bissl traurig und hoffnungslos. Ja, der November ist schrecklich. Nur gut, dass es hier recht regnet, da geht das Kämpfen nicht gut und an der Front ist mehr Ruhe.
Jetzt rührt sich der Hauptmann doch bissl wegen meinem Urlaub. Ich hatte gestern eine lange Auseinandersetzung mit ihm. Er behauptet, er könne mir nicht mehr als 14 Tage geben, der Gerechtigkeit halber. Ich zitierte den Landtag und wurde recht hitzig, da er mir vorrechnen wollte, ich könne die Skizze leicht in dieser Zeit machen. Eine Beamtenseele, wie sie im Buche steht. Es ist die allgemeine Ansicht, dass mir meine höheren

Vorgesetzten anstandslos den 4 wöchigen Urlaub genehmigen würden. Ich muss halt gleich von daheim aus eingeben oder zum Arzt gehen. Liebe Paula, sei nicht traurig, freue Dich, dass alles so ist. Und gehe nicht zu früh aus, gell.
(..) Sei geküsst und umarmt von Deinem Colomb

****

163: GNM

Annveullin 14. November 1915

Liebe Paula!
(..) Gestern kam ein Brief vom Pfarrer aus Kirchham, sehr kleinlaut. Die Regierung hat seinen Antrag abgeschlagen, er müsse auf mich warten. Jetzt habe ich umsonst ans Ministerium geschrieben. Macht nichts.
Wenn also alles gut geht, so kann ich Freitag oder Samstag hier weg fahren, da bin ich 19. oder 20. in München.
Aber verspreche mir Dich deshalb nicht aufzuregen, nicht ausgehen, nicht räumen und wursteln. Aber sicher, gell. Sonst fahre ich gleich wieder weg, gell.
Liebe Paula, Küsse und Umarmungen
Dein Mann Colomb, Küsse Tommi

****

Am 19. November 1915 bekam Colombo Max endlich frei.
Am 24. November starb sein Vater, Gabriel von Max im Schlaf in München.
Es kommen viele Auszahlungen, Steuern und dergleichen auf die Erben zu.

****

Brief von Paula Max an Herrn Breg

164:

27. Nov.1915

Lieber Herr Breg[56]!
Colomb sagt mir, dass der Chor sehr schön bei der Beerdigung gesungen habe und er und ich danken Ihnen deshalb herzlich für Ihren schnellen Rat. Und noch besonderen Dank für Ihre teilnehmenden Worte. Colombo hat den Tod seines Vaters mit großem Schmerz, aber doch viel Fassung ertragen.
Das Gute und Schöne war, dass es unerwartet geschah, des Nachts, ohne dass jemand etwas ahnte. Ich und alle glauben, dass es sehr schnell geschehen ist und das ist ein guter Trost.

---

56   Herr Breg = siehe Lebensbericht, Erzieher und Lehrer der Kinder von Prinz Rupprecht sollte sich für eine Urlaubsverlängerung und vor allem für die Eingabe, den väterlichen Nachlass zu ordnen, einsetzen.

Nun aber gibt es unglaublich viel zu tun. Wir wissen kaum, wo anzufangen. Colombo's Urlaub soll am Freitag ablaufen und er war noch nicht zu der Kirche wegen seines Auftrages gereist, noch viel weniger hat er um die Skizze gehen können. Es ist wahr, wenn Colomb nicht nach den Hauptsachen wenigstens im Hause seines Vaters sieht, wird viel Schlimmes geschehen.
Mein Schwiegervater war ein zurückhaltender Mensch und wir wissen alle noch nicht, was sich zeigen kann. Mir tut es furchtbar leid, wenn ich denke, dass jetzt vielleicht die vielen herrlichen Dinge, die in seinem Besitze waren, zerrissen und verschleudert werden.
Ich hoffe wegen Allem noch immer auf eine Genehmigung für Urlaubsverlängerung, die schon vor dem Tode meines Schwiegervaters vom Ministerium für Kirchen – und Schulangelegenheiten unterstützt wurde. Es hängt wahrhaft viel davon ab. – Auch Colombos Gesundheit ist wieder einmal wackelig und er sollte morgen zum Arzt gehen.
Tommi ist voll Mitgefühl. Er wollte einen Brief an den König schreiben, hat er mir anvertraut.
Mit herzlichsten Grüßen
Ihre dankbare Paula Max

****
165: Annveullin, 20. Dez.1915

Liebe Paula
So, jetzt bin ich wieder da und die Falle ist zugeklappt. Der Hauptmann freut sich höhnisch, dass er mir die Verlängerung versagt hat. Wie ich dachte, hat er das Telegramm nicht an das Bataillon gehen lassen, sondern selber entschieden. Von der Eingabe ist noch nichts da gewesen.

Also die Reise ist ohne Störung vonstatten gegangen. Es war nicht kalt. Hier ist es ja auch viel, viel wärmer als bei uns. Keine Spur von Schnee. Mit den vielen Packerln, schweißgebadet bin ich hier einmarschiert. Etwas sehr kopfhängerisch schon. Der alte Schmutz und Ödigkeit. Es ist schwer den Gedanken aufkommen zu lassen, vielleicht hier den Winter bleiben zu müssen. Besser ist es nicht geworden. Wieder bißl mehr alles zerschossen und verwüstet.
Dienst soll viel sein. Hutterer ist bißl in Bier und Karten versimpelt, der Arme. Die lange Zeit muss aus den besten Menschen schließlich einen Lumpen machen. Er hat sich aber herzlich über mein Kommen gefreut und auch von vielen einfachen Soldaten eine aufrichtige Teilnahme und Freude. Nur der Hauptmann ekelhaft.
Ich bin noch etwas schwindlich. Gell, Du bist mir nicht bös. So ganz normal war ich ja in dem Urlaub nicht und die letzten Tage war ich vielleicht sogar etwas stachelig gegen Dich. Aber ich hätte sonst nicht weg können, ich musste hart sein, so weh mir dabei mein Herz tat.

Liebe Paula, es war zu viel was über mich zusammen gekommen. Sei nicht traurig, verliere die Hoffnung nicht. Vielleicht werde ich doch noch aus dieser Hölle hier befreit. Wenn Du, oder irgendjemand beim Gemeindekommando nachfragen wollte, so soll auch betont werden, dass mein Nachname Max ist.
Die Urlaubsverlängerung ist hier auch auf den Namen Max Colomb angekommen.
Und unlängst soll auch eine Anfrage (die aber nicht damit zusammenhängt) eingelaufen sein, die schon an sämtlichen Kriegsschauplätzen seit August herum geht, weil es darin heißt: Max Colomb.

Und Heinrich[57] soll niemanden von den hiesigen wissenschaftlichen Menschen an die Sammlung lassen. Und die Berliner sollen nichts sagen, sie werden nur aus Freundschaft zugelassen. Du verstehst, sonst wird schließlich meine Eingabe entkräftet.
Heute nur das, bin müde und vielleicht zu niedergeschlagen, zum schreiben. Küsse Tommi und ich sage ihm gute Nacht, so wie Dir arme Paula. Gell Du hast mich verstanden.
Sei umarmt und geküsst innigst Dein Colomb

****

166:
                                   22. Dez.1915
Liebe Paula!!
Diesmal kommt mir mein Urlaub nicht wie im Traum vor. Im Gegenteil, das Hiersein. Die ersten Tage sind recht hart, bis man's wieder gewöhnt ist. Ich komme mir halt wie verbannt vor. Laufe herum und habe keine Ruhe.
Dabei ist ziemlich arges Artilleriefeuer, das man auch schon entwöhnt ist. Mein Dienst besteht aus Warten bis es Munitionsfahren gibt, und morgen Feldarbeit Aufsicht. Wie ich's gesagt habe. Und zu Hause hätte ich so viel und Wichtiges zu tun, das ist schrecklich und unverzeihlich.
Das kann ich meinem Hauptmann nicht verzeihen, und vielleicht auch Harlander nicht. Oh wir Menschen! Dabei wird in Dummheit aufs Weihnachtsfest gewartet.
Gell, telegraphiere mir, wenn es irgendwas Wichtiges gibt.
(..) An die Paul Heysestraße[58] darf ich nicht denken. Es ist mir dort ja nicht ums Geld zu tun. An so ein Lebenswerk gehören pietätvolle Hände. Ach Gott Geld, das verliert hier allen Wert.
Was hilft alles sich härmen, ich muss mich hineinschicken, man könnte dabei aber wahnsinnig oder lebensmüde werden. Wenn Flüche je wirksam, so müssen die Großen ein schreckliches Ende nehmen.

---

57 Heinrich = Heinrich Müller, Sohn von Gabriels Schwester, Nachlass-Verwalter, siehe Lebensbericht
58 Paul-Heyse-Straße = Gabriel von Max' Wohnung und Atelier, auch Colombos Atelier

Liebe Paula sei ruhig. Gott und die Natur ist gut. Ich kann nichts Gescheites schreiben, verzeih. Ich liege im Bett, da die anderen den Tisch mit Kartenspielen belegt haben, und ich schreibe in schlechter Stellung.

Du hast mir ja alle Deine guten Sachen mitgegeben zum Essen, das hättest Du nicht sollen. Ich schlafe mit Hutterer in einem Bett, wenn ich bleibe, suche ich mir aber doch vielleicht was alleine. -
Tommi kann ich nicht schreiben, aber sag ihm viele Grüße, er ist schon brav, aber er soll Dir nicht immer widersprechen, sonst bin ich noch trauriger.
Weihnachten seid Ihr ja schon gewöhnt, ohne mich zu feiern.
„Friede sei im Himmel und auf Erden", welcher Hohn.
Küsse innigst, Dein Colomb

****

167: Annveullin, 23. Dez.1915

(..) Die Berliner sind Freunde meines Vaters, die anderen die hinein gelassen wurden, sind keine Sachverständigen. Ich halte mein Versprechen den Münchnern gegenüber. Aber wer gibt mir die Garantie, dass sich nicht das Generalkommando hinter die Staatssammlung gesteckt.

Wenn die Professoren die Sammlung für den Staat nicht in Betracht kommend hinstellen, so ist meiner Eingabe die Kraft genommen.

Das kannst also nur Du entscheiden, ob die Professoren nur aus Privatinteresse oder aus Angst, dass eine andere Sammlung ein Vorrecht bekommen könnte, um Besichtigung bitten.

Im letzteren Fall kannst Du ihnen mein Versprechen geben, dass nichts abgeschlossen wird, bevor sie dieselbe nicht gesehen. Ich kann mir ihre Eile aus diesem Grund der Angst erklären, denn sonst wäre es ihnen doch nur von Vorteil wenn ich dabei wäre. Was hätten sie von einer halben Sache. Also die Eile kann mir diese Angst oder eine andere Sache, die mir aber weniger gefiele, zum Grund haben. Böse können sie mir deshalb nicht sein, wenn ich sie bitte, sich ein wenig zu gedulden, da ihnen ja die Besichtigung sicher ist.

Im Übrigen steht es ihnen ja offen, sich ans Kultusministerium zu wenden, dass mein bescheidenes Gesuch beschleunigt und genehmigt wird (ich bitte sie sogar darum). Verstehst Du mich? Wenn der Staat sich für unsere Familiensache interessiert, so kann ich dann ein kleines Entgegenkommen verlangen. Die Lage ist hier nicht rosig, eben ist sogar wieder Trommelfeuer. Wenn mir etwas zustößt, soll der Bayerische Staat die Sammlung nicht bekommen, wenn er mir nicht nach 14 Monaten Dienst im Feld eine kleine Begünstigung in seinem Interesse geben kann.

Also erkläre das den Herrn Professoren. Beruhige sie und dränge auf Beschleunigung meiner Eingabe.

Wie eine Sammlung aufgemacht ist, hängt viel davon ab, also muss ich da rein. Heinrich soll nicht jeden Neugierigen die Sammlung zeigen. Berliner sind Freunde. Er soll auch nicht zu viel herumreden. Auch Ernestine erkläre, was davon abhängt. Mit den Professoren kannst Du ja reden, so viel Menschenkenntnis hast Du ja, was zu sagen ist.

Heilige Nacht, stille Nacht – das Blut spritzt gegen den Himmel
Innigst Dein Colomb Tommi Kuss

****

Gabriel von Max's Neffe Heinrich Müller wird als Verwalter des Nachlasses von Ernestine eingesetzt. Vom Feld aus versucht Colombo sich einzubringen. Paula unterstützt und vertritt ihn, wo es geht. Doch die Familie hat meist eigene Ansichten, Heinrich ist etwas schwerfällig und daneben ist der Krieg, das Gefangensein lässt Colombo halb wahnsinnig werden. Er hatte ein besonderes Verhältnis zum Vater und verkraftete daher kaum, dass alles, was der Vater geliebt und gepflegt hatte, nun zerstört und auseinandergerissen wurde.

Den „von" Titel des Vaters wollte Colombo nicht übernehmen und wies ihn ab.

****

168:   Annveullin, 24. Dez.1915

Liebe gute Paula!
Das ist nun der dritte Brief, den ich Dir heute schreibe. (..)
Heinrich sagen, von Dir aus, dass ein erworbener „von" Titel nur schadet.
Heinrichs wichtigste Arbeit wäre jetzt Aufnahmen von Bildern machen. Ich schreibe ihm schon. Auch wegen den Sammlungen hinüber räumen, verstehe ich ihn nicht, wo will er's denn hier stellen, ohne noch mehr zu verdecken und ein heilloses Durcheinander zu machen. Ich bat ihn doch, es nicht zu tun. Er hat sich von Ernestine überreden lassen.
Holz und Kohle kann man auf gemeinsame Rechnung in die Kisten vor dem Atelier bringen lassen.
Was Du über den Familienrat in der Kobellstraße schreibst, freut mich nicht. Arme, Du vertrittst ja nur mich, das sage allen. Kann jeder seine Zweifel mir schreiben. Du führst nur aus, was ich will. Ein halbes Jahr kann man ohne Schaden abwarten. Jeder Sachverständige wird mir da Recht geben. - (..) Betone, dass ich nur Mamas Interessen im Auge habe, nicht meine.
Solange ich im Krieg bin, kann ich über mich nicht verfügen. Also, alle Verwandte weise an meine Adresse.
Auspacken können aber nur wir, Corneille oder ich. Wenn auch Ernestine Heinrich dazu überreden will.
Das wichtigste wäre meine Eingabe, einer von uns muss nach München. Du kannst ruhig mit in die Sammlung gehen, wenn Du willst. Die Luft ist nur sehr schädlich.
Das Schreiben ist so schwer, denn die Kanonen haben seit 2 Tagen und 1 Nacht nicht ausgesetzt zu schießen. Weihnachten?
Wahrscheinlich soll ein Weihnachtserfolg im Hauptquartier gemeldet werden können. Oder ist's scharf machen? Jedenfalls müssen wir heut Munitionsfahren. Mir ist alles gleich.
Hier ist meine Eingabe noch nicht eingetroffen, muss aber doch kommen!
Danke fürs Skizzenbuch und Zeitung. Um 5 Uhr ist Weihnachtsfeier dann Munitionsfahren. Heilige Nacht, Stille Nacht?
Wir sind weit voneinander und doch beisammen
Kuss und Umarmung
Dein Colombo
Tommi auch.

222
BRIEF ABWARTEN – SAMMLUNG[59] KANN BESICHTIGT WERDEN, WENN EIN-
GABE GENEHMIGT. MAX

169: Annveullin 25. Dez. 1915

Liebe Paula!
Wie ich gedacht habe, hat mich gestern am Heiligen Abend Munitionsfahren getroffen. Dieses Weihnachten werde ich nie vergessen. Unsere Batterie steht jetzt noch viel weiter vorne in La Bassée. Das Artilleriefeuer hörte die ganze Nacht nicht auf. Dabei Weststurm mit abwechselnd Gewitterregen und verträumtem Mondschein. In den Ortschaften überall beleuchtete Christbäume in den Quartieren. In der Totenstadt La Bassée, wo alle Soldaten sich nur in den Kellern aufhalten können, alle besoffen. Überall dringt wüstes Geschrei aus den Kellern. Von unserer Batterie keine nüchtern, nichts weniger als Weihnachtsstimmung, Kartenspiel, brutaler Rausch, vielleicht sich betäuben. Dabei Alarmbereitschaft. Ich sagte zu einem: „Ich kann die Schießerei nicht verstehen, drüben sind doch auch Christen." Antwort: „Na, da san lauter Engländer." Vielleicht hatte er Recht. Die Kerle haben nämlich gestern einen unserer Gräben in die Luft gesprengt. Wir arbeiteten so rasch, als möglich. 4 Granaten kamen aber doch herüber und krepierten in unserer Nähe. Unterstand war keiner in der Nähe, weil ich auf der Straße die Wägen ord-

---

59 Sammlung = zur Sammlung von Gabriel von Max siehe Lebensbericht

nen musste. Mir wurde schon etwas schwül. Feiner Erdstaub fiel herab. Heim ging es im scharfen Trab. Das ist immer ein Gefühl, als ob einem das Leben neu geschenkt würde. Heute habe ich Ortswache, die anstrengend, weil man nicht abschnallen und nicht schlafen darf. Die Aufregung der Nacht macht sehr müde, also wird vielleicht das Schreiben heute nicht so gut gehen. Ein entsprechendes Weihnachtsbild hätte ich auch noch gerne gezeichnet. Wenn es nächstes Weihnachten noch schlimmer wird, dann kann es gut werden. Ja, ja die im Reichstag haben gut reden.
Die einzige und größte Freude, die ich heute am Weihnachtssonntag habe ist Dein Brief (vom 21. Dez.), den ich morgens bekam.
Von mir wirst Du nun auch schon was haben, aber keine schönen Briefe. Ja, das Schreiben soll nun wieder angehen. Leider habe ich nicht viel Zeit für Ergüsse meines Herzens, das so voll ist, sondern muss gleich auf die wichtigen Fragen kommen. Gell unsere Liebe braucht ja <u>keine ständigen Versicherungen</u>. Du hast schon viel für mich getan.

1.Wehramt: Bornierte Beamtenwirtschaft. Als ob nicht manche Eingaben eilen und manche Zeit hätten. Schwerfälligkeit nennen sie Gerechtigkeit. Möchte wissen, ob sie auch so gerecht wären, wenn ein General hier wäre.
2. Mamas Sache wird jetzt schon in Ordnung sein.
3. Ja, Ministerialrat Henschel ist ein netter Mensch. Mit dem Vertrag hat es nicht so Eile. Wenn mir nur sonst Feuerstein kein Bein stellt. Wenn ich hier bleiben muss, mache ich hier noch eine Skizze. Noch wichtiger ist eventuell Henschels Hilfe wegen der Eingabe.
4. Das, wegen den Professoren hätte ich schon gestern wissen sollen. Obwohl es nicht viel anderes zu sagen gibt. Ich bin von dem guten Willen der Professoren überzeugt. Aber Du hast ganz richtig empfunden, dass man vorsichtig sein muss.
Den Urlaub will ich keineswegs mit der Sammlung erkaufen. Es hat sich darum gehandelt, dass ich die Sammlung nur besichtigungsfähig machen kann. Dass dieselbe Verhandlungen wert ist, wissen die älteren Professoren sehr gut. Beweise wären schon, das große Interesse von den großen Museen Deutschlands wie Berlin, Leipzig etc. (Herkel kann gefragt werden). Auch Prinzessin Gisella, die als Sammlerin bekannt, hat sich öfters dafür interessiert.
Nun handelt es sich darum, ob das Zeigen der Sammlung ohne mich von Vorteil ist. Gebe ich da nicht viel aus der Hand? Es kann gesagt werden, gut, wir interessieren uns dafür, wenn wir die Sammlung sicher bekommen (auf Versprechen). Wenn nicht, so befürworten wir den Urlaub nicht. Sie hätten eine Handhabe. Andernfalls müssten sie meinen Urlaub befürworten, dass ich die Sammlung besichtigungsfähig machen kann. Das ist was ganz anderes. Da binde ich mich nicht. Das es in dem Interesse Münchens liegt, dass die Sammlung besichtigt wird, habe ich oben bewiesen und ist bekannt. Eigennutzlose Menschenfreundlichkeit, das ist selten. Besonders von solchen, die nie eine Kugel gehört. Also muss ein Zwang sein. Du hast sehr gescheit und sehr vernünftig gesprochen. Du wirst mich auch verstehen. Vielleicht ist die Angst wegen dem Verkaufsversprechen nicht so schwierig, weil ich allein ja nicht das Recht habe zu versprechen.

Dass Du Heinrich aus dem Spiel gelassen hast, ist sehr gescheit. Nur Du darfst mit den Münchnern unterhandeln.
Ob die Professoren eine Anspielung auf ein Verkaufsversprechen machen, wirst Du wissen. Von dem hängt es auch ab, ob Du sie in die Sammlung führen kannst. Unter allen Umständen kann nur die Ethnographische (im großen Saal) und die Zoologische und Schädelsammlung (im Mittelzimmer) gezeigt werden. Jetzt kannst Du, glaube ich selbst entscheiden, ob ja oder nein.
Im Übrigen brauchen sich die Professoren keine Sorge machen, dass sie dem Vaterland schaden, wenn ich versetzt werde, im Gegenteil.
Es werden Leute aus viel geringeren Gründen versetzt.
Dass Storchl auch schon eingegeben, ist allerdings dumm.
Aber wenn Arbeiter für das Hoftheater von dem Fürst geholt werden, so könnte mir nach 14 Monaten eine Versetzung vorübergehend schon genehmigt werden.
Ich will keine Ausnahmen für mich. Aber schließlich hat mein Vater doch so viel für München getan, dass man ihn soweit ehrt, dass sein Nachlass nicht auf den Dandlmarkt kommen muss.

Gestern um 5 Uhr war die Mannschafts Bescherung mit Christbaum und Klavierspiel. Auch ich habe mein Packel geholt wie alle. 1 Stückel Schokolade, 5 Zigarren, 2 Lebkuchen (sehr weich), 2 Lebkuchenherzen, ein 5 Pf. Büchl, 1 Taschentuch, 1 Stückchen Wurst, eine Schachtel …….
….. (Briefteil abgerissen)
darum fallen die Liebesgaben spärlicher aus. Ich beklage mich ja nicht, aber mancher Soldat schon.

In der Nacht habe ich an Euch gedacht und an alte Erinnerungen von denen das größte Stück sich mit der Erinnerung an Papa vereint. Wenn ich so dasitze und schreibe oder traurig und aufgeregt spreche, sagt Hutterer: „Lass das Studieren Max, das schadet Dir nur. Geld bringt kein Glück. Du wirst ganz gelb und siehst noch schlechter aus, als wie Du kannst."
Er weiß ja nicht, um was ich mich kränke, meint es aber gut. Jetzt ist es 12 Uhr. Bin nicht müde, muss aber noch bleiben, also versuche ich noch Heinrich…..
(Zettel abgerissen – fehlt)
…ich Dir immer schulde
Dein Colomb

****

170:
                                                      29. Dez. 1915, Hellemmes

Liebe Paula
In Eile. Wir sind plötzlich mit der Batterie in Reihe hierher, einer Fabrikvorstadt von Lille gekommen. Da ist es schön still. Unsere Stellungen liegen an der Bahnlinie, die in

die Heimat geht. Wir schicken Grüße mit jedem Zug. Ich konnte nicht eher schreiben, weil wir 2 Tage am Marsch waren. Meine Adresse ist die Alte geblieben.
Deine beiden Weihnachtsbriefe bekommen, nun wirst Du schon wissen, was ich am Weihnachtsabend getan. Gell von mir habt ihr diesmal gar nichts bekommen, nur meine guten Wünsche sind zu Euch geschwebt. Bald mehr.
Küsse und Grüße Dein Colomb
Neu Jahr, Geburtstag Tommi, alles kommt zusammen und ich konnte nicht schreiben.

****

171:
                                                            Hellemmes 31. Dez. 1915
Liebe Paula!
Dies ist der letzte Brief in diesem schrecklichen Jahr. Leider kommt er auch reichlich spät an. Die ersten Tage bei einem Quartierwechsel kommt man aber nicht zum Schreiben. Also morgen geht ein neues, hoffentlich besseres Jahr an. Was ich alles dafür wünsche, weißt Du ja. Dir besonders alles dieses was Dir Herzenswunsch ist. Was hilft aber das Wünschen gegen das Schicksal. Alles geht seiner Bestimmung, uns bleibt die Hoffnung, die nie düster sein soll. Vielleicht macht es Dir eine kleine Freude, dass ich wenigstens vorübergehend hier in Sicherheit bin.
Sonst weiß ich gar nichts anderes mit das ich Dir Freude machen könnte. Versicherungen, dass ich Dich liebe, ist billig und weißt Du ja zur genüge, gell. (..)
Das ist nett, dass der Gimpel nun das neue Jahr mit einer besseren Hälfte anfängt. Tommi wird morgen 9 Jahre alt. Wo ist die Zeit? Ich möchte ihm noch selbst schreiben, fürchte aber, dass es heute nicht mehr geht. Sage ihm halt alles Gute von mir und kaufe ihm in meinem Namen was, mir war es nicht möglich, was zu schicken.
Alle Festtage müssen wir auf den Frieden verschieben, gell.
1000 Küsse und nochmals sei fest umarmt treue Frau, im alten bösen Jahr und zugleich fürs neue vielleicht Bessere.
Dein Colomb
Sehr in Eile.

Zeichnung: Colombo

1916

172:

Hellemmes, 1. Januar 1916

<u>Liebes Tommilein!</u>
Heute ist Neujahr und Dein 9. Geburtstag. Also muss ich Dir sehr, sehr viel Gutes wünschen. Vor allem soll das neue Jahr den Frieden bringen, dass das Töten und Verstümmeln der Menschen endlich ein Ende hat. Vielleicht, wenn es der liebe Gott so will, komme ich dann auch gesund zu Euch zurück. Dann können wir wieder zusammen lustig sein und arbeiten. Aber vorher müssen wir noch Geduld haben und aufpassen.
Frau Dr. Kuppelwieser ist so gut, die Mutti und Dich einzuladen. Weißt Du Tommi, das ist gut, weil sonst die Mutti schwer arbeiten müsste, um Geld zu verdienen. Sie war doch so krank und kann doch jetzt nicht. Ich kann auch nicht helfen, weil ich im Krieg bin. Sei also stolz, dass Du der Mutti helfen kannst, wenn Du gern bei Frau Dr. Kuppelwieser bist und sie lieb hast, weil sie wirklich brav ist. Wenn Du gleich am Anfang vom Jahr gut bist, so wirst Du das übrige Jahr viel Freude haben. Du wirst also auch 9 Jahre und daher wieder viel gescheiter. Du hast brav gelernt und wirst es auch weiter tun. Das weiß ich. Du darfst aber auch nie vergessen dem lieben Gott für alles zu danken und immer nur das tun, was ihm Freude macht, gell ja! Leider kann ich Dir gar nichts schicken, aber vielleicht komm ich doch bald zurück! Unsere Kanonen werden jetzt aufgebessert, dann kommen wir wieder weg. Wohin wissen wir nicht. Das Christkind hat Dir schöne Sachen gebracht, schreibt die Mutti. Deinen kleinen Baum habe ich auch angezündet. Jetzt ist er in einem Garten in Annveullin eingesetzt. Hier regnet es die ganze Zeit.

Lieber Tommi, bleibe gesund und lustig und singe viel. Mache mir Freude, wie Du es bisher getan. Der lieben Mutti gebe jeden Tag, wenn Du brav warst, einen Kuss von mir. Hoffentlich bekommt sie recht viele Küsse. Ich danke Dir auch noch für Deine nette Weihnachtskarte, die mir große Freude gemacht hat. Viele Grüße und Kuss Dein Vater

Unsere Pferde sind jetzt alle zusammen in einem großen, großen Saal. Sage der Mutti, sie müsse mir bissl kondensierte Milch schicken.

****

173:

Hellemmes, 1. Jan. 1916

Liebe Paula!
Heute der erste Abend mit bisl Ruhe. Unser Quartier ist sehr nett. Hutterer[60], ich und noch ein Unteroffizier sind beisammen. Wir haben ein Schlafzimmer mit 2 großen Betten. Die Hausleute sind die vernünftigst denkenden, die ich je hier in Frankreich getroffen, ganz unsere Ansichten.
Die Familie besteht aus Großmutter, Mutter, 18 jähriger Sohn, 15 jährige Tochter. Vater ist Lokomotivführer und in Frankreich.
Geheizte, gemütliche Stube. Eben zeichnet der Sohn, der Elektrotechniker ist; die anderen lesen. Hutterer und die anderen spielen Karten im Gasthaus. Also schnell schreiben.

Das neue Jahr hat also begonnen, ich hab's verschlafen, aber geträumt, dass ich in Urlaub führe, das war schön. Ich fürchte fast, ich werde jetzt schwer gefunden, weil wir von dem vorigen Armeekorps weggekommen sind. Wie lange wir hier bleiben, weiß niemand. Einige Tage oder einen Monat. Wie leicht wäre ich jetzt entbehrlich hier.
Wo wir dann hinkommen weiß auch niemand. Vorderhand genießen wir die Stille und Sicherheit. Wenn ich aber an die verlorene kostbare Zeit denke tut mir mein Herz weh. Mein Vaterland verlangt große Geduld von mir.
(..) Mit Henderichs Schützengrabenidyll ist es nicht weit her. Wenigstens bei uns nicht. Die Stimmung war viel verbitterter, als voriges Jahr. Auf Befehl der Vorgesetzten musste geschossen werden.
(..) Die Verhältnisse mit Ernestine und Heinrich sind sehr unerfreulich. Was ist aber zu machen. Sie wollte Heinrich. Du könntest es natürlich auch und besser. Dass dumme ist das, dass Heinrich gar nicht mit Frauen umgehen kann und nicht merkt, wenn er auf die Nerven geht.
Jetzt sind alle Unteroffiziere her gekommen, ich kann nicht weiter schreiben.
2. Januar
Heute Vormittag Pferde bewegen. Mit Fliegerschrecken. Nach Tisch, weil Sonntag, schnell ins Museum in Lille. Direktor sagt, dass Georgii[61] auch dort war.
Jetzt schreiben, weil Post erst morgen weg geht. Tommis Brief an den König ist sehr schön, ja er passt auf.
Also die Berliner sind eifrig mit der Sammlung. Mir ist es so arg, dass ich ganz ausgeschaltet bin. Ich kann nicht verstehen, wohin Heinrich die Kisten getan, dass man zu allem kann. Hat Heinrich schon Bilder aufgenommen und an Galerien Fotos geschickt?

---

60 Hutterer = Kriegskamerad, siehe letzter Brief 1918
61 Georgii = Theodor, genannt Fedja, Schwiegersohn von A. v. Hildebrand, siehe Lebensbericht

Ich hab es ihm schon geschrieben. Freilich müsste man auch sehen, dass die Chorstühle und Kreutz verkauft würden, aber der Ateliernimbus ist auch gut für die Bilder. Wahrscheinlich müssen wir diesmal Ernestines Steuer mit zahlen, dann können wir auch auf Mamas Zins bestehen. Heinrich muss mit Ernestine sprechen, das geht doch nicht anders. Kleinlich dürfen wir nicht sein, aber Quittungen musst Du haben.
Wegen Ammerland muss man mit Ernestine mal sprechen, wenn sie guter Laune ist. Ja, schreibe mir nur immer alles, das beruhigt mich eher als wenn ich weiß Gott was vermute. Freilich hebe ich Deine Briefe auf.

Eben fällt mir etwas ein. Wenn alles mit mir fehl geht, könnte man vielleicht auch den Bürgermeister von München etwas zu Ohren kommen lassen. Der kann doch auch ein Wort für mich einlegen, wenn man durchblicken ließe, sonst käme alles von München weg. Vielleicht findet sich eine Mittelsperson.
Im Frühjahr komme ich sicher nicht mehr weg. Jetzt ist es doch ruhiger.
(..) Milla ist mit Geldsachen unglaublich. Heinrich komisch. Er will jedem zum Gefallen sein und darum geht es mit keinem richtig. Natürlich bekommt Milla nichts von diesem Geld, sie muss es einsehen, dass es anders nötig.
(..) Wegen der Vertäfelung, in der Paul Heyse Straße, ist schon zu sprechen. Die geht auch in 3 Teile, Ernestine hat es selbst gesagt. Hans hat ein Auge drauf. Man müsste sie mal schätzen lassen. (..) Aber nur nicht Bernheimer, dem traue ich doch nicht sehr.
Mit der jüdischen Bettlerin hast Du sehr recht gesprochen und sie erkannt. Da stecken meistens Kunsthändler dahinter. Die bekommt natürlich nichts.
Liebe Paula, ein langes Geschreibsel von mir und so langweilig. Es wird überhaupt wenig helfen, was ich alles wünsche von hier aus. Alles wird seinen Gang ohne mich gehen. Aber ich will bald auch so viel als möglich helfen. Ich wollte Papa immer, immer helfen und jetzt muss ich zusehen wie andere, die nicht so viel Respekt und Interesse haben, alles herum wühlen, jetzt wo ich ihm einen letzten Dienst tun könnte. Vielleicht ist es Egoismus von mir, aber ich bin doch traurig und darf nicht zu viel denken.
(..) Ich muss nach München. Nochmals meine heißen Wünsche für das Neue Jahr. (..)
Sei umarmt und Kuss, gell sei nicht traurig, die Welt ist es nicht wert.
Dein Colomb

****

174:

Hellemes , 3. Jan.1916

Liebe, liebe Paula!
Heute, lieben Brief vom 30. Dez., Hosenträger und ausgezeichnete Gutseln von Dir bekommen. 1000 Dank
(..) Mamas Hauszins und Steuer, so wie Ernestines Kapitalsteuer (in so fern Papa sie immer gezahlt hat?) muss diesmal noch allgemein getragen werden. Gerichtlich wären wir nicht im Recht, es wäre nur guter Wille von Ernestine.

Das Angebot von Nemes gefällt mir gar nicht. Corneille ist sicher auch nicht einverstanden. Der schlaue Ungar würde sich das Beste heraussuchen und möglichst schlecht zahlen. Für „Madonna mit Kind" und „Rosenbild" 3000 M geht noch an. Aber die anderen Preise sind einfach unmöglich. Da ist ja der Holzwert der Chorstühle schon grösser. Da gebe ich lieber mein letztes Geld von der Bank für das ein oder andere Bild. Wenn Geld auf diese Weise jetzt her muss und nichts anderes zu verkaufen ist.
(Hat Heinrich die „Mari Mörl" nirgends angeboten?) So ist Deine Idee, dass wir die Bilder erwerben nicht schlecht. Vielleicht würden Hans, Heini und Beissbarths auch beisteuern. Letztere wollten doch die eine Rubenskopie? Natürlich müsstest Du Dich genau erkundigen, wie viel Du bei Verkauf Deiner Papiere verlierst. 200 M gingen noch. Die könntest Du von meinem Geld nehmen.
Natürlich, wenn es mit Deutschland so schlecht steht, dass nach dem Krieg das helle Elend herrscht, dann ist besser das Geld behalten.
Aber für was kämpfe ich dann noch? Schließlich kann einem das Geld auf der Bank auch genommen werden. Bilder weniger. Holz ist furchtbar gestiegen. Der Hochwald in Ammerland kann uns auch helfen.
Oh, es gäbe 100 dererlei Sachen, man müsste sich nur rühren. Kramer Klett ist gut, aber besser vorher schreiben, sonst wirkt es zu bettelhaft. Nur immer betonen, dass wir im Krieg sind und nichts tun können.
An Galerie Leipzig, Mannheim, Wiesbaden, Hamburg, Bremen, etc. schreiben. Das müsste alles Heinrich tun. Hat er in der Paul Heyse Straße ein geheiztes Schreibzimmer? Oh, wenn ich nur kommen könnte. Ich finde es so dumm, wenn wir alles das verkaufen, was für uns von wert wäre und das Andere, dann doch auch verkaufen müssen.
 Nein, die Bilder werden um diese Preise nicht verkauft.
Wenigstens gebe ich die Einwilligung zu den letzten 4 x a 500.- M nicht. Die ersten 2 im Notfall schon. Die anderen erwerben wir dann lieber um 2000 M.

Mir scheint es aber auf dem Generalkommando auch nicht sehr gerecht her zu gehen. 3 Wochen sind vorbei, ich habe noch keine Antwort. Wenn ich nur jemanden wüsste, der da am Wehramt ordentlich dreinfahren könnte. Da stehen auch viele Gerechte darinnen, die ins Feld gehören.

Liebe Paula, heute bin ich ganz traurig und wütend. Hab auch sehr Kopfweh, weiß nicht woher.
Ein Soldat von hier ist Bauer, liefert Butter in die Stadt. Habe gesagt er soll mal eine Probe Dir gegen Nachname schicken, gell.
Viele Grüße an Frau Dr. Kuppelwieser, wie Dir das „Du" sagen gelingen wird, kann ich mir nicht vorstellen.
Sei guten Mutes und viele Grüße und Küsse
Dein Colomb
Bin gestört worden und muss schnell Schluss machen.

175:

Hellemmes, 4. Jan. 1916

Liebe Paula!

(..) Heute habe ich Wache. Bin in einem erhöhten Glasverschlag, welcher in der großen Fabrikhalle eingebaut ist. Da stehen unsere 104 Pferde drinnen. Alle Geräusche hallen mächtig. Das Seufzen und Kettenraspeln und schlagen der Pferde erweckt starkes Echo. Mein Pferd ist auf dem linken Auge blind und dankt für Eure Grüße

(..) Hutterer hat gestern Prinz Rupprecht mit seinem Sohn in Lille spazieren gehen sehen. Da ist Breg[62] auch noch in Lille. Wenn ich nur endlich eine Entscheidung erfahren würde.

Ich mag an München gar nicht denken, so hier sitzen und nichts tun können ist schrecklich. Gell, länger kann ich Dir heute nicht schreiben. Die Beleuchtung ist miserabel. Kuss und Umarmung. Dein Colomb

176:

Hellemmes, 6. Jan. 1916

Liebe Paula

Herzlichen Dank für Deine liebe nette Karte. Also hast Du endlich Post von mir. Ich bin froh.

Ich habe heute schon ganz schreibkrämpfige Finger weil ich Heinrich einen langen Brief geschrieben. Er hat mir gestern lange berichtet. Das wegen den Sammlungssachen hinüber räumen war also ein Missverständnis. Ich schrieb ihm alles, was ich Dir schon ungefähr gesagt. Deshalb sage ihm aber doch was ich Dir geschrieben. Was Du für gut findest. Unter dem Schreiben kam mir die Idee, dass es eigentlich gar nicht schlecht wäre, wenn man die ganze Geschichte mit Haus und Garten der Münchner Stadt anbieten sollte. Die könnte das Vorderhaus als Zinshaus umbauen, den Garten verkaufen, und das Rückgebäude mit Inhalt als Sehenswürdigkeit öffentlich machen. Wie könnte man das schön und interessant richten. Etwas Ähnliches gibt es noch nicht. (..)

Was haben die Sachen einzeln eigentlich für wenig Wert. Aber ein solcher persönlicher Aufbau ist selten und wird immer seltener. Aber die Menschen sind kurzsichtig und der Krieg hemmt alles. Aber vorschlagen sollte man dies an richtiger Stelle. Harlander[63] hätte richtige Beziehungen.

Auch diesmal wird Berlin München etwas entziehen, was es selbst zu lieb behalten sollte. Jedenfalls sollten wir mit dem Zusammenreißen Papas Lebenswerk noch bissl warten. Alles versuchen. Aber ich rede und stehe zu fern.

---

62   Breg = Josef Breg, Erzieher bei Prinz Rupprecht, siehe Lebensbericht
63   Harlander = General, Bruder von Ernestine von Max, siehe Lebensbericht

Wenn nur endlich eine Entscheidung käme wegen mir. Mein Leutnant hat sich krank gemeldet und ist in die Heimat gekommen. Warum geht es dort? Das ist die Gerechtigkeit. Wenn mir nicht meine Eingabe mit der von Corneille verwechselt worden ist. 3 Wochen sind schon lange um.
Wegen einer Offensive im Westen ist alles Geschwätz, ich glaube nicht daran. Leider heißt es schon wieder, dass wir bald weg kommen. So werde ich nie gefunden. Wohin es wieder geht, weiß Gott.
An Frieden glaube ich nicht mehr. (..)
Küsse auch Tommi
Dein treuer Colomb

****

177:
                                                        Hellemmes, 8. Jan. 1916
Liebe, liebe Paula!
(..) Es tut mir leid, dass Dich der Streit mit Storchl so aufgeregt. Ich kenne sie freilich, sie kann furchtbar reizen und ist selber schuld, dass man ihr nicht gerne alles sagt. Sie ist halt wegen Corneille doppelt gereizt und der Ehrgeiz sticht sie auch. Hoffentlich werdet ihr Euch wieder aussöhnen, so weit möglich. (..)
Das Gekränkt sein wegen der Eingabe ist Dummheit. Ich dacht, sie würde viel schneller erledigt sein, dann hätte ich bei der Eingabe von Corneille geholfen. Von so Sachen viel reden ist nie gut. Das mit der Amtstelefoniererei ist ein dummes Missverständnis, das Storchl natürlich gekränkt hat. Du weißt, das Schrecklichste ist ihr, wenn sie bei etwas nicht mitreden kann. Von Geheimnis kann nicht die Rede sein. Wenn Corneille wegen mir die Eingabe zurückgezogen, so ist es sehr schön von ihm und ich ihm sehr dankbar. Für ihn ist es vielleicht auch wirklich besser. Denn das weiß ich, dass wenn ich jetzt vorübergehend nach München komme, ich dann sicher an einen noch schlechteren Platz als jetzt verschickt werde. Also kann nicht die Rede sein, dass ich die Lage meinet halber ausnütze.
Corneille habe ich heute geschrieben, der Arme kennt ja die Storchl auch. Ich glaube mit Storchl würdest Du am besten handeln, wenn Du sie scheinbar bei Vielem ins Vertrauen ziehen würdest. z.B. sagen: „ Heute habe ich etwas Wichtiges mit Dir zu besprechen" und dann etwas, was nicht so arg geheim gehalten werden braucht, sagen. Da würde ihr Tätigkeits- und Wissensdurst etwas befriedigt und Sie hätte nicht Angst, dass dauernd in der Familie etwas geschieht, von dem sie nichts wusste.
So Angelegenheiten wie Nemisch Angebot musst Du sogar ihr sagen, gell, Du verstehst mich. Die Art meiner Eingabe hätte ich ihr gesagt, wenn ich nicht so unerwartet abreisen hätte müssen. Du hättest ja gar nicht das Recht sie herum zu reden. Corneille hat mir persönlich gesagt, dass er erst später eingeben will, darum sprach ich nicht gleich davon. Du wirst mir mit den Professoren schon in der Sammlung gewesen sein.
Hoffentlich ist ihnen der Mund wässrig geworden.

Es wäre besser, wenn Heinrich sich nicht Direktor nennen ließe. Ich finde es wirkt unsolid und schwindelhaft, wenn jemand dahinter kommt.
An den gezahlten Rechnungen ist nichts zu ändern. Warum hat Mama eine so hohe Steuer zu zahlen? (..) Ernestines Anteile müssten noch besprochen werden. Sie hat mir einen sehr lieben, reich mit Ausrufungszeichen und Unterstrichenem ausgeschmückten Brief geschrieben. Bei ihr ist alles Angst und Laune. <u>Wenn ich nur kommen könnte!</u>

Storchl soll mit ihrer Eingabe warten, bis meine erledigt ist. Wenn Corneilles Stelle sicher ist, soll sie ihn lieber nicht, vielleicht nur aus Ehrgeiz, wegholen. Wenn ich weg kann, so ist es für Corneille vielleicht besser, wenn er bleibt. Wenn es mir nicht gelingt, so muss allerdings er versuchen nach München zu kommen.

Ich glaube Dir gerne dass Du froh wärst, wenn Du weg könntest nach Würzburg. Nichts Ärgeres als Streit! Aber Du weißt nicht, wie mir Papas Nachlass am Herzen liegt. Du bist meine einzige Hoffnung, weil Du Verstand und edles Gefühl, was da so nötig, hast. Halte mir zu liebe, bitte noch aus.
Ich gebe die Hoffnung noch nicht auf, zu kommen. Allerdings habe ich heute gehört, dass wir sehr bald wieder weg kommen, an keinen guten Platz. Dann will ich nichts mehr von Geld und Streit hören, dann kannst Du nach Würzburg gehen. Das heißt, wenn ich bleiben muss. Da weiß man nicht ob's ums Leben geht, dann ist es besser, sich nur lieb und friedlich zu schreiben, gell.
Küsse den lieben Tomi. Grüße Frau Kuppelwieser.
Sei nicht traurig, wenn Du mit Dir selbst zufrieden bist, kann Dich keiner kränken. Küsse und innige Umarmung Dein Mann Colomb

****

178:
12. Jan. 1916

Liebe Paula
Die Herrlichkeit in Hellemmes hat rasch ein Ende gehabt. Vorgestern um 4 Uhr mussten wir plötzlich weg. Natürlich Hals über Kopf. (Aus Missverständnis, weil in der deut++++schen Armee alles so organisiert ist)
Und schlechter ist es gekommen, als je zu vor. Heute ist der 2. Tag, dass ich nicht aus der Uniform und nicht recht zum Schlafen gekommen. Fast immer ein Marsch. Unsere Geschütze stehen jetzt in Lens und Loos, noch schlechterer Platz als vorher.
Wann Du wohl wieder Post von mir bekommst? Und ich von Dir? Heute bin ich schrecklich müde, weil ich zum Überfluss noch starken Schnupfen und Husten habe. Schlief in einem Zelt am Boden, bekam aber so Schüttelfrost, dass ich in einem Waschlokal auf Bitten auf einer schmalen Holzbank bisl ruhen konnte. Gestern auch noch nur 2 Stunden auf Bank geschlafen. Nicht viel Essen, schmutzig, Kälte. Hatte nicht mehr Zeit mich vor dem Ausreiten warm anzuziehen. Also verzeih, wenn ich nicht schön schreibe.

(..) Die Eingabe findet mich scheinbar nicht. Ich möchte reklamieren. Schicke mir gelegentlich eine der Abschriften der Eingabe. Ich bin ganz schwindlig und zu müde zum schimpfen.
5 Uhr, hab noch nichts gefunden zum Schlafen. Die Herrn Offiziere kümmern sich nur um die Pferde. Man könnte Bücher schreiben. Vorgestern ist in Lille, in der Nähe wo wir waren, ein neues Munitionslager in die Luft geflogen. Davon werdet ihr auch nichts zu hören bekommen.
Grüße an alle
Hoffentlich bald mehr.
Kuss und Umarmung Dein Colomb.

****

179:
14. Jan. 1916, Malmaison
Liebe, liebe Paula!
Ich komme halt nicht zum Schreiben, weil wir immer noch kein Quartier haben. Zum Schlafen habe ich jetzt wenigstens bei einer anderen Kolonne einen Strohsack in einem Dachraum. Aus den Kleidern bin ich seit 10. Januar nicht mehr gekommen. Ich huste und schimpfe halt so herum und warte mit Sehnsucht auf Nachricht von Dir und Eingabe.
Haben immer noch keine Post. Heute sollen wir wieder welche bekommen. Wetter kalter Sturm, heute Sonne, Essen im Freien.
Hoffentlich kann ich bald ausführlicher schreiben. Vorderhand muss ich das Notwendigste immer in meinem Brotbeutel herumtragen, auch Schreibmaterial, und schreiben wo es gerade geht.
Bilder („Figuren in Landschaft", Papas „Nonne mit Kind" und altes Bild mit liegenden Akten) sollten wir uns retten, wenn alle so unvernünftig sind!!! Sonst kann ich mich mit unserer Sache nicht beschäftigen jetzt. Ich fluche nur dem Krieg und denen, die ihn gemacht, das kann ich auch im Gehen. Grüße Frau Kuppelwieser, Küsse Tomi
Umarmung Dir liebe Frau, Dein Colomb.

****
180:
Malmaison, 15. Jan.1916
Liebe Paula!
Heute habe ich Dir schon einmal geschrieben, die Post war aber leider schon fort. Gerade habe ich ein Platzl gefunden, wo ich ein bißl schreiben kann. – Nein, es geht doch nicht, es spricht alles durcheinander. –
Jetzt bin ich wieder woanders hin geflüchtet in ein ruhigeres Etablissement.
Die Mannschaft ist jetzt alle vorderhand in diese Gaststuben einquartiert, in denen bei Tage getrunken und geraucht wird und bei Nacht müssen wir halt Strohsäcke und De-

cken hineinschaffen – zum Schlafen. So ekelhaft wie jetzt, war es noch nie her außen. Ich bin nur so halb hier, warte immer auf die Eingabe, tue dadurch nichts für mich. Lange kann das so nicht weitergehen, sonst komme ich ganz herunter. Meine Gedanken sind woanders, sonst muss ich aber doch alles Mitmachen hier, das ist nachteilig. Wenn ich bestimmt wüsste, dass ich heraussen bleiben müsste, so muss ich mich wieder aufraffen und alle anderen Gedanken aus dem Kopf schlagen. Dann müsste ich mir verschiedenes schicken lassen auch.

Aber da siehst Du die Gerechtigkeit, mit der Du am Wehramt abgetan wurdest. Jetzt sind schon 5 Wochen, dass die Eingabe läuft und immer noch nichts. Ich hatte noch bißl was übrig für meine Heimatstadt als ich ging, ab jetzt hasse ich sie.
Das kannst Du am Wehramt sagen, dass man so mit den Leuten, die an der Front stehen nicht umgeht, wo die Stimmung zu erhalten im Interesse des Deutschen Reiches wäre. Die Stimmung ist nicht so, wie es immer in den Zeitungen steht.
Wenn ich um beschleunigte Erledigung der Eingabe bitte, so könnten sie dieselbe wenigstens nicht noch mehr langsamer machen. Sie sollen uns nicht zwingen über Gerechtigkeit reden zu müssen. Da würde mancher von München an die Front wandern. Es hat keinen Sinn sich zu ärgern. Der ganze <u>Schwindel ist es ja gar nicht wert</u>. Aber auf diese Art wird ein innerer Feind erzogen, der furchtbar werden kann!!

Liebe Paula, nein ich bin nicht empfindlich aber schließlich hat, glaube ich alle Geduld ein Ende.
Nun mal Antwort über Deinen Brief am 6. Jan.:
Das mit den Bildern ist ein großes Durcheinander an Missverständnissen. Wegen dem angeblich mir gehörendem Bild im Atelier. (Papa hat es mir nicht direkt geschenkt, nur versprochen, ich kann mir noch alte Bilder nehmen, wenn ich mal Platz zum Aufhängen habe und ich sagte, ich würde das gerne haben, aber jetzt will ich nicht Lücken an der Wand machen.)
Wie es halt so geht, wir haben's wieder so verredet. Also, wie es auch ist. Ich habe Heinrich gebeten mit diesem Bild etwas zurückzuhalten, weil ich es gerne <u>erwerben</u> möchte. Wenn er aber einen sehr hohen Preis erzielen kann, will er es verkaufen, was dann in 4 Teile geht. Also in beiden Fällen habe ich es der Allgemeinheit zur Verfügung gestellt, nur mit der Bitte dass ich es erwerben darf.
Dass Corneille sein Bild der Allgemeinheit hergibt, finde ich Unsinn und eine Nicht-Ehrung Papas Geschenk. Für sich kann er es verkaufen oder Storchl. Mit Ernestines Bild ist es natürlich was anderes.

Ich meine aber im Allgemeinen, wenn es so schlimm steht mit allem Geld jetzt und nach dem Krieg, dann ist es doch fast besser man hat keines, sondern lieber Bilder. Mit denen man wenigstens nach Amerika gehen kann. Jedenfalls nicht verschleudern.

Wollte abends weiter schreiben, da hieß es, es brennt. Wir stürzten hinaus. Da stand ein großes Strohmagazin in Flammen. Franzosen und Soldaten versuchten zu löschen, brannte doch ganz nieder. Nett war der alte Pfarrer, der die Arbeiten an der Feuerspritze leitete.
Kaum war ich im Bett, da wurde ich wieder geweckt. Soll heute den 16. Jan. Arbeitskommandos an die Front nach Lens bringen. Musste um 2 Uhr aufstehen.
Jetzt, wo ich das schreibe, bin ich gerade durch Zufall einer großen Lebensgefahr entkommen. Kam in Granat Schnellfeuer und konnte mich hinter einer Ecke decken, fand eine offene Türe und stürzte in einen Keller. Dunkel, große Familie im Bett, weinende Kinder. Ich machte Licht, alles leichenblass. Die Armen. Draußen Krach auf Krach.
Jetzt haben wir uns etwas aus der Stadt geflüchtet, müssen auf die Kanoniere warten, schnell schreiben.
O Paula, der Krieg ist grausam. Die zu Hause haben keine Ahnung. Wenn ich jetzt jeden Tag vorfahren muss, werde ich auch krank. Kann sowieso vor Husten nicht schlafen.
Liebe, liebe Paula, ich umarme Dich und Kuss
Dein Colomb
Wenn es so weiter geht und immer schlechter wird, musst Du auf alles gefasst sein. Gott lenkt unser Schicksal. (..)

****

181:
Evin Malmaison 17. Jan.1916

<u>Liebe, liebe Paula!</u>
Heute hat mich Hutterer abgelöst, um vor zu fahren. Musste dafür Post holen. Die auch sehr weit weg ist. Aber jetzt habe ich wenigstens bißl Zeit zu schreiben. Wir sind ja immer noch ohne Quartier. Massenlager mit Kleidern auf Stroh. Kein Platz wo ich etwas hinlegen oder liegen lassen könnte. Ekelhaft. Schreiben kann man nur irgendwo, halt wo es gerade warm ist.
Deine lieben Briefe freuen mich so, aber ich weiß nicht, wie beantworten, sie wachsen mir schon über den Kopf.
Heute hat mir Heinrich auch einen langen geschrieben, der mich aber sehr verstimmt. – Heinrich hat also gar nichts fotografiert noch und solche Dummheiten macht er. Oh, wenn ich nur kommen könnte. –
Ich werde selbst an das Generalkommando schreiben. (und <u>wie</u>), da ich sehe dass sämtliche Freunde und selbst Generäle nichts tun können oder wollen. –
Gell Paula, wenn mich mal nichts mehr bindet an Deutschland wandern wir aus.
Nun nehme ich mal Deine Briefe vor und antworte:
Brief vom 7. Jan.:
Brief von Lusshan[64] sehr nett. Ja, Lusshan ist hübsch und sehr angenehm im Wesen. Es war gut, dass Du zurückhaltend warst, auch vielleicht besser nicht lange in den Samm-

---
64   Lusshan = Wissenschaftler, begutachtet die Sammlungen von Gabriel von Max

lungen, wegen der Gesundheit. Sonst hättest Du aber ganz gut, trotz Heinrichs Protest, mitgehen können. 2 verstehen besser und ich habe immer Angst mit Heinrichs Händen. Aber Lusshan sprach ja vor Euch allen, das war gut. Und was er sagte, war sehr richtig. Es freut mich, denn er unterstützt meine Ansicht. Ganz unfehlbar ist er ja auch nicht und wie jeder Gelehrter einseitig.
Wenn die Sammlung möglichst beisammen bleibt, bin ich über die 100 000 M nicht enttäuscht.
Ganz bin ich aber nicht im Klaren mit Deinem Bericht. Das macht vorderhand nichts. Schriftlich über das Ganze zu sprechen, kann ich gar nicht anfangen. Darlegen, was ich von Papa weiß und schon wusste. Ich bin Soldat und muss die Sache gehen lassen, wie sie gehen.

Ein Herzenswunsch meines Lebens ist vernichtet und vieles, was Papa uns zu Liebe gearbeitet. Der Schrei nach Geld macht alles schweigen.

Dass ein reicher Künstler (**Nemes**) in München sein Atelier mit Papas Ateliersachen und Bildern ausstattet, die er uns abdrückt, finde ich mehr als deprimierend.
Darum werde ich nach dem Krieg auch von München nichts mehr wissen wollen. Dass der Krieg noch 3 – 4 Jahre dauert, begreife ich. Wenn ja, dann ist alles hin. Lusshan werde ich schreiben, sobald es geht.

Tante ist sehr lieb. Du darfst aber nicht 500 M verlieren. Kann sie denn etwas hergeben ohne Verlust. Natürlich in unser aller Interesse würde ich gerne Einiges erwerben. Auch den „goldenen Mumienkopf", wenn er nur um 150 M wie Heinrich schreibt, geschätzt wurde.
Gut war es aber, dass Lusshan da war.
Die Akademie kann eigentlich kein Angebot machen, bevor ich nicht mit ihnen alles durchgesehen. Sonst wäre ich ja erst nötig, wenn wir die Sammlung ihnen gegeben. Oder dann verpflichtet ihnen zu geben. Wenn die Stadt unser Angebot annimmt, so muss sie ja auch die Akademie zu Rate ziehen. Von Beleidigung kann da nicht die Rede sein.
Kolbe werde ich schreiben.

Mit der Eingabe kann es nicht stimmen, ich glaube es liegt eine Verwechslung mit Corneille vor. Oh Storchl!!
Die Münchner Professoren waren also da. Über Prof. Schlosser, glaube ich, Papa öfters sprechen gehört zu haben.

2. Mit den Käufen von Kranz liegt die Sache auch so. Die Museen haben sehr wenig Geld und da gab Kranz die Sachen einfach an den Bestzahlenden. Das war Papa. Das viele Professoren sehr eifersüchtig auf Papa waren deshalb, ist natürlich. Ich fürchte nur, dass nun mit dem Besuch der Professoren meine Aussichten verloren sind. Die werden sich hüten, zu großen Kaufeifer zu zeigen.

Dass Lusshan Dich nett findet, freut mich. Aber Heinrich kann wirklich abstoßen durch Schmeicheleien und Redensarten. Mama hat ihn darum nie gemocht. Auch in seinem heutigen Brief kann er seine Eitelkeit nicht ganz verhehlen. Er fragt mich, ob er wirklich in Stimme und Schrift so Ähnlichkeit mit Papa hat. Lusshan hätte es gesagt. Dadurch fühlt er sich auch berufen, alles am Besten und allein machen zu können. Der Arme. Ich komme mir schon bald vor, als ob ich nicht der Sohn meines Vaters wäre, sondern irgendein ferner Vertrauter.

Also (Nemes), zum letzten Mal, wenn außer Dir alle so kurzsichtig sind und nicht einsehen wollen.
Vordem all die wichtigen Schritte mit Galerien getan sind, wollt ihr wegen 1000 M Anzahlung wertvolle Sachen verschleudern. Ich kann nichts dagegen machen.
Für mich rette:
Papas „Nonne mit Kind" (wenn Heinrich sie noch oft verrückt, wird sie noch kaputt).
Mein altes Bild.
Goldkopf Ägypt.
Das über der Ateliertüre, wenn möglich.
Wenn ich eines dieser Dinge nach dem Krieg mit Profit verkaufe, verpflichte ich mich 30 Prozent an die Erbteile zu geben.
Wenn einmal der Nimbus des Rückgebäudes genommen ist, so können wir alles mit Dantlerpreisen verkaufen. – Das versteht keiner. –
Meine Idee wegen der Stadt ist nicht zum Lachen. Die Stadt kann besser warten und dann Garten und Vorderhaus hoch verkaufen, so dass ihnen die Sammlung fast geschenkt ist.
Vielleicht wollen Beissbarths[65] ein oder das andere Bild kaufen. Das wir ihnen dann wieder abkaufen könnten.
Ich kann mich nicht sammeln, ich möchte so viel sagen, komme aber nicht dazu.

18. Januar 1916

Gestern wurde ich um 8 Uhr abends zum Munitionsfahren geholt. Ein riesen Weg. Von 8 bis 4 Uhr morgens immer reiten. Weit über Lens hinaus. Um endlich Ruhe zum Schreiben zu haben, habe ich mich krank gemeldet. Der Husten war allerdings auch arg. Der Arzt der ganz nett ist, hat mich gleich ins Lazarett gesteckt. (Ich wollte nur ins Revier, um einmal ins Bett und an reine Luft zu kommen). Nun bin ich gleich gebadet in die blauweißen Kleider gesteckt worden und liege eben in einem großen Zimmer (Schulzimmer) mit einigen anderen zusammen. Über mir prangt die Tafel mit meinem Namen und Krankheit. (Akt. Bronch.) und was ich essen darf. Hoffentlich werden sie mich nicht zu lange behalten, denn wirklich krank, ich meine schwierig, bin ich ja nicht.
Gell, also erschrecke nicht dass ich im Lazarett bin, liebe Paula.
Gell, morgen schreib ich weiter. Der Brief muss aber fort, sonst bist du in Angst. Habe gar keinen gescheiten Bleistift mehr zum schreiben. Sei innig geküsst.
Dein Colomb.

---

65   Beissbarth = Familie von Paulas Verwandten, siehe Lebensbericht

182:

Evin – Malmaison, 20. Jan. 1916

So sehe ich aus:

Liebe gute arme Paula!
Deine liebe Karte vom 15. und Brief vom 16. bekommen. Ich habe es mir gedacht, dass Du Dich sorgen wirst, wenn Du solange nichts von mir hörst. Es war aber nicht zu ändern. Jetzt im Lazarett geht es mir sehr gut. Ich hab ein gutes Bett. 5 Mahlzeiten im Tag. Ein sonniges Schulzimmer. Liege mit 12 Infanteristen, die auch so leicht krank sind, zusammen. Das Lazarett ist eben im gleichen Ort wie unsere Kolonne. Hutterer bringt mir aber täglich die Post. Werde ja bald wieder entlassen, aber einige Zeit ist doch genommen. Also sorge Dich nicht und meine, ich bin ernstlich krank und sage es nur nicht, gell. Du würdest lachen, wenn Du mich sehen würdest, wie ich in meinem blauweißen Anzug mit Holzschuhen herum humple. Immer brauche ich nicht im Bett zu liegen. Über meinem Bett ist eine Tafel mit genauer Angabe meines Namens, Krankheit, Beköstigungsform I., Temperatur und Stuhlgänge. Das Essen wird immer in einer Trage gebracht.

Ich fürchtete, Du würdest Dich wegen der Explosion in Lille sorgen. Aber gerade an diesem Abend kamen wir weg. Unsere Fabrik, wo unsere Pferde drinnen waren, wurde sehr beschädigt. Die Sache war ja ganz in unserer Nähe. Es könnte einen schauern, an was für Gefahren man vorbeigeht, man muss fast an einen Schutzengel glauben.

Ich schrieb Dir neulich eine Karte von Lens in einer Deutschen Kantine. Den anderen Tag, um dieselbe Zeit schlug eine Granate mitten hinein und tötete und verwundete schwer alle, die darinnen waren. Wie ich in der Nacht die Munition vorbeifuhr, sah ich die Verheerung. Es graust einem, aber der Glaube wächst.

21. Jan.
(..) Wenn ich Deine „innere vertrocknete Mandelseele" aufweichen könnte, wie glücklich wäre ich. Aber es liegt nicht in meiner Gewalt. Ich habe selbst eine bittere Mandel statt Herz. Liebe gute Paula, alles geht wie es gehen muss, aber auch die Handlungen sind vorherbestimmt.
Also werde ich doch noch ungeduldig ans Generalkommando schreiben. Und wenn dieses nichts hilft, dann fange ich von hier an, einzugeben.
Eben kommt der Arzt, also Schluss. (..) Küsse und innigste Umarmung
Dein Colomb
Grüße Tommi und Frau Kuppelwieser.

Der Besuch des Arztes

****

183:
Evin – Malmaison, 22. Jan. 1916

Liebe Paula!

Da siehst Du dass ich Schnupfen habe. Das Zelt ist für die Nacht auch recht windig.
Herzlichen Gruß und Kuss
Dein Colomb

****

184:
Evin – Malmaison 24. Jan. 1916

Liebe Paula!

Schön ist Deine Sonnenuntergangskarte. Mit ihr geht aber auch meine Hoffnung unter. Es wird Nacht und mein Herz ist voll furchtbarer Bitterkeit. Ich will heute nicht schreiben, aber vielleicht ist es am wenigsten gefährlich, wenn ich meinem Herz im Schreiben an Dich Luft mache. Verstehe und verzeih.

Ich durchschaue die ganze Sache. Die Volkspartei, für die ich mich 16 Monate im Felde frette, hat mein Gesuch sicher verworfen. Es war zu üppig und imponierend geschrieben. (..) Ich habe die Eifersucht der Kleinen gereizt. Ironie des Schicksals. Für die ich leide, tun mir das Schwerste an. Aber dass das von Oben nicht durchgedrückt werden konnte, ist mir rätselhaft.

Harlander kann anscheinend nichts tun, oder ich muss sehr schlecht von ihm denken. Soll ich mich im Hass ausleben?

Das ist also der Dank der Münchner, denen Papa 1000ende von Mark geschenkt und zu dem guten Ruf der Stadt beigetragen hat. Das ist der Dank, dass ich mich nicht, wie 1000 andere vom Felddienst gedrückt habe? Mit Gewalt wider Willen wird man auf diese Art vom Vaterland weggedrängt und zu deren Feind gemacht. Ich kann es keinem Infanteristen verübeln, der eine ähnliche Nachricht bekommt, dass er zum Feind überläuft. Solche Feinde soll sich das Militär doch nicht machen.

Ich gebe meine Einwilligung nie und nimmer, dass München ein Stück von Papas Nachlass bekommt. Ich wusste es, sobald die Professoren die Sammlung gesehen haben werden, wird mein Gesuch abgelehnt werden. Soll ich Alarm schlagen, dass Goldschmidt oder Reiser, der doch nur Weiber verführt noch in München ist?

Oh Paula, wie verstehe ich jetzt Papas Worte (Ich habe diese in seinem Schreibtisch am Titel eines Buches gelesen): „Warum muss ich hassen, wo ich lieben könnte und fluchen wo ich segnen möchte."?

Ich sehe nur Ungerechtigkeit. Meine demütige Seite sagt, das Schicksal wird seine Gründe haben. Aber wenn Deutschland um seine Rechte kämpft, warum soll ich es nicht um Meine? Warum soll ich demütig sein, das heißt gegen meinen Willen schlechtes tun! Nein, mir schwindelt, ich kann heute nicht denken.

Urlaub ist ausgeschlossen, liebe Paula! Ich habe doch erst gehabt. Und wieder nach 14 Tagen diese Qual mit Abschied nehmen. Lieber vergesse mich. Papa versteht mich, wenn ich von München nichts mehr wissen will. Aber seine Sachen sollen lieber verbrannt werden, als dorten bleiben. Wenn gar nichts hilft, so gehe ich auch weg von München. Vor allem der Ort des Undanks.

Vielleicht sehen wir uns einmal in Liebe wieder? Wenn nicht, so suche Dein Herz rein zu halten von Hass. Ich muss mich erst wieder finden, gegenwärtig bin ich entgleist. Vielleicht kann ich morgen anfangen meine Gedanken zu fassen.

Storchl sage dass ich ganz vergnügt bin, und hoffe, dass ich wenigstens Corneille zuliebe zurückstecken muss.

Du verstehst mich liebe, liebe Paula
Wären wir nur auf derRatteninsel bei Stockvik[66] und wüssten nichts von der Welt.
Küsse Dein Colomb

****

185:
Evin – Malmaison, 25. Jan. 1916

Heute werde ich aus dem Lazarett entlassen. Mit dem Arzt ist auch nichts anzufangen. Ich bin wieder eine Nummer. Etwas ruhiger als gestern bin ich heute aber doch.
Warum hast Du die Nachricht bekommen und nicht ich? Ich habe doch die Eingabe gemacht. Schreibe mir bitte, ob Dein Name oder mein Name auf der Zuschrift stand. Ich werde einen angemessenen Brief ans Generalkommando schreiben.
Sei ruhig, ich tue nichts, was schaden kann. Bitte schicke mir weißes Papier und große Kuverts für Eingabe schreiben.
Du solltest jetzt aber schon die Unterstützung für Kriegsfrauen fordern!
Ich werde mich noch einmal energisch ans Generalkommando wenden. – Ob Du noch was tun kannst, weiß ich nicht. Ich fürchte nicht. Auch sonst habe ich keine Hoffnung wo etwas zu machen wäre.
Ich muss wohl aushalten, wenn es meine Nerven aushalten?
(Wenn jemand mir paar Zigarren besorgen würde, wäre ich sehr dankbar.)
Liebe Paula, ich vergesse Dich nicht, aber hart ist es. Ich darf nicht denken. Das ist der Dank des Vaterlands!!!?

Deutschland, Deutschland über Alles! ---------

O, Paula, sei umarmt und denke nicht schlecht von mir. Dein Colomb
Herzlichen Dank für gute Schokoladerln, sehr lieb von Dir!

****

186:
Evin – Malmaison, 26. Jan. 1916

Liebe gute Paula!
Nun bin ich wieder aus dem Lazarett. Alles kommt einem doppelt arg vor. Von der Zimmerluft ist man schwach und energielos.
Einstweilen ist alles in Quartiere gekommen, nur ich hatte keines und musste mir erst Eines suchen. Meine Sachen finde ich auch nur mit großer Mühe zusammen. Mein Pferd

---

66   Stockvik = in Schweden, siehe Bild im Lebensbericht

ist mager und verwahrlost. Ich habe noch 3 Tage Schonung. Bin auch wirklich ganz müde.
Die Eingabeabsage habe ich noch nicht ganz erfasst, hatte mir doch zu viel Hoffnungen gemacht. Ich kann noch keine neue Hoffnung fassen.

Eigentlich ist es lächerlich, nur mein Hauptmann an allem schuld. Wir haben einen neuen jungen netten Leutnant. Der sagt, ich gehöre natürlich nach Hause in die Garnison. Immer wenn alle Unteroffiziere nötig sind, bin ich krank oder habe Reiten frei. Vielleicht ist es gut, dass ich aus dem Lazarett ans Generalkommando geschrieben. Die haben mein Gesuch, wie viele einfach in den Papierkorb geworfen. Ein Wink hätte da schon viel geholfen.
O Paula, wenn der Krieg noch lange dauert, weiß ich nicht was ich tue. Harlander hat leicht, mit lachendem Mund sagen: „Sie bekommen schon wieder mal Urlaub." Wenn er wüsste, was das für Qualen sind. Nein, ich (..) Liebe Paula, glaube mir, ich will ja nicht hassen. Mein Herz ist mir nur wund und vergiftet. Du weißt, ich bin nicht schlecht. Nein, ich möchte anderen Menschen immer helfen. Warum quälen sie mich aber so?
Ich muss fast sagen, leider habe ich starke Nerven. Wenigstens bis jetzt gehabt. Ob sie immer aushalten werden, bezweifle ich. Gegenwärtig achte ich überhaupt nicht mehr viel auf meinen Erdenkörper.

Du meinst, ich soll die Eingabe erneuern. Heißt das nicht, vielleicht wieder 6 Wochen warten und dann enttäuscht werden? Willst Du mich nicht lieber vergessen, nach Würzburg gehen? Paul Heyse Straße – Alles verkaufen lassen, Deinen Teil dann einkassieren! Es ist doch so fraglich, ob ich je heim komme, ob der Krieg je ein Ende hat. Warum sollst Du Dich so sorgen?
Alles spricht für meine Versetzung, aber ich bin nach dem Entscheid nicht würdig dazu. Sie nehmen sich nicht die Mühe, bei der Kultur anzufragen. Oder mein Hauptmann ist ein Unmensch.

Nein ich kann Dir noch nicht schreiben, liebe Paula, Ich muss erst wieder ruhiger werden.(..) Und Du sei ruhig. Danke Dir für alles, was Du tust. Bin ich's wert? Ich hindere ja Dich nur überall.
Storchl soll Corneille nicht in Gefahr bringen!
Tommi soll nicht auf der Gasse raufen, da gibt es gehässige Buben. Er lernt auch nichts Gutes dabei. Er soll mit nettem Freund arbeiten, das ist gut.
Liebe Paula! Kuss „Ich vergess Dich nicht."
Dein Colomb
Hier sind fast Sommertage.

(Schlüsselblume getrocknet beigelegt)

****

187:

Evin – Malmaison, 27. Jan. 1916

Liebe, gute Paula!
Deinen lieben langen Brief (22. Jan.) habe ich gestern (aber nicht wie Du dachtest im Lazarett) erhalten. Ich wanke kopfhängerisch heraussen herum und fühle mich durch Dich beschämt. Du gibst die Hoffnung nicht auf. Ich hab's getan. Aber wirklich, ich bin Bitt- und Kampfes müde. Du weißt, es fällt mir schwer für mich zu bitten, besonders, wenn ich weiß, es wird mir falsch ausgelegt. Mit meinem Hauptmann ist nicht zu reden. Er will gerecht sein. Meine Angelegenheit scheint ungerecht. Ich habe noch nicht das Herz, mich abspeisen zu lassen. Mein Hauptmann weiß noch nichts von der Absage. Wenn ich's ihm sage, wird er noch bestärkt vielleicht. In einigen Tagen versuche ich es vielleicht doch.

Du tust so viel, dass ich Dir nicht mehr danken kann. Du hast Dich überwunden und warst bei Harlander, willst an Prinz Rupprecht schreiben. Da werde ich ja ganz, ganz klein. – Ich bin aber auch nicht mehr der Alte, in mir ist etwas zerbrochen.
Vielleicht wagst es wieder zusammen, einmal. (..)
Paula, liebe Paula, sei mir nicht bös und verliere den Glauben nicht.
Küsse und Grüße Dich innigst, Dein Colomb
Tommilein Kuss Gruß, Frau Dr. Kuppelwieser herzliche Grüße (..)

****

188:

Evin – Malmaison, 30. Jan. 1916

Liebe, liebe Paula!
(..) Allmählich erhole ich mich von der großen Enttäuschung.
Ich habe schon verschiedene Eingaben aufgesetzt, aber immer bin ich wieder nicht zufrieden. Sie soll kurz sein (Militärisch) und doch alles erklären. Das Dumme und Gefährliche ist, dass wir einem preußischen Armeekorps angehören. Wenn ich sage, ich kann nicht reiten und die Versetzung mir nicht genehmigt wird, so stecken sie mich weiß Gott wohin. Ich müsste es darauf ankommen lassen.
Nun schreibt mir aber heute Ernestine (sehr nett), dass sie eingeben will. Dass sie mich unbedingt braucht. Wenn das geschieht, so kann ich meine Eingabe auch wagen und entgegen laufen lassen. Heinrich wäre vielleicht besser, wenn er sich nicht als Nachlassleiter beim Generalkommando verraten würde. Dann wäre ich ja überflüssig. Die Zusammenkunft bei Ernestine wird ja das entscheiden und Du wirst es mir schreiben, gell.(..)

Denke Dir, was mir vorhin passiert ist. Ein Franzose und seine Frau haben mich geküsst. Du lachst. Die Sache ist so: 300 Zivilisten mussten plötzlich diesen Ort verlassen. Das 60 jährige Ehepaar, wo ich im Quartier bin, auch. Ein großer Jammer. Viele Familien mit Kindern mussten weg und die Häuser im Stich lassen. Meine Hausleute hatten nicht

mehr Zeit, all ihre Sachen zu Verwandten in Sicherheit zu bringen. Ich sagte, solange ich hier bin, werde ich aufpassen. Nun habe ich mein ganzes kleines Häuschen für mich. Die Leute haben alles hergerichtet. Kohlen, Kaffee, Zucker, ein halbes Huhn und alles was man so braucht für Hauswirtschaft. Sie legten mir alles ans Herz. Wie sie weg mussten kam die Rührung und sie verabschiedeten sich bei mir, als ob ich vom Haus wäre.
300 Frauen, Kinder und alte Männer auf Leiterwagen mit ihren Säcken, wo das Nötigste darinnen ist, unter militärischer Bedeckung zogen ab. - Viele Trauern, im Allgemeinen aber beneidenswerter Galgenhumor.

Arm war eine Mutter mit 2 kleinen Kindern, auf einem Karren. Das Kleinere im Kinderwagen. Kalter Nebel dabei. Sie wissen alle nicht, wohin sie kommen. Alle Soldaten hatten Mitleid. - Ja, der Krieg!

(..) Armer Tommi. Grüße ihn und küss ihn von mir.
Arme Paula, Du ärgerst Dich wahrscheinlich über meine Briefe. Aber ich hab Dich doch lieb. Dein Mann Colomb. Kuss (..)

****

189:

Evin – Malmaison, 7. Febr. 1916

Liebe, liebe Paula!
Schreiben, schreiben heißt es die ganze Zeit. Eben habe ich die Eingabe neu geschrieben. Von der Endgültigen werde ich Dir eine Abschrift schicken, gell.
(..)
Ich habe Kolbe geschrieben, ob sich die Nationalgalerie eventuell interessieren würde. Es seien Studien und dergleichen da. Originale schicken geht nicht. Von Zeichnungen habe ich nichts gesagt. Heinrich soll Fotografien mit Größe Angaben schicken. (Mö-

bel, Selbstporträt, und einigen anderen älteren Bildskizzen und angefangenen Bildern).
Ich dachte mir, es würde vielleicht jemand kommen.
Ich habe Dich als meine Vertreterin angegeben, also müsste Heinrich in Deinem Namen schreiben.
Man kann beifügen „Wandzeichnungen sind noch nicht gesichtet und würden erst später veräußert werden können."
Dass Du wissen willst, wie es mit den Schulden steht, ist sehr richtig. Das alles hätte ich ja machen müssen, darum wäre ich ja so wichtig daheim gewesen. In der neuen Eingabe habe ich auch geschrieben, dass es sich darum handelt, den Konkurs von der Familie abzuwenden. Haften sollst Du nur solange, als die 10 000 M reichen.

Ich glaube es ist besser, wenn Heinrich keine Eingabe macht, weil ich bei meiner schreibe: „Mein Bruder und ich kommen nur in Betracht bei Ordnung der Angelegenheiten."

Viel Hoffnung habe ich überhaupt nicht. Wenn meine Eingabe wieder so lange braucht, so wird es gerade Frühling. Reichlich spät. Und die sicher kommende Offensive der Engländer kann alles verhindern.
Oh Paula, Geduld, Geduld.
Heute haben sie mir meinen letzten Kohlevorrat gestohlen. Jetzt muss ich doch wohl bald ausziehen.
Liebe, liebe Paula Kuss, Dein Colomb

****

190:        Postkarte: Moritz von Schwind

8. Feb. 1916

Lieber, lieber Colomb!
Gestern habe ich Dir nur kurz ein Zettelchen geschickt mit dem Kopierbüchlein. Heut hat mich Frau Kuppelwieser auch einmal fotografisch aufgenommen. Ich glaube aber, dass es nichts Rechtes wird. So lange die Sonne herrlich schien, wurde es hinausgeschoben. Ich sah immer die kommende graue Wolke und richtig, sie kam gerade im Moment des Aufnehmens. Das wird man meinem Ausdruck auch ansehen. Eigentlich hatte ich den Apparat geholt, um Frau Kuppelwieser aufzunehmen. Hatte ihn <u>schnell</u> geholt und gleich in den Garten gestürzt, traute nicht lange zu machen – kannst dir denken, machte alles ganz richtig, - aber was stellte sich heraus nach dem Entwickeln. Der Apparat war noch von Dir her auf Zeit gestanden. Oh weh, darum hatte es auch immer 2 Mal knipps, knapps gemacht. Heute sollte es <u>richtiges</u> Fotografieren werden. Wie ich gefürchtet, wurde gewartet bis die Sonne weg war. Schad, hätte Dir auch ein Bild zeigen wollen von mir. (..)

****

191:
                                    Evin – Malmaison, 9. Febr. 1916
Liebe, liebe Paula!
(..) Ich sollte umziehen, trenne mich aber von meiner Einsiedelei so schwer. Kohlen habe ich auch keine neuen, also sitze ich in der offenen Türe an der Sonne, weil es heute so schön ist.
Wegen den Fliegern ist es hier besser als in Annveullin, wir sind viel weiter von der Front entfernt. Dafür müssen wir aber weit fahren und sind unsere Batterien an sehr gefährlichen Stellen. Eine Bereich Lens – Loretto Höhe und eine bei Loos. Bei einer Offensive kann es uns schlimm gehen.
(..)
Mit Hutterer wohne ich jetzt leider nicht zusammen. Durch den 1 Monat Urlaub, dann Lazarett, hat ihn der Friseur (Bader) mehr an sich gebracht. Sie haben zusammen Quartier und sie spielen fortgesetzt Karten. Hutterer ist zu gutmütig und hat sich verleiten lassen. Er ist aber immer noch sehr nett mit mir. Hat mir immer alles ins Lazarett gebracht. Seit meinem Urlaub bin ich auch recht ungesellig und zu keinem Spaß aufgelegt. Hutterer ist gern lustig und ich will ihm den guten Humor nicht verderben, der ist ja wichtig im Feld. Er bekommt jetzt Urlaub, vielleicht wenn er Zeit hat besucht er Dich. Ich glaube aber nicht, dass er es kann. (..)
Den Kriegsstiftern geht es wie „dem Zauberlehrling" von Goethe.
Hoffen wir auf schönere Zeiten! Wenn ich im Garnisonsdienst wäre, ging manches schon leichter.
Du musst wissen, dass doch Heinrich eigentlich gar nichts von Kunst versteht, und ich vieles hundertmal schneller regeln kann, da ich es doch besser weiß, schließlich als Sohn. Ja wenn es bei mir nicht geht, soll Corneille nach München, d.h. wenn es nicht für ihn gefährlich ist. (..)

****

192:
                                    Evin – Malmaison, 14. Febr. 1916
Liebe gute Paula!
Gestern deinen lieben Brief vom 9. Feb. bekommen. Sehr erfreuliches für Dich, Du Arme steht nicht darinnen. Aber das muss anders werden. Meinethalben sollst und darfst Du nicht mehr Verdruss haben. Der kleinste Zwist wegen dem Nachlass von Papa ist mir ärger, als wenn ich nichts davon bekomme. Für mich ist es ja überhaupt nicht. Es ist doch so fraglich, ob ich wieder komm. Ich sehe ernstere Streite voraus, das will ich nicht. Ich lasse die Dinge jetzt gehen, wie sie gehen. Wenn es Dir recht ist, ziehe ich meine Vollmacht auf Dich zurück. Wo es Zeit hat, entscheide ich selber, wenn nicht, so können es die anderen für mich. Um Himmels Willen habe keinen Streit meinethalben. Das kann auch für mich schlimm sein. z. B. Ich bekomme wie gestern Deinen Brief, höre Du bist

angefeindet. Darauf muss ich vielleicht dem Tod in die Augen sehen und hab nichts. Vor mir ihn und in der Heimat Dich angefeindet wissen, wegen Geld für mich? Nein, nein! Ich hatte schlimme Stunden. Hätte um 3 Uhr morgens zum Arbeitsdienst an die Front sollen (außerhalb Lens – sehr schlimm) Meldete mich zum Arzt wegen H., wusste keinen anderen Ausweg, wollte doch noch einen Brief von Dir haben. Auch wollte ich so wie so zu dem hiesigen Arzt. Der war sehr nett und gab mir gleich einige Tage Schonung mit Behandlung. Ich kann mir denken, wie alle Unteroffiziere wieder gegen mich eifern. Es drückt mich auch das Gewissen und es wäre schrecklich, wenn meinem Ersatzmann was zustoßen sollte.
Liebe Paula, Du weißt nicht, was für Gefühle einen heraussen bewegen, die einen ganz rasend machen können. Besonders zwei kämpfen immer gegeneinander. Pflicht gegen die Seinen daheim, oder Diensterfüllung ohne Ausnahme. Das ist der schwere Kampf hin und her. Einige Tage habe ich nun wieder Galgenfrist. Gott sei Dank, habe ich heute einen Brief von Dir, der wieder besser lautet. (11. Feb.)
Gestern habe ich auch meinen Leutnant gesprochen. Der war sehr nett und sagt (Er hat viel Erfahrung): Der Einzige aussichtsvolle Weg für mich, wäre der: Ernestine müsste für mich um sofortigen Urlaub eingeben, da sie mit der Ordnung des Nachlasses nicht zu Stande käme und nur ich eine Katastrophe abwenden könnte, da ich eingeweiht sei. Das müsste amtlich (am besten Magistrat) bestätigt werden. In München soll ich mich dann zum Arzt melden, wo ich dann ins Lazarett komme und dann (höherer Wink) dem Ersatzbataillon zugeteilt werden kann, wenigstens vorübergehend. Da gibt es ganz andere Fälle, wo es geht. Aber bei uns ist es besonders verwickelt. Der Leutnant meint, wenn ich einen Militär Verwandten hätte, ginge das ja leicht, besonders da ich wirklich erholungsbedürftig bin. Ich werde meine Eingabe aber doch machen. Ernestine werde ich jetzt schreiben. Wenn das alles nicht hilft, dann mache ich das willenlose Opferlamm. Denn was ist ein Menschenleben heute?
Dass Du beim Bürgermeister warst, ist sehr lieb, ich danke Dir auch in Papas Namen. Das habe ich schon gedacht, dass die kein Geld haben. Aber die Paul Heyse Straße könnte nach dem Krieg, der durchhalten kann, Geld bringen. Der Bürgermeister, wenn begutachten würde, dass ich in München nötig, dann ging das Kommen auch leichter. (..).

****

193:

Evin – Malmaison, 19. Feb. 1916

Liebe, liebe Paula!
(..) Meine Lage spitzt sich immer mehr zu. Ich mach keinen Dienst. Meine Häm. sind so, wie ich sie schon lange erhofft. Der Hauptmann muss einsehen, dass ich fort muss. Er rührt sich nicht aber. Also muss ich mich rühren.
Leider habe ich mir deshalb heute schon einen Verweis[67] vor versammelten Unteroffizieren zugezogen. Das kam daher: In meiner Ungeduld damals, habe ich aus dem Laza-

---

67   Verweis = geringste Militärstrafe

rett direkt ans Generalkommando in München geschrieben. Eigentlich nur angefragt ob meine Eingabe verloren gegangen ist, weil ich solange nichts höre.
Bissl giftig habe ich schon geschrieben. Dieses Schreiben ist nun an die Kolonne zurückgeschickt worden mit dem Hinweis, dass ich mich gegen den Dienst verstoßen habe (daher Verweis). Lächerlich dumm. Es war doch keine Eingabe, sondern nur Anfrage.

Ich habe mich heute beim Hauptmann entschuldigt und offen geredet. In seiner kleinlichen Ängstlichkeit meint er jetzt, ich hätte mir alles verdorben und könnte keine Eingabe mehr machen. Ich sagte, wenn ich will kann ich alle 8 Tage eine Eingabe machen, denn meine Angelegenheit bliebe gleich dringlich. Natürlich auf dem Dienstweg. Er meint eine Eingabe von Euch wäre besser. Mit dem ärztlichen Zeugnis kann ich aber doch nur von hier eingeben. Das versteht er nicht, will es nicht verstehen. Ich wurde ganz heiß und sagte, es ist eine Schande für Deutschland wenn der Nachlass unter den Hammer kommen soll ect. Ich hoffe, er lasst (er muss es) mein Gesuch doch weiter gehen.
Mein Leutnant sagt auch, jetzt ist die beste Gelegenheit, dass ich heim kann. Die Kolonne wird geteilt. Mehrere Unteroffiziere wurden aus der Heimat angefordert, da könnte man für mich auch einen anfordern. Ich käme dann nach Straßburg. Von dort ging dann die Versetzung leichter.
Es bräuchte nur zwei Worte vom Hauptmann. Aber er will avancieren und nirgends anstoßen. Für alle Fälle wäre ja eine Eingabe von zu Hause auch nicht schlecht. Die erste wurde, glaube ich mir aus Prinzip abgelehnt. Der Bezirksinspektor wurde sicher nicht gefragt, der war doch so freundlich mit mir. Der wohnt am Eck von der Pettenkofer und Goethestraße.
Erst wenn alles versucht ist, darf ich und kann ich Ruhe geben.
(..) Gute Nacht, schlaf gut, träume schön und hoffe.
In Liebe, Dein Colomb, der Dich umarmt und küsst
Tommi Gruß!

****

194:
Evin – Malmaison, 22. Feb. 1916
Liebe gute Paula!
Gestern Deinen lieben Brief vom 18. Feb. bekommen. Später darüber. Jetzt muss ich vorher von hier berichten. Bin immer noch dienstunfähig. Ich wollte also ein Zeugnis von meinem Batteriearzt, dass ich öfters bei ihm in Behandlung war. Ich fuhr hinüber, er sagte, er würde es mir schreiben. Den anderen Tag, als ich es holen lassen wollte, ließ er sagen, dass er es ohne schriftliche Erlaubnis des Hauptmanns (meines Haupt.) nicht ausstelle. Der hiesige Arzt sagt wieder, er schreibe nur eines, wenn es mein Arzt von ihm verlange. Also melde ich mich heute Früh zum Rapport und bitte den Hauptmann um die schriftliche Erlaubnis. Wie immer redet er dagegen und verweigert mir diese. Er sagt, meine Eingabe hätte keinen Wert, nachdem ich schon 2 Mal vom Stellvert. Gene-

ralkom. abgewiesen wurde. Er lasst es sich nicht erklären, dass das zweite keine Eingabe war, sondern eine Anfrage mit Hinweis auf meinen Gesundheitszustand. (Er hat sie selbst in Händen).

Er sagt, er will nicht dass es heißt, wie kann der Kolonnenführer nochmals eine Eingabe befürworten, wo diesem Max schon zwei abgeschlagen wurden. Er möchte meinethalben keine Rüge bekommen. Ich erklärte ihm, dass das nicht so ist. Diese Eingabe ginge ja einen ganz anderen Weg und ans hiesige Generalkommando. Nur auf diesem Weg könnte ich ein beglaubigtes Zeugnis meines Gesundheitszustands beilegen. Nein, nein, nein bei ihm. Es sei eine Teilung der Kolonne in Aussicht und da wird vielleicht wahrscheinlich ein Unteroffizier überzählig und nach Straßburg zurück kommen. Da würde er mich dazu vorschlagen, das würde er tun. Meine Eingabe würde er aber nie weitergeben.(Gegen seine Pflicht!).

Mir könnte diese zweifelhafte Aussicht nicht genügen, und meine Eingabe niemand schaden. Er meint, ich könnte sogar gestraft werden, wenn ich nochmals eingebe. Ich sage, wegen einer Bitte kann man nicht strafen. u.s.w.

Und so drehten wir uns immer im Kreise. - Ich zitterte fast vor Wut, war aber sehr artig und blieb in der Form als wehrloser Unteroffizier. Nur, dass ich ihm manches logisch anders bewies, was ihn immer wütender machte. Das sehe ich, seine Weigerung ist nur deshalb, weil er wahnsinnige Angst hat, er könnte eine Rüge von oben bekommen. Und nur, weil auf meiner Eingabe vom Lazarett der Vermerk steht: Unteroffizier Max ist auf die Umgehung des Dienstweges hin zu weisen! (so ähnlich).

Aber da war ich ja im Lazarett und ihm nicht unterstellt. Das versteht er nicht. Schließlich sagte ich einfach nichts mehr und ging. Bei diesen alten Freiwilligen die einen riesen Gehalt einstecken ist Menschlichkeit nicht zu erhoffen.

Also, mir bleiben jetzt zwei Wege. Entweder gehe ich zum Leutnant den Beschwerde Weg. Da bekommt der H. eine Nase, aber mir kann es schlecht gehen. Oder ich warte bis die Kolonne geteilt wird, oder Ernestine etwas erreicht.

Am besten wäre es, jemand könnte (vielleicht Du) am Wehramt fragen, ob ich wirklich keine Eingabe von heraussen mehr machen kann. Jedenfalls ist es mir von großem Interesse. Wer Recht hat, ich oder der Hauptmann.

Gen. Harlander riet mir, ich sollte bei so was sofort den Beschwerdeweg gehen. Aber er weiß halt auch nicht, wie unser einer behandelt wird. Dieser Fall ist aber interessant und ich sicher im Recht. Also ich warte meine vorgeschriebenen 24 Stunden ab und gehe morgen zum Leutnant. Vorerst fragen, gegebenen Falls Beschwerde einreichen. Du weißt nicht, wie das aufbringt. Ich tue wirklich alles nach Vorschrift und bin, glaube ich, fast noch zu ehrlich in allem. Und doch scheinen alle gegen mich. Vielleicht weil ich mit meinem Bart so wild aussehe.

Ein anderer Unteroffizier (der Bader) hat sich auch zum Arzt gemeldet und viel mehr Erfolg. Er trägt in der Früh immer Bartbinde und hat ein theatralisch würdiges Auftreten. Die Krankheit ist natürlich nichts. Aber der hat sicher Erfolg. Was haben so junge Ärzte für Menschenkenntnis. Heute bin ich auch wieder so dumm und halte freiwillig Wache. Weil mir die anderen Unteroffiziere leid tun, weil sie wegen mir mehr Dienst machen müssen. Eigentlich bin ich aber vom Dienst noch befreit. Morgen muss ich wieder zum Arzt. Das sind also meine Aussichten. Wenig Hoffnung, viel Wut.

Schreibe ich wirklich so verrückt? Ich bekomme von allen, Storchl, Ernestine, Heinrich, Zusi, Beruhigungsbriefe. Ich finde sie sehr (meine Briefe) gemäßigt, im Vergleich, wie wir hier untereinander reden. Das ich bissl bitter bin, das kann man mir nicht verdenken, ist aber vielleicht in dem friedlichen München ungewöhnlich.
Ich erkenne aber die gute Absicht an und bin dankbar.
1 Uhr nachts.
(..) Wie ich zu Papas Nonne mit Findling komme? – Habe ich nicht auch einen Findling? Darum gefällt es mir auch so.

Oh, mein Bild „Karneval", mir gefiel es im Urlaub gar nicht mehr. Was soll ich verlangen? 4 – 500 M oder weniger. Schenken traue ich's mir nicht.
Wegen den „Aufzug der Tänzer" hat mir auch Heinrich geschrieben, (Er findet Frau Kuppelwieser nett. Wie sie ihn?) Er hat 700 M verlangt und meint ich soll ja nicht weniger sagen. Aber ich finde unter Bekannten ist 5 – 600 M auch genug. Vielleicht noch zu viel. Du sagst Tanzgeschichten gefallen. Es bleibt halt immer: „Das Weibliche zieht uns hinan".
Wegen dem Gobelin scheint Heinrich 3000 M gesagt zu haben, scheint aber mit Trübner etwas damit vor zu haben. Bevor sie weggerissen werden, möchte ich aber gerne ein Foto vom ganzen Raum haben.

Dass Tommi Englisch lernt ist gut, da können wir nach Amerika.
(..) Ernestine schreibt sehr nett, aber mit viel Unterstrichenem. Du weißt schon. Sie tue alles, was mich frei machen könnte. Dann unter anderem: „Wir halten alle zusammen, nur manchmal meine ich, Paula traue mir nicht, wie Ihr alle sonst!" Darüber beruhige ich sie schon. Man sieht aber wie wenig Menschenkenntnis sie hat.
Liebe Paula auf einmal geht das Schreiben nicht mehr. Sei geküsst, umarmt von Deinem Colomb.
(..) Mein Arzt hier heißt Dr. Elten.

****

195:
Evin – Malmaison, 23. Feb. 1916
Liebe liebe Paula!
Bin wieder mal auf der Wanderschaft. Also heute früh war ich beim Arzt. Der sagte nur: Lazarett. Ich schnell mein Einsiedleridyll zusammengepackt, das Nötigste mitgenommen. Leider ohne Post von Dir. Ins alte Lazarett, warten, dann in ein anderes Gebäude in einen Bretterverschlag, wo Kranke am Durchweg aufgenommen werden. Heute hat es geschneit und liegt Schnee, ist kalt. Ich friere und warte. Bis 5 Uhr kein Arzt zu se-

hen. Mir wird gesagt, ich muss hier schlafen. Morgen werden die Ärzte entscheiden, ob ich weg kann, nach Douai! Weiter weiß ich nichts. Bissl wie mit einem Stück Vieh wird schon mit uns Soldaten umgegangen. Ich ziehe mich in mich zurück und lese Bierbaum. Also sei ruhig. Schreibe mir nicht mehr, bis ich Dir eine Adresse angebe, gell. Was noch hierher kommt, werde ich nach oder an Dich zurück schicken lassen.

Heute habe ich 40 M von der Liller Kriegszeitung bekommen. Geld habe ich also genug. Sei herzlich geküsst und gegrüßt von Deinem hoffenden Colomb

****

196:
z.Z. Cambrai – Kriegslazarettabt. 6. Bayr. Res. Div. Lazarett 3
Feldpost Et. Insp. 6. Armee
26. Feb. 1916

Liebe Paula!
Gestern kam ich mit Wagen zur Bahn mit dieser nach Douai mit vielen anderen. Wir wurden mit Zetteln behängt. Dort am Bahnhof Krankensammelstelle, bis ½ 9 Abends warten. Viele arme Menschen. Abends mit Krankenzug hierher. Langes Warten in und am Bahnhof. Aufrufen, verteilen. Keiner weiß, was mit ihm geschieht, wird aber 100 Mal gefragt, was ihm fehlt. Mit Krankenwagen am Bock ins Lazarett um 12 Uhr nachts. Schönes französisches Lazarett. Empfang von einer deutschen Krankenschwester. In einem Saal, wo lauter Leute, die operiert werden liegen, bekomme ich ein Bett. Alles sauber und schön.
Jetzt ist es schon 12 Uhr Mittag und kein Arzt war noch da. Ein Sanitäter hat mir schon bedeutet, dass ich wieder davon gejagt werde, wenn ich mich nicht operieren lasse. Er sagt entweder Dienst machen oder operieren lassen. Zu leichten Operationen kann man gezwungen werden. (Ich bezweifel es). Vorbringen konnte ich natürlich nichts. Der Arzt ist ein netter ältlicher Herr.
Schreiben kannst Du mir aber vorderhand nicht. Vielleicht gelingt es mir nochmals zu sprechen. Wenn nicht, so muss ich bald wieder zurück. Dann geht es von neuem los. Herzlichen Dank für Deinen Brief vom 20. Feb., andermal mehr.

****

197:
Evin – Malmaison 27. Feb.1916

Liebe, gute, gute Paula!
Ich weiß nicht, ob es gut ist, dass ich Dir gleich schreib, aber Du weinst schon von wegen des Blitzableiters.

Also, eben bin ich müde, mein Zeug am Rücken schleppend, zu Fuß von der Station wieder in mein Quartier und zwar durchs Fenster zurück gekehrt. So gedemütigt habe ich mich in meinem Leben nicht gefühlt. Gedemütigt, dass es tiefer nicht geht.
Bin ich noch ein Mensch oder Nicht? Das Mitleid mit der so täglich gedemütigten Masse steigt ins Unendliche. Das ist der Krieg. Ein Pferch mit eisernen Schranken. Ich weiß nicht mehr, was ich Dir als letztes geschrieben. Also zum Sprechen kam ich nicht.
Rosental ist so ein freiwilliger Sanitäter, der mich von oben herab abfahren ließ in der Wichtigkeit seines Amtes. Das mir, Du kannst Dir denken, wie er mir das Blut in Wallung brachte. Ich konnte nicht mehr reden. Betrübt war ich so wie so in dieser Umgebung. Arme geduldig leidende Kerle, die abwechselnd von und zum Operationssaal getragen werden. Also, ich werde nicht untersucht und nach 2 Nächten und einem Tag wieder entlassen. Dabei wird mir in mein Buch das Unglaubliche geschrieben: Weil er sich nicht operieren ließ, wird er als Felddienst tauglich zur Truppe entlassen. Das heißt so viel wie, er soll sich entweder zu Tode schinden oder operieren lassen, dass er dann noch besser Dienst machen kann.
Also ohne Untersuchung Felddiensttauglich erklärt mit dem Stempel des Kriegslazaretts. Unfasslich. Aber für mich entscheidend, dass auch hier der Eisenriegel vorgeschoben.
Einen Tag und eine Nacht kam ich in die sogenannte Genesungssammelstelle. Ein Ort schlimmster Art. Ganz alte Kürassier Kaserne mit feuchtem Hof, wo alle Augenblick Appell. Ein hohes kaltes Zimmer mit schmutzigen Strohsäcken mit schwarzer Wäsche. Da saß ich nun wieder mit der Einsicht, dass ich mir vergebens Hoffnungen gemacht. Das wird das letzte Mal gewesen sein. Noch einmal rumpel ich nicht an die Glasscheiben, wie ein gefangener Vogel.
Heini[68] habe ich heute schon geschrieben und etwas gefragt. Der Arzt behauptet nämlich Operationen, die ohne Chloroform gemacht werden können, dazu kann man gezwungen werden. Das bezweifel ich eben. Besonders wenn es gesagt wird ohne Untersuchung.

Was sonst mir noch alles zugestoßen, vielmehr meine Galle gereizt hat, kann ich Dir nicht alles schreiben. Nur so viel, dass diese paar Tage mir vieles gelehrt haben, was ich nicht so leicht vergesse. Aber genug von dem, das Dich vielleicht nur ärgert.
(..)Ich sehe, ich muss alle Hoffnung aufgeben. Es geht auch, wenn man es überwunden hat. Von morgen muss ich wieder allen Dienst machen.
Liebe Pauline. Jetzt hilft nur noch beten.

****

---

68   Heini = Heini Weber, Freund und Arzt, siehe Lebensbericht

Bilder von Paula und Tommi

****

198:

März 1916

Lieber, lieber, guter Colomb!
Deinen Brief vom 27. habe ich also heute Morgen bekommen. Er ist schlimm. Ich weiß gar nicht, was darauf erwidern. Ich sage heute gar nichts. Ich weiß nicht, mir ist, als müsste doch gerade jetzt etwas anderes kommen. Trotz aller schlechten Zeichen. So ist mein Gefühl.
Heinrich sagte heute, Harlander habe also wegen Dir vor ein paar Tagen geschrieben. Ich bin sehr neugierig, ob wirklich und was herauskommt. Freuen kann und will ich mich über solche Versprechungen keines Wegs. Ich komponiere trotzdem immer selbst weiter.
Heinrich habe ich heute gesagt, ja, wenn Du wo anders hin kämst, wäre ich sonst auch mit allem zufrieden und sekiere auch nicht mehr. Das will ich zu wissen tun. Geopfert haben wir schon einmal die 10 000 M. Kannst Du Colomb Dich noch darauf erinnern, wie er damals bei Eurer Abmachung bei der Gelegenheit damals war. Storchl behauptet heute schon allerhand. So habe ich mir's gedacht! Mein Formular, was ich gebeten jetzt zu unterschreiben als Quittung wegen den 10 000 M unterschreibt mir jetzt niemand. Storchl sagt, sie verstehe es nicht und tue es deshalb nicht. Ich sagte ihr, damals habe sie das wegen der Kriegskreditbank auch gleich unterschrieben, ohne es zu verstehen. Sie

sagte jetzt das Gegenteil. Sie unterschreibe auch nicht, denn wenn es schief gehe, dann hafte sie ja auch persönlich für die 10 000 M und dazu sei sie nicht bereit. Nun sieht man's Colomb. Hans tut's auch nicht.

Wir hätten damals schon lieber als Nachlassschuld, d.h. auf alle aufnehmen sollen. Nun, es wird hoffentlich gut hinausgehen! Mit Storchl zu rechten ist unmöglich. Sie behält immer die Oberhand, weil ich schließlich denke „zu was" und weil der Klügere nachgibt. Ich habe herausgefunden, dass Frau Kuppelwieser vielleicht doch Recht hat, wenn sie sagt, Storchl sei nicht sehr gescheit und es fehle an Bildung. Storchl meinte, ich solle nochmals 10 000 M leihen und Du habest damals gesagt, es sei nur für's erste und du würdest von derselben Person wieder 10 000 ungefähr bekommen. Und deshalb habe sie damals auch nichts geliehen. Sie hätte damals sonst 20 000 M geliehen bekommen. Und das ginge jetzt nicht mehr. Es ist zum Lachen, das ist Storchls Ehrgeiz und Recht haben wollen. Ich lachte und sagte, so solle sie jetzt noch 10 000 M dort leihen. Nein, jetzt ginge es nicht mehr. Oh Logik.

Ich klingelte innerlich immer ab, um keinen Streit zu machen. Am Schluss der Sitzung entzündete Storchl wieder die Brandfackel.

„Sei so gut und sag mir <u>sofort</u>, wenn Colomb frei geworden ist!" Corneille sei schon so ungeduldig und wolle immer eingeben, ect. Immer und immer das Betonen, dass sie wegen Dir ihre so aussichtsvolle Eingabe nicht mache. Das ist das, warum man sich so scheut Storchl etwas schuldig zu sein. Deshalb würde ich auch <u>nie</u> in ihre Wohnung gezogen sein. Es reizt furchtbar, solcher Ton. Entweder sagt man: „Jetzt höre mal mit der Vorwurfsweise auf und zum Donnerwetter gebe ein" oder man sagt, wie ich möglichst gemütlich: „Ich weiß noch <u>nichts</u> und so wartet halt. Corneille soll doch froh sein überhaupt!" Wie naiv und harmlos, oh Storchl!

Denk nur nicht, Colomb, ich sei noch so zust wie früher, bei so Gelegenheiten. Ich hab's gelernt bei Frau Kuppelwieser. Ich könnt fein, fest streiten, jetzt so gar gewandt, wenn ich nur wollte. Aber wozu?!

Wenn Du mal da bist, dann mache unparteiisches Publikum und hör meinen Schlagern zu. Gell!

Von Rechtssachen hat Storchl keinen blauen Dunst. Sie sagt rasende Sachen. Genug davon. Ich hab mich ausgeblitzt.

Morgen soll ein guter Brief von Dir kommen. Heute habe ich Dir ein Packerl geschickt: Butter und Haselnüsse.

Bei Frau Dr. Wenz war ich einen Sprung. Goldschmidt war auch da. Wie man so hierbleibe, frug ich in freundlichem Gespräch. Nun bei ihm ist Riemerschmidt[69]. Aber sonst meint er, müsse man halt immer und immer wieder krank werden, bis es ihnen zu dumm werde. Er malt jetzt eine Offiziersreitbahn aus. Nächstens besuche ich Riemerschmidt's in Pasing.

Heinrichs Augsburger Kommerzienrat Diestler frug schriftlich an, ob er Deinen „Aufzug der Tänzerinnen" oder „Am Waldrand" (mich und Tommi) um 350 – 400 M kaufen

---

69   Riemerschmid = Direktor der Kunstgewerbeschule München

könne. Ich finde es zu wenig. Sehr gerne hätte ich, wenn Kuppelwiesers die „Karnevalsszene im Freien" kauften. Würde nämlich gar nicht schlecht in ihr Haus passen.

(..) Gute Nacht, Colomb, verzeih den wilden Brief. Gell, raus muss alles, raus aus einem. Und zu Dir, Du lieber Armer. (..)

Frau Dr. Kuppelwieser lieh der Erbengemeinschaft 10 000 M um diverse Schulden und Rechnungen zu bezahlen, bis Geld durch den Verkauf der Sammlung hereinkäme. Sie wollte aber ungenannt bleiben.

****

199:

Evin – Malmaison, 3. März 1916

(..) Mein Pferd hat nun auch noch Läuse. Wir beide sind daher ein Bild des Jammers. Ich habe Sehnsucht auf eine Metamorphose. (..)

****

Brief von Ernestine von Max, Datum unbekannt

200:

Nacht Dienstag, ½ 12 Uhr

Mein lieber Kolomb!
Ich Danke Dir für Deinen lieben Brief!! Du Armer!!!!! Ich bin ja auch **so** arm, Da sitze ich mit wundem Herzen am einsamen Tisch! leer der Stuhl neben mir - - - „für immer"!!!! zwei Worte zum Verzweifeln! nicht? - - aber ich bin am Boden geblieben - - führe die Ordnung fort wie mein Heißgeliebter es getan hätte!!!! überall schwebt mir Papa vor! wie er es gewollt, getan, – tue ich es auch!!! lieber Colomb – morgen gehe ich zu Karl! hätte doch Paula früher es gesagt – ich dachte alles in Ordnung und erwartete Dich balde!!! heute habe ich Paula zum Tee gebeten mit Stora und Heinrich; sind **das** Zeiten --- auch in München alles anders wie sonst! Teuerung arg!!! Dabei unsere Lage - ! Du Lieber!!!! hoffe! Es wird bald alles besser aussehen, H. muss es möglich machen!!! Du bist Papa am ähnlichsten! – Dein Herz ist auch golden!!!
Nun soll auch Cornell feldtauglich befunden sein! – wenn doch der Friedensengel heranschwebte!!!! Nichts kann ich tun, als eine Eingabe machen, Dass ich Dich brauche! Sei nur geduldig!!!! Sonst alles noch schlechter!!! Tue es Papa zu liebe!!! Um geschäftliches kümmere ich mich nicht!!! Habe **so** ! genug zu ordnen für mich- so allein alles machen im Haushalt!!! Nun mein lieber Colomb, schütze Dich Gott!!! Hoffentlich werde ich bald

Dich begrüßen können! Wie Du so lieb und gut mit mir an dem schrecklichsten Tage meines Daseins vergesse ich Dir nie! Glück auf!

Deine mütterlich Dich liebende Ernestine

****

201:
                                          Evin – Malmaison, 4. März 1916
Meine liebe liebe Paula!
(..) Ich dachte Ernestine hätte die Eingabe schon lange gemacht. Was will Sie mit ihrem Bruder? Ich sagte ja nur, sie möchte ihn fragen nach der vorschriftsmäßigen Form des Schreibens.
Nichts von Befürwortung? Das schadet nur. Er kümmert sich ja sonst gar nicht um den Nachlass. Auch wird es mir schon ekelhaft ihn immer wegen mir gebeten zu wissen. Er kann oder will nichts tun. Darum schrieb ich Ernestine auch genau, wie sie die Eingabe machen sollte. Aber von der Kostbarkeit der Zeit merkt Ernestine nichts. (..)

****

202:
                                          Evin – Malmaison, 6. März 1916
Liebe, liebe Paula!
(..) wegen der 10 000 M, mache Dir keine Sorgen. Freilich kann ich mich auf die Abmachung erinnern. Aber vielleicht schreckt die nur die Form. Eigentlich trifft die Verpflichtung ja Corneille und Milla und die andern sind nur Stellvertreter.
Dass die Summe noch aus dem Verkauf heraus kommt ist sicher. Also haben die anderen mir ihren Teil von ihrem Teil zu geben, vielmehr zu versprechen. Das von den anderen 10 000 M ist Fantasie von Storchl.
Am besten vielleicht, ich schreibe eine Erklärung über diese Schuld, die Du vorlegen kannst, wenn mir etwas zustoßen sollte. Denn nur in diesem Falle könnte es Schwierigkeiten geben.

Ich habe gestern Storchl geschrieben und gebeten, sie möchte noch Geduld haben, bis ich das Letzte versucht, dann soll sie um Corneille eingeben.

Den „Aufzug der Tänzerinnen" kann der Augsburger um 400 M haben. – Wir müssen froh sein, wenn Bilder weg kommen, denn wohin damit, wenn ich das Orgelatelier nicht mehr habe. Aber firnissen darf er das Bild nie.
(..) Den ganzen Tag habe ich an einer Federzeichnung für den Hauptmann, ihn selbst zu Pferd, gearbeitet. Mit schrecklicher Überwindung. Aber ich hatte es ihm vor vielen Monaten versprochen und will ihm mein Wort nicht schuldig sein.

258
Heute habe ich eine Jugend mit meiner Zeichnung bekommen. Mir graust. Aber ein guter Aufsatz über den Frieden ist auf der gleichen Seite.
(..) Liebe Paula in Liebe Dein Colomb der Dich umarmt und küsst.

****

203:
Evin – Malmaison, 8. März 1916

Liebe, liebe Paula!
Heute keine Post von Dir! Jetzt wird die Kolonne bald geteilt werden. Mein Hauptmann sagt zwar, wie ich voraus wusste, dass nun doch leider kein Unteroffizier überzählig ist. Aber eben habe ich ein langes Gespräch mit meinem neuen Vorgesetzten[70] gehabt. Er ist gebildet und mich überrascht, wie er genau unsere ganzen Familienverhältnisse kennt. Sein Vater soll Papa gut gekannt haben. Prof. Ranke an der Akad. d. W. kennt er auch. Also weiß er vieles über die Sammlung. Er hat scheinbar auch einen Wink von oben. Jedenfalls hat er mich sehr eingehend angehört, vieles geraten und besprochen. Ich soll mich noch einige Zeit gedulden. So bald ich endgültig bei ihm bin, wird er versuchen mich entweder auf Grund meiner Leiden Heim schicken zu können oder mir 14 Tage Urlaub zu erwirken. Er fragt, ob es mein Wunsch wäre, heim zu kommen. Bei Urlaub müsste natürlich zuerst die Sperre aufgehoben sein.
Er ist ein ziemlich junger Mann mit sehr militärischem Auftreten. Aber dafür auch nicht so ängstlich wie mein Hauptmann. Er ist ein guter Bekannter von Rösel in Ammerland und kennt daher auch Ammerland. Das ist nun wieder eine schwache Hoffnung, obwohl ich nicht mehr hoffe, ehe ich nicht in der Bahn sitze.
Vielleicht kannst Du mal Mama fragen, ob ihr der Name Paulus nicht bekannt ist. Er sagte zwar, dass Geldgründe keine Gründe für Versetzung sein, auch H. Krankheit kein genügendes Leiden sei, aber er gab mir zu, dass die Ordnung des Nachlasses eine gewisse Wichtigkeit für die Allgemeinheit hat. Er ist gar nicht dumm! Also vielleicht, vielleicht! Mache Dir aber keine Hoffnungen. Jeder Tag kommt mir wie eine Ewigkeit vor. Wir haben immer noch ein sehr dummes gefährliches Arbeitskommando an der Front. (..)
Gell, also heute Schluss, viele, viele Küsse und feste Umarmung Dein Colomb
Tommi Kuss und Datscher
Mein Oberleutnant soll der Schwiegersohn vom Grafen Botmer sein.

****

204:
Evin – Malmaison,12. März 1916

Liebe, liebe Paula!
Heute Deinen lieben Brief vom 9. März bekommen. Bei uns ist noch Durcheinander. Ich werde aus meinem Oberleutnant nicht klug. Er ist sehr eifrig und wir werden wie

---

70 Vorgesetzten = Oberleutnant Paulus, Sohn des Hofrats Paulus in München

Neulinge im Feld behandelt, weil er und der Wachtmeister aus der Garnison kommen. Ungerecht, dass heraussen niemand befördert wird. Alles ertrage ich, wenn ich nur bald weg komme. Tante Helene hat mir gesagt, dass durch einen Oberst auch etwas für mich getan wurde. Ich weiß auch, dass es Erfolg hatte, aber fürchte, dass die Teilung jetzt wieder alles vereitelt hat. In den nächsten Tagen frage ich den Oberleutnant wieder. Ich soll Küchenunteroffizier werden, der beste Posten bei uns. Aber ich muss viel rechnen und schreiben. Bitte schicke mir kleines Rechenbuch, besonders wegen Gewicht und Maßbenennungen und wie die Zahlen in Buchstaben (eins bis hundert) geschrieben werden. (..)
Herzliche Küsse und Umarmung
Dein Colomb

****

205:

13. März 1916

Lieber, lieber Colomb!
Eben nach Haus gekommen, finde ich Deinen lieben Brief vom 10. im großen gelben Kuvert mit den Fotos vor. Der kam schnell hierher. Ich bin in ein klein wenig Hoffnung durch Deine letzten Briefe und so voll Erwartung der Entscheidung, dass ich auch gar keine Ruhe mehr zum Schreiben finde. Du kannst Dir's denken gell.
Samstagabend habe ich auch wieder gelumpt, das muss ich gestehen. Lisl wollte wieder mit mir in das Kino und ich konnte nicht widerstehen. Also trafen wir uns ¼ nach 8 Uhr am Sendlinger Platz.
Es sind jetzt oft sehr <u>gute</u> Kriegsberichtaufnahmen. Wunderschöne Aufnahmen aus dem Kaukasus. Ich dachte immer an Dich beim Anschauen.
Sonntag früh hatte Tommi seinen Klaviervortrag, alle Schüler und Schülerinnen, aber ohne Eltern. Tommi soll fehlerlos sein langes Stück auswendig gespielt haben und wurde gelobt. Aber denke nur, er soll dabei <u>geschwitzt</u> haben, erzählte mir Rolf und Irmgard. Ich musste furchtbar lachen, wenn ich ihn mir so rot und verlegen auf dem hohen, gedrehten Klavierstuhl vorstelle.
Tommi berichtete mir, er sei nur einmal übergeschnappt, er meinte wahrscheinlich so wie bei einer Stimme übergekippt = wohl falsch gegriffen. Er sagte es so kummervoll komisch.
Nach dem Klaviervortrag holte ich Tommi ab und wir gingen zu Heini Essen, um dann gleich mit ihm einen Spaziergang machen zu können.
Heini bat uns, ihm weiße Haare zu suchen. Es muss ein liebliches Bild gewesen sein: Er auf einem Stuhl mit Frohlocken und Schimpfen, wir eine halbe Stunde eifrig wie Affen auf seinem Kopf suchend. Mit einer Pinzette musste ich jedes herausziehen. 15 waren es. Frau Gedon, wenn zugeschaut hätte!! Oh!

Dann gingen wir befriedigt durch den englischen Garten hinüber nach Bogenhausen. Auf dem Monopteros sah ich so viel Rotes und sagte: „Franzosen". Und richtig, als wir näher kamen, waren es gefangene Franzosen, die spazieren geführt wurden.

Als wir dann an der Isar gingen, hatten wir ein anderes Erlebnis. Eine Frau ging mit zwei größeren (mit braunen <u>guten</u> Augen) schwarzen, langgelockten Hunden (nicht unähnlich Pudeln). Da kam ein Herr mit einem ebenso großen weißen kurzhaarigen Hund. Dieser und einer der Schwarzen fingen zu raufen an und zwar nach ein paar Augenblicken so, dass sie sich vollständig ineinander verbissen. Die Frau schlug einen Stecken ganz kaputt und mürb auf den Hunden, besonders wohl auf den fremden Weißen. Ein Mann eilte auch mit seinem Spazierstock herzu und schlug darauf. Nun kam der Herr des Weißen und schrie und haute. Ich sah von oben von der Böschung zu und bekam sofort Mitleid mit dem schwarzen Hund und ich hatte heraus, dass dieser zurück wollte und nur der Weiße gemein in dessen Maul biss, so dass Blut nur so heraus lief. Als er so jämmerlich schrie, schickte ich Heini hin, der aber doch unschlüssig mit seinem Spazierstock zwei Schritte weit weg stehen blieb. Auf einmal hielt ich's nicht mehr aus, raste hinüber und da zwischen der Hundebesitzerin und dem Mann der Schwanz des Weißen wie ein Griff oder Henkel mir entgegenlockte, packte ich diesen so empfindlichen Hundeteil mit Gewalt und zog nach oben und nach rückwärts aus aller Kraft. Und der Erfolg war augenblicklich.

Sofort ließ der Weiße vorne los und konnte weggerissen werden. Die Frauen dankten mir, aber der Weiße Hunde Herr tobte und verlangte die Namen von allen. Ich war wütend auf ihn und sagte, dass er solchen Hund nicht ohne Maulkorb laufen lassen dürfe. Jetzt bin ich selbst ganz baff über meine Frechheit – hab ich das von Frau Kuppelwieser gelernt?

Die Sonne schien gestern nicht, aber es war doch schön. Wir gingen wieder bis über die Brücke Aumeister. (Wo ich einer Kellnerin <u>ohne</u> Brotkarte Brot abschmeichelte)

Für die Gimpels stahlen Tannenzweige und gingen über die Wiesen zur Schwabinger Landstraße heim zu. Durch den Biedersteinerpark zu Fuß noch bis zu Heini, wo wir noch Tommis Noten holen mussten. Todmüde war der Letztere und abends ging's gleich ins Bett.

(..) Liebster Colomb! Lieber Guter!

Sei lang umarmt und Kuss von Deiner treuen Frau

****

206:

              Ja so: ~~Evin – Malmaisson~~, 14. März 1916

Liebe Paula!

2 Tage keine Post von Dir!

Weil Dummköpfe wieder, weiß Gott was geschrieben, ist der Befehl, dass die Briefe nicht verschlossen werden dürfen. Ein weiterer Befehl ist, dass wir uns keine Esswaren mehr schicken lassen dürfen. Weil es genug zu Essen hier gibt. Das habe ich ja immer schon

gesagt. Manche junge Soldaten denken anders! Also anscheinend habt Ihr nicht mehr viel zu essen.
Im Übrigen wird uns von ausgeruhten frischen Kräften aus der Heimat mehr soldatische Disziplin beigebracht und gesagt, wie wir uns im Felde zu verhalten haben. 18 monatliche Feldzugsoldaten wissen das noch nicht und werden dafür belohnt. Unsere neue Kolonne wird ganz neu aufgefrischt. Ich komme mir vor wie in Ingolstadt, als ob es jetzt erst angehen würde. Mit meinem Verpflegungsgeschäft habe ich besonders jetzt sehr viel zu tun. Komme sehr wenig zum Schreiben.

Wenn ich mir Hoffnungen gemacht hätte, wäre ich jetzt wieder sehr enttäuscht. Das Ganze mit der Versetzung scheint ins Wasser gefallen zu sein. Mein Oberstleutnant verspricht mir, so etwa in einem Monat 14 Tage Urlaub, verbietet sich aber jederlei Eingabe. Also, was Ihr macht, zu dem Ihr das Recht habt, darf ich nicht wissen. Verstehst Du mich? Das ist der einzige Ausweg. Du wirst Dir meine Stimmung vorstellen können. Ich, ein Opfer eines Auswegs. Ich bin zum Küchenunteroffizier gemacht worden, weil ich da nicht reiten muss, also diensttauglich bin. Mir war's schon gleich verdächtig. Ja, ja, wer die Macht hat, hat auch das Recht! --- ! Wir haben zwar einen überzähligen Unteroffizier, der will aber aus Eifer, weil er noch nicht im Feld und Junggeselle ist, heraussen bleiben mit Gefreitenentlöhnung. Also ich könnte zurückgeschickt werden. Aber ich bin ja nur 18 Monate im Feld und gerecht muss es ja gehen beim Militär. Mein Herr O.L. meint die Sammlung ist der Stadt sicher. Ich glaube und hoffe nun aber, dass wir sie nach Nürnberg verkaufen.
Wie die Stimmung hier ist, darf man nicht schreiben und wenn's Not tut wird der Eiserne Vorhang der Postsperre herabgelassen.
Gell, liebe Paula, wir lassen uns aber nicht trennen und wenn der Krieg und die Verbannung noch Jahre dauert. Viele Menschen müssen dulden. Ich fürchte nur, dass es so geht wie mit den feuchten Erbsen und dem Schiffsraum. Kennst Du die Geschichte?
Meine Versetzung ist von Oben gewünscht worden, vielleicht wird es noch. Wenn nicht, muss sich Oben halt von Unten eine Nase drehen lassen. Es handelt sich darum, ob das eingesteckt wird. Wenn alles nichts hilft müssen wir doch Corneille eingeben lassen. Ich verbeiße alles, leider werden mir meine Zähne schon schief dabei!

Gell, ein dummer Brief. Aber Du weißt, wie gerne ich so Dummheiten schreibe. Hoffentlich wird nichts falsch verstanden und Dir der Brief ausgehändigt.
Du bist meine liebe Frau, wo es in der Bibel heißt „Du sollst dich von ihr nicht trennen." – Das sagt aber nur der liebe Gott. ---------------- und vielleicht ich in meinem Zivilistendünkel meine es auch.
Kuss und Händedruck, Dein trauriger Colomb (..)

****

207:

23. März 1916

Liebe, liebe Paula!
Deine beiden gütigen Briefe vom 17. und 19. März bekommen. Herzlichen Dank. Aber ich komme halt gar nicht zum Schreiben. Den ganzen Tag bin ich auf den Füssen und abends erst um ½ 10 Uhr komme ich zum Schreiben. Morgens muss ich dann wieder aufstehen um 5 Uhr. So 66 Menschen mit Essen zu versorgen ist eine Arbeit. Ich habe ja nur die Leitung, aber muss doch besonders jetzt am Anfang alles angeben. Küchenzettel machen und fassen und ordnen. Bis jetzt sind die Soldaten mit mir zufrieden. Wir bekommen oft wochenlang kein Fett, da ist schwer zu kochen. Also mein OB. Leutnant hat mir so in 14 Tagen einen 14- tägigen Urlaub versprochen. Er meint, in dieser Zeit könnte ich den Nachlass ordnen. Etwas naiv. Ich sagte, das ist nicht möglich. Er sagt, unmöglich kann er mir mehr geben. Das Versetzen ginge auch nicht, er hätte angefragt. Sein Vater hätte ihm geschrieben, er möchte mich heimschicken, dass könnte er aber nicht.
(..) Er ist halt von denen, die gut erzogen und mit etwas Geld nie besonders kämpfen mussten. Er hat aber etwas Offenes und ist daher schon ganz beliebt bei uns. Allerdings ist er noch Idealist und will vieles, was nicht ausführbar ist. - (..)

Ich hab mein Heimweh an zwei Bildern etwas gestillt. Hab eine große Gebirgslandschaft und eine Aussicht vom Starnberger See von Starnberg aus gemalt. Da sitzt in einer Maienwiese am Hügel eine weibliche Gestalt wie Du. Das war der Tag, wo Du in Gauting warst.
Ich habe mich wirklich ganz vertieft in Erinnerungen. Die Landschaften hängen in unserer Kantine.
(..) Liebe Paula sei umarmt, geküsst von deinem verbannten Colomb, Deinem Mann.

****

208:                           GNM
                                                                                    27. März 1916
Liebe, liebe Paula!
Jetzt muss ich Dir doch endlich wieder einmal ausführlich schreiben. Ich vergesse ja sonst alles, was ich Dir sagen will und muss. Vorgestern ist einer meiner letzten Aussichten versetzt zu werden, entschwunden. Der überzählige Unteroffizier, der unlängst herausgeschickt wurde, ist wieder nach Straßburg versetzt worden. Er ist Junggeselle und gar nicht gerne zurückgegangen. Herr O.L. meinte, als ich ihn bat, doch mich zu schicken, dass ich wenig Aussicht hätte von Straßburg versetzt zu werden. Im Gegenteil, von Straßburg käme ich gleich wieder irgendwohin ins Feld. Kann sein. Meine Krankheiten würden mir wenig helfen. Es ist ja wahr, wir haben jetzt lauter alte ungediente Landsturmmänner bekommen, als Ergänzung.
Urlaub verspricht er mir sicher zu geben. Später ist die Lage vielleicht günstiger zum Versetzen. Aber mir war mein Herz doch recht schwer. Was hat jetzt mein 2 monatliches

Gezappel und Geschreibe und Ereifern genutzt? Ich fürchte oft, dass ich oft vielleicht doch nicht genug brutal vorgehe und dadurch nur ausgenützt und gequält werde. Ich glaube, man muss gegenüber den meisten Menschen wie beim Klavierspielen Pedal nehmen, das andere beachten, sonst verstehen sie nicht. 2 Monate hätte ich jetzt leicht in München sein können, wäre hier gar nicht abgegangen. Jetzt könnte ich schon wieder im Feld sein. Hinter den Vorschriften wird manche Faulheit versteckt. Unsere Organisation ist gut, aber Fabrikarbeit. Aber was hilft das Reden darüber. Ich sehe nur das Maulaufreißen und Schwindler vieles erreichen und ich nichts. Mit dem Wort Gerechtigkeit darf mir niemand mehr kommen.

Die Briefe kannst Du schon zukleben. Mit den Esswaren ist es auch nicht so streng. Aber Du sollst mir nichts schicken, weil Du es selber essen sollst. Eure Essensversorgung macht mir sowieso schon Sorge. Ihr solltet alle zusammen bei Hans in Ammerland recht viel Gemüse pflanzen. Die Franzosen leben hier fast nur von Gemüse. Und bis im Sommer wird es schlecht aussehen mit Fleisch.
(..) Von den Canalettos[71] sind Ansichten von Dresden, eines von einem Platz in Verona. (Hat Heinrich sie immer noch nicht aufgenommen?) Auf diese Bilder steht eben das Geld der Kriegskreditbank. – Ich müsste wissen, ob andere Angebote vorhanden und in welcher Höhe. 12 000 M (alle 4) wäre der äußerste Preis (3 000 ist nicht sehr viel für eins) Ob Einzelverkauf vorteilhaft, bezweifel ich. Du musst unbedingt mit Heinrich darüber sprechen. Bestimmtes kann ich noch nicht sagen. –
Was soll ich für mein „Karnevalbild im Freien" verlangen? Es kommt darauf an, was er will. 3 – 400 M? Ich weiß gar nicht, was für Bilderpreise jetzt im Krieg sind.

Dass Du etwas beruflich tun willst, finde ich sehr richtig. Miniaturmalerei wäre wie geschaffen für Dich und ich glaube, das Erträglichste gegenwärtig. Frauen für ihre Männer im Feld oder Kinder. Ich denke, es ginge leicht nach einem Buch auszuführen. Die Hauptsache wäre scharf aufzeichnen und dann mit Lasuren darüber gehen. Mit Aquarell und feinem Deckweiß. Danach firnissen. Ich glaube, man könnte eine Leidenschaft dafür bekommen. Ich habe etwas Ähnliches hier zu arbeiten angefangen. Aus der feinen Kreide, die hier aus den Schützengräben gegraben wird, versuche ich Porträtreliefs zu schnitzen. Es geht sehr lustig, nur habe ich jetzt keine Zeit mehr.

Ich weiß Kinospielen, wäre Dir noch lieber, aber das ist nicht so einfach. Ich glaube auch, es ginge Dir gegenwärtig auf die Nerven mit weiß Gott wem Lustspiele spielen müssen. Du meinst, ich müsste mich sehr überwinden, Dich bei einer Schauspieltruppe zu wissen und heraussen gefangen zu sein. Wenn Dir es aber ein Herzenswunsch ist und Du irgend was wüsstest, wie es ging, dann kannst Du es. Aber ich hoffe vorher kommt Friede.(..)
Sei geküsst und umarmt von Deinem Dich liebenden Mann.
Hier schneit es noch öfters.

---

71   Canalettos = Bilder im Nachlass von Gabriel von Max

Mein Quartier in Evin – Malmaison, Winter 1916
****

209:

28. März 1916

Liebe gute Paula!
(..) Eben bin ich auch sehr verstimmt und muss Dir gleich den Grund schreiben. Mein Herr O.L. sagte mir vorhin, dass sich in letzter Zeit die … Zuschriften an ihn von verschiedenen Seiten wegen meiner Versetzung häuften. Dieses Vorgehen würde mir nur schaden, da es ihn verstimmt und er nicht gegen den Dienst etwas tun kann und will. Er hoffe, dass ich nicht diese Schreibereien veranlasst habe. Er sage, es mir im Guten, dass dieses Vorgehen mir nur schaden kann und meinen Urlaub fraglich mache. Er war sichtlich ärgerlich auf mich. (..)
Nun ist das Gegenteil erreicht. Es tut mir leid, dass ich nun im schiefen Lichte stehe. Herr O.L. traut mir jetzt doch nicht mehr recht, das merke ich. Dummer Weise habe ich in letzter Zeit meine Briefe immer geschlossen eingeworfen. Es soll Herrn O.L. schon aufgefallen sein. Natürlich meint er, jetzt ich tue dies aus gewissen Gründen. Dies spricht also auch gegen mich. Aber ich habe eigentlich immer nett von ihm geschrieben und tue gegenwärtig alle Gefälligkeits- und Pflichtdienste mit ganzem Eifer.
Vielleicht ist es nicht so schlimm. Er ist aufbrausend aber nicht nachträglich, eine ganz gute Eigenschaft.
Also sei nicht zu besorgt, verhindere nur zu viele Schreibereien.

Ich werde Storchl schreiben, dass sie nun eine Eingabe wegen Corneille machen kann. Mit mir dehnt es sich doch ewig hinaus. Gegebenen Falls könnte ich ja doch auch deshalb kommen. Lieber ist es mir doch Corneille nimmt sich der Sache an, als Heinrich zipfelt ewig weiter.
Was Du mir über Paul Heyse Straße schreibst verstimmt mich sehr. Du wirst sehen, alles geht, wie ich voraus gesagt. Der goldene Mumien Kopf schmerzt mich, ich wollte ihn lange halten. Die Weinbeeren werden ausgesucht. Fotografiert hat Heinrich wahrscheinlich nichts.

Paula habe ich Dir nicht auch schon gesagt, dass Bilder in Zukunft die beste Geldunterbringung sein können? Damals lachten glaube ich alle darüber. Ja, mit Heinrich kann man sich sorgen. Er meint es gut. Hat aber eine unangenehme eingebildete Bescheidenheit. Papa hatte mehr Mitleid mit ihm, hielt ihn aber nie für sehr gescheit und praktisch. Ach Gott, sorge Dich nicht mehr viel wegen drüben. Ich habe mich schon mit dem Gedanken abgefunden, ein Trümmerfeld wiederzufinden. Jetzt ist ja doch schon alles verpatzt. Wenn Gott will, fangen wir nach dem Krieg ein neues Leben an. Ich habe gelernt mit wenig glücklich zu sein und Du auch.
(..) Herzliche Grüße und Küsse für heute Schluss.
Sei ruhig und geduldig und vergesse mich nicht
Dein Colomb, Tomi Kuss
****

210:
3. April 1916
Liebe, liebe Paula!
(..) Eben habe ich meine Wohnung etwas geräumt und geputzt, denn heute ist es fast sommerlich heiß und ich habe bißl Zeit. Außer Fassen, Küchenaufsicht und für Gemeinzwecke malen, muss ich auch sehr oft nach Douai fahren um Bier für die Kantine herbei zu schaffen. Ich lerne vieles und könnte nach dem Krieg ganz gut einen Wirt machen. Mein Hauptstreben ist, den armen Soldaten möglichst gutes Essen zu bereiten. Allerdings schwierig, mit dem, was man bekommt. Jedenfalls haben sie es besser, als vorher. Heute habe ich eine Tafel mit Gemüseumrahmung gemalt, wo immer die Speisekarte darauf geschrieben wird.

Da besuchte mich mein Ober. L. und war mit meiner Leistung zufrieden. Er stocherte sonst noch in meinen kläglichen Malversuchen herum. Denke Dir nur die Ironie des Schicksals. Er ist im Zivilberuf Kunsthistoriker. Ein Kunsthistoriker mein Vorgesetzter. (Er ist Mitglied des Vereins Deutscher Kunststudierender (Bauernball) und hat natürlich fast lauter gleiche Bekannte).
Also, er war ganz gnädig und sagte: „Also Sie können am 21. auf 14 Tage in Urlaub fahren, können am Vorabend schon abreisen und erst am letzten Tag wieder München

verlassen. Aber Verlängerung gibt es nicht. Sagen Sie auch, dass zuhause keine solchen Sachen mehr gemacht werden. (Wie Briefe). Da werden sie viel regeln können." (Der hat eine Ahnung).
Also mein Zorn ist wieder etwas verraucht. Aber Du, mache Dir nicht zu viel Hoffnungen, da kann noch viel dazwischen kommen. Sonst dürfen wir ja froh sein, dass ich diesen Dienst jetzt habe, Du hast recht. Eben sehe ich auf der Uhr dass es schon 5 Uhr ist. Um 6 Uhr ist Waffenappell, ich muss dieselben noch putzen. (..)
Leider Schluss. Küsse, Küsse und Grüße lieeeeeeebe Paula.
Dein Colomb
Tommi Küsserl

****

211:
4. April 1916

Lieber Colomb!
Ganz schnell heute noch ein Brief. Ein Prof. Gerlach aus Erlangen (wohnt im Sommer auch in Ambach) sah sich die Sammlung heute früh an mit Heinrich und mir. War <u>zuerst</u> bei mir gewesen, zu bitten. Heinrich auch gesprochen. Hat Dir also nichts geschrieben, von dem großen Verkauf der abgemacht worden jetzt. Mir hat man auch nichts gesagt. Ich weiß schon warum, weil ich damals mit Nemes auch dazwischen kam. Morgen soll schon abgemacht werden. Also an einen Bekannten von Harlander (Neuer Schlossbauer) werden um 13 800 M alle die folgenden Bilder gegeben: 4 Canalettos (10 000M), die Rubenskopie (auf Gobelin hängend), die 2 in Royalblau und die 4 Ahnenbilder von der Treppe. (..)
Ich telegrafiere nun an Kuppelwieser, ob sie für 12 000 M Canalettos wollen.
Heinrich sagt jetzt auch, Augsburger (Disel) wolle Deinen „Aufzug der Tänzerinnen" um 450 M, ich solle ihn zur Ansicht hinschicken. Immer mit dem zur <u>Ansicht schicken</u>. Serini schrieb heute er habe schon 200 M angezahlt an die Bank hier; vielleicht nehme er beide.
Wäre ich froh, wenn du jetzt kämst. Storchl hat schon allen gesagt, du seist heute schon sicher hier, u.s.w.
Heinrich redet jetzt wieder <u>ganz</u> anders. Sonst nahm er den Mund so <u>voll</u> Summen und nun sagt er mit großen Augen, wir müssten froh sein. Ja freilich muss Geld her, wegen der fatalen Wechsel. 2 500M hat Heinrich ja noch bei sich liegen. 30 M bekam er doch einmal für Platten zum Fotografieren, Aufnahmen hat er nie gemacht. Ich ärgere mich doch über ihn.
In Eile dies, lieber Colomb.
Herzlichst Deine treue Frau.

****

a)

4. April 1916

Lieber, lieber Colomb!
Keine Nachricht von Dir. Jetzt bin ich ganz deprimiert. Was ist? Beiliegende Karte von Ernestine vorhin bekommen. Bitte ja aufheben.
Bitte schreibe! (..)
Heinrich schrieb in der Früh beiliegenden Brief.
Im Glaspalast soll im Juni ausgestellt werden, was könnte ich hinschicken? Littauer will Anfang Mai einige Bilder von Dir ausstellen. Was?

Lieber Colomb! Ach, meine Geduld! Sie ist dahin! Was soll das sein? Und ich heule!
Sei umarmt und nicht wütend auf Deine verstörte aber treue Frau.

****

b)   Von Ernestine Max:
Liebe Paula!
Bitte, lasse jetzt diese Sache – es ist <u>abgeschlossen</u> und hätte Frau Kuppelwieser sich eher entschließen müssen! Wir alle, <u>ich</u>!!! <u>Stora</u> – <u>Milla</u> sind einverstanden und wäre fast mir in einer Blamage!! Heinrich <u>ganz</u> unserer Ansicht! Alois auch! Wenn der Herr nicht doch noch selber zurücktritt, so ist der Kauf abgeschlossen und wir dürfen Karl sehr dankbar sein und von Glück sagen! Karl brauchen wir auch noch wegen Lamburg.
Liebe Grüße Ernestine
****

c)   Von Heinrich Müller:
München, 4. IV. 16
Liebe Paula!
Habe die anderen Erben von Deiner Idee, event. 12 Mille für die 4 Bilder zu erzielen verständigt. Nun sehr gespannt auf Telegramm Antwort, die ich Dich bitte, mir gleich zuzusenden, damit ich sie bei Kommerzienrat B. als Dokument vorweisen kann.
Allerdings habe ich gerade heute Vormittag, die von mir seit einigen Tagen vorbereitete Zusage für ein noch höheres Angebot von dieser Seite erhalten und wird es unter Umständen peinlich sein, wenn sich 15 Mille für Alles erzielen lassen, doch zurückzutreten, da z.B. die Ahnenbilder dazu kaum mehr einen Käufer finden werden und auch die anderen gut bezahlt waren.
Sollte jedoch der Betreffende für die 4 Bilder selbst 12 Mille zahlen mit Verzicht auf die anderen Sachen, dann wird es um so schwerer sein einen Rückweg zu finden, da dies ja der offizielle Preis war, welcher ja Frau Kuppelwieser auch genannt wurde.

Hoffentlich geht alles gut und glatt und in Eurem besten Interesse! Im Vordergrund steht jetzt die Freude, Colomb bald begrüßen zu dürfen, für mich persönlich ebenso ersehnt, als sachlich!

Den guten Menschen in Augsburg schrieb ich in dem Sinne, wie heute besprochen. Sein Bild, dass ich am Liebsten für mich gekauft hätte, wäre dort auf gutem Platze.
Bitte sage mir morgen noch den Preis für das Bild! „Mutter und Kind im Walde", das wollten sie auch wissen.
In Eile aber herzlich
Dein alter Vetter Heinrich
Wenn Colomb schon da, Dreimal Hurra!

****

212: 6. April 1916

Lieber, lieber Colomb!
Eben Deinen Brief vom 3. bekommen. Ach Gott – nun kommst Du doch jetzt nicht. Ich bin wirklich außer mir. Es wäre so schön gewesen! Nein, wie kann man einem so Hoffnung machen! Ich kann nichts mehr hoffen!
So sehr schön wär es jetzt gewesen- ach am 21.- das ist wieder so ein Urlaub mit nicht dem Besten. Gerade einige Tage, dann bin ich krank, und genau so lange, bis Du fort musst.
Also Du kommst am 22., am 26. oder 27. wird das kommen, dauert 6 Tage und am 3. musst Du fort. Ach gemein!
Wärst Du nur jetzt gekommen. Das Wetter ist herrlich und ich habe 3 richtige Wochen vor mir. Ich kenne ja das Gefrette, dann bin ich ja doch nicht ganz und müd.
(..) Bei Herrn Dr. Kuppelwieser Urlaub ist immer genau Frau Kuppelwiesers Naturleben berechnet worden. Von ihm und von seinen Vorgesetzten. Ist sogar jetzt mit Urlaubsgrund.
Jetzt ist auch in P.Heyse Str. nichts zu machen mehr. Kommst natürlich gerade zu spät. Wie ausgerechnet. Ich zittere ja von Stunde zu Stunde, dass Du jetzt kommst. Lauschte beständig auf Schritte auf der Straße, weil's Fenster offen ist immer bei dem schönen Wetter. Du wirst gar nicht verstehen, warum ich so wild bin. Weil's jetzt, gerade jetzt so richtig gewesen wäre.
Alles wartete. Blumen habe ich gekauft. Essvorräte. Geputzt alles, Dein Bett gerichtet.
An irgendjemand lasse ich meine Wut aus. Heinrich werde ich heute sehen, da ich Lilly Mastaglio[72] zu den Gobelins führen will. (Wegen Ausbesserung eventuell Kuppelw.) Macht er giftgrüne Augen, dann quetsche ich ihn an der Wand flach wie eine Fliege!
Und Frau Kuppelwieser kann keine Antwort auf mein Telegramm bekommen, weil sie ihrem Mann entgegen reist. Gemein – alles! – Entweder leg ich mich ins Bett, oder gehe ins Kino oder schlage was zusammen oder reise jetzt nach Partenkirchen.

So das ist der wildeste Brief von allen in den 2 Jahren. Wenn man sich aber so gefreut hat auch. Und so schöner Frühling ist! Ach Colomb!

---
[72] Lilly Mastaglio = von der Gobelinmanufaktur, Bekannte von Paula

Ich traue mich Dich nicht zu umarmen, auch im Brief.
Armer Colomb. So eine zornige Frau.
Aber Deine treue Frau

****

213: GNM

7. April 1916

Liebe, liebe arme Paula.
Du bist so arm und gut und ich schreibe Dir so selten. Aber wirklich, ich komme mit dem besten Willen nicht dazu. Wir alle werden durcheinander gehetzt mit nötiger und unnötiger Arbeit. Besonders, ich muss dem Herrn O. L. hunderterlei Sachen machen. Dabei schafft er zu vieles zu gleicher Zeit an und fragt ungeduldig, ob es noch nicht ausgeführt. Er ist halt frisch herausgekommen und weiß nicht, dass man nach 18 Monat im Feld etwas an Eifer eingebüßt hat. Von Arbeit, außer Schreiben, muss er wenig Begriff haben. (..) Er ist der Münchner Schlag, den Du von Bällen und Gesellschaften auch kennst. Feste veranstalten, bissl biedermeierisch schmücken. Reich, gut erzogen. Eine gute Partie gemacht und proteschiert, ohne es zu merken. Eltern sehr einflussreich. Besten Willen zum Helfen, aber oberflächlich nur und doch am unrechten Platz kleinlich und eitel.

Meine Bilder, schicke mir ganz ruhig nach Berlin. Verkaufen ist das Beste. Stelle aus, wo Du willst, meine Sachen passen ja doch alle nicht zu dem Krieg.
Wenn ich da wäre, wo Bartels ist, so hättest Du auch ein Bilderverzeichnis, aber wer dachte am Anfang an Bilder! Mache Preise, wie Du meinst. Meine Lieblingsbilder kennst Du ja, die ich nicht gerne zu billig hergebe, gell.

Das freut mich, dass von Dir wieder was in der „Jugend" kommt. Auch wäre es doch ganz nett, wenn Du eine Arbeit bekämst. Bei der Arbeit vergisst man am besten die Zeit, das merke ich jetzt an mir.

Aber Friede, der kommt nicht, ehe die Menschen ihn nicht ernstlich wollen. - Die Pariser Konferenz auf die wir Deutsche (verschämt) sehr viel Hoffnungen gesetzt, ist ohne Erfolg verlaufen. – Was nun? Mord, Mord, Mord und das Ende? Die einzigen Gescheiten werden im Reichstag niedergeschrien.
Schon wieder Frühling. Bekommt Ihr noch genügend zu Essen? Das Fleisch soll ja 3 M das Pfund kosten. Das tut uns Fleischfressenden Deutschen weh. Franzosen leben fast nur von Gemüsen hier. In der Zubereitung sind sie Meister. Wir können viel lernen, tun's aber grundsätzlich anscheinend nicht.

Nun will ich Dir meinen Dienst ungefähr beschreiben. Alle anderen Tage muss ich an das Proviantamt hinüber in den nächsten Ort mit einem großen Wagen und 3 Mann; ich reite gewöhnlich. (Mein armes Pferd hat sich auch wieder etwas erholt wie ich).
Dort wird das Essen und Fussart gefasst. In einem Raum, auf einer Tafel stehen die Vorräte, welche ausgegeben werden (in grau). Ich muss das Quantum für meine Kolonne ausrechnen und Verpflegungsoffizieren vorlegen, zur Unterschrift. Dann wird am Bahnhof gefasst.
Beispiel von einem Tag:
<u>Verpflegungsstärke 62 Mann, 39 Pferde</u>

62 St. Brote
24 Kl. Marmelade
20 kl. Dauerfleisch
19 kl. Frischfleisch
8 Kl. Reisfleisch
100 kl. Kartoffel
5 kl. Kaffee
2 Kl. ….??
1 Tel. Tee
10 kl. Zucker
5 kl . Rauchtabak
150 Zigaretten
150 Zigarren
20 Kerzen
333 kl. Hafer
36 Kl. Futterzucker
710 kl. Heu

Es gibt nicht immer das Gleiche. Manches gibt es so viel und wird so wenig geschätzt. Zum Beispiel Kakao fasse ich fast nie, weil ich schon 20 K. liegen habe und niemand ihn gern bei uns. Und Ihr bekommt manches vielleicht gar nicht oder nur schwer. Das tut mir oft ganz weh. Zwiebeln bekommen wir fast gar keine, ebenso Öl oder Fett nur alle 14 Tage – 3 Wochen, 1 Liter oder 4 K. Gemüse, außer Dörrgemüse für Suppe, nie. Da ist schwer kochen.

Am Fassungstag muss ich um 5 Uhr aufstehen, um 9 Uhr bin ich wieder da. Dann heißt es alles einordnen, Küchenzettel machen, abliefern. Alle paar Tage muss ich nach Douai fahren (da geht immer wieder ein halber Tag darauf) Bier holen und Eis, oder sonstige Waren für Kantine einkaufen. Alle übrige Zeit ist für Malereien für weiß Gott was, ausgefüllt. Hauptsächlich Aufschriften mit Ausschmückung und dergleichen. Manches recht unnötig und lächerlich.
Wenn der Herr O.L. einen besonderen Ritt oder Ausfahrt macht, nimmt er auch mich mit.

So vieles soll ich schreiben und komme nicht dazu. Nur weil ich heute wieder einmal Wache habe, kann ich Dir länger schreiben. Bissl müde bin ich schon, weil ich heute seid 5 Uhr früh ununterbrochen gewurstelt habe. Jetzt ist es ½ 1 Uhr.

Liebe, liebe Paula, aber ständig denke ich an Dich mit der stillen Hoffnung eines Verbannten, das doch einmal die Zeit da ist (vielleicht), wo die Freiheit und Wiedersehen kommt. Nur die Sorge, um Dein Wohlergehen und die Lage zuhause macht mir das Herz sehr schwer.
Liebe Paula, schreibe mir immer alles, gell. (Geteiltes Leid ist halbes Leid) und halte aus.
<u>Kuss Tommi</u>, Kuss und innige <u>Umarmung , Dein Colomb</u>

****

****

214:
9. April 1916
Liebe, liebe arme Paula!
Sei ruhig! - - Schau, was ich alles schlucken musste in diesen Monaten! Verzeih, wenn ich Dir Hoffnungen machte ohne Fragezeichen. Es war nicht meine Schuld allein. Mir wurde es doch sicher versprochen. Das ist es ja eben, das wir untergebenen Männer alle Launen der Offiziere aushalten müssen. Verstehst Du jetzt meine Herzensaufregungen und Entrüstung? Oh Paula, was habe ich getan, habe ich denn wirklich so unbedingt sicher geschrieben, dass ich komme? Glaubst Du nicht, dass es mir selbst am Schrecklichsten ist. Arme Paula!
Seit gestern habe ich 5 Briefe von Dir bekommen, große Freude, große Schmerzen. Mein Kopf schwindelt mir ganz, also schnell ordnen und antworten.
Bei Deinem letzten Wutbrief fange ich an. Du bist auch bisl wütend auf mich, aber ich kann wirklich nichts dazu. Ich weiß selbst, dass der Urlaub am 21. so dumm wie möglich trifft. Wollte ihn deshalb schon abschlagen, habe es aber doch nicht getan. Wenn es Dich erleichtert, kannst Du wütend auf mich sein, <u>ich verstehe Dich ganz</u>!

Wegen der Paul Heyse Straße wäre ich anscheinend aber doch zu spät gekommen. Es ist ja schon alles abgeschlossen, ohne dass ich etwas erfuhr. Heinrichs Brief ist ekelhaft. Es hätte doch alles gegen mich gestimmt. Liebe Paula, nicht umsonst waren meine Aufregungen im Winter. Ich wusste genau, dass, wie ich damals nicht kommen konnte, alles verloren ist. Es war ein schwerer Kampf, als ich damals schrieb, ich wollte nichts mehr von allem wissen. Ich wusste, wie es kommen wird. Ich habe mir alles aus dem Kopf geschlagen, nur in Liebe an Dich gedacht und Gott gedankt, dass ich vom Schicksal wenigstens so gnädig davongekommen bin, bis jetzt.
Welch ein Glück, nach dem Krieg zusammen arbeiten zu können. Tröste Dich mit dem, wie es sein könnte.

Wegen der Bilderhandlerei, mache Dir keine Sorgen. 1000 M mehr oder weniger ist nicht so schlimm. Arg ist mir nur, dass alles zerstört werden soll, ohne dass es wie es war, fotografiert wurde. (Könnte es nicht noch jemand machen?)
Auch trenne ich mich von manchen Bildern nicht wegen dem Geld, sondern wegen dem Gefallen daran schwer. Ich konnte ja im Winter, als ich ging nicht alles einordnen, hoffte auch immer, ich käme zurück bald.

(..) Meine Bilder sind mir lieber in Berliner Händen. Für das Bild „Mutter mit Kind im Wald" verlange ich 1 500 M, weil ich es nicht so gern verkauf. Oder wäre das vielleicht was für Glaspalast? Und „Das kleine russische Ballett auf rot"? Oder dieses und „Salome" für Littauer. Das „Wasserweib" passt in den Rahmen, wo Du mit Tommi im Wald, oder in einen anderen. Wäre das was? Ich weiß nichts. Mir gefallen alle meine Bilder nicht, ich weiß auch nicht recht, was ich hab.

Ich schreibe da so von Geschäften anscheinend ganz kalt. Um mich liegen Deine verzweifelten Briefe. Aber ich bin schon auch verzweifelt. Schau, ich muss mich beherrschen. Was kann ich tun? Lass ich meiner Wut und Aufregung die Zügel schießen und spreche in diesem Sinne mit meinem O.L., dann verderbe ich mir alles. Du hast andere Menschen, wo Du Dich austoben kannst, aber ich muss alles schlucken.
Ich habe gesehen, je größer die Aufregung, je weniger erreiche ich.
Oh Paula, Du weißt ja nicht wie stumpfsinnig man werden muss, um überhaupt durch zu kommen.

Vielleicht ist Frl. Baur doch so gut und macht mit Heinrichs Platten noch einige Aufnahmen. Natürlich, so arg viel dürfte sie nicht verlangen. Die Platten müssten aber uns bleiben.

Gestern habe ich wieder 40 M von der Liller Kriegszeitung bekommen, für eine Zeichnung. Das ist nobel. Die schicke ich Dir, gell!

Also lass mein Bett gerichtet. Für die Blumen danke ich Dir, wenn Du willst, so gebe sie Papa. Von den Esswaren bekommt Ihr dafür mehr, wenn ich nicht mit esse.
Hadere nicht zu arg mit dem Schicksal, und lass Dich von mir umarmen, trotz Deiner Wut. Heute muss ich noch Heinrich schreiben.
Sei geküsst und geküsst
Dein verbannter Colomb.

Nachschrift:
Liebe, ich habe den O.L. nochmals dringend gebeten, ob ich nicht am 12. April Urlaub haben könnte. Nein, es geht nicht, sagt er, 2 sind schon im Urlaub und ich sei schon für den 6. Mai ins Urlaubsbuch eingetragen.
Also 21. April ist auch nichts. Nun gehe über zu Ostern weg. Ich muss mein schmerzendes Herz zusammenpressen und wir müssen Geduld haben. Oh liebe Paula Geduld. Aber gell, nicht hoffen oder bestimmt auf 6. Mai rechnen. Mein O. L. scheint ganz unzuverlässig zu sein.
Hätte mir damals Ernestine eine Eingabe gemacht! Corneille kann wirklich nicht mehr wegen mir warten.
Schau, gell sei nicht zu traurig, die Zeit vergeht. Ich bin mit Herz und Seele bei Euch, freue mich, wenn Ihr es in Partenkirchen recht schön habt.
Liebe, liebe Paula.

****
(Aus Notizbuch mit Blaupapier durchgedruckt)

215:
10. April 1916
Lieber Heinrich!
Es ist schon lang her, dass ich nichts von Dir gehört habe. Wahrscheinlich hast du immer gedacht, ich würde kommen. Leider ist nichts daraus geworden und wird auch nicht so bald was daraus. Ich bin halt ganz den Launen meiner Vorgesetzten ausgeliefert. Es ist traurig, aber es ist halt jetzt so.
Ich habe von Paula von verschiedenen Verkäufen, die abgeschlossen wurden gehört. Ich kann da nichts mehr einreden, ich weiß ja auch nicht welche Zahlungen fällig sind. Die Dringlichkeit derselben ect.
Nur einen Wunsch hätte ich, dass vor dem vollständigem Abbruch des Ateliers wenigstens einige Aufnahmen der vollständigen Innenräume gemacht würden. Ich habe Paula schon geschrieben, dass im Falle Du nicht dazu gekommen sein sollst, sie irgendjemanden dazu bestimmen soll. Du wirst verstehen, dass ich an den Räumen und der Einrichtung, wo ich so viele Jahre Seite an Seite mit Papa gearbeitet habe, hänge. Da es mir nicht vergönnt ist, sie nochmal in ihrem alten Zustand zu sehen, so möchte ich doch wenigstens Fotos davon. Die Beleuchtung wird jetzt ja günstig dafür sein.

Wie ist nun die Sache mit der Kriegskreditbank? Diese Canaletto waren doch belehnt? Ich glaube auch 16 Mille mit Tizian? Muss nun das Geld dorthin bezahlt werden? Oder nicht? Wenn nicht, wäre es vielleicht gut, einen Teil von unserer Schuld (10 Mille) zurückzuzahlen. Zins für Ammerland muss jetzt bald fällig sein, auch.
Die Wünsche wegen meinen Bildern habe ich alle Paula geschrieben.
Hast Du eigentlich damals den Direktor des Ethnographischen Museum über die Persischen Waffen in der Truhe befragt?
Was ist mit der Nationalgalerie in Berlin herausgekommen?
Mein O. Leutnant (der doch Kunsthistoriker ist) sagt, wir sollen, wenn irgend möglich auf den Amerikanischen Kunstmarkt warten.
Bilder sind gegenwärtig die besten Papiere.
Wenn nicht etwas Besonderes eintritt, werde ich vor Mai keinen Urlaub bekommen. Ja leider ist es so. Hoffentlich geht es Dir gut. Ich hab mit Bedauern gehört, dass Du....

****

216:

14. April 1916

Liebe gute Paula!
Du beklagst Dich, dass ich so wenig schreibe. Es ist ja wahr, aber täglich komme ich wirklich nicht dazu. Das muss ich ja beichten, dass ich die Zeitung manchmal länger lese, als ich dürfte. Nur steht jetzt manchmal viel Wichtiges darinnen. Ich suche auch immer, ob nirgends der Friedenswille dämmert. Die Hoffnungen sind aber schlecht. Dann setze ich auch manchmal Zeitungsartikel auf, die meist nicht gelingen. Die Küchenleitung ist auch nicht so leicht. Wir müssen uns jetzt sehr einschränken. Mit Nichts ist schwer zu kochen. Von dem, was die Bayern gern essen, gibt es sehr wenig. Darum muss ich Speisen erfinden, die oft auf großen Widerstand stoßen. Besonders bei den Köchen.
Nun die Hauptsache: Tommi Ohrweh. Vor allem bitte gebe dem armen jungen Körper nicht so viel Gift. (Aspirin). Das ist ein Gewaltmittel, strengt das Herz an und verdirbt den Magen. Bei einem Kind wirkt auch noch ein Tee zum Schwitzen. Auf Aspirin werden hier Spottgedichte gesungen und alle kennen und hassen es aus den Lazaretten. Also gell, gebe ihm keines mehr. Lass Tommi mit leichter Boraxlösung gurgeln. Warmes Mandelöl ins Ohr ist auch sehr gut.
(..)
Neulich hatte ich einmal Gelegenheit mit bitteren Worten meinem Oberleutnant meine Gesinnung zu sagen. Ich sagte, ich würde jetzt darauf sehen, das alles, besonders die Sammlung nach Amerika verkauft würde. Er war sehr erstaunt und sagt, nein die Sammlung muss München bekommen. Ich sagte, ich hätte keine Veranlassung auf München Rücksicht zu nehmen, da niemand auf uns Rücksicht genommen. Es kamen die alten Redensarten und unter anderem die alte Sache mit der Eingabe. Ich sah mit Er-

staunen, dass mein Hauptmann dem H.Obl. alles sehr übertrieben erzählt hat und ihn aufgehetzt hat.
Ich bin aber froh, dass ich meine Ansicht gesagt, vielleicht schreibt er darüber nach Hause. Er deutete an, dass er mich später vielleicht doch entbehren kann.
Eine Eingabe von Ernestine wäre vielleicht doch nicht aussichtslos. Aber ohne Generäle, ect.

Ach Gott vielleicht ist es gut, dass ich nicht zu Hause bin. Habt ihr denn noch etwas zu essen? Was kostet alles? Schnell auf die Post.
Küsse, Küsse und Gruß Dein treuer Colomb
Tomi gute Besserung und Kuss. (..)

****
217:

Ostermontag, 23. April 1916

Liebe gute Paula!
Heute soll Ostern sein! Hier merkt man nichts davon. Eigentlich besser so, denn Osterfest feiern in diesem Krieg ist Hohn. Schön Wetter ist wenigstens. Ich saß heute Morgen vor meinem Haus, ganz allein. Die Lerchen sangen so jubelnd und zwei Stare, meine einzigen Mitbewohner, schwatzten so heimlich. Große sonnige Wolken zogen gegen Osten, denen ich Grüße mitgab zu Euch. Die Sonne wärmte wieder einmal den Körper. Büsche und Bäume sind jugendlich grün. Da wird auch das Herz warm und gerührt. Ich hielt eine stille Osterfeier für mich. Was kann ich Euch schicken (schenken?) als Worte und Gedanken. Gell, Tommi wird mir auch nicht bös sein, dass ich gar nichts geschickt? Nach Partenkirchen ist die Post unsicher. Kannst Du Dich erinnern, dass voriges Jahr meine Briefe zurückkamen.
Hoffentlich bekommst Du wenigstens diese Zeilen. Es freut mich, dass Ihr doch reisen konntet, Tommi wieder besser ist. Genießt draußen das Schöne und wartet, wenn schlechtes Wetter ist, bis es schön ist, gell.
(..) Grüßt mir die Daxen, die Tannen, strudelnden Bächerln und alles was ich gern gesehen in Partenkirchen (aber auch Frl. Babet), gell.
Vom Krieg wird man nicht viel merken da draußen. Meine herzlichsten Wünsche für Euch und stärkt Euch für die Stadthungerkrisen. (..)
Herzlichen Gruß und Kuss Dir und Tomi
Dein treuer Colomb
Das ist hier ganz hübsch, dass der Goldlack wild auf Dächern und Mauern blitzt. Eben trägt mir die Grossmama im Quartier von Hutterer, wo ich viel bin und auch immer schreibe, viele Grüße an Dich auf. (Das sind unsere Feinde?)

****
218:

30. April 1916

Liebe Paula! Ich komme vielleicht schon am 4. Mai
Viele Grüße Dein Colomb

****

Colombo bekommt Urlaub ab 4. Mai und Corneille ab 10. Mai.
Durch die Vorarbeit von Herrn Breg[73] und die Beziehung Prinz Rupprechts für die Eingabe C. Max (Colombo Max) kommt Corneille sofort mit seiner Eingabe C. Max frei.
Colombos Eingabe erreichte leider nie diese Ämter unter anderem auch durch die häufige Verdrehung seines Namens: Max Colombo.

****

219:
                                                                            24. Mai 1916
Liebe, liebe Paula!
Wie das möglich ist, dass man so plötzlich von den Seinen weggerissen wird. Meine Nervenbündel, die nun wieder gewohnt waren, Euch zu umschließen, müssen sich wieder in sich aufrollen. Bevor ich nicht die erste Nachricht von Dir habe, kann ich nur die Phantasie walten lassen. Was machst Du, Tommi und unser kleiner Genosse? Ich kann noch so wenig schreiben. Nach Kasernenart gebührt einem zurückkommenden Urlauber immer viel Arbeit. Mein O. L. ist mir ein Rätsel wie vorher.
Etwas worüber Du lachen wirst, muss ich Dir erzählen. Er bat mich doch, ich sollte seinen Eltern erzählen, wenn ich heim käme. Also ich berichtete möglichst beruhigend den Eltern, was für gutes Quartier er hat und der Ort wäre auch so sicher. Auch dass ich nicht übermäßig Dienst hätte, sagte ich ihm zu lieb. Verstehst Du? Als ich nun hier ankam, hörte ich schon, dass der O. L. bös sei, da ich zu Hause gesagt hätte, wir hätten zu wenig Dienst und er so gut. Ich sprach mit ihm und er stellte mich wirklich deshalb zur Rede. Gell, zum Lachen, ich muss mir wirklich Kriegslatein angewöhnen. Von Dank war nicht die Rede.
Dass wir wegen der Urlaubsverlängerung seine Eltern antelefoniert, hat er auch übel genommen. Dieselben hatten wahrscheinlich in bester Absicht geschrieben.
Also gell, nur niemals dahin wenden. Damals waren wir halt in Sorge[74] und ich machte den dummen Vorschlag.
Heute bin ich müde. Bin das Soldatenleben wieder entwöhnt.
Innigen Kuss Dein Mann Colomb

****

a)
                                                                            24. Mai 1916

---

73   Breg = Josef Breg, Erzieher bei Prinz Rupprecht, siehe Lebensbericht
74   Sorge = Tommi war sehr krank und musste ins Krankenhaus

Lieber Tommi!
Meine Reise hierher war sehr schön. Ich bin den Rhein entlang gefahren, wo man viele Schiffe sieht. Aber ich bin traurig, dass ich von Euch wieder fort müssen habe. Hab nicht dabei sein können, wie Du zum ersten Mal aufgestanden. Das ist schade. Wie ist es gegangen? Hast Du noch Schmerzen? Sei geduldig. Gell, denke an alles, was ich Dir gesagt, wegen Deinem Bauch.
Wenn es der liebe Gott will, ist der Krieg vielleicht doch bis im Sommer aus, dann können wir Vieles zusammen tun. Was macht das Eichkatzerl? Es geht mir schon ab. Hier gibt es viele Feuersteine, wie Ruhannan sie hatte. Ich werde Dir mal welche schicken.
Sei geküsst aus der Ferne
Gute Besserung
Dein Vati im Krieg

****
220:
26. Mai 1916
Liebe, liebe Paula!
Meine 2 ersten Karten waren etwas in Eile geschrieben und vielleicht unklar. Aber nun habe ich zwar wenig Zeit, aber ich bin etwas ruhiger. Nun, da etwas überstanden, kann ich es Dir auch schreiben.
Ich durfte, wie ich hier ankam nicht gleich die Küche wieder übernehmen. Mein O.L. begründete es damit, dass ich ausgeruht sei und zum wieder Eingewöhnen Außendienst machen soll. Also musste ich in den wenigen Tagen bis heute 2 Mal in die Feuerstellung. Immer eine ganze Nacht reiten. Das erste Mal kamen wir gerade in einen Englischen Gegenangriff und schwer ins Feuer. Lens ist mir immer verhängnisvoll. Es waren schlimme Augenblicke. Gott sei Dank gut abgelaufen.

Tommi kannst Du sagen, dass ich seinen Schokolade Maikäfer in Verlegenheit gegessen habe, während die Granaten vor und hinter mir einschlugen und ich mit meinem Pferd an eine Mauer gedrückt stand.
Ich hab an Euch gedacht.
Heute Nacht war es weniger gefährlich, aber anstrengend und strömender Regen.
Seit heute bin ich wieder Fassungsoffizier. Gell, Du wirst nicht misstrauisch, dass ich Dir nicht gleich alles geschrieben. Aber ich wusste, dass es nicht lange dauern wird und wollte Deine Sorgen nicht noch vergrößern, gell.
Schwer ist nur der Gedanke, dass alle einen in Sicherheit wähnen und man in Lebensgefahr ist.

Auf meinen O.L. war ich eigentlich sehr böse. Die Sache hat einen Beigeschmack gehabt. (Wie Strafe) (..)
Du siehst von Frieden ist hier nicht viel zu merken.

Rege Dich nicht auf. Die erste Zeit nach dem Urlaub ist immer schwer, das wusste ich schon.

Heute Deinen ersten lieben Brief bekommen. Er macht mir das Herz weich. Küsse Tommi und gute Besserung. Die Fotos sind eine ganz nette Erinnerung. Nach dem Gruzilein habe ich fast Zeitlang, wenn Du es mir so nett beschreibst.
Nein, Dein Herz darfst Du nicht hart machen, sondern nur die Schale.
Wo ist der Frieden, von dem in München immer geredet wird! Diese Daheimgebliebenen können nicht mit uns fühlen.
Ich kann nicht für Dich sorgen, das ist so arg. Schreibe bald wieder.
Sei umarmt geküsst, danken wir Gott, dass alles bisher so gegangen und nicht schlimmer.
Liebe Paula!!! Dein Colomb

****

221:

31. Mai 1916

Liebe, liebe Paula!
Wieder ist ein Mai vorüber, wenigstens haben wir uns bisl gehabt, wenn auch nur leihweise. (..)
Mit deinen Plänen bin ich sehr einverstanden. Nur, wer räumt das Zimmer in Ammerland aus? Grauwelker kann das nicht, möchte es auch nicht, weil unzuverlässig. Jedenfalls, soll die Decke nicht gestrichen werden. Unter den Wandanstrich kann man etwas rebenschwarz tun, brechen, das er nicht zu knallweiß ist. Aber nur kein grün.
Mama und Mimi werden schon ausräumen, vielleicht ist auch Corneille gerade draußen. Jedenfalls trifft es sich gut.
(..)

****

222:

2. Juni 1916

Lieber Tommi!
Ich höre, dass Du schon spazieren gehst. Also es geht gut.
Bald wirst Du wieder stark und noch stärker als vorher sein.
Dieser Ort und Kirche sieht jetzt nicht mehr so aus. Was macht Grugru? Viele Grüße.
Wahrscheinlich seid Ihr gar nicht mehr in München. Aber bekommen werdet Ihr diese Karten doch.
Herzlichsten Kuss
Dein Vater C.M.

****

223:

3. Juni 1916

Liebe, liebe Paula!
Immer das Schreiben. Ich möchte mit Dir so vieles Reden und so geht es so schwer. Die Tage fliegen, ich komme wenig zur Ruhe. Heute war ich wieder fast den ganzen Tag mit Radel auf dem Weg. Auf Biersuche, was jetzt sehr rar ist. Der O.L. sagt, ich muss welches herbringen, sonst komme ich wieder von der Küche weg. Er sagt es ja halb im Spaß, aber so ganz traue ich ihm nicht mehr. Besonders dumm ist, weil die anderen Unteroffiziere natürlich gegen mich hetzen. Sei aber ohne Sorge, ich schreibe Dir das nur, dass Du verstehst, warum ich eifrig in meinem Dienst sein muss. Heute ist mir auch gelungen Bier her zu schaffen.
(..)
Hutterer war eigentlich doch der einzige Mensch mit dem ich mich vertragen, der auch wirklich zu mir geholfen. Nun kommt er immer mehr von mir weg. Wahrscheinlich kommt er sogar auf Monate nach Hause. Er wurde vom Gestüt angefordert. Der Glücksmensch. Aber dann muss er Dich besuchen. (..)
Küsse, Küsse, Gruß innig, Dein Colomb

****

Corneille bekommt nach seinem Urlaub eine weitere Verlängerung

****

224:

10. Juni 1916

Liebe, liebe Paula!
Deinen ausführlichen Brief vom 6. Juni aus Partenkirchen bekommen. Der freut mich doppelt, weil ich auch sehe, dass Du Dich schon wieder etwas herausgerissen hast. Ich glaube Euch beiden wird der Aufenthalt recht gut tun!
(..)
Auch über die Schrift von Prof. Weule habe ich Dir noch nichts geschrieben. Finde sie ganz gut, fest hineingegriffen in die Sache. Nur über den Galeriedirektor L. Müller muss ich etwas lachen. Wenn Heinrich recht feierlich sein will, so nennt er sich „Leo Müller". Die Beurteilung ist ja wie bei allen Wissenschaftlern einseitig und schematisch. Was Papa wollte, erkennt fast keiner. Durch das Verschleudern geht auch dies ganz verloren. Das ist es auch, was mir immer noch Bedenken macht und mich schmerzt.

Mein O.L. hat mir heute wieder gesagt, dass er von einer Versteigerung in Berlin gelesen. Es wurde ein kleines Bild von Canaletto um 15 000 M verkauft. Unseren Bilderverkauf muss ich jetzt sogar schon von meinen Vizewachtmeister hören, der auch bei Eltern von O.L. Besuch gemacht hat. Komische Hilfe, nur über schlechten Verkauf aufregen.

Eigentlich ist alles nur Neugierde.(..)
Unser Vizewachtmeister hat jetzt das „Eiserne" bekommen! Du hast sehr recht gesagt, dass mein Sinn nicht danach steht. Mir würde nur eine Auszeichnung Freude machen. Das wäre die Rettungsmedaille. Aber alles das sind eigentlich nur Eitelkeiten.

Das ist nett, dass Tommi Töpfe macht. Sehr nett kann man auch Ziegelsteine formen. Davon kann man dann Verschiedenes bauen.
(..) Nun kommen nicht wir, sondern unsere Schwester Kolonne leider mit Hutterer weg. Schnell muss ich schließen, sonst geht der Brief nicht mehr weg.
Ein langweiliges Geschreibsel. Kuss Tomi, Gruß Grugru, auch Frl. Groth meine besten Grüße
Herzlichst umarmt und geküsst sei von Deinem Mann Colomb

****
225:
13. Juni 1916

Liebe liebe Paula
(..) Gestern war trauriges Abschied nehmen von Hutterer[75] und vielen anderen Kameraden, die abgerückt sind. Sie fürchten nach Russland. Um Hutterer tut es mir wirklich leid. Noch viele Grüße an Dich. Und heute haben wir den Befehl bekommen an zwei Tagen nach einen von hier 1 Stunde entfernten Ort über zu siedeln. Ein Ort mit Massenquartieren und vielen Soldaten weiter vorne. Gar nicht erfreulich. Nun, da unsere Gärten so schön im Wachsen waren, müssen wir alles liegen lassen. Ich werde also einige Tage weniger zum Schreiben kommen, da viel zu tun ist. Aus Sympathie zu Dir habe ich in letzter Zeit auch oft Bauchweh, ähnlich wie damals vor dem Krieg. In letzter Zeit hat es viel schlechte Butter gegeben.
Es wird schon wieder vergehen. Aber Du, nehme Dich in Acht, gell. Wie oft werden wir noch wandern müssen, bis dieser Krieg ein Ende hat. Immer schwerer wird einem alles.
(..) Sei nicht traurig, ich werde auch wieder versuchen zu lachen. Wenn Du Dich besser fühlst, wird mir das schon eine große Freude sein.
Tommi Kuss und viele Grüße. Wenn das Wetter nur bei Euch nicht auch so schrecklich schlecht wie bei uns ist.
Meine besten Wünsche Euch, an denen ich mit meinem Herzen hänge. Kuss und Umarmung Dein verbannter Mann Colomb
Viele Grüße von meinen Hausleuten die bei Hutterers Abschied alle in Tränen geschwommen. Meine Adresse bleibt die alte.

****

---

75 Hutterer = Kriegskamerad, siehe letzter Brief Nov. 1918

✸✸

226:

La Grande Place, Gomaea

Seitengasse mein Quartier.   Post

17. Juni 1916

Liebe gute Paula

Endlich komme ich zum Schreiben. 3 liebe Briefe (der letzte vom 14. VI.) von Dir liegen vor mir. Die mit mehr Ruhe beantworten. Post bekommen wir jetzt schnell, da wir in dem Ort sind, in dem ich im Winter immer die Post geholt habe. Ein ödes Nest, besonders, weil es fast ausschließlich eine große Kaserne ist. Es gibt ja Lesezimmer und Kino, aber viel Schmutz und wenig grün. Ich habe ein nettes Zimmer mit zwei riesigen Gegenüberfenstern allein. Bett gut. Sogar ein verlassener Biedermeierwaschtisch steht da. Einen Keller für 25 Mann. Hier stecken überall rote Fahnen, wo Keller sind wegen Fliegerangriffen. Die Fliegerplage ist hier größer, als in dem vorigen Quartier, wo es so friedlich war.

Bis alles richtig untergebracht und die Verpflegung seinen Gang geht (ich muss ja wieder an einem anderen Ort fassen), braucht ziemlich viel Arbeit. Ich muss auch sehr Obacht geben, dass ich mir kein Versehen zu Schulden kommen lasse. Da wäre ich schnell meines Amtes enthoben von O.L.. Die meisten Unteroffiziere suchen mich doch zu blamieren, dass sie das Pöstchen bekommen. Hutterer, der einzige, auf den ich fest bauen konnte, ist leider fort. Gell, also verzeih, dass ich nicht eher geschrieben habe. Du wirst hoffentlich nicht in Angst gewesen sein.

a)   17. Juni 1916
Und liebe Paula, noch etwas will ich Dir heute noch schnell schreiben. Von Mama habe ich heute auch einen Brief bekommen. Unter anderem schreibt sie, das Zimmer in Ammerland sei gerichtet und sie sei froh darüber. Sie schreibt: „Paula wird sich darüber freuen." Das hat mich gerührt. Ich weiß, dass es ihr eine sehr große Überwindung gekostet hat und auch schmerzlich war. Ich muss gestehen, dass ich selber an dem Zimmer gehangen, wie es war; wie viel mehr muss es Mama gewesen sein.
Du wirst vielleicht lachen, aber bedenke oder setze Dich an Ihre Stelle. An dem Zimmer hängen mit ihre schönsten Erinnerungen. Wir sind darinnen aufgewachsen und bessere vergangene Zeiten wurden erlebt. Alte Leute leben von Erinnerungen. Ich erkläre Dir dies nur so ausführlich, weil ich Dich bitten möchte, dass Du Mama recht herzlich dankst. Die Sache ist ja eigentlich nicht der Rede wert, aber Mama war es doch ein großes Ereignis welches sie tapfer überwunden. Wenn sie fühlt, dass man ihr dafür dankbar ist (nicht dass sie gezwungen wäre), so wird es ihrem armen Herz doch eine Freude machen, wenn ihre Tat anerkannt wird! Verstehst Du mich liebe Paula! Ich weiß ja, dass Du immer lieb schreibst. Du hast nur nie eine alte Mutter gehabt, kennst vielleicht diese Schwächen nicht so. Darum habe ich Dir's bisl so erklärt. Eigentlich unnötig, weil Du mich gleich verstanden. Sei innig geküsst und umarmt von Deinem Dich liebenden dankbaren Colomb.

****

227:
                                                                                                                    18. Juni 1916
Liebe, liebe Paula!
Heute ist Sonntag und endlich aber auch ein Sonnentag. Als Sonntagsvergnügen sind wir wieder mal auf Typhus gespritzt worden.
Ich wollte bissl aus der Kaserne flüchten und habe mich draußen bissl ins Gras gelegt. Aber die Gegenwart macht keine Freude mehr. Vogelgesang, Baumrauschen, sausende Schwalben und Heuduft. Alles erweckt nur sehnsüchtige traurige Erinnerungen. Einzelne Kanonenschüsse mit hörbarem Aufschlag der Geschosse, alles wie vorigen Sommer. In der Ferne sieht man eigentlich sehnsüchtig bläuliche Hügel. Das ist aber der Loretto, das Menschengrab. Hoch in der Luft raufen sich Deutsche und englische Flieger ab. Also lieber zurück ins Zimmer und Dir schreiben. Deine lieben 3 Briefe vom 11. – 12. und 14. beantworten.

Im ersten Brief fragst Du: „Was tust Du jetzt gerade?" Wie ich die Zeilen bekam, war ich gerade im neuen Ort angekommen, alles darunter und darüber. Deine Beschreibungen, wie ihr lebt und von Grugru sind so nett. Ich kann mir alles so gut vorstellen. Du hast schon Recht, wir verlieren viele Menschen, bei Verdun besonders.
Und jetzt die Russen! Wann werden die Menschen zu Einsicht kommen? Beim zweiten in die Stellung fahren, nach Urlaub, sah ich einen Wagen mit 18 (Deutschen) Leichen angeschlichtet. Er wurde gerade bei einem Friedhof abgeladen, bei Licht im Regen. Wie Schlachtvieh. Furchtbar zerrissene Körper, lauter junge Männer. Und dieser Geruch. Soldaten im Garnisonsdienst wissen nicht was Krieg ist, die können leicht ruhig reden. Tommi soll sich mir nicht von Solchen begeistern lassen.
Mir tut es leid, dass ich jetzt von Tommi in einem so wichtigen Alter immer fort sein muss. Du kannst mich ja leicht ersetzen, aber ein Mann hat oft wieder einen anderen Einfluss auf ein Kind. Obwohl Kinder, welche nur Umgang mit der Mutter hatten, meist netter werden, als beim Gegenteil. Ich glaube auch, ich habe sehr wenig erzieherische Talente.

Große Sorge macht mir die Nahrungsfrage bei Euch. Werdet Ihr in Ammerland genug zu essen bekommen. Getrennte Küche wird nicht durchzuführen sein. Ein Anstoß zu ewigen Reibereien. Wie Du es meinst, verstehe ich. Ihr müsstet es halt so machen, dass Zucker, Eier ect. jeder sein Quantum selbst aufhebt und zu den Mahlzeiten bringt.

Nun die Hauptsache Storchls Brief. Liebe gute Paula, mache dieser Sache ein Ende, weil sie auf die Dauer nur Verstimmungen bringen kann. Storchl wird erst dann ruhig sein, wenn Du (als Gescheite) zugibst, dass Breg nicht Ausschlag gebend war. Ich kenne sie zu gut. Aber tue mir und vielleicht auch Breg den Gefallen und gib nach. Ich meine, schreibe ihr, dass Bregs Fürsprache natürlich in diesem Fall uns nichts geholfen hätte und dass besonders ich mich freue, dass es wenigstens Corneille vielleicht etwas genützt hat. Du kannst ja zugeben, dass Du Dich im ersten Augenblick bisl geärgert hast, aber es mir ja gar nicht geholfen hätte, da wir keine Eingabe gemacht und Breg[76] natürlich nicht Ausschlag gebend war allein. Es ist auch wahr, dass hauptsächlich Ernestine d.h. Harlander Schuld ist, dass wir keine Eingabe gemacht. Dass Storchl sich gerührt, ist ja verständlich. Sage Storchl ganz natürlich, dass Du die Sache ruhen lassen willst. Auch Breg willst Du nicht mehr damit quälen. Sie möchte auch nichts weiter davon reden. Du weißt, ausreden kann man Storchl nichts. Der Frieden ist nur durch große Güte und Nachsicht zu erhalten. Schau, wenn wir vom Krieg einmal zurück kommen sollten, wäre es uns schmerzlich eine ganz verzankte Familie vorzufinden.
Ich weiß, dass ich viel von Dir verlange, aber wirklich, liebe Paula aus solchen Streiten schaut nie etwas heraus. Zum Schluss bekommt man höchstens den Vorwurf neidisch zu sein. Meinerseits gebe ich Dir die Versicherung, dass ich nicht weniger Respekt vor Dir habe, wenn Du zurücktrittst, im Gegenteil. Wenn ich daheim und Frieden wäre, wäre ich vielleicht für Durchführung des Kampfes. Aber so bringt es kein Glück. Oh liebe

---

76 Breg = Josef Breg, Erzieher bei Prinz Rupprecht, siehe Lebensbericht

Paula, Du wirst eine Wut auf mich haben, die ganze Zeit mache ich Dir Vorschriften. Es sollen aber keine sein, sondern Ratschläge aus Liebe, gell. (..)
Leider bin ich gestern Abend unterbrochen worden. Es war ein Fliegerkampf, wobei 2 abgeschossen wurden. Dann war es finster.
Viele herzliche Grüße an Tomi
Umarmung und Kuss
Dein treuer Colomb

****

a) (..)
Neulich bei dem abendlichen Fliegerkampf sahen wir auch wie der arme Oberstleutnant Immelmann[77] abstürzte. Mit dem musste er rechnen. (..)
Mit dem Angebot vom Glaspalast bin ich einverstanden. - Was ich verlangt habe, weiß ich nicht mehr. Bisl was ist es aber doch wieder und eine kleine Ehre ist es auch, weil der Zettel dahinter kommt. Heraussen komme ich gar nicht mehr zum Arbeiten. Habe auch so wenig Lust.
(..) Noch 1 Jahr Krieg kann ich mir nicht vorstellen. Küsse Tomi. Das Schiff für ihn habe ich nicht vergessen. Vielleicht kommt doch noch Frieden.

****

228:
22. Juni 1916
(..) Heute ist Sommeranfang, also wieder ein Frühling verkommen lassen müssen. Heraussen sind schon alle Menschen stumpf. In München scheinen sie lebendig zu werden. Aus Menschlichkeit aber nicht, sondern wegen dem lieben Magen. 2 Jahre Menschen schlachten lassen, da kann man ruhig zusehen. 2 Monate Fleischkarten, nein das ist nicht auszuhalten!
Innigen Kuss und Umarmung, Dein Colomb

****

229:
Partenkirchen, 23. Juni 1916
Mein lieber Colomb
Heute wäre einmal ein sehr schöner Tag gewesen. Die Sonne schien so viel, dass ich mich auf den Balkon ohne Kleidung legen konnte, was ich schon lange ersehnt hatte, denn die ewige Feuchtigkeit war schon zuwider und man fror immer ein bisl. Auch ein Brief ist heute wieder von Dir gekommen. Gestern einer vom 17. und heute einer vom 18. Das freut mich. Nur nicht Dein neues Quartier. Mit schwarzem Schleier ist die Welt bedeckt.

---

77   Immelmann = Max Immelmann (21. September 1890 in Dresden; † 18. Juni 1916 abgestürzt über Annay-sous-Lens, Pas-de-Calais, Frankreich) war ein deutscher Jagdpilot im Ersten Weltkrieg. Seine Erfolge im Luftkampf trugen ihm den Beinamen Adler von Lille ein.

Was Du schreibst, verstehe ich alles. Antworten muss ich Dir auf Einiges. Also zuerst sagen, dass ich eben mit großem Anlauf gleich an Storchl geschrieben habe. Eigentlich wollte ich hier ein bisl duseln und vergessen aufs Schreiben und die Geschichte. Also hieß es sich überwinden. Ist ja doch sehr schwer und ist mir auch wieder übel dabei geworden. Das hab ich nun mal davon gekriegt. Ich weiß darum eben nicht, ob Du dann auch den richtigen Respekt vor mir hast, wie Du mir schreibst – oh lieber Colomb – wenn ich's tu. Ich bin so wenig heilig und so scheußlich stolz und eigensinnig – und wie. Ebenso wie Du richtig sagst (d.h. mit mehr Recht als ich) dass die Garnisonsoldaten gut ruhig reden können. Ebenso denke ich: „Ach, es ist aber doch schwer, wenn man sich fügen muss in alles und noch dazu mild sein zu den natürlichsten Widersachern unseres Geschlechts: was Schwägerinnen sind. Dir zu lieb und wegen Streit halt. Sonst wär's eben vergessen worden und untergegangen im zufälligen Unmöglichsein des Zusammenkommens. (Von hier geht es in München direkt zu Frau v. d. Planitz.[78])
Verstrittene Familie findest Du, armer Colomb, nicht im Frieden, sicher. Wenn Ihr heim könnt, meinst Du. Corneille, meint Storchl, könnte sicher dann überhaupt da bleiben in München. Das ist keine unmögliche Logik. Der Neffe von Frl. Babette sagte, es käme öfter vor, dass man Landsturm od. solche die längere Monate nicht draußen waren, da ließe. Solche Formeln bleiben vielleicht, weil's den militärischen Büros wirklich zu viel wird, immer hin und her zu tun. Dabei denke ich, wo mag Hutterer sein? Hast Du schon Nachricht? (..) Natürlich Du hast ja jetzt die Arbeit mit der Küche und es ist sehr gescheit, dass Du darin aufgehst. (..)
Mama will ich demnächst auch schreiben. Ich habe ihr schon in einem Brief an Mimi gedankt wegen des Zimmers. Bei Mama fällt mir so was nicht schwer, Colomb! Ich hatte es mir schon deshalb nicht mehr so schwer vorgestellt und zum durchführen gedacht (das Zimmer weißeln), weil mir scheint, als ob Mama bes. in diesen zwei letzten (Kriegs)Jahren nicht mehr so absolut schmerzlich wie früher an Ammerlander Eigenheiten hängt. Ihr ist doch auch mit dem Kloiberhof ein neues Leben gegeben worden. Das hast Du noch nicht so gesehen, wie ich jetzt immer. Die Enkelkinder füllen doch das meiste ihres Denkens jetzt, bes. die Kleine. Doch weiß ich deshalb alles wie Du's meinst, gell. (..)
Colomb! Alles Liebe und Gute zu Dir. Küsse von uns beiden. Deine treue Frau.
Die Schulprüfung des armen Tommi ist schon am 4. Juli. Und er ist doch ziemlich aus der Übung.

****

230:
Partenkirchen, (Sonntag), 24. Juni 1916
Lieber, lieber Colomb!
Ich denke und hoffe wohl, dass heute ein Brief von Dir kommt. Sonntags kommt bloß einmal um 12 Uhr hier die Post. Gestern, auch vorgestern habe ich nicht geschrieben. Gestern, d.h. vorgestern hat Tommi abends an Dich geschrieben. Ich wollte ihm ein Diktat geben, er ließ mich ruhig diktieren von einer Eidechse, die wir gefunden und ein paar

---

78 Frau v. Planitz = Tommis Klavierlehrerin

Stunden auf unseren Schultern herumgetragen haben. Er aber schrieb ganz was anderes als ich sagte, um mich zu überraschen od. necken.

(..) Nachm. ging ich weit über die Dachskappelle hinauf allein spazieren. Tommi ist bei den Buben beim Kühe hüten diese Nachmittage. Ich renne so viel ich kann, weil ich immer meine, meine Übelkeit wird besser. Es scheint aber doch vielleicht das Essen zu sein. Die Milch riecht sehr oft jetzt wie stiebliche Eier, ganz zuwider. Ich kann schwer was sagen zu Frl. Babett. Du weißt: 1.tens wenn man Ausnahmenspensionärin im Preis ist und dann in dieser Zeit des Mangels überhaupt. Frl. Babett ist auch sehr grantig jetzt immer. Ich glaube fast, dass deshalb jetzt immer so wenig Gäste bei ihr sind. (..)
Gestern war mein Magen gar nicht gut beisammen einmal. Tommi las mir recht nett aus seinem neuen Buch vor. Um zu helfen schimpfte er in meinen offenen Mund auf den Magen hinunter. Zum Schluss, wie ein Kuhhirt grob und aufmunternd brüllend: „He! Hüah!"
Seine besondere Beschäftigung ist jetzt Rosenkäfer sammeln für die zwei kleinen, jungen Hühnchen.
Die rosa Rosen von der Treppe blühen in voller Üppigkeit. Und daneben weiße. Der Fink singt und hat aufgehört, wie fast alle diese Wochen Regen, zu pfeifen. Ich geh viel spazieren und horche auf das gemütlich, geheimnisvolle Gepiepse der Meiserln und schau voll Sehnsucht zu Bäumen hinauf, auf denen Eichhörnchen sitzen. (..)
Stehen tut nicht viel Gescheites im Brief, aber Liebe ist viel darin. Mit innigstem Kuss, Deine treue Frau.

****
231:

25. Juni 1916

Liebe, liebe Paula!
So, jetzt nimmt der Tag schon bald wieder ab. Man darf nicht denken. 2 Tage habe ich keine Post von Dir bekommen. Bist Du am Ende schon in München? (..) Werdet Ihr bei Fr. v. P. genug und gutes Essen bekommen?
Heinrich lasst gar nichts von sich hören. Ob er wohl noch die Fotos gemacht hat? Ich habe ihm mal geschrieben, aber er hat mir noch nicht geantwortet.
Eben war ich drüben auf dem Friedhof in einer Feldmesse im Freien. Altar unter Kreuzgruppe von hohen alten Bäumen beschattet. Musik und Gesang. Die Vögel lassen sich im Singen auch nicht stören. Viel schöner als in der Kirche. Morgensonne. Stimmt sehr andächtig. Besonders die Wandlung, wenn alles auf die Erde niederkniet.

Der Widerspruch stört aber alles. Denn in der Luft knattern die Maschinengewehre der Flieger und krachen Schrapnell. Ferner rollt der Donner der Geschütze. Der Geistliche spricht von Liebe und dem Hauptziele, die Liebe Gottes zu erwerben, bittet um unseren Sieg. Drüben bei den Engländern wird dasselbe gesagt. Ich werde mir über die Sache nicht klar. Sind die Menschen so fantasielos oder ist der Krieg nichts Schlechtes?

Immer wurde ich unterbrochen. Der Brief wird ganz dumm. Eben ist ein Schuss in der Ferne gefallen, gleich darauf flattert etwas ober mir und eine verwundete Taube fällt auf das Dach vor mir. Ich rufe einen Kanonier, der holt sie mit meiner Hilfe. Bauchschuss. Ich lasse sie gleich töten. Das arme Vieh. Aber etwas zum Essen gibt sie wenigstens. Ihr könntet sie sicher brauchen.

In den Zeitungen steht gar nichts mehr, was einem Hoffnung machen könnte. Es ist ein Elend.----- (...)
Wieder 2 Stunden unterbrochen worden. Ein Landsturmmann von uns, 49 Jahre alt, 7 Kinder (die gerade alle krank) hat großen Bauernhof, aber keinen Menschen der arbeitet. Von seiner Frau kam Eingabe um Urlaub, da sonst alles am Feld kaputt. O.L. hat ihn wegen Urlaubsgesuch von der Front in unpassender Weise gerügt. Er bekommt keinen, weil er im Frühling zum Anbauen welchen hatte. Wer erntet es jetzt? So kommt man der Landwirtschaft entgegen. Der arme Mann ist ganz unglücklich und immer nahe am Weinen. So einen harten Bauern, so zu sehen ist arg. Wir verstehen uns gut, darum kommt er immer zu mir sich auszusprechen. So geht es heute den ganzen Tag. Ich komme nicht zum Schreiben. Für den Bauern würde ich gern was tun, weiß aber nicht an wen mich wenden.

288

Vorhin, wie ich von Wache abkam, fand etwas ganz eigentümliches statt. Viele feindliche Flieger erschienen. 2 von unseren flüchteten. Die Feindlichen warfen dann eigentümliche Geschosse, die in der Luft wie Feuerwerk zerplatzten und riesige Rauchwolken erzeugten aus denen noch gelber Rauch nach unten rieselte. Niemand hat es vorher noch gesehen. Ich glaube es waren Gasbomben oder so eine neue Lumperei. Es war ziemlich weit von uns entfernt, nahm aber einen großen Teil des Himmels ein. Eine neue christliche Erfindung am heiligen Fronleichnamstag. Man könnte es romantischer nicht träumen.

Sei Du und Tommi geküsst und umarmt von Deinem treuen sehnsüchtigen Colomb
Wie geht es Dir mit den Nerven. Gell, rege Dich meinethalben nicht auf.
★★
232:

28. Juni 1916

Liebe, liebe Paula!
(..) Heute geht das Schreiben schlecht, ich habe Kopfweh und bin dumm. Gestern habe ich nämlich so eine Art Wurstvergiftung gehabt. Mittags gab es so eine verdächtige Blutwurst, der ich schon nicht traute. Natürlich, gegen Abend wurde es mir etwas übel. Ich ging in mein Zimmer und wollte etwas Bohenkamp (**Schnaps**) trinken. Aber oh Missgeschick, ich verwechselte die Flasche und trank Leinölfirnis. Du wirst lachen. Natürlich gleich Seifenwasser gurgeln und Zähne bürsten. Aber angenehm war's nicht und vorteilhaft auch nicht. Mir wurde es immer kälter, bis ich Schüttelfrost bekam und sehr übel. Mit großer Mühe machte ich meine Verpflegungsrechnungen bis ich Brechreiz bekam und lang auf allen 4 en am Boden Brechversuche machte. Vergebens, Du weißt, wie schwer es bei mir geht. Ich kroch schnell mit Kleidern in mein Bett, wo ich weiter fieberte mit Bauchweh. Fiebern ist ganz schön und ich dacht schon an Krankheit und

vielleicht Wiedersehen. In der Nacht bekam ich nochmals einen Schwindelanfall. Heute habe ich nur noch etwas Magenweh und Durchfall (Kopfweh).
Neulich hat ein Pferd nach mir geschlagen und auch nur den Fuß gestreift. Nur schmerzliche Geschwulst zurückgelassen. Oh Paula, man hat oft schlechte Gedanken und kurzsichtige. Ganz schlecht sind sie vielleicht aber auch nicht.
Ich soll Dich erheitern, bin jetzt aber oft so verstimmt, dass ich Dir dann gar nicht mehr schreiben dürfte. Darf ich mich also bisl aussprechen? Große Begeisterung, große Wut, großer Ekel ist immerhin noch etwas Großes. Jetzt dauert der Krieg aber schon zu lange. Man wird gleichgültig. Das ist aber schrecklich. Ich glaube an kein großes Gefühl, keine Tat mehr. (Abgesehen von der Liebe zu Euch) Hutterer war noch ein Mensch, mit dem ich sprechen konnte, aber jetzt habe ich niemand der mich interessiert. Mein O.L. und ich sprechen fast nie mehr zusammen. Es ist eine gewisse Spannung zwischen uns. Es ist auch wahr, wer mir nicht näher tritt, kann mich nur ekelhaft finden. Besonders bei diesem militärischem Verhältnis. Ich treffe diesen frechen unterwürfigen Ton nicht, den die meisten Unteroffiziere den Offiz. gegenüber haben. Du wirst es verstehen. Bin ich liebenswürdig und entgegenkommend gegen Offiziere, so kränkt mich ein ungerechtes Verhalten des Vorgesetzten oder billiges lächerlich machen sehr. Gerade von einem gebildeten Menschen. Ich finde einfach den richtigen Ton nicht gegen den mir Gleichstehenden, jetzt mir Vorgesetzten. Ich gebe zu, dass es für ihn vielleicht auch schwer ist. Ich bin aber abgekommen von dem, was ich eigentlich sagen wollte. Eben das Allein sein, verführt zum Denken und das darf man nicht im Krieg. Ich bin oft ganz elend, alle Hoffnung schwindet. Aber ich kann Dir's doch nicht sagen schriftlich, wie es ist. Mein Schreiben ist wie ein misslungener Brechversuch. (..)
Ich sehe, dass ich nicht mehr alles beantworten kann, es wird schon dunkel. Ich möchte Dir aber doch den Brief noch schicken. Gute Nacht
Innige Küsse, Dein Colomb
Tomi Grüße und Kuss
****
233:

Partenkirchen, (Dienstag), 26. Juni 1916
Lieber, lieber Colomb!
Heute heben sich die Wolken wieder von den Bergen. Gestern war alles zu und ich sah von der Balkontüre aus, nur die Balkonholzeinfassung und die roten Geranien, dahinter nichts, als trostloses dickes hoffnungsloses Grau. Der Regen strömte dabei. Ich hatte mir endlich vorgenommen den schlechten Magen loszuwerden und wollte im Bett mit Diät bleiben. Es ging aber nicht so wie gewünscht aus. Nachmittags wurde mir ganz übel und scheußlich schwach. Ach so jämmerlich kann der Mensch sein. Ich hatte solches Heimweh. Aber dabei fiel mir's immer ein: „Heim"? „Wo denn?", „Lessingstraße?", „Was ist denn das jetzt – ein leeres Zimmergehäuse." Das Elend nahm zum Abend immer mehr zu und ich war froh als Frl. Babett einige Male zu mir schaute. Und ein Eier-Cognac musste mir die Brücke zu neuen Lebensgefühlen bilden. Einen kleinen Sprung habe ich damals, scheint mir, doch bekommen, als Du von Ingolstadt wegkamst. u.s.w.

Und Colomb, wie geht es Dir jetzt? Gestern stand in der Zeitung, dass Lens, La Bassée wieder sehr unter Feuer genommen wurde. Einen Gasangriff ohne Erfolg machte der Feind auch. Heute habe ich noch keine Zeitung gesehen. Frl. Babett füttert mich jetzt.
Frau v. d. Planitz schrieb mir, wenn ich einige Eier oder etwas Butter erjagen könne, würde ich großen Jubel bei ihnen auslösen. Oh, was denkt sie denn! Hier kann ich keine haben. Frl. Babett musste das, was sie hat, wahrhaft für ihre Pension hernehmen. Ich kann mir nicht denken, wie's im Winter werden soll, wenn jetzt alles so schwierig. Man tröstet zwar ständig auf baldige gute Regelung.
Von Ammerland höre ich nichts mehr, wie's dort geht. Liege heute noch zu Bett. Schau immer hinüber auf die Berge. Aber ich finde zu viele Teufelsfratzen in den Felsen heraus. So schrieb ich jetzt an Frau Kuppelwieser und jetzt an Dich. Tomi ist auf die Wies'n, Kühe mit zu hüten. Er spielt außerdem sehr gern Arzt. Toni, das nette Töchterl von Frau Gastl[79] ist seit einigen Tagen wieder da zum Helfen. Sie ist jetzt 15 Jahre, aber noch ein rechtes Kind. Sie will Pflegerin später werden. So hörte ich heute früh beide auf dem Gang spielen.
z.B. Tommi: „Haben Sie schon auf Zimmer 38 ein Klistier gegeben?", „Messen Sie aber auch…." u.s.w. Dabei gehen sie von Zimmer zu Zimmer im Haus, die alle noch leer und täglich gelüftet werden müssen. Gestern machte er mir abends eifrig Kopf- und Herzkompressen und „suchte" den Puls. Er will später durchaus Chirurg werden. (Dabei Landwirt u. Fischer und Flieger auch).
Colomb ich hab einen so großen Strauß rosa Rosen im Zimmer. Und Du? Jetzt eben kommt auch die Sonne zur Türe herein. Und bei Dir? Ich möchte so gerne hinunter gehen in den Ort und Dir Zigaretten oder Keks schicken. Ob sie gut sind, weiß ich nicht. Morgen vielleicht.
Olly wird gerade wohl auch am Donnerstag oder Freitag nach München kommen. Ich freue mich sehr dieses Mal. (..) Eben höre ich unten die Briefträgerin. Ob was von Dir dabei ist? Kann's nicht erfahren.
Also so Schluss!
Herzlich und innig sei geküsst und umarmt von Deiner treuen Frau

****

234:

29. Juni 1916 Peter und Paul

Liebe, liebe Paula!
Heute, wie ich höre, war Peter und Paul, also Dein Namenstag. Ich hatte leider keine Zeit, ihn feierlich zu begehen. Nur in Gedanken Dir Glück wünschen konnte ich. Sonst war heute ein ekelhafter Tag.
In der Nacht furchtbare Englische Angriffe. Um 3 Uhr nachts wurden wir alle geweckt „Höchste Alarmbereitschaft". Zuerst packte ich gleich. Dann bekam ich einen furchtbaren Streit mit dem Unteroffizier Weiberheld (der meine Küche hatte während meines

---

[79] Frau Gastl = die Köchin aus Oberammergau

Urlaubs). Er will sich immer gescheit machen, besonders vor dem Wachtmeister. Die Absicht ist klein. Ich wurde wirklich wahnsinnig wütend und musste mich halten nicht zu schlagen. Sonst half mir immer Hutterer, jetzt sind aber immer alle gegen mich. Der Wachtmeister ist gutmütig, aber schwach. Ich glaube, er hat eine große Schwäche für Zigarren und dergleichen.

Bisl herunten bin ich auch noch von meinem schlechten Magen. Dann hieß es auch noch, wenn es nötig wird, müssten wir auch noch in dem Schützengraben aushelfen. (Das ist nicht leicht möglich). Dann ging der ganze Tag mit viel Arbeit hin.

Jetzt ist es 10 Uhr und ich komme erst zum schreiben. Deinen lieben Brief vom 26. eben bekommen. Du machst mich besorgt mit Deinem Magen. Ich habe Verdacht, dass Fr. B. vielleicht ein Fettersatz verwendet. Oder dass die Kühe irgendein schlechtes Futter bekommen. Eigene Küche wäre die sicherste und eigenes Heim das Befriedigendste. (...) Was soll ich schreiben, was macht Dir Freude? Ich kann nichts tun, ich bin eine Schraube einer riesigen Kriegsmaschine.

(...) Schon wieder wird es so dunkel. Die Bomben, die neulich die Flieger warfen, waren Brandbomben. Sie brannten damit einige Bahnen herunter. In Bulgarien sollen sie so die Felder vernichten wollen. Das wird hier auch kommen. Der Krieg wird immer menschlicher und meine Wut auf die Geistlichen immer größer.

Rosenblätter fallen aus Deinem Brief, und wie gut das duftet. Alle Deine Blumen stecke ich hinter Deine Photographie an der Wand. Da schaust Du mir immer zu. Als ich neulich so brach und mich mühte, kam mir vor, als ob Du mitleidig schautest. Wie ich aber den Firnis trank, hast Du entschieden gelacht.

Die Natur wäre auch hier schön, so viel Mohn und Kornblumen, nur komme ich so selten in Ruhe hinaus. Regenwetter ist mir lieber als schönes. Da ist man wenigstens von Fliegern unbelästigt. Gasmasken haben wir jetzt sehr gute.

Liebe Paula, gell spreche und besprече Dich mit Tante Olly. Ob ein Urlaub oder dergleichen nicht möglich wäre. Vielleicht würde ihre Gegenwart Dich doch beruhigen.

Verliere die Geduld und den Mut nicht! Schau, schon Tommi zu Liebe nicht. Ich denke in Liebe an Dich und umarme Dich fest, fest.

Kuss Dein Colomb

****

235:
München, 2. Juli 1916
Ainmillerstr. 40 / Gartenhäuschen

Mein lieber, lieber Colomb!

Verzeihe mir, dass ich Dir seit 28. nicht mehr geschrieben habe. Am 29. war Packtag und letzter Spaziergang, abrechnen und dergl. am 30. Reisetag. Früh ging's ganz vergnügt fort. In der Bahn wieder, oh gleich, Übelkeit. Musste mich hinlegen. Angekommen zu Planitz. Zusammennehmen. Nachmittag in Wohnung Sachen holen. Wollte zu Asthan[80],

---

80 Asthan = Arzt – wie auch Forell

im Urlaub. Heini auch seit 14 Tagen bis 10. Juli (Ammerland). Also um 5 Uhr in Poliklinik zu Forell. Sagt: wahrscheinlich alles Nerven und solle ganz in Ruhe bleiben; Medizin etc. Mir Wurst, Unsinn. Wenn es Nerven sind, dann hilft mir das jetzt doch auch nichts. 7 Uhr abends hier wieder im Haus. Nirgends Milch für uns aufzutreiben. Keine Handlung kann mehr neue Kundschaft annehmen. Also als Tommi im Bett um 9 Uhr, lief ich zu Irma[81], mir, da sie doch am 1. abreiste, ihr Quantum übertragen zu lassen. So kam ich am 30. nicht zum Schreiben.

Gestern früh Tommi in Schule begleitet, mit Frl. Groth Verschiedenes besprochen. Zu Frau Müller gefahren, da ich rasend schwitzte in schwarzem Jackett; sie hat was Leichtes von Lisl zum Ändern. (Weiße Bluse unpraktisch jetzt, wegen waschen etc.) Nachmittag bat mich Lisl, solle mit Tommi mit ihr spazieren gehen, sie sei so elend. So komisch, leidet auch an schrecklichem Schwindel, Übelkeit und weint die ganze Zeit. Hat doch keinen Grund. Vielleicht Nahrung jetzt? Tommi baute mit Lisls Kindern Schützengraben auf einer Wiese. Ich war so entschlusslos und betäubt. Es ist immer, als handle alles jemand ganz anderer als ich. Vielleicht bin ich wirklich ich, jetzt bei Dir. Muss ich bei Dir sein. Und meine Hülle ist hier! So ähnlich ist auch mein Gefühl. Zu leicht, besonders nachts. Nicht krank, nicht Schmerzen, Colomb, so furchtbar leicht. Aber heute ist es schon besser.

Gestern Abend, also weiter, wollte Tommi auf einmal noch durchaus in Schülerkonzert von (Planitz- Kaulitz). Also aßen wir schnell und fuhren noch hin. Frau Dr. Wenz mit Brigitte war auch da und wir gingen dann um 9 Uhr zu Fuß von dort (**Residenzstraße**) heim. Wieder war's nichts mit dem Schreiben geworden.

Heute (Sonntag) früh telef. Olly. Dann fuhr ich mit Tommi in die Lessingstraße, da ich natürlich neulich bei meinem ersten Dortsein blödsinnig wenig und dumm eingepackt; es fehlte nun das Meiste. (Suchte auch nach bisl Zucker u.s.w.). Dienstmann nirgends, mir wieder etwas schlecht, nahm Auto. Oh, nie mehr. Kostete 3,80 bis hierher. Unerhört teuer jetzt. Um 3 Uhr kam Olly. Ach, ich redete wegen Urlaub von ihr und dergleichen. Aber sie sagt immer, es ginge nicht. Ich bin bitter enttäuscht. Vielleicht will Olly doch nicht recht. Ich habe auch immer Angst, sie sei jetzt zu verwöhnt. Erzählt mir von Milchkuren und dass sie Arsenikeinspritzungen wie Dora gemacht bekommt. Gut ist sie ja und alles. Also will ich sie nicht zu sehr bereden; denn was kann ich ihr versprechen? Frl. Groth hat auch keine rechte Lust für Ammerland. Wegen der schlechten Verpflegung und so ohne Hanas.

Ich habe so schreckliche Angst, Colomb, vor dem Hingehen nach Ammerland. Schon die Lessingstraße kann ich kaum aushalten. So tot, so dumpf, so leer ist's da. In Ammerland ist Corneille so vergnügt und ich dann um so trauriger. Ich will mich da gar nicht besser hinstellen, als ich bin, Colomb. Verzichten, verzichten und verzichten. Es erkennen und nur bitte erkennen. Immer hat man die Hand noch sehnsüchtig nach irgendetwas ausgestreckt und immer sinkt sie enttäuscht leer zurück. Klagen darf man aber nicht. Ich kann doch, außer Dir, niemand klagen. Ich sehe, wie jung ich bisher war. Hier die 2 Damen im Haus. Was leisten sie. Und gewiss haben sie manchen Kummer

---

[81] Irma = Irma und Lisl Richter, Paulas Freundinnen, siehe Lebensbericht

und Sorge. Sie halten durch, immer sind sie liebenswürdig und lachen nett. Immer in Tätigkeit. Wie ich sie beneide. Warum kann ich das nicht? Oder haben sie auch einmal schwere Zeiten der Überwindung durchgemacht, wo sie sich sträubten, leidenschaftlich sich wehrend od. leidenschaftlich müd waren. Jetzt merkt man ihnen nichts mehr an. Ich schäme mich. Zusammennehmen. Aber ich muss halt jemand anderer sein. Das Heimweh aber werd ich nicht los. Oh lieber, lieber Colomb.
Deine zwei Briefe, die ich hier bekam. Heute den vom 28.! Was haltet ihr aus! Der Schmerz und das Mitleid mit Dir, es zieht mich ganz hin zu Dir. Oh armer Colomb, Du bist so allein draußen. Und warum hattest Du Streit mit dem Unteroffizier? (Sachsen glaube ich). Mir ist so bang, dann um Dich. Und ich wirre auf und wo soll ich Dir anfangen zu helfen. Will wenigstens für Deinen Wachtmeister vielleicht Zigarren schicken. Oder?
Morgen, muss den Vormittag sehen, ob ich Nahrungsmittel auftreibe. Die Damen können mir nicht all ihre Restmarken hergeben. Aber wo auftreiben? An Eier ist nicht zu denken. Man soll ja 2 die Woche bekommen, aber es ist nichts damit. Gries soll ich besorgen. Kartoffeln bekommt man nicht. Will noch verzweifelt zu Luisel schreiben, wegen Konserven. Wurst gibt es <u>gar keine</u> und gar keine Fleischkonserven. So komisch jetzt die Delikatessgeschäfte. Wo das noch hinkommt??
(..) Ich werde doch mal eine Kriegsbilderausstellung ansehen bei Caspari. Ebers hat dort auch jetzt eine Ausstellung. Nachts denke ich an so viel, z.B. daran einmal, Du könntest doch Oberstl. Ries zeichnen. Ach, Du wirst Dich ärgern über mich. Meinst: „Ja, die hat einen Begriff". Ach ich meine immer bloß. Zeitung habe ich seit 30. nicht gesehen. Was ist los? Lieber weiß man's nicht. Alles ist so wirr. In Partenkirchen zu viel Stille und hier, ich weiß nicht wo zuerst anfangen?
Dienstag kommt Tommi's Prüfung. Danach wird vielerlei getan werden müssen. (..)
Colomb eben sind die Damen reingekommen, ich hatte auf sie gewartet wegen Schlüssel (den ich dabei hatte). Es ist 11 Uhr, nun kann ich zu Bett. Unsere Zimmerchen sind so nett. So hell und sonnig. Tommi schläft zwar auf einem etwas abrolligen Sofa, aber wie in einem Glaskasten. Eine Glastüre und daneben zwei Fenster. Also eine Wand ganz Fenster. Die Zimmerchen sind sehr klein, aber wir haben immer die Verbindungstüre offen und ich kann von meinem Bett Tommi's Bett sehen. Heute Nacht kollerte er herunter zum ersten Mal.
(..) Gute Nacht Colomb! In inniger Liebe, sei fest umarmt von Deiner treuen Frau

****
236:

München, 5. Juli 1916

Lieber, lieber Colomb!
Gestern habe ich Deine Karte vom 1. Juli bekommen. Und gestern waren wir im Zoologischen, von wo Du eine Karte bekommst (oder hast) Vorgestern früh habe ich Nahrungsmittel gejagt. Hat ein bissel was beängstigendes. Will sehen, wie es in 4 Wochen wieder aussieht. Ich habe mir für fast 50 M eingekauft. Zwieback, Marmelade (da jetzt

dann keine Fabrik und nirgends mehr mit Zucker einkochen dürfen.) und aus Vorsicht etwas getrocknetes Obst, einige Büchsen Gemüse, da dieses natürlich furchtbar in Anspruch genommen wird, teuer ist und eventuell ausgehen kann. Das ist es ja, Du meinst auch daran halten und an Schwammerln und Beeren. Aber andere meinen das eben auch. Gestern im Zoologischen Garten mittags nur sog. Gemüseplatte als Mittagessen und Pfannekuchen, wofür man dann eine Eiermarke geben muss. Man besitzt aber pro Person im Monat nur 4 Karten zu je 2 Eiern. – Also?? –
Gestern Vormittag war also Tommi's Prüfung um 9 Uhr. Ich wartete bis 10 Uhr, da war's fertig. Der Oberlehrer war ganz zufrieden. Das freut mich, trotz Tommi's langem Fehlen. Der Unterricht von Drobele[82] ist doch gut und Tomi hat viel Verstand (doch auch, gell) Nachher war ich so froh, dass ich Mut hatte und ging zu Corneilles hinauf. Corneille malte. Sie haben's wie früher, auch Telefon wieder. Für 3 Monate ist er ja sicher hier. Auch hat Rosa sich auf den Kopf gestellt und zu Hause ihnen 40 Eier besorgt. So leben sie, doch beneidenswert.
Und trotz alledem konnte Storchl es nicht lassen, gleich was Unangenehmes zu sagen. Das Zimmer in Ammerland sei so komisch, sehe wie eine Höhle aus. Ihres sei doch schön weiß. Aber das grauweiß und dazu die entsetzlich schmutzige Decke! - - Ich bin schon traurig. Hätte wenigstens eine Freude an einer Arbeit gehabt, das Zimmer sauber und nett zu haben. Olly kommt ja doch nicht mit u.s.w.. Jetzt habe ich ganz Angst. Soll man den Balken nicht wenigstens noch verschmieren lassen und streichen. Alle meinen da drinnen säßen jetzt alle Diphtheriebazillen. (Habe auch wieder gelesen, wie zäh dieser Bazillus und daher die Leute öfters wiederholt, d.h. jährlich die Diphtherie im Herbst bekommen. Nur das heuer nicht mehr.)
Und dann: Corneille lachte auch so über die Fenster. Sage, kann ich die nicht weiß anstreichen mit der Farbe, die von den Stühlen noch draußen ist? Muss da erst abgekratzt werden?

Vor einem der Affenkäfige traf ich gestern Hofrat Paulus. Er sprach gerade ganz freundlich mit einem Äffchen. Ein paar Worte haben wir zusammen gesprochen. (..)
Colomb, der Brief ist dumm. Ich bin zu müde für was Schöneres. Ich will viel besorgen. Noch in den Glaspalast, Breg, Emma, Hildebrands, Samstag, Sonntag Ammerland, um Zimmer zu sehen. Zahnarzt u.s.w.
Von Ammerland vielleicht ruhigere Briefe. Dort kommt Esskampf. Storchl meint, wir bekämen keine Milch. Also ja. Es regnet nach 3 heißen Tagen.
Mit inniger Umarmung, Colomb, Deine treue Frau.

****
237:

9. Juli 1916

Liebe, liebe gute Paula!
Gestern Deinen lieben Brief vom 5. Juli bekommen. Danke für Deine lieben Zeilen. (..)

---

82   Drobele = Frl. Groth, Lehrerin, siehe Lebensbericht

Also willst Du doch nach Ammerland? Bin sehr traurig, dass das Zimmer nicht nett ist. Ich wollte das weiß doch nur gebrochen haben, nicht grau. So ein Bauernmaler versteht das nicht. Weiße Fenster kann ich mir nicht schön vorstellen. (Innen weiß, außen gelb) zu scheckig? Die Türen und Läden auch weiß? Das wirkt zu kalt, zu Krankenhaus oder Spitalmäßig? Findest Du nicht? Den Balken kannst Du schon richten lassen. Im Herbst würde ich aber keines Falles lange draußen bleiben, besonders, wenn Du Angst hast, gell? Mama schreibt mir, dass man Milch ohne Karte bekommt draußen. Also. Dann macht viel saure Milch. Auch Fische soll man genügend bekommen. Die sind doch sehr nahrhaft. Leider esst ihr sie halt nicht gerne.

Unser Oberleutnant geht in Urlaub. In sein Haus in Starnberg soll der Blitz eingeschlagen haben. (Frau Nervenschock)
(..) Sei umarmt geküsst, innig gute Nacht dein Colomb (..)

****

9.Juli 1916

a) Lieber braver Tommi!
Ich habe von Mutti gehört, dass Du Deine Prüfung so gut gemacht hast. Das hat mich sehr gefreut zu hören und ich bin sehr froh darüber. Mutti sicher auch. Nun kannst Du im Sommer lustig sein und brauchst nicht länger über Deinem Bauch geärgert sein. Hier ist in der letzten Zeit viel geschossen worden wegen den Englischen Angriffen. Ich habe große Sehnsucht Dich und Mutti zu sehen und mit Euch nach Ammerland zu können. Das Schiff, das ich Dir versprochen, habe ich nicht vergessen, nur musst Du noch Geduld haben. Sei geküsst lieber Tommilein und vergesse nicht den lieben Gott um Frieden zu bitten.
Dein Vater Colombo Max

238:

11. Juli 1916

Liebe gute Paula!
Zwei Tage keine Post von Dir. Ich weiß, Du kommst jetzt nicht dazu. Aber ich bin halt immer sehr auf Deine Nachrichten aus. Gegenwärtig habe ich viel zu tun, musste binnen einer Woche dreimal die Division wechseln beim Fassen. Nebenbei die Unsicherheit überall. Die meisten, glaube ich, meinen, ich stehe den ganzen Tag in größter Sicherheit in der Küche. Im Gegenteil, ich bin den ganzen Tag auf der Reise und nicht gerade an den besten Plätzen. Hier ist man ja selbst im Schlaf nicht sicher. Aber überall sind ja die Kämpfe so furchtbar, dass wir noch Gott danken dürfen, dass wir hier sind. Europa ist das große Schlachthaus der Welt. Eine nette Errungenschaft nach so langen Kulturanstrengungen. Doch jetzt haben die daheim Sommerferien und da denken sie nicht gerne an den Krieg. Das sind die Kriegsmacher, die Städter. Doch das alles schreiben ist Unsinn. Ich reite fast nie mehr.
I. ist mein Gaul so mager, dass ich Mitleid habe. II. habe ich ein gutes Radl mit dem ich viel schneller überall bin. Das macht aber auch recht müde, besonders bei den schlechten Wegen. Oft. Jetzt sollen lauter Bayern hierher kommen. Das ist besser. Vielleicht finde ich doch mal jemanden mit dem ich drei vernünftige Worte reden kann. So allein wie jetzt, war ich noch nie im Krieg. Hutterer hat mir erst einmal geschrieben. Sie müssen immer im Freien kampieren, sind in der Gegend von Lemberg. Hoffentlich kommt er gut durch. (..)

Grüße an alle, Kuss und Umarmung, Dein Colomb
Grüß Tommilein
Werdet Ihr mich vergessen, wenn der Krieg noch lange dauert? - Mir schwindelt, ich vergesse mich selbst oft. (Euch aber nicht)

NEUER STANDORT

239:

16. Juli 1916

Liebe, liebe Paula!
Lange habe ich nichts von mir hören lassen. Wir sind aber plötzlich weg gekommen. Einige schlaflose Nächte und Tage mit viel Arbeit sind hinter mir. Wir sind mit der Bahn verschickt worden. Wohin, schreib ich lieber nicht, weil sonst der Brief nicht ankommen könnte. Wir sind etwas mehr im Süden als vorher. Die Gegend ist sehr schön, aber sehr hügelig und fast kein Wasser. Pferde sind im Freien, wir im Notquartieren. Alles halt so wie am Anfang des Krieges. Mit der Post geht es natürlich schlecht, ich habe schon 6 Tage keine Nachricht von Dir. Das ist das Schlimmste. Rege Dich nicht auf, lange kann der Kampf so nicht weitergehen!

Sei nicht unglücklich wenn schlechtes Wetter ist, mir ist es sehr willkommen. Es ist ein Jammer, wie der Krieg alles verwüstet und die armen, armen Menschenmassen, welche nicht wissen was sie tun. Zum Schreiben komme ich schwer. Betet dass Frieden wird. Vertrau.
Küsse und Umarmung, Dein treuer Colomb
Tomi Grüße und Kuss
Grüße an Mama und alle

Jetzt kommt man wieder Tag und Nacht nicht aus der Uniform
Meine Adresse ist die alte, nur Feldpoststation Nummer 406 weglassen, bis neue Adresse kommt.
Beissbarths[83] möchten mir keine Zeitungen mehr schicken, die letzten sind nach Russland gegangen. Vielen Dank

****

a) 17. Juli 1916

Wir sind immer noch ohne Postverbindung, darum ist auch mein Brief vom 15. noch nicht fort gegangen. Und von Dir habe ich auch leider noch immer keine Post. Heute Abend soll Post kommen. Seit gestern ist wieder Regen. Viel Soldaten und Schmutz. Von der allgemeinen Kriegslage wissen wir nichts, nur was hier geschieht vom Hören Sagen. Das ist aber nichts Erfreuliches. Wir dürfen noch nicht klagen, wir sind wenigstens noch unter Dach, wenn wir auch am Boden liegen. Es ist ein riesen Bauernhof mit riesen alten Bäumen umgeben. Über die Küche habe ich ein Zelt gebaut. Alles ist verstärkt, so viel als möglich. Die Engländer sind uns jetzt wohl gewachsen, wenn nicht in Manchem überlegen. Wir brauchen nicht mehr, wie am Anfang, darüber zu lachen.
Gestern war ich in einer kleinen reizenden Kirche. Infanterie - Massenquartier. Rauchend, mit Mütze auf, liegen sie darin herum. Das wirkt eigentümlich. Natürlich brauchen die armen, armen Kerle Ruhe. Die Engländer werfen Zettel von Aeroplane ab, wo sie schreiben, dass wenn wir nicht aufhören, sie uns die ganze Ernte verbrennen. Das werden und können sie wenigstens hier ausführen. Wie steht es denn bei Euch mit dem Essen? Habt Ihr genug? Nein, jetzt kann der Krieg nicht mehr lange dauern. Die Abrechnung wird sonst furchtbar.
Gell, sorge Dich nicht um mich, auch wenn ich ab und zu nicht schreibe, es kann leicht sein, dass wir nun öfters Quartier wechseln müssen.
Grüße an alle, Innigen Kuss Dein Colomb
Wie geht's Tommilein? Grüße

****

---

83   Beissbarth = Paulas Verwandte, siehe Lebensbericht

****
240:   23. Juli 1916

Liebe, liebe Paula!
Gestern keine Briefpost von Dir bekommen, nur das Packerl mit Simpl und Katalog. Herzlichen Dank für das. Wir sind immer noch abmarschbereit, aber noch nicht weg gekommen. Wo wir sind, ist es ja eigentlich sehr schön. Es ist eine Gruppe Häuser und Höfe mit großen Bäumen überschattet! Auf einem Hügel rings herum schöne Felder und immer wieder so Bauminseln wo Häuser und Dörfer versteckt sind. Eigentümlich wirken die violett blühenden Mohnfelder, die man hier öfters sieht. Gegen die Kampffront haben wir besonders guten Ausblick und da stehen wir oft abends lange am Waldesrand und beobachten die Schießerei. Neulich waren so unglaublich viele Flieger in der Luft, dass es klang wie das Summen der Maikäfer bei heißen Tagen. Im S-W hängt der Himmel immer voll feindlicher Fesselballone. (16-17 Stück) Die Unseren hat der Feind fast alle verbrannt. Wir können anscheinend nichts gegen diese ausrichten.
Die Verluste von Menschen müssen auf beiden Seiten furchtbar sein. Heute Nacht war wieder eine schreckliche Kanonade. Die Infanterie bei uns bekommt jetzt auch schnell alle Stahlhelme. Lange genug haben wir darüber gespottet bei den Feinden. Das Wetter ist viel neblig und bewölkt. Uns kann es recht sein. Wir haben uns jetzt schon wieder ganz gut eingerichtet hier und es tut uns fast leid, dass wir wieder weg kommen. Ich glaube einige Ortschaften weiter zurück. Wir liegen jetzt zwischen Peronne und Bapaume.
Die Verpflegung ist nicht schlecht, nur der Mangel an Gemüse und Früchten ist mir im Sommer schrecklich. Immer nur Fleisch und Heringe. Wasserhonig oder so etwas gibt es auch nicht, nur tiefe Ziehbrunnen. Läuse haben wir noch keine, aber viele Flöhe. Also beruhige Dich wegen mir. Wenn es nicht schlimmer kommt, ist es gut auszuhalten. Aber der Krieg kann und darf nicht mehr lange dauern. Es ist ja schrecklich.
Wegen Dir mache ich mir große Sorgen. Wie es Dir wohl geht? Und Tommi? Viele Grüße an alle.
Sei herzlich umarmt und geküsst von Deinem Colomb

****

299

****

241:

Lechelle, 31. Juli 1916

Liebe, liebe gute Paula!
Deine lieben, ausführlichen Briefe vom 20. /24. Juli bekommen. Gott sei Dank bist Du glücklich in Ammerland untergekommen und kannst etwas ausruhen. Natürlich verstehe ich, dass Du absolute Ruhe nicht haben kannst. Mir geht es gerade so. Nur nicht zu viel denken. Aber leider komme ich auch nicht viel zum Schreiben. Habe auch die Ruhe nicht dazu. Vor allem fehlt es an Orten, wo man ruhig schreiben kann. Wir liegen zu 14. am Boden in einem Zimmer. Bißl Stroh auf Steinboden.

Zum Glück sind viele Fenster zerbrochen. Die Luft daher besser. (einigermaßen) Draußen geht das Schreiben auch nicht. Nichts zum Hinsetzen, überall Pferde und Arbeit. Überhaupt so viel Arbeit wie jetzt, haben wir noch nie gehabt. Tag und Nacht Munition

fahren. Die Offensive vorigen Herbst war eine Kleinigkeit gegen jetzt. Und man sieht nichts als
Soldaten. Die Straßen sind ständig in Staubwolken gehüllt. Solche Mengen Kolonnen und Truppenmassen bewegen sich hin und her. Alles bewegt sich, gar keine Vorzüge des Stellungskrieges passen mehr. Aber wenn ich viel beim Schreiben gesehen werde, muss ich gleich auch in die Stellung mitfahren. Ich hänge sowieso immer in der Luft und zapple. Die Müdigkeit und Anstrengung macht alle kritisch und hungrig sind sie auch. Natürlich häufen sich Vorwürfe auf Vorwürfe auf mich, wenn es zu wenig zu Essen gibt. Aber ich fasse doch so wenig. Die Unteroffiziere wollen immer bevorzugt werden. Tue ich es nicht, so habe ich schwere Kämpfe und sie überreden den Wachtmeister, mich Außendienst machen zu lassen. Bevorzuge ich sie, so fängt die Mannschaft zu murren an, droht mit dem Beschwerdeweg. Aber von irgendeiner Partei werde ich immer angefeindet. Darum heißt es arbeiten und förmlich immer Arbeiten suchen. Das Fassen allein nimmt ja immer schon einen halben Tag in Anspruch. Außerdem soll ich Bier beibringen. Keiner hat eine Vorstellung wie schwer das ist. Neulich war ich allein bei drei Armeecorps, fast den ganzen Tag am Rad. Staub wie in Italien im Sommer. Dabei auch Verkehr und zum Schluss kein Wasser zum Waschen. Wir müssen mit der Feldküche eine halbe Stunde weit fahren, um Wasser zu holen. Hier sind wenig Bahnen, also alle Bahnhöfe überlastet. Wenn Du die Menge Verwundete sehen würdest, Du würdest noch wütender werden als ich. Ich muss mich wirklich halten, dass ich mich nicht zu furchtbaren Reden hinreißen lasse. Gegen Abend, wenn die Sonne glühend rot untergeht hinter der großen Staubwand und alles ruhen müsste, da geht es erst an. Hauptsächlich die Fliegerbombenwerferei und Kämpfe. Das furchtbare Artilleriefeuer, so dass der ganze Horizont flammt, wenn es dunkel wird. Und Kolonne auf Kolonne muss hinaus ins Feuer.
Ich kann gar nicht mehr schreiben. So ein durcheinander. Aber jetzt soll ich schon wieder in die Küche laufen und schauen, ob alles richtig gemacht wird. Denn ich bin der Verantwortliche für alle. Heini ist nun doch so nahe, wie nur möglich bei mir in Cambrai. Werde versuchen hinzukommen. Vielleicht Vorwand wegen Einkaufen. Gefallen tut es ihm nicht. Das glaube ich.
Gell, Du verstehst, wenn ich nicht so viel schreiben kann. Natürlich tue ich es, so oft es nur geht.
(..) Küsse Dein Colomb (..)

****

242:
5. August 1916

Liebe, liebe Paula!
(..) Mein OL ist gestern Abend hier angekommen. Das letzte Stück der Reise musste er auf dem Fenster einer Lokomotive machen. Der Bahnhof wurde kurz zuvor von Fliegern bombardiert. Er hat mir Deine und Tommis Grüße ausgerichtet. Tommi hätte ihm beim Baden einen Fisch geschenkt, der ihn scheinbar sehr gefreut. Das Wetter soll schön

gewesen sein. Mehr hat er von draußen nicht erzählt. Ich bin so gierig auf direkte Nachricht, aber habe bisher nichts erfahren. Dein Besuch hat anscheinend nichts verdorben. Also kennst Du jetzt meinen Vorgesetzten, dem ich willenlos ergeben sein muss. Du hast Recht, was Du darüber schreibst. So sehr bequem hat er es ja nicht, wie vorher. (..)
Heini[84] hat mir schon geschrieben, aber hin konnte ich noch nicht. Hier ist etwas Ruhe eingetreten, aber eine Ruhe vor dem Sturme. Wann hat es ein Ende? Wenn nur keine Krankheit kommt. Läuse oder Wanzen habe ich, glaube ich, schon.
Viele Grüße an Mama, Tommi einen Dankkuss, Du sei umarmt und geküsst, Dein treuer aber trauriger Colomb
Die Hitze hat etwas nachgelassen, vorderhand bleiben wir da. (..)

****

243: GNM

Lechelle, 10. August 1916

Meine liebe Paula!
Zwei Tage habe ich Dich wieder ohne Nachricht gelassen. Aber mir geht es wie einer Hausfrau, immer muss ich herum haspeln und denken an Kleinigkeiten. Es ist eine undankbare Sache. Ich muss es jetzt am eigenen Leib verspüren, wie ungerecht es ist, wenn man einer Hausfrau immer hinein kritisiert. Das haben wir früher der Mama genügend getan. Das ist jetzt anscheinend meine Strafe. Natürlich ist mein Fall bissl anders. 63 Menschen zufrieden zu stellen, ist nicht leicht, eigentlich unmöglich. Das wenige Essen. Außerdem ist jetzt bei uns (bei der Batterie noch mehr) eine Art von Ruhr ausgebrochen. Natürlich ist das Essen daran schuld, sagen alle. Die schwappigen Bayerngedärme vertragen die Hitze nicht. Haferschleimsuppe rühren die Kerle natürlich nicht an. Eigentümlicher Weise bin ich der Einzige, der noch nichts bekommen hat. Fast bei jeder Mahlzeit habe ich Streit mit den Unteroffizieren, die besonders gescheit sein wollen. Aber wirklich nicht meine Schuld. Ich habe gelernt furchtbar geduldig zu sein. Die letzten Wochen waren aber auch wirklich nervös machend. Der ewige Kanonendonner, die schwüle Hitze. Der Himmel war wie weißglühend. Man sah die feindlichen Flieger erst immer, wenn sie schon da waren. Dann hieß es „Fliegerdeckung" im Tag 3 bis 4 mal. Kaum war man abends eingeschlafen, so kam das bekannte Surren erst aus der Ferne, dann immer näher. Feindliche Flieger ganz tief. Bomben werfend. Die Abwehrgeschütze bellen und es kommen von oben Splitter und auch Blindgänger.
Die Leute, die im Freien schlafen, müssen natürlich aufstehen. Die Scheinwerfer fuchteln in der Luft. Unser O.L. hat überhaupt nicht geschlafen, sondern war immer auf und lief herum. Schon das Bodenerzittern machende Geschützfeuer könnte einem den Schlaf vertreiben. Ich habe anscheinend aber einen guten. Ich schlief fast jede Nacht ganz gut. Selbst das Bombenwerfen und Maschinengewehr erweckte mich nicht. Was kann man tun? Abends legte ich mich auf mein Bett, dachte an Euch, betete bissl und schlief ein. Aber eine Wohltat ist es schon, wenn es, wie heute, wieder einmal trüb Wetter ist. Unsere

---

84 Heini = Heini Weber, Freund und Arzt, siehe Lebensbericht

Flieger flüchten eigentümlicher Weise jetzt immer vor den Feinden. Dieselben müssen eine neue Kanone haben. Schauerlich schön sind die Brandbomben. Besonders in der Dämmerung. Es wirkt wie ein Feuerregen vom Himmel. Hier ist das in die Stellung fahren auch nicht so einfach. Wir wären alle herzlich froh, wenn wir woanders hin könnten. Von einem Kriegsende traut man sich ja nicht mehr zu denken. Russland ist zwar nicht besser. Die andere Kolonne, wo Hutterer dabei, wurde fast gefangen. Sie retteten nur sich und das Nötigste.
Oh Paula, ich bin ja oft so, dass ich mich nicht an Daheim denken traue.
Heute war der O.L. etwas mitteilsamer. Ich müsste ihm (auf Befehl) meine Zeichnungen zeigen. Er gab mir ein, an was und wie ich zeichnen soll. Er wird mir Ideen geben, die ich zeichnen soll. Du kannst Dir denken, wie viel Ruhe ich jetzt zum Zeichnen habe. Er hat auch keine Ahnung welcher Art mein Dienst ist. Gefreut hat mich, dass er einige Worte von euch sprach. Tommi findet er so hübsch gewachsen. Er findet, er hätte aber gar nichts von mir!!
(..) Herzliche Küsse, Umarmung, vergesse mich nicht
Dein Colomb
Tommi Grüße

****

244:

Lechelle, 15. August 1916

Liebe gute Paula!
Es ist höchste Zeit, das ich Dir zu Deinem Geburtstag gratuliere. Das heißt, soweit es in diesem Krieg überhaupt möglich ist. Alles Gute und Schöne wünsche ich Dir ja immer und Zeitabschnitte gibt es für mich während des Krieges nicht. Der Krieg ist ein Stück Zeit, das später nicht gerechnet werden darf. Sei nicht traurig, ich bin bei Dir und Einiges, bedenke, gibt es immer noch für das man Gott danken darf und als Glück ansehen. Leider kann ich Dir nichts schicken, was Dir wirklich Freude machen würde. Nur Küsse, Grüße, Glückwünsche und dass ich an Dich denke, wie am ersten Tag im Krieg.
Fast hätte ich Dir die Freude machen können, dass ich ins Lazarett zu Heini gekommen. Die Aussage wegen den schwappringen Bauernmägen hat sich gerächt. Ich hatte vorgestern schrecklichen Brechdurchfall bekommen und bin ins Revier. Das Brechen war mit Magenkrampf verbunden und sehr ungemütlich. Auch hatte ich fast 39 Fieber. Gestern war es aber schon viel besser, nur Durchfall habe ich wie Wasser. Natürlich macht das bissl schwach, denn Essen traue ich mich auch nichts. Also gell, bitte verzeihe mir, wenn ich vielleicht nicht so gut und festlich schreibe, wie es sich heute gehören würde. Überdies ist meine Krankheit hier allgemein, nur hat einer sie stärker oder schwächer. Ich habe die feindlichen Flieger in Verdacht, dass sie Bazillen geworfen. Wundern würde ich mich nicht, denn es gibt keine Gemeinheit, die nicht in diesem Krieg ausgeführt worden wäre.
Eben war der Arzt da und hat mich wieder zum inneren Dienst bestimmt. Bin froh, dass ich wieder raus kann. Bekommen habe ich doch nichts, außer ein paar Tropfen Opium.

Im Revier ist weder Wasser noch Kochgelegenheit, also kann ich mich draußen eher erholen. Der Durchfall ist nicht besser, aber Fieber habe ich keines mehr.
Der Brief ist nicht schön. Auf Deinen letzten Brief mit den Winterplänen habe ich auch noch nicht geantwortet. Hier lebt man so in den Tag, dass man sich ein, an die Zukunft denken, gar nicht vorstellen kann. Die meisten sagen, das Liebste wäre mir, wenn es ein Ende hätte, eine Kugel treffen würde. So hoffnungsvoll ist die Stimmung hier.
Natürlich, die Daheim müssen leben und an die Zukunft denken. Liebe Paula, darüber schreibe ich Dir aber lieber ein anderes Mal, gell. Heute geht es nicht. (..)
Oh liebe Paula, sei umarmt und geküsst. Glück und Segen für die Zukunft. Tommi wird Dir vielleicht mal mehr Freude machen können, als ich.
Dein Mann Colomb
Schnell Schluss, weil ich wieder laufen muss und die Post weg geht.
Ein Blatt von den Bäumen, die mit ihrem Rauschen mir ein wenig Trost und Freude machen.

****

245: GNM
Lechelle, 16. August 1918
Liebe, liebe Paula!
Ich bin noch recht schwach, mache aber lieber wieder Dienst. Im Revier fressen einen nur die Fliegen und man hat doch keine Pflege. Durchfall ist immer noch wie Wasser. In der Nacht muss ich mir so eine Binde machen, wie Ihr Frauen oft haben müsst. Ich wache nicht auf. Heute Nacht habe ich daher meine Wäsche und Bett beschmutzt. Dumm, weil man sich hier auch alles selber waschen muss. Unter so vielen zusammengepferchten Menschen müssen ja Seuchen ausbrechen. (Wie unter gefangenen Mäusen). Wir bekommen viel Wein gegenwärtig.
Deinen lieben Brief mit so netten Fotos habe ich bekommen. Du weißt genau, was mir gefällt. Bald mehr. Aber vergesse mich nicht bis dahin, wenn ich Dir so weit weg vorkomme. Allerdings kann ich mir Dein Leben besser vorstellen, als Du Dir meines. Gell, das nur schnell, Gute Nacht.
Kuss Dein Colomb

****

246:

18. August 1916
Geburtstag meiner lieben Frau!
Liebe gute Paula!
Heute ist also Dein Geburtstag, ein Festtag. Das Wetter ist schön, aber leider, leider der Krieg immer noch nicht zu Ende. Vielleicht bist Du schuld, dass es mir heute schon wieder viel besser ist. Dadurch gibt es aber auch gleich wieder mehr Arbeit. Richtige Ruhe zum Schreiben habe ja hier nie. Man kann hier nie allein wo sitzen ungestört. Am Tage

plagen einen die Fliegen dermaßen im Zimmer und nebenbei die Kameraden, dass man ganz zappelig wird. Am Abend kann man kein Licht brennen, weil wiederum die Kameraden schlafen wollen. Oder wegen den Fliegern. Wache haben wir gegenwärtig nicht. Im Freien geht es auch nicht, da läuft bei Tage alles herum und schaut, ob jeder etwas tut. Auch immer Störungen mit dummen Witzen. Meine Zeit ist immer so zerrissen.

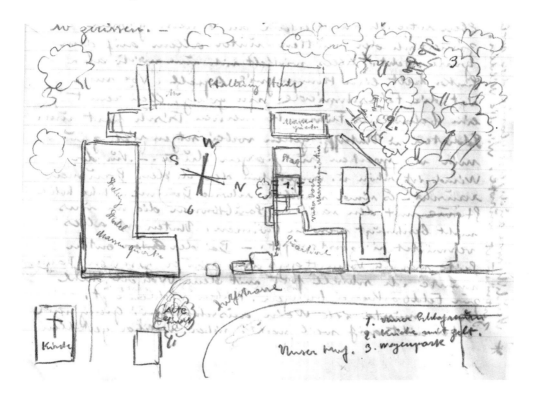

Das ist unser Hof, vielmehr halt, wo wir auch sind. Denn da liegen Massen Soldaten. Unsere Batterie, zwei Kompanien, Armierungssoldaten. Alle Speicher sind Mann an Mann belegt. Und ringsherum unter den Bäumen, da ist Lager an Lager, viele Infanteriekompagnien. Also ein ewiges und stetes Soldatengewimmel mit seinen Schattenseiten.
Gut, dass es Sommer ist und die Natur stark hereinspielt. Malerische Sachen gibt es ja sehr viel, z.B. neulich, bei dem heißen Wetter gingen viele Infanteristen mit nacktem Oberkörper (ganz braun), waffenputzend bei rauchenden Feuern. Die Stahlhelme machen gleich eine viel schönere Linie und Bilder. Unter den Würtenberger sind noch hübsche Kerle (gegen die Preußen). Schade und traurig, wenn sie so zum Schlachten marschieren. Leider komme ich fast nicht zum Zeichnen, gar nicht zum Malen. Ich habe auch keinen Platz für mich und meine Sachen. Am Wagen das Kistel. An einem Nagel Mantel und Rucksack im Zelt. Im Zimmer einen Kastenwinkel, wo ich aber nichts wichtiges liegen lassen kann. Eben sitze ich im Freien an einem großen Zimmertisch, der

mitten unter allem auf dem Grase steht. Neulich war auch ein Klavier da, welches aber bald unter großem Geschrei zertrümmert wurde. Wie die Wilden. Alles wickelt sich um mich ab. Links hält eine Kompagnie Appell. Vor mir ist die Feldschmiede im Gang. Eben rennt ein beladenes Fuhrwerk meinen Tisch fast um. Soldaten und Unteroffiziere gehen vorbei, setzen sich zu mir und sprechen und fragen dumm. Nur der Wind ist schön und angenehm, der in den Bäumen rauscht. Es sind wirklich schöne Bäume. Hohe, hohe Stämme mit den sauberen Laubkronen, die von uns nicht beschmutzt werden können. Unten ist alles verwüstet und zerstampft.

Bei der ersten Seite war ich vormittags im Zimmer gesessen. Dann musste ich schnell fort mit dem Wagerl, Mehl zur Feldbäckerei bringen. Rüben stehlen ect. Dann musste ich Wein ausschenken, ging mir aber nicht auf, weil nachts sicher welcher gestohlen wurde. Also nun, so und so fielen wieder Vorwürfe und Klagen. Der Batall. Arzt kommt auch immer und schreit in die Küche, ob alles sauber und schimpft über Dummheiten. Jetzt, weil die Krankheit da ist, lassen sie sich sehen. Vorher wurden die ärgsten Sauereien wochenlang geduldet. Man konnte keinen Schritt tun ohne nicht in einen menschlichen Kot zu treten. Dass unser Wachtmeister schon wochenlang im Lazarett ist wegen Geschlechtskrankheiten, habe ich noch nicht geschrieben.

Alles in Allem so eine Menschenaufhäufung ist nicht schön. Wie bei den Mäusen muss da die Pest ausbrechen. Die Zivilen, die sonst etwas milderten, fehlen hier fast ganz. Die Wenigen sind ganz eingeschüchtert. Meine Tagesbeschäftigung muss ich Dir ein andermal schreiben. Das geht überhaupt so schwer, weil's immer was anderes zu tun gibt. Jetzt dann muss ich zum Beispiel unbedingt waschen. Die Wäsche liegt schon 3 Tage im Wasser. Zwei paar Leinensocken könnte ich gut brauchen, denn hier flickt mir niemand was. Jetzt sehen wir erst, wie gut wir es hatten. Liebe Paula, ich habe so Angst, dass ich plötzlich nicht mehr weiterschreiben kann und wieder nicht auf deine zwei letzten Briefe geantwortet habe. (..)

Heini habe ich noch nicht gesprochen, leider. An die Paul Heyse Straße denke ich fast nie mehr. Ich kann nichts helfen, mich höchstens verrückt machen. Heinrich hat allerdings nichts sehen und hören lassen.

Aber jetzt ist es gar kein Geburtstagsbrief mehr. Ich bin auch ganz müde vor lauter schreiben. Wenn Du jetzt wieder hören würdest, wie sie schießen, schrecklich. Und alles so klar sehen und nicht helfen können. Das ist furchtbar, unwürdig, erniedrigend.

Sei umarmt, geküsst. Ich wünsche und erbitte vom Himmel das, was Dir lieb ist und wohl tut. Glück und Segen.

Dein zwangsweise geschiedener Mann Colomb

Tommi muss ein Freiheitskämpfer werden. Wir sind's nicht. Noch nicht. (..)

****

247:

Lechelle, 21. August 1916

Liebe Paula!
Gestern war ich also endlich in Cambrai.

Ich fuhr in einem kleinen Wagerl mit einem Fahrer von uns hin. Ein dummes Pferd, das zweimal durchging und wir froh waren, als wir ankamen. Ich suchte Heini gleich im Krankensaal bei der Arbeit auf. Er ist sehr beansprucht. Er sieht nicht sehr gut aus. Er ist so zart gegen alle andern unter denen man so lebt heraussen. Ein komisches Wiedersehen in Frankreich. Aber gefreut hat es mich sehr.
Mittags, hatte er bissl Zeit und abends. Er zeigte mir sein vornehmes Quartier, wo er ganz allein mit einem Feldgeistlichen und einer alten Hausmeisterin haust. Vollständig eingerichtetes Haus mit Garten, aber mit Geschmack. Sein Bett mit Damast und Seide, lauter Renaissance und Empiremöbel. Fenster bis an den Boden, wie ich sie so gerne habe mit kleinem Balkon davor. Anbei sein Schlafzimmer, das ich so schnell gezeichnet, während Heini ins Casino zum Essen.

Ein kleiner Unterschied ist es schon, meins und sein Quartier. Und doch ist er auch sehr trübselig und leidet an dem, an dem ich anfangs besonders gelitten. Er fühlt sich so einsam und verlassen. Wir haben eigentlich hauptsächlich geschimpft zusammen. Er ist viel einsichtiger geworden heraussen, obwohl es in Cambrai so friedlich, wie möglich zugeht. Im Lazarett hat er allerdings viel Schreckliches.

Die Alte bereitete uns auch Kaffee, den wir im Speisesaal aus alten Goldrandtassen tranken. Natürlich bin ich ganz verbauert und klobig gegen so zarte Einrichtung. Zu gemütlichem Sprechen kamen wir eigentlich nicht. Also erfuhr ich nichts Persönliches von ihm. Aber es ist doch eine große Freude, ein altbekanntes Gesicht wieder zu sehen und von zu Hause sprechen zu können.

Das Auseinandergehen ist wieder arg, wieder fort in die ungemütliche Gegend. Auch war die Heimfahrt nicht so einfach. Natürlich ging uns der Gaul in einer Ortschaft am Heimweg wieder durch. Am Pflaster. Infanterie traute sich den Gaul nicht aufzuhalten. Im Karree ging es bedenklich auf eine schmale Brücke zu. Da gelang es mir endlich, den Gaul auf den Fußsteig herauf zu reißen. Das Wagerl rutschte quer, hob sich auf ein Rad, da stand endlich der Häuter, weil er mit der Nase in Stacheldraht kam. Also wir kamen mit dem Schrecken davon. Aber komisch, wie unter den Menschen, so gibt es auch unter den Pferden sympathische und unsympathische.

Schnell Schluss, die Post geht weg. (..)
Küsse Dein Colomb, Gruß Tommilein.

****

Brief von Heini Weber

248:                    GNM

Liebe Paula!

Wenn ich auch nicht alle Deine Fragen beantworten kann, da müsste ich ja tagelang schreiben, Nachricht sollst Du bekommen. Vor allem Colombo! Habe einige Tage keine Nachricht von ihm und weiß noch gar nicht, wie wir uns treffen könnten. Er wird ebenso wie ich sehr viel zu tun haben wegen der verfluchten Schlacht da unten. Bahnverbindung gibt es keine, wenn ich auch ein Rad hätte, hätte ich nicht so viel Zeit hinauszufahren. Vielleicht kommt er als Patient zu mir, dann schicke ich ihn gleich heim, das kann ich. Ist's nichts mit den H? Für mich ist das Heimkommen nicht so einfach, ich stecke jetzt halt auch in der großen erbarmungslosen Maschine drin.

Bis daher bin ich gestern Abend gekommen und jetzt ist Colomb schon hier. Da ist er:

Endlich ist mir es geglückt, Heini aufsuchen zu können. Welche Wohltat, etwas sprechen zu können! Ein Stückl Heimat.
Herzlichen Gruß Dein Colomb

308
Nun ist er schon wieder fort und ich bin abends nicht mehr zum Fertigschreiben des Briefes gekommen. Für mich war's eine Wohltat und Erholung mit einem Mensch zusammen zu sein. Colomb sieht gut aus, wohl etwas mager, aber nicht stärker, als im Sommer bei seinem Urlaub. Er ist frisch und wenn er auch draußen recht viel Entbehrungen hat, es gibt viel, viel Schlimmeres. Er ist doch immer noch innerhalb der Grenze, über der das Leben in direkter Gefahr ist. Also ängstige Dich nicht, körperlich hält es Colomb sicher aus und der innere Mensch, der ja viel ertragen muss, ist später wieder zu kurieren. Es war gut, dass gestern sich einmal ein gut Teil nach außen entladen konnte, vielleicht habe ich ihm als geistiges Abführmittel ein klein wenig aufhelfen können. Freilich ist auch meine Stimmung nicht gerade von Frohsinn beherrscht. Man wird leicht ernst heraussen, weil man manches andere und viel Traurigeres sieht, als in der Heimat. Interessantes ist wohl auch dabei. Arbeit gibt es natürlich viel und zum Spazierengehen wenig Zeit, nur abends von 8 Uhr ab und da gehe ich manchmal ein wenig hinaus und zwischen Getreidefeldern und Gemüsegärten spazieren. Der Genuss wird aber oft durch die feindlichen Flieger getrübt. So kam neulich ein ganzes Geschwader, das heftig beschossen wurde, da muss man dann schleunigst irgendein Dach suchen, um nicht von den Sprengstücken, die herabfallen, getroffen zu werden. Es gibt auch einen Kanal mit Bäumen besetzt, aber keinen Wald. Die Stadt ist ziemlich belebt, hie und da sieht man sogar noch eine hübsche Französin, die nett angezogen ist. Die Bevölkerung ist sehr freundlich, aber auch die Deutschen benehmen sich keineswegs als Barbaren.
Nach 7 Uhr ist Colomb wieder weg, sein Kamerad der Uhrmacher ist nett, der Gaul, der am Herweg mit dem Wagerl durchging weniger. Hoffentlich sehen wir uns bald wieder. Dann hoffe ich, Colomb auch etwas besser bewirten zu können, als gestern. Besten Dank für Deinen Brief. Die Bilder sind treffend. Wenn ich zeichnen könnte, Colomb wäre gestern ein interessantes Model gewesen, aber ich habe ihn fotografiert.
Nun kommen die Grüße an: Mama Max, Tante Mimi, Tommi, Freundin Luise mit Kindern und zuletzt aber nicht minder herzlich Du
Dein Heini
Cambrai, 21. VIII. 16

****

249
3. Sept. 1916

Liebe gute Paula!
Heute wäre ein schöner Sonntag, es ist auch schön Wetter. Ich war gerade in der Feldmesse, die aber in einem fort durch feindliche Flieger gestört wurde.

Jedes Mal, wenn er in der Predigt anfing: „Liebe Deinen Nächsten, wie Dich selbst", fing ein 100 Meter weit entfernt stehendes Maschinengewehr an zu feuern. Also meist kein Wort zu verstehen. Nebenbei auch der Lärm der Kanonen und Schrapnelle. Der Altar war unter Bäumen auf einem Munitionslager von 21 Granaten aufgebaut. Der Pfarrer war sehr materiell. Ich kam wirklich nicht in Andacht.

Nun Dein lieber Brief vom 29. August. Freilich freut mich das wegen der Postkarten auch. Ich weiß aber gar nicht, was man da verlangen kann! Ich glaube 60 – 80 M. Was hat denn Corneille für so Einzelkarten verlangt? Vielleicht fragst Du noch bitte. Meine Bedingungen: das Honorar, einige Belegexemplare und außerdem muss sich der Verlag halt an die Ausstellungsbedingungen halten. Ich werde meine Einwilligung auf Postkarte an Verlag schreiben, und Du sei so gut und schreibe die näheren Bedingungen (Preis, ect.) und kannst vielleicht ein oder das andere Foto mitschicken, gell. Die Mappe mit Fotos ist, glaube ich, im Atelier, in Deinem Buffet in der rechten Schublade.
Aufnahme von Dir mit Kuppelwieser ist keine da. Vielleicht kann Heinrich eine kleine davon machen, ebenso von „Gimpelfang" und ich weiß nicht was ich sonst habe! Ich habe ja nichts Gescheites. (Bertele am Pferd?) (Windstille?) (..)
Deine Fotos vom Ammerlandufer sind sehr nett. Ich bin überrascht wie groß und schlank Tommi ist. Wie sommerlich friedlich Mama und Corneille aussehen. Aber es ist doch ein heimliches Bild. Es erinnert an die Zeiten, wie sie waren. Hier im Zeitraum der Offensive kommt einem ein solches Bild wie eine Vision vor. Hier ist immer ein Durcheinander. Die nächsten Dörfer werden mit schweren Granaten beschossen, dass der Boden zittert. Feldartillerie lärmt unausgesetzt. Im Park spielt Militärmusik. Infanterie übt mit Handgranaten. Flieger werden beschossen. Kämpfen in der Luft. Ein Maschinengewehr poltert ganz neben unserem Hof. Das ist so ein stiller Sonntag. Ein Teil unserer Mannschaft musste in den Gottesdienst, der andere in die Desinfektionsanstalt. (..)

Oh Paula, wenn nur einmal, einmal ein Ende zu sehen wäre.
Innige Küsse und Umarmung Dein Colomb
Viele Grüße an Mama, Tommi und alle

****

250:
Ammerland, 4. Sept. 1916

Lieber, lieber Colomb!
Ich danke Dir sehr für Deinen letzten Brief, den ich vorgestern bekam. Darin waren Dein und Heini's Bild. Heini's Haus ist reizend, aber Du Colomb, machst so bitteres Gesicht. Armer, lieber Colomb! Ach, was kann ich tun? (..)
Etwas möchte ich Dir noch sagen, gell. Wenn Du wieder eine Zeichnung machst, schreibe doch nicht bloß C. Max hin, bes. bei einem Kopf. Sonst denken viele an Corneille Max (und die Vorgesetzten gratulieren ihm wieder aus dem Feld)
Heute ist Montag und abends sind Corneille und Storchl wieder abgereist. (Samstags kommen sie immer) Wir haben auch bissel über Paul Heyse Straße gesprochen. Du weißt noch nicht, dass der große Hund von Ernestine weggegeben ist, sie konnte ihn nicht mehr füttern. Nun wird den Hausmeisterleuten gekündigt. Vogel ist so in Stellung und nie zu Haus und seine Frau rennt beständig in Ernestines Aufträgen herum, also dass doch niemand da ist. Also, was soll man tun? Corneille ist doch hin. Weule hat noch keinen Entscheid geschrieben, von einem Stifter hört man nichts. Nur Umlauf soll geschrieben haben. Auf Amerika werden wir nicht warten können. Der Krieg dauert wohl sicher noch ein Jahr.
Die Gobelins sollten ja jetzt verkauft werden, scheint nichts zu werden. An Frau Kuppelwiesers 10 000 M ist nicht zu denken. Ich bereue es manches Mal. Ernestine denkt nur an sich. Jammert über Hungern, isst dabei das 5 fache von uns täglich. Lässt alle für sich rennen. Ihr ganzer Patriotismus ist dahin; sie flucht und schimpft. Wir baten sie um 1 l Petroleum, da sie durch Beziehungen -!- 60 l im Juli bekommen. Sie gab uns keines. Wir haben keins mehr, haben seit Mai nur 5 l gehabt. Jetzt gibt's gar keins mehr. Elektr. Licht wäre schon gut gewesen. Alles ist grässlich teuer. 1 Pfund Ochsenfleisch sagt Corneille: 3-5 M in München. Ein ganz kleines, dünnes Taferl Schokolade 80 P. Alles das 3 fache. Ich bin sehr neugierig auf den Winter. Pfui Winter! Ach, ich mag nicht daran denken. Sollte doch hinein nach München. Aber wo und wohin? Soll ich Mädchen suchen? Heinis Marie, die leiht er mir wohl nicht aufs Erste??
Gute Nacht, Colomb, bin schläfrig. Bald besserer Brief, gell. Mit innigster Umarmung Deine treue Frau

Tommi und Paula

Tommi von Corneille gemalt

∗∗∗

251:

Lechelle, 7. Sept. 1916

Liebe gute Paula in der Ferne!
(..) Liebe Paula, Corneille hat mir so ein nettes Foto von Dir geschickt mit Tommi und den Hechten. Zugleich eine Beruhigung, dass Ihr noch nicht verhungert. Aber wie wird's kommen?
Meine Zeichnung (Stahlhelm) ist peinlich schlecht. Alle Technik fällt hier heraussen weg. Jede Effekterei ist einem fast ekelhaft. Dann, mehr als eine Stunde habe ich nie Ruhe. Da muss man ja nach und nach als Künstler verkommen.
Meinen O.L. habe ich schon zweimal gezeichnet. Das 2. ist besser gelungen. Hier gäbe es schöne Stimmungen und Bilder, aber wann sie ausführen?
(..) Gegen die vielen großen Sorgen, die ich habe, kommt mir die wegen der Paul Heyse Straße ganz klein vor. Traurig ist es ja, dass gerade das was uns ein Wert gewesen wäre, verschleudert werden sollte. Was ist mit Amerika?

Wir haben uns jetzt so Betten, immer 2 übereinander gemacht. Wir sind 10 Mann in einem Zimmer. Die Luft ist nicht gut, aber wir müssen um das froh sein. Aber einen Winter so verleben, das wäre schon schlimm.

Das ist recht und nett, dass Tommi so nette Laubsägearbeiten macht. Ich möchte ihm so gerne manchmal was schicken, aber es gibt halt gar nichts hier. Auch Dir kann ich gar nichts schenken. Nur schlecht beschriebne Papierln habt Ihr von mir. Ich bin ein ganz papierener Mann und Vati.
Oh lieber Gott, wenn nur einmal ein Hoffnungsstrahl käme.

Verzeih, wenn ich nicht lustig geschrieben.
Lass Dich umarmen aus der Ferne liebe Paula und Tommi, der mich sicher bald vergessen haben wird. Ist nicht seine Schuld.
Küsse Dein Colomb

****

252:                           GNM

Lechelle, 14. Sept. 1916

Liebe, liebe Paula!

Deine lieben Zeilen vom 11. September bekommen. Sehr lieb und gut. Und so schön duftete noch das Geißblatt. Die Zeichnungen sind auch sehr nett. Nur leider habe ich gar keine Ruhe, zu nichts. Man ist etwas zappelig. In der Zeitung wirst Du es ja lesen zwischen den Zeilen, wie es hier steht. Es ist nicht angenehm zu sehen, wie die Dörfer um einen zusammen geschossen werden. Wir stehen schon mitten in der Infanterie. Das qualvollste ist, dass wir stündlich erwarten unter feindliches Feuer genommen zu werden und der Befehl zum Abrücken kommt nicht. Wir müssen warten.
Du schreibst ganz lustig einen Kuss aus einem weittragenden Geschütz. Und wir stehen gerade unter dem Bann dieser furchtbaren Waffe. Man hängt ja nicht so arg am Leben, aber von Stahl sind die Nerven auch nicht. Schon die armen Kerle alle zu sehen. Draußen werden sie massenhaft verschüttet und dann halb aus der Erde schauend zu Tode gemartert von den Geschoßteilen. Und jetzt sind Kinder als Infanteristen da. Ganz unschuldige Gesichter. Die sollen auch geschlachtet werden. Ein Stabsarzt soll sich dafür eingesetzt haben, dass sie nicht ins Feuer kommen. Aber ich will Dir kein Grauen machen. Nur sagen, dass es sehr ernst ist hier.
(..) Einstweilen diesen Gruß, inniger Kuss
Gott schütze Euch
Dein Colomb

****

253:                GNM
                              Metz-en-Couture, 20. Sept. 1916
Liebe Paula, gute!
Du siehst, dass wir weggekommen von unserem alten Nest. Es war schon Zeit. In der Nacht bei Mondschein fand der Auszug statt. Es gäbe ja soviel zu erzählen, aber ich habe keine Zeit. Man kommt nicht aus den Kleidern, schläft da und dort und hat dabei die pünktliche Versorgung von 70 Mann und 54 Pferden unter sich. Nebenbei werden alle Bahnhöfe beschossen, wo die Proviantämter sind. Da ist es nicht so einfach, seine Nervenruhe zu bewahren.
Wir schlafen gegenwärtig in einer Lehmhütte, wo ich auch die Feldküche untergebracht habe. Unsere Remise in Ammerland ist aber schön dagegen.
Deine lieben Briefe habe ich bekommen. Der letzte ist der mit Tommi Fotos mit Zoe[85]. Ich finde sie sehr nett. Auch Mamas Packerl und Brief ist angekommen. Corneille wollte ich auch noch schreiben. Ich komme aber kaum dazu, die Nachricht zu geben. Also bitte sage viele Grüße und Dank einstweilen. Den ganzen Tag komme ich fast nicht zum Sitzen oder Denken. Es ist ein Dreck und Elend hier. Nach und nach wird man wirklich ganz gleichgültig und schließt mit dem Leben ab. Woher sollt auch ein Ende zu erhoffen sein, von diesem Unheil. Ihr seid sehr lieb, dass Ihr mich nicht vergessen wollt.

---

85   Zoe = Colombos Nichte, Tochter von Schwester Ludmilla und Ehemann Hans Weber, siehe Lebensbericht

Wenn es so weiter geht, das kalte Wetter, bräuchte ich bald wieder meine Wintersachen. Gell, bitte suche sie mal raus und lüfte sie! Dann wenn ich schreibe, schicke dieselben. Vielleicht ist auch was zu flicken.
Jetzt muss ich schon wieder schließen, schnell etwas tun.
Lasst Euch umarmen Ihr lieben und viele Küsse
Euer Colomb

****

254:                     GNM

Metz-en-Couture, 24. Sept. 1916
Sonntag

Liebe, liebe Frau Paula
Alle Deinen lieben Briefe vom 17./19./21. Sept bekommen, auch das Packerl aus Ammerland. Innigen Dank!
Arme Paula, jetzt geht wieder Dein Zigeunerleben an. Ich kann Dir nicht helfen, es ist so arg. Kann Dir nur viel Glück zu allen Unternehmungen wünschen. Nun ist schon wieder ein Hochzeitstag von uns da, der dritte, wo wir nicht zusammen sind. Scheußlich, eine nette Ehe. Gell, wir haben uns noch gleich lieb, wenn nicht noch lieber! Die einzige Änderung ist, dass ich meinen Ehering nicht mehr an dem Ringfinger tragen kann seit letzter Zeit. Ich werde zu mager und habe ihn an den Mittelfinger gesteckt. Gell, das macht nichts aus.
Dafür, dass ich solange von Dir getrennt bin, habe ich das Verdienstkreuz bekommen. (Vielmehr bekomme ich). Das nehme ich eher an, aber nur als Anerkennung meiner Überwindung. Das Eiserne würde mir keine Freude machen, weil ich nur meine sog. Pflicht getan, aber keine besondere Heldentat verrichtet. Auch werden einem nach dem Eisernen besonders schwierige Dienste gegeben. Nicht wie Du meinst, Urlaub. Urlaub ist überhaupt so eine Sache. Außer ich gebe ein, als Kriegsmaler ins Feld zu können, wenn dazu Aussicht wäre. Ob ich Urlaub will? Das ist eine heikle Frage. Wenn das Ministerium um mich bittet schon. Aber sonst bin ich halt großem Neid ausgesetzt. Und verlassen kann ich mich auf meinen Oberstleutnant nicht, dass er mir hilft. Also in diesem Fall wäre es besser, wir halten aus. Kann der Krieg denn wirklich noch so lange dauern? Oh Paula, glaube aber nicht, dass ich nicht gerne käme. Aber eben darum, dass ich vielleicht Aussicht habe einmal heim zu kommen, müsste ich so einen zweifelhaften Urlaub abschlagen. In letzter Zeit war es ja recht schlimm hier. Und ich muss Gott für vieles danken. Nun fassen wir an einem sicheren Ort. Lechelle ist nun schon unter Feuer und besonders unsere Quartiere. Die Engländer gehen langsam, aber Schritt für Schritt vor. Von Heini habe ich schon lange nichts mehr gehört, er hat halt sehr viel zu tun. (..).
Jetzt sind schöne Tage hier. Gerade solche wie damals in Mitterndorf.86 Wehmütige Erinnerungen. Der arme Schmidt.
Ich hab doch richtig geahnt, als ich unseren Hochzeitsengel so mager zeichnete. Kannst Du nicht unserem Geistlichen dort einmal schreiben? Grüße auch von mir.

---

86   Mitterndorf = Ort der Hochzeit, siehe Lebensbericht

Jetzt muss ich schließen. Muss zuerst auf Holzsuche, dann nach dem nächsten Ort radeln.
Gell sage Storchl noch nichts wegen dem Orden. Sie macht große Schwetzereien und quält Corneille schließlich auch.
Kuss und Umarmung, Dein Mann Colombo
Tommi herzlichen Gruß

****

255:                    GNM

Metz-en-Couture, 28. Sept. 1916
Hochzeitstag

Liebe, liebe Frau Paula!
Heute muss ich Dir schreiben. Habe auch gerade bissl Zeit. Danken wir Gott, dass es am heutigen Tag uns wenigstens noch so geht.
Arme Paula, Du musst auch so herumzigeunern, weiß nicht, wo Dich meine Gedanken heute suchen müssen. Deinen lieben Brief vom 22. habe ich gestern bekommen. Oh, liebe Paula, wie tust Du mir leid. Ich bin wohl Dein Mann, kann aber gar nichts für Dich tun.
Heini habe ich geschrieben wegen Marie. Der wird sie Dir schon lassen. Mir hat er schon lange nicht geschrieben. Dort werden sie halt auch schon Aufregung haben, denn wir rücken immer mehr auf diese Stadt zurück. Für uns sind jetzt die schlimmsten Zeiten im ganzen Feldzug. Neulich hatten wir die ersten schweren Verluste. 2 Mann verwundet, 2 Pferde tot, 2 verwundet. Darunter mein armer, armer Blinder. Wahrscheinlich wird er nicht mehr aufkommen.
Und mir haben sie das Eiserne und das Verdienstkreuz angehängt. Warum nur, wo ich so gar nicht darum stehe. Das Eiserne möchte ich meinem Pferd anhängen.
Wenn Herr O.L. wüsste, wie wenig Freude er mir mit dieser Bestechungsmarke gemacht hat. So was ist immer nur ein Vorschuss. Man muss sie erst recht danach verdienen. Herr O. L. hat schon gesagt, dass ich mich nun fernerhin der Auszeichnung würdig zeigen muss und wenn es nötig ist, zum Munitionieren eingeteilt werde. Dann habe ich doppelte Arbeit. Vielleicht hat er's mir auch nur der Form halber gesagt. Jedenfalls wünsche ich jedem, dem ich was Gutes wünsche, keine Auszeichnung.

Sei umarmt und geküsst, liebe Paula, verzweifle nicht!
Dein Colomb
****

256:                    GNM

Metz-en-Couture, 1.Okt. 1916
Sonntag

Liebe, gute, arme Paula!

(..) In den letzten Tagen war ich sehr traurig. Unser Hochzeitstag war sehr ereignisreich. Am Nachmittag flog ein ganzes Munitionslager in unserer Nähe in die Luft durch Beschießung. Zum Ansehen war es schauerlich schön.
Am Abend wurde das Todesurteil über mein armes, armes Pferd gesprochen. Es war unheilbar. Es kam in die Pferdeschlächterei. Traurig! Ich durfte es nicht erschießen. Ich nahm Abschied von ihm, wirklich wie von einem Freund. Sein großes. ausdrucksvolles Auge war so traurig. Den anderen Tag sah ich schon seine blutigen Schenkel in der Schlächterei hängen. Das ist das Ende von meinem Maxl, wie er am Schluss nur genannt wurde.
Gott sei Dank hat die furchtbare Schießerei etwas nachgelassen. Aber ich fürchte, die Feinde bereiten nur wieder einen Angriff vor. Meine Stimmung schwankt zwischen Trauer und furchtbarer Wut. Alles hilft nichts. Sorge Dich nicht zu arg um mich. (..)
Sei innig umarmt, Kuss auch Tommi, Dein Colomb
Wie sind eigentlich die Atelieraufnahmen von Heinrich geworden?

****

257: GNM

Metz-en-Couture, 11.Okt. 1916

Liebe, gute Paula!
Verzeih, dass ich wieder so lange nicht geschrieben habe. Aber wann und wo schreiben, ist hier immer die Frage. Danke Dir für Deinen Brief vom 5. Oktober, wo Du das Schwipserl gehabt. Aber wie die dumme Helene darfst Du nicht werden, gell! Sonst bin ich ja für etwas Alkohol.
Liebe Paula, was soll ich schreiben von hier? Immer das Gleiche. Trommelfeuer. Die armen Leute, die nach vorne müssen und wo nur Wenige zurückkehren. Die Engländer und Franzosen sind uns schon wieder näher gekommen. Dass wir auch gerade am Brennpunkt der Sommeschlacht sein müssen. Wir haben viel Verluste. Die Pferde sind auch zu bedauern, wenn sie so leiden. Du hast Recht, es gibt viele, die zu wenig vom Kriege daheim merken. Darum hat er auch kein Ende.
Eines freut mich doch, dass Olly zu Dir kommt. Wie geht es eigentlich Tommi mit der Schule? Wo ist er? Familie können wir uns fast nicht mehr nennen. Das ist ein Elend. Wenn wir hier nur mal bissl aufschnaufen könnten. Alles wird abgelöst, nur wir nicht.
   Liebe, liebe Paula, sei gegrüßt und geküsst auch Tommi von einem traurigen Colombvati (..)

****

(Metz-en-Couture, Oktober, Skizzenbuch)

****

258:            GNM

Metz-en-Couture, 20.Okt. 1916

Liebearme Paula!
(..) Heute habe ich Prof. Hajek Kriegsmaler hier getroffen nur kurz. Vielleicht sehe ich ihn noch einmal. Eigentümlich, dass man die Kriegsmaler immer nur fotografieren sieht. Die Bilder machen sie eben daheim.
Oh Paula, oft habe ich schon ein großes Bedürfnis, sprechen zu können. Das heißt verstanden zu werden. Das ist heraussen nicht möglich. Dass wir uns nur mit so paar Zeilen verständigen können, ist eigentlich schrecklich. Nie die Stimme hören, halbe Jahre lang? Wenn man sich's vorstellt, wird es einem ganz schwindlig.
Tommi muss ganz anders als wir werden, ein freier <u>Mensch</u>. Dafür kämpfen wir! Gescheite Leute gibt es viele, aber wenig Menschen.
Tommi Kuss und meine guten Wünsche
Dir wie immer alles Gute, Umarmung Dein Colomb (..)

****

259:

Metz-en-Couture, 24. Okt. 1916

Liebe gute Paula!
Du machst mir große Freude, dass Du mir so oft schreibst. Gell, aber ich bin nicht brav in der Hinsicht. Die Wolljacke und Handschuhe habe ich gerade im rechten Augenblick bekommen. Es war sogar Frost hier. Die Äpfel waren auch sehr gut. (..)

Die Kuppelwieser[87] Neuigkeit ist für mich wirklich eine große Überraschung. Habe nichts geahnt. Es freut mich aber sehr, beiden zu Liebe. Arme Paula, ich weiß, dass es für Dich auch bittere Gedanken erzeugt. Ich will Dich nicht mit Redensarten trösten. Du weißt ja selbst, wie schwer es mir ums Herz ist. (..)
Rg. Heyerk (**Kriegsmaler**) wohnt jetzt bei unserem O.L. Er sieht auch nicht den Krieg, wie er ist. Er malt malerische Baumgruppen und Häuser. Ich kann allein mit ihm nicht sprechen. Er sieht den Krieg doch nur aus Offiziersaugen.
Oh, man müsste malen, dass die in der Heimat zu weinen anfangs, wenn sie die Bilder sehen. (vor Scham). Ich wäre kein beliebter Kriegsmaler.
Alles Unsinn, Malerei überhaupt.
Der Feind sitzt uns am Hals, wir werden nicht mehr lange hier bleiben können. Die Geschütze feuern so, dass mein Licht fast ausgedrückt wird.
Aber Paula, was meinst Du? Alles gratuliert mir zu meiner Auszeichnung. Wenn sie wüssten, was ich davon denke; die Welt ist ein Narrenhaus.
Gestern hat hier ein Artillerist Selbstmord verübt. Es ist verständlich. Ich tue es ja nicht, aber solche Gedanken kommen oft.
Jetzt bin ich müde, gell morgen vielleicht ausführlicher. Das nur schnell. Dummer Brief. Sei umarmt liebe Paula, Kuss Dein Colomb, Grüße Tommi

****

260:

Metz-en-Couture, 27. Okt. 1916

Liebe gute Paula!
(..) Heute bin ich wieder ganz herunter. Zwei arme Kameraden von uns (eine der netteren) sind gestern schrecklich ums Leben gekommen. Die beiden Schmiede. Es wurde ihnen die Feldschmiede gestohlen. Die Bayern sind schrecklich verwildert und stehlen wo sie können. Die beiden gingen auf die Suche, dabei traf sie eine Granate mitten auf der Straße. Sie waren schrecklich zugerichtet und sofort tot. Ein Familienvater und ein einziger Sohn, der seine Mutter erhielt. Es ist entsetzlich, man muss fest daran sein, nicht den Glauben zu verlieren. Reden kann man überhaupt nicht mehr. Aber daheim sollten alle Theater und Vergnügungen verboten sein bei diesem riesen Schmerz, der in der Welt ist. Alles soll fühlen lernen.
Arme Paula, ich soll nicht schreiben, ich mach Dich nur traurig. Nein, stelle es Dir lieber nicht vor, wie es heraussen ist, ich komme nur immer in die Gedankenschreiberei.
Ich kam hier öfters an einem Feld von Sonnenblumen vorbei! Das ist ein imposanter Anblick, hab's noch nicht gesehen. Wie ein verzaubertes Regiment. Und jetzt werden die Blätter schwarz und die Köpfe neigen sich mit kahlen Schädeln wie bei Greisen. Jedes Mal wenn ich vorbeikomme, ist ein anders Bild.
Ich bin böse auf den Kriegsmaler Heyerk, weil er sagt, es stünde für uns zurzeit alles ausgezeichnet. Er isst im Casino, hat ein gutes Bett und einen Diener. Beneiden tue ich

---

87 Kuppelwieser = Freunde, siehe Lebensbericht, sie erwarten ein Kind

ihn gar nicht. Wie kann aber ein Künstler so einfache Nerven haben? Ich hab ihm öfter gesagt, er soll mich mal besuchen, aber er meidet oder muss den Verkehr mit Soldaten anscheinend meiden. Die Verwundeten und Toten sind nicht das ganze Kriegselend.

Du willst mich in die Zeitung bringen, wegen meiner Auszeichnung. Macht man das wirklich selbst? Ich glaube nicht. Glaubst Du wirklich das nützt? Ach Gott nichts nützt in diesem Krieg, als Unwirklichkeit.
Gute Paula, Du treibst Kunsthandel mit meinen Bildern. Ich wünsche Dir Glück. Ja, das waren noch Zeiten, wie ich noch Maler war. Aber bessere Sachen hätte ich malen können. Das edelste auf der Welt sind doch eigentlich Pflanzen und Bäume. Der Krieg macht mich, glaube ich noch verrückt – kann es nicht verstehen, warum ich's noch nicht bin.

****

****

261:

31. Okt. 1916

Liebe, liebe Paula!
(..) Das Wichtigste ist heute die Geldgeschichte.[88] Aufregen tut mich so was nicht mehr. Hier denkt man nur, was für ein Geschenk ist das Leben. (..)
Dass seit dem Frühjahr gar nichts geschehen ist, verstehe ich nicht. Mir kann man wirklich nicht den Vorwurf, dass ich zu wenig getan in der kurzen Zeit, die ich in München war, machen. Konnte Corneille nichts erreichen? Du hast mehr als genug getan. Ich bin ja ganz entbehrlich daheim. Der gute Bruder nahm sich doch allem so an? Für was das Geld ist, kann ich nicht verstehen. Was macht denn Heinrich? Mit Amerika haben wir gar nichts gemacht? (Neulich las ich in der Zeitung dass Nemes einen Tizian entdeckt hat, also doch Kunsthändler!) Wegen Sammlung keine Nachricht?
(..) Ein andermal mehr. Hab keine Zeit mehr. Schnell 1000 Grüße. Küsse
Lass Dich nicht aufregen
Dein Colomb

****

---

88   Geldgeschichte = wegen des Nachlasses im väterlichen Atelier in der Paul-Heyse-Straße

262:
Metz-en-Couture, 1. Nov 1916

Liebe Paula!
Gestern habe ich Deine zwei langen Inhaltszeilen und lieben Briefe vom 27. u. 28. bekommen. Ebenso einen langen Brief von Storchl, der, obwohl er nett ist, doch etwas schillert.
(..) Liebe Paula, Du bist sehr heldenhaft, so einen Besuch zu machen, wie den bei Prof. P. Du tust so viel und ich so wenig, eigentlich gar nichts für uns. Aber ich kann halt gar nichts tun, wenn ich auch will. Gut war Deine kühne Tat vielleicht schon.
Hoffentlich wird es aber keine Konflikte mit Storchl bringen. Storchl meint schon in ihrem Brief, ob ich am Ende auch erbittert wäre wie Du wegen Corneilles Urlaub. Sie meint, ob ich auch meine, Corneille habe auf meine Kosten Urlaub. Ich bin gar nicht erbittert, wie könnte ich das auf meinen Bruder. So ein Missverständnis kann ja vorkommen. Meine Herzenssehnsucht ist natürlich auch Urlaub. Du hast sehr vernünftig gehandelt. Gell ich danke Dir dafür. Kuss.
Storchl ihre Phantom Bekanntschaften überführen und blamieren ist gefährlich, denn sie hat immer Recht und lasst dann nicht aus, gell.
Sie soll nicht meinen, Du hast das wegen ihr getan, sondern wegen mir.
(..) Ich wusste, dass die alten Bilder mit 18 000 M belehnt waren, darum war ich so überrascht, als es hieß mit dem Canaletto sei die Schuld abgezahlt. (Das wäre das Beste gewesen)
Das ist nett, dass Tommi fleißig Klavier spielt.
Jetzt gute Nacht, schlaf gut. Morgen in aller Früh geht die Hetze wieder an. Sei umarmt mit ernster Liebe und Dankbarkeit. Dein Colomb
Kuss Tommi

****

263:
M.e. C., 4. Nov. 1916

Liebe, liebe Paula!
Wenn ich 3 Tage keine Post von Dir bekomme, so bin ich schon traurig. Inzwischen habe ich gehört, dass eine Eingabe vom Ministerium angekommen ist. Ich durfte sie heimlich lesen. Ich glaube, es ist wenig Aussicht da, dass sie mir hilft. Mein O.L. ist unberechenbar. Er soll sich über einen Ausdruck in der Eingabe furchtbar aufgeregt haben. Es ist vom Ministerium auch dumm geschrieben. Es heißt, Du hättest gesagt, ich hätte eine untergeordnete Stellung gegenwärtig. Wies gemeint ist, versteht jedes Kind. Der O.L. will halt nicht verstehen und meint weiß Gott was. Ich glaube, er will mich mit Munitionieren strafen. Denkt der Mensch gar nicht, dass ich vielleicht doch einmal wieder gleichgestellt mit ihm werde? Ich habe ihn noch nicht gesprochen, er mich auch nicht, also abwarten. Vorderhand ist also noch nichts zu sagen.

Hoffnungen wegen Urlaub mache Dir aber lieber nicht. Ich glaube nicht, dass ich noch einen Winter im Feld überstehen kann, ich denke überhaupt nichts mehr.

(..) Sei geküsst liebe Paula von Deinem treuen Colomb

****

264:
                                                                12. Nov.1916, Metz en Couture
Liebe gute Paula!
Eigentlich wollte ich heute nicht schreiben, weil ich so einen bodenlos hoffnungslosen Tag habe. Alles schwarz und öde. Es graust mich vor mir selber und das ganze Elend hier ist mir so klar. Das Tag für Tag im Dreck sich durcharbeiten, den Körper ganz verkommen lassen, dabei Ärger, über Unverstand und Eigensinn, das macht halt manchmal sehr niedergeschlagen.
Das letzte Jahr hatte ich es ja glänzend gegen jetzt. Mein Bett mache ich nie. Der Strohsack ist zu einem Brett zusammengedrückt. Vom Keller wo keine Türe ist, kommt immer ein kalter feuchter Zug herauf. Nasse schmutzige Kleider liegen herum und stinken. Ansonsten ist mein Raum auch Bierfasslager. Eine wackelige Brettertüre trennt mich von der Kantine, von der in der Nacht zur Erwärmung die Bierrauchluft herübergelassen wird. Die Lehmwände sind halt immer feucht. Tisch oder so was habe ich nicht für mich, außer in der Küche der Essensausgabetisch, der meist in Fett und dergleichen starrt. Zu Sodawascherei sind ja meine Köche nicht zu bewegen. Besonders der echte Germane aus dem Fichtelgebirge hat es gar nicht mit der Reinlichkeit.
Eben habe ich mich in die Kanzlei geflüchtet und den Wachtmeister gebeten, dort schreiben zu dürfen. Denn mit der Beleuchtung steht es auch schlecht in meinem Heim. Die einzige Karbidlampe beanspruchen die Kartenspieler.
Bei Tag habe ich jetzt schon gar keine Zeit. Besonders die letzten Tage großes Gehetze. Mir ist das Malheur passiert, dass mir mein Wagen in der Nacht gestohlen wurde. Mein Fahrer ist schuld, ich bin aber verantwortlich. Der O.L. will mir also 2 Tage Militärarrest geben, wenn ich den Wagen (der von uns übrigens auch gestohlen war) nicht wieder herbringe. Natürlich aussichtslos, aber suchen muss ich doch. Einen anderen stehlen tue ich grundsätzlich nicht. Es ist unglaublich, was jetzt gestohlen wird. Neulich in einer Nacht 10 Pferde hier. Wenn man sein Hemd wäscht, aufhängt und bisl weggeht, ist es weg. Leider sind keine Zivilen da, auf die man es schieben könnte. Also haben die ehrlich blauäugigen Deutschen doch auch gewisse Talente. Ja der Krieg erzeugt große Tugenden. Auch bekommen wir jetzt sehr viel Schnaps. Wir lernen halt immer wieder von den Engländern..

Will wirklich jemand meine Bilder reproduzieren? Schwarz, weiß? Freilich bin ich einverstanden, wenn Du es bist. Aber gezahlt muss auch werden. Andere Gedanken kann ich für meine Kunst nicht mehr haben. Ich bin ja der nicht mehr, der dies alles gemacht.

Nein, ich schreib jetzt nicht mehr. Bin müde und unglücklich heute.
An Dich denke ich aber mit treuem Herzen. Gute Nacht
Kuss Dein Colomb
Tommi und Olly Gruß
Danke. Keine Zeitung. Hier kann man welche kaufen. Es ist doch alles Schwindel was drinnen steht.

****

265:

18. Nov. 1916

Liebe, liebe Paula!
(..) Eines, bitte Paula! Jetzt ist bald der Jahrestag, dass unser armer lieber Papa von uns weg ist. Bist Du so gut und gehst Du diesen Tag (wenn Du kannst) auf den Friedhof und bringst in meinem Namen Grüße und ein Sträußerl hin! Ich kann ja nichts schicken. Bist Du so gut, gell. Hier habe ich mit vieler Liebe Kreuze für unsere Kameraden gemacht. Für meinen Vater kann ich gar nichts tun, das ist so arg.
Wegen Photographien kannst Du Dich gar nicht auf Heinrich verlassen. Da hat sich Papa auch immer geärgert. Da darf man ihn nicht auslassen, immer dahinter sein. Ich wette, er hat meine Aufnahme von Orgelatelier noch nicht gemacht.
Ja, man denkt jetzt zu viel ans Essen, das ist wahr. Bekommt man eigentlich Äpfel zu kaufen? Das wäre mein einziger Wunsch, den ich hätte. Tommis Brief werde ich bald beantworten, er hat mich sehr gefreut. Ein reizendes Vieh ist das Rotkehlchen. Gute Nacht Jetzt muss ich meine nassen Stiefel endlich ausziehen.
Kuss, Dein Colomb

****

266:

21. Nov. 1916

Lieber Colomb!
Gestern habe ich Dir geschrieben, einen Bleistiftbrief, mit einem von Frau Kuppelwieser beiliegend. Heute kam Deine Rolle mit dem Bild „Der Sommer" und Deinem Schriftstück über Dein Verdienstkreuz. Sag' und mit dem Eisernen, da hast Du keines? Es lag kein anderes Schriftstück bei.
Vorgestern Colomb habe ich also die Bilder, welche Prof. Blum für den Künstlerunterstützungsverein aussuchte ins Künstlerhaus geschickt. Es dürfen ja keine Akte sein, da die Bilder für öffentliche Gebäude verwendet werden. Also, was blieb, als „Ich auf dem Balkon" und „Der Kopf des Italienerbuben"?

Studien = „Eine blonde Italienerin", „Gemüsestilleben" (beides ungerahmt) traute ich mir nicht mitzugeben, da sie für Dich wohl Wert haben. Als der Dienstmann fort ging, dachte ich, er solle nicht umsonst den weiten Weg gehen, es sich rentieren und gab ihm gleich noch zwei Bilder für Littauer mit, die ich heute schon im Schaufenster gesehen habe (vorne), „Dame in Weiß und Schwarz" (Neger mit Blondem Mädchen), und „Ida im Schal tanzend".
Für ersteres 300 M und das 2te 150 M, gell. 20% bekommt Littauer.
Ich werde jetzt immer wieder was von Littauer ausstellen, gell. Möchte das „Schwedische Wasserweib" silberrahmen lassen und zu Brackl geben oder die „Harmonielehre".

Colomb, heute Mittag war ich in Lessingstraße. Habe über unsere Betten an die Wand (über das Gasrohr gehängt) den rosa indischen Vorhang. Damit es Dir nicht kahl vorkommt, wenn Du kommst. Sieht wärmer aus, aber (bissl) lächerlich. Schön wäre etwas: das alte Bild mit der „nackten, dicken Diana", was Du noch von Papa hast.[89] Aber das verzieht sich wohl bei eventueller Heizung? Oder Dir ist es lieber drüben?
Vilay ist ja schon seit Sommer Kriegshund im Feld. Wakus soll jetzt auch chloroformiert werde. Nur Papageien und Jäcki bleiben bis jetzt noch. Ernestine schrieb mir heute einen impulsiven Brief. In allem ist sie aber doch nicht so impulsiv wie in Worten und Briefen.

Ach, ich freue mich auf Ruhe. Leider bekomme ich erst am 27. endlich Kohlen in die Lessingstraße. Das ist jetzt auch nicht leicht. Und die Arbeiter tragen es einem nicht hinauf, weil sie zu wenig Nahrung (bes. Fleisch) haben. Ich werde halt Trinkgelder geben. Du kannst Dir nicht denken, wie sonderbar jetzt alles ist. So von der Straße gesehen, sieht das Straßenbild unverändert aus im Allgemeinen, aber <u>überall</u> sind Änderungen. Das Kämpfen um Kartoffeln macht bei dem schlechten Wetter die arme Bevölkerung furchtbar gereizt.
Seit gestern schneit es und ist kalt und gräulich nass. Ödeste Novemberstimmung. Natürlich konnten wir heute nicht nach Ammerland. Tommi wollte so gern, war begeistert vom Schnee. Aber kindlicher Irrtum, es ist ja nur Wüstheit, kein Winter.
Ich habe heute von dieser Woche noch ½ Pfund Fleischmarken übrig gehabt (d.h. nur meine verbraucht, das ½ Pfund von Tommi ist noch da). Ich gab es Frau Stelzl und sie will es sich notieren und wenn Du im Urlaub kommst, mir mehr Wurst geben. Denn es gibt jetzt wieder Wurst, da man so wenig Fleischmarken hat. Begreiflich.
(..) Gute Nacht Colomb, ich bin auch müde.
Sei umarmt innig von Deiner treuen Frau

****

267:

Metz en Couture, 24. Nov. 1916

Liebe, liebe Paula!

---

89 von Papa = von Gabriel von Max im Atelier in der Paul-Heyse-Straße

(..) Gestern hat mir der Herr O.L. eröffnet, dass ich zum Ersatz Bataillon nach Straßburg versetzt werde, von wo ich dann Urlaub bekomme.
Er scheint sehr geärgert über mich, aber so nehme ich wenigstens keinem Kameraden Urlaub weg. Ich bin mir keiner Schuld bewusst, und schließlich ist sich jeder selbst der Nächste. Wie lange es noch dauern kann, bis ich los komme weiß ich nicht. Vorderhand muss ich meinen Nachfolger in meine Arbeit einweihen.
In meinem Kopf und Herz geht alles durcheinander. Hoffentlich bekomme ich bald Post von Dir.
Kuss und Umarmung, Dein Colomb
Grüße Tommi und Olly.
Eben habe ich nochmals mit O.L. gesprochen. Er ist heute besser gestimmt. So in 8 bis 10 Tagen soll ich Urlaub bekommen und zwar direkt nach München. Erst danach werde ich zum Ersatzbataillon überwiesen.
Freuen traue ich mich noch nicht.

****

268:
Selvigny, 5.XII.1916

Liebe, liebe Paula!
So lange habe ich Dich bangen und bangen lassen. Seit 2 Tagen sind wir in diesem Ort weit hinter der Front in Reihe. Wie immer ein großes Durcheinander und viel Arbeit, schlechte Postverbindung. Aber Gott sei Dank, wenigstens kann man ruhig schlafen und muss nicht immer Sprungbereit sein.
Das Versprechen von Oberstleutnant war auch wieder echt. Mit dem Urlaub kann es doch noch längere Zeit dauern. O.L. fahrt auch schon wieder bald. Verliere die Geduld nicht, gell, er muss mich weg lassen. Die Eingabe ist ja vom Marschallamt selbst, da darf er sich nichts trauen. Darüber bald mehr.
Die Quartiere sind hier auch schlecht. Von Metz habe ich natürlich zum Schluss doch Läuse bekommen. Wie sie nur los kriegen? Einen Pelzmantel habe ich auch. Gell, schreibe mir noch. Oh, das ewige Warten. Vielleicht kann ich Heini jetzt mal besuchen. (14 km)
Neue Feldpoststation <u>260</u> für mich, gell.
Küsse Dein Colomb

****

269:
Selvigny, 6.XII.1916

Liebe, liebe Paula!
Gestern Deine lieben Zeilen vom 26. bekommen. Du hast also meine Nachricht wegen dem Urlaub noch nicht. Nun rührt sich aber schon wieder nichts. Der O.L. hat es scheinbar nicht eilig. Obwohl er mir neulich befohlen hat, Dir zu schreiben in 8 bis 10 Tagen sei ich zu Haus. Verweigern kann er den Urlaub ja nicht. Ich habe die Eingabe gesehen,

sie ist vom Hofmarschallamt gestempelt und lautet im Namen von Prinz Rupprecht. Er wünscht ….etc.

Ich kann den Charakter meines O.L. nicht verstehen. Er überlegt wirklich oft nicht, was er sagt. Mir kommt es fort so vor, als ob er stolz wäre, mich unter seiner Macht zu haben. Nun ist er wütend, dass er nachgeben muss. Er hat es mir ja neulich in seiner Rede förmlich gesagt. Er sagte: „Der Gescheitere gibt nach." Es ist unglaublich, ich muss Dir wirklich schreiben, was er mir alles Schönes gesagt.

Er ließ mich auf die Kanzlei kommen. Vor allem verbat er sich jede Widerrede von mir. Zuerst fing er an: „Wissen Sie, wer die Eingabe veranlasst?" Ich:„ Nein." Forschendes Anschauen. (Ich denke mir, das geht ihn nichts an.) Er:„ Ich werde wegen Ihnen zum Kommandeur in den Gefechtsstand reiten (Da schießen sie manchmal hin, daher etwas Aufregung) und Ihre Beurlaubung und Versetzung zum Ersatzbataillon veranlassen." Sagte, er sei aber sehr enttäuscht von mir, hatte Anfangs eine viel bessere Meinung von mir. Ich sei undankbar. Mein Bauch ginge mir über mein Vaterland. Der Gescheitere gäbe halt nach. Nun, da ich alles erreicht hätte, was ich wollte (Auszeichnung?) ginge ich. (Wenn ich hätte reden dürfen!)

Wenn er aber wirklich wollte, käme ich auch jetzt nicht fort. Was brauche man im Krieg Bilder malen (Kunsthistoriker!) und so weiter.

Ich muss sagen, ich zitterte vor Wut und Aufregung. Nachdem er den gefährlichen? Ritt gemacht, war er besser gestimmt den andern Tag, mir schien, er war in Verlegenheit. Hier in Ruhe, sehe ich ihn gar nicht mehr. Neulich sagte er mir zu meiner größten Überraschung, vielleicht führen wir zusammen in Urlaub und erkundigte sich nach meiner Adresse. Ich war abweisend.

Wirklich, er fährt am 16. Dez bis 8. Januar in Urlaub. Natürlich nur aus Vaterlandliebe. An den Bauch denkt er nie. Wir haben nur ständig einen kleinen Hühnerhof für ihn zu füttern. Die Milch von einer Kuh, die wir haben, bekommt nur er. Alle Urlauber müssen riesen schwere Kisten und Packete in Urlaub für ihn zu Hause mitnehmen. Er hat fast täglich Mittag und Abend gutes Fleisch etc. Er bekommt doch auch höheren Gehalt. Den habe ich doch dem Staat erspart, sogar. Ich soll aber nicht für mich und meine Familie sorgen. Verstehst Du es?

Die Hauptsache ist, dass ich weg komme. Vor der Hand sind 6 Wochen Urlaub beantragt, unterdessen muss ich um Versetzung zum Train Battl. München eingeben und um Urlaubsverlängerung. Der hohe Wunsch wird mir da schon helfen. Außer der H.O.L. arbeitet in München gegen mich, was ich aber nicht glaube.

Es ist komisch, dass ich nie die Sympathie meiner Offiziere behalte. Ich glaube, sie wittern in mir einen, der nicht zu ihrem Stand gehören will. Manches Mal bin ich vielleicht auch zu wenig frech.

Gestern habe ich mich wieder gelaust und unter anderem eine riesige Mutterlaus gefunden. Ich habe sie lebend in einer Schachtel aufbewahrt. Soll ich sie Dir schicken? Vielleicht ein gutes Mittel gegen „ Hurra!" Patrioten?

(..)

Hoffentlich geht es bald fort.
Viele Küsse und Grüße, Gute Nacht, Dein Colomb, z. Zeit verlaust
Grüße Tommilein und Olly

****

270:
                                                                                                                       Cambrai, 10.XII.1916

Liebe gute Paula!
Endlich ist es mir gelungen, Heini besuchen zu können. Ich habe einen Tag Urlaub für hier bekommen. Heini[90] traf ich mit Üblichkeit am Sofa liegend an. Er sagt, er hat es öfters. Der Arme, sonst geht es ihm gut. Zuerst ließ er mir durch Lanzinger ein wunderschönes Bad im Lazarett richten. Das war ein Genuss. Dann aßen wir sehr gut in einem Restaurant (nur für Offiziere). Den Abend waren wir dann gemütlich in seinem schönen Quartier zusammen. Sogar Schaumwein haben wir getrunken. Ich habe einige Stunden in Kulturgenüssen geschwelgt. Du kannst Dir nicht vorstellen, wie komisch einem die Sauberkeit und vielen Bequemlichkeiten vorkamen. Nachttopf, Waschschüssel, Teppich, Gas. Sogar auf einem Divan habe ich geschlafen. Das war fast zu viel, daher hatte ich schwere Träume. Meine Läuse sind so eingeschüchtert, dass ich gar nicht mehr davon merke.
Heini hat mir die lustigen Foto von Dir im Sommer gezeigt. Schrecklich, aber wirklich zum Lachen. Andern Leuten darfst Du die aber wirklich nicht zeigen. Du bist ja sehr fesch, aber die anderen! Dann habe ich auch die nette Weihnachtszeichnung von Dir gesehen. Heute um 5 Uhr muss ich wieder zurück zu meinem Dreckleben. Jetzt muss man wirklich für jede Stunde wo es einem bissl besser geht, Gott danken.
Mein O.L. ist gestern für 3 Wochen in Urlaub gefahren. Hoffentlich besucht er Dich nicht. Gell, Du darfst ihn ja nicht besuchen. Sehr liebe Paula, er ist <u>nämlich gar nicht neugierig</u>. Wenn, dann sage ihm nur nicht, woher ich die hohe Protektion habe. Er kann sich zwar über Urlaub nicht beklagen. Vielleicht kommt meiner auch bald.
Gell, Geduld haben wir gelernt, arme Paula. Das Hemd und die Zigarren kannst Du ja abschicken, dann hinterlasse ich es, wer sich's nehmen kann.
Ich wollte, ich hätte mehr Geld, dann könnte ich vielleicht mehr Esswaren mitbringen. An der Grenze sollen sie leider streng sein.
Wie lange bleibt Corneille noch?
Eben warte ich auf Heini in seinem Zimmer, das tadellos aufgeräumt und geheizt ist. Dann gehen wir nochmals zusammen zum Essen. Wirklich nett, dass wir uns hier in der Wüste des Krieges treffen. Ich fürchte wir kommen bald wieder aus dieser Gegend weg. Ob ich noch Post von Dir bekomme? Du schreibst mir wahrscheinlich nicht mehr, weil Du meinst, ich komme täglich. – Geduld! – Es ist Krieg, wo alles unberechenbar.
Kuss und Grüße viele Dein Colomb

---

90   Heini = Heini Weber, Freund und Arzt, Urlaub für hier = für den Besuch in Cambrai

Herzlicher Gruß Dein Heini
Bin sehr grantig

****

271:
                                                                  Selvigny, 12.XII.1916
Liebe Paula!
Deine lieben Briefe vom 6. und 10. bekommen. Ja, ich verstehe nicht, was mit meinem Urlaub ist. Arme Paula, Geduld. Auch ich bin ganz dumm und halb krank von Ungewissheit. Reklamieren kann ich nicht. Ich nehme aber wirklich nicht an, dass der O.L. gegen mich etwas unternommen hat. Neulich sagte er schon, es kann bis 15. Dez, aber allenfalls bis Weihnachten dauern. Wegen nicht abschicken von Weihnachtspackerln mach Dir keine Sorgen. Das macht nichts, die Hauptsache ist, dass wir uns vielleicht bald sehen.
Bei Heini war es sehr nett. Ich glaub fast, er hat sich bisl vor mir gekraust. Er lebt ja so gut eigentlich. Schönes Bett, Nachthemd, schöne saubere Wäsche liegt im Vorzimmer, der Diener putzt alles. Aber es ist mir kaum gelungen, ihn etwas aufzuheitern. Er war aber sehr nobel und hat mich ganz freigehalten im Offizierskasino. Ich versprach ihn dafür zu malen mit Pulverdampf im Hintergrund.
(..) Meine Läuse waren Kleiderläuse, aber ich hab, glaube ich, keine mehr. Mit der Wäsche bin ich dumm daran, weil ich nichts mehr Gescheites habe und doch nichts schicken lassen kann.

Morgen soll ich mit dem Kanzleischreiber nach Brüssel, auf einen Tag. Vielleicht kann ich auch Esswaren einkaufen. Spaß macht es mir nicht, obwohl ich so gerne immer diese Stadt sehen wollte. Aber jetzt freut mich nichts, weil ich nur in Gedanken immer bei Dir und daheim bin.
Und doch traue ich mir keine Hoffnungen zu machen.
Liebe Paula sei umarmt, geküsst, hab Geduld
Dein Colomb

****

272:
                                                                    Brüssel, 14. XII. 1916
L. Paula!
Ein Tag hier ist zu wenig. Mir kommt alles wie eine Wunderwelt vor. Fleischläden voller Wurst und Fleisch und Spitzen zum neidisch werden. Da kein Geld haben ist arg. Morgen geht es wieder in den Dreck.
Wenn nur der Urlaub käm. Viele Grüße, Dein Colomb

∗∗

273:

Selvigny, 16. XII.1916

Liebe Paula!
Wahrscheinlich schreibst Du mir nicht mehr, weil Du meinst, ich komme. Aber immer weiß ich noch nichts. Habe durch die Kanzlei schon reklamieren lassen. Ich selbst kann es nicht, sonst geht es mir wie voriges Jahr. Ich kann es nicht verstehen, warum es so lange dauert. Mein Ersatzmann von Straßburg ist eigentlich schon da.
Hoffentlich wird es nicht schon wieder eine Verwechslung gegeben haben. Ich habe auf der Eingabe gelesen, dass „Landsturmmann Colomb Max" gestanden. Absichtlich oder irrtümlicher Weise, das weiß ich nicht.
Das es nicht eilig betrieben wird, kann ich mir vorstellen, schon aus Neid. Und der O.L. wird es auch nicht eilig gemacht haben. Dumm, weil ich jetzt hier eigentlich gar nichts zu tun habe und so gut weg könnte. Alle Offiziere sind halt in Urlaub und meine Papiere liegen weiß Gott wo. Vielleicht müssen wir dieses Weihnachten wieder getrennt bleiben. Im Geiste feiere ich es mit Euch. Gell, wir lassen uns einfach nicht trennen. Traurig ist nur, dass ich gar nichts geschickt habe. Das dumme Warten macht einen ganz tatenlos. Was wäre Brüssel herrlich, aber wirklich, in dieser Stimmung hat es mich gar nicht so gefreut. Auch ist es sehr anstrengend, so auf einen Tag ohne rechten Schlaf und so viel sehen wollen wie ich. Ich habe mir immer Dich her gewünscht. Das wäre was für Dich. Geschmack und Vornehmheit, da können die Münchner in vielem einpacken. Jetzt weiß ich schon, warum Deutschland so ungern von diesem Land lässt.

Was sagst Du zu dem Friedensvorschlag? Ich fürchte, es ist nur ein Weihnachtsüberwindungstrost. Ich habe wenig Hoffnung, dass die Regierungen einen Frieden überhaupt zu Stande bringen.
Ich habe gar keine Ruhe mehr, lange Briefe zu schreiben. Diese Ungewissheit ist ekelhaft. Es kann ja jeden Tag meine Entlassung und der Urlaub kommen. Und wenn es dumm geht, muss ich hier noch Weihnachten versimpeln. Sollte es wirklich so kommen, so seid für Euch vergnügt, wenigstens ist es hier sicher und Du brauchst für mich nicht zu bangen. Ein echtes Weihnachten gibt es ja nicht, solange der Krieg dauert.

(..) Liebe Paula, was soll ich noch schreiben. Du weißt ja alles was ich denke und fühle. Heute habe ich wieder einmal Wache, die alte Leier. Ich muss halt warten, ob und wann mein Gefängnisgitter aufgemacht wird. **Freiheit**, ich hab Dich nicht vergessen!

Innigen Kuss und Umarmung, Dein Colomb

****

274:   Beaumont, 23. XII. 1916
Liebe, gute, arme Paula!
So, morgen ist der Weihnachtsabend und ich sitze immer noch in Frankreich. Du tust mir so leid. Das Warten, nichts konnte ich schicken. Schon immer schleife ich eine Salamiwurst von Brüssel mit mir herum für Euch. Alles ist nichts, ich ignoriere also Weihnachten.

330

Die letzte Zeit hatten wir in einem fort Ortswechsel. Wie die Zigeuner ziehen wir herum. Heute sind wir hier, wer weiß wie lange. (..) Dabei ein Sauwetter. Meine Läuse kann ich so nicht losbekommen, obwohl wir jetzt genügend Wäsche bekommen haben.
Hier habe ich jetzt ein schönes Bett. Also Weihnacht voraussichtlich im guten Bett. Die Bewilligung zu meiner Versetzung ist jetzt schon gekommen. Habe aber noch keinen Laufpass. In Straßburg muss ich dann erst um Urlaub eingeben. Mein O.L. hat mir alles falsch gesagt. Kenne mich nicht aus. Jetzt wird es aber schon gehen.
Deine lieben Briefe und Fotos bekommen. Das hat mich gefreut. So sehe ich Euch wenigstens zu Weihnachten. Morgen werde ich an Euch denken - viel. An nichts anderes.
Liebe, liebe Paula, Kuss Dein Colomb
Viele Grüße Olly. Tommi Weihnachtskuss

****

275:

Lille, 27. XII.1916

L. Paula! Endlich bin ich am Weg nach Straßburg. Hoffentlich bekomme ich bald Urlaub von dort. Ich kann es noch nicht fassen, dass es wirklich werden soll. Viele, viele Grüße Dein Colomb

****

276:   Brüssel, 27. XII. 1916

Liebe, liebe Paula!

Schon eine Station nähergekommen. Hoffentlich werde ich in Straßburg nicht über Neujahr aufgehalten. Natürlich nicht nur wegen dem Schweinefett. Ich habe nämlich hier auch bissl unausgelassenes Schweinefett gekauft. Oh wehe, man kann jetzt nur mehr an den Magen denken. All die märchenhaft schönen Sachen müssen einen kalt lassen, man darf nichts kaufen. Ich habe so Angst, dass Ihr hungert, wenn ich komme.

Das ist eine ganz nette Aufnahme. Geschmackvolles Kleid. In der Art sieht man so viel hier. Hier merkt man nichts vom Krieg. Im Kaffee, wo ich sitze, spielt Musik und gestern hat uns der Kanonendonner bis Lille verfolgt. Morgen früh bin ich in Straßburg. Wenn ich nur fliegen könnte zu Euch. (aber mit Schweinefett).

Jetzt muss ich erst um Urlaub bitten in Straßburg. Das ist der letzte Berg

Küsse Dein Colomb

Tommilein Gruß und Olly

****

Zeichnung: Colombo. „Vom Westlichen Kriegsschauplatz nichts Neues"

1917

Colombo bekommt kurzen Urlaub in München. Dabei trifft er Vorbereitungen für das Altarbild (St. Martin) in Kirchham. In Straßburg muss er wieder warten und hoffen auf Urlaubsverlängerung. Alois Müller, der Sohn von Gabriels Schwester Marie Müller, setzt sich für ihn beim General Kommando in Nürnberg ein.

****

Brief von Alois Müller nach München

277:     GNM

Nürnberg, 26. I.17

Lieber Colombo!
Eben war ich beim General Kommando und erfuhr folgendes. Dein Gesuch ging nochmals zurück (zum Bataillon?), um festzustellen, ob Du Kriegs – oder Garnisonsfähig

bist, da das nicht angegeben war. Als ich sagte, Du habest große Bronchitis, meinte der Major: „Da wird er ja so nur Garnisonstauglich sein und dann geht das Gesuch zurück." Also glaube ich, Du solltest <u>gleich</u> noch ein ärztliches Zeugnis (oder vielleicht nur einen Brief) an Deinen Vorgesetzten schicken über Deine Bronchitis. Oder geht das besser mündlich in Straßburg, durch ärztliche Feststellung? Wenn es heißt „Kriegsfähig" nehmen sie es jetzt <u>sehr</u> streng. Also hoffen wir, es geht gut!
Herzlich grüßt Euch Euer Alois

****

278:                        GNM
                                Straßburg, 29. I. 1917 8 Uhr Vormittags
Liebe Paula!
Hat man nicht ein Gefühl, als ob man bei einem Telefongespräch unterbrochen worden wäre? Einfach keine Stimme mehr zu hören.
Die Fahrt war ungemütlich kalt und dunkel. Erst um 4 Uhr konnte ich hier auf einer Bank bissel schlafen.
Also, war eben beim Feldwebel. Er wusste nichts von einem Telegramm, erst heute hat er es auf dem Tisch gefunden. Er war ganz freundlich. Er sagt, er kann nichts machen. Antwort ist vom General Kommando noch nicht da. Meint, die lassen sich anscheinend Zeit. Es ist ganz verschieden, wie lange so etwas braucht. Von hier aus hätte ich nicht länger Urlaub haben können. Also ich musste kommen. Vielleicht kann ich später mit dem Major sprechen. Ein kleiner Stupser von oben in Nürnberg wäre also noch möglich und vielleicht vorteilhaft. Begründung: So lange Unterbrechung meiner Arbeit verzögert dieselbe nur. Die Wintermonate könnten ausgenutzt werden. Mehr kann ich jetzt noch nicht sagen. Vielleicht schreibe ich heute noch einmal.
Gruß Tante, Kuss Tommi
Umarmend Dein Colomb.

****

279:                        GNM
                                        Straßburg, 30. I. 1917
Liebe Paula!
Gestern war nichts mehr zu berichten. Ich wollte zuerst warten, ob ich gerufen werde. Sonst war der Tag halt öd wie zu erwarten. In der Nacht habe ich gefroren und der Strohsack schmeckt nicht recht, nach dem guten Bett. Heute habe ich mich zum Rapport gemeldet und vorhin mit Herrn Major gesprochen. Er war freundlich und hat gesagt, ich müsste halt warten und mich etwas gedulden. Von einer Anfrage seitens des Generalkommandos wegen Garnisonsdienstfähigkeit von mir, weiß er nichts. Also ist nur die eine Anfrage wegen der Kirche gekommen. Ich fragte hauptsächlich, ob ich etwas in meiner Angelegenheit tun könnte. Er meinte vorderhand nicht. Eine Anfrage von

München aus (Vom Ministerium! Vom Marschallamt sprach er gar nicht) könnte nicht schaden, meint er. Ich fürchte, sie haben hier das Marschallamt nicht genügend betont. Ich habe also das Gefühl, als ob ich die Verpflichtung hätte zu berichten, dass ich die Urlaubsverlängerung noch nicht habe. Also Zeit verliere, ohne dass man es oben weiß. Also eine Anfrage oder Mahnung vom Marschallamt das Beste wäre! Wie zu machen? (..) Aufmerksam ist zu machen auf meine Adresse und dass ich dem stellvertr. General Kommando in Nürnberg zuständig bin. Mit Herrn Breg[91] besprechen. Ich kann leider nichts tun.
Wie geht es Euch? Küsse, Dein Colomb

****

280: GNM

Straßburg, 31.I .17

Paula!! Mir ist es immer noch bissel unwahr, dass ich hier bin. Du bist vielleicht froh, weil ich oft recht ekelhaft war mit Dir, Du Arme. Gestern war ich in der Stadt und habe mir ein Zeichenheft gekauft. Essbares kann man hier fast nicht kaufen. (Eine Gans 40 M). Aber die Menage ist hier nicht schlecht. Einfach, aber genügend. Abends habe ich einen Kameraden (einen Juden), den der Oberst Leutnant auch sehr schikaniert getroffen. Ich habe ihm in schwerer Zeit bissel geholfen, darum ist er mir dankbar. Er ist unheimlich schlau und kennt hier viele Vorgesetzte. Hat sich in eine Kanzlei hinein zu schmuggeln gewusst, wo er unabkömmlich ist. Hat in Vieles Einblick. Vor allem ist jetzt eine Generalmusterung, die bis 15. Februar beendigt sein muss. Da kommt alles daran. Es kann sein, dass deshalb das staatliche General Kommando mit seinem Entscheid zurückhält. Kann sein, oder auch nicht.

Ich kann vorderhand nichts tun, als mich gedulden und bekannt machen. Von dem Juden kann ich viel lernen. Es ist unglaublich, was so ein Schlauberger, mit eigentlich unsympathischen Mitteln, erreicht. Er hat sich auch Röntgen aufnehmen lassen und war bei Zivilärzten. Er sieht dick und gut aus und ist doch für Krieg unverwendbar erklärt. Wenn mir vielleicht Dr. Müller doch ein kleines Zeugnis über Bronchen, Häm. und großes Herz schreiben würde. Nur dass ich wenigstens meine Arbeit vollenden könnte. Der Major war ganz nett mit mir. Hat lachend gemeint, was ist zu tun, wenn mein Gesuch abgeschlagen wird? Im Fall, ich hinaus komme (ins Feld) und mir etwas zustieße? Wer würde mein Bild fertig machen? (Ich sagte noch einmal, ich stünde mitten in den Vorarbeiten). Er hat das so gemeint, vielleicht ist das ein Grund, meine Eingabe zu bewilligen.

Im Allgemeinen habe ich mich erkundigt, wie es mit Versetzungen steht. Es soll nicht leicht sein. Im Übrigen sollen viele vom Train zur Infanterie gekommen sein. Doch jeder Fall ist anders. Einige Tage muss ich jedenfalls noch warten. Wenn es mir nicht so schade um die Zeit wäre.

---

91 Herr Breg = Josef Breg, Freund der Familie, Erzieher bei Kronprinz Rupprecht

Übrigens juckt es mich schon wieder sehr. Die Tante hat sicher meine Wolljacke nicht ausgekocht.
Was machst Du? Geht Tommi aufs Eis? Er soll mal mit Beissbarths Buben gehen, da kann er was lernen. Hier liegt wenig Schnee. Meine Finger sind immer noch bissel steif. (..) Kussgruß Dein Colomb
Tommi einen Verdauungspurzelbaum
Tante Gruß, die wird froh sein, dass ich weg bin mit meinen Topfguckereien.

****

281: GNM

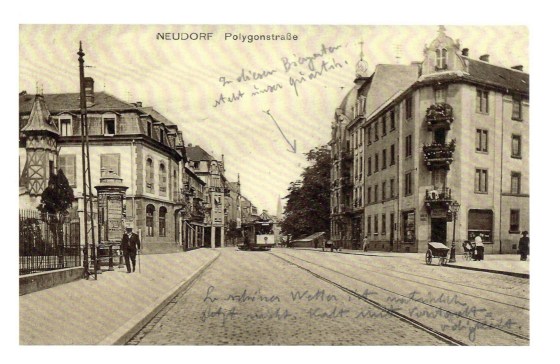

In diesem Biergarten steht mein Quartier. So schönes Wetter ist natürlich jetzt nicht. Kalt, mit Vorstadt Ödigkeit.

Straßburg, 1.II.17

Liebe, gute Paula!
Ich warte immer noch wie Tristan. Die vorbeifahrende Tram ist das eintönige Brandungsmotiv. Heute bekomme ich Schur[92] von einem Rekruten Depot.
Ich hätte keinen Nachurlaub bekommen, weil jetzt sämtlicher Urlaub gesperrt ist. Es wurden auch Viele telegrafisch geholt. Vielleicht komme ich gar nicht zur großen Untersuchung, weil ich „Felddienst" im Buch habe. Das soll fast besser sein, dann kann ich mich extra zum Arzt melden. So dumm, dass ich mich nicht viel rühren kann, ehe nicht ein Entscheid aus Nürnberg da ist.
Hast Du meine Karten und Brief bekommen? Meine Versetzung zum Train, glaube ich, müsste ich vorbereiten. Von hier aus kann ich nicht viel tun. Vielleicht könnte man den Sohn des Kommandeurs Oberst Mayer (Leutnant Mayer) befragen, mit seinem Bruder habe ich gedient.
(..)

****

Strassburg, Alyacar. 1.II.17 (Skizzenbuch)

---

92   Schur = Tagesdienst

****

282:

Straßburg, 2. II.17 Abends, ½ 8 Uhr

Liebe, gute, arme Paula!
(..) Ich komme mir so untätig vor. Aber ich muss so aufpassen. Bin ich zu ungeduldig und stürmisch, so verderbe ich mir auch leicht etwas. Ich könnte Nächte durch für etwas arbeiten. Aber für mich sprechen müssen, fällt mir so schwer. Sei aber beruhigt, dass ich alles tue so gut ich kann. Wegen der Untersuchung ist noch nichts angesagt. Wegen meinen Fingern werde ich zum Arzt gehen. Husten ist eben gegenwärtig nicht stark. So wirke ich also gesünder, als ich bin.
Von da, wo der Alois war, ist noch nichts da. Auffallend ist mir nur, dass die gesagt haben sollen, sie hätten hier angefragt, wegen meiner Gesundheit. Die hier wissen aber nichts davon. Vielleicht haben sie Alois nur ausforschen wollen.
Dass Du bei Martin warst, ist sehr gut und lieb von Dir. Was tust Du so viel für mich! Du hast also das schon getan, was ich Dir erst nachher geschrieben. (..) Gell, mit Major Henscherl mach vorderhand noch nichts.

Ja, diesmal war das Fortgehen ein schreckliches Losreißen. Ich bin immer noch nur halb. Ich lese, dass in München jetzt alles gesperrt wird, auch das Hoftheater, ist das wahr? (..)
Gute Nacht, liebe Paula
Tommi schreibe ich auch bald

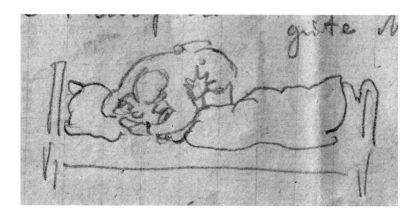

Grüße Tante. Ihr gutes Essen wirkt immer noch nach.

****

283:                          GNM
                                                      Straßburg, 4. II.17
Liebe, liebe Paula!
Jetzt ist schon wieder eine Woche, dass ich hier sitze. Deinen lieben Brief vom 1. Februar bekommen. Du hast Recht, zu arges Drängen ist nicht gut. Man muss vorsichtig sein. Es ist hier schrecklich schwer mit Vorgesetzten Fühlung zu bekommen. Der Adjutant des Bataillon Oberst Leutnant Schiller soll nett sein. Vielleicht kennt ihn jemand. Gestern habe ich mich wegen meinem Finger gemeldet. Wie ich dachte, wurde mir halt eine Salbe verordnet und Handschuhe tragen. Im Übrigen bin ich vom Feldwebel nur ausgespottet worden. Aber besser ist es doch, dass ich es getan. Aus dem K. Schreiben ist nichts heraus zu bekommen. Jetzt ist halt eine schwere Zeit, weil lauter neue Formationen gegründet werden und so viele wegkommen.
Danke, liebe Paula, schicken brauchst Du mir nichts, es geht schon so. Wäsche bekommen wir. In unserem Schlafsaal ist nur schlechte Luft trotz 27 Fenstern. Ziehen tut es auch bissel. (..)
Küsse Dein Colomb
Grüße Tommi

****

284:                          GNM
                                                      Straßburg, 5. II.17
Liebe Paula!
Du bist im wahren Sinn des Wortes meine bessere Hälfte. Wie lieb Du schreibst und immer für mich denkst und arbeitest. Ich bin die schlechtere Hälfte, die Dir Sorgen macht, Arme.
Immer kann ich Dir noch nichts Erfreuliches schreiben. Also der Gasometer ist auch eingefroren? Wenn nur Deine Liebe nicht einfriert, das ist die Hauptsache.
Viel habe ich hier nicht zu tun. Nur alle paar Tage habe ich Schur und zwar im Rekruten Depot. Da sind 250 19jährige Rekruten. Das ist eine Arbeit. Die muss ich allein, oft auf der Straße kommandieren und führen. Da muss man schreien, das bin ich gar nicht mehr gewöhnt. Und zum Essen führen, wecken, einschläfern, ect. Beim Essen sind sie wie die Wilden, die armen, ausgehungerten Jungen. Mir ist das Essen sehr leicht. Früh leerer Kaffee mit Brot. Mittag: Suppe, bissel Fleisch mit Gemüse, oft Fische oder nur Nudeln. Abends: bissel Wurst, Käse oder Marmelade. Zucker gibt es gar keinen.
Ich hab Kastanien aufgegabelt und brate sie manchmal, das genügt mir als Zulage.
(..) Das Schrecklichste ist die Kriegserklärung von Amerika. Das letzte hoffnungsvolle Land. Jetzt können wir nicht mehr damit liebäugeln. Es kommen noch schreckliche Zeiten. (..) Heute bin ich wieder Typhus geimpft worden. Halt es doch nicht für sehr gesund. Hier ist es auch schrecklich kalt. Das verdunkelte Straßburg sieht oft sehr Doréhaft aus. Erfriert Euch nichts. Gesicht kalt waschen und mit Fett einreiben. Sei geküsst auch auf fette Wangen in Liebe   Dein sorgenvoller Colomb J. Max

****

285: GNM

München, 6. Februar 1917

Lieber, lieber Colomb!
Heute endlich abends Deinen <u>lieben</u> Brief vom 2. bekommen. Der freut mich, er ist so gut und lieb. Auch die kleine Zeichnung am Schluss.
Heute bin ich ganz konfus. Alles kreist sich in meinem Kopf. Vormittag hatte ich allerhand Besorgungen. (..) Dann ging ich zu Ministerialrat Henschel, da Du doch gemeint, ich solle ihm sagen, wie es Dir ergangen. (Leider kam Dein Entscheid heute, ich solle es einstweilen bleiben lassen, zu spät). Nett wie immer war Ministerialrat Henschel. Ganz kurz war ich nur dort. Ging ganz in Gedanken versunken durch die Straße. Meine Gedanken kreisen über der Sache und plötzlich lief ich direkt in die...nein, so kann ich nicht sagen! Stand ich direkt gegenüber von Martin. Meine Gedanken rollten sich wie ein Blitz auf und ich blieb stehen vor der verblüffenden Verkörperung meines Gedankenganges. War das überlegt? Ich weiß es nicht. Aber geschehen war's. Und Martin war nett und freundlich wie immer. Kaum 3 Min war das Gespräch. Ich sagte, dass ich durch Dich anscheinend nichts Näheres erfahren könne. Sprach ein paar Worte von Henschel und ließ auch Deinen Major sprechen. Alsdann waren's eigentlich dieses Mal dritte Personen, die mit ihm besprachen. Was rauskommt wird man sehen. Oh Colomb! Ich war ganz zerbröselt nach der Rede. Zu Dallmayr zu gehen, war mir nicht aufregend genug, so ging ich meine Seifenkarten einlösen, was geistige Anspannung bedeutet und Schlauheit. (..)
Colomb, denke Dir der neue Gimpel ist heute <u>plötzlich</u> ganz zahm geworden. So herzig. Er fraß mir 6 Hanfkörner vom Finger. Wir ließen ihn heraus und er hüpfte auf dem Tisch so zutraulich und fragend wie zu einer Mutter zu mir her. Flog auch allein wieder in seinen Käfig. Ist das nicht wunderbar?
Aber oh, ich muss ins Bett, es ist so spät. Gute Nacht.
Inniger Kuss und feste Umarmung
Deine treue Frau.

****

286: GNM

Straßburg, 5. II.17

Liebe Paula!
Eben wurde ich in die Kanzlei gerufen zum Major. Der sagte, wir haben mit der Eingabe kein Glück gehabt. Er las mir die Antwort vom Generalkommando vor. Sie lautet ungefähr so: „Unteroffizier C. Max ist ein weiterer Urlaub von 14 Tagen zu gewähren. Dann hat er zusammen 6 Wochen Urlaub. Mehr kann in Anbetracht der Kriegslage und da Unteroffizier Max felddienstfähig ist, nicht gewährt werden. Der Major meint, nun kann ich höchstens nochmals eingeben lassen (von München aus). Angeben, dass ich

340

unmöglich das Gemälde in dieser Zeit fertigstellen kann und größere Unterbrechungen die Arbeit sehr verzögert und eventuell mir nur Schaden bringt.

Ich frug wegen der Versetzung zum Train. Er sagt: Er kann nichts tun, außer ich wäre garnisonsdienstfähig. Ich müsste beim Train Barn anfangen, nur dieselben können mich hier anfordern. Vielleicht ist mein Wunsch dort den Offizierskurs durchzumachen ein Grund. (Harlander könnte da ein Wort einlegen, da er den Oberst Mayer gut kennt). Wenn nicht, so gehe ich, wenn ich komme, gleich selbst hin. Ich glaube, Harlander könnte man das mit Hr. Martin anvertrauen. Wenn ich mal in München wäre, ging alles leichter. Ob ich mich noch hier untersuchen lassen soll, weiß ich nicht. Ohne Zeugnis und ohne, dass es der Stabsarzt weiß, um was es sich handelt, ist es vielleicht gefährlich. Wenn er mich f.d.t.[93] schreibt, so ist in München nichts mehr zu machen.

Der Major war freundlich und hat wirklich für mich überlegt, was zu tun wäre. Er sagt, er wird mich wahrscheinlich Donnerstag in Urlaub fahren lassen können. Ich frug, ob der Wunsch vom Hof Marschallamt beigelegt war. Das wissen sie in der Kanzlei nicht mehr. Alle Akten waren aber dabei. Dieselben sind jetzt beim Bezirkskommando München, wo ich nachfragen kann.

Also jetzt wären wir so weit, dass es heißt, alles daran setzen.

(..) Schnell den Brief abschicken, dass Du ihn noch bekommst.

Umarmung, Dein Colomb

Grüße Tante

****

287:

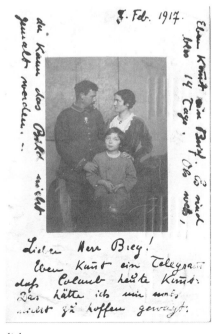

---

93   f.d.t. = felddiensttauglich

8. Februar 1917

Lieber Herr Breg!
Eben kommt ein Telegramm, dass Colomb heute kommt. Das hätte ich mir noch nicht zu hoffen gewagt. Wie lange er kommt, weiß er nicht.
Mit vielen herzlichen Grüßen
Ihre P. Max
Eben kommt ein Brief. Es sind bloß 14 Tage. Oh weh; da kann das Bild nicht gemalt werden.

****

Nach Colombos Urlaub gibt es eine Versetzung: nach Grafenwöhr. Das Bild kann nicht fertig gestellt werden.

(Skizze für St. Martin in Kirchham, Strassburg, Anfang Februar 1917, Skizzenbuch)

288: GNM

Grafenwöhr, 23. II.17 5 Uhr

Lieeeeeeebe Paula!
Alles geht anders, als man denkt. Die Fahrt war öde und schrecklich heiß. Geschlafen habe ich nur bissel in Weiden am Tisch im Wartestuhl sitzend. Hier bin ich erst nach 8 Uhr einpassiert. Der Feldwebel war aber freundlich und hat nichts gesagt. Alles ist ja noch in Unordnung. Der Major nicht da. Der Feldwebel las mir ein Telegramm aus Straßburg vor: „Urlaubsverlängerung für Unteroffizier Max vom Generalkommando nicht genehmigt. Begründung folgt schriftlich." Ich warte noch ab. Hoffnung wenig. Hier ist es öde, nur die Natur annehmbar. Vormittag gleich 3 Stunden Appell gehabt, dann Marmelade mit Nudeln. Von 2 Uhr bis jetzt Fußexerzieren (Kommandieren müssen). Jetzt tot müde. Morgen ausführlicher. Quartier viel schlechter als Straßburg. Pferdeschuppen mit grünen Fenstern und Sandboden. Schrecklich kalt. Gefangene Russen und Franzosen sieht man viele.
Herzlichen Gruß und Kuss, Dein schwindlicher Colomb
Kuss Tommi, Gruß Tante

289:

Grafenwöhr, 24. Feb. 1917

Liebe, liebe Paula!

Die erste Nacht wäre überstanden. So schön, wie in Straßburg haben wir es hier nicht. Vorderhand nicht. Vielleicht kommen wir noch in richtige Baracken. Jetzt sind wir in Stallschuppen (dünne Bretterbuden) untergebracht. Gefangene Franzosen sollen mal hier gelegen sein. Haben sich darüber beschwert und sind weg gekommen. Wir liegen mit der Mannschaft zusammen, etwa 50 Mann in einer Hütte. Hohe Seitenfenster mit grünlichen Scheiben sorgen dafür, dass man sich recht wie ein Gefangener fühlt. Zwei Betten sind immer übereinander. Ich liege in einem Oberen an der Wand. Boden ist lockerer Sand. Bettwäsche hat man nicht, nur Wolldecken. Vielleicht kommt es noch. Die Betten sind kurz, dadurch hängen die Füße meist in der Luft. Die zweite Hälfte der Nacht friert man gehörig. Es liegt überall noch gefrorener Schnee. Die Gegend könnte auch in Russland sein. Lauter Föhrenwald. Die Luft ist ja sehr rein und schön. Anschluss fehlt

****

290: GNM

München, 25. Feb. 1917

<u>Lieber, lieber Colomb</u>!

Eben (Samstag früh) bekomme ich Deinen Kartenbrief vom 23. Ja, nun ist es schnell anders gekommen, als wir gedacht und gehofft. Und an der Bahn, Colomb, beim Abschied nehmen hatte ich dieses Mal mehr Hoffnung und Mut wie je. Du hast's gemerkt. Armer, auch Du warst ruhiger. Ich hatte sogar ein frohes Gefühl. Es müsse nun anders kommen, meinte ich innerlich, So kann ich nun gar nicht recht glauben, wie es jetzt ist. Bin noch ganz in der gewohnten Spannung, wie bei dem neulichen Erwarten auf Dein zweites Kommen. Noch mutiger. So oft war man schon enttäuscht, dass man einfach nicht mehr kann und gute Hoffnungen sich wider Willen und Verstand eingenistet haben. Es ist ganz verrückt, alles. Ich hoffe so sehr, dass Du in Grafenwöhr bleiben könntest wenigstens. Dort könnte ich Dich auch besuchen. Dies erfuhr ich gestern im Generalkommando (beim Hauptmann Roth), wo man sich Reisen wegen erkundigen kann. (..)

Nun hier Colomb, den Brief, den ich heute früh mit Deinem zusammen erhielt:

Euer Hochwohlgeborenen beehre ich mich hiermit Kenntnis zu geben, dass das stellvertr. General – K- Nürnberg anher mitgeteilt hat, dass dem Ansuchen auf weitere Beurlaubung des Landsturmmannes Colombus Max im Hinblick auf die Ersatzlage bei der Fußartillerie und auf dem Kriegs Ministerium Erlass vom 8.2.17, No 10649 keine Folge gegeben werden kann, da Max Kriegsverwendungsfähig ist und gewichtige wirtschaftliche oder Heeresinteressen hierbei nicht in Frage kommen. Die Vollendung des Gemäldes müsste daher einer späteren Zeit vorbehalten bleiben.

Ich bedaure sehr, Ihnen nach Erhalt dieser, auf immer strenger werdenden Vorschriften, fassenden Entscheidung des General K. leider keine bessere Nachricht geben zu können.

Mit vorzüglicher Hochachtung

Euer Hochwohlgebohrener ergebenster......

Das ist nun die Antwort.
Bitten möchte ich Dich zunächst hauptsächlich um nähere Nachrichten aus Grafenwöhr. Kriegsverwendungsfähig ist halt der springende Punkt und wirtschaftlich oder für Theater spielen kommst Du ja nicht in Frage.
Wenn ich nun etwas wüsste und dann Bavariaring 11 noch gewesen wäre (und noch diese Tage Ruhe abgewartet habe) dann hätte ich Lust nach Weiden zu reisen. Es ist doch die Hauptsache in Deiner Nähe sein zu können, so lange es nur geht, Colomb. Was ist alles andere dagegen? Ich müsste nur immer wissen, wie's steht. Morgen will ich Emma Gedon einmal anrufen, damit sie auf jeden Fall ihre Schwester in Weiden verständigt. In Weiden zu wohnen, wäre mir lieber, wie direkt vielleicht Grafenwöhr. Aber ich will gar keine Pläne machen. Nein.
(..) Die Sonne scheint hell, bald werden Flieger kommen, Frühlingwind kommt, verrückt wird man, anders wird es kommen, soll es kommen, muss, muss, muss es! Ganz einerlei, so es ist zu verzweifeln, weiter. Wenn Du in Grafenwöhr bleibst, dann nicht. Ich will nicht undankbar sein. Ruhig bin ich deshalb und froh so lange. (..)
Gell, denke daran, dass Du an Corneille telefonieren kannst.
Colomb, soll ich nun an den Schreiner in Kirchham schreiben? Vielleicht den Rahmen anfangen und bei sich liegen lassen? Ich hatte Dir alles schon für's Wiederkommen gerichtet. Gleich am folgenden Tag Deine Hose zum Flickschneider getan, die der nun schon gestern Abend eiligst fertig wieder gebracht. (..)
Lieber, lieber Colomb. (..) Tommi grüßt Dich und küsst Dich.
Mit Kuss und Umarmung Deine treue Frau.

****

291:                    GNM
                                                    Grafenwöhr, 26. Feb. 1917
Liebe, liebe Paula!
Bissl wie in Sibirien ist es hier schon. Durch die grünen Fenster kann man in der freien Zeit fast nichts tun, selbst zum Schreiben ist es zu dunkel. Auch ist hier viel mehr Dienst, wir müssen immer zum Exerzieren ausrücken. Es ist halt ein reines Militärlager. Man hat nichts, wo man etwas hinlegen könnte. Ich bin um mein Kofferl sehr froh. Der Feldwebel ist sehr beschäftigt und der Major leider in Urlaub. Der Bataillons Stab und Stabsarzt ist auch nicht da. Also ist auch nichts zu erfahren. Bei uns ist nur ein unsympathischer Leutnant (Leutnant Fichtner). Alles ist öd, grau und schwarz das Leben.
Gell, ich glaube, Du musst zu M. Henschel schauen und sagen (dass jetzt eine Eingabe nutzlos wäre.) Bissl warten, vorderhand danken. Ich habe gehört, dass sich das Bataillon für meine Angelegenheit interessiert hat, muss also abwarten. Oh, die schöne Zeit so vertun. Das könnte einen schließlich wirklich zum Selbstmord oder weiß Gott was treiben.
Sei umarmt Du arme Geduldige Dein Colomb
Kuss Tommi, Grüße Tante

****

292:               GNM

München, 27. Feb. 1917 (ev 26. Feb.)

Lieber, lieber Colomb!
Ist es möglich, Du bist wirklich wieder fort. Weg, und wann sehe ich Dich, meinen Lebensgefährten wieder? Ich lebe nun so dahin, nicht einmal von einem Tag zum anderen, sondern von einer Stunde zur anderen bloß. Ich kann ja auch gar nicht mehr recht denken. So losgelöst bin ich aus allem. Was kann ich denn jetzt anstreben? Für Dich tun?? Ach, wenn ich Dich nur nie mehr mit hängenden Flügeln sehen muss. In einigen Monaten soll, muss der Krieg aus sein. Länger darf er nicht gehen. Was anderes kann ich nicht denken.
Heute habe ich keinen Brief von Dir bekommen. Schreibst Du mir morgen? Was habt Ihr für Aussichten? Kannst Du malen?
Bei uns ist gar nichts anders. Heute hat's wieder geschneit. Dazwischen Sonne. Olly und Tommi haben um Käs angestanden unter 100 Leuten, aber nichts mehr bekommen. Ich habe heute früh Emmi[94] Stunde gegeben, Nachmittag Brosche gemalt. Aphrodite in rosa Muschel. Aber die Brosche ist hübsch klein. Habe unter dem Vergrößerungsglas von meinem alten schwarzen Stereoskop gezeichnet. Entsetzlich <u>klein</u>. Bin noch ganz verwuselt. (..)
Abends kam Rosa mit Deinem Selbstporträt. Ich war ganz baff. Ein Brief war dabei an Frau Corneille Max. Natürlich wieder eine Verwechslung. Prof Blum ist verreist und ein Herr Guilley schreibt. Er bittet um eine charakteristische Arbeit von meinem Manne, da eine Serie mit Künstlerkarten verschiedener Künstler herauskommt und man je ein charakteristisches Bild will. Er möchte daher ein Kinderporträt u.s.w. Ich telefonierte etwas geärgert an den Herrn und an den Verleger, um gleich allen die Sache <u>klar</u> zu machen. Herr G. entschuldigte sich sehr. Er hat scheint's nicht gut hingehört und bei Porträt an Corneille gedacht zu haben. Jetzt also will er natürlich ein dekoratives Bild. Den Verleger habe ich gleich direkt zu mir bestellt. Storchl, die natürlich den Brief gelesen, habe ich geschrieben, damit sie versteht, wie es ist und nicht meint, dass ich mir fremde Federn anstecke. Oder einstecke, da Du doch eigentlich sie anstecken würdest, die Federn - die Ehre -- Ach Schmarrn!
Dein Kopf, ich habe ihn jetzt mir vis a vis stehen und bin so glücklich damit, aber kommt vielleicht in nächster vaterländischer Serie! Oh! Oder?
Frau Mohr hat mir wieder einen Schnaps beim telefonieren gegeben. Duselig leichter macht es. Aber habe nicht Sorge, angewöhnen tu' ich es mir nicht.

Tommi spielt ein sehr nettes neues Stück. Der Gimpel kann jetzt die rote Tannensamenschachtel überall finden und schleudert sie mit Ausdauer und Geschick, wenn sie noch so fest zu ist, richtig auf. Der freche Kerl. Breite Beine und eine ganz niedrige Stirn macht er, wenn man's entdeckt.

---

94   Emmi = Tochter der Nachbarfamilie Mohr, die auch Telefon hat

Jetzt ist's halb 11. Bin müde und noch schwächlich. Also ins Bett.
Gute Nacht, liebster Colomb.
Küsse auch noch von mir und Tommi.
Sei umarmt (Bist Du froh nun in Gedanken?)
Von Deiner treuen Frau.

****

293:

Grafenwöhr, 27. Feb. 1917

Liebe, liebe Paula!
Gestern Abend habe ich Deinen ersten Brief bekommen, wieder die erste schriftliche Nachricht. Wie lange soll das so weiter gehen. Nur gut, dass die Post hier schnell geht. Also eine Enttäuschung hätten wir wieder. Vorderhand ist nichts zu machen. Wenn ich hier einige Zeit bliebe, könntest Du freilich mich besuchen. Am Sonntag sind viele Mütter und Frauen mit Kindern hier zu sehen. Vor dem Eingang zum Lager ist ein kleines Kaffee, wo man auch übernachten kann. Die anderen Gastwirtschaften sind sonntags alle überfüllt und schrecklich rauchig. Am Wochentag ist es aber nicht gerne gesehen, wenn Besuch kommt, auch hat man da meistens Dienst.
In Weiden zu wohnen ist vielleicht ganz nett. Die Luft ist gut, weil hier eine waldige Hochebene ist. Du müsstest Dich halt wegen Tommis Schule erkundigen. Zum Leben ist in so einem kleinen Ort leichter als in München. Vielleicht ein bissl weltverlassen und spießig öde, aber dafür auch keine Fliegergefahr. In der Umgebung hier soll man noch vieles ohne Karte bekommen.
Telefonieren kann ich auch von hier (1,25 M), das ist ja alles besser als in Straßburg. (Nur bitte schreibe mir Corneilles Telefonnummer und von Mohrs)
Nötig habe ich vorderhand nichts, liebe Paula, nur das was ich geschrieben. Hier sind mehr Läden, als ich gedacht. Im Kaffee bekommt man sogar Kuchen und sind die neuesten Zeitungen. Nur mit der Kunst ist wohl nichts zu machen. Im Quartier ist immer Dämmerung und draußen noch zu kalt. (..)
Oh, liebe Paula, ich habe diesmal auch viel mehr Hoffnung gehabt beim Abreisen. Es ist nichts mit der Hoffnung. Gell, esst genügend und wenn Du Mama siehst, sag sie soll manchmal ins Mozart gehen.
(..) Umarmung und Kuss, Dein Colomb
Tommi und Gimpel grüße ich.

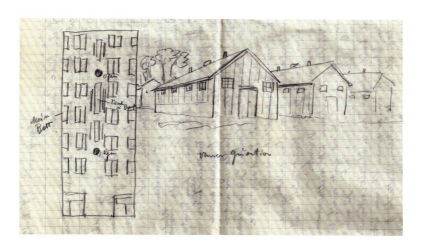

Unser Quartier

****

(Grafenwöhr, 1. März 1917, Skizzenbuch)

****

294:	GNM

München, 27. Feb. 1917

Lieber, lieber Colomb!
(..) Heute ist so schönes, herrliches Wetter. Die Vögel zwitschern schon so frühlingshaft. Die Versuchung, Dich Colomb, zu besuchen ist so groß. Wann!? Glaubst Du, Du bekämst Urlaub nach Weiden? Schöner wäre das sicher, als in so einer Soldatenstadt. Du weißt es.

Emma Gedon habe ich vorhin angerufen. Sie sagt aber, dass es nicht so nah sei von Weiden nach Grafenwöhr; ¾ Stunden ungefähr mit der Bahn. Also hat Corneille mit dem Spaziergang nicht ganz Recht. (..)
Ich werde nachher an der Post eine Feldpostschachtel an Dich aufgeben mit Zeitungen drin und einem Reclam Katalog. So bald ich inzwischen aber etwas schönes zum Lesen finde, schick ich es Dir, gell.
Jetzt will ich schnell fortgehen um den Reclam Katalog zu holen. Zum schönen Schreiben habe ich gar keine Ruhe. Ich bin immer noch so schwindelig von Allem. Du bist fort und kommst nicht in ein paar Tagen wieder. Plötzlich ist die ganze Situation, der ganze Gedankengang ein anderer. Weiß gar nicht, was mit mir anfangen. Und die lachende Sonne. Heute könnte ich noch nicht reisen, wäre nicht angenehm.
Hoffentlich bekommt Ihr bald ein gutes Quartier. Überhaupt alles Gute!
In Liebe, sei umarmt von deiner treuen Frau.
Tommi hat so viel Aufgaben bekommen. Er ist ganz verzweifelt, weil er nicht zum Briefe schreiben kommt. Rechnungen, Aufsatz, Üben, Turnen,...

****

295: GNM

München, 28. Feb. 1917

<u>Lieber, lieber Colomb!</u>
Aller Abend meinen Gruß an Dich. (..)
Wenn ich nur wüsste, ob ich Dich besuchen könnte. Ob Du Zeit hast? Dann würde ich vielleicht am Samstag reisen über Sonntag. Oder ? Gerne möchte ich, aber wenn Du dann nicht frei bekommen darfst – oder es geht nicht - z.B. Samstag ganz früh (ich glaube um 7 Uhr) abreisen. In Weiden bleiben und Du kommst herüber. Oder ich reise bis Grafenwöhr durch. Das möchte ich eben wissen. Eventuell könntest Du mir mal telegraphieren.
Ach die ewigen Hindernisse. So bald wird es aber nicht Frieden so scheint es mir. Heute habe ich Dein Atelier etwas aufgeräumt. Morgen ist ja schon der 1. März. Oh lieber Colomb!
Was könnte ich Dir Nettes schreiben? Nur was Komisches. Eigentlich etwas zum Lachen und Ärgern. Tommi erzählte mir im Cafe Heck beim Mittagessen von seiner heutigen Religionsstunde. – „Keuschheit!" – Also der Pfarrer erzählt (Beispiel – Geschichten): „Ein Knabe ging an einem Laden vorbei, worin ein Bild hing. Was wird auf dem Bild gewesen sein, Tommi?" – Tommi sagt: „Der Teufel." Der Pfarrer quetscht die Lippen zusammen (Denn man soll wohl das Wort nicht aussprechen) und sagt: „Nein, ein nackter Mensch!"
Das darf man nicht ansehen. Tommi erklärt es weiter, <u>wenigstens nicht mit Absicht:</u> „Und man darf sich auch nicht berühren, wenn man nackt ist.!! Ich zankte natürlich und sagte, das seien eben Ansichten usw. Tommi machte es so komisch heute Abend, nach dem Ausziehen. Streckte lachend die gespreizten Hände weit vom Körper weg und sagte:

„Keuschheit!" als Titel und kniff die Augen fest zu, um sich nicht zu sehen. Er nimmt es wenigstens humoristisch.
Was soll man da tun? Ich lasse es halt und erkläre es ihm. Sage, es seien manche Menschen schon ganz von der Natur abgewöhnt. Das sei sehr schade, sie täten mir wirklich leid. Es sei sicher keine Sünde für ihn usw.

(..) Gute Nacht lieber, lieber Colomb!
Umarmen tu ich Dich fest und küsse Dich.
Deine treue Frau.

****

296: GNM
München, 3. März 1917 (Dienstag)
Lieber, lieber Colomb!

Das ist schon wirklich dumm mit dem Nichts – Wissen, zum Reisen. Ich möchte so furchtbar gerne morgen reisen, aber 3 Dinge sind dazwischen: 1. Weiß ich noch gar nichts von Frau Kuppelwieser; sie scheint also noch nicht hier zu sein. Ich müsste nun doch noch 1 – 2 Tage warten.
2. Habe ich heute früh wieder ein bissel Halsweh. Das ist zu dumm. Einen Tag Husten, nächsten kein Husten, aber Halsweh. Verflixt, es kommt nie richtig raus und ich bin zu ungeduldig.
3. Schneit es scheußlich nass. Mir wäre es doch recht arg, wenn wir Dir, statt Freude in Grafenwöhr, Ärger machen würden und uns verdürben. (..) Ich will alle Konsequenzen ziehen. Wäre schönes Wetter, dann hast Du sicher mehr von uns. So bekäme ich schließlich wieder Halsweh und muss in einem öden Zimmer herumsitzen. Es ist ja nicht, wie wenn man sonst gereist ist, noch dazu. Man sollte wirklich ganz gesund sein. Ich weiß und weiß gar nicht, was ich sagen soll. Auf jeden Fall morgen besser noch nicht. Alles habe ich zwar hergerichtet darauf hin. Eine Nachricht von Frau Kuppelwieser und Sonne und ich werfe die Köfferchen zu!
Mit Deinem Herkommen, das muss ich Dir überlassen. Ob sofort oder nachdem wir in Grafenwöhr waren. Corneille habe ich gestern deshalb angerufen. Er meint, augenblicklich sei nichts Wichtiges in Entscheidung, er würde (oder will) aber einmal mit Dir sprechen. Durchaus will er Verschiedenes anderes haben. Einmal das von uns geliehene Geld (Besprechung!), dann Mama's Geld. Mama habe nichts in Händen, wenn etwas passiere. Ich sagte, dass ich Dir schon davon gesagt und Du es doch recht hältst. (..) Ich habe mich wirklich am Telefon schließlich sehr aufgeregt (innerlich). Eine halbe Stunde redete Corneille. Ich telefonierte im Heck und Anna war mir nachher ganz bös wegen der Länge. Ich kann aber doch nicht einfach einhängen! Ich weiß nicht, warum Corneille alle diese Sachen, nicht mit Dir besprochen, während Du da warst. „Es muss jetzt alles ganz anders werden." u.s.w. sagt er. Aber ich machte manchmal einen Witz dazwischen

(Verzeih Colomb!). Sagte entweder in seine Reden über Storchls Aussage „mit rollenden Augen"! hinein oder „nicht bloß Du hast einen Dickkopf"! „Was", musste er fragen. Gell, das ist gemein, aber besser als was Anderes! Ich muss doch auch meine und Deine Ansichten verteidigen und ohne Streit. Wie soll ich über Manches nicht geärgert sein? Irgendein Ventil muss man öffnen.
(..)
Auf Wiedersehen! Colomb!
Umarmung Deine treue Frau
(...)
****

297:
Den 3. März 1917, München, Lessingstraße 6/III
Lieber Vati!!!!!!!!!!!!!!!!!!

Die Mutti ist heute morgen zu Dir, nach Grafenwöhr gefahren. Der Mutti ihr Zug war Gott sei Dank geheizt. Ich bin heute schon um 5 Uhr aufgestanden. Und Muttis Zug ist um 7 Uhr abgefahren.
Hat die Mutti Dir denn schon erzählt, dass der Gimpel die rote Futterschachtel von selbst aufmacht. Der Gimpel legt einen Brief bei, an Dich und an die Mutti.
Den 4. März 1917
Ich bekam heute eine Karte von Mutti. Ich habe heute mit Olly im Mozart gegessen und dann bin ich mit Olly zum Zoologischen Garten.
Hast Du Mutti schon gesehen? Ich will ihr auch ein bisschen schreiben. Wie gefällt Dir Gimpels Brief. Schreibst Du mir auch einmal? Ich habe gerade Klavier gespielt. Bitte zeig Mutti den Brief. Olly schreibt jetzt auch, aber nicht an Dich, sondern an die Köchin von Rauchs wegen dem Fett. Wie geht es Dir? Was für Wetter ist bei Euch? Bei uns hat es 8 Grad Kälte und viel Schnee. Jetzt muss ich der Mutti schreiben.
Und noch einen Gruß von Olli.
Gruß und Kuss Dein Thomas Max

****

298:

Grafenwöhr, 4. II.17

Lieber Tommilein!
Auf einmal war die Mutti gestern da. Das war eine Überraschung. Wenn ich länger hier bleibe und es besser Wetter ist, so musst Du auch einmal mitkommen. Auch einen Gruß von Mutti. Vati

****

****

E. 3. bay. Fußart.-Regiment Grafenwöhr
I. R.D.

Erlaubnis-Karte.

Der V.O. Max Colombus

hat Erlaubnis erhalten ~~heute~~ 5.3.17 bis 6 früh Uhr außerhalb der Kaserne verbleiben zu dürfen.

Grafenwöhr den 3. März 1917

Militär-Formular-Druckerei H. Goldschmidt, Nürnberg, Fürtherstr. 49.

****

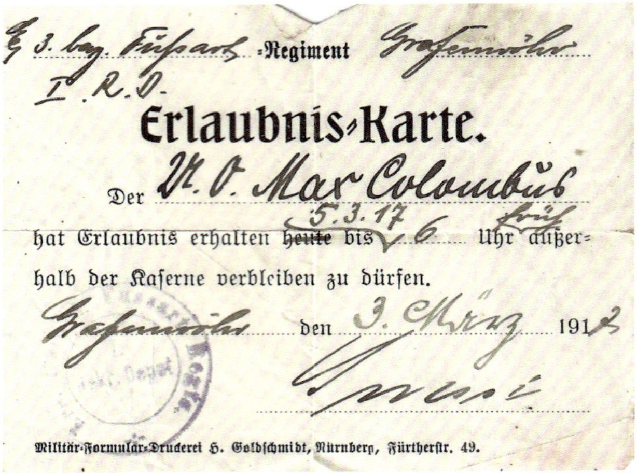

299: GNM

Grafenwöhr, 7. März 1917

Liebe, gute Paula!!!
So, jetzt bist Du wieder weg und man steckt in der alten Ödigkeit. Bereust Du sehr, dass Du gekommen? Du hast so viel ausstehen müssen. Kälte, Ungemütlichkeit und Mich. Mir hast Du aber eine große Freude gemacht. Ich erfasse es erst jetzt, dass Du da warst. In den 3 Jahren habe ich es mir so aus dem Kopf geschlagen, dass Du mich besuchen könntest, dass ich es diesmal gar nicht begreifen konnte. Ich danke Dir noch, liebe, liebe Paula.
Wie bist Du heim gekommen? Hier ist es heute noch eisiger als zuvor. Hoffentlich wirst Du nicht krank durch diesen Ausflug.
Tommi hat mir sehr nett geschrieben, leider erst heute bekommen (..) Heute habe ich wieder Tagesdienst und viel zu laufen und zu schreiben. Karten gibt es leider vorderhand keine mehr zu zeichnen. Dafür bin ich stellvertretender Arrestoffizier geworden. Wenn einer eingesperrt wird, muss ich ihn hinbringen und abholen und für Verpflegung sorgen. Sehr passend für mich, gell.
Jetzt ist es 9 Uhr und ich muss die Jugend ins Bett bringen.
Also Gute Nacht, liebe, liebe Paula
Kuss und Umarmung Dein Bartmensch Colomb

****

300: GNM

München, 7. März 1917

Lieber, lieber Colomb!

Dein Gesicht ist mir entschwunden. Meine schöne Welt fort. Traurig ist es. Ich danke Dir aber noch, dass Du noch einmal an die Bahn gekommen bist. Es war schön und lieb. Ich bin so froh, dass ich nach Grafenwöhr gefahren bin. Sei nicht bös, wenn es Dir nicht ganz angenehm war.

Denke nur, ich bin heute Nacht erst um ½ 12 Uhr in München angekommen. In Regensburg um ½ 5 . Da erst um 9 weiter, nahmen mich Fr. Prückel[95] und Laura mit nach Hause. Gaben mir Tee und geschmierte Brote ect. und gingen wieder mit an die Bahn. (..)

Zu Hause Tommi wohl angetroffen, aber I. Bilder nicht ganz recht von Gondrand geholt, muss heute gleich auswechseln. II. Meine Lieblingsstöckchen verwelkt. <u>Aber</u> III. Olly hat gestern ihre ganze Handtasche verloren mit allem Geld (30 M, Hausschlüsseln, goldener Brille und allen <u>Lebensmittelmarken</u>). Es ist wirklich ein Unglück. Ich bin ganz starr gewesen. Nun müssen Haus und Wohnungstürschlüssel geändert werden, neue Brille (30 M sind dahin außerdem) und entsetzlich, besonders die Eier- und Fleisch<u>stamm</u>karte für immer ist weg. Auch grässlich wegen der Kohlen. Und Ersatz bekommt man ja nicht. Oh Zucker!, Fleisch!, Brot, Käs, Eier!, Spezereien, Oh Kartoffeln, Oh!
Eine Freude aber auch: Herr Kohler hat heute Bild „ Am Waldrand" geholt zum Drucken und 60 M dagelassen.
Muss jetzt laufen. Auch Gepäck in der Bahn holen.
Innige Küsse und Liebe Deine treue Frau

****

301: GNM

München, 7. März 1917 (abends)

<u>Lieber, lieber Colomb!</u>
Ich weiß jetzt, wie es bei Dir ist. Ich stelle mir auch vor, wie Du den Brief bekommst und ihn liest. Bin froh, dass ich alles gesehen und Dich, Dich.
(..) In der Paul Heyse Straße war ich. Alle Corneille. Storchl, Heinrich, eine Frau, die Hausmeisterin und ihre Kinder waren im großen Atelier putzend und räumend. Legten die Waffen und Helme zurecht. Möchten den 6ten Helm, den Du hast. Aber gehört der denn unbedingt zu Sammlung, Colomb?? Ich gebe ihn nicht ohne Deine Einwilligung. Olly blieb dort zu stauben. Ich musste noch um zu telefonieren fort, war auch wirklich zu müde, um noch anzufangen. Kam in ½ Stunde wieder. Räumten alle im Saal. (..) Ich hatte wirklich nicht Lust dabei zu bleiben. Storchl arbeitete Bekleidungshilfe – Kühn. Alles lag hoch voll Zeitungspapier. Die Frau war, glaube ich, die Hausmeisterin von Storchl. Übersichtlich mag es schon sein. Ich kann nichts sagen, noch urteilen, Colomb. Ich sah aus wie recht untätig, gewiss dachten die Anderen das auch, aber, so gefiel es mir eben nicht. Und was man dann denkt von mir, ist schließlich gleich. <u>Du</u> weißt schon,

---

95 Fr. Prückel = Schwester des Feldwebel Prückel aus Grafenwöhr mit Tochter, Foto vor Brief 14. April 1917

dass ich nicht faul bin, besonders in Dingen aus Liebe und wo ich wirklich was nützen kann. Nachher ging ich mit ins Café, da während meiner Abwesenheit um Mama's Abrechnung gebeten war und gab ihnen die Abrechnung von der Bank und meine Notizen über die abgehobenen Summen. Corneille betonte nochmals warum eigentlich das Geld an Dein Depot gekommen und man Storchl gar nichts davon gesagt hätte. Storchl sagte, Du habest damals gefürchtet, sie könne etwas davon wollen oder nehmen. Das war mir recht unangenehm, Colomb. Ich sagte, ich habe dabei wirklich kein Vergnügen noch Vorteile, habe es nur Mama zu lieb getan. Heini habe es geregelt. Man kann es halt nie allen recht machen. Sie wollen jetzt eine rechtsgültige Sicherung für Mama, Du weißt schon. Und meinen, Du habest vielleicht Deinen Urlaub nicht bekommen, weil man erfahren habe von dem Geld und meinen, es sei Dein und nicht Mama. Da lachte ich doch. Die Militärbehörden hätten ja viel zu tun, an alle Banken zu fragen u.s.w. Ich könne es doch immer beweisen, dass es Mama gehört u.s.w. Corneille ist halt wieder kritisch.

Außerdem wurde vorher gesprochen, ob Du nicht herkommen wolltest, wenn die Herren für die Sammlung kämen. Am Freitag kommen sie aber schon. Ich meinte, dass ich das nicht tun könne, wieder um eine Beurlaubung von Dir bitten, wenn auch nur für 3 Tage. Es wäre mir gewiss lieb und besonders Dir. Aber ich mag Dir keine Missstimmung machen. Durch Storchl hörte ich dann zufällig, dass doch auch Prof. Lusshan[96] mitkäme. Da sagte ich direkt meine Idee, dass wenn, dann am ehesten von ihm nach Grafenwöhr geschrieben werden könne. Ohne unser Zutun, ganz nur so aus seinem Wunsch heraus, den er ja gewiss hegt. Aber mir geht wahrhaftig, vor allem Dein Wohlergehen vor und wenn dieses darunter leiden würde, wäre es mir wirklich lieber, Du bliebest in Grafenwöhr.
Ich bin sehr begierig, was kommen wird. So optimistisch, wie Corneille bin ich ja nicht. Ernestine ist sehr erregt und besonders wegen dem Hausräumen. Es ist nicht friedlich. Ich stehe zwischen nichts.
Ach, ich habe ja meine eigenen Schrecken. Jetzt die verlorene Tasche. Habe noch nirgends was erfahren können. War eigentlich sehr grantig auf Olly. Begreife nicht, wie man so etwas kostbares: Geld, Brille, Schlüssel und Lebensmittelkarten so lose im Arm halten kann und dann gar nicht merken, wenn es abgerutscht ist. Natürlich bekommen wir nichts mehr. (..) Was das nur mit den älteren Damen ist, mit dem Verlieren. Ich habe jetzt alles Vertrauen auf Olly verloren. Tommi sagte mir im Geheimen, dass Olly auch vor einiger Zeit, sein Portmonee, was er ihr geliehen, ins Klo hat fallen lassen. Bei Rauchs ist ihr auf einer Reise auch das Portmonee verloren gegangen und so Manches, Manches. Oh!!
Jetzt ist's 11 Uhr; ich habe gebadet und bin sehr, sehr müde.
Liebster, Colomb, Gute Nacht!
Umarmt sei und Kuss auf Deine lieben Augen. Deine treue Frau.

****

96   Lusshan = Wissenschaftler, begutachtet die von-Max-Sammlung

302: GNM

Grafenwöhr, 8. März 1917

Liebe, liebe Paula!!!
Deinen ersten Brief aus München bekommen. Freude, dass Du gut die Reise überstanden und nicht ganz unzufrieden mit Deinem Besuch warst. Trauer über den Unglücksfall wegen der Marken. Gell, lasse bei dem Metzger gleich Deine Nummer sperren, wenn jemand mit Deiner Fleischstammkarte kommt. Vielleicht bekommt Ihr die Tasche doch noch. Ausschreiben in Zeitung.
Ich habe mich hier gleich bissl umgetan. Nach vielem Bitten habe ich einen Laib Kommissbrot bekommen. Ein Kamerad (der Preuße) hat mir etwas Käse verkauft (Er ist äußerlich etwas verschimmelt, aber sonst <u>sehr</u> gut. Nur etwas abkratzen.), da unsere Menage so schlecht war. Das Brot und den Rest des Käses schicke ich Dir gleich. Hoffentlich bekommst Du dies schnell. Fleisch ist mir unmöglich aufzutreiben.
Was wollt Ihr denn jetzt essen? Ich werde schauen, was zu bekommen ist. Danke für die Fotos.
Du darfst doch nicht denken, dass Dein Besuch mir nicht angenehm war. Also ich war ekelhaft, weil Du das denkst. Ich war aber nur unruhig, Dich in dieser Welt hier zu wissen. Ich konnte nicht begreifen. Du verstehst mich schon.

Heute geht ein eisiger Schneesturm. Gell, heute nur diesen eiligen Brief. Dass Du bissl Geld durch meine Schmiererei bekommen hast, freut mich sehr. Auch dass Ihr Postkarte werdet. („Am Waldrand")

Gute Nacht. Viele. Viele Grüße und innigen Kuss
Dein Colomb
Kuss Tommi
Viele Grüße an Olly. Sie soll nicht zu unglücklich über ihren Unfall sein. Jetzt wird sie wahrscheinlich gar nichts mehr essen. Wie war denn das Verlieren möglich?

Am Waldrand

****

303: GNM

Grafenwöhr, 9. März 1917

Liebe, liebe Paula!!!
Eben mittags Deinen lieben langen Brief vom 7. mit Beilagen bekommen. Herzlichen Dank. Habe mich hierher in den Militärgasthof geflüchtet, um Dir gleich zu antworten. In der Baracke ist es zu kalt und zu dunkel heute bei diesem Schneesturm.
Die Paul Heyse Nachrichten verstimmen mich.
Der Helm und das Schild und das Panzerhemd hat mir Papa schon vor langer, langer Zeit geschenkt, sie gehören mir. Wir sind doch kein Kaufhaus, dass alles auf halbe Dutzend abgerundet werden muss. Herausreißen tut's dieser Helm nicht. Übrigens hat Papa Ernestine und General Harlander mehrere Stücke Waffen und Helm von dieser Sammlung geschenkt. Vollständig ist sie also nicht. Ich hätte sogar sehr gerne ein Schwert und Pickel noch davon behalten. Zu meinen Bildern brauche ich oft so Waffen, die ich mir nur teuer kaufen müsste. Also, wenn möglich, soll noch so was auf die Seite getan werden. Es ist doch lächerlich. Wenn General Harlander die Embryonen aus der Sammlung bekommt, dürfte der eigene Sohn nichts behalten. Wo es für den Ankauf nicht entscheidend ist. Besonders, weil allgemein immer sehr missachtend über diese Waffen gesprochen wurde, wenn ich sie gegen Bilder ausspielte. (Schätzung Bonheimer) Wenn der Kauf der Sammlung wegen diesem einen Helm nur zu Stande kommt, so gebe ich ihn gerne her obwohl es ein Geschenk von Papa ist. Sonst aber nicht! ----!

Das Misstrauen wegen Mamas Geld ist dumm. Ich habe halt als anwesender Sohn Mamas Geldsache geregelt, das ist doch ganz einfach und natürlich. Storchl steht doch etwas ferner und hatte damals auch wenig Zeit. Ihren Verdacht weise ich zurück, meine Gründe habe ich 10 000 Mal gesagt und sag's nicht nochmals. Warum das Misstrauen? Ich habe doch auch keines, obwohl ich seit vergangenem Mai keine Abrechnung von Paul Heyse Str. gesehen, seitdem Corneille alles in Händen hat.
Das mit der Sicherung ist unnötig. Es sind doch Zeugen da, dass das Geld Mama gehört. Mit meinem Urlaub wird es nichts sein. I. Ist der Urlaub noch gesperrt. II. ist es ja schon zu spät.
Die Hauptsache wäre mir Friede im Hause Max. Der arme Papa!

Olly ist halt nicht mehr gewöhnt viel auszugehen. Auch macht Blutarmut gedankenschwach. (..) Ich habe heute dem Feldwebel Dein Markenunglück erzählt. Er meinte lachend, Du sollst halt wieder herkommen. Im Übrigen habe ich noch nicht viel mit ihm gesprochen. Jetzt muss ich schließen, sonst könnte nach mir gefragt werden, wenn ich zu lange weg bin.
Sei guten Mutes und friedlich
Kuss und Umarmung Dein Colomb

****
Auf einer Bescheinigung: Feldpostüberweisung der „Münchner Zeitung"

304:   7. März 1917

Ich muss lachen, mir fällt ein wie Du einmal nachts so geblasen hast. Das habe ich Dir noch gar nicht gesagt. Ich wachte auf, weil mir ein kalter Wind immer unter die Augendeckel fuhr. Unwillkürlich wollte ich auskommen, aber es ging nicht und zu Kraftaufwand war ich zu müd. Ganz regelmäßig machtest Du: gghh –gghhh—h. So mit den Lippen vor, ganz langer Wind. Meine Wimpern flatterten wie Segel und die Augäpfel wurden ganz eiskalt. Ich muss so lachen, wenn ich daran denke.
Heute Nacht fiel mir ein, ob Du denn nicht den Major, seinen Schimmel oder Gefangene malen dürftest. Kann ich denn nicht aus freien Stücken so ganz ungeniert an ihn schreiben, ob das ginge?

****

305:
                                                                                        München, 10. März 1917
Lieber, lieber Colomb!
(..) Arrest Unteroffizier! Ja Colombo, wie passt Du dazu? Erzähle mir näher davon. Ich weiß ja jetzt alles so genau, wie es bei Dir ist.

Heute Vormittag war ich bei M. Henschel. (Abends kam eine Karte, dass ich hinkommen solle.) Ohne es zu wissen, war ich also richtig hingekommen. Vom Pfarrer aus Kirchham war ein Schreiben eingetroffen über die Skizze. (und diese zurück natürlich). Also wir mussten eigentlich alle 3 lachen, M. Henschel, Daxenberger und ich. Der Pfarrer möchte:
1. Ist ihm für <u>ein Hochaltarbild</u> der Bettler zu entkleidet und zu sehr Hauptperson. Die Legende spiele in Amiens und im Winter, also hätte er sicher mehr angehabt, ect.
2. Dann müssten doch Stadtmänner im Hintergrund sein
3. Das ganze heller. Und womöglich (etwas belebter) eine Erscheinung am Himmel. Der Heilige solle mehr herauskommen, oder wie-----? Der Kontrakt kann so nicht gemacht werden, natürlich. Wohl haben Ministerium und Prof. Feuerstein zu entscheiden, aber rechtlich kann ein Bild einem Pfarrer nicht aufgezwungen werden, wenn er's so nicht will. Also wird jetzt sich an Prof. Feuerstein gewandt und außerdem ein sogenannter Vergleichsversuch gemacht, in dem gesagt wird, Du würdest <u>so weit es künstlerisch angehe</u> den Wünschen entgegenkommen. Prof. Feuerstein soll dem Pfarrer schreiben u.s.w. Also es wird schon werden. Soll ich aber jetzt nicht lieber mit dem Rahmen bestellen warten, bis die Bauern dort befriedigt sind in ihren Gefühlen??

Mittagessen Café Heck gewesen. Grüße von Breg. Er nahm uns mit und übergab uns wieder 2 Pfund Schmalz. Gott sei gedankt!! Das ist wirklich gut, nicht wahr! Dann besorgte ich in der Stadt Samt zu einem Joperl für Tommi, da er wirklich (leider?) wächst. Dann fuhr ich zu Zusi.

(..)
Zusi[97] sieht aus wie eine Kugel. Sie möchte eindringlich mich zu Pater Heribert bringen. Aber ich sagte ehrlich, dass ich jetzt nicht Ruhe und Zeit zu einem vollen Widmen einer tiefen Seelenannäherung und religiösen Pflichten Übernahme habe. Sie will's nicht glauben und meint dies sei ja die Hauptsache. Ja, vielleicht hat sie Recht. Nur fehlte mir zunächst vielleicht ein Dienstmädchen, damit meine Gedanken von Schmalz etwas abkämen. Ich weiß aber schon wie und was sie meint, Colomb.
Mit ihr und Bertele bin ich dann in die Stadt. Bin mir aber zu komisch zwischen ihnen vorgekommen und lieber heim. Ich passe nicht gut in diese Stimmung.
Colomb, gute Nacht! Frieden soll kommen und vieles Schöne dann. Immer denke ich an Dich. Sei umarmt und innigen Kuss
Deine treue Frau

****

306:                    GNM

München, 12. März 1917 (Montag)
Lieber, lieber Colomb!
Heute kamen erst Dein lieber langer Brief und dann die beiden Pakete. Wie viel Dank schicken wir Dir! Du bist zu gut! Der Käs ist ja herrlich und der andere auch noch und das Brot. (Übrigens viel, viel heller doch als unseres) – Heute will ich Dir, wenn möglich noch das Packerl zurück schicken mit Unterhose, Brotsäckchen, Sandsack. Aber die blaue Militärhose möchte ich noch beipacken. Das Bass Pol habe ich schon weg, nur hat sie ein kleines Loch, das der Schneider (Lindwurmstraße) mit der Stopfmaschine besser als ich zu macht. Ich trage die Hose gleich jetzt zu ihm. Auch etwas Schmierseife will ich beipacken. Aber die Alte ist doch die bessere, Colombo, soll ich die nicht aufheben und nun etwas von der neuen Hartmannschen zur Probe mitschicken, gell. - -
Gestern Vormittag war ich mit Tommi im Kunstverein. Alles hängt im großen Treppensaal. (Nur „Leda" hängt wegen Platzmangel überhaupt nicht.) Auf dem gelblichen Grund sehen eigentlich die „Tänzerin" und dann „Salome" am besten aus.
Merkwürdig dass ich die große Akte jetzt nur mit ganz schwachen Augen anschauen kann. Man ist so weit, weit, von göttlicher Üppigkeit. Ganz unfasslich kommt einem diese Lebensfülle und Wärme vor. – Das ist aber keine Kunstkritik von mir Colomb, das weißt Du, gell. Nur so ein Stimmungsbild von mir. Schwäche gewiss. Viele Männer gehen wie Asketen herum und trauen sich gar nicht nach schönen Busen zu sehen. (Gell, ein frivoler Satz). Höchstens Feldwebel, die viel Würste geschenkt bekommen. Ich meine alles im Spaß, gell. Suche um Gottes Willen keinen tiefen Sinn dahinter. - Ich schreibe bloß so, wie ich mich unterhalten würde mit Dir.

---

97   Zusi = Irene Georgii, ihre Schwester ist Bertele Braunfels, beide sind Töchter von Adolf von Hildebrand

Nach dem Heimkommen überraschte mich Olly mit der frohen Nachricht, dass Agnes telefoniert habe, ein Theaterbillet liege für mich an der Kasse. Dies ist mir ja noch nie passiert. Ich stürzte freudig ans Telefon, denn ich hatte wirklich Lust am Samstagabend und gerade „Klein Ida's Blumen" zu sehen. (Vielleicht mit Tommi zusammen dachte ich noch) – Aber da – der Portier sagte: „Soeben ist das Billet abgeholt worden von dem Fräulein, die's so oft bekommt, der Ladnerin vom Käsgeschäft Weiß." – Da kann ich freilich nicht konkurrieren. Hans weiß seine Speisekammer sicher gut zu versorgen. - Wenn ich ein gemeiner Spaßvogel wäre, würde ich einmal für Regierungsbaumeisters mir einen geheimen Käs in diesem Geschäft abholen. - Zusi erzählte auch, sie bekämen manches Mal, aber sehr teuer, Käse ohne Marken in ihrem Geschäft. - So was ist doch verboten - ! Oh! Oh ! Oh! – Nur die Dummen lassen sich aber leider einschüchtern. Und die Kleinen werden getroffen. Jetzt werden ja alle an der Bahn durchsucht, die vom Land kommen und bekommen alles abgenommen. Auch die Pakete und Esssachen behalten sie daraus. (..)

Denke Dir, Heini soll in diesen Tagen schon kommen. Er ist telegraphisch von hier berufen, da Dr. Pückhauer – der Arme! – an Gicht liegen soll! Denke nur so jung!!! Aber man braucht halt dann Heini unbedingt und Heini wird nichts lieber sein. Vielleicht kommt er so für ganz.
Was machen Deine Gichtfinger und Ohren?? Wenn Heini bliebe und nicht an Ostern Ammerlandeln will, muss er mit mir zu Dir nach Grafenwöhr. Ein ganz klein bissel Husten habe ich, was aber bei mir nicht lange hält. Alle haben grässliche Angst vor Webers Keuchhusten. Agnes traut sich kaum zu Mama.
Sei innig umarmt von Deiner treuen Frau.
Ein Schwert und Pickel werde ich kaum mehr von drüben[98] bekommen. Alles liegt auf Tischen auf weißem Papier gesichtet und ausgebreitet von Corneille, Storchl und Alois. Wer von Prof. etc. da war, höre ich natürlich nicht so. Vielleicht schreibst Du deswegen selbst an Corneille.

****

307:
Grafenwöhr, 15. III. 1917
Liebe, liebe Paula!
(..) Gestern habe ich wieder Berge von schönen weißen Semmeln gesehen. Warum schickt mir niemand Marken? Umsonst gehe ich nicht gerne in die Bäckerläden, das regt den hungrigen Bauch unnötig zu arg auf. Ich will die Semmeln nicht für mich, sondern schicken. (..)
Im Freien arbeiten (Malen) kann man immer noch nicht. Ich sitze also meist in der Bude mit grüner Beleuchtung, wo man nichts arbeiten kann. – Schade, um die Zeit. Der einzige Hoffnungsstrahl, die Revolution in Petersburg.

---
98 von drüben = aus dem Atelier von Gabriel von Max in der Paul-Heyse-Straße

Die Wünsche vom Pfarrer sind echt. Es schwebt ihm halt das alte Holzbild vor. Etwas heller hätte ich das Bild selbst gemalt, nur Feuerstein wollte es so dunkel. Auf der Skizze daheim, wären ja Stadtmauern, aber sie ist halt nicht ausgeführt genug.
Gell, gehe einmal mit dem Schein wegen der Unterstützung. Ist es Dir arg? Aber bissel was ist es doch. Wann bekommst Du denn neue Marken? Heute ist es wieder so kalt, dass es in den Baracken nicht recht warm wird. Gehirn und Hände sind eingefroren.
Ich bin ja nur Stellvertretender Arrest Unteroffizier. Nur, wenn bei uns einer Arrest bekommt, habe ich ihn unter Umständen hin zu bringen und abzuholen. In das Lokal, wo Du warst auf der Wache. Hab noch nichts zu tun gehabt.
Viele, viele Grüße und Kuss
Dein Colomb (..)

****

308: GNM

München, 15. März 1917

<u>Lieber, lieber Colomb!</u>
(..) Gestern Vormittag war ich (..) bei General H.[99] Er war recht nett. Sagt, er habe an zwei Vorgesetzte von Dir geschrieben, die Namen habe er vergessen. Der eine sei Bildhauer. Ist der Herr Major Seresse aber doch nicht Bildhauer, sondern etwas mit Wein? Aus Nürnberg, gell? Empfohlen hat er Dich. Wie, ich weiß das nicht. Ob es noch nötig? Ich weiß das nicht. Gedankt habe ich immerhin.
(..) Ich hörte, wir hätten in München einige Fälle schwarze Blattern. In Berlin sollen es aber annähernd 50 Fälle sein.
Auf dem Weg zu Beissbarths sah ich in einem Korbgeschäft so einen kleinen Reisekorb (viereckig mit Stange). Und gedacht – getan. Ich habe ihn gekauft, Colomb. Er ist so angenehm und leicht. 6,45 M. Was sagst Du? Auf dem Heimweg kam ich mir (um 10 Uhr) ganz romantisch in der Nussbaumstraße vor. Mit dem Korb und – ganz finster. Nicht ein Licht ist dort. Eine Person (Mann?) ging an mir vorbei, ich sah fast nichts. Die Tram hat über ihren Lichtern jetzt auch blaue Glasglocken.

Heute nun Colomb, kam von Frau Dr. Kuppelwieser ein Brief. Sie schreibt (11.), sie reise in 14 Tagen von Fiume ab. Möchte in Freiburg sein zwischen 5.– 9. April und vorher 3 – 4 Tage in München. (Das Kind kommt zwischen 5. – 9. Mai) Nun aber Colomb - oh - hoffentlich kommt sie nicht gerade, wenn ich zu **Dir** will. Ich habe vor, Anfang April zu reisen. Wenn es möglich wäre, vor Ferienanfang. (Dieser wäre erst Gründonnerstag). Lieber möchte ich auf dem Heimweg in Regensburg verweilen. Oder nur einen Tag aus Zeitersparnis.
Aber nun noch was, Frau Kuppelwieser fordert mich also doch auf, mit nach Freiburg zu kommen, d.h. dahin nachzukommen. Es wäre ihr lieb und ihrem Manne eine Beru-

---
99 General H. = Harlander, Bruder von Ernestine von Max

higung. So könnte ich am Ende doch vorher zu Dir, dann München und dann Freiburg. Ungefähr so: (22./23. ? März erwarte ich was.) 5. April dürfte Tommi erst reisen oder 4. Kommt Frau Kuppelwieser am 1. April, dann reise ich vielleicht schon am 2. zu Dir. Bleibe bis 10. Frau Kuppelwieser sucht ein Quartier für uns in Freiburg. Bis 15. kann ich sicher bei ihr sein. Habe ihr schon geschrieben. Ob sie von den Fliegern weiß, ich traue mir halt nicht zu beängstigend zu schreiben. Was sagst Du? Colomb, ich meine, ich muss doch zu ihr kommen, nicht wahr? Tommi zu verlassen auf einige Wochen ist mir nicht leicht und dann so. Anderes auch eine bittere Pille. Aber ich müsste doch. Und tue es dann auch gern. (Brief lege ich bei, bitte gleich wieder schicken)
Sei innig gegrüßt mein lieber Colomb. Von Tommi auch und vom Gimpel der über den Brief eben gehüpft ist.
Kuss, Deine treue Frau.
Bei Heini im Haus sind alle Keller ausgestohlen worden, außer seiner. Überhaupt wird jetzt viel gestohlen und geraubt. Werde doch die Schlösser ändern lassen müssen.

****

309:               GNM

München, 16. März 1917

<u>Lieber, lieber Colomb</u>!
Heute früh habe ich Dein Packerl mit dem Bauerngeräuchertem vom 14. bekommen. Das II., gell. Ich denke doch, dass ich alles Essbare bekommen habe. Lieber Colomb, ich danke Dir <u>sehr</u>.
Oh, mir ist's nur leid, dass Du es nicht isst. Du willst wissen, von was wir leben. Also in der Frühe: Malzkaffee mit Milch und etwas Zuckerillusion. Gebähtes Brot mit Atem Butter Tommi und ich Atem von der letzten Marmelade und ein Stückerl Käs von Deinem. Mittags, Würfelsuppe mit so Rüben wie es jetzt gibt, dann z.B. gestern einen leckeren Klippfisch und Feldsalat. Tommi ein kleines, kleines Pfannkücherl. Abends eventuell Suppe vom Mittag. Ölsardinen. Deine Zugaben sind herrlich. Ah, der Speck wonnig! Aber keinen mehr schicken, außer Du hast selbst mindestens 3 Pfund. Heute kommen ja schon die neuen Marken wieder. Nur, natürlich Spezereien bekam ich nicht und sonst die Stammkarten.

(..) Zu Mama traue ich mich selbst nicht hinüber, zu dem sie den ganzen Tag bei Milla[100] ist. Hans liegt auch mit Krampfhusten im Bett. Ich bleibe heute doch lieber auch liegen. Zu dumm, ich kenne das nicht so recht mit Husten und legte doch zu wenig Beachtung darauf. Es ist doch gemein, wenn man so wie ich heute Nacht in einem Tanz ein Hustengebrüll ausstoßen muss. Bin ganz kaputt und Kopfweh. Einen Wickel habe ich mir abends schon gemacht, weil mir die Brust weh tat. Aber jetzt ist es schon ruhiger heute. Ich muss lachen, wenn ich denke, dass Keuchhusten auch eine Kinderkrankheit wäre,

---

100   Milla = Colombos Schwester Ludmilla, ihr Ehemann ist Hans Weber.

die ich noch nicht gehabt habe. Aber natürlich, den bekomme ich ja nicht, es ist anders. Nur ganz ungewohnt für mich.

Gestern bin ich dummerweise noch abends ausgegangen. Storchl ließ mir mitteilen, dass Prof. Weuhle einen Vortrag im Künstlerhaus hielt. Da ich sonst so gar nichts erfahre und Dir doch auch was schreiben möchte, bin ich hingegangen. Der Vortrag war ja recht interessant, anthropologisch über Rassen, besonders die Hottentotten. (Anpassung an Lebensverhältnisse, Umgebung, in der Nahrung ect.). Aber gesprochen habe ich danach nur 2 Worte mit ihm, die anderen Professoren waren alle schon wieder abgereist. Ich dachte mit Corneille ein wenig zu sprechen und ging mit ihnen und Heinrich noch ins Cafe. Aber Corneille hält ein großes Geheimnis. Vorläufig sei bis 20. April von diesen Besuchern alles gesperrt für weitere Abkommen. Lusshan war nicht da, hat aber auf das Verlangen der Herren seine Schätzung an sie geschickt. Unsere verlangte Summe sei unterboten. Corneille meinte sehr naiv, Du solltest ihn doch einmal antelefonieren, er würde gerne eine Viertelstunde mit Dir darüber reden. „Jaaa" sagte ich, „Du bist gut, das käme dem Colomb hübsch teuer!" 3 Min kosten doch 1,25 M. Ein Brief an Dich wäre schon billiger.

(..) Colomb, bitte, kann ich dir Geld schicken? Du gibst so furchtbar viel an unsere Mägen aus! Wir danken Dir und grüßen dich herzlichst.
Umarmt sei, Colomb, von Deiner treuen Frau.

****

Da die Nahrungsmittel immer knapper werden, gehen mehr und mehr Pakete hin und her. Alle Möglichkeiten, etwas zu bekommen, werden ausgenutzt.

****

310:                           GNM

München, 17. März 1917 (Samstag im Bett)
<u>Lieber, lieber Colomb!</u>
Eben 6 Uhr abends Deinen Brief vom 15. bekommen. Also kommen Deine Briefe schneller zu mir, als meine zu Dir. Ich hoffe nur sehr, dass Du bald die Hose und Unterhose (ect.) erhieltest. Gestern habe ich Dir auch Landesbrotmarken geschickt, aber bitte, bitte, behalte doch Semmeln für Dich! Sonst schmeckt mir keine. Bitte! Überhaupt, Du hast Hunger, ich weiß es und merke es. So ein Ton liegt zwischen Deinen Zeilen, nicht bloß das grüne Licht. Gell?
Gestern hat Olly Dir 4 ganz schöne Äpfel besorgt, ich habe sie verpackt und Olly wieder fortgetragen. Einige Zuckereichen waren auch dabei. Hoffentlich war der Spargel gut.

Ich liege heute noch im Bett, es ist besser. Das Husten ist fast ganz weg, nur im Hals ist's noch trocken und die Bronchen sind nicht ganz frei, scheint mir. Tommi hat natürlich gestern Abend auch Kehlkopfweh bekommen und liegt in seinem Bett. Also Bett Tag. Schlimm ist es nicht, nur Vorsicht von mir, gell.(..)
Ist Dir die Russische Revolution ein Hoffnungsstrahl? ? Ein Strahl! Aber viele Kämpfe werden noch kommen.

Eben mit Deinem Brief kam einer vom Assessor Daxenberger. Er bittet um Deine Feldanschrift (wohl Adresse). Er will ein Schreiben von Dir, d.h. Deine Ansicht wegen des Hochaltarbildes und dann ein Schreiben von Prof. Feuerstein, d.h. dessen Gutachten. Die Darlegung von Euch beiden Künstlern will er dann der Kirchenverwaltung senden. Es ist wegen der Einwendungen des Pfarrers[101]. Du wirst ja noch Daxenbergers Schreiben selbst bekommen.
(..) Eben in der Abendzeitung ist die Kritik der 48. Ausstellung. Ich schicke sie hier. Schwierig für einen Kritiker, jedem <u>einen</u> Satz und immer andere Worte. Dein Satz ist ja ganz schön, gell.
„Das idealisierende Figurenbild findet in Colombo Max einen bedeutenden Vertreter, der auch in einem liegenden Akt mehr naturalistischer Art sich auszeichnet."

Heute früh kam auch von Brend'amour das Bild „Bertele auf dem Pferd", „Reiterin im Wasser". Hier liegt der einzige Probedruck bei, der mich doch beruhigt und freut. Gell, nicht herschenken, ich glaube, wir können nur noch dann <u>Postkarten</u> davon erhalten. Brend'amour macht zu den 3 (Zell) Bildern nur die Platten, gedruckt und verlegt wird in Berlin.
Ja, neulich stand in der Zeitung, dass der König die 48. Ausstellung besichtigt habe, geführt vom Hofrat Paulus. Hat, glaube ich 3 Bilder von Schönchen gekauft. Hast Du's gelesen? Soll ich M.N.N. schicken?

Hier sollen nur 4 Blatternfälle in Schwabing gewesen sein, in Berlin 135, davon 11 Todesfälle.
Tommi liest eifrig neben mir die „Fahrt der Deutschland". Und ich mache mir jetzt einen Wickel. So!
Mit innigen Grüßen Colomb und Kuss. Deine treue Frau.

****

311:

Grafenwöhr, 18. März 1917, Sonntag

Liebe, liebe Paula!

---

101   Pfarrers = Pfarrer von Kirchham, Staatsauftrag für Colombos Kirchengemälde, St. Martin

Sonntagvormittag auf Wache. Gestern hat es gefroren und geschneit. Heute ist mildes Westwetter. So, jetzt nehme ich Deine lieben Briefe der Reihe nach durch und unterhalte mich mit Dir.
Guten Morgen! – Wie hast Du geschlafen? – Ich nur 3 Stunden. Es freut mich, dass Du alle meine Esspackerl bekommen hast! Du hast auch alle meine Wünsche so lieb erfüllt und alles ist schön und gut angekommen. Die Hose ist ja wunderschön geworden.
Dein Bericht über den Kunstverein ist sehr gut und lustig. Ich verstehe Dich sehr gut. Das ist ja das Dumme, dass ich nur so üppige Bilder habe. Freilich sind die meisten Männer jetzt nicht sehr lebensfreudig. Hoffentlich versteht man, dass ich diese Bilder nicht im Krieg gemalt habe. Da käme ich in ein schiefes Licht.
(..) Wegen der Sammlungsstücke habe ich Corneille geschrieben.

Den Block habe ich bekommen, sehr gut, danke Dir herzlich. - Ja, ja die Kabbalistischen Wege des Militärs sind schwierig. Man muss so lavieren. Zum Beispiel der Verkehr mit dem Feldwebel ist sehr schwer. Letzten Sonntag machten wir zusammen einen Ausflug. Neulich bat ich einmal abends, wenn der Herr Feldwebel fort ist, in der Schreibstube zeichnen zu dürfen. Wir haben unten ja keinen geraden Tisch. Gestern auf heute habe ich Wache bekommen, ein anderer Schur. Erstere ist angenehmer. Natürlich musste ich gleich eine Salve von Spötteleien, seitens meiner Kameraden über mich ergehen lassen. „Ja, ja, wenn man mit dem Feldwebel so gut steht, Ausflüge macht und oben zeichnet!" u. dgl. Natürlich im Spaß, aber ich kenne diese Späße. Die schlagen leicht um, wenn es sich um ernstere Dinge handelt. Man ist halt immer von eifersüchtigen Argusaugen bewacht. Darum ist es auch nicht leicht für die Vorgesetzten, einem zu helfen. (..)

Ja, vielleicht musst Du doch die Schlüssel, aber nur Wohnungsschlüssel ändern lassen. Ich wollte ich könnte Euch mehr Esswaren schicken. Ihr müsst Euch nähren. Mein Hunger ist doch nicht zu stillen. Dir zu liebe möchte ich schon kräftiger sein, aber das geht jetzt halt nicht. Das ist jetzt auch nicht das Nötigste, gell, oder bist Du mir böse? Schau, Ihr habt nicht so viel Kraftvorrat wie ich. Ich erhole mich eher wieder als Tommi. Jetzige Kinder würden doch nichts taugen.
Mein Kopf ist nur mit Essgedanken gefüllt. Alle meine Freundschaften und Beziehungen und Gänge haben diese zum Hintergrund. Überall strecke ich meine Fühler aus. Eben ist mit mir ein gutmütiger Bauer auf Wache. Er will mir Butter zukommen lassen. Hans werde ich wegen dem Gemüse selber schreiben. (..)
Danke Dir für den Besuch bei G. Harlander. Man ist schon ganz ängstlich mit solchen Empfehlungen. Nein, Seresse ist nicht Bildhauer, sondern der Major des Bataillons. Soll nett sein.

Nun kommt die Hauptsache. Der Fall Kuppelwieser. Am besten, Du schreibst ihr offen, wie alles ist und was Du vor hast. 1. Dass Du mich besuchen willst und wann. 2. Eine Warnung vor Freiburg von mir aus. Freiburg ist die am nächsten an der Front gelegene Deutsche Stadt (Garnison). Elsässer Städte bewerfen Flieger nicht gerne. Neulich war

wieder ein Angriff. Also, wenn man dort einmietet, müsste man unbedingt ein Quartier entfernt vom Bahnhof, Kasernen oder Spitälern nehmen. Gefährlich ist es immer, wenn auch nur durch Panik erregte Unglücke. Wenn es mal schön Wetter wird, kommen schon mehr Flieger. Die Gasbomben wirken schon auf weite Ferne schädlich. Offensive ist dort auch zu erwarten. Der Bahnhof von Karlsruhe ist auch oft angegriffen worden. Wenn möglich, also anderen Weg machen.
Nun soll ich gar um Dich bange sein, statt Du um mich. Das freut mich gar nicht. Tommi und Tante so lange allein lassen? Sie verliert wieder die Karten. Kuppelwieser kennen nur die Ostfront, im Westen ist das ganz anders. Du brauchst nicht ängstlich schreiben, nur diese Ratschläge von mir. Mein Wunsch wäre, Du gingest mit Tommi aufs Land und nicht dort hin, das macht mir Sorgen. Warnen musst Du Frau Kuppelwieser, das ist unsere Pflicht. Warum geht die unverheiratete Schwester von ihm nicht mit? Es kann auch sein, dass ich nach Ostern weg komme. Was dann?
Sei wie es sei, lieber wäre es mir, Du gingest nicht nach Freiburg. Doch handle, wie Du empfindest.

(..) Nun lass Dich noch lieb küssen und umarmen. Gell, Du hast mich schon noch lieb, wenn ich jetzt auch nicht in Gefahr bin? Du bist an das andere so gewöhnt, dass ich Dir jetzt vielleicht ganz gleichgültig werde mit der Zeit. Nein doch nicht? Oder? Ich freue mich auf Ostern. Ob man es darf? Jetzt esse ich eine Kraut Wurst, die ich mir gestern gekauft. Ganz gut ist sie.
Vorher noch einen Kuss, aber herzlich. Tommi auch. Dein Colomb
Tante Grüße (..)

****

312:                    GNM

München, 18. März 1917 (Sonntag)
Lieber, lieber Colomb!
(..) Die Sonne scheint wunderschön und die Amsel singt. Das Fenster ist offen, aber wir liegen beide doch noch im Bett. Mir geht's schon besser, gestern Abend hatte ich nur noch etwas Brust und Rückenweh. Tommi hat natürlich die Geschichte an seiner Lieblingsstelle im Rachen (od Kehlkopf). Schade um die Zeit.
Die Osterferien sind so gemein gekürzt worden, um 7 Tage. Heute steht langer Artikel über Pocken in der Zeitung. Sind 10 Fälle in München. Sage mir doch ob zu Euch Soldaten von der Ostfront kommen? Dann würde ich mich eventuell jetzt impfen lassen. Tommi hat wohl noch die Immunität.
Ob und wann Colomb Du wieder einmal Urlaub bekommst? Die Zeiten sind nicht leicht. Ein ewiges Zigeunertum. Mir grausts vor dem kommenden Winter noch am meisten. (..)

Lieber Colomb. Liebster, sei innig gegrüßt und geküsst von Deiner treuen Frau. (..) Kuss von Tommi, Gruß von Olly

****

313:                    GNM

20. März 1917

<u>Lieber, lieber Colomb!</u>
(..) <u>Eben</u> Deinen lieben langen Brief vom Sonntag ---Danke ---sehr.
Ja, mit dem Feldwebel, das ist sehr recht. Besser nicht zu offen befreundet. Wegen Freiburg sehr schwierig. Wie soll ich ihr abraten? Wenn es dann schlecht ausgeht, bei einem anderen Arzt? Und eben dieser hat ein Verfahren, dass die Frauen dabei absolut keine Schmerzen haben. Das ist Frau Kuppelwieser eben sehr wichtig. Wichtiger, vielleicht wie Fliegerangst. Mir ist so bang vor dem Schreiben. Ihr Ängste und Sorgen im siebenten Monat machen. (..)
Weißt Du, wegen der Blattern aufs Land ist wohl nicht sicherer. Kommen doch überall hin. Soldaten von der Ostfront und dann so wo krank werden, der Transport ect. Impfen wohl das Beste.
Willst Du selbst Frau Dr. schreiben? Nach Lunz vielleicht! (..)

Aber ja nicht, dass <u>ich</u> nicht wollte. Denn das ist nicht wahr, gell. Nur so wegen der Flieger im Allgemeinen. Oder? Aber weißt Du, wenn ich denke: <u>Sie will</u> eben. Könnte ja auch in Wien zu einem berühmten Arzt, wenn sie aber nach Deutschland will, nach Freiburg!
<u>Gruß, Kuss, Umarmung</u>
Lauter flaue, nicht satt machende Dinge, armer Colomb Deine treue Frau

****

314:

München, den 20. März 1917

Lieber, lieber Vati!!!!!!!!!!!
Die Mutti hat eben den Brief vom 18. März von Dir gekriegt. Ich hab jetzt einen Schnupfen. Ich habe der Laura eine Karte geschrieben und sie mir auch. Der Gimpel ist jetzt heraußen. Er schaut mir zu, wie ich schreib. Ich hab den Gimpel allein gemalt. Das werde ich Dir schicken. In München herrschen jetzt die Pocken. Ich, Olly und Mutti werden geimpft.
Gell, ich habe Dir lang nicht mehr geschrieben. Wenn ich Zeit habe, dann schreib ich Dir wieder. Ich habe Deinen schönen Brief gekriegt.
Gruß und Kuss Dein Thomas Max
Und einen Gruß vom Gimpel Max

315:
München, den 21. März 1917

Lieber, lieber Vati!!!!!!!!!!!!!
Hast Du meinen Brief vom 20. März gekriegt??? Ich kann Dir keinen Kartenbrief mehr schicken, weil ich keinen hab. Die Olli schreibt auch. Der Schirm von Mutti ist weg. Der Gimpel legt auch einen Brief bei. Wie geht es Dir? Ich werde an Ostern mit Mutti zu Dir kommen!!!!!!!!!!!!!!!
Dann kann ich auch die Laura sehen!! Hoffentlich kommst Du dann auch zu uns! Das alles wäre fein!!!!!!!!!!!!!
Dem Gimpel geht es sehr gut. Er ist auch so nett. Die Mutti hat die Emmi gezeichnet. (.) Der Brief hat 3 Zündhölzchen gekostet vom Ziegler. Ich muss den Brief zumachen, sonst kommt er nicht mit dem Abenduhr Zug weg. Gruß und Kuss Dein Thomas Max
Schreib mir und dem Gimpel auch bitte!

316:                GNM
München, 23. März 1917 (Freitag)

Lieber, lieber Colomb!
Die Zeit vergeht! Teils sollte man froh sein, teils kann man's nicht. Ich bin traurig, wenn ich daran denke, dass Du nach Ostern wegkommst vielleicht. Habe schon drangedacht, wollte aber ein wenig rosige Hoffnung genießen. Januar, Februar und März waren besser und gut gegangen. Jetzt kommt zunächst noch Ostern. Ich danke Dir fürs Wohnungssuchen. Mir wäre ganz sympathisch im kl. Haus (wo's Hammelfleisch einmal gegeben haben soll). „Waldlust", da stinkt das Klo nur so! Aber ist auch nah von Dir das Haus. Wie sind denn die Zimmer dort? Ich nehme Wolldecken mit. Wir müssen halt für Tommi ein Bett nehmen, gell.
Du, es wird mit Brot schwer, hast Du es gelesen. 25% wird gekürzt. Scheußlich!
Oh, Colomb war das eine Freude, Deine Semmeln, die gestern gekommen sind. In der Schachtel war oben ein Loch drin und ein dicker Finger hat visitiert. Genau in den Käs hineingebohrt. Ob derjenige dann wohl dran gerochen hat und hoffentlich gedacht, die Soldatenwäsche stinkt aber.??

(..) Colomb, gestern haben wir uns alle drei bei Arthur impfen lassen. Es ist doch besser. Alle Leute ließen sich impfen. Frau von der Planitz, Drobele, Irma und Kinder, Lisl, alle in der „Jugend" u.s.w. Arthur meinte es auch. Und wahrscheinlich kommt demnächst noch der Zwang dazu. So habe ich's aber bis Ostern hinter mir. Bei Tommi und mir ging's ganz gut. Einen großen Schrecken hatte ich, als ich gestern Abend aus der Stadt heim kam. Olly saß mit Schüttelfrost auf dem Sofa, hielt den Kopf und sagte, sie breche immer. Reichte mir auch bald wieder ihre Zähne und wankte ins Klosett. Ich hatte wirklich

Angst, sie habe die Blattern. Machte Feuer in ihrem Zimmer, kochte und überlegte dabei hin und her. Arzt wollte sie keinen. Aber heute früh ist es vorbei, nur die Augen hängen ihr noch ein wenig heraus. Vielleicht war's das Impfen, vielleicht die Anstrengung der Augen, weil sie ihre alte Brille nicht mehr hat.? Ich bin sehr froh heute. So kam ich gestern Abend nicht zum Schreiben.

Vorgestern Abend wollte ich Ernestine endlich einmal besuchen. Sie ging gerade mit Agnes heraus und ich mit spazieren. So komisch war ein Moment, als sie auf dem Platz[102] im blauen Lampenlicht stehen blieb, die Arme tragisch mit gefalteten Händen hob und inbrünstig sprach: „Wenn es nur endlich einmal wieder einen warmen Leberkäs gäb!!!" Echt, nicht wahr? (..)
Sehr, sehr arg, Colomb ist mir, dass mein einziger, lieber, guter <u>Schirm</u> verschwunden ist! Wie ich vorgestern zum ersten Mal ausgehen wollte, war er weg. <u>Überall</u> habe ich gefragt, aber nichts. Ich habe es ja auch nicht mit dem Stehen lassen. Entweder hat ihn mal schnell (die arme) Olly mitgenommen und wo gelassen. (..)
Was mich sehr interessiert, ist die russische Revolution. Wie die sich trauen! Diese Wildheit und Großzügigkeit, Opferfreudigkeit und Grausamkeit.
Schnell muss ich Schluss machen. Muss nochmal ans Statistische Amt; war schon heute früh dort. Will Zucker versuchen durchzusetzen.
Umarmt sei Colomb von Tommi und mir. Küsse viele, viele von Deiner treuen Frau
Der wievielte Brief ist das seit Kriegsbeginn?

****

317:                    GNM

München, 24. März 1917 (Samstag)
<u>Lieber, lieber Colomb!</u>
(..) Mama hat Deine Semmeln und sich sehr gefreut, auch über Käs und Bonbon. (..) Hans ist noch immer krank, hat Grippe (oder Husten?), Zoe liest Goethe und Schiller. Mama und Mimi aßen im Mozart heute Abend: Herz und Züngerl. Leider kämen wir abends schwer hinüber. Nimmt doch viel Zeit wegen Lernen von Tommi. Und abends ist es am Besten.

Du Colomb, denke Dir; ich habe es doch durchgesetzt den Zucker zu bekommen. Mit hypnotischer Selbstsicherheit trat ich auf: Innen stahlhart, außen bescheiden. Ganz sicher, das ist immer am wirksamsten. Herr Schellmann musste mir einen Ausweis schreiben und mit dem ging ich selbst mittags nochmals hin. Der Herr Regierungsbaumeister (der den Zucker unter sich hat) machte eine Ausnahme und diktierte dem Schreibfräulein eine Erteilungserlaubnis an Schellmann. Also „ausnahmsweise" gibt es doch! Die

---

102   Platz = an der Pettenkofer-/ Paul Heyse Str.

anderen Sachen kriegen wir nicht, nun, aber den Zucker, beinahe 2 Pfund, haben wir! Habe heute Abend mit einem Stück im Tee geschwelgt.
Die Impfblattern merke ich noch gar nicht. Tommi juckt es schon ziemlich. Das Andere ist noch nicht eingetroffen. Wahrscheinlich weil es immer Sonntag dazu sein muss. Oder wegen dem Impfen.
Heute habe ich eine Käsglocke gekauft, weil Du es doch gesagt hast. Für Deinen Käs!!!
(..) Colomb, nochmal Gute Nacht! Arm um Dich. Oder Arm um Deinen Hals. Und Kuss. Deine treue Frau.

****

318: GNM

Grafenwöhr, 26. März 1917

Liebe Paula!
Gestern durch Eilbrief eine lange Abhandlung über Paul Heyse Str. von Heinrich Müller[103] bekommen. Es hat den Anschein, als ob die Verhandlungen nicht ganz aussichtslos sind. Ich kann nichts anderes als zu der Sache „Ja" und „Amen" sagen. Von Heinrich wird eine Vollmacht verlangt in dieser Sache, dass Verhandlungen gültig. Du sollst in meinem Namen auch unterschreiben. Also bitte tue es. Setze Dich deshalb mit Heinrich in Verbindung (umgehend). Ich bin leider nicht in der Lage gewesen in der ganzen Sache mitreden zu können. Darum kann ich nur zu allem „Ja" sagen, um wenigstens nicht Verhandlungen zu stören. Es wäre ja zu wünschen, dass es was wird. Storchl meint, ich soll heute telefonieren. Zwischen 1 und 3. Ich werde es versuchen. Aber schriftlich möchte ich meine Antwort auch sagen. Gell, Du verstehst mich.
(..) In Eile, dass der Brief gleich abgeht. Heinrich werde ich bald schreiben.
Wann kommt Ihr? Viele, viele Küsse
Dein alter Colomb

****

319: GNM

Grafenwöhr, 26. März 1917

Liebe Paula!
Den Brief von heute früh wirst Du schnell bekommen. Den habe ich in Grafenwöhr aufgegeben. Jetzt bin ich todmüde. Bin den ganzen Tag herumgelaufen, wegen Wohnung. Die Bevölkerung ist dreckig, falsch und dumm. Zuerst haben sie eine Vorausmiete nicht annehmen wollen und jetzt haben sie das Meiste vergeben. Also mit Mühe und Not habe ich ein Zimmerl mit 2 Betten ohne Ofen in der Waldlust bekommen. Das muss ich dem Feldwebel überlassen. Für uns habe ich noch nichts rechtes gefunden. In Bauernhäusern gibt es genug Zimmer, die sind aber schrecklich schmutzig und meist sehr feucht, weil Parterre. Essbares gibt es ja da eher. Am Abend habe ich noch ein ganz einsames Gast-

---

103 Heinrich Müller = Nachlassverwalter, Colombos Onkel, siehe Lebensbericht

haus gefunden. 10 Min von Waldlust. Dabei ein Häuschen, wo ein Zimmer zu haben sein soll. Im Gasthof soll es gut zu essen geben, auch Kühe sind da. Morgen muss ich nochmal fragen. Wenn es schön Wetter ist, wäre es schön dort, nur ziemlich weit vom Lager. Der Wirt ist ein Freund von dem gutmütigen Bauern, der mir die Butter gegeben. Dann habe ich auch ein Zimmer im Haus wo der Fotograf ist in Aussicht, aber nicht sicher. Nur über die Feiertage ist es schwirig, nachher bekommen wir überall was.

Viele Grüße von Herrn Feldwebel, Du sollst doch früher nach Regensburg kommen und einige Tage dort bleiben. Zu essen gibt es dort schon was. Du kannst ja aber nicht früher. Gell, schreibe mir genau, wann Du kommst. Dass ich Dich am Bahnhof abholen kann oder abholen lassen kann.
(..) Herrgott, neben mir schmatzt einer eben furchtbar, drei andere erzählen und hauen auf den Tisch. Es ist wirklich schwer zu schreiben, besonders wenn man müde ist und bissl nervös. Ich bin immer noch in die Grünlichtbaracke verbannt. Es ist Winter hier.
(..) Oh, Paula, ich fürchte, die russische Revolution ist nicht gut für den Frieden.
Vielen Dank für Tommis Brieferl. Gute Nacht, schlaft gut. Ich bin heute müde, traurig, überall tut es mir weh. Daher so langweiliger Brief.
Ich fürchte ich bin hoffnungslos versimpelt. Wo ist die Freiheit, die Sonne, das Leben?
Inniger Kuss, Dein Colomb

****

320: GNM

München, 27. März 1917 (Dienstag, Vormittag)
<u>Lieber, lieber Colomb!</u>
Eben Deinen <u>Eilbrief</u> bekommen. Vorgestern habe ich schon von Corneille im Mozart erfahren, dass Du antelefonieren würdest. Wäre hingekommen, gern, aber mir schien Corneille wolle nur Geschäftliches besprechen und da sagte ich nichts. Wir sehen uns doch bald, gell. Wollte gestern gegen Abend anrufen, was Du gesagt, aber es war niemand zu Hause bei ihnen. (..)
Gestern sah ich die erste Frau in Hosen in der Goethestraße. Eine Bahnarbeiterin vielleicht. Sah ausgezeichnet aus. Ein großes Weib. Langer Mantel, Hosen und hohe Stulpstiefel.
(..) Unsere Impfblattern entwickeln sich nicht recht. Liegts an uns oder an der Lymphe??
(..) Colomb, wann sollen wir kommen? Ich warte halt gerade vielleicht Frau Kuppelwieser ab, gell. Dann gleich, gell. Ich freue mich so.
Tommi soll den Brief mitnehmen auf dem Schulweg.
Colomb, in inniger Liebe Umarmung und Kuss Deine treue Frau.

****

321:	GNM

München, 27. März 1917 (abends)

<u>Lieber, lieber Colomb!</u>
(..) Eine Stunde nach Heinrich erschien der Jüngling von der Martin Greif Straße. Von mittlerer Bildung, circa 21 Jahre. Nahm also Bestand auf oder Protokoll??? Wie lange verheiratet, Miete, ect., ect. Er kam durch die Küche, hat Anna gesehen. „Sie haben ja eine Zugeherin, die müssen sie wegtun, sonst bekommen Sie das Geld nicht." Also, so habe ich's mir ja gedacht. Ich sagte viel, alles, wie Du es auch meinst. Er war ja recht verstehend, aber er natürlich muss mir die Statuten sagen. Ich sagte, ja, die Wohnung müsse doch versorgt sein und die Treppen. Ja freilich, es verlange niemand, dass ich grobe Arbeit tue, aber müsse dann z.B. bloß die Hausmeisterin sein für ein Trinkgeld oder sehr wenig. Kontrolliert wird es werden, also entweder oder. Dienstmädchen darf man ja erst recht nicht haben. Entweder auf die 30 M verzichten oder z.B. Frau Hager nehmen und sagen, dass sie von Emma gezahlt wird. Über die Sache müssen wir noch sprechen, gell. Sei nicht erregt darüber, ich kann es ja auch begreifen manches. Was kann ich schließlich solchem Jüngling vorwerfen, er will mir gar nicht widersprechen, so wie so.
(..) Gute Nacht! Colomb! Frieden!
Liebster! Colomb! Kuss Deine treue Frau

****

322:	GNM

München, 29. März 1917

<u>Lieber, lieber Colomb!</u>
Zuallerst unseren Dank für das gestrige Packerl mit der Butter! Oh, lieber Colomb, wir leben schier ganz von Dir, Butter, Käs, Fleisch. Du bist zu gut. Jetzt fühle ich die Verpflichtung mit glänzender Gesundheit bei dir anzukommen. (..)
Tommi ist jetzt furchtbar ruppig. Er hat „Feinde" in der Lessingstraße. Neulich, Montag kam er nach 20 Min wieder mit seiner großen Notenmappe herauf. „Du kommst zu spät, was ist denn!" rief ich. Die Tränen laufen über sein puterrotes Gesicht: „Ja, 5 Buben lassen mich nicht durch auf der Straße, sie schreien: „Du dreckiger Kunstmaler(bub?)" und so ähnlich." Ich muss mich also anziehen und ihn zum ersten Mal beschützen. Ich tu aber gar nicht mitleidig, sondern sage, er solle halt nicht immer so wild und kriegerisch um sich blicken ect. Die Buben fleuchen bei meinem Kommen von selbst um die Straßenecken. Es war eigentlich recht komisch. Nur Tommi war so arm und wütend.
Grüße von ihm und von Olly. Von mir sei innig umarmt. (..)
Kuss Deine treue Frau
Um Gottes Willen! Beinahe hätte ich „treue" ausgelassen. Noch dazu mit Bronchialkatarrh.
Hast Du den großen Brief von vorgestern mit Brotsackerl und Illustrierten?
Von Frau Kuppelwieser noch keine Nachricht wann sie kommt.

****

323:                    GNM
                                              Grafenwöhr, 30. März 1917
Liebe, liebe Paula!
(..) Heute habe ich lachen müssen. Jetzt arbeite ich wirklich ums tägliche Brot. Heute habe ich die Zeichnung von dem gutm. B. fertig gemacht. Er gab mir dann ein großes Stück Brot mit einem guten Stück Geräuchertem darauf. „Jetzt ess ordentlich. Ihr Maler habt so nicht zu viel!" meinte er. Er ist nämlich Bursche bei einem Offizier in der Offiziersbaracke. Da ist schönes helles Licht. Ein Leutnant sah die Zeichnung und wollte sich auch gleich machen lassen. Ich habe ihn aber zu klein für einen Oval Rahmen angefangen und muss mich elend plagen.
Ein Leutnant ist ja weniger fruchtbar, die haben kein Geräuchertes, höchstens Zigarren. Aber mich freut es, wenn ich wenigstens arbeiten kann.
Der Major hat auch erlaubt, dass ich ihn fotografiere mit Schimmel. Er lachte sehr, dass ich ihn für den heiligen Martin brauchen könne. Ich werde ihn also machen.
(..) Wann müssen die Bilder nach Dresden geschickt werden? Vielleicht bekomme ich dafür Urlaub diese herzurichten? Und Änderung an der Skizze für Kirchham? (..)

****

324:                    GNM
                                              München, 31. März 1917
<u>Lieber, lieber Colomb!</u>
Heute ist schon ein recht fader Tag. Alles ist schlecht. Der Regen strömt und es gibt Streit und Unerfreuliches. Ich begegnete Heinrich früh auf der Straße. Er ist ganz aufgeregt, sagt alle seien außer sich. „Ja, warum", frag ich. Heinrich hat an Böck telefoniert und gleich zu Ernestine und den Anderen aufgeregt geredet anscheinend.
Die Vollmacht für Heinrich habe ich doch dort unterschrieben und habe gegen die Steuererklärung auch gar nichts. Habe doch gestern selbst mit Heinrich ausgemacht, dass ich Böck frage, was man an Stelle der ungenannt sein wollenden Person schreiben könne. Und dann sagt Heinrich selbst, ich solle das Formular dort lassen, er hole es mit der Vollmacht zusammen.
Bei Böck hatte ich gesprochen, das schrieb ich Dir gestern, nur 5 Min. Er sagt, ich solle <u>Colombo</u> Max als Schuldner hinschreiben, denn Du seist ja der Geldleiher, da Du es doch von Frau Kuppelwieser bekamst. Wir, d.h. Du bist ja hinwiederum ihr verpflichtet und das kann ich dann auf <u>meiner</u> Steuererklärung angeben.
Nun ist doch aber das Ganze geteilt angegeben, nicht wahr. Ich hatte da von Heinrich eine Steuererklärung von Dir, vorgeschrieben oder ausgefüllt von dem Rentbeamten. Natürlich kann ich da doch nicht in <u>Deine</u> eigene Steuererklärung schreiben, Colomb Max geliehen 10 000M. Das eben sagte ich Böck lachend. Darauf er: „ Ja, aber es wird eine Liegenschaftserbschaft doch immer <u>im Ganzen</u> versteuert, nicht geteilt, Sie werden

sehen es geht nicht." Ich sagte: „Ich bin kein Jurist und Herr Müller kommt ja nachher zu Ihnen den Zettel abholen, sagen Sie es doch ihm."

Damit machte ich Schluss und dachte gar nichts Böses. Die Stelle mit den 10 000 M ließ ich frei. Zu Heinrich sagte ich heute früh: „Zu was diese Aufregung, man schreibt hin entweder: „Colombo Max" oder „Nicht genannt sein wollende Person" und wenn das Steueramt es wissen will, soll es sich an mich oder Böck wenden."

Später telefonierte ich vom Café Heck aus Corneille an. Der ist auch ganz bös. Ganz komisch. Er sagt, Du weißt ja wie er da ist, wenn er damals dagewesen wäre, er hätte es überhaupt nicht geduldet, dass jemand Geld hergibt ohne seinen Namen zu nennen. Und dann das bekannte: „hätte". „Wir hätten" Du weißt. Aber das macht mich immer zornig und ich sage: „<u>dann hättet</u> aber jetzt nicht diese Rede. Übrigens ist es doch ganz einfach: dein Bruder Colomb hat das Geld gegeben und ihr habt doch mit <u>ihm</u> zu tun, das andere steht schon ferner und braucht Euch doch nicht zu bekümmern." (Von Kummer kommend!!)

Corneille aber sagt bloß, ich wolle den Namen nicht nennen, er werde mit Dir reden. Ich finde es aber doch wirklich nicht nötig, was meinst Du? Ich habe es doch versprochen und kenne Frau Kuppelwieser. Storchl kann es doch nicht für sich behalten.

Corneille meint, Du könntest doch herkommen an Ostern. Ich sagte „Nein" und meinte nochmals, ob er nicht mit zu Dir reisen wolle. Aber er hat keine Zeit, sagt er. Natürlich bin ich auch geärgert. Du wirst es begreifen. Und dann so ein Brief, wie der von Ernestine, der beiliegt. So übertrieben. Man meint, es wäre nichts anderes zu tun, wie Sensationen zu erleben. Ich bin wirklich ganz baff. Aber genug. Heinrich hat auch so eine Art. Und ich bin halt schon so selbstständig geworden. Als ich sagte, das mit dem Übernehmen der 10 000 M auf uns, richte <u>ich</u> schon und gebe am Steueramt an, wem Du sie schuldest. Da sagte Heinrich, er gehe schon für mich. Aber das, Colomb, lässt mich stampfen vor Eigensinn, denn mein Eigenstes habe ich wirklich immer selbst ganz gut gemacht. Habe am Steueramt immer alles ganz nett und recht erledigt jetzt diese Jahre. Du weißt es ja. Wir schaden doch damit der Allgemeinheit nicht, bin doch nicht so dumm. Habe auch bei Böck selbstverständlich nichts gesagt vom Rentbeamten, sondern nur von Heinrich.

Alles muss ich Dir schreiben, leider, denn man wird Dir wohl darüber schreiben. Du musst es auch von mir wissen. Schlimm ist es meiner Ansicht doch gar nicht.

Nun Anderes. Als ich heimkam, seh ich dass das Gimpelchen krank ist. Zu dick oder was? Ich bin recht traurig. Und dann <u>noch</u> was. Habe meine 2 Paar Halbschuhe zu einem Schuster in der Landwehrstraße gegeben. War Vor- und Nachmittag bei ihm. Er findet die Schuhe nicht mehr. Und sagt, er weiß nicht, ob er sie überhaupt noch findet. Scheußlich! Jetzt warte ich noch Montag ab. Jetzt bekommt man ja gar keine Lederschuhe mehr! Und es waren Gute, um die Absätze zu richten! So geht jetzt alles. Und meinen Schirm sehe ich auch nie mehr. Oh weh!

Viele Grüße von Herrn Breg. Sein Buch vom „Kronprinzen Rupprecht" ist fertig und wir bekommen zu Ostern eines. B. meinte ich solle doch selbst ins General Kommando nach

Nürnberg gehen. Er sagt, es sei immer das Beste. (Ich meine vielleicht auch, denkend an meinen Zucker). Also könnte ich vielleicht über Nürnberg heimfahren.
Hast Du eine Wohngelegenheit für uns? Möchte gerne schon Mittwoch fahren, wenn Frau Kuppelwieser schon da war. Oh Colomb! Was ist das Leben? Ich sehe Dich bald, Dich!
Sei umarmt in Liebe
Deine treue Frau

****

325: GNM
(Abend des Schnee – Regen – Sonntags) München, 1. April 1917
<u>Lieber, lieber Colomb</u>!
(..) Mit der Paul Heyse Str. weißt Du also doch nicht alles. Hat Dir Heinrich nicht die Vollmacht abgeschrieben? Alle haben sie zwar schon unterschrieben. Corneille, Milla (Hans), Ernestine. Es ist nicht bloß von der Sammlung, sondern auch von Anderem (z.B. auch Gemäldeverkäufe) die Rede. Unterschrieben habe ich's. Das ist vorbei. Aber man hätte Dir deutlich darüber schreiben dürfen. Du zwar nicht der <u>älteste Sohn</u>, wie plötzlich Ernestine so wichtig schreibt. Die hat immer so wirkungsvolle, tragische Ausrufsätze.
Gestern Abend hat sich mein ganzer Ärger in Spottlust und Witz aufgelöst. Ich habe Ernestine einen Antwortbrief geschrieben. „Noch mehr geehrte Ernestine"! u.s.w. Gezeichnet habe ich mich, wie ich selbstverständlich, wenn sie mich nicht mehr liebte, zum höchsten Berggipfel herabstürzte. Und Corneille am Telefon, karikiert, „Wozu die ganze Aufregung??" So ist der Brief, verstehst Du. Alle ganz aufgeregt und ich bin doch ganz schuldlos, wie eine Taube habe ich die Vollmacht unterschrieben u.s.w.
Es ist ja bloß eine Frühgeburt, d.h. Frühgeburt einer Aufregung.
Warum Heinrich nicht mehr kam, wie er gesagt, weiß ich nicht.

Morgen werde ich Deinen Kompass zum Richten tragen. Ist bloß das Glas kaputt? Oder einen Neuen kaufen? Und dann ein Malkästchen kaufen. <u>Hoffentlich</u> gibt's noch solche. Ich bin jetzt nie sicher. Du weißt gar nicht wie alles leer in den Läden wird. Deine Lederhandschuhe schicke ich dann auch. <u>Hoffentlich</u> gehen sie nicht verloren, es sind jetzt wahre Kostbarkeiten. Um meine Halbschuhe zitter ich noch. <u>Hoffentlich, hoffentlich</u>, bekomme ich sie morgen doch noch.

Das Gimpellein ist Gott sei Dank wieder wohl. Es musste heute fest herumfliegen. War furchtbar anhänglich, ließ nicht ab von Schulter, Hand und unseren Köpfen. (Wohl weil er weniger zu fressen bekommen und hoffte was zu entdecken). Als Tommi in der Buffetschublade unter dem Deckel kramte, schlüpfte er zu den Händen in die Zeichenholzschachtel. Ein echter Gimpel! Beim Flicken sogar, blieb er auf der hin- und her bewegenden Hand von mir sitzen.

(..) Jetzt: Gute Nacht! Wenn die Sonne und Friede kommt, wie schön wird es! Nun darf es nicht mehr zu lange dauern damit. Oh, sonst wird es für vieles zu spät. Ostern kommt! Oh Colomb, einmal möchte ich wieder in Manerba[104] auf dem Berg sein! Oh herrliche blaue Luft. Wie ein Gottesengel hast Du mich auf diese Höhen geführt. Ich hatte ja früher im Leben nie geahnt, wie Schönes es gibt.
Träume was Schönes! Gute Nacht.
Kuss und Umarmung Deine treue Frau
(..)

****

326: GNM

München, 2. April 1917

Lieber, lieber Colomb!
Eben früh deinen Express Brief vom 31. bekommen. Ich bin eigentlich sehr traurig – und besonders verärgert über Heinrich. Zu mir sagte er, es sei nun nicht mehr nötig und man könne es so lassen und schickt Dir doch den Express Brief um die Namensnennung. Meinen Eil-Brief hattest Du da wohl noch nicht, gell. Mich ärgert eben gerade Heinrich. Hier kann er Dir einen Eil Brief schreiben und sonst -! Warum sagt er andere Dinge nicht so deutlich, z.B. Allgemeine Vollmacht? Es ist ja eigentlich ganz falsch, wenn in der Erklärung Frau Dr. Kuppelwieser's Namen steht.
Frau Dr. kann ich's jetzt nicht sagen, sie würde sich gewiss aufregen. Sie hat damals absichtlich Dir das Geld geliehen. Aus Nettigkeit, damit Du mehr Rechte in Paul–Heysestr. hättest. Gerade den Anderen und Heinrich wollte sie es nicht gesagt haben. Heinrich ist bebend vor Wut gewesen, weil Ernestine zu ihm gesagt hatte: „Du bist kein Mann, wenn Du es nicht herausbringst." Meiner Ansicht nach wäre es nicht mehr nötig gewesen den Namen hinzuschreiben. (Zudem er amtlich falsch ist)
Mich ärgert auch, dass Corneille seinen Dickkopf so durchsetzt und mit dem: „er duldet es nicht." wie er sagt, dass der Name verschwiegen werde. Ich denke dabei an die vielen Dinge, die man Dir überhaupt nicht gesagt hat. Ein Beispiel ist direkt groß, mit dem Bilderkauf (im Dez.), wo man den Namen des Käufers direkt als Geheimnis hielt. Du erinnerst Dich gewiss. Das ist gewiss viel weniger recht Dir gegenüber, wie diese Namensnennung, die ja im 2ten Grad zu den anderen steht.
Jetzt ist natürlich nichts mehr zu machen. Glaubst Du, dass Heinrich nicht den Namen weiter sagt? Ich nicht so recht. Wie denn, da er ihn doch in die Steuererklärungen von den anderen allen hineinschreiben muss.
Immer macht Heinrich das: Er verschiebt alles (auch diese Steuererklärung wurde bis weit übers Ziel verschoben), alle Dinge so, bis zum äußersten Rande. Darin kommt er mit einem entsetzlichen „<u>Entweder – Oder</u>." Das ist Trägheit und Druck förmlich. Weil er weiß, Du gehst nicht gleich auf alles so ein, wie zum Beispiel anfangs beim Bilderverkauf.

---

104 Manerba = am Gardasee, gemeinsame Reise, siehe Lebensbericht

So, ich habe genug! gekämpft! Bin halt geschlagen. Aber Heinrich mag ich eine Zeitlang nicht gern sehen. Er setzt die Pistole auf die Brust wie in deinem Traum.

Heute ist wieder trübes Wetter. Jetzt frühstücke ich und geh gleich in die Stadt: Bank, Malkästerl, Kompass, zum Schuster wegen meiner Halbschuhe. Zu einem Schirm kann ich mich absolut nicht entschließen zu kaufen. Gemein, wer meinen hat? Wenn ich mir einen denke, so habe ich gleich Phantasien, d.h. ich möchte einen mit gelbem durchsichtigem Griff, so wie Bernstein. Denke, wie man da manches Mal durchschauen könnte, und die Welt einem sonnig vorkäme. Aber ich bin weder Millionär – noch Naager – und lasse überhaupt das Kaufen. Mit dieser Philosophie Schluss!

Kannst Du glauben, dass ich Dich übermorgen schon wirklich sehe?? Ich nicht. Colomb! Schade, diesen verstimmten Brief!
Sei deshalb schnell umarmt. Deine treue Frau (..)

****

327:

Grafenwöhr, 2. April 1917

Liebe, gute Paula!
Das ist ein Durcheinander, ich kenne mich nicht mehr aus. Nachdem ich gestern ein Telegramm und den Eilbrief abgeschickt hatte, kam Dein Brief vom 29. und Mittag der Eilbrief vom 31.
Anscheinend sind lauter Missverständnisse. Nach Heinrichs Darlegung konnte ich nichts anderes tun, als den Namen telegraphieren. Der Termin war ja zu Ende. Er hat mir auch versprochen, dass niemand über den Namen erfährt. Hätte ich nur Deinen Brief vor dem Heinrichs bekommen. Nun handelt es sich nur darum, ob der Rentbeamte oder Böck recht hat. Sind die Erklärungen unwichtig, so muss sie Heinrich gleich vernichten. Dein Vorschlag ist ganz einfach und richtig gewesen. Dich trifft keine Schuld. Das Ganze ist nur eine dumme Verwurschtelung, an der eigentlich bisel Heinrich schuld ist. Es tut mir nur furchtbar leid, dass Du dadurch immer in falsches Licht kommst und so dummes Gerede und Geschreibsl anhören musst. Ärgere Dich nicht darüber. Du kannst allen sagen, ich bin ganz Deiner Ansicht.
Versprechen muss man halten, auch wenn es schwer fällt. Ich habe den Namen nur genannt, weil es keinen andern Ausweg mehr gab. Wenn Heinrich sein Wort nicht hält oder sein Bericht an mich nicht ganz der Sachlage entspricht, bin ich sehr böse auf ihn! Meinen Angehörigen nehme die Aufregung nicht zu übel, die liegt in der Familie. Ich schreibe ihnen schon darüber.
Komisch, ich habe neulich wieder so deutlich von Papa geträumt. Dann ist gewöhnlich was los, Streit und Missverständnisse. Ich glaube Ernestine braucht mich nicht zu erinnern, was ich Papa schuldig bin!! Schwamm drüber. (..)

Paula auf Besuch in Grafenwöhr

Feldwebel Prückel mit Schwester (Mitte), rechts: Paula, vorne links: Tommi mit Laura

328: GNM

München, 14. April 1917

Lieber, lieber Colomb!
Schon wieder ein Brief. Kein Sprechen mehr. Nun kommt aber auch ein langer Brief. Viel habe ich zu erzählen, nicht wegen des Interessanten, sondern weil ich meine, <u>alles</u> sollst Du wissen. So fange ich von vorne an, wie die ganze Reise war, gell.
Seit 5 Uhr bin ich in München, jetzt ist's 10 Uhr abends. Tommi schläft und alles ist schon ausgepackt! Ach, auch meine guten lieben Sachen zum Essen. Wie fühlte ich's in Nürnberg und hier erst recht, was das alles heißt. Ganz klar begreife ich alle Deine Gedanken. Ganz fanatisch bin ich Deiner Ansicht, Colomb!! Mehr Menschenkenntnis

als vor 4 Wochen habe ich wieder. Und eine Sehnsucht nach Deinen Überzeugungen zu leben. Du hast so Recht. Wie fehlst Du mir aber! Wieder ist die Nebelwand vor unsere Augen gesunken und ich kann nun vergeblich sehnsüchtig die Arme nach Dir ausstrecken. Oh, wann, wann wird dies ein Ende haben und ich nicht mehr mit heimlichem Weh Deine Gegenwart genießen können. Dich – Dem Niemand auf der ganzen Welt ähnlich ist. Ohne den alles nicht lebt. – Bist Du ungeduldig ?? Ich höre auf und fange mit der Reisebeschreibung an.
Also die Fahrt nach Nürnberg war ganz gut. In Pressath schenkte Tommi, voller Urlaubsjubel, der große, schwarze Soldat (mit dem überlebensgroßen Gesicht) ein hartes Ei und sein ganzes Kommissbrot (einen halben Laib). Er sagte, er komme jetzt zu einer Bäuerin („Margaretha"!!) in Arbeit und bekäme sicher sehr viel zu Essen. Das war recht gutmütig, nicht wahr. Derb sind sie dabei ja auch. z.B. ein Witz: Er sagte, er habe ein wehes Kreuz, darauf ein anderer, das müsse er gleich der Bäuerin sagen. (Ihr Mann ist nicht da oder tot). Darauf er: Ja, damit sie mir's einreibt, vor wir ins Bett gehen." Ein Anderer darauf: „Ja, mit einem Besenstiel!" Du kennst ja die Art, gell Colomb, derb und schlagfertig.

In Nürnberg angekommen ging ich sogleich ans Telefon. Mein Vetter Arnold Beissbarth sagte, er wolle mich mit seiner Frau am Abend besuchen (da sie leider Nachmittag nicht zu Hause) und ich solle doch in den Bamberger Hof gehen, er telefoniere extra hin u.s.w. Also konnte ich nicht anders. Ich sagte, ich wolle mich wegen etwas am G.K. erkundigen und er sagte, ich solle besser gleich gehen, wie gerade Samstag. Also <u>schnell</u> gingen ins Hotel, wuschen uns, andere Schuhe an ect. und fort ins General Kommando. Bei K. wurde ich nicht empfangen, aber beim Oberstleutnant Buschinger, seinem Adjutanten. Der war freundlich, schickte mich aber sogleich zum Major Mans (glaube ich), der wisse von der Sache. Und wirklich, also so ein Gedächtnis! Sofort sagte er mir auswendig die ganze Sache und wusste alles fast besser als ich. Wo die Kirche ist und wie alt Du bist u.s.w. War ernst, aber nett. Fragte natürlich, wo Du jetzt stehst. Als ich sagte Grafenwöhr, war er erstaunt. Da hättest Du natürlich auch in München arbeiten können, meinte er, er hätte geglaubt, Du würdest gleich ins Feld abgestellt. Ich sagte das, was Du mir gesagt, Du seist kein gedienter Artillerist u.s.w. Er meinte ganz nett: Ja das einzige wäre halt, Du würdest Dich nochmal untersuchen lassen und wenn Du dann nur g.v.[105] wärest, hätte niemand etwas gegen einen längeren Urlaub. Das sagte er zweimal. Dann sagte er eindringlich, sie hätten es nicht gekonnt, Dir länger geben, in Anbetracht Deinem k.v. und Jugend, der Bevölkerung wegen. Das nun kann ich nicht bestreiten. Und sie seien sowieso entgegen gekommen. Das ist auch wieder wahr! Dann sprach ich eben wegen der Frage: „Die Fertigstellung in späterer Zeit." Wann das gemeint sein könnte. Er sagte: „Ja, wenn nun Ihr Mann ins Feld kommt, können Sie nach 3 – 4 Monaten wieder eingeben und er wird dann wieder einen Urlaub bekommen. Ich will nichts versprechen, aber wir können dann vielleicht 4 – 6 Wochen genehmigen ausnahmsweise." Vorher hatte er schon gesagt, dass sie ja gerne einen so bedeutenden Künstler wie Dir genehmigt hätten,

---

105 g.v. = garnisonsverwendungsfähig; k.v = kriegsverwendungsfähig

ect, ect. Kaum 5 Min, stehend, war die Unterhaltung. Ich war sehr korrekt und ich habe auch keineswegs widersprochen, was meinem Gefühl nach das Ungeschickteste ist. So ungefähr sehe ich klar jetzt. Es fehlt nicht an gutem Willen dort, die Form soll nur äußerlich gewahrt bleiben. Sehr fein und höflich wurde ich zur Tür begleitet und ging mit <u>gemischten</u> Gefühlen.

Unten am Holzgitter (nochmals in der Halle wie ein Gefängnis) klebte Tommis begieriger Dickkopf. Nun stand uns Nürnberg frei bis heute um ½ 1 Uhr. Wir hatten aber am selbigen Abend nicht mehr viel Zeit, da es schon 6 Uhr geworden war. Also gingen wir ins Hotel. Oh, wie öd, Colomb ist so ein Zimmer. Teppich, Samtdivan, lang und schmal mit einem Fenster. Polsterluft!! Liftbub, Portier, Zimmermädchen, schmierige Kellner. Mein Vetter war schon dagewesen und hatte hinterlassen, dass er mit seiner Frau um ½ 8 Uhr wiederkäme.

Nun Colomb, kommt eine wahnsinnige Geschichte. Bitte lache recht, aber schimpfe nicht, ich sage Dir, Dir wäre es leicht ebenso ergangen. Nun passe auf, ich erzähle wie es war. Um 7 Uhr setzten wir uns ins Restaurant. Hellerleuchtet, viele Essende, reiche Menschen. Wir etwas müde und schon hungrig natürlich, wollen warten auf die Anderen. Ich denke immer: „Hoffentlich kenne ich ihn gleich, denn so recht weiß ich doch nicht mehr, wie er aussieht." Gutmütig ist er, klein und dicklich und älter wie die Zwillinge. Also. Mit dem Rücken sitze ich gegen die Türe und warte. Da kommt um ¼ 8 jemand hinter mir neben mich, sagt sehr freundlich familiär: „Guten Abend!" und wie ich mich freudig umdrehe steht ein kleiner dicker freundlicher Herr da, mit starken Zähnen. Grüß Gott sage ich und er gibt mir auch gleich die Hand und sagt ganz nürnbergerisch: „Wie geht's?" Ich sagte: „Ach so weit ganz gut, nur Schnupfen haben wir. Das kommt halt von Grafenwöhr. u.s.w." Durchs Telefon hatte ich ja schon mit Arnold ziemlich viel besprochen. Da er stehen bleibt, denke ich, er wartet halt auf seine Frau, die noch draußen ist. Ich erzähle von Dir. Er sagte: „Wie Sie das letzte Mal aber da waren, haben sie doch ein Tochterl dabei gehabt." Nun denke ich: „Oh, der macht es gerade wie Tante Nanette, die mich immer mit Mama verwechselte und sagte: „Oh, da meinen Sie gewiss meine Mama und mich, nein, da ist schon wieder der Nachwuchs." Er schaut mich so komisch durch den goldenen Zwicker an und ich denke: „Meint er, ich sei verrückt?". Gewiss, er hat die steife, wortkarge Nürnberger Art. Ich sage also: „Wir sind doch eigentlich per „Du" nicht wahr? Ist Dir der Platz hier recht?" Er schaut sehr sonderbar und ich denke, erinnert er sich gar so schlecht und will nachhelfen und frage so beiläufig und lachend: „Wie sind wir doch eigentlich verwandt?" (Obwohl ich's doch genau weiß?) Da wird er ganz steif und sagt auf einmal: „Was, wir sollen verwandt sein??" Ich werde ganz blass. Er:„Ich muss Ihnen sagen, ich bin nämlich der Wirth!" Feuerrot bin ich geworden. Ich sagte: „Oh, ich dachte, Sie seien Herr Beissbarth." Er lachte schrecklich: „Ja, dem seh ich auch etwas ähnlich." Nachdem er fortgegangen, kam ich zur Besinnung und nach 5 Minuten ging ich zu ihm und bat ihn, niemand etwas zu sagen, auch meinem Vetter nicht, da er gekränkt sein könne, dass ich ihn nicht mehr erkannt habe.

Oh, Colomb, dann musste ich noch lang lachen. Erst um 8 Uhr kamen meine Verwandten. Sie sind ganz nett und besonders gemütlich. Sehen sehr gesund aus. Er macht in seiner Fabrik weniger Pinsel jetzt, aber Granaten, hat 4 Mal hunderttausend in Auftrag angenommen. Schläft aber manche Nacht wegen „dem Zeug" nicht, wie er sagt. Ist patriotisch. (Sein Sohn ist Offizier und Schwiegersohn Rittmeister). Er lud mich zu Eieromelette und Spinat ein. War sehr gut.

In der Früh hatte ich Wut. Steht schon im Hotelzimmer, wenn man kein Frühstück da nimmt, kostet das Zimmer 50 Pf mehr (Kostete so schon 5 M) Also Zwang! Ich denke, also gut, ich frühstücke da. Aber: Frühstück komplett a 1,20 M. Ich sage im Speisezimmer:„Nein, kann ich nicht allein Kaffee haben, ich habe Brot und Butter!" Sehr großes Erstaunen. Ja, also Kaffee, je 60 Pf. Aber als er ihn bringt, sagt er je 1 M. Ich bin wütend. Aber es hilft alles nichts. Nun ziehe ich aus Wut das große Kommissbrot und die schöne Butter aus dem Rucksack und lege es breit auf den Tisch. <u>Alle</u> schauen, mir aber ist es Wurst! Dann nehme ich mein Gepäck und adieu, nach dem Bezahlen.

An der Bahn gleich aufgegeben und Billeten genommen und <u>frei</u> in die Stadt. Zunächst zur Lorenzo Kirche. Wieder verschlossen. Eintritt. Ich schimpfe noch in Wut von vorher. Ein junger Soldat, 20 – 21 steht auch da, lacht und schimpft auch ein bisschen. Dann gehen wir also hinein. Der Junge bleibt uns. <u>Sehr schön</u> ist die Kirche. So düster und so hochstehend. Aber wozu Dir alles beschreiben, Du weißt es selbst. (Das Sakramentshäuschen ect.) Nun wollen wir zur Burg. Der junge Mann sagte, er wolle auch dahin. Er ist ganz bescheiden. 2 Jahre im Feld, vorher sein Lehrerexamen gemacht. Aus Berlin, spricht aber wirklich sehr wenig und ganz natürlich und nett einfach. Also gehen wir zusammen. Die Burg imponiert mir. Romantisch. So streitliebend waren doch diese Erbauer, aber so voll wirklich wilder Kraft. Also zuerst: Folterkammer, Eiserne Jungfrau ect.. Dachte dabei, ob einmal auch unsere jetzigen Waffen so ausgestellt werden. Ja, ja! Jüngling erzählt (Er kam gerade aus Berlin), dass sich die Leute dort auf Montag verabredet hätten zu einer Revolte, wegen mehr Lebensmittel. Ob dann was in der Zeitung kommt??

Gefallen hat mir dann nachher der „tiefe Brunnen". 70 m tief und unten gar 2 unterirdische Gänge. Der eine bis zum Rathaus (1/2 Stunde) noch erhalten. Lichter wurden hinuntergelassen. Tommi stöhnte dabei.

Hast Du's gesehen? Dann tief, tief unten das Wasser. Dann gingen wir nach Sebaldus Kirche, Hans Sachs Haus und über den Markt. Weiter reichte aber meine Zeit nicht mehr, ich musste zum Essen. Auf dem Jahrmarkt kaufte ich Dir einen herrlichen <u>grünen</u> Kamm. Colomb, damit kannst Du Dich selbst und sonst wie kämmen. Also, sei nicht mehr geärgert über mich, gell. Kuss!

In „3 Raben" gegessen, billig und viel und Bahn, wohin der höfliche, gute Junge mitging und den Rucksack trug. Bahn sehr voll. Etwas im „Dänischer Sommer" gelesen. Nett. Hier in München nichts Neues. Keine Nachricht von Frau Kuppelwieser auch bei Frau Mattes nicht. Abwarten.

Nur neue Fleischverordnung, sehr kompliziert. Gimpel leider seit heute wieder krank. Schläft auf dem Boden. Wir sind traurig. Oh, Colomb. Schreib bald! Sehnsucht!

Gute Nacht, es ist 12 Uhr, bin sehr müde.
In Liebe sei umarmt und geküsst von deiner treuen Frau.

Der schwarze, große Soldat sagte zu seinen Kameraden auch, Du seist der brävste Unteroffizier von der ganzen Bayerischen ect, ect.

****

329:
                                                                            Grafenwöhr, 15. April 1917
Liebe, liebe Paula!
Wie ich gestern in der Abenddämmerung in die Stadt gelaufen, da saßen sie oben, die zwei Störche. Eben angekommen. Ich sah sie nur als dunkle Silhouette gegen den Himmel. Regungslos und müde saßen sie da. Aus weiter, weiter Ferne sind sie ja gekommen. Afrika! Schade, gerade am Tag nach Euch sind sie gekommen. – Bringen sie Frieden mit? –
Bereust Du es sehr, dass Du bei mir warst? Es war so schön, nur ich war halb. Weißt Du, manchmal bin ich wirklich nicht ganz normal. Ich komme mir wenigstens nachträglich so vor. Gestern und Vorgestern habe ich ans Ministerium geschrieben, es war recht schwierig mit Feder.

Gestern wurde ich Cholera geimpft und hatte auf heute Schur. Daher kam ich nicht zum Schreiben. Wie wird es wohl Euch Armen in der Bahn gegangen sein? Gestern habe ich von den Hausleuten bisserl Milch bekommen. Wie geht es Deinem Husten? Tommis Schnupfen?
Heute Nachmittag (Sonntag) habe ich mich allein an Weiher beim Grünbusch zurückgezogen. Bisl gemalt, wollte allein sein. Die anderen sind alle nach Eschenbach.
Ich bin sehr begierig auf Deine erste Nachricht.
Sei umarmt und geküsst und habe mich nicht in schlechter Erinnerung.
Dein Colomb
Tommi Kuss! Grüße Tante.
****

Eilbrief

330: GNM
München, Sonntag, 15. April 1917
Lieber, lieber Colomb!
Eben bin ich in Tränen ausgebrochen, als ich plötzlich in der Zeitung auf beiliegende Nachricht kam. Ich war so erschreckt, dass es schon in der Zeitung fertig steht und Du nicht da warst und überhaupt. Ich hoffe nur, dass man Dir gestern telegraphiert hat. (..)
Ich werde heute Nachmittag Corneille antelefonieren.(..)
Tommi schreibt auch an Dich eben. Er ist schon früh aufgestanden, hat selbst Stiefel geputzt und ist noch vor dem Frühstück fort, Deinen Brief wegtragen. Ganz „Vati" ist er.
Colomb, vielleicht hast Du doch noch etwas Freude mit ihm.
Der Gimpel ist leider noch gar nicht wohl. War draußen. Fliegt aber so schlecht, hüpft meist wie ein dickes Hündchen auf dem Boden herum.

Colomb, schreibe mir, was Du denkst, wegen der Sammlung. Bücher werde ich nun wohl keine mehr für Dich bekommen können.
Mit Tränen darüber (sonst ist ja vielleicht gut)
Deine treue Frau

Zeitungsausschnitt:

LITERATUR UND WISSENSCHAFT
Kleine Mitteilungen
Die Stadt Mannheim hat, wie uns gedrahtet wird, die große anthropologische Sammlung und Fachbibliothek des im Jahre 1915 verstorbenen Münchner Malers Gabriel von Max erworben. Der Kaufpreis beträgt 565, 000 Mark."

****
a)
München den, 15. April 1917

384
Lieber, lieber Vati!!!!!!
Auf der Reise bin ich durch 10 Tunnele gefahren. Schade, dass ich wieder weg bin. Ich war in Nürnberg und habe mir die Burg angeschaut.
Gruß und Kuss Dein Thomas Max.

****

331:
Grafenwöhr, 16. April 1917
Liebe, liebe Paula!
Deinen Eilbrief heute Mittag bekommen. Beruhige Dich. Die Zeitungsnachricht braucht noch lange nicht wahr sein. Die Summe stimmt ja nicht. Es wäre ja gut, wenn es so wäre. Nachricht habe ich sonst von niemandem. Es sind ja nur Bücher, welche die Sammlung betrifft dabei. Die ganze Sache habe ich schon überwunden.
Ich kann ja nicht mitreden.
Tommis Karte habe ich, aber Deinen Brief noch nicht. Dank Dir wegen Nürnberg. (..) Wenn nur aus Freiburg nichts würde. Heute ist hier angeschlagen, dass wieder <u>3 Fliegergeschwader Freiburg angegriffen</u>. Da habe ich ja keine ruhige Stunde.
Heute eine Sitzung vom Arzt Porträt gehabt. Es ist ein Pole, ganz netter Mensch, nur leider hässlich. Er hat mir echten Kaffee gekocht, Ostergebäck und Schnaps gegeben.
Paula, bleib gesund und lass Dich grüßen und küssen. Dein Colomb

****

332:            GNM
München, 16. April 1917
Lieber, lieber Colomb!
Nun hast Du meinen Eilbrief. Aber das Erstaunen darüber hat sich ja wohl gleich aufgeklärt, da Dir Storchl, wie sie mir am Telefon gestern sagte, auch gleich geschrieben und es dann auch express noch abschicken wollte. So hoffe ich, hast Du die beiden Briefe zusammen erhalten. 2 Express Briefe! Bist Du erschrocken? Heute schicke ich Dir hier das Dementi in der Zeitung. Was sagst Du nun zu dieser ganzen Sache? Es ist mir ganz unbegreiflich. Wie sollte jemand wirklich aus Böswilligkeit so etwas tun. Storchl meint, es sei dieselbe Person die auch das in die Zeitung brachte mit Prof. Weule's Vortrag. Diesen falschen Bericht, d.h. dass sein Vortrag <u>nicht</u> stattfinde. Und jetzt soll das eine Intrige sein, dass unsere Verhandlungen vereitelt würden? Ich kann so was gar nicht glauben, eher dass jemand <u>uns</u> gehört und aus einer Mücke ein Elefant gemacht wurde. Ich möchte absolut wissen, von wem die Nachricht stammt.

Von Frau Kuppelwieser noch nichts zu hören. Es ist wirklich bald beunruhigend. Frau Mattes will lieber auch noch mitreisen nach Freiburg. Ihr großer Sohn Peter meinte, wir sollten doch lieber gleich noch einen Hebammenkurs mitmachen. Habe selbst schon an Ähnliches gedacht.

Bertele hat vor 10 Tagen einen Buben bekommen. Am Abend vorher ist ihr Mann in Urlaub angekommen.

Heute habe ich Rähmerln für unsere Kunstwerke gekauft. Laura's Bild sieht sehr hübsch in einem schwarzen Ovalrahmen aus. Ich schicke beide Bildchen mit einem Brief an Herrn Feldwebel.

(..) Denke nur, nun kann man nicht mehr in jedem Gasthaus essen, wie man will. Nur in <u>einem</u> bestimmten und dort seine Karten abgeben. Es ist aber so schwer. Wir haben halt daher nur eine von unseren ins Mozart abgegeben, damit wir hie und da zu Hause essen können. Man wird ganz und gar gebunden.

Ach, Olly hat den Schlüssel von der Holzkammer verloren oder wo er ist. Zu unangenehm. (..) Olly ist so empfindlich auch, man darf ihr nicht viel sagen. Sie tut mir eigentlich leid. Es ist der Typus der Leidenden und <u>gerne</u> Leidenden. Sie fühlt sich manchmal gern gekränkt und wird auch leider leicht gekränkt. Zu zarte Naturen immer. So, jetzt nähe ich noch Lederläppchen auf Deine Socken. Und dann „Gute Nacht". Colomb, Lieber!

Kann – einmal – Frieden – kommen?

Vor 2 Jahren frug ich dasselbe, aber noch wie ein Kinde, meine ich.

Viele, viele Küsse und alles

Deine treue Frau

****

333: GNM

München, 19. April 1917

Lieber, lieber Colomb!

(..) Am 22. erwarte ich was, aber auch gerade diesen Tag soll Frau Kuppelwieser kommen. Gestern telefonierte mir Frau Mathes. Sie hatte Antwort auf ihr Telegramm. Frau Kuppelwieser telegraphiert: „Bekomme Passiererlaubnis in 4 Tagen. Dann endgültige Antwort für Valentin." D.h. also, sie wartet noch von Berlin aus auf Grenzpassiererlaubnis, ist am 22. (ungefähr) hier und sagt dann, ob sie Dr. Valentin hier nimmt. Mir ist aber Angst, dass sie doch nach Freiburg will und sich von Frau Mathes Valentin nicht aufreden lassen will. Ich hoffe halt, dass sie hier bleibt. Furcht macht mir ihre Energie. Schon, dass sie trotz Allem jetzt noch so spät über die Grenze reist. Das ist auch nicht so einfach. Da wird Sie auch noch weiter wollen. Sie will durchaus das Mittel (Skolulamin??) In Österreich scheint es keiner recht zu kennen und mit Chloroform soll man das Leben des Kindes wagen.

Ich möchte eigentlich, Colomb, wegen Dir, nicht mit nach Freiburg. Nun, es wird sich ja alles entscheiden.

Denke Dir, nun muss man alles Aluminium, wie das Kupfer und Reinnickel damals, abgeben. Und noch dazu für das Kilo bloß 7 M bei der Leichtigkeit. Müsste meine ganze Kücheneinrichtung „opfern". Ich habe aber genug geopfert bisher und lasse die Töpfe verschwinden und gebe nur den einen Bauchwärmer (150 gr also 30 Pf).

Arg ist auch, dass man nun nicht bloß beim Konditor fürs Kleinste Brotmarken geben muss, sondern auch in Wirtschaften für alles wo Mehl drin ist. Dazu haben wir 3 zusammen jetzt mit der Kürzung täglich nur 1 Pfund Brot. Vorgestern aß ich mit Tommi im Vegetarischen. Musste 2 Kartoffelmarken und je eine Brotmarke für Spinat (!) und Spargelgemüse! geben.

Vorgestern Abend war Mama da. Geräuchertes hat ihr gut geschmeckt. Sie wollte Dir selber schreiben darüber. (..) Heute hat es wieder alles weiß geschneit. Ein ewiger Winter.

Colomb, Sonne, Frieden! Sei umarmt und inniger Kuss
Deine treue Frau.
Gestern habe ich ganzen Tag Miniatürst und war verzweifelt mit diesem Elfenbeinpapier. Gekämpft.

****

334: GNM

München, 20. April 1917

Lieber, lieber Colomb!
Aus Freude heute eine Karte. Erstens: Über Deinen lieben Brief von heute vom 19. Dann zweitens: Weil Frau Mathes mir telefoniert hat, dass Frau Kuppelwieser geschrieben, sie habe Freiburg aufgegeben. Sie hat Grenzpassiererlaubnis, nur ihre Papiere sind noch nicht aus Berlin zurück. Bis 24. wartet sie noch. Kommen die Papiere, dann kommt sie hierher, wenn nicht, muss sie halt in Wien bleiben. (..)
Inniger Kuss, Kuss von Tommi, Grüße den Störchen.
Colomb Lieber! Deine treue Frau.

****

335:

Grafenwöhr, 24. April 1917

Liebe, gute, arme Paula!
Ich glaube, ich bin etwas beschwipst, wenigstens begeistert, möchte Dir so viel erzählen. Im Militärgasthaus hat mich ein Unteroffizier zu einer Flasche Wein eingeladen. (Unteroffizier Grauss hat sich als Bub aus unserem Viertel in München herausgestellt). Doch das ist nebensächlich. Einige Tage waren jetzt hungrig. Ein Fisch und der Wein auf leeren Magen regt die Gehirntätigkeit an. Eigentlich bin ich auch sehr traurig, hauptsächlich weil Du traurig bist, dass die Störche zu spät gekommen sind. Alles ist Bestimmung.

Schau, auch die Störche sind unterernährt und traurig bei diesem schlechten Wetter. Begeistert bin ich, weil alles im Leben so ein willkürlicher Kurs erscheint und doch so fein zusammen hängt und dann in bedingter Weise sich schlingt. Einen Tag ist alles hoffnungslos und schief und wenn es am schlechtesten ist, schiebt es sich dann auf einmal zurecht. Aber auf diese Weise wird der Brief 20 Seiten, das geht nicht. Ich bin sehr müde, bin seit ½ 5 Uhr auf, hab Schur gehabt. Jetzt ist es 10 Uhr nachts. 2 liebe Briefe von Dir heute bekommen. Danke Dir auch für die Bücher!
Ich kann heute doch nicht mehr schreiben. Kuss und gute Nacht, schlaf und träume gut.-
---------- Auf Dach rauscht der Regen so friedlich und im Westen tobt die schreckliche Schlacht.---------------

Guten Morgen. 25. April 1917
Jetzt ist es auch wieder so spät geworden, hab die Eier und bisl Brot für Dich zusammengepackt und noch Laufereien gehabt.
Also gestern bin ich gleich nach dem Appell fort gegangen (es war bissl besser Wetter), auf Eiersuche. Im Ort nichts zu bekommen. Umsonst mit Bauernweibern politisiert. Also weiter gegen Eschenbach! Am Weg wollte ich ein Steinkreuz zeichnen, das ich neulich nachts am Heimweg gesehen.

Aber oh Schreck, das Steinkreuz ist ausgegraben und umgeworfen. Jetzt steht es vielleicht viele hundert Jahre und gerade jetzt muss es weg kommen. Also weiter in die nächste Ortschaft Eierfechten gehen. 1. Haus nichts! Nette mitleidige Menschen, haben leider schon alle weggegeben.

2. Haus, junge schwangere Frau beim Hühnerfüttern. Die gibt mir 3 schöne große Eier. Sie holt sie vom Speicher. Ihr Mann ist auch im Feld. Es kämen so viele die Eier betteln. Ich sag, ich tue es nicht für mich.

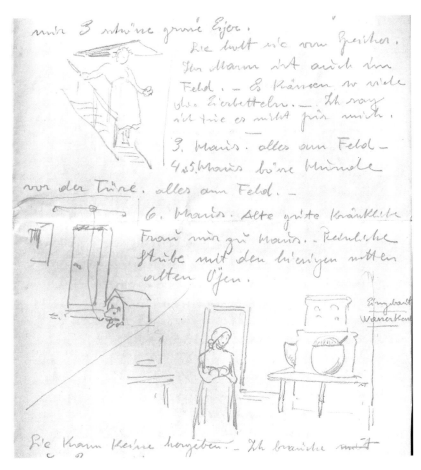

3. Haus: Alles am Feld. 4. und 5. Haus: Böse Hunde vor der Tür, alles am Feld. 6. Haus: Alte gute kränkliche Frau nur zu Haus. Reinliche Stube mit den hiesigen netten alten Öfen. Sie kann keine hergeben. Ich brauche nur 2, sag ich. Die gibt sie mir gern. Oh, mei, wir können uns mit anderem auch noch behelfen, sagt sie. Die Stadtleut müssen doch arg daran sein.
7. Haus: Alles am Feld, nur kleine Kinder da und eine Sau, die eine fremde Gans wütend verfolgt und auch mir ganz bös nachläuft. Es fangt an zu regnen. Also heim. Gehe noch zu unserer Hausfrau, um bisl Milch mitzunehmen. Die gibt mir noch ein Ei um 10 Pf. Mehr fürs Ei verlangen ist unverschämt, meint sie.
Also habe ich 6 Stück, die ich jetzt schicken kann. Aber man kommt sich wirklich wie ein Bettler vor und kann sich in deren Seelenstimmung hineindenken. Aber es gibt

wirklich viel gutmütige Menschen hier, so derb sie sind. Ich hörte sogar, Offiziere liefen so herum, um zu bitten.
Das ist eine Zeit, man kennt sich oft gar nicht mehr. Geröstetes Brot ist meine größte Delikatesse. Dann brate ich mir manchmal Kartoffel auf dem Ofen, das ist auch herrlich. Wie billig man jetzt leben könnte im Frieden.
Die Jugend hat doch was Schönes. So pöbelhaft unsere Rekruten sind, so sind es doch wenigstens begeisterungsbedürftige Menschen, die noch nicht alles verbergen können. Es gibt viele Abstellungen jetzt.
Wie es hieß, Freiwillige vor, rauften sie sich um den Vortritt. Mit strahlenden Augen, das Gesicht voller Freude. Schade, dass es um so eine elende Sache geht. Dann haben so junge Leute auch immer ein Bedürfnis zu verehren, suchen es förmlich. Wenn man bissl nett mit ihnen ist, so sind sie voller Begeisterung. Das Alter dagegen ist stumpf und misstrauisch.
(..) Sei umarmt, geküsst.
Dein treuer Colomb, Kuss Tommi

****

336: GNM

München, 26. April 1917

Lieber, lieber Colomb!
Heute Früh habe ich Dir die Postkarte mit der Kuppelwieser Nachricht geschickt. Was sagst Du? Etwas zu schnell ist es gegangen. Vielleicht stimmte es, vielleicht war es die Aufregung vor der Reise? Weiter weiß ich außer dem Telegramm „Heute ein gesundes Mäderl" angekommen nicht viel. War gerade am Telefon und Frau Mathes erzählte bloß von einem Brief, den ihre Schwester, Ida am Dienstag (Vorm.) geschrieben. Dienstagmittag um 4 Uhr soll es gekommen sein. (Um dieselbe Zeit wie Tommi). Ja, in der Nacht von Sonntag auf Montag sollen <u>schon</u> die allerersten Anzeichen gewesen sein. Daraufhin man ein Krankenauto bestellte und noch nachts in ein Sanatorium fuhr. Der Arzt und Sanatorium waren eigentlich gar nicht vorher so bestimmt und überlegt gewesen. Natürlich auch kein Skolulamin da. Nun blieb aber alles ruhig bis Dienstag, wo erst die Schmerzen angingen. Hier endet der Brief Idas. Ich bin nun sehr begierig, wie es Polja geht. Das Kind scheint also ganz gesund. Ein bissel Panik war es wohl, besonders da Frau Kuppelwieser ihre Koffer noch an der Bahn hatte.
Eines ist recht merkwürdig. Ich habe genau am Dienstag um 4 Uhr an sie geschrieben und eine Zeichnung gemacht, wie ich gespannt auf den Münchner Frauentürmen stehe und mit dem Fernrohr über die Grenze schaue. Drüben wirft ein eiliger Storch ein Kinderl in eine Wiege, welche auf einer Kuppelwiese steht. Also habe ich geistig zugeschaut.

Ach, das tue ich so oft. Bei Dir auch Colomb! Colomb, ich freue mich recht über das Mäderl. Schon – aber – . Ich denke, wie wäre – ach, wie wäre das schön, wenn ich Dir so

ein Telegramm schicken könnte. Ich kann's nicht verwinden, ich muss es doch einmal raussagen.
Aber lieber nicht weiter schreiben. Die <u>Gedanken</u> ärgern Dich weniger, meine Gedanken meine ich.

Beiliegend Probedruck von Kohler. Der Sonnenstich am Hals geniert mich eigentlich am meisten. Tommi hebt sich recht nett vom Waldesdunkel.(„Am Waldrand")
Von Berlin kam gestern die Nachricht, dass „Bertele auf dem Pferde", dem sie den Titel „Nach heißem Tag" gaben, erst in einigen Monaten herauskäme. Grässlich langweilig. Sonst weiß ich gar nichts Neues.
(..) Küsse, feste Umarmung, Colomb, lieber Colomb!
Deine treue Frau.

„Bertele auf dem Pferd"

****

Colombo bekommt Urlaub

****

337:
München, 15. Mai 1917

Lieber, lieber, lieber Colomb!
Das ist doch alles nur ein Traum! Du bist doch gar nicht wirklich wieder fort! Es geht doch jetzt erst eigentlich erst an, das neue Leben. So wie alles plötzlich draußen mit einem Schlag anders geworden ist. Grün, üppig, heiß, fröhlich in Sonne. Du warst dabei beim Wandel und kommst sicher gleich wieder. Es kann kein Kummer mehr kommen. Das ist doch überwunden. Mir ist es so! Dir aber wird es deutlicher sein. Du bist wieder in Deiner Militärjacke. Aber mehr im Freien kannst Du sicher sein? Ach Colomb! Wie gut warst Du zuletzt. Und so viel ruhiger, als zu Anfang des Urlaubs. Hast mehr normale Lebensfreude gehabt. Vielleicht durch Ammerland. Nie war das Frühjahr so schön. Voriges Jahr warst Du ja auch da, aber da lag Tommi in der Klinik. Und wie sanft harmonisch schloss der Urlaub ab, Colomb, mit Deinem Cellospiel. Ich werde es nie vergessen können. Bald muss es anders kommen. Ich will ja gar kein rauschendes Glück, nur Frieden. Was glaubst Du? Alle Menschen haben genug. (..)
Der Rahmen um Dein Selbstbildnis ist heute auch gekommen. Am Samstag wird alles für den Glaspalast geholt (Freitag kommen die Aquarelle fertig unter Glas). Dann bin ich froh. Gell, bitte schreibe mir bald die Preise für die 8 Zeichnungen.
(..) Und viel, viel, viel Liebe
Und Küsse und Grüße von Tommi und mir
Und sei umarmt von Deiner treuen Frau

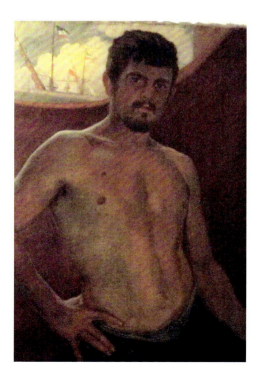

Selbstbildnis Colombo

338: GNM

München, 16. Mai 1917

Lieber, lieber Colomb!
Heute habe ich Deine Karte mit Regensburger Ansicht bekommen. Ich danke Dir. Kann's mir denken, wie müde Du warst. Aber sonst fehlt Dir hoffentlich nichts? Ich denke immer an Dich. Kommst Du auch aus „dem grünen Loch"? Schön war's in Regensburg, das ist recht. Wäre freilich gerne dabei gewesen. Aber vielleicht zu wenig ausdauernd. (..)
Gestern Abend ging Tommi's erster Freundschaftsbesuch im Garten der Paul Heyse Straße schon gleich flöten. Er hatte Hausmeisters Wilhelm abgeholt, um abends (1/2 6) noch nach den Aufgaben, drüben am Beet zu arbeiten. Das Unglück kam um 8 Uhr heraus, als ich Tommi gerade badete. Frau Hausmeisterin kam herauf voller Zorn. Sie lasse sich das nicht gefallen. Nun habe sie zum ersten Mal <u>erlaubt</u>, dass ihr Bub mit unserem ginge und da käme er so nach Hause. Wir waren baff – Ja – Wackus[106] - hatte Wilhelm die Jacke und Hemd gerissen am Arm. Er hat gar nichts gemacht, so auf einmal. Ich kann ja nichts dazu. Frau Hausmeister ging dann in Paul Heyse Straße, wollte verklagen. Ernestine natürlich, ließ sagen (wie ich's gedacht), es ginge sie nichts an, was brauche ein fremder Bub in den Garten, es stünde ja dort, vor dem Hunde werde gewarnt. Also niemand hat Schuld. Um Verklagen zu vermeiden, lassen wir halt Hemd und Jacke flicken (stückeln) und geben etwas. Natürlich ist weiterer Verkehr unmöglich. So geht's. Nun soll halt Tommi mit Fritzel Plaut spielen. Er möchte mit ihm üben (Geige und Klavier), um dann besser zum Cello spielen zu kommen. Ach, ich freue mich auf: Frieden!
(..)
Nun Gute Nacht Colomb lieber! Ich sehe Dich sicher bald wieder. Sicher!!!!- Ich umarme Dich – mit aller Liebe und Kuss
Deine treue Frau.
Kuss von Tomi, Gruß von Olly. (..)

339:

Grafenwöhr, 16. 5. 1917

Liebe, gute Paula!
Jetzt bin ich also wieder im Käfig und das Türl ist zu, abgesperrt vom menschenwürdigen Leben. Die ersten Tage sind immer recht hart zu überwinden. Zu tun gibt es ja fast nichts, aber alles beklemmt einen. Neulich hat sich hier ein 40 jähriger im Haidweiher ertränkt, ist nicht erstaunlich. Jetzt sitz ich ganz allein in der großen Baracke. Wir liegen nur noch zu dritt herinnen. Ein großer Teil ist schon oben in den schönen Baracken, wir dürfen vielleicht auch bald hinauf. Elend ist es ja überall, wenn man in der Uniform

---

106   Wackus = der Hund in der Paul-Heyse-Straße

steckt. Müssen wir uns wirklich wieder immer nur schreiben, als ob das, das Normale wäre. (So ist es schon bald).

Meine Herreise möchte ich jetzt also Dir genau beschreiben. Oh, der Abschied ist immer schwer, man traut sich nicht zu hoffen, nichts zu denken, die Enttäuschungen, die man erlebt waren zu groß. Darum kann ich auch am Bahnhof immer nichts mehr Vernünftiges mehr reden. Die Fahrt nach Regensburg ging schön. Nach Schleißheim begleitete uns lange ein Flieger, fast nur in Fensterhöhe. Über Telegraphendrähte oder Bäume musste er drübersetzen, das war hübsch anzusehen. Die Insassen winkten uns.
In Regensburg war Feldwebel Prückel[107] am Bahnhof. In Zivil. Dunkelblauer Anzug mit schwarzem Samtbund, ganz geschmackvoll. Für Walhalla Besuch leider keine Zeit. Also, er führte mich gleich in die Stadt, um mir die Sehenswürdigkeiten zu zeigen. Jeder 2. Mensch kennt ihn. Sogar die meisten Marktweiber. Regensburg ist eine reizende Stadt, besonders die Altstadt. Das Leben scheint auch viel billiger und besser als in München. Das Pfund Spinat 30 Pfennig. Kinder laufen herum und verkaufen Körbe mit Radieschen. (Büschel 10 Pfennig). Der Feldherr zeigte mir Läden, wo was zu bekommen wäre. Also habe ich Dir bissl was geschickt. Er ging gutmütig überall mit. Ein Packerl Kunsthonig habe ich auch bekommen, das habe ich Dir aber nicht geschickt, gell, weil Ihr vielleicht welchen in München bekommt. Ich bin froh darum hier, da das Essen mittlerweile noch schlechter geworden ist.
Nach dem wir Plätze, Kirchen, die schöne Donaubrücke, Römertor und das Gasthaus wo Goethe gewohnt hat besichtigt, holten wir Laura an der Schule ab. Die hat einen herrlichen Schulweg. Immer nur durch Anlagen, wie Englischer Garten, fast bis nach Hause. Sie fragte mich hauptsächlich über die Liliputaner auf dem Oktoberfest aus. Sieht nett aus in ihrem Sommerkleidl mit kurzen Ärmeln und Söckchen.
Die Wohnung ist nett, hauptsächlich die Aussicht. So viel Grünes und viele, viele blühende Bäume gibt es überhaupt in Regensburg. Natürlich musste ich dort essen. Gute Suppe, Ochsenfleisch mit gebratenen Kartoffeln und Schwarzwurzeln und Spargeln. Danach echten Kaffee mit herrlichem Kuchen.
Sie hatten unsere Karte erst in der Früh bekommen. Unsere Bilder hängen an Ehrenplätzen. Mit Stolz zeigte er mir seine Bibliothek. Seine Hauptfreude sind Klasings Monatshefte, wo ja nette Kunstdrucke darin sind. Auch seine Zeichnungen aus Stuttgart zeigte er mir. Mit Freude und nicht ohne Geschick gemacht. Dann studierten wir Karten. Er verzichtete auf sein Mittagsschläfchen und wir gingen bei schrecklicher Hitze gleich wieder weg. Im Vorbeiweg zeigte er mir das Haus, wo er seine Jugend erlebt. Ein altes Haus, im 1. Stock Aussicht auf einen großen alten Park mit Schloss. Straße mit alter Mauer, an das Donauufer 10 Schritte. Eine schöne Welt für Buben. Wieder eine Bestätigung für meine Ansicht, dass sich in der Jugend die Lebensansicht entscheidet. Der Feldwebel hat wirklich Freude an Natur und Wasser, wie er selber sagt. Drüben an der Donauinsel in einem alten Biedermeierhaus mit Bäumen umgeben ist sein Geburtshaus.

---

107   Prückel = Kriegskamerad und Freund, siehe Foto vor dem Brief vom 14. April 1917

Dann gingen wir über die Brücke durch die alte Vorstadt, wo man den besten Karmelitergeist bekommt (Gell, nach Ammerland mitnehmen für schlechten Magen) auf den Dreifaltigkeitsberg. Schrecklich heiß. Die Aussicht ist aber wirklich schön. Alles so saftig grün, die duftige Ferne, Donauberge mit Felsen und Wälder und glitzernde Wasserstreifen. Regen und Donau. Die Walhalla schön gelegen in der Ferne. Mich erinnerte es fast an italienische Gegenden. Ich war begeistert, nur tut mir das Herz weh, dass Du nicht dabei bist. Solche schöne Tage sind doch selten, die soll man zusammen erleben. Alles so üppig, duftig, Frühlingswind. Schwalbengesang. Nette Feldwege mit Weißdornbüschen an Bierkeller und alten Häuseln mit alten schattigen Bäumen. Mir hat wirklich alles gefallen, kann sein, dass der Feldwebel gedacht hat, ich übertreibe.
Wenn Gott den Krieg gut vor rüber gehen lässt, so möchte ich wirklich einmal in diese Gegend im Sommer.
Also danach sind wir in das beste Kaffee in Regensburg. Da gibt es gutes Gebäck, ich hab Dir 3 Stückeln davon geschickt. Dann in die Wohnung zurück. Für mich wird rührend noch mal gedeckt und ich bekomme eine herrliche Wurst mit Sauerkraut. Sogar 2 feine Zigarren gibt mir Herr Feldwebel mit auf die Reise und begleitet mich auf die Bahn. Ich habe alles mit Dank angenommen, denn ich sah, dass sie gerne und mit Stolz gaben. Man beleidigt, wenn man nicht annehmen will, gell Du verstehst schon. Fr. Prückel spielte natürlich gerührt wieder auf Laura und Tommi an.
Um 6.29 ging der Zug. Um 9.19 war ich in Weiden. Musste also übernachten, um 3 Uhr aufstehen, um 4 Uhr nach Pressath fahren, von wo ich dann zu Fuß nach Grafenwöhr ging. Ein herrlicher Morgen. Hier alte Ödigkeit. Major im Urlaub. Feldwebel kommt Sonntag. Klimkiewicz[108] noch nicht gesehen.

Was soll ich nach Salzburg schicken? „Harmonielehre"? „Am Waldrand"? „Tänzerin"? Oder Zeichnungen? (Salzburg ist schwarz) „San Fruttuoso bei Nacht"? „Medusenhaupt"? „Bertele"? Oder nichts, und schreiben, ich hätte leider nichts, weil seit 3 Jahren im Krieg?

Nachmittag hatte ich leider keine Zeit zum Fertig schreiben, musste zum Munitionieren; der Brief kommt also erst morgen weg. Heute schon einen lieben Brief von Dir bekommen. Ja, alles ist ein Traum!
Liebe Paula, Umarmung von Deinem dürren Mann.
In Liebe Dein Colomb

****

340:
                                                            Grafenwöhr, 19. Mai 1917

Liebe, liebe Paula!

---

108   Klimkiewicz = Arzt

Zwei liebe Briefe sind wieder in meiner Hand. Danke, danke für alles. So viel Brotmarken hättest mir aber nicht schicken sollen. Ich hoffe aber bald ein Kommiss schicken zu können.

Hätte Dir schon eher geschrieben. Aber an zwei Tagen musste ich 2 Köpfe fertig malen und gestern Abend hatte ich schrecklich Kopfweh. Komisch, neulich habe ich's doch noch beschrien bei Dir. Aber es war halt gestern schrecklich schwül. Ich hab's nicht ausgehalten und bin Mittag zum Baden.

Am Grünhundweiher habe ich ein herrliches Plätzchen gefunden. Sandstrand und Wiese. Das Wasser war wunderschön warm, ich bin geschwommen. Mein Körper hat in allen Fugen gekracht bei der lang entwöhnten Bewegung. Aber herrlich war's. Bald danach kam aber das Kopfweh, das ich erst jetzt in der Früh wieder los habe.

Abends bin ich noch zu den Bauersleuten gelaufen, um zu danken für die Kartoffeln. Da kam ich am Lazarett vorbei, wo die Rumänen drin sind. Die Armen sonnten sich alle und standen am Stacheldrahtzaun. Mit sehnsüchtigen Blicken Zigarettln betteln. Das darf nicht sein. Plötzlich kam so ein gutgenährter Vorgesetzter, Russe oder Rumäne und trieb sie zurück. Er schlug sie dabei einfach auf Kopf und Gesicht, wie es kam ohne viel zu reden. Die gefangenen Franzosen schauten sehr erstaunt. Als der Posten weg war, habe ich ihnen paar Zigarettln hineingeworfen, ich hab wirklich nicht anders können.

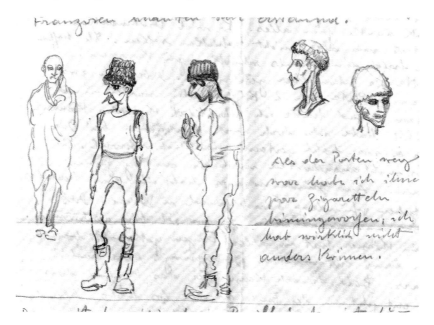

Das mit dem Hund in der Paul Heyse Straße ist dumm. Wenn Tommi Hemden braucht, so lass doch einige von meinen Weißen ändern. Jetzt brauche ich sie doch nicht und die Stoffe sind doch so teuer, dass ich dann billiger wieder nach dem Krieg Neue kaufe. Das eine braun und gelb Gestreifte ist mir auch etwas eng.

(..) Umgezogen sind wir leider noch nicht, werden auch wahrscheinlich hier bleiben. Wir sind aber nur zu viert. Ich habe ein gutes Eisenbett und habe es mir im Eck ganz gemütlich gemacht. Bei offener Türe kann man schon was tun, jetzt.
(..) Sei umarmt innig und geküsst. Dein Colomb
Kuss und Gruß an Tommi, dem ich vielmals für die Blumen danke. (..)

****

341: GNM

München, 20. Mai 1917 (Samstagabend)

Lieber, lieber Colomb!
Nun kann ich Dir wieder viel schreiben. Zuerst: Gestern kam Dein süßes, liebes Packerl. Fein: Schokolade!! Bonbons! Melissengeist! Plätzerln! Ich danke Dir herzlich, Colomb! (..)
Heute früh, obwohl noch nicht so recht beisammen, ließ mich das herrliche Wetter nicht ruhen. Ich musste gleich raus. Ich telefonierte an Beissbarths, da ich nach Unterhaching wollte. Das Frl. sagte, ich solle mit 2.30 Zug kommen. (..)
Ach Colomb, wie ist es da schön: So abgeschlossen. Und der Garten!! Flieder blüht und die Wipfel der Kastanienbäume biegen sich im Wind und sind voller, voller Blüten. Die Üppigkeit und Frische. 13 Kinder waren da zum Spielen. Sogar Bertele hatte ihren kleinsten Micherl mitgebracht. Der ist groß, hat aber etwas Ausschlag jetzt. Bertele ist etwas müde. Frau Sattler auch ganz schlank und blass. Tommi sieht eigentlich ganz wohl aus unter den Kindern jetzt. Auch zwei Mathes Buben waren da. Herr Prof. Hildebrand[109], Gogo und die Dame, junge Mutter 2er Kinder, die voriges Jahr auch im Mai im Garten war (mit der Brille), Du kennst sie. Mit ihrem Mann war sie da. Dieser war erst vor kurzem einberufen, lag in einem Lazarett hier, wurde vom Generalkommando gefordert für eine Stelle, daraufhin im Lazarett richtig untersucht und nachdem chronische Nierensache festgestellt, ist er nun im Generalkommando angestellt als Zensator für Bücher, die ins Ausland dürfen.
Herr Sattler kommt demnächst für länger hierher, da er das Palais einer Prinzessin auszustatten hat. Er ist bis Oktober zurückgestellt, ich meine gesundheitlich zu g.v. Der entsetzlich springende Punkt. Herr Braunfels ist mit dem Stab gegen oder bei Arras. Gogo ist hier. Wini ist hier. Habe sie nicht gesehen, aber sie soll nur 96 Pfund wiegen, ganz mager sein. Die Arme. Aber nicht krank. (..)
Mit Frau Sattler sprach ich über Herrn Breg's neues Buch. Sie ist bös auf Prinz Rupprecht (nicht Breg). Es sei so unrecht, dass er sich nicht beherrschen könne. Und die Soldaten mit Recht erzürnt seien und es dann ebenso machten. Ich wollte es nicht glauben anfangs. Aber es sei sicher, dass er ein Verhältnis mit einer französischen Adeligen habe. Und nicht abzubringen sei. Auch sonst frivol in der einen Beziehung. Er habe zu Frau Sattler in früheren Gesprächen auch geäußert, es gäbe keine Moral, einmal sei das Volk so und einmal solcher Ansicht und Lebensart gewesen. Ich kann mir es denken. Aner-

---

109 Prof. Hildebrand = Adolf von Hildebrand, Vater von Bertele, Frau Sattler und Gogo

zogen halt und unterstützt von der Umgebung, die immer bei solchen Sachen profitiert. Dazu eine fast anormale Anlage in dieser Beziehung meinte Frau Sattler. Nein Colomb, in ganz dieser Atmosphäre möchte ich Dich nicht wissen. Heini meinte, das wäre doch gut. Aber nein, dort wird getrunken und man könnte dann kein Spielverderber sein. Lach nicht!!

Noch etwas finde ich nicht schön, was ich hörte, dass der oft abgebildete Herr mit dem Zigaretterl und dem Flötenkinn eine französische Mätresse mit sich haben soll. Und bei uns werden Bäuerinnen mit Zuchthaus bestraft, die einem russischen Gefangenen Mundharmonika vorspielen! Nur an den Grenzen dürfen also die Rassenmischungen sein. (..)

Nun Colomb, muss ich ins Bett, hab bissel Kopfweh. Blutarm, Hitze, Hutgetrage, Reden. Oh Frühling, zu schön bist Du. Ich will nichts davon wissen. Bertele geht es ähnlich. Sie hat aber doch wenigstens vier Braunfelschen um sich herum. Der kleinste hat wieder blaue Augen wie Marianne und Münza.

Olly trägt mir gütig den Brief noch zum Kasten. Oh, ins Bett. Unter das schöne Bild. Fliehen, fliehen in den Frieden. Alles Schöne vergeht umsonst. Es ist – und ich will und darf es nicht genießen. Nein, ohne Dich nicht. Dabei werde ich eine alte Dotsche – und ein Frühling nach dem anderen verrauscht und verblüht. Vergebens!

Nein, es muss sich ändern!

Sei umarmt, Flieder, Jasmin, Kastanienblüten in Gedanken zu Dir neben Dein Bett Kuss in Liebe Deine treue Frau

****

342: GNM

München, 31. Mai 1917

Lieber, lieber Colomb!

(..) Heute will ich auch an Herrn Feldwebel eine „Jugend" schicken mit Deinem Titelblatt. Es ist sehr nett gewesen, dass es gerade am Pfingstsamstag herauskam, wo alle Leute unterwegs sind.

Etwas ungeschickt finde ich nur, dass Corneilles „Blaue stillende Emma" gerade jetzt bei Heinemann ausgestellt sein soll, wie mir Storchl sagt. Das wird wieder zu Verwechslungen führen. Colombo Josef Max heißt's zwar schon in der „Jugend" (Fast dürfte noch: Lessingstraße dabei sein) (Oder: Im Felde)

(..) Prof. Föhner[110] habe ich drüben in der Paul Heyse Straße gesehen. Nett, einfach. Anheimelnde Mannheimer Nasentöne! Der Elefant ist schon zerlegt und in riesige Kisten gepackt. Bis Ende Juli soll alles fertig sein. Vielleicht kommst Du inzwischen einmal.

Wie steht's nun in Grafenwöhr? Ob wir Ende Juni wieder die Eingabe mit Befürwortung probieren sollen oder lieber alles so lassen? Corneille ist noch immer da. Auf Manche

---

110 Prof. Föhner = Wissenschaftler, verpackt die prähistorische und ethnologische Sammlung Gabriel von Max in der Paul-Heyse-Str. für das Reiss-Museum in Mannheim

wird doch auch vergessen. Gestern traf ich in der Bahn Blix. Wackerle[111] soll Gabelsbergerstraße wohnen vis-a vis Polytechnikum. (Nummer: 17 od. 43 sagt Blix). Er sei furchtbarer Anarchist geworden, aber nix von Einrücken. Augenblicklich ist er in Partenkirchen. Letzten oder vorletzten Winter soll er in Berlin furchtbarer Lebemann gewesen sein.

Colomb, Tommi und ich sind ganz nett braun, bes. Tommi. Er hat übrigens fast ganz kurze Haare jetzt. Die jungfräulichen Ohren sind zum ersten Mal an der Sonne gewesen und freudig rot. Ich möchte wirklich jetzt, so oft es geht, hinausfahren. Wie rein fühlt man sich dort! Was gibt's Schöneres als grüne Bäume, Vögerln und klares Wasser. Die Wiesen sind mir noch nicht feind. Ich habe sogar einen großen Strauß Wiesenblumen, hauptsächlich Esparsetten, vor mir stehen. Uhh, wenn ich heuer keinen Heuschnupfen mehr bekäme, welch ein Fest würde ich feiern! Übrigens ist mein Husten jetzt auch ganz weg. Wie angenehm ich mich fühle, kann ich Dir gar nicht sagen. So schön war's draußen. Also in der Frühe haben wir zu Haus gefrühstückt: Olly, Tommi und ich. Dann habe ich herum getan: z.B. Bohnenstangen gesucht und gesteckt oder am Ufer. Dann bin ich zu Drobele vor und wir sind „herum". Für große Spaziergänge hat man gar keine Lust. Man bekommt gleich Hunger und Schwäche. Mittagessen bei Seillers, leider immer entweder Fleisch (mit 4/10 Anteilen) oder Renken (teuer) oder Pfannenkuchen mit mitgenommenen Eiern (und 100 g. Brotmarken). So recht satt kann man sich wirklich nie essen.
Corneille hat 3 große Hechte gefangen. 2 hat er mitgenommen. Von einem haben alle: Mimi, Drobele, Olli, Hansi, Corneille, Storchl, Tommi und ich einmal bekommen. Mama war ja immer auf dem Kloiberhof, wo sie auch bis Samstag bleibt und sehr gerne ist. Nach Tisch heimgehen, allerhand, dann im Wald schlafen, dann Olly, Drobele, Tommi und ich auf Baumstumpf Reformtee getrunken. Dann irgendwas oder gehen. Dann Abendessen, dann ich und Drobele mit gemieteten Kahn ½ - 1 Stunde gerudert. Corneille war mit Tommi und Hansi meist draußen den ganzen Tag. Eine junge Drossel ist am letzten Tag im Hof herumgehüpft. Als wir zu ihr kamen, machte sie gleich den Schnabel weit auf. Sie war ganz einverstanden als Tommi ihr einen Regenwurm hineinlegte und schluckte gleich.

---

111   Wackerle = Bildhauerfreund, siehe Lebensbericht

Geregnet hat es immer noch nicht. Merkwürdig lang. Heute zum ersten Mal bewölkt. Morgen lass ich von Gondrand[112] doch mein Bett und Garderobenhalter nach Ammerland transportieren. Wenn Frau Gedon oder Hansi wieder mitkommen und Mama ihr Zimmer hat, hat ja Olly sonst kein Bett. Und für ihre Kleider ist auch nichts da, da Mimi den Schrank in ihr Zimmer hinein nimmt. Mama hat mich eigens gebeten, ich solle doch Sachen hinbringen.
<u>Colomb</u>, ich freue mich sehr auf einen guten Brief von Dir. Alles Gute, Ach Gott! – Frieden?! Sei innigst umarmt. Extra noch sauberen Landkuss von Deiner treuen Frau.
Anbei getrocknete Blüten

****

343: GNM

München, 1. Juni 1917

Lieber, lieber Colomb!
Heute war ein Verwirrungstag. Vormittags habe ich geräumt und auch an Dich habe ich eine Karte geschrieben. Die Rolle ist auch an Dich abgegangen. Hast Du sie? Mit Wilke[113] in der Tram gefahren. Der ist in Uniform schon seit einem Jahr fast. Hier, aber er beschäftigt sich nicht zu viel beim Militär, zeichnet und geht in die „Jugend".
Tommi abgeholt und am Chinesischen Turm gesessen. Dann in die Stadt, dann heim. Oh! Ich hatte so und so oft mit Gondrand ausgemacht, dass er nicht vor 5 Uhr kommen solle wegen dem Bett etc. War aber da gewesen. Hatte Olly schon instruiert, doch lässt sich die von schimpfenden Männern einschüchtern. Ich wollte, dass die Männer nachher in die Paul Heyse Straße gingen und meinen alten <u>Garderobehalter</u> (für Ammerland) holten. Aber sie verlangten einen Garderobehalter bei Olly. Diese ganz konfus suchte auf dem Speicher hier und gab schließlich – ach, den Deinen vom Gang mit. Kaum hatte ich das gehört, so stürzte ich wieder zu Gondrand. Hatte doch eigens ausgemacht u.s.w. Es ist schrecklich mit der Abholerei jetzt. Heute früh **erst** ist Dein Steinbild in Paul Heyse Straße geholt worden.
Nun kommt bald der Salzburg Transport, sobald der Rahmen fertig ist und die 3 Schutzrahmen. Von Dresden sollen gleich Deine Bilder geholt werden, wie Du aus beiliegendem Zettel ersehen wirst. Habe mich tüchtig geärgert. Schon geantwortet und auch bei Gondrand das Holen bestellt.
Was soll mit Banger[114] geschehen? Ist Dir recht, erst Nauheim und dann Wiesbaden? Dann schicke ich alle 5 gleich. „ Im Tanzkostüm", „Harmonielehre", „Mädchenkopf", „Tänzerin" (auf Rot) und „Tod und Friedensengel".
Es ist grässlich mit Bringen auch. Rast mit 4 Zentner Kohlen sollen da gewesen sein und niemand zu Hause. War halt nicht recht vorher telefoniert worden. Ohne eigenes

---

112   Gondrand =Transportunternehmen
113   Wilke = von der Zeitschrift „Jugend"
114   Banger = Kunsthändler aus Wiesbaden

Telefon und Dienstmädchen ist es jetzt schon ziemlich beschwerlich. Corneille hat es da wirklich besser. Man soll kein neidisch Herz bekommen!!!?
(..) Morgen möchte ich gern wieder nach Ammerland. Zu schön ist es jetzt. Colomb – an Frieden – kann man da denken ??? Oh, die tuen noch jahrelang so weiter! --- (..)
Leb wohl, herzlich innigen Kuss, Deine treue Frau
Gute Nacht!

****

Tänzerin

344:

Grafenwöhr, 1. Juni 1917

Liebe, liebe Paula!
Endlich sind wir auch herauf in die guten Baracken gezogen. Es ist aber bis jetzt nicht so, wie ich gehofft. Ich liege in einem kleinen Zimmer mit 11 Mann zusammen (als Zimmerältester). Alles geht elend kasernenmäßig. Der Geruch ist nicht gut. Wir haben noch keinen Tisch. Die Umgebung geht einem manchmal sehr auf die Nerven. Ich bin schlechter Laune, sehr. (..)
Gestern Abend hat plötzlich Dr. Klimkiewicz zu mir geschickt. Der Rahmen ist gekommen. Ich musste das Kistl öffnen und das Bild einrahmen. Der Rahmen nimmt sich sehr gut aus. Er ist sehr zufrieden und voller Begeisterung. Auch wegen der Billigkeit. Er gab mir echten Tee zum trinken und Butterbrot mit Wurst und eine echte Virginia.
Wir unterhielten uns lange und sehr frei. Am Schluss spielte er mir sogar Violine vor. Mehr Begeisterung als Können. Natürlich nur polnische Lieder. Ich habe bissl lachen müssen. Es war ein ziemliches Gekratze. „Ich muss den Bogen mehr schmieren für den Marsch" meinte er immer wieder. Das machte es natürlich nicht besser. Es war ziemlich dunkel schon, also die übersehenen Vorzeichnungen verzeihlich. Aber über ihm hörte ich, wie ein Offizier immer nervöser herum polterte. Die Lieder waren ja sehr nett, die er spielte. Also, es war ein künstlerischer Abend.
Ich soll nun auch seine Frau nach Foto malen. Ich werde halt eine farbige Zeichnung versuchen. Ganz klein für Ovalrahmen. Vielleicht geht es.
(..) Liebe Paula Kuss, Du Arme! Dein Colomb
Grüße Tommi

****

Colombo ist kurz in München

****

345:

Grafenwöhr, 12. Juni 1917 8 Uhr früh

Liebe ----- Paula!
<u>Guten Morgen</u>! Bin gut einpassiert. Nur meine Füße brennen noch, weil es so staubig und heiß hier ist. Bissl müde auch, 2 Stunden nur in Weiden geschlafen. Dein Liebesbrot und Essvorräte sehr gut brauchen können. Sonst noch nicht viel gesehen und gehört hier. Quartier geblieben! Deinen lieben Brief, Zeitungen und Schreiben vom Ministerium bekommen. Letzteres ist der endgültige Kontrakt, bei dem nun auch die Kirchengemeinde[115] eingewilligt und unterschrieben hat. Werde sie Dir mal schicken.
Sei nicht zu traurig, denke an die schönen Tage zusammen. Jetzt heißt es wieder Geduld haben. Jetzt kommt wieder das schriftliche Eheleben. (Ehelebensersatz) Bist Du mir noch böse, dass ich in Ammerland so geschlafen? Gell, bald mehr. Bin erst 2 Stunden hier, kann noch nichts schreiben.

---

115   Kirchengemeinde = Kirchham, Auftrag für Gemälde von St. Martin

Umarmung Dein Colomb
Kuss Tommilein, Gruß Tante

****

346: GNM

München, 12. Juni 1917

Lieber, lieber Colomb!
Gestern, nachdem Du fort warst – Lieber – Sonne – war ich sehr traurig. Man meint oft zu viel in einen Urlaub quetschen zu können – ist schließlich vor lauter Anspruchshaftigkeit gar nervös – und dann – steht man wieder mit leeren Händen allein da. Wie viel gäbe man da nicht bloß um 10 Min Nebeneinander stehen können. Oder um 5 Min reden und ins Auge schauen dürfen. Ich habe mich bald ins Bett gelegt, aber mit dem Schreibzeug neben mir, nun aber doch zu schläfrig, um zu schreiben. Heute früh ging's wieder nicht.
Räumte erst auf, dann kam Gondrand die Bilder für Nauheim holen und um 10 Uhr kam die kleine Müller, die ich fotografierte und zeichnete. Ist ganz nett, aber nicht zu besonders. War nicht leicht, da sie erst 3 Jahre alt.
Dann lief ich noch vom Tisch zu Gondrand wegen der Matratze, zu Troger Platten hintragen und holte Tommis Schuhe vom Schuster. (So ist ein halber Tag). Dann gleich zu Mozart zum Essen. - Daheim schlief ich dann 1 Stünderl, dann hatte ich 8 Sachen zu schreiben: an Rast, Breg, Zissiheld, die wieder nicht gekommene Flickerin, Weihenstefan und dergl. Darauf packte ich Dein Packet: Eine große Gurke, 2 Zitronen, ein Töpferl Senf, Drobele Marmelade, 2 Eierschachteln und Deine anderen Sachen. Mit der Schachtel unterm Arm ging dann der Weg der Verzweiflung an. Hoffentlich bekommt Dir die Gurke gut, da ich sie so mit Verzweiflung im Kopf und Angst im Herzen eine Stunde herumgetragen. (Stelle Dir's vor)
Also im Gehen zur Bayerstrassen Post bei Albrecht[116] vorbei. Schnitzrahmenfrage. Hast Du die abbestellt? Ein Arbeiter sagte, Du seist dort gewesen. Also auf jeden Fall waren keine angefangen. Ich telefoniere zu Wetsch. Der sagt, er könne nun die Bilder nicht mehr annehmen, bes. da er keine Bilderkisten mehr habe. Oh, ich erschrecke furchtbar!! „Ja, wenn Sie mir bis längstens morgen Abend eine Passende verschaffen!", sagt er. „Wie und wo?", denke ich. Albrecht sagt vielleicht, aber vielleicht könne er sie anfertigen lassen. Ich renne auf jeden Fall noch zu Wirsching. Der hat sehr Mitleid, sagt auch, ich solle zu Gondrand eine zu leihen suchen. Also wohl oder übel gehe ich zu Gondrand. Wetsch steht doch im Salzburger Zettel. Morgen früh soll ich nun erfahren, ob dort eine Kiste zu haben ist. Angefertigt wird wohl kaum mehr eine und käme auch sehr teuer jetzt. Ob und wo eine eventuell in Paul Heyse Straße wäre, weiß ich halt nicht auswendig. Es pressiert jetzt halt. Schrecklich mit dieser Rahmenlangsamkeit. Am 15. ist letzter Einlieferungstermin.

---

116 Albrecht = Rahmenhersteller in München

Oh Colomb, und ich nehme es wegen Dir so ernst. Und gerade möchte ich alles recht gut machen. Ich war ganz unglücklich. Morgen muss in aller Frühe geschaut werden.
Endlich kam ich dann also mit der Gurkenschachtel zur Post. Dort hieß es noch anstehen. Die arme Gurke muss ganz nervös geworden sein. Und bei ihr liegt noch ein Sehnsuchtbrieferl von mir an Dich. Wie mag's Dir gehen Colomb? So gut wir mir – möchte ich wünschen. – Ach, im Urlaub hast Du Dich so oft über mich geärgert. Ich habe es aber nicht so gewollt, wenn ich was Dummes getan habe. Siehst Du, da meint man vielleicht, man entwickle sich zum Besseren und vielleicht entdeckst Du gerade inzwischen raus gewachsene Scheußlichkeiten an mir. Armer Colomb! Ich bin ganz unglücklich über mich. Man kann zwar nicht 5 Tag durchaus wie ein Engel sein. (Das möchte ich mir zur Beruhigung sagen) und man verlangt sich ein absolutes Elysium immer vom Urlaub, gell. Führt man sich dann dumm auf, ärgert man sich wie nie, denn wie lange musst Du wieder an solche Erinnerungen denken, ohne neue Eindrücke bekommen zu können. Qualvoll! Denk nicht ans Garstige. Bitte. Denke an mich nur so, wie Du mich magst und so wie Du Dir mich ideal gedacht hast.
Armer Colomb, in Liebe sei furchtbar fest umarmt von Deiner treuen Frau.

a) München, 13. Juni 1917
Lieber, lieber Colomb! Von Dir ist natürlich noch kein Brief da. Ich schreibe Dir aber schon wieder, darf ich, bitte?
Heute war ein solcher Untereinander – Vormittag. Schrecklich wegen der Bilder für Salzburg. Wie eine Fliege kam ich mir vor, weißt Du, die an der Decke herumfliegt immer mit den scharfen Ecken umbiegt beim Fliegen.

Wirsing

Gondrand

Albrecht

Lessingstrasse

Zuerst lief ich ganz früh zu Gondrand. Also, er hat auch keine Kiste, heißt es. Ich solle zu einem Schreiner telefonieren. Dieser macht eine circa 20 – 30 M bis morgen früh. Ich denke, nun schaue ich inzwischen doch in Paul Heyse Straße. Dort ziehe ich selbst mit der Hausmeisterin unter Schwitzen aus der Waschküche hinten heraus eine große Kiste. Aber doch nur eventuell gerade für „Am Waldrand" geeignet. Im Hof liegt sie, wo ich sie hingezerrt. Ich selbst weiß nicht, wie machen, Deckel ect, ect. Laufe zu Wirsching, flehe ihn an. Er, trotz vieler, vieler Arbeit ist so gut und kommt, misst und sagt bis 2 Uhr zu. Ich laufe wieder zu Gondrand. Dort heißt es, ja wenn nur die Bilder dort wären und ob sie überhaupt noch angenommen werden (da 15. letzter Termin) und müssen Express geschickt werden. Also sage ich, bringe sie her, da ich dieses Wortgefrette satt habe. Nehme Dörner (also wieder Lessingstraße) d.h. war erst bei uns um Wohnungsschlüssel, da Olly um Fleisch fort musste. Dörner kommt wieder mit mir herauf und wir gehen dann

zusammen mit den Bildern zu Gondrand. Unterwegs beggene ich Albrecht und frage ihn, was denn das mit den Schutzrahmen sei. Ganz pappig redet er, er wüsste es nicht für drei (obwohl doch der Mann eigens bei mir war, zum Ausmessen) u.s.w. Er wolle mir im Notfall eine Kiste geben. Weiter zu Gondrand. Dort, nach Ausladen kam der Büromensch herunter. Im Lagerraum sagte ich: Da ist ja eine große Kiste. So war's. Vielleicht war sie erst gekommen oder hat der Mann nichts rechtes gewusst. Wirkliches Interesse hat halt fast niemand jetzt. Man muss hinter allem hersausen. Also in diese Kiste gingen alle 3 Bilder, während in die von der Paul Heyse Straße bei Wirsching „Bertele auf dem Pferd", wegen zu breit, nicht gegangen wäre. Also war endlich geholfen. Nun musste ich noch leider zu Wirsching ihm sagen, dass er sich umsonst geplagt. Die Kiste dort war fast schon fertig. Das tat mir herzlich leid. Ich lasse sie fertig machen und nehme sie hierher zu uns in den Keller, denn 30 M ist solche jetzt wert, sagt Wirsing. Prof. Föhner braucht sie nicht!
(..) Ein Gewitter steht am Himmel. Es ist ½ 2. Wenn Tommi kommt, wird gegessen. Um ½ 3 Uhr habe ich Zeichenstunde.
(..) Ich wage Dir keinen Kuss zu schicken. In größter Liebe bin ich Deine scheußliche, aber treue Frau.

****

347:                    GNM
                                         Ammerland, 17. Juni 1917, Sonntag
Lieber, lieber Colomb!
Gestern ist Dein liebes Packerl: „Buttertasse" gekommen. Tausend Dank, Du Lieber! Wir sind gestern doch wieder hierher gefahren. (..) Eben sitze ich mit Tommi an dem Tisch (beim Schiffshaus) am Ufer. Es ist ganz, ganz still. Vormittag. Tommi hat zu lernen. Mama und Storchl sind spazieren. Corneille fischt. Es ist wieder ein unbeschreiblich schöner Tag. Du weißt's ja. Und die Luft so herrlich und frisch, der See ganz glatt. Wenn Du nur hier sein könntest. Gestern Abend war ein goldener Abend. Wie in Stockvik[117] das Wasser. Leuchtkäferln. Die Bohnen sind über die Hälfte der Stangen hoch. (circa 1 m). Im Nesterl neben Klavierzimmerfenster schauen Schnäbel und Strubelfederköpfchen heraus. (..)
Was tust Du heute, Colomb? Spazieren mit Feldwebel? Baden? Malen? Schur? Tommi hat gestern Abend zu Mama ins Schlafzimmer hinüber gerufen am Abend: „Großmutter, wenn unsere Popos auch so grünlich glühen würden, wie die Glühwürmchen!" Wir hatten 3 im Schmetterlingsnetz gefangen und vor dem Spiegel aufgehängt. Das war ein Gefunkel. Ja, Colomb, wenn unsere Popo's so leuchteten! Manchmal ist es so ähnlich, oder? Im Mai. Vielleicht übermorgen? Leuchte ich bis zu Dir. Stelle es Dir vor. Lache bitte. Nein, die Briefe sind zu intim, wenn sie nur niemand anderer liest!-
Noch was Komisches. In Tommis Singstunde sind nur noch 5 Kinder. Er, der beste jetzt daher. Er erzählte mir, wie neulich nur er gesungen, die anderen nur „so getan" hätten

117   Stockvik = Urlaubsort in Schweden, siehe Bild im Lebensbericht

mit Mundaufmachen. „Ich quelle hervor, furchtbar!" erzählte er. Das klingt so komisch. Jetzt weiß ich auch wieder, wie er damals bei seiner Geschichte bei Sattlers sagte. Mit aufgeregten, überspannten Handbewegungen: „Sekt, die neue Gedichtsblume – am Stern." Hast Du gelacht, Colomb? (..)

Am 30. Juni ist Gymnasiumsanmeldung. Nicht wahr, ich melde Tommi einfach am Theresiengymnasium an. Die Aufnahmeprüfung wird auch dann bald sein. (..)
Eben ist's ¾ 11. Corneille kommt zurück. Ist seit 3 Uhr nachts weg. Hat nichts gefangen. Gestern nur 2 kleine Hechte.
Grüße von Mama. Mimi ist in München. (..) Colomb, Lieber sei innig geküsst und umarmt. Deine treue Frau

Anbei getrocknete Blüten - Rosenblätter

****

348: GNM

München, 18. Juni 1917

Lieber, lieber Colomb!
Eben von Ammerland gekommen, finde ich Deinen lieben Brief vor (mit Tommi's Bildchen und unserer Grafenwöhrer Gruppenaufnahme). Ich danke Dir herzlichst. Gleich muss ich Dir wieder schreiben. Das wegen Entlassung macht mir tausend Gedanken. Ich will vor allem nicht, dass Du Dir dadurch schadest. Das Einzige wäre, wenn Du vorher noch g.v. erklärt würdest, dann wärest Du, so wie Corneille für länger sicher. Dumm, dass Du so schnell verbrennst. Corneille bleibt keine 5 Min ohne Kleider am Ufer, schreit Storchl: „Schnell ins Wasser!" Und dann zieht er wieder, bei dieser großen Hitze die Lederweste an!! Oh, Colomb, das möchte ich wirklich nicht von Dir verlangen. Aber kann man denn gar nichts bei Dir finden? Ich glaube Forell fände sicher was im Blut. Ich meine nämlich auch, dass Du mit einem ärztlichen Grund dem guten Feldwebel gegenüber besser dastündest. Gerechtfertigt, dass Du z.B. eine Behandlung bräuchtest oder dass er sieht, Du nimmst seinen guten Rat wegen der Unsicherheit der Lage ernst und stehst sicherer, wenn Du gehst als g.v. Das, wenn wäre, Colomb. Gell, Du verstehst mich. Sei nicht ungehalten, seufze nicht. Ich muss halt denken, nicht wahr und überlege halt auch hin und her. Möchte freilich nicht, dass Du aus dem Nest fällst.
Sage, kämst Du wieder zu Deinem Ersatz. Bataillon und Feldwebel??
Corneilles Bataillon ist aus Antwerpen weggekommen nach Mühlhausen (Elsass).

(..) Oh Colomb! Furchtbar heiß ist es. Ich sitz in Hemd und Unterrock. Die Bohnenblätter machen schon direkt grünen Schatten im Zimmer.

406

Tommi ist gleich von der Bahn in die Schule. Er soll neulich in der Schule bei Deinem Weggehtag geweint haben, erzählte mir Zusi[118] am Telefon. Gell, doch kein Kind hängt so an Dir wie er?? Er gibt sich doch auch so Mühe, Dir nachzueifern. „Er ist so sympathisch, der Vati; es gibt niemand so wie er!!"
Einen furchtbaren Sonnenrücken hat Tommi, das Bandel von der Badehose und diese (schief) ist in weiß auch auf seinem Körper deutlich zu sehen. So komisch, Colomb, sei innig umarmt
Deine treue Frau

✱✱

349:

Grafenwöhr, 20. Juni 1917

Liebe, liebe Paula!
Deine lieben Briefe mit Fotos und Rosenblatt bekommen. Herzlichen Dank auch für Zeitung. Der Bucheinband ist wirklich schön. Schicke ihn mit Käsebeilage zurück. Gell, ich schreibe wenig, verzeihe! Aber ich mache jetzt so viel, dass ich gar nicht dazu komme.
Habe 3 Porträts angefangen (Feldwebel auch), dann das Bild an die Wand. Einen lebensgroßen Tisch mit lauter Esssachen und Getränken, so dass man meint, wenn man zur Türe hereinkommt, er ist wirklich. Etwas schwierig. Die Hitze ist groß und man ist arg faul. Alle 2 Tage habe ich fast Schur. Gell, heute nur diesen Gruß, liebe Paulafrau. Schreibe Dir bald ausführlich, wenn ich dazu komme. Hier verdorrt alles. (..)
Umarmung und Kuss Dein treuer Colomb
Gruß und Kuss Tommilein, Gruß Tante

✱✱

(Skizzenbuch: Grafenwöhr 1917)

---

118 Zusi = Irene Georgii geb. Hildebrand, Freundin, siehe Lebensbericht

****

350:              GNM

München, 22. Juni 1917

Lieber, lieber Colomb!
(..) Vormittags habe ich gestern Geschirr gekauft. Schrecklich wegen dem Aluminium. Und gemein, dass das Emaille jetzt 4fach so teuer als früher geworden ist. Also Verlust riesig. Ich kaufte auch nur 2 Töpfe.
Nachmittags besuchte ich Frau von Planitz um 5 Uhr, als ich Tommi von der Klavierstunde abholte. Dann ich mit Tommi zu Steinhofs[119], da ich dort hin gebeten war. (..) Steinhofs Bilder erschreckten mich, dass ich gar nicht wusste, was ich sagen sollte. Sie sind alle à la Gauguin. Du weißt, das Neueste. Pariser nackte grünliche Frauen mit winzigen Köpfen und Zinnobermänner die gelbe Pferde bändigen. Badende mit winzigen, stilisierten A—plätzchen. Dann große Porträts, furchtbar leuchtend. Schwangere Frauen mit Hängebrüsten und Zwetschgenwarzen dran. Die paar Plastiken in diesem Stil gehen eher. Sind wenigstens nicht fad und süßlich.
Ida hat eine Eier- und Schmalzquelle von Stuttgart her. Allerdings zahlt sie rasende Preise. Sie wollen Dir einen Kuchen schicken. Was soll ich sagen. Oh, Colomb, grässlich, ich kann Dir keinen schicken. Also bin ich schon außer Konkurrenz.
Heute pappe ich Dir dafür eine schöne Mappe, damit Deine Zeichnungen aus dem Felde ordentlich aufgehoben sind. Ich habe heute früh aufgeräumt, auch etwas im Atelier. Habe Deine letzten Grafenwöhr Soldatenskizzen angeschaut und alles.
Ach, wo bist Du, Colomb! Deine Wintersachen sind alle weggeräumt, dieses Mal würdest Du dich nicht darüber ärgern. Die Socken habe ich auch mit Lappen gestopft. Sehen sehr invalide aus. Ich schicke sie Dir mit der Tasse, die gestern vergessen wurde zu den Kirschen getan zu werden.
(..) Colomb, sei innig umarmt, über Frieden spreche ich nicht mehr.
Mit geschlossenen Augen in die Zukunft schauend.
In Liebe Deine treue Frau (..)

****

351:

Grafenwöhr, 25. Juni 1917

Liebe, liebe arme Paula!
Jetzt kommt also der große Brief, zu dem ich nie komme. Über eine Woche **bist** Du fast ohne Nachricht von mir, das ist arg. Vor allem danke ich Dir herzlich für die verschiedenen Packerln, die Du mir so lieb geschickt. Packerl mit Ölen und der guten Nussstange (aber so was nicht schicken) gut angekommen, alles richtig. Dann Eilpacket. Die Tomaten, Zitronen, Rettiche und Gurke sind tadellos angekommen. Nur die Kirschen

---

[119]   Steinhof = Maler, hat Ateliers in Paris und Italien; er ist mit Ida, der Jugendliebe von Colombo verheiratet.

waren etwas sehr flüssig schon und etwas geschimmelt. Gell, vorderhand nichts mehr schicken. Wir leben gegenwärtig von Kirschen und Limburger Käse. Kirschen, gekochte bekommen wir als Mittagskost mit Nudeln. Nun, warum ich nicht zum Schreiben kam: Letzten Sonntag vor 8 Tagen haben wir mit Feldwebel große Fuß Tour auf den Parkstein gemacht. Schrecklich heiß. Aussicht aber herrlich. Riesen blauer Himmel, Hügel, Felder und Wälder bis in weiter Ferne. Zu essen aber nichts. Zu Hamstern auch nichts. Also hungrig wieder heim. Parkstein ist ein Basaltfelsen.

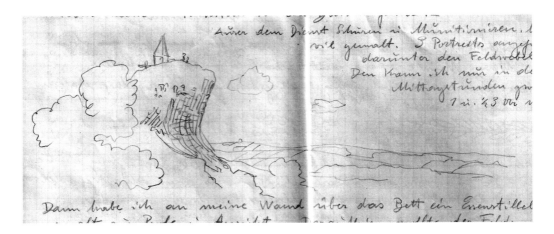

Außer dem Dienst Schuren und Munitionieren habe ich viel gemalt. 3 Porträts angefangen, darunter den Feldwebel. Den kann ich nur in den Mittagsstunden zwischen 1 und ½ 3 Uhr malen.
Dann habe ich an meine Wand über das Bett ein Essensstilleben gemalt zur Probe und Ansicht.

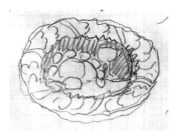

Daraufhin wollte der Feldwebel auch so was in sein Zimmer. Also, ich habe lebensgroß einen Tisch mit auserlesenen Speisen und Weinen auf weißem Tischtuch gezeichnet und angefangen zu malen. Plastisch und so in der Perspektive dass es richtig wirkt, wenn man zur Türe herein tritt. Schwierig. Kann auch nur gegen Abend oft bis 10 Uhr daran arbeiten.
Herr Feldwebel ist ja ein begeisterter Zuschauer. Sehr gutmütig und nett ist es von ihm, dass er mich schon öfters zu seinem Essen eingeladen, auch als Dank für die Malereien.

2mal habe ich herrlichen Rehbraten in Rahmsoße und gerösteten Kartoffeln, einmal ein herrliches Kalbsgulasch und heute sogar ein richtiges Wiener Schnitzel (gebratene Taube auch) bekommen. Das bekommt er alles fertig gekocht geschickt und braucht es nur aufwärmen. Spargel, Spargel, Butterbrote, Kuchen, ect. stiftet er auch öfters. Er macht es so, dass ich es annehmen muss. Einige Abende sind wir am Abend spazieren gegangen bis 11 Uhr. Landschaften ansehen, erklären wie man zeichnen soll, vorzeichnen.

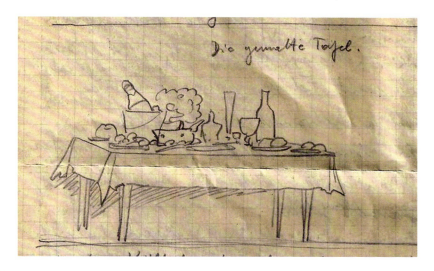

Dann arbeite ich an den Miniaturen von Dr. Klimkiewicz. Außerdem musste ich einige Tage mit einem Maler zusammen zwei Zimmer für unseren Batl. Kommandeur Major Költsch streichen lassen. Habe zwei Schablonen für oben geschnitten. Musste schwer mit dem Geschmack des Malers streiten. Es ist aber doch ganz nett geworden. Ob es ihm gefallen wird, weiß ich nicht. –

Das wären die Arbeiten.
Außerdem habe ich aber seit letzter Zeit ganz dumme Beine. Sie tun mir fast immer weh. Besonders, wenn ich sitze oder stehe. Bei der Hitze war es am Schlechtesten. So ein komisches Spannen in den Adern und Bleischwere. Beim Gehen ist es besser. Bekomme ich am Ende schon die Wassersucht? Vielleicht wird es was für den Arzt, werde mal hin gehen. Also, das sind die verschiedenen Hauptgründe, warum ich so lange nicht geschrieben habe. Hoffentlich bist Du mir daher nicht böse.
Ja, so. Gestern waren wir auch noch auf dem Rauen Kulm.

(..) Wegen Ida, liebe Paula, mach Dir keine Gedanken. Ich war ihr vielleicht nie so nahe gestanden, wie Du Serini. Sie war ein Kind, eine hübsche Pflanze, damals in Rom. Das ist doch alles vorbei. Sie hat einige nette Eigenschaften, aber auch viele andere. Zum besseren wird sie sich nicht entwickelt haben. Das tun Italienerinnen nie. Doch es ist lächerlich, wenn ich Dir da was vielleicht ausreden will. Es ist ja gar kein Grund da. Oder hast Du wirklich ernstliche Zweifel wegen uns?
(..) Steinhof ist nicht besonders. Ida ist Dir vielleicht meinethalben nicht sympathisch. Aber Fühlung wollen wir doch mit ihnen behalten. Ich möchte sie schon wieder mal sehen. Schau, Du verkehrst mit Serini, auch mit, weil er Deine Mutter gekannt. Ida ist ein Stückl Italien. Gell, das gönnst Du mir schon. Das Leben ist ja so kurz. Menschen und Erinnerungen sterben nur zu leicht. Ander ist weg, Schmidt auch. Aber ich glaube, ich brauche Dir gar nicht so lange alles erklären. Du kennst mich doch durch und durch. Gell. Wenn Du Steinhofs siehst, so sage viele Grüße von mir, es freut mich, dass sie durch den Krieg nicht verschollen oder verdorben sind. Gratuliere zu der Tochter.
(..) Im Vorraum vom Atelier steht ein Schubladenschränkerl.
Es sind Medaillenabgüsse. Eine Sammlung vom Großvater gell, die gehört mir. Das habe ich vergessen, Heinrich zu sagen. Schade, wie gerne hätte ich die Sammlung mit verpackt. So arbeiten lauter Leute, die nichts davon haben. Ich meine keine Freude. (Hausmeister, Heinrich) Heinrich möchte mir schreiben, wenn Föhner[120] mal da ist, sonst kann ich nie mit ihm zusammen kommen. Ich müsste mir meinen Urlaub einteilen. Hast Du denn Kochgeschirr eingeliefert? Kaufe nur für Bratzwecke Eisengeschirr. Kein Email. (..)
Jetzt werde ich ganz dumm vom Schreiben. So viel wollte ich Dir sagen. Ja, ein Skizzenbuch für Herrn Feldwebel Prückel bräuchte ich. Weißes Papier, auch dick genug zum radieren, gell. Länglich, nicht zu klein. Dann, wenn Du in Ammerland mal so geräucherte Fische bekommst, so schicke vielleicht einige. Er isst sie, glaube ich gern.
(..) Wenn ich Freitag doch plötzlich Urlaub bekommen sollte, so lass Dich nicht aufhalten, gell. Fahre nach Ammerland. Ich komme schon nach, gell sicher. Ich telegr. München im Fall Du dort bist. Aber ich bekomme sicher keinen, fürchte auch, dass ich dann Föhner wieder nicht treffe.
Jetzt Schluss, ich kann nicht mehr schreiben, bekomme Schur.
Viele Grüße vom Herrn Feldwebel
Wünsche Dir alles Gute. Sei mir nicht bös. Kuss und Umarmung Dein treuer Colomb

****

352: GNM

München, 27. Juni 1917

Lieber, lieber Colomb!

---
120   Föhner = Prof. Föhner, verpackt die Sammlung Gabriel von Max für das Museum in Mannheim

Heute ist ein Durcheinander Vormittag gewesen. Eben habe ich noch geschwitzt und geheult, dass es eine Art hatte. Und dabei ärgere ich mich gerade deshalb wahnsinnig über mich. Nachher erzähl ich Dir's ausführlich, warum. Es sind drei Ärger zusammen und besonders das „schwach Anreden" im Wohlfahrtsausschuss zuletzt. („Schwach Anreden" ist doch Münchner Ausdruck, passt aber gerade so gut in dieser Sphäre)

Vor den ekelhaften Sachen, erzähl ich Dir das Gute. Ist immer besser. Tommi hat seine Prüfung sehr gut gemacht. Der Oberlehrer war sehr nett und lobte sehr. Heuer gilt als „gut" = als Durchschnittsnote 2 ½. Sonst 2, aber wegen Kohlenferien, ect.: 2 ½.
Tommi hat aber:
Religion: 2, Lesen:1 ½, Aufsatz: 1 ½, Sprachlehre: 2, Schönschreiben: 2 ½, Rechtschreiben: 2, Heimatkunde: 1 ½, Rechnen: 1 ½
Das sind doch gute Noten. Am Schluss sagte der Oberlehrer (der sehr schwer hört und man alles schreien muss):„So, lasse es Dir gut gehen im Gymnasium, sei weiter so frisch und mache Deiner Mutter mit Fleiß Freude." Tommi gibt ihm strahlend die Hand und sagt: „Danke, gleichfalls." - "Wie?" sagt der Oberlehrer. Tommi ist in größter Verlegenheit, muss nochmals schreien: „Danke, gleichfalls - hätte ich gesagt." Ich musste leider sehr lachen.

Aber jetzt kommen die 4 (nicht einmal 3) Ärger: Zuerst der Kleine bei Storchl. Dahin gingen wir den Honig holen, der uns versprochen. Tommi hatte schon gestern 2 Gläser hinüber getragen, weil's bestellt war. Rosa war sehr boshaft und sagte, Tommi habe gesagt, es ging in jedes ein Pfund. Frau Max habe gesagt, da müsse sie ja ihren ganzen Honig hergeben und wenn wir meinten dabei zu kurz zu kommen, bräuchten wir ihn überhaupt nicht. Sehr fad. Olly hatte zu Tommi gesagt, es sind Gläser für ½ l = 1 Pfund. 1 Pfund geht in jedes, sie meinte, man kann in jedes ein Pfund tun. So war mein Stolz eigentlich verletzt, Du weißt doch, dass ich dann nicht mehr gern nehme, wenn man mir so Geschichten redet und vorhält. Besann mich dann doch und sagte: „Ach was, so wiegen wir halt 2 Pfund hinein, es ist doch keiner langen Rede wert." u.s.w.
Das war nichts Schlimmes, hat mich auch kaum berührt. Aber dann: Frau Mohr. Sie hatte wieder ihre Laune. Da wir ihr 3 Eimer Kohle geliehen und sie es erlaubt, wollte ich um telefonieren bitten. Telefonierte an Frau Dr. Wenz, da Rolf die Sammlung sehen wollte. Aber die Kinder waren alle krank, hatten eine Art Ruhr. Vielleicht von Herrn Goldschmidt aus dem Osten mitgebracht. Ich fragte, wie lange er Urlaub habe. „Ja, der ist für ganz jetzt da."
Siehst, das ärgert mich, Colomb. Ich fragte: „Wieso?" „Ja er ist halt unter solchen Flügeln. Das gibt es. Blecker ist auch k.v. und Kriegsmaler." Nun kann man aber wirklich nicht mehr sagen, dass man der Bevölkerung wegen nicht beurlauben könne ect. Ich muss doch darüber noch mit einigen Leuten reden. Viel ja nicht, denn wir dürfen ja zufrieden sein, Colomb. Nicht wahr!
Als ich vom Telefon weg ging, kam Frau Mohr und sagte, es nehme überhand mein telefonieren. Dabei tue ich höchstens 2 Mal in der Woche. Ich solle mir ein Eigenes

anschaffen. Auch möchte sie nicht, dass immer Leute sie anriefen für mich. Das tut halt Heinrich, obwohl ich ihn gebeten, es nicht mehr zu tun. Es ist furchtbar fad, sich so was sagen lassen müssen. Es ist ja in vollstem Gesellschaftstun und ich bin ganz ihrer Meinung. Nun ist es oft so überraschend, nachdem sie so oft alles anbietet. Aber sie will halt ihre eigenen Angelegenheiten nicht ein bissel zurücksetzen. Es ist eine furchtbar berechnete Kaufmannsfrau, dabei lang nicht so nett, wie Deggingers[121]. Das sehe ich immer mehr. Manchmal möchte ich wirklich alles anders machen und weg. Das ist blöd und dumm. Man muss sich auch was gefallen lassen können. Nun, ich weiß jetzt wieder mal wie ich dran bin, aber Kohlen habe ich auch keine mehr für Mohrs.

Oh, und dann ging's in die Baracke zum Wohlfahrtsausschuss. Warum eigentlich? Du sagst es sei mein Recht. Ja, das meine ich ja auch, aber, ich könnte es ja auch anders machen. Weißt Du es wird einem **durchaus nicht gegeben** wie berechtigt. Es gibt kein Zwischending. Entweder Unabhängige, mit Geld – oder Arme, die betteln, bei denen man annimmt, sie wollen so viel als möglich herausschinden. Weißt Colomb, Du musst es verstehen. Und dann sind es keine hochgebildeten Menschen, die dort in diesem Saal sitzen. Einfach ekelhaft. Ich bin doch immer wieder geärgert es getan zu haben. Du verstehst mich da nicht. Recht dazu habe ich, aber nur in Deinem Sinne. Nicht so eigentlich in ihrem (der Wohlfahrtsleuten) Sinne. Ich bin nett und gut angezogen u.s.w. Also, wie ich gedacht, wurde von vorneherein gesagt, es scheine ja keine große Bedürftigkeit vorzuliegen, wenn ich nicht mehr gekommen sei, in spöttischem Tone. Schon das ganze Milieu, Colomb, ist wie ein Gerichtssaal. Groß, öd. Pulte mit schreibenden kritischen Menschen. Vorn das Hauptpult der Obermänner. Daneben eine Art Anklagebank. Und einige arme verhungerte Frauen.

„Der Fall: Frau Max." kommt also. Gerede untereinander. „Sind Sie es?" „Warum sind Sie nicht gekommen?" Ich sagte ja, ich hatte die Zugeherin noch. Dann redet mich der eine Obermann furchtbar scharf an: „Ja, glauben Sie, wir laufen Ihnen nach" und „Es scheint keine Bedürftigkeit" und „Von was haben Sie denn gelebt" höhnisch. Ich sagte, ja, das stünde ja in meinem Bogen, dass ich noch Geld habe und, da er so schnautzig war, sagte ich, ich sei eben nicht gern gekommen, eben <u>wegen de</u>r Art! Der Dicke wandte sich an den Giftigen beschwichtigend, da dieser schon wieder auffuhr gegen mich. Ich sagte, es sei gerade, als habe ich ein Verbrechen begangen und fing leider zu weinen an. Es war scheußlich. Weißt Du, ich bin's halt nicht gewöhnt diese Art und die dort sind gewöhnt von vorneherein anzunehmen, man wolle schwindeln. Und dann dieses Examinieren, Künstlerunterstützungsverein, u.s.w. Wenn man nur <u>ein wenig</u>, ein ganz klein wenig liebenswürdig wäre. Der Dicke lenkte ein und sagte zum anderen: „Na, die Frau hätte halt ihr Geld ganz verlebt, es sind halt Manche anders." Er hatte vielleicht doch Angst, dass ich Recht habe wegen <u>der Art</u>. Sie hatten sich inzwischen erkundigt und ich bekomme das Geld. Aber es ist nicht schön, es so zu bekommen, wirklich Colomb. Ich werde jetzt immer hie und da kontrolliert. Plötzlich erscheint jemand bei uns und bemerkt vielleicht dies oder das bei mir.

---

[121] Deggingers = Wohnungsvermieter in der Lessingstraße

Nächsten Mittwoch bekomme ich 90 M. Sogar nach. Ich glaube, ich habe furchtbar wütend um mich geschaut, als ich dort fort ging. Es ist mir schrecklich leid. Zu was. Die dort sind verärgerte Beamtenstilmenschen. Der dicke Sanitätsrat war der Beste. Wozu da sich blamieren. Aber ich war leider an der Grenze, entweder grob zu werden, oder zu heulen. Zu blöd, wir Weiber. Du wärest weiß geworden und hättest geschimpft.
Bitte, Colomb, nehme es nicht zu ernst und rede nicht zu anderen darüber. Ich geniere mich sonst.
Und dann, wenn es uns einmal besser geht und ich hübsch angezogen bin, heißt es sicher: „Ah, die!" Und „Jetzt hat sie's nötig!" Das ist es eben, was mir so arg daran ist. Ich weiß es von Frau Reiser. Gell, ich brauche nicht mehr hin, wenn wir einigermaßen Geld von Paul Heyse Str. bekämen!
Jetzt muss ich schnell zur Emmy Zeichenstunde. Habe Blumen dafür gekauft und gebe immer von meinem Tonpapier, ist mir bis jetzt aber noch nie eingefallen.
Kuss Colomb. Ach ich bin scheußlich dumm.
Umarm mich, bitte, Deine treue Frau

****

353:

Grafenwöhr, 28. Juni 1917

Liebe, liebe Paula!
Meinen langen Brief wirst Du haben. Das Packerl von Herrn Feldwebel auch. Wir haben es zusammen gemacht, er ließ es sich nicht nehmen, was zu schicken, war begeistert beim Zusammenpacken. Ich habe neulich Andeutungen gemacht wegen Deinem Namenstag, dachte wegen Urlaub. Daher weiß er ihn. Er will sich halt auch für meine Malereien erkenntlich zeigen. Es freut mich für Dich, das Du was bekommst, weil ich nichts schicken konnte. Er hat mir gestern außerdem eine ganze Schachtel voll Malzkaffee geschenkt für Dich, den er frisch von einer Handlung bekommen. Ich schicke ihn Dir demnächst. Möchte noch ein Brot, das ich allmählich eingespart, mitschicken.
Besser ist es vielleicht, ich komme jetzt nicht. Habe leider auch keine Nachricht mehr bekommen ob Föhner da wäre. Bist Du traurig? Es heißt auch sonst leicht, der Feldwebel bevorzugt mich, gell Du verstehst. Vielleicht komme ich besser nach Tommis Prüfungen. Einige Tage hat mir der Herr Feldwebel schon versprochen. Gell, schreibe mir Deine Pläne genau. Auch, ob ich nötig bin, Tommi ins Gymnasium zu bringen. Vielleicht mit Urlaubsgrund. Vor 15. Juli ist ja mit Grafenwöhr nichts. Auch habe ich noch keine Wohnung gefunden.
(..) Schrott hat mich gefragt, ob ich ihm nicht gegen Bezahlung so Heiligenbilder auf Metallplatten malen würde. Er hat so viele Bestellungen, dass er nicht weiß, von wem machen lassen. Ich werde kaum die Zeit und Ruhe hier haben. Ich habe Dich vorgeschlagen. Gezahlt wird ja nicht viel 10-15 M, glaube ich. Schrott meint, Du sollst Dich mit seiner Frau darüber verständigen. Zeichnung natürlich nach Vorlagen. Du hast ja schon zwei so Sachen gemalt. Würde es Dir Spaß machen? Die Technik steht in meinem Buch

Liebhaberkünste. Billiger als um 10 M darfst Du's aber nicht machen. Auch ohne Signieren natürlich. An Dich denkt immer in Liebe, Dein Colomb, Gruß und Kuss
Tommi Kuss und Gruß auch Tante

****

354: GNM

München, 29. Juni 1917
Namenstag, Vormittag

Lieber, lieber Colomb!
(..) Denke Dir, Colomb, gestern am Telefon hörte ich von Zusi[122], dass Braunfels nach Grafenwöhr kommt. Für 3 Monate als Offiziersaspirant (Bis Okt). Ich habe Zusi Deine Adresse gegeben. Herr Georgii ist gerade hier wegen einer Arbeit. Zusi geht auch zu Bertele nach Grießbach. Ist doch in der Nähe von Kirchham?
Denke nur Zusis Kinder werden umgetauft, kath. Drobele war gestern Abend bei mir und erzählte es. Sie ist nicht erfreut darüber, sagt Jörgle sei so zerstreut dadurch und ganz übertrieben religiös. Da ist halt Zusi doch zu begeistert und lässt sich künstlerisch hinreißen. Das wird sicher von nicht zu langer Dauer bei Jörgle dann sein. Doch wer weiß. Vielleicht irre ich mich. Du weißt ja, wie ich's meine.(..)
Gestern hatte Tommi erste Beichte in der Ludwigskirche. (..) Tommi hatte Vormittag schon keine Schule. Hat aber eigentlich nicht Gewissen erforscht, sondern immer mit dem Bohrer in einem (Beissbarth) Holz herumgebohrt. Ob er dabei erforscht hat??
In der Kirche soll er sehr frei gewesen sein, sagt Olly. Herumgeschaut. Lange war er im Beichtstuhl. Nachher war er ganz überrascht. Besonders das arg rote Ohr des Pfarrers und die Lossprechung dünkten ihm so merkwürdig. Ich kann nix dazu, dass er sich so freie Meinung bildet. Ich war viel eingeschüchterter und sag so was gar nicht als Kind. Ich erlaube ihm natürlich nicht zu lachen darüber, nur mache ich ihm auch keine Angst damit.
Jetzt muss ich nochmal auf Mittwoch erzählend zurückgreifen. Also Du weißt, der Vormittag war <u>sehr</u> bewegt. Nach Tisch hatte ich gleich ½ 3 – 5 Zeichenstunde. Dann wollte ich zu Frau Müller, die mir das weiße Kleiderl von Frau Kuppelwieser ändert und das Ärmelschürzel aus blau weißem Unterbett machte. Ich hatte sehr Kopfweh vom Weinen und mir war nicht gut. So zu sagen: Wohl Migräne. Ich dachte aber, da ich auch bestellt war, in der Luft wird's schon besser und man müsse nicht empfindlich sein. Tommi begleitete mich also fürsorglich und wir gingen zu Fuß. Erst noch zum Schuster, dann auf die Post an Heini die „Brüder Karamasoff" schicken. Am Bahnhof wurde mir immer schwächer. Die Treppe zu Frau Müller machte das Letzte. Mir wurde ganz schwarz vor den Augen. Nachdem ich etwas gegessen, meinte probieren zu können, jedoch musste ich schleunigst aufs Sofa. Hier lag ich nun und stöhnte. Ich wusste nicht recht, sei mir übel oder was. Ich weiß es heute noch nicht recht. Rühren konnte ich mich gar nicht mehr. Bat um Nachttopf und sonst um Ruhe, da ich dachte, vielleicht erbrechen zu kön-

---

122 Zusi = Irene Georgii, geb. Hildebrand, Braunfels ist der Mann ihrer Schwester Bertele

nen. Frau Müller war wirklich lieb. Ließ mich ganz in Ruhe. Es wurde aber nicht besser und ich dachte: „Oh, wie komme ich heim?!" Sagte zu Tommi, er solle 10 Pf aus meinem Portmonee nehmen und heimfahren und Olly holen. Tommi tat's sofort. Nach einer halben Stunde kamen beide wieder mit einem Droschkerl. Aber ich war absolut unfähig aufzustehen. Ich stöhnte wie eine Sterbende und konnte meine eiskalten Bretterglieder nicht rühren. Mit Essig und Karmelitergeist arbeiteten alle zwei an mir herum. Ich weiß nicht, wie lang. Endlich wurde es etwas leichter und ich raffte mich auf. Schlotternd mit geschlossenen Augen die Treppe hinunter, von Beiden gehalten. Reizend!! Im Wagen wie ein weißer Lappen herumgebumst und von Tommi angestarrt. Ebenso die Treppen herauf. Im Bett zog mich Frau Müller, die sehr nett mitgefahren war, ganz aus und Olly machte warme Umschläge aufs Herz. Tommi kalte auf den Kopf. Also entsetzliche Wirtschaft. Ich rührte keinen Finger und war totfroh. Ich schlief dann und um 11 Uhr abends war's vorbei.

Jedoch gestern war's mir noch schlecht, lappig und hatte auch Bauchweh bekommen Nachmittag, aber nur kurz. Heute nur noch schwach. Es ist halt, man hält nix mehr aus. Besonders Aufregungen. Ich weiß es jetzt schon und ich weiß, was ich nicht tun darf. Das Herz und Gemüt hat schon zu viele Stürme erlebt. Dann die gemeine Diphtherie, u.s.w.

So bald kommt das nicht mehr, ich bin schon gescheit und gewitzigt, Colomb. Tommi wird es Dir sicher dramatisch vorführen das Ganze. Ich bin wütend auf mich. Besonders, wenn mich jemand so gesehen hat. Bist so zu bedauern, Colomb, mit so einer Frau. Du hast gegen den bösen Krankheitsgeist gekämpft, schon damals beim Scharlach und immer. Was Halbertes ist Dir geblieben!!

(..) Unser Bohnenfenster ist aber reizend. Hat schon fingerlange Bohnen. Ein natürlicher reizender Vorhang. Licht auch nett von der Straße aus abends, wenn Lampe brennt, die bewegten dunklen Blätter. Dagegen in Paul Heyse Str. werden die Beete <u>gar nichts</u>.

Eben zur Stärkung ein Stückel Colomb – Limburger und ein Stückerl Feldwebel - Geräuchertes gegessen. Furchtbar kräftig!

Schmetterlinge kommen an unser Blumenfenster. Hat jetzt wirklich den Höhepunkt. So schön! Ein Fuchsienstöckerl steht auch vor den lila Stiefmütterchen. Siehst Du's? Ob Du kommst? Nein, ich denke <u>darüber</u> lieber nicht mehr nach. Wie es kommt. <u>Nur, dass Dir's gut geht</u>! Schade, dass unsere Kirschen faul waren. Freue mich so über Deine Malereien. Deine Beine finde ich sehr interessant.

(..) Oh! Schrecklich, ich traue mir eigentlich Heinrich nichts mehr sagen von Deinen Medaillenabgüssen. Sind sicher schon wieder beschlagnahmt. Kannst Du's nicht schreiben?

Fürchte in Ammerland keine geräucherten Fischlein zu bekommen. Wir fahren morgen, Samstagnachmittag hinaus und erst Montagnachmittag wieder nach München. Alle: Olly, Drobele, Jörgle, ich und Tommi.

Lieber, lieber Colomb, sei innig umarmt von Deiner treuen Frau (Schwach, nur nicht in der Liebe, gell)

Dienstag und Mittwoch: Gymnasiumsprüfung

355:

Grafenwöhr, 30. Juni 1917

Liebe, liebe Paula!
Deine lieben, lieben Briefe vom 24./26. u. 27. bekommen. Zu Deinem Namenstag habe ich gerade Deinen Verdrussbrief bekommen. Arme Frau, was Du Dich schuldlos ärgern musst und ich kann nicht helfen. Mir wäre es eine Wonne, da überall hinein zu fahren und reine Luft zu schaffen.
Leider konnte ich nicht kommen. Gell, schreibe mir, wann es Dir vielleicht am liebsten ist, dass ich einige Tage Urlaub nehme. Vielleicht, wenn Du wieder etwas überstanden hast?
Das mit dem Wohlfahrtsausschuss ärgert mich. Ich verstehe Dich schon. Seit dem das mit der Sammlung war, habe ich Dir aber nichts mehr gesagt gehabt. Ich will Dich doch solchen Sachen nicht aussetzen. Aber Du kannst das Geld ruhig annehmen. Es wäre etwas anderes, wenn die Unterstützung, die wir nicht bekommen, eine andere arme Familie bekommen würde. Das ist aber nicht so. Auch habe ich dem Staat genug eingespart, dass ich nicht Offizier geworden. (freiwillig!!) Die Frau vom Schrott bekommt auch die Unterstützung. Sie ist gut gekleidet und macht ausgezeichnete Geschäfte. Er hat sogar Geld auf der Bank. Der Bezirksinspektor hat mir persönlich gesagt, dass es nicht erwünscht ist, dass man sein Vermögen aufbraucht. Also schäme Dich nicht.
Nach Ammerland kannst Du ruhig gehen. Jetzt geht alles aufs Land, um billiger zu leben. Wenn mal wieder so ein junges Bürscherl kommt, Dich zu kontrollieren, so verlange seine Adresse und sage, ich werde ihm schreiben. Aber ärgern tue Dich nicht, gell!
Am liebsten wäre mir, Du würdest den Verkehr mit Frau Mohr aufgeben. So was ist demütigend, das ist nicht nötig. Zahlt sie denn so sehr viel für die Zeichenstunde?
Mir war es nie gemütlich, das viele Telefonieren, versuche es einzuschränken. Telefon ist jetzt nicht der Mühe wert, anzuschaffen. In solchen Dingen kann man jetzt schon bissl sparen. Auch mit Gondrand, die Ausgabe ist genaugenommen unnötig. Tommi hätte gerade so gut und gern auf einem Strohsack geschlafen, die paar Wochen. Lege Dein ganzes Augenmerk auf Lebensmittel. Aber selbst darum gehen! Von anderen abhängig sein, ist teurer und manchmal (Fall Storchl) auch unangenehm. Tante, Du und Tommi zusammen bekommt sicher überall was. Habt Ihr Erdbeeren gepflückt in Ammerland? Hier gibt es schon viele Schwarzbeeren im Wald. Es ist halt so schwer für mich zu hamstern. Erstens bekommt man schwer etwas und dann muss ich oft malen in der freien Zeit. Das bringt auch manchmal was ein, gell und ist auch so gut.

Sehr gefreut hat es mich, dass Tommi die Prüfung so gut bestanden hat. Das ist schön von ihm. Jetzt werden ihn die Sommerferien erst recht freuen. Ich kann ihm nichts schicken, leider. Wenn ich komme, bekommt er aber ein Geschenk dafür. Küsse und Grüße ihn mir.

Gestern habe ich Deinen Tag gefeiert, indem ich Vormittag allein in die Wälder gegangen bin. Es war so herrliches Wetter. In der Einsamkeit kann man seinen Gedanken am besten nachgehen. Ostwind, Heuwiesen, Heuschrecken - grüne. Hab in dem Bach gebadet, wo wir zusammen das erste Mal im Winter mit Feldwebel und Dir spazieren waren. Den Hunger habe ich mit Schwarzbeeren gestillt. Abends bin ich wieder allein zum Malen auf die Hügel. Kulm in Abendstimmung. War bis ½ 10 gesessen. Liebe Paula, wie lange müssen wir noch so getrennt dahin leben?
Bist Du mir böse, was ich alles geschrieben? Ich schreibe so schnell ohne lange Überlegung, weil ich recht viel in kurzer Zeit schreiben möchte. Meine Beine sind (leider fast) wieder etwas besser geworden.
(..).
Das ist ein unordentlicher Brief, alles durcheinander.
Mein Herz ist es aber nicht und denkt in Liebe und Sorge an Dich.
Kuss und Umarmung
Dein Colomb

****

356:

Grafenwöhr, 2. Juli 1917

Liebe, liebe Paula!
Dein lieber Brief vom 29. hat mich sehr erschreckt. Was machst Du für Geschichten? Hetze nur nicht so bei der großen Hitze. Du schreibst gar nicht, was Ihr zu Essen habt. Schwäche? Bei Herzsachen ist meistens ein großes Angstgefühl dabei. Hast Du das gehabt? Sonst kann es auch vom Magen oder vom Darm gekommen sein. Da gibt es ähnliche Zustände. Beobachte manchmal Deinen Puls. Nur nicht krankwerden jetzt. Ich habe an Zahnweh und Parzival geschrieben, wegen Esswaren, aber die Kerle trauen sich halt immer nichts zu schicken. Anbei schicke ich einen Laib Brot, den ich leicht entbehren kann. Wenn er hart ist, musst Du ihn halt in der Suppe essen. Der Malzkaffee ist ein Geschenk vom Herrn Feldwebel.
Das freut mich, dass das Packerl vom Herrn Feldwebel so richtig angekommen. Es war ganz plötzlich, dass er sich eingebildet hat, Dir was zu schicken. Es ist alles von ihm. Nur die Malereien haben wir zusammen gemacht. Gestern habe ich einen Liter Schwarzbeeren gepflückt. Ich wollte ihn Dir schicken, aber ich fürchte sie werden schlecht. Gell, schreibe mir, ob ihr welche in München bekommt. Wenn nicht, so schicke ich Dir welche. Musst sie halt kochen, wenn sie zerquetscht sind. Sonst ist es halt fast nicht mehr möglich, hier was aufzutreiben. Der Herr Feldwebel hat mir gesagt, wenn Ihr kommt, wird er für die Butter sorgen. Leider habe ich aber immer noch nichts gefunden zum wohnen.
Hoffentlich geht es Dir schon wieder ganz gut. Wenn nicht, so möchte ich auf Grund dessen und der Sammlung um Urlaub bitten, gell. Schreibe mir bald.
(..) Gesundkuss, Hand aufs Herz und gute Besserung
Dein Colomb

357:                    GNM

München, 2. Juli 1917

Lieber, lieber Colomb!
Eben ½ / Uhr von Ammerland zurückgekommen. Deinen lieben Brief vom 30. vorgefunden. Dank Dir herzlich. Will Dir gleich schreiben. 1. Weil ich's so wie so wollte und 2. weil Antworten in der Feder brennen. Es regnet und hat gestern und vorgestern geregnet. Samstag kamen wir hinaus. Corneilles waren schon draußen. (Mimi hatte Zahnweh, Anna Bauchweh) (..) Gegen Abend versuchten wir Hamstergänge. Oh, Colomb, glaube nur nicht, es sei hier jetzt leichter. Seit 1. stehen an allen Bauerntüren große Anschläge von der Polizei wegen unerlaubten Lebensmittelkauf und Gefängnis von 1 Jahr und 10 000 M Strafe. Auch ist der Kommandant ständig unterwegs. Zuerst gingen Drobele und ich, fragten zuerst immer, ob sie wo wohnen könne. Man behandelte uns sehr schlecht. Rücken wenden, ect. Wir trauten uns wirklich nicht mehr. Manchmal wurde uns höhnisch gesagt, warum wir nicht zu Hans gingen.
Heute früh in Verzweiflung auch zu Maxler's gegangen. Glaubte mir nicht, dass ich Frau Max sei, natürlich, u.s.w. So ist es recht betrüblich. Da wäre mir doch lieber jemand wirklich rekommandierter. (..)
Den ganzen Sommer kann ich doch nicht so wie immer in Ammerland bleiben, wegen dem Essen, das sehe ich. Schrecklich ist, dass alles vermietet wurde dort, mehr denn je. Also noch größere Konkurrenz. Nicht ein Zimmer, noch Wohnung dort frei.
Irma[123] fuhr Samstag mit mir. Sie will auch den Winter in Murnau bleiben. Hat ihre Wohnung gekündigt. Bis in einem Jahr wird wohl ihre Scheidung in Ordnung sein. Näheres sagte sie nicht. In Murnau scheint es besser zu sein. Werde einmal hin reisen. Wenn nur das Reisen nicht so grässlich jetzt wäre. Es gehen so wenig Züge (aus sparen müssen) und so ein Gedränge ist immer, dass man fast umkommt. Samstag war's direkt lebensgefährlich am Starnberger Bahnhof. Schon bei Billetenschalter stehen 100te an. 1 Stunde vorher muss man draußen sein. Da steht man dann mit dem schweren Kofferl im Gedränge lange. Keine sehr liebevolle Behandlung mehr beim Zug erstürmen u.s.w. Zitternd sitzt man endlich, vielleicht. Hans half mir aufs Schiff. Er ist natürlich wieder frei. Schade, dass Deine Beine gut sind. Ich meine immer, wenn Du einmal g.v. wärest, wärest Du auch unbegrenzt hier, wie die anderen.
Du, sage mir doch, wie das ist mit dem Ölfarbenfirniss in der großen Kanne im Nebenhaus in Ammerland. Den hast doch Du gekauft und wir haben ihn doch für Verdünnen der weißen Lackfarbe verwendet? Der ist doch jetzt furchtbar kostbar. Mimi und Mama haben damit den Boden im Klavierzimmer geölt. So was muss man jetzt wegsperren. Jedes Kisterl kostet ein paar Mark.
Oh Colomb, ich glaube nie, dass ich Dir Malleinwand besorgen kann, denn ohne Bezugschein bekommt man kein Fetzerl. Trotzdem versuche ich's natürlich. (Denke nur, Strohhutlack z.B. ein kleines Flascherl kostet 30 M bei Hartmann. Es ist wie ein Witz) (..)

---

123   Irma = geb. Richter, Freundin von Paula, ließ sich von Willy Gollwitzer scheiden

Nun kommt Antwort auf Deinen heutigen Brief. Wegen Deinem Kommen zuerst. Wie Du willst. Corneille sagt, Prof. Föhner[124] arbeitet immer die halbe Woche und die letzte Hälfte fahren sie weg. Also z.B. Montag, Dienstag, Mittwoch, vielleicht Donnerstag hier, dann Ausflug. Heinrich sollte es genau bestimmen.
Bei uns wird es jetzt ungefähr so:
Samstag nach Ammerland und bleiben bis vielleicht Grafenwöhr. Meine wenigen netten Tage habe ich circa von 10. Juli bis 16. Heute ist der 2. Juli. Tommis Gymnasiumsprüfung ist morgen und übermorgen.
Donnerstag machen die Kinder mit Drobele einen Schulschlußfestausflug nach Unterhaching. Ich hatte schon davon gesprochen, falls Du da wärst nicht mitzukommen, sonst schon. Wenn Du kommen willst, nach 15. oder 16. könnten wir ja dann zusammen nach Grafenwöhr reisen. Wie Du willst Colomb! Ich freue mich furchtbaaaaaaar!
In Ammerland konnten wir nicht gestern zum Erdbeerpflücken kommen, der Nässe wegen. Wir haben aber 1 Pfund (allerdings 2 M) schöne gekauft und gegessen. Drobele ½ Pfund für sich.
Wegen dem Bett hinaustransportieren. Schau Colomb, das natürlich ist ein Luxus, Notwendigkeit auch, aber weniger. Aber es ist eine seelische Befriedigung für mich. Ich gönne sie mir. Theater, nicht mal Kino geh ich mehr. Aber das. Es ist aus Stolz. Erstens jammert Mama so viel wegen Einrichtung – und Olly. Storchl sagt auch, Du weißt wie: „Wenn jetzt noch jemand kommt, hat er selbstverständlich seine Sachen mitzubringen." Mir ist es schrecklich leid, Colomb. Bei Mama allein war es heute so nett und ruhig mit Olly. Aber Storchl reizt so. Sie sagte: „Selbstverständlich, wenn Frl. Mehling da ist, kann niemand anderer herauskommen, es ist zu viel." u.s.w. Ihre Mutter wollte gerade am Montag herauskommen, das hatte ich ja nicht gewusst, da sie sagte, diese könne nur Mitte der Woche. So hat sie ihr abtelefoniert. Wir sind nämlich den ganzen Tag nicht da. Spazieren oder im Gasthaus. Stören gar nicht. Ich weiß nicht, ob Du jetzt verstehst, warum ich das Bett hinaustat. Es sieht jetzt so hübsch gerade aus und gehört mir, d.h. Olly. Storchl kann doch für ihre Besuche das grüne Zimmer nehmen.
Dann Colomb, noch eine Rechtfertigung wegen dem Telefon. Du meinst in solchen Dingen kann man jetzt sparen. Freilich spare ich aufs Äußerste. Aber ich wohne halt in einer großen Stadt und habe auch kein Mädchen. Du glaubst nicht, was es Kraft spart. Und gerade, besonders jetzt, z.B. ich bitte Emma um ihre Kunsthonigmarken, da sie keinen isst. Ich telefoniere ins Reformhaus: „Haben sie jetzt Malzextrakt vielleicht?" Frau von Planitz will, dass ich anrufe wegen der Klavierstunde. Herr Breg wegen Bank. Dann sehr wichtig zu Rast: „An welchem Tag in dieser Woche schicken sie mir die Kohlen, damit jemand zu Hause ist? Zu Gondrand: „Wann holen sie die Bilder? 10 mal: „Warum holen sie die Bilder nicht?" An Drobele wegen der Prüfung. An Volleger Kohlen. An Heinis Marie wegen Butter. Und solche Dinge. Von Bekannten sprechen, will ich gar nicht reden. Ach Colomb! Man wird doch auch müd und faul jetzt und kopfloser. Habe ich mich entschuldigt?

124　Prof. Föhner = zuständig für den Transport der Max-Sammlung ins Museum nach Mannheim

Wärst Du nur hier. In der Nachbarschaft spielt jemand sehr schön Klavier eben. Schad, dass Du unser Bohnenfenster nicht sehen kannst. Die Bohnen sind Hand lang. Wunderschön. Die in Ammerland noch keine Blüte. Gell, Herrn Feldwebel darf ich doch einen Dankbrief schreiben?

„Infanterist im Stahlhelm" und „Feuerangriff" sind im Glaspalast nicht angenommen, aber die anderen.
Eben Wolkenbruch!! Oh, auf Wiedersehen Colomb!!
Mit inniger Umarmung
Deine treue Frau

****

358:
München, Samstag, 7. Juli 1917
Lieber, lieber Colomb!
Eigentlich hatte ich ja gedacht, Du kämest heute, aber nun kam Dein Kartenbrief und Du schreibst: Ein bissel vor dem 18. Wenn ich das nur genau wüsste. Es muss doch ein bissel eingeteilt werden. z.B. möchte ich Dich in München erwarten, schon um nicht Zeit zu verlieren, denn Du willst doch wohl gleich Prof. Föhner erwischen. Dann aus vielen anderen Gründen. Ich hätte mich heute gar nicht nach Ammerland getraut. Bin sowieso geblieben, obwohl Ferien sind, wegen meinem Bauch. Heute Nachmittag wurde es allmählich besser. Und ich ging gleich aus. Ich trank ein paar Gläserl Bordenum aus der Apotheke, was mir herrlich schmeckte. (..)
Jetzt Beschreibung von Tommi von Tommis Zeichnung:
Das soll die Mutti sein, wie sie heute aufgestanden ist. Nr. 9 ist ihr Bauch, rot vom heißen Wickel. Nr. 8 Die gewölbte Brust, 10. Die Knochenhände, 1. Bauchwickel, 2. Bauchwärmer, 3. Elektrischer Bauchwärmer, 4. Kamillenklistier, 5. Nachttopf, 6. Pillen (die ich gar nicht genommen, sondern Rizinusöl), 7. Kamillentee, 11. Ringe unter den Augen.

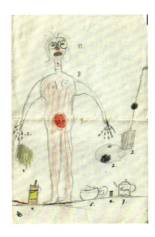

Oh, so eine Frau hast Du!!! Kommst Du 16.?? Dann fahre ich 15. nach München. Kommst Du 15. dann 16.
Lieber Colomb! In Liebe, sei umarmt
Auf Wiedersehen, Gute Nacht Deine treue Frau

****

Colombo bekommt Urlaub. Paula auch wieder in Grafenwöhr

****

359:
Montag, 8. Aug. 1917   Ammerland
Lieber, lieber Colomb!
Hier sind wir wieder. Gestern um 12 Uhr angekommen. Und heute wie mit der Uhr ist meine Bitternis gekommen. Gestern hat's geregnet, heute scheint die Sonne. Bei mir aber ist es umgekehrt. Du weißt es ja. Gestern war noch ein Reisetag. Und da es Sonntag war und ich das Essenszeug nicht in den Koffer tun wollte, hatte ich eine entsetzlich schwere Handtasche selbst zu schleppen. Von Wagners war auch niemand in Ammerland da

zum hertragen u.s.w. Corneille und Storchl waren gerade mit Mama bei Seilers beim Essen vorne, als ich kam und ich aß mit. (Schad, dass ich Corneille meine Tasche nicht tragen ließ) Doch was weiß ich. Gar nichts mehr!

Hier habe ich noch einen großen Ärger. Wir bekommen nur einen ½ Liter Milch. Das ist doch grässlich. Tomi auch nur ¼ l. Wär ich heute besser dran, ich liefe sicher zum Münsinger Lehrer. Doch soll es neue Verordnung sein und dann sind 200 Fremde hier. Mama bekommt 1 l und noch wenigstens (hoffentlich) weiter ihre Ziegenmilch von oben. Das mit der Milch ist mein ärgster Schlag. Das war noch immer Tommis Rettung, sein Liter Milch täglich. Da er sonst hier nicht viel hat. Von Griesbrei keine Rede mehr und bei dem minimalen Fleisch jetzt.

Mama und Storchl machen mir seither immer Vorwürfe, dass ich Dir nicht mehr zu essen schicke. Colomb, das macht mich ganz verzweifelt. Du weißt, dass ich's so gern täte und auch nicht geize an Dir, wie Mama meint. Ich kann doch nicht davon reden, Dir ein paar Stückerl Zucker zu schicken. Das reißt es nicht heraus. Man versteht halt nicht, wie das bei Dir das Immerwährende ist. Auch Corneille nicht, der schimpft Du solltest ins Gasthaus mehr gehen. Ich sage gar nichts mehr von Grafenwöhr schließlich. Hier begreifen es die anderen doch nicht. Dass ich verstimmt bin, wirst Du begreifen Colomb. Tante ist auch in München geblieben, da Frau Hörger nicht fertig putzen sei und der Preiselbeeren wegen. Ich grüble die ganze Zeit, ob diesen Winter: München oder Murnau oder Weiden, wenn es mit Milch u.s.w. so bleibt. Michel hat eine Kiste mit 75 Eiern geschickt, wovon viele kaputt gewesen seien und wir sie in 3 Teile geteilt, so dass ich 17 Eier bekam. (..) Corneille und Storchl reisen heute oder morgen nach München. Die Bohnen sind sehr hoch und blühen noch. Bohnen hat Storchl schon einige weg. Es sind wenige dran und Storchl sagt wegen des Schattens. Ich weiß nichts. Der Hase ist gut hier angekommen und Tommi füttert ihn sehr. Hast Du meinen Brief aus München von vorgestern und mein Expresspacket erhalten?? Was kann ich Dir wieder besorgen? Von der Bank war eine Anzeige da, dass dort von Heinrich 17 000 M eingezahlt seien. Weiter weiß ich nichts.

(..) In der Bahn (also) fuhr ich mit einem jungen Soldaten. Noch andere 2 Österreicher, eine Frau in Trauer usw. Dieser Junge aber (29 Jahre), erzählte sehr viel. Er ist aus sehr gutem Hause, sah man und war meist im Ausland (Amerika), zuletzt England. Ein sehr hübsches freies Äußeres. Er sprach wie Du. Nun war er im Lazarett in Grafenwöhr, Nerven halber (da er einige Male verschüttet war). Er geht nicht mehr hinaus, sagt er. In seinem Bücherl steht: „Verträgt keinen Widerspruch." Ich musste doch lachen. Er sprach sehr gebildet und gescheit über Kopferkrankungen und deren Kennzeichen. Dass er nervös, konnte man sehen an vielen Sprechen. Dann war er wieder sehr abgespannt dazwischen. (..) Er erzählte dann später eine komische Geschichte von einem Nervenkranken, den der Arzt als gesund erklären wollte. Als der Arzt ihm dies gesagt, schrie dieser: „Was ich soll gesund sein!" und packte den Arzt und warf ihn zum Fenster des I. Stockes hinaus. Ich meinte, dass man für solche Leute doch wohl meist die Front verordne. Er meinte: „Nein, da können sie ja noch mehr Schaden anrichten." Doch was hilft es, wenn auch alle müde sind und sich sträuben. Ich machte den Vorschlag eines

allgemeinen Streikes, z.B. dass alle Wahnideen vorgäben. Auch wir Frauen in Bezug auf Essen nehmen u.s.w. Allgemeines Gelächter. Traurig ist es aber doch.
Eben höre ich, dass Corneille 3 Hechte gefangen hat. Vielleicht lässt er uns einen da.
Mimi ist in Mittenwald. Sie schrieb am Freitag an mich, ich solle 400 M an der Bank holen, die Karte bekam ich aber natürlich erst am Samstagabend. Wie konnte ich da noch auf die Bank. Storchl behauptet zwar, ich müsse sie Freitag bekommen haben. Mimi habe sich nur verschrieben sagte sie, als ich ihr deren Karte zum Beweis zeigte.
(..) Die Sonne scheint so schön. Die vielen Blätter hier. Solche Hitze wie in Grafenwöhr kann man sich hier nie vorstellen. Schickst Du mir bald einen Abzug vom Badebild bitte!!
Colomb innig umarmt sei!! Und Kuss Deine treue Frau (..)

****

360:

Liebe Paula!
Ein Sonntagsausflugsurlaub. Reizendes Städterl. Wagnerhaus. Wollen wir unseres auch mal so benennen? Kaffee mit schöner Aussicht und Milch Kaffee. Herzliche Grüße Dein Colomb
Mehrere Unterschriften und Grüße

```
*************************************************************
```
361:

Grafenwöhr, 13. August 1917

Liebe, liebe Paula!
Gestern ist der Herr Feldwebel mit mir nach Bayreuth. Ich wollte ja lieber nach Weiden, aber er hat mir den Urlaub und das Billet besorgt und wollte dass ich mitgehe. Da kann ich nicht nein sagen. Leider muss man die meiste Zeit auf verspätete Züge warten. Bayreuth ist eine sehr nette alte Stadt. Sehr schöne alte Bauten und Brunnen. Das Festspielhaus auch angesehen. Die Lage ist schön aber das Gebäude selbst ist ein besserer Bahnhof. Wagners Privathaus liegt in einem schönen Garten. Siegfried Wagner mit Frau und Kind waren darinnen zu sehen. Überdies hat er auch Kartoffeln und Gemüse in seinem Garten angebaut, die nichts werden. Ich hätte so gerne was für Euch gekauft. Aber nichts ist zu bekommen, zumal am Sonntagnachmittag. Zu essen habe ich ja ganz gut bekommen im Gasthaus.
Überdies, in Weiden sollen sie ja auch revoltiert haben. Alle Schaufenster eingeschlagen in der ganzen Hauptstraße bis zum Rathaus. Es ist schrecklich schwer was zu bekommen. Neulich bin ich gleich um 12 Uhr weggelaufen um Honig und Eier. Schrecklich heiß, bis 5 Uhr gelaufen. Mit knapper Not mein Glas wo untergebracht, aber ob ich welchen bekomme, ist fraglich. Eier habe ich nur 3 bekommen und dabei sind wir fast dem Schutzmann in die Arme gelaufen und mussten Reißaus nehmen. Meine Unteroffiziere sind auch recht armselig mit ihren Versprechen. Es wird immer schwerer. Der Arzt ist fertig gemalt. Leider hat er bei uns nichts mehr zu sagen. Neulich hat ein Krankenwärter einen Unteroffizier von uns, der mir etwas ähnlich sieht, angesprochen. Er sagt, er möchte mich, er kennt mich dem Namen nach, aufmerksam machen, dass im Kriegsministerium in München bei der Typographischen Abteilung Leute gesucht werden. (Militär über 40 Jahre, besonders Künstler und Facharbeiter), sie können auch k.v. sein. Die jungen sollen alle ins Feld gekommen sein. Ob's wahr ist? Leider habe ich den Mann noch nicht treffen und selber sprechen können. Dem Feldwebel möchte ich noch nichts sagen. Er ist so leicht eifersüchtig und lasst mich glaube ich nicht gerne weg.
(..) Bist Du mir böse, wenn ich zu Deinem Geburtstage nicht kommen kann?- Ich müsste es erzwingen und dann wäre es schwer im September wieder längeren Urlaub zu bekommen. Wegen der Michel Eier ist schon zu entscheiden. Einzelbestellungen sind halt

schwer bei ihm. Da würde ein Wettlauf in Bestechungs- und Überredungskünste angehen. Milla und Storchl kämen dabei auf ihre Rechnung. Du und Mama aber nicht. Ich denke mal, lasst es wie es ist. Milla gehört aber doch nicht zur Teilung. Natürlich nicht, wenn sie ihres behält. Das ist ja auch ein anderes Hauswesen. Aber unten in der Villa ist es halt schwierig mit den geheimnisvollen Empfängen und Versteckenspielerei. Wenn Du mit dem Fett nicht mithalten kannst, so probiere es in dem blauen Zimmer oben zu kochen. Aber frage die Tante genau, wie viel sie in München Fett gebraucht zu Eurer Küche. Ich glaube, sie braucht oft mehr, als Du oft meinst. Aber vorsichtig sein mit Misstrauen, dass es nicht ungerecht ist. Das macht Unfrieden beim Zusammenleben. Aber natürlich erst immer genügend vom gemeinschaftlichen Tisch. Nur nicht hungern. Aber durch Ängstlichkeit wird man auch nicht satt. Ich weiß nicht, wie helfen. Nur aber nicht Storchl um Gnade bitten, Du weißt, Du hast am Anfang vom Krieg gesagt, Du brauchst sie nicht. Du hast Deine Verwandten, die Dir helfen. Du verstehst mich. Du weißt, wie sie ist. (..) Storchl hat mir 2 Äpfel, einige Birnen und 10-12 Stückchen Zucker geschickt. Warum Zucker? Ja, der Ehrgeiz!
(..) Jetzt muss ich schnell in den Ort, wegen dem Honig schauen. Schachtel kaufen. Habe nichts mehr zu verpacken.
Viele Grüße an Mama und alle.
Tommi Kuss und Tante meine Grüße
Hoffentlich ist es friedlich in Ammerland
Sei umarmt und geküsst Dein Colomb (..)

****

362:

Grafenwöhr, 16. August 1917

Liebe, liebe Paula!
Habe heute ein großes Packl mit 30 Eiern und etwas Schmalz abgeschickt und den Geburtstagsbrief. Morgen schicke ich per Bahnexpress eine Geburtstagsgans. (Tot). Hoffentlich bleibt sie nicht in Starnberg liegen. Sie wird heute erst geschlachtet. Aber ich würd sie doch gleich essen. Fragt Samstag einige Male im Gasthof oder Post, ob was eingetroffen.
Dass sie nicht am Steg in der Sonne stehen bleibt. Lasst sie Euch gut schmecken und Mama mitessen. Ein Ersatz, weil ich nicht kommen kann. Vielleicht Euch lieber. Sie schimpft und grantelt nicht.
Diese Tage bekommt niemand Urlaub, weil die große Untersuchung ist. Jetzt kommen viele weg, auch von unseren Unteroffizieren werden schon welche abgestellt. Also besser am Platz sein und aufpassen.
(..) In Eile, Gruß und Kuss
Dein Colomb

426

Was hat Mama gesagt, nun schickt mir Tante Helene auch Zucker? Dabei wiegt sie nur 70 Pfund. Das kann ich ja gar nicht annehmen.

****

363:

Grafenwöhr 1917, August

Liebe Paula!!

Das wünsche ich Dir alles und noch vieles, vieles dazu. Du feierst Deinen Geburtstag für mich immer den 30., so lange der Krieg dauert. Ich kann nicht bei Dir sein, aber mit meinen Wünschen bin ich bei Dir mit Herz und Seele. Glück und Gesundheit! Ich danke Dir für alles, für Sorge und Arbeit um mich. All Deine Opfer sind nicht umsonst. Geben können macht glücklich. Du kannst glücklich sein.

Mich betrachte halt durch rosige Gläser, dann ärgerst Du Dich weniger über mich. Friede komm! Das ist mein größter Wunsch. Dann können vielleicht auch wir diesen Tag wieder einmal glücklich zusammen feiern. Sei herzlich geküsst und umarmt!!!

Liebe Paula, die Zeit geht so rasend schnell. Schon ist Dein Geburtstag da. Was soll ich tun? Könnte höchstens für 1 Tag nach München kommen? Das wäre vielleicht ungemütlich für uns beide. Der Feldwebel rät mir ab, Urlaub zu nehmen. Anfangs September gebe ich ja wieder um längeren ein. Die letzte Entscheidung habe ich noch nicht getroffen.

Vorderhand schicke ich Dir Esswaren, ich bin glücklich es gerade zu können. Mein Geist ist an diesem Tag auch bei Dir. Also sei vergnügt und feiere mit den anderen das Fest.

Versuche vergnügte und zufriedene Gesichter um Dich zu erzeugen, das macht auch Freude. Nehme von meinem Geld 100 oder 200 M und kaufe Dir was Dir Freude macht. Am Ende denkst Du im Innern, ich sei geizig. Wirklich, das ist es nicht. Selbstverdientes gebe ich gerne aus. Aber das von Papa (von der verschacherten Sammlung) kann ich nicht so sehen. Ich mache mir ein Gewissen daraus, es leicht zu verschleudern. Alles was sein muss, das schon. Du hast das richtige Gefühl.

Mit Corneille können wir uns nicht vergleichen. Wir haben Tommi, sind gehemmt. Ich verdiene nichts. Sehe ja Dich nicht in schönen Kleidern. Lieber einmal mehr auf etwas Größeres setzen, als verzetteln, gell.

Aber das ist ja alles unnötig zu schreiben, Du kennst mich doch und verstehst mich.

(..) Heinrich hat nichts hören lassen. Ich habe ihm geschrieben, weil ich viele Nächte hindurch von Papa geträumt habe. Da ist gewöhnlich etwas nicht richtig. An die Paul Heyse Str. mag ich gar nicht denken.

(..) Das Bild vom Arzt ist fertig. Er ist sehr zufrieden und hat mir für jeder Zeit seinen Rat und Hilfe angeboten. Ist wirklich nett, hat mir auch statt 40 M 60 M gegeben im Kuvert sehr fein. (..)

Nun das Neueste: Neulich gingen schon so Gerüchte: Abends sagte mir dann der Herr Feldwebel, der Herr Major hätte vor (vielmehr es ginge vom Bataillon aus) uns berittene Unteroffiziere zu Versetzen zur Bespannung. Herr Feldwebel meinte, es täte ihm sehr leid, mich zu verlieren, aber ewig könnten wir nicht beisammen bleiben, doch nicht. Ich hätte dann den Vorteil, mich vielleicht nach München zum Train versetzen zu lassen. (Gelegenheit das Bild zu Malen). Auch hat er beim Major beantragt, dass ich bei der Kommission, die in nächster Zeit zusammen tritt, untersucht werden soll. Er wird es schon richten, sagte er. Das wäre eine wichtige Entscheidung.

Nun müssten wir uns, denke ich, doch genau wegen der Stelle am Kriegsministerium erkundigen. Alles können wir nicht auf eine Karte setzen. Falls ich zum Train versetzt werden könnte, müsste vielleicht dort dann ein Wink von oben gegeben werden. Das wäre ja auch schön, wenn ich im Winter wenigstens in München sein könnte. Aber sicher ist ja noch nichts, der Feldwebel hat auch nichts mehr gesagt einige Tage. Ich esse immer noch oft bei ihm. Gestern hat er den ganzen Nachmittag eifrig gemalt. Eine Vase wäre halt doch ein großer Wunsch von ihm. Mit so einer grell Roten hat er in Bayreuth sehr geliebäugelt. Der Laden war geschlossen. Sein Urlaub im September ist schon genehmigt. Anfangs September müsstest Du also auch die Eingabe wegen Holzfällung los lassen. Am Besten, wenn sie von der Gemeinde bestätigt wird. (Bürgermeister und Wirtschaftsoffizier)

(..) Also feiere ruhig und zufrieden Deinen Festtag mit Tommi, an dem Du Deine Freude haben kannst, zusammen. Dein Mann reicht Dir aus der Ferne die Hand in treue und Liebe.

Herzlichsten Kuss Dein Colomb
Tommi Kuss und Gruß, Viele Grüße an Tante.

****

364:

Grafenwöhr, 29. August 1917

Liebe, liebe arme Paula!
Jetzt bin ich länger nicht zum Schreiben gekommen. Einen Leutnant habe ich schnell zu malen, der ins Feld kommt, dann nebenbei ausrücken. Ein inspizierender General war erwartet und ist gekommen ect. (..)
Dein Kistel ist angekommen und der Inhalt hat Herrn Feldwebel sehr gefreut. Nur leider, leider war die Untertasse gebrochen, mitten entzwei. Auf der Post sind sie halt schrecklich und die Aufschrift „Vorsicht" war nicht genug sichtbar. Ich hab auch den Verdacht, dass das Kisterl geöffnet wurde und es dabei am Ende passierte. Kitten kann man es leider nicht. So nimmt der Herr Feldwebel, die eine Hälfte wo sein Name darauf ist zum Aquarellfarben mischen. Er ist über den guten Gedanken sehr zufrieden. Die Tassen sind so nett gemalt. Du Gute hast Dich so geplagt und so viel Mühe gemacht. Vielleicht bedeuten Scherben Glück?
Die Untersuchung ist immer noch nicht. Morgen Donnerstag soll sie sein. Wenn man nur wüsste, wie alles kommt.
(..) Denke Dir nur, als ich Sonntag Abends mit Herrn Feldwebel am Militärgasthof vorbei ging, sitzt Braunfels[125] mit Bertele drinnen. Ich war sehr erfreut sie zu treffen. Sie war nur auf 2 Tage hier. Sie sieht ausgezeichnet aus, viel dicker als früher. Das Essen soll in Griesbach so gut sein. Montag früh hab ich ihr auch noch Gesellschaft geleistet, da er keine Zeit hatte. Hat mich gefreut, über alle Hildebrands wieder ausführlich zu hören. (..).
Dass Hans Grund gekauft, ist sehr vernünftig. Wir sollten auch so was machen. Einen Acker möchte ich sicher kaufen. Vielleicht ist in der Nähe vom Haus was zu haben. Gut wäre auch, wenn wir Ammerland schuldenfrei machen würden. Geld auf der Bank haben, ist unheimlich.
(..) Liebe, liebe Paula, sei umarmt, mir nicht bös oder was
Kuss Dein Colomb
Grüße Tommi und Tante. Hat Mama Brot bekommen?

****

365:

Grafenwöhr, 1. Sept. 1917

Oh, liebe, liebe Paula!!!!!
Ich bin <u>g.v.e.</u> eben geworden. (Ich hatte keine Hoffnung mehr)
Gott sei Dank.
=========
Innige Umarmung
Dein Colomb, Sehr nette Ärzte

---

[125] Braunfels = Komponist Walter Braunfels, verheiratet mit Bertele, der Tochter Adolf von Hildebrands, die Colombo auf dem Pferd gemalt hatte.

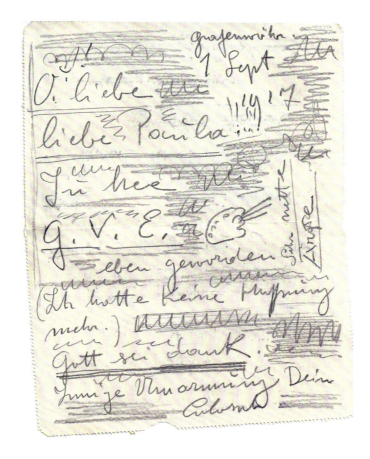

Schnell noch was! Deine lieben Briefe vom 30. bekommen. Also, bitte die Eingabe gleich schicken, dass ich Freitag oder Samstag schon fahren kann. (..)
Mein Malen war doch gut, den einen Arzt habe ich bei Dr. Trohn kennengelernt. Der hat mich gleich vorgestellt. So kannten sie sich gleich aus. Ich bin ganz zappelig heute. In Ruhe bald mehr.

****

366:

Grafenwöhr, 4. Sept. 1917

Liebe gute Paula!
Ich komme nicht recht zum Schreiben. Deinen lieben Brief mit den netten Fotos bekommen. Von Heinrich habe ich die Nachricht bekommen, dass er sein Gesuch schon abgeschickt. Ganz sicher kann ich aber noch nicht sagen, ob ich bald kommen kann. Auch der Urlaub vom Herrn Feldwebel ist jetzt bissl wackelig. Ich telegraphiere sicher zeitig genug, wann ich nach München komme. Es geht jetzt halt alles so durcheinander,

Versetzungen, Abstellungen, ect. Mit der Untersuchung habe ich gerade den richtigen Moment getroffen. Es war eigentümlich. Also Freitagnachmittag wäre ich daran gekommen. Ich begab mich in meine Kammer und fing an das Bild „Erlöse mich von dem Übel" zu malen an, auf die Wand. Denn so wollte ich nicht warten. Die Unteroffiziere konnten so dazwischen hinein gehen. Also ich malte und machte meine Untersuchung von dem Bild abhängig. Mir gelang die Arbeit nicht recht, also ging ich lieber nicht zur Untersuchung, bis es Abends wurde und es zu spät war.

Samstag früh ging ich aber dann gleich hinein. Das war gut, da waren die Herren noch nicht müde. Es waren zwei Ärzte. Ein Stabsarzt und ein Oberarzt, der mich von Dr. Trohn her kannte. Vielleicht hat Dr. Trohn auch darüber gesprochen. Als ich so ganz ohne Kleider herein trat, erkannte mich dieser gleich und stellte mich förmlich dem Ob St. A. vor: „Sohn des berühmten Gabriel von Max, selbst Kunstmaler". Das war meine Rettung. Man sprach einige Worte und untersuchte sehr eingehend. Dank der vielen Kaffees von Herrn Feldwebel hatte ich auch gerade die gewünschten H. Gut war, dass ich so lange im Feld war und schon über 40 Jahre bin. Das Herz wurde für gesund erklärt. Ich merkte sie fanden nichts rechtes. Pause. Der Ob. St. A. fragt seinen Kollegen, was meinen Sie? Dieser dreht sich auf den Hacken um und sagt laut zur Notierung:„g.v.e." Der andere stimmte bei. Es war halt der richtige Moment. Herrn Feldwebel habe ich zu verdanken, dass ich überhaupt untersucht wurde und auch so noch einen Wink, glaube ich. Und der Malerei habe ich zu verdanken, dass mich der Arzt gekannt hat. Alles dies wäre im Frühling nicht gewesen. Nun könnte man wieder eine Eingabe vom Ministerium machen lassen. Herr Feldwebel hat mir versprochen, wenn es kommt, zu begutachten. Dann würde ich aber entlassen und dem Bezirkskommando München unterstellt. Zum 3. Armeekorps käme ich kaum mehr. Dann müsste ich einrücken, wo diese mich eben brauchen würden. Artillerie, Train oder Infanterie. Die Untersuchung gilt ungefähr 3-4 Monate, dann muss ich wieder vor die Kommission. Man müsste es halt riskieren. Dr. Trohn konnte ich noch danken, er musste telegr. ins Feld.

Eine Landschaft, die er so gerne haben wollte, habe ich ihm um 21 M gegeben. Obwohl er behauptete, sie sei viel zu billig. Am liebsten hätte ich sie ihm aber geschenkt. Jetzt will ich sie nochmals malen, weil ein anderer Leutnant sie auch kaufen möchte. Zu malen hätte ich jetzt hier genug. Gestern Abend war Wohltätigkeitskonzert. Braunfels hatte den Hauptteil. Er spielte wirklich schön. Auch eine Sängerin wirkte mit. Das war angenehm, nach so langer Zeit, wieder was Gutes zu hören.

(..) Alles rät mir ab jetzt Elektrisches Licht einrichten zu lassen. Wir müssten nach dem Krieg alles erneuern lassen. Also käm es dann auf 800 M. Jetzt ist alles Material schlecht. Ein Kommandeur von mir ist vom Fach. Die paar Wochen, die man heuer noch draußen ist. Gescheites tut man abends ja doch nichts.

5. Sept. Früh. Guten Morgen.
Hab Schur und komme nicht dazu weiter zu schreiben. Also schnell Schluss. Eingabe von Heinrich ist schon da. Werde Sonntag oder Montag in Urlaub fahren können wahr-

scheinlich. Aber warte mit dem Hereinfahren auf Telegramm. Kuss und Umarmung
Dein Colomb
Herzlichen Dank für Karte. Viele Grüße an Tommi und alle.
****

Skizze zu „Erlöse mich von dem Übel" (Skizzenbuch)

****

Colombo bekommt Urlaub

****

Paula, Tommi, Laura,
Feldwebel Prückel
in Zivil

367:

Grafenwöhr, 1. Oktober 1917

Liebe Paula!
Gut angekommen. Nur eine Stunde geschlafen. Von Pressath hierher Weg eiskalt. Jetzt elend müde. Von Regensburg ziemlich großes Packet zu schleppen bekommen. Hier ein furchtbares Durcheinander.
Fast alle Unteroffiziere versetzt oder abgestellt. Jetzt wäre ich auch schon weg, wenn ich k.v. geblieben wäre.
Sogar Feldwebel Prückel wollte man ins Feld abstellen. Werde viel Arbeit bekommen. Bitte schicke mir sofort den Keilrahmen und ein Leintuch, das habe ich vergessen, gell. Die Farben brauche ich noch nicht. In Eile, bald mehr. Grüße, Küsse, Umarmung!
Wo bist Du? – Hier ist es öde.
Dein Colomb
Grüße Küsse Tommi. Herzlichen Gruß an Tante.
Meine Hände sind noch ganz steif erfroren.

367:

Grafenwöhr, 2. Okt. 1917
(war falsch datiert: 2. Sept)

Liebe, liebe Paula!
Der erste Schreck ist vorüber, nur die Stimmung ist immer noch schlecht, wie gewöhnlich nach dem Urlaub. Mich hat der Dienst gleich fest überfallen. Vorgestern auf heute hatte ich Schur, trotz meiner großen Müdigkeit. Außerdem bin ich stellvertretender Waffen – und Gasunteroffizier. Dafür kann ich aber in einem Zimmer mit nur einem anderen Unteroffizier (Furier) allein schlafen und wohnen. Du kennst das Zimmer, wir haben einmal zu Abend darinnen gegessen. Da sitze ich nun auch an meinem eigenen Tisch mit einer schönen Lampe und schreibe. Das ist ganz angenehm. So kann ich auch manchmal bisl denken und lesen.
Hier hat sich alles gehörig geändert. Alle k.v und g.v.f. müssen versetzt werden, sind es auch schon fast alle. Sogar Unteroffizier Kautz wird ins Feld abgestellt, ohne dass der Herr Feldwebel etwas tun kann.
Es geht alles vom Bataillon aus. Meine Stellung ist von dort aus genehmigt und gesichert sagte mir Herr Feldwebel. Er meint, nun soll ich mich nur recht still verhalten. Eine Anspielung auf meine Eingabe. Die ist aber schon gemacht, ich hab es ihm noch nicht gesagt. Wahrscheinlich werde ich jetzt als unabkömmlich bezeichnet. Zu guter Letzt macht es auch nichts, denn ich muss froh sein, dass ich so untergebracht bin. Man munkelt schon, dass auch g.v.e.[126] abgestellt und nur g.v.h. bleibt. Doch es wird schon

---

126 Abstufungen von Garnisonsverwendung

wieder ruhiger werden. Herr Prückel hat sich sehr über die Bücher gefreut. Der Major ist im Urlaub. Seinen Stellvertreter muss ich jetzt gleich malen. Wenn das so weiter geht, muss ich alle Offiziere hier porträtieren. Mir kann es recht sein. Wenn ich nur nicht so weit von Dir weg wäre. Die ersten Tage kapiert man die Trennung noch nicht recht, das kommt erst.
(..) Umarmung und Kuss
Gute Nacht Dein Colomb

****

368: GNM

München, 2. Okt. 1917

Lieber, lieber, lieber Colomb!
Heute ist in der früh schon Dein erster Brief gekommen. Wie müd Du gewesen sein musst und wie grauslig für Dich das Ankommen. Oh, ich bin traurig, lieber Colomb! Willst Du bald Deine Wolljacke, wenn es so kühl wird? Olly besorgt eben ein Expresspacket an die Post mit dem Rahmen und Leintuch. 4 Äpfel sind noch dabei und etwas Zucker. Auf Olly's Verantwortung auch Spiritus. Sie schwört, er käme gut an. Hoffentlich....

Heute natürlich liege ich im Bett, Colomb. Das ist kein netter Tag. Ich habe schrecklich Sehnsucht nach Dir. Ich meine fast, Du könnest gar nicht traurig sein jetzt, denn mir ist's für zwei weh ums Herz. Am liebsten möchte ich meine Augen nicht aufmachen und nichts von der Welt wissen. Es darf und soll nicht sein, aber ich sehe doch, dass mich nichts von der Welt recht freut und interessiert, außer meine eigenen Lieben.
Colomb und wenn Du nicht da bist, könnte ich sterben vor Trostlosigkeit. Alles dreht sich um Dich. Dir zu lieb geschieht alles. Und wenn Du nicht glücklich bist, möchte ich verzweifeln. Du weißt es ja auch, dass ich besonders heute nur Dir zu Liebe traurig bin. Ich möchte Dich so recht vergnügt einmal machen können. Es geht halt nicht.
Besser ist es, wenn ich Dir heute nicht weiter so schreibe. Es kommt vielleicht doch noch anderes und besser. Heute kann ich's nur nicht erfassen.
(..) Tommi hatte heute Nachmittag 2 Stunden Turnspielen auf der Theresienwiese. In dem großen Platz, der von Lattenzäunen umgeben ist. Also reinliches Gras. Heute Vormittag, denke Dir, durfte er in der Singstunde am Klavier sitzend die anderen Schüler im Singen prüfen. D.h. die Töne anschlagen und die anderen treffen lassen. Ich bin ganz baff. Es muss sehr komisch gewesen sein. Wenn der dumme Kerl nur auch daheim seine Stimme hören ließe. Er geht gerne in die Schule. Besonders Naturkunde, Turnen, Geographie, Singen.
(..) Heute schicke ich Dir noch einen Eck – Milchzahn von Tommi, den er gestern Abend abgelegt hat. Er ist ganz hübsch, gell.
Colomb, hast Du mich lieb? Kommt bald der Frieden?
Und Du? Und Glück für Dich.
In Liebe umarmt Dich Deine treue Frau (..)

369:	GNM

München, 5. Okt. 1917

Lieber, lieber Colomb!
Gestern habe ich Deinen Brief vom 2. bekommen und ich danke Dir dafür, ganz besonders, Colomb, weil er so lieb ist.
(..) Ich denke, wir fahren morgen nach Ammerland, wenn's auch nicht so schön ist. Gestern bin ich noch am Bahnhof gewesen, wegen Zugerkundigungen. Dann bin ich am Telefonamt gewesen wegen Telefonerkundigungen. Also es ist so: Jahresgebühr: 99M, dabei jedes Gespräch 5 ½ Pf. Wenn man aber 3 Mal oder mehr als 3 Mal täglich spricht, kommt man über die Pauschalgebühr, welche 165 M beträgt. Bei Pauschalgebühr kann man aber sprechen so oft man will (auch 20 mal!!). bei den 99M muss man doch auf 400 Gespräche kommen, das ist Bedingung. Also wären es, glaube ich 122 M. Anmachen des Apparates frei. Das sind meine Erkundigungen. Und so sind meine Neuigkeiten zu Ende.
(..) Colomb, danke, danke nochmals für Deinen lieben Brief. Wie kannst mich nur mögen? Ich bin doch so scheußlich. Was kann ich nur für Dich tun? Ach Gott! Innigen Kuss auf Deinen Mund und Dank Kuss auf Deine Stirne und Hand, gell. Deine treue Frau

370:	GNM

Montag, 8. Okt. 1917

Lieber, lieber Colomb!
Also, wir sind von Ammerland gekommen, heute früh mit dem ersten Schiff. Schön ist die Natur immer, aber freundlich war sie dieses mal nicht recht. Wir hatten sehr starken Wind vor allem und mit einmal wirklich kalt. Sonntag früh auch Regen, sogar Schnee dabei. In alle Glieder fährt einem der Schrecken: Winter!!
(..) Morgen wollen wir Dir Nüsse vom Kloiber schicken, die ich dort in der Dämmerung eingesteckt, als wir Hans halfen seinen wahnsinnigen Zwetschgensegen zu sammeln. Nach dem Sturm lag alles blau. Korb auf Korb füllte sich. Wir nahmen ein Handkörbel voll mit her. Wir trauten uns nicht mehr. Milla und die Kinder gehen bei Wind nicht raus, wenn Hans nicht aufsammelt, muss man, oder sollte man wenigstens nachhelfen. Es ist nur jetzt nicht mehr recht erfreulich draußen, besonders das Reisen. Diese Kämpfe, das Schleppen. Das Stehen auf Bahnhofplattformen, Warten aufs Gepäck, ect. Dabei frieren jetzt.
Wir heizen hier noch nicht, nur Küche. In Ammerland hat Michel die große Tanne gefällt und 2 – 3 Ahorne daneben. Heller ist es schon. Beurteilen lässt es sich wohl erst im Frühling, wie es wird dann.

Wegen des elektrischen Lichts bin ich „Gehörsmärtyrerin". Es wird so bald dunkel und ist kalt und alle preisen, wie es wäre,….u.s.w.
„Hans hat sogar im Keller das Elektrische", u.s.w. Mama jammert auch immer. Es ist nicht erfreulich. (..)
Sonntag habe ich sehr gearbeitet. Gesägt allein und mit Tommi und Zweige geschleppt, so dass ich ganz Arbeiterhände bei Mittagessen hatte. Nachmittags mit Tommi Aufgaben, dann Storchl und Mimi zu Weiher begleitet. Storchl kehrt für Eier und Butter im Weiherhaus ein, Mimi deshalb zu Frau Buchner. Ich stand und wartete zwischen beiden Wegen auf der Wiese. Was sollte und konnte ich tun?? Auf den Kopf stellen? Ja, ich probierte es wirklich. Aber es gelang nicht, wurde bloß Purzelbaum. (Stelle es Dir vor) (..)
Frau Brust möchte ein Ex Libris für ihren Mann von mir. Ja gerne, aber Zimmerheizung? Zum Hinsetzen. Muss noch warten. Räume zunächst.
(..) Gute Nacht! Kalt ist's, der Wind bläst. Ich bin müd. Schlaf gut Colomb.
Ich umarm Dich mit innigem Kuss
Deine treue Frau.

****

371:            GNM

10. Okt. 1917

Lieber, lieber Colomb!
Ich denke mir morgen früh einen Brief von Dir, wenn Du Zeit hast, Du Vielbeschäftigter. Ich möchte auch immer mehr schreiben, aber so vieles ist im Augenblick dann wichtiger. (..) Heinrich erzählte, dass er mit Ernestine im Theater gewesen (Union-Theater). Muss ein schreckliches Stück gewesen sein. Damen und Herren in Badeanzügen. Hauptsächlich mit Refrain: „Maier – was hast Du für eine Badehose an?" Wirklich entsetzlich. So wo geh ich nicht mit, auch nicht in den „Dorfgockel". Abends geh ich so bald ins Bett. Es ist zu Kalt zum Sitzenbleiben.
Tommi wird schrecklich wild von der Schule. Er singt gewaltig und ist ganz tobig, wenn er heimkommt. Ich lasse ihn ziemlich austoben nach dem Sitzen. Hoffentlich wird es nicht schlimmer. Gestern musste ich sehr lachen, verbarg es aber vor ihm. Er erzählte von der Singstunde. Herr Lehrer Weinzierl sei so komisch. Er habe also die Schallwellen und Töne erklärt und sei so schrecklich begeistert gewesen dabei. Erzählte, z.B. wie er als Kind Versuche gemacht mit einem gesponnenen Faden am Zahn. Er erklärte und frug zugleich, indem er immer beim Satzende auf einen Schüler deutete und diesen den Satz beenden ließ. Also: „Wenn ich nun also an dem gespannten Faden leicht zupfte, was kam dann für ein Ton?" sagte Weinzierl und wies auf einen Schüler. Der sagt: „ Ein hoher!" Begeistert fortfahrend sagt der Professor: „Wenn ich aber stark zupfe, dann…..?" und wies auf Tommi. Der sagte trocken: „Ist er gerissen."
Das war natürlich Absicht von Tommi. Komisch hat's geklungen.

Olly macht Tomaten ein. Zeichenstunden sind noch nicht, da Emmi auch die Ruhr hat und schon länger im Bett liegt. Der Firniss auf der Leinwand trocknet recht langsam. Montagnachmittag habe ich's doch gefirnisst. Morgen wollte ich die Bilder an Reichel schicken, da er auf Karte gebeten. Vielleicht ist's trocken.
Die Aufnahmen in der Sammlung sind ziemlich geworden, hätte nur noch bissel länger exponieren sollen. Leider haben die beiden Herren einen großen Fleck im Bild immer. Die 2 ersten Abzüge habe ich heute drüben gelassen. Morgen mache ich Dir welche.

Es regnet. Seit gestern sind Corneille und Storchl für ganz da. Corneille reist für 3 Wochen zum Prinzen[127] und Frankfurt glaube ich. (..)
Mit G. Harlander[128] bin von Ammerland her in der Bahn gefahren. Sieht so anders aus im grünen Hüterl und grünem Lodenmantel und III. Klasse.
Nun gute Nacht. Krieg, Winter, Trennung!
Ach Gott! Sei umarmt von Deiner Frau

****

372:            GNM
                                                                                    13. Okt. 1917
Lieber, lieber Colomb!
So viel hätte und möchte ich Dir schreiben, dass mir ganz schwindelt. Ich glaube aber, ich muss mich zunächst kurz fassen, vielleicht finde ich später Zeit einmal ausführlicher zu schreiben. Und damit meine ich insbesondere den Harden[129] Vortrag, in welchem ich gestern Abend war. Er war ausgezeichnet und ganz Deine Ideen. Ganz merkwürdig. (..) Nein, Colomb, ich kann jetzt davon leider, leider nicht weiter schreiben, vielleicht nach Tisch. Ich will nämlich das Porträt des Leutnants fort besorgen. Die Landschaft ist wieder nicht getrocknet. Vielleicht ist das Kriegsersatzmittel schuld. Ich lasse sie dann bei Hartmann aufziehen, gell? Doch firnissen mit Mastix- Firniss?

Das ärgste Neue ist, dass Frau Hörger nicht mehr kommen kann. Hat bei Beissbarths zu viel zu tun. Einfach scheußlich. Woher jetzt eine Zugeherin bekommen? Wir sind schon ganz deprimiert. Ich will eben heute Suchen anfangen.
Wegen Kohlen fürs Atelier habe ich mich am Mittwoch (dazu bestimmter Tag) auch angestellt. 2 Stunden. Bin in ein eigenes Zimmer mit einem aufbegehrten Professor geschlüpft und habe so extra gesprochen. Wenn was zu machen ist, muss es mir gelingen. Ich habe darinnen schon Routine. Oh, die Leute haben sich dort aufgeführt. Die Maler sind verzweifelt. Atelier können nämlich heuer nicht ganz versorgt werden. Jetzt überhaupt noch nicht. Rehm war drinnen und redete verzweifelt ¾ Stunden. Drobele wegen eines Schulzimmers kam starr mit Tränen in den Augen wieder heraus. Die Kinder sol-

---

127   Prinzen = Prinz Biron von Curland – Corneille malte dessen Kinder Karl und Franz
128   G. Harlander = Bruder von Ernstine von Max, siehe Lebensbericht
129   Harden = der Publizist Maximilian Harden (1861-1927) trat für den Frieden ein

len in die Volksschule! Die Arme! Ich bin so selbstverständlich und sicher aufgetreten, weil ich weiß, dass man da eher was erreicht, als mit Verzweiflung. Ich sagte lächelnd: „Es muss sein." Hatte den Brief mit dem Staatsauftragskontrakt in der Hand. Schrecklich wäre es Colomb, wenn wir keine bekämen. Auch wenn Du in Paul Heyse Str. ect. malst, was heizen?

Genug, ich gehe ja nochmals hin; vollkommen, wenn ich das Datum Deines Kommens bezeichnen kann. Wir heizen die ganze Zeit noch nicht. Entweder in der Küche sitzen oder rumlaufen. Anständig, gell??!

(..) Im Vortrag war ich mit Beissbarths. Hatte sie antelefoniert, ob sie hingehen wollten. Gefiel ihnen, aber so ganz das <u>Vergnügen</u> an dieser geistvollen Redeweise wie Du und ich haben sie nicht.

Oh Colomberl! Oh, Colomb! Wann, wann ist Frieden!

Harden sagt, wenn das Volk nicht dem Kaiser hilft und ehrlich ist und offen Frieden wünscht und das den anderen zu erkennen gibt, dann dauert es, <u>mindestens</u> noch 18 Monate. Oh, er sprach so herrlich von den „Lungenhelden" (die zu Haus, die Patrioten). Sei schnell, aber innig geküsst von
Deiner treuen Frau.

****

373:
Grafenwöhr, 13. Okt. 1917

Liebe, liebe Paula!

Habe Dich schon wieder einige Tage um Nachricht warten lassen. Aber unter Tags ist Gezappel oder Malerei und abends bin ich jetzt oft mit Hutterer zusammen gesessen. Verzeihe also. (..)

Dein lieber Brief vom 10. Okt.:

Tommi kann schon bissl Wildheit vertragen, man muss sie nur in die richtigen Bahnen leiten. Er soll auch viel an die Luft gehen und körperlich sich ermüden. Spielt er Klavier? Sag ihm herzliche Grüße

Warum trocknet der Firnis langsam? Was für einen hast Du genommen? Gell, das Bild mit dem Rahmen gehört Dr. Thron. Was hat der Rahmen gekostet? Das muss ich ihm schreiben, auch Verpackung und Transport. Die Landschaft hat St. Reischle noch nicht gezahlt.

Bin sehr neugierig auf die Fotos. Ich finde, dass Packerln furchtbar lange brauchen jetzt. Hast Du die Holzrahmen abgeschickt?

Ja, ja ein General Harlander und ein Zivil Harlander ist etwas anderes. Davor fürchten sich schon viele.

Neulich hat mich ein Maler besucht, war bei Diez mit mir. Er war lange Kriegsmaler, jetzt steckt er aber auch in der Uniform. Nach seinem Reden ist er der berühmteste Kriegsmaler Deutschlands. Pinakothek hat zwei Bilder eingekauft.(..).

Hutterer ist ganz außerm Häusl. Wurde wieder k.v. gemacht und wahrscheinlich wieder bald abgestellt. Er erholt sich auch so rasch. Er flucht auf Grafenwöhr und ist bös, wie ich halt auch anfangs war. Er ist aber eigentlich ein so weicher Charakter, dass der lange Krieg gar nicht gut ist für ihn. Man merkt ihm die Gesellschaft furchtbar an. Er ist bissl verroht. Hat keine Lust mehr zum Arbeiten und spricht tyrannisch von seiner Frau. Vieles verdeckt er auch mit Sprüchen.
Eigentlich hätte ich gute Lust und würde ein Grundstück kaufen und ihn als Pächter hinsetzen. Seine Frau ist ja auch so ordentlich. Das wäre nicht das Schlechteste. Er hätte dann auch wieder mehr Eifer, denn jetzt ist seine Stiefmutter sehr ekelhaft mit ihm und seiner Frau, die mit Eltern und Schwiegereltern im gleichen Haus wohnt. Besser als Kriegsanleihe oder Bank wäre es schon. Wir hätten immer eine Zuflucht und wären doch nicht gebunden. Was kann man aber jetzt machen. Der ewige Krieg, der noch lange dauert.
(..) Gute Nacht, Kuss und Umarmung Dein Colomb
Es gibt entsetzlich viele Flöhe hier!

****

374:                    GNM
                                              Sonntag, 14. Okt. 1917
Lieber, lieber Colomb!
Morgen sollst Du gleich das Aluminium Kochhaferl haben. Dann will ich Dir auch Zigaretten kaufen gehen. Gestern, wie ich nicht da war, war ein Soldat mit der Eierschachtel da. Wie er hieß, hat er Olly nicht gesagt. Ich freue mich sehr und danke Dir. Sie werden eingelegt, gell.
(..) Weißt Du, wie Harden unseren Reichskanzler nennt? „Reichskanzler – Ersatz". Es wäre gut Reden in einem Jünglingsverein zu halten ect.. Harden spricht von unserem Kinderland, nicht bloß Vaterland. Er will, dass wir für unsere Kinder sorgen. Keine Kriege mehr. Er ist davon überzeugt. Es müsse ja abgerüstet werden für immer nach Friedensschluss. Schon aus Klugheit, aus Pekuniären Gründen des deutschen Reiches und überhaupt. Er meint halt, dass es uns am ehrlichen Willen fehle. Gewiss, wenn wir uns friedfertig zeigen, würden die anderen auch Frieden machen. Die – leider größere Menge der Lungenhelden im Inland sei aber immer für Sieg, d.h. für einen Sieg mit Landgewinn. Als ob Deutschland nicht vordem auch glücklich gewesen wäre. Zu uns Belgien. Zwischen England und uns, d.h. da oben überhaupt müsse ein neutrales Land sein. Oder wir müssten England ganz zu vernichten vermögen (was wir ja nicht können). Er erzählte vom früheren Fürsten Bülow, der selbst in England den Vorschlag der unbedingten Neutralität Belgiens gemacht habe dazumal. Harden machte auch ein paar Andeutungen über den Kriegsanfang mit der Neutralität, ect. Schade, dass ich Dir den wörtlichen Vortrag nicht schicken kann. Morgen will ich nach Zeitungsberichten fanden.
Bei Prof Föhner erwähnte ich gestern Vormittag des Harden Vortrages. Oh, er sagte: „Ob man ihn hätte ausreden lassen! Er sei auch so ein Miesmacher. Er wolle den Frieden.

Und was für einen Frieden." Ich war wütend und brach das Gespräch ab. Also auch ein zu Haus sitzender Lungenheld. Dass die so ein dickfelliges Gewissen haben und sich nicht genieren?

(..) Föhner lud alle auf gestern Abend zum Wein. Ich glaubte nicht „nein" sagen zu können. Er feierte das Zusammenkommen der Sammlung, ect. Die Karte von diesem „Fest" (?) wirst Du bekommen haben. Mir ist recht öd darauf. Recht unglücklich war ich dabei. Bloß Weintrinken, so bei Eckel, ohne Dich. Zu was!!?? Natürlich musste ich anstoßen und lachte schließlich sehr viel ohne Grund. Der Schwips ohne Dich machte mich wütend. Es ist mir direkt arg. Ich komme mir bei so was doch ganz arm und überflüssig vor. Föhner, Corneille und Storchl toasten sich gegenseitig an und loben sich. Erzählen lange Witze, Föhner von den Klassen. Heinrich will sich einhängen auf dem Heimweg. Corneille durchaus alle Gitter hinauf. Komisch war's sehr, aber nicht nett. Heute habe ich schrecklich Kater. Das Wetter ist auch hundsmiserabel.

Sage mir, hast Du gar keine Unterhose mehr in Grafenwöhr? Vielleicht lasse ich Dir eine aus einer Kaffeedecke machen. Die einzige Möglichkeit.

Nun muss ich Tommi bei Wenz abholen, es ist ½ 6 Uhr.

Innig sei umarmt und Kuss von Deiner treuen Frau

****

375:	GNM

München, 15. Okt. 1917

Lieber, lieber Colomb!

(..) Bitte schicke mir einen zerdrückten Floh von Dir. Und schnell Schluss.
Die Kaffeedecke für die Unterhose ist bissel fleckig. Ich weiß nicht ob's geht. Schade!
Mit herzlichsten Grüßen eiligst Und Kuss und alles – alles
Deine treue Frau.

****

376:	GNM

16. Okt. 1917

Lieber, lieber Colomb!

(..) Tommi lernt wütend lateinisch, d.h. definiert. Kalt ist's in seinem Zimmer. Wir heizen immer noch nicht. Er hat die Reisedecke um die Beine und meine Wolljacke an. So sitzt er am Pult. (..)

Schicke mir bitte gleich eine schmutzige Unterhose als Vorbild für die aus „Kaffeedecke" gell. Innig sei umarmt und geküsst Von Deiner treuen Frau.

****

377:	GNM

24. Okt. 1917

Lieber, lieber Colomb!
Endlich wieder ein längerer Brief von mir. Und endlich ein Brief von Dir heute. Ein netter, für den ich besonders danke. Also geht's vielleicht doch durch![130] Geht nicht – geht – geht nicht – geht -----die reinste Fieberkurve. Und so ist natürlich meine Stimmung. Seit Deinem heutigen Brief geht mir alles leichter von der Hand und ich gönne mir mehr Ruhe – und ich bin kühn. Das Neueste muss ich Dir zuerst sagen:
Also, ich habe vor einer Stunde ein Mädchen genommen. Absolut unmöglich eine Zugeherin zu bekommen, ebenso Mädchen. Wollte schon verzweifeln. Wir können ja so ziemlich fertig werden für uns, Olly und ich. Aber nie habe ich ein bisschen Ruhe und zu anderen Dingen Zeit. Die Anforderungen an Treppen kehren, Aschenkübel ausleeren, Holz herauftragen, anstehen, werden im Winter dann doch zu arg. Und wenn Du wirklich kommst, möchten wir doch ein bisserl Gemütlichkeit und daheim essen können. Die arme Olly ist doch zu alt zu den schweren Sachen. Ich habe gerade genug zu tun. Bin gestern und heute z.B. den ganzen Tag auf Ämtern gewesen. Also z.B. wegen der Kartoffeln: 1.) bei Vogel, dann in der Schule um Erlaubnisschein. Du musst wissen, dass ich natürlich keine Kartoffeln ohne Schein von auswärts haben kann, (auch Vogel nicht). Vogels bekommen für alle ihre 12 Zentner für den Winter aber dann keine Marken. Ich habe mir 6 Zentner bestellt und im Falle sie uns kaputt gingen, haben wir dann für den Notfall Olly's Kartoffelkarte für hier noch. (Pro Person bekommt man 3 Zentner) u.s.w., u.s.w. Frau Vogel schickte ich heute hin, damit sie ihren Zettel endlich auch ausfülle und beide dann ins Statistische transportieren. Kurz und gut, ihr gelang das nicht und ich musste alles wieder rennen. Merkwürdig, dass so was diese Leute doch nicht können. Ohne weiteres (natürlich nach stundenlangem Anstehen) wurden mir die Zettel anvertraut und ich brachte sie ins Statistische Amt. Auf diese Weise sind viele Tage (10 Tage circa) gespart und wir können sie eher haben.
Gestern war ich auch wegen Bezugsscheinen. Pantoffel für Tommi und Handschuhe für mich und für Tommi. Da geht's zu. Mehr wie 2 Röcke und zwei Blusen darf keine Frau haben. Mann oder Weib nur einen Mantel. Ich bin wirklich anständig, habe noch nie einen Bezugsschein gebracht für Kleider.
Gestern mit Tommi bei Muck gewesen. Deine Jacke für ihn geändert. Muss lachen, wenn ich's sehe. Bei Rast gewesen wegen Kohlen. Du meinst ein Klafter Holz, wohl für Paul Heyse Straße? Der Klafter Weichholz aus Unterhaching kostet 100M (ohne Transport ect.). (..)
Am Samstag waren wir bei Emma zu Tisch und gingen dann mit ihnen spazieren. Zunächst auf die Dult und sahen dort der Seiltänzervorstellung zu. Ich habe schon lange keine mehr gesehen und es gefiel mir riesig. So etwas Graziöses wie ein Mensch im grellen Trikot hoch oben gegen den Himmel. Und besonders mit der langen Balancierstange. Besonders die Beine eines erwachsenen Mädchens im gelbseidenen Trikot waren reizend im wippenden Wechselhupf. Dabei das Seil die natürliche Federung gab.

---

130   doch durch = die Eingabe für die Ausführung des Kirchengemäldes

Merkwürdig war, dass keine Musik erlaubt ist, die Begleitung der Vorstellung durch Glockengeläute. Bei besonders schwirigen Sachen laut und schneller. Es sah alles so ruhig aus und so trüb (auch der Himmel), dass ich immer dachte, bei einer Art Hinrichtung oder Folter in Nürnberg zu sein. Die Künstler waren nämlich auch echte Nürnberger von der Familie Knie.
Montag früh, Colomb was taten wir da? Rate? Wir gingen ins Volksbad und schwammen. Tommi bei Männern und ich bei Damen. Es war fein und ich will's öfter tun. Ich sehe, dass ich schon ziemliche Übung habe und sehe vergnügt wie braune Arme ich gegen alle habe. Wir gingen zu Fuß ins Mozart zum Essen. Nachmittag, wie Du weißt Ämter laufen ect.

Also nun zum Mädchen. Ich bin optimistisch und finde sie sehr nett. Es ist die Nichte von Frau Reindl, Hausmeisterin von nebenan, die mir immer die Wäsche gewaschen hat. Zufällig sucht sie Stelle. Sie ist im Sommer in Moosach bei einer Frau, die eine Gärtnerei hat und Ziegen. Jetzt braucht diese sie bis März nicht, dann geht sie wieder hin. Mir wäre das aber gerade recht. Frau Reindl versprach mir auch mit ihr manchmal hamstern gehen zu wollen, auch könnte ich hie und da wahrscheinlich Ziegenmilch von der Ferne haben. Das wären die Vorteile.
Besonders das Lachen ist nett von dem Mädchen. Sie heißt Käthchen, Käthi Voit und ist 24 Jahre. Ganz hübsch, blühend, nicht groß, ähnlich wie die Pepi von Frau Dr. Wenz war. Nicht ganz so gleichmäßig hübsch. Aber vergnüglich anzusehen, mit großen braunen Augen. Ich kann mir's gar nicht mehr denken, dass wir ein Mädchen haben sollen. Kommt mir viel zu luxuriös vor. Oh Colomb! Aber Zugeherin bekomme ich nicht. Hätte höchstens eine Frau haben können (von Frau Dr. Wenz empfohlen) für 3 Stunden Vormittags. 40 Pf pro Stunde sind 36 M im Monat und Trambahngeld, da beim Zoologischen Garten wohnhaft, 30 Pf pro Tag = 9 M im Monat. Das wäre auch viel gewesen, nicht wahr.
(..) Die Hose für Dich, aus der Kaffeedecke, die ich Storchl mit in die Bekleidung zum Machen gegeben, sei fertig. Wenn sie nur recht gemacht ist; weil ich's nicht selbst übernommen habe. Aber sei froh Colomb, denn im Frühjahr hat kein Mensch mehr einen Faden zum Nähen. Und lache darüber, gell bitte.
Und gute Nacht jetzt. Sei innig innig umarmt und geküsst von Deiner treuen Frau
Tommi ist ganz „Urwald und Wüstensand". Er lässt das Buch nicht wieder aus der Hand.
(..)

****

378:
Grafenwöhr, 27. Okt. 1917
Liebe, liebe Paula!
Deine lieben Briefe, besonders den Langen mit Karte, mit Dank erhalten. Du schreibst so lieb und oft so geschickt. Du verbesserst Dich sogar noch immer. Ich habe es Dir nie

gesagt, dass Deine Briefe mir, wie ich Dich kennen lernte, besonders gefallen haben. Es war etwas darinnen, was man Dir damals nicht so leicht ansehen konnte. Es war etwas da, was ich an anderen Fräuleinbriefen vermisste. Gell, weil ich weiter weg bin, traue ich mir eher Dir eine Schmeichelei zu sagen, das heißt, wenn Du auf mein Urteil über Schreiben etwas hältst.
(..) Ich wünsche Dir viel Glück zum neuen Mädchen. Hoffentlich isst sie Euch nicht alles weg. Ihr habt Euch genügend geplagt und könnt Hilfe freilich brauchen. Ich bin sehr einverstanden.
Jetzt habe ich biss'l weniger zu tun. Aber zu malen hätte ich immer, wenn es heller wäre. Es wäre jetzt überhaupt ein gutes Geschäft zu machen. Alle Offiziere wollen Bilder kaufen für Weihnachten. Jede Dreckslandschaftsstudie die ich mach, wollen sie kaufen. Leider komme ich fast gar nicht bei Tag aus der Kaserne. Mir ist es oft schrecklich. Vom Urlaub höre ich auch nichts. Im November soll schon wieder die Untersuchungskommission kommen. Bis dahin, bin ich hoffentlich weg.
(..) Kuss, Gruß, Kuss, Gruß Dein Colomb

****

379:                        GNM
                                          München, 28. Okt. 1917
                                                   (Sonntag)

Lieber, lieber Colomb!
(..) Die neueste Überraschung für Dich ist ein Geschenk Olly's, nämlich unser Telefon. Wir haben's, nachdem es seit 3 Wochen schon bestellt ist. So kannst Du uns im Notfall anrufen, obwohl ich glaube, dass jetzt Auswärtsgespräche länger dauern sollen. (Zum eventuell als Militär?!)
Also die Nummer ist: **52475**
(Weißt Du übrigens, dass Soldaten nicht mehr in Schnellzügen fahren dürfen? – Auf eigene Kosten vielleicht? Nett, gell?)
Also mit dem Telefon war's so: Dir war's recht und mir war schlecht dran – mussten ja damals noch gar nicht, ob wir eine Frau oder Mädchen bekommen könnten. Olly stiftete den Betrag, der schon gezahlt ist. 6 Wochen hieß es, würde es dauern. Aber ich ging nochmals hin, sagte Du bekommst Urlaub u.s.w. und später hätte es dann keinen Wert mehr. Die Fräulein schickten mich zum Oberpostdirektor. Dort wurde mir ein „Geheimausweg" verraten. Wenn ich, außer der Dienstzeit einem Arbeiter Geld zu verdienen geben wollte, für's Anmachen des Apparates (pro Stunde 2 M). Darauf ging ich natürlich ein und am Donnerstagabend kam wirklich einer. Ganz schnell war die Sache gemacht. Ich bin sehr froh, denn wenn schon, denn schon, nicht wahr. Du siehst aber, wie jetzt immer und überall schließlich alles zu machen ist, wenn man Geld gibt und - ein bissel nachdrückt.
(..) Gestern Abend war Abschied von Prof. Föhner im Torbräu. Heinrich, er Storchl und ich. Natürlich habe ich mich wieder gar nicht angenehm dabei gefühlt. Colomb, es

ist doch kein netter Mensch. Er hat nur die angewöhnten guten Prinzipien eines deutschen Pflichtmenschen (Ehrenmann). Aber er hat was boshaftes, tyrannisches und sogar grausames, neben scheußlicher Pedanterie. Tommi möchte ich keinen solchen Professor wünschen. Wenn er von seinen Schulerlebnissen erzählt, wird mir ganz weh. Wie er dem und dem Vater die Augen über seinen Sohn geöffnet, wie er den rausgeschmissen und durchfallen ließ. Er schlägt auch, nicht im Zorn natürlich, sondern mit kalter Freude anscheinend. Ich habe das Gefühl, als mochte er mich nicht. Und zwar, weil ich zu weich oder frauenhaft bin. Mit Storchl unterhält er sich sehr. Obwohl, sie streiten über Frauenstimmrecht und auch politisch manchmal ein wenig.
Mit Storchl hatte ich ein langes Wortgefecht gestern Abend. Sie war vorher gerade in einem Frauenstimmrechtvortrag gewesen und stark angeregt dadurch. Das Streitthema warst - Du -. Wegen Verschiedenheit von Corneille und Dir. Darauf Behandlungsweise der Frau. Deine Kritischkeit besprochen in allerlei Beleuchtungen von Storchl. Wenn ich es gehen ließe, hätte ich's zu büßen. Du würdest es mir dann vorwerfen später. Z.B. wenn ich einen Koffer gepackt hätte, schimpftest Du, werftest alles heraus und machtest es. Ich kann mich gar nicht so erinnern, sagte es auch und sagte lachend: Es sei doch auch ganz angenehm, wenn der Mann die Koffer packte. Und Du wüsstest doch, dass ich jetzt immer alles auch gekonnt. Dafür ließest Du mich wieder ganz andere Dinge besorgen, die Du nicht gern tätest. Diese Dinge täte sie wieder nicht für Corneille mit Bildern. Na also, sagte ich, drum hast Du Corneille und ich Colomb geheiratet. u.s.w., u.s.w. Storchl behauptet aber doch: „Du wirst sehen!" „Sprechen wir in 10 Jahren darüber!" Mit diesem schauerlichen Rechtlerinnenanruf schloss die lange Debatte. Ich habe aber doch Recht. Ich weiß, dass wir uns doch anfangs vor 7 Jahren mehr gestritten haben, als jetzt, gell. Höchstens jetzt sogar bloß, wenn ich meinen Kopf haben wollte. Gell, dann doch eher. Übrigens finde ich das alles nicht der Rede wert zwischen uns. Das ist bloß eine Sensationslust der Frauenrechtlerin. Ich lasse mich aber nicht anstiften. Die Hauptsache ist und bleibt, dass Du mich richtig gern hast, dann siehst Du auch später keine wirklichen Defekte an mir. Wär gleich aus was für Gründen. Gell!! (..)
Tommis Jacke aus Deiner Braunkarierten ist fertig. Ich muss sehr lachen, wenn ich ihn damit sehe. Zudem hat Mück sie recht völlig, zum Wachsen gemacht. (..)
Gestern früh hatte ich eine Zugeherin von Frau Dr. Wenz und 2 Dienstmänner holte ich auch einmal. Denn: Ich muss ja alles umstellen in der Wohnung. Damit Olly einen Schrank bekommt, fing ich vorgestern schon auf dem Speicher an. Merkwürdig ist nur, dass ich einen „Speicherhals" habe. Muss doch neulich beim Heben eines schweren Korbes höher hinauf was verdreht haben. Doch weiter: der gelbe Schrank also war leer. Der muss dahin, wo die Kommode mit Medizinschränkchen war. Diese kam dahin, wo der Ofen auf dem Gang stand. Dieser, welcher ja seit seiner Versetzung keinen Anschluss mehr hat, stand ja rein überflüssig da. Frau Degginger erlaubte, dass ich ihn auf den Speicher stellen dürfe. Das taten die zwei Dienstmänner. Und stellten alles so, wie erzählt. Dann kam Olly's Bett wieder ins Mädchenzimmer und das von Storchl (d.h. Olly's Hölzernes) ins hintere Zimmer. Blöd sind solche Dienstmänner. Auseinander haben sie

das Mädchenbett gemacht, aber zusammen konnten sie's 3 Min nachher nicht bringen. Als ich's mit einem Griff gemacht, meinten sie: „Sie san halt noch stark!" Die Trotteln. (..) Sei herzlichst umarmt lieber, lieber Colomb
Von Deiner treuen Frau.

****

380: GNM

30. Okt. 1917

Lieber, lieber Colomb!
Jetzt trau' ich mir eigentlich gar nicht mehr schreiben, weil ich so aufpasse, wie ich's mache. Dein Lob hat mich ganz aus dem Sattel geworfen. Oh, lieber Colomb! Oh grässlich! Mich freut's ja schrecklich, dass Dir meine Briefe gefallen. Mühe geb' ich mir keine dabei, das saust nur so dahin immer. So wie mein Geschwätz, meine ich. Allerdings vielleicht besser, weil Du dabei das dumme Gesicht nicht siehst und die Halsadern nicht anschwellen vor Nichtabsetzen im Bericht. Gell?!
Was hat Dir früher an meinen Briefen gefallen? Vielleicht, ich frohlocke, doch ein bissel das Ähnliche mit Dir. Es war ja auch so, als <u>Dein</u> erster Brief zu mir kam. Mama meinte doch auch, er sei nicht von Dir, sondern bloß selbst von mir geschrieben. Schrift und das andere. Und anders als andere Fräulein, vielleicht die Schreibfehler? Oder dann noch das Zügellose im Ausdruck? Aber gewiss auch, Colomb, <u>das</u>: Nämlich dass ich Dich immer so gern hatte. Dich lieb hatte, richtig. Nicht bloß einseitig, sondern allseitig, vielseitigst. Du hast ja wimmelnd viele herzige Eigenschaften, immer neue und neue.
Aber – hast Du mich doch hoffentlich – nicht bloß wegen der --Briefe genommen. Ach, ich armes Ding!
Das ist Spaß, Colomb, von mir, das liest Du, gell.

Heute Dein lieber Brief hat mich gefreut. Es war so ein trüber Morgen und lange keine Nachricht von Dir gekommen. Sorge macht mir Eure zukünftige neue Untersuchung im November. Das geht ja jetzt genau! (..)
Heute war ein schwieriger Tag. Mit Tommi war ich beim Zahnarzt. Bei Dr. Maier in der Uhlandstraße. Tommi hatte seit 3 Tagen Zahnweh, besonders nachts. Dr. Maier ist mir fast zu entschlossen. Er riss ihm, dem Armen, ohne alle Vorbereitung, einfach 2 Zähne raus. Erste Zähne wohl und dazu der kleine Milchzahn ganz gesund. Der andere war scheußlich zu ziehen. Hier schicke ich Dir beide. Der arme Tommi war ein Held. Ohne Laut, aber mit Märtyrergesicht. Mir liefen selbst die Tränen aus den Augen. Dr. Maier sagt, wegen Platz im Mund, das Gegenteil von Dr. Siebeckes Meinung. Hoffentlich ist nichts verpatzt. Weh, tut's ihm jetzt mehr wie vorher. Gemein. (..)
Morgen Nachmittag gehe ich mal zu Dr. Asthor, da mich mein „Speicherhals" immer wieder geniert. Schmerzen sind es nicht mehr, nur so ein <u>dickes</u> Gefühl und Druck und Ziehen. Hauptsächlich links bei der Ader. Ich habe massiert, habe Wickel probiert, hilft

nicht recht. Tommi sitzt auch da, hält sich die Backe. Ein nettes Bild. Gut, dass du's nicht sehen musst.
(..) Alles Gute, Dir Colomb. Sei innig umarmt
Deine dankbare treue Frau

****

381:                              GNM

31. Okt. 1917

Lieber, lieber Colomb!
Heute habe ich am Telefon vom Kunstverein erfahren, dass die Anfrage wegen des Kinderporträt schon an Colombo Max sein sollte. Ich wollte es nicht glauben. Aber das Bürofräulein sagte es wiederholt. Ich frug, wer die Persönlichkeit sei, aber sie sagt, dass diese nicht genannt sein wollte. Nun hast Du ja gewiss schon diese Karte. Das Fräulein weiß jetzt, dass Du nicht hier bist, ich sagte aber, ich wolle Dich auf alle Fälle fragen. Aber wie kann man überhaupt was sagen, finde ich, man müsste doch wissen, was gemeint ist, ungefähr. Bei der Gelegenheit frug ich das Fräulein wegen Ausstellen. Heuer hast Du, glaube ich, noch nicht im Kunstverein ausgestellt, gell?? Am 9. Nov oder am 23. ginge es noch. Am Letzteren wäre Weihnachtsausstellung. War „Schwarz und Weiß" schon ausgestellt? Ich würde einen Silberrahmen darum machen lassen. Darf ich? Denn übrigens sind es die letzten Rahmen, die gemacht werden können überhaupt. Nächstes Jahr ist wohl ganz Schluss. Auch um „Morgentoilette" hätte ich so gerne was. Aber soll ich warten, bis Du kommst? Es ist grässlich, dass von Tag zu Tag oft die Preise steigen. Man muss leider immer zugreifen.
(..) Dr. Asthor sagte, dass der Hals schon vom Heben kommt. Ich hatte nämlich heimlich schon Angst plötzlich einen inneren Kropf zu bekommen. (Sehen tut man nicht viel übrigens). Massieren und Wickelmachen hat er verordnet, das habe ich ja schon getan. Weiter kann man nichts machen. In den Kehlkopf schaute er auch und war ganz baff, wie weit man bei mir hinunterschauen kann.
Tommi habe ich heute im Bett gelassen. Er ist so erkältet, hat etwas roten Hals und bissel Ohrenweh. Morgen wird es wieder vorbei sein. Olly war auf dem Friedhof deshalb allein und richtete ein bisschen das Grab meiner Mama. Du weißt doch, dass ein großes Vogelnest oben im Marterl von der Madonna ist.
Nun gute Nacht! Träume was Schönes und --- komme bald.
Sei innig umarmt von deiner treuen Frau.

****

382:                              GNM

München, 6. Nov. 1917

Lieber, lieber Colomb!
Es ist doch ein sonderbarer Zustand, wenn man wartet, weiß, dass man wartet und doch nichts davon wissen will, dass man wartet. Nicht wahr? Ich hätte nun so alle meine Vor-

bereitungen getroffen für Deinen Empfang, die Wintersachen und Vorräte wären geregelt. (Soweit es eben möglich ist). Überall habe ich Fäden ausgesponnen. Marmeladen sind da, Fette sind in Aussicht, Holz ist im Keller, Kartoffeln treffen wohl bald ein. Heute ist ein Zentner sehr schöner Äpfel aus Würzburg (besorgt durch Tante Anna) gekommen. Das Käthchen ist eingewöhnt. Die Wohnung ist im Stand. Natürlich, Du denkst wozu ich überhaupt so sicher rechne. Muss ich aber doch auf jeden Fall. Und freut mich's in diesem Gedanken doch auch mehr.

Heute schicke ich Dir einen Artikel aus der Münchner Neuesten, falls Du ihn in Grafenwöhr nicht gelesen hast. Ich war gestern Abend das Pfund Schmalz bei Lisl[131] holen und aß gleich dort zu Abend. Ihr Mann war nicht da, wollte, wie Lisl sagte, in eben diesen Vortrag (siehe Beilage), um dort Krach zu machen. Denke Dir nur Colomb, <u>wie merkwürdig</u>, er und seine Gesinnungsgenossen bezeichnen die Friedensfreunde als „Kriegsverlängerer". Sagen: Die Miesmacher verhinderten das richtige Dreinschlagen. Dann wäre alles eher zu Ende, meinen sie. Dabei, oh Schmach, sitzen sie selbst urkräftig zu Hause. Wie darf man so sprechen. Es verleitet fast zu dem Misstrauen, als steckten sie selbst hinter dem Ofen, nämlich, hätten nichts gegen längere Kriegsdauer und sagten es nur laut den Anderen nach. Lisels Mann hat heuer 80 000 M verdient, davon auf ihn ihr Geschäft also 40 000M kommen. Ganz hübscher Verdienst, nicht.

Leider kam Herr Feder zum Essen nach Hause. Er war doch nicht in dem Vortrag gegangen, weil – „ihm der Bursche viel zu unbedeutend war". Wer weiß! Vielleicht wär's ihm übel bekommen und man hätte ihn gefragt, ob er „k.v." sei.

Heute war ich nochmals bei Dr. Asthon wegen meines Halses. Er kann nicht sagen, was zu tun ist. Hat mir einen Brief an Prof Klausner geschrieben und morgen muss ich damit zu diesem gehen. Es soll zuerst eine Röntgenaufnahme in der Poliklinik gemacht werden von seinem Assistenten. Ich bin ganz neugierig, was herauskommt. Besser ist sicher gleich was tun, nicht wahr Colomb. Vielleicht kann es so schnell, wie es gekommen, dann weggebracht werden. So ist es nicht zu gemütlich und vor allem kann ich nicht „ratschen", was sehr kummervoll für eine Frau ist. Das Reden strengt mich manches Mal doch an. Ein „Bellkropf" denkst Du. Ach! Es war keine gute Bedeutung, dass Olly der Hochzeits<u>gans</u> am Kochlöffel den Hals verdrehte.

Drobele telefonierte ich's heute Abend, dass ich morgen durchleuchtet würde. Oh Naivität. Sie meinte, es sei was los. Ich sagte, sie sei ein seltenes Exemplar von Naivität und gehörte in einen Glaskasten aufgesteckt. Und ich sei nicht ähnlich wie Zeus, der Pallas Athene aus dem Haupte entspringen ließe und glaube nicht, dass sich in meinem Hals derartige Dinge verkörperten. So vergeistigt (oder verrutscht) bin ich doch noch nicht.

Lieber Colomb, nun habe ich also bald ein Pendant zu Deiner Röntgenbrustplatte. Ob sich unsere Seelen auch ähnlich sehen?

Sei herzlichst gegrüßt und umarmt von

Deiner treuen Frau

---

131   Lisl = Freundin von Paula, verheiratet mit Gottfried Feder, Schwester von Irma

Der Olly hab ich noch nichts gesagt von der Röntgerei, damit sie nicht die Augen rollt: "wir haben....

****

383: GNM

München, 8. Nov. 1917

Lieber, lieber Colomb!
(..) Heute Nachmittag tat ich folgendes (da ich doch nicht müßig warten will, im Gegenteil die Zeit ausnützen muss auf alle Fälle): Vor einiger Zeit bat mich doch Dietrichs einmal, ihm neue Zeichnungen von Dir zu zeigen und da er wirklich der einzige Verleger ist, der in unserem Sinne das Militärische erfasst, freute ich mich immer darauf, ihm Zeichnungen zu zeigen, die andere Blätter (und dergleichen) nicht annehmen dürfen. Die Sachen also gefielen ihm sehr. Ich war nicht bei ihm, um damit zu hausieren, das wussten wir beide, sondern aus Interesse. Es wird ein Moment kommen, wo sie erscheinen können und da müssen richtige Menschen schon wissen, wen und was sie nehmen müssen. Jetzt ist nicht die Zeit. Er sprach mir von dem Verleger Eduard Fuchs in Berlin, der lauter interessante historische Werke wie „Die Frau in der Karikatur", „Mode in der Karikatur" (Du kennst diese Werke sicher) herausgegeben hat und jetzt Band auf Band „Der Krieg in der Karikatur". Da gibt es, glaube ich, auch keine Zensur. Ich will Dich erst darüber fragen und ob wir nicht lieber warten sollen.
Nach Dietrichs bin ich durch den englischen Garten hinüber zu Hildebrands[132]. Herr Georgii ist auch gerade im Urlaub. Spiegel traf ich dort in Uniform. Nun höre und staune: Spiegel hatte (bei einer Untersuchung hier) einen Nervenschock. „Der Arme" sagt Zusi ganz ernst. Ich muss grässlich lachen, denn es ist sicher Schwindel. Er habe alle Namen verwechselt und schrecklich zu zittern begonnen. Er habe auch eine lahme Hand vom Typhus (früher) zurückbehalten.
Oh, von der lahmen Hand hat man früher nicht viel bemerkt. Kurz und gut, er ist nicht mehr felddiensttauglich. Die Kolonne von Sattler und Georgii hat sich nämlich aufgelöst. Aber Herr Sattler und Georgii sind –künstlerische Beiräte geworden für Soldatengräber. Der eine in den Karpaten und der Andere, glaube ich, im Elsass. Die Stellung versetzt sie zugleich in den Majorstand. (Mit dessen Uniform, wohl auch Gehalt). Das ist doch fabelhaftes Glück. Herr Braunfels ist draußen auch sehr gut dran. Hat bei den von Ludendorff eingeführten Vorträgen mitzutun. D.h. er hat volkswirtschaftliche Vorträge vor Soldaten zu halten, um sie aufzuklären und wieder patriotisch zu machen. Dabei hat er den Titel Leutnant erhalten. Zusi strahlte vor Freude. Es ist ihr wirklich zu gönnen, der Guten. Glück ist es doch, nicht wahr.
(..) Nun gute Nacht. Sei herzlich umarmt, lieber Colombo
Von Deiner treuen Frau (..)

****

132   Hildebrands = Maria-Theresia-Str. 23, Haus von Adolf von Hildebrand, siehe Lebensbericht

384:
Grafenwöhr, 8.11. 1917

Liebe, liebe Paula!

Deinen lieben Brief mit Zeitungsausschnitt bekommen. Herzlichen Dank! (..) Herr Feder ist ein Esel. Am Samstag spricht Tirpitz[133] und Ludwig Thoma in München. Da möchte ich hin zum Pfeifen. Gell, schicke mir bitte, wenn davon was in der Zeitung steht.
(..) Gell, wenn es Euch möglich ist, so beschafft der Mama Petroleum. Sonst ist Storchl noch wütender auf uns. Ich habe hier auch schon verzweifelte Anstrengungen gemacht. Vielleicht sende ich einen für Petroleum. Wir selbst müssen auch sehr sparen.
(..) Ich wünsche Dir vor allem gute Besserung, sei herzlich umarmt von Deinem gefangenen Colomb

****

385:            GNM
München, 9. Nov. 1917

Lieber, lieber Colomb!
Jetzt muss ich Dir heute schreiben, wenn Du es noch nicht weißt, dass die Eingabe zurückgewiesen ist. Ich habe um 10 Uhr Assessor Daxenberger antelefoniert und er sagte, dass gerade die Antwort vom Kriegsministerium eingetroffen. Abgelehnt wegen der schwirigen Ersatzmöglichkeiten jetzt, nicht bloß bei k.v, sondern auch g.v. Einfach scheußlich. Ich habe ganz geschlottert vor Enttäuschung. Habe dann gleich Herrn Breg[134] antelefoniert und bin dann nach 11 Uhr zu P. gegangen. War nett wie immer. Will schreiben und tun was möglich ist. Will sich überhaupt erkundigen. Das Nürnberger G.K. ist doch recht streng. Hier sind sie nicht so, glaube ich. Ob Du zeitweise, d.h. für einige Zeit hierher versetzt werden könntest?? Soll ich mit Deinem Trainobersten Maier sprechen? Ist er Oberst? Was ist nun zu tun? Ich muss halt doch warten was P. tut. Dann vielleicht nach Nürnberg. Wäre am liebsten gleich gereist. Oh Gott, wer weiß, was später dazwischen kommt. Es wird auch immer kälter. Und vielleicht muss ich den Hals später behandeln lassen.

(..) Ach wie bin ich traurig. Mehr kann ich gar nicht schreiben heute.
Sei innig umarmt, armer Colomb
Deine treue traurige Frau

Eben von Dr. Asthor angerufen worden. War schon etwas zu sehen auf Platte (Röntgenaufnahme!). Druck gegen Luftröhre. Aber man kann es einstweilen lassen. Soll ruhig leben, mit einem Geist massieren.

| 133 | Tirpitz = Großadmiral von Tirpitz, Vaterlandspartei |
| 134 | Breg = Josef Breg, Freund der Familie, Erzieher bei Kronprinz Rupprecht |

(..)
Colomb, ach was sagst Du? Ich hatte mich so gefreut, doch besonders wegen Dir. Ach! Heute Bilder aus Salzburg gekommen. Breg hat auch schon Deinen Stahlhelmkopf.

Zeitungsausschnitt anbei: „Aufklärungsvorträge für die Truppen"
2. Zeitungsausschnitt: Wozu der Lärm?

****

386: GNM

München, 10. Nov. 1917

Lieber, lieber Colomb!
Ich muss Dir heute auch wieder schreiben. Du bist, wenn auch vorbereitet gewesen, so doch gewiss traurig, wegen der Eingabe, gell. Vielleicht bin ich trauriger. Schreiben, freut Dich doch vielleicht ein klein wenig. Ich will wenigstens –so – bei Dir sein.
Ich denke immer noch über das Geschehnis. Und ich versuche die guten Seiten daran heraus – zu kratzen. Du sagst es ja auch, wir sollen froh sein. u.s.w.
Heute habe ich Deine zwei Karten vom 8. bekommen. Mich beunruhigt nur recht die Untersuchung am 28. Es gäbe nur eines, eines, eines. Wenn Du dabei g.v.h. würdest. Ich will alle meine Kraft in meine Gedanken am 28. in dieser Weise verwenden. Vielleicht geschieht ein Wunder.
Ich bin nur froh, dass Du die Majors ect. aufwärts im Begriffe zu malen bist.
Ach Colomb, die schönen Ideen der russischen Arbeiter und Soldaten!! Liest Du eine Zeitung? Welche soll ich Dir abonnieren? Am Montag schicke ich Dir wieder ein Hemd, gell. Ich bin nur in Angst, wegen unserem schönen kostbaren Paket. Ach, warum haben's wir nicht eingeschrieben. Die schwarzen Halbhandschuhe, Socken, Kaffeedeckenunterhose, ganzer Kuchen, Marmelade. Oh, es wäre entsetzlich! Äpfel werde ich Dir schon öfter schicken. (..)
Heute habe ich im Glaspalast für die Willma ér Ausstellung zwei Bilder von Dir geschickt. „Salome" und die „Tänzerin in Shawl" Gell, ist es Dir recht?

(..) Petroleum ist jetzt absolut nicht zu bekommen.
Gute Nacht! Es ist spät. Sei innig umarmt und Colomb! Vergess mich doch nicht, gell.
Deine treue Frau

****

387: GNM

München, 12. Nov. 1917

Lieber, lieber Colomb!
Ich warte voller Unruhe auf Deinen ersten Brief nach der Eingabe Antwort. Noch ist er nicht da. Wie geht es Dir? Wie ist Dir? Lieber, armer Colomb!

(..) Gestern (Sonntag) war ich mit Tommi bei Sattlers[135]. (Wir aßen zuvor am chinesischen Turm). Ich sprach dort bei Sattlers davon, wie uns die Gegend gefiel und ob sie von etwas Wohnbarem wisse. Sie meinte gleich das Folgende: Sobald der Krieg aus ist, wollen sie die Bürobaracke entfernen (dahin kommen Hühner, ect) Sie wollen anbauen und das Büro ins Parterre des Anbaues. Es wird ihnen aber zu teuer, das Haus für sich allein zu bauen und haben. Also, muss der obere Teil vermietet werden. Georgii bleiben in Maria Theresia Straße und kaufen sich außerdem etwas auf dem Lande. Ebenso Braunfels. Wie wäre das, wenn das Haus, also oben, in unserem Geschmack (innerlich) gebaut würde und wir diese Wohnung mieteten? Eine Wohnung von circa 5 Zimmern und oben drauf ein schönes großes Atelier. Ich sagte gleich: „Ja". Gefiele es Dir? Auch ein Garten wäre dabei. Sattlers sind auch nette Nachbarn, ganz selten nette sogar. Wenn man nicht fürchtete, es müsste noch zu lange zur Verwirklichung dauern, wäre es doch schön. Frau Sattler schrieb gerade an Ihren Mann und gleich von unserer Idee.
(..)
Etwas Neues wollte ich und müsste ich Dir längst schreiben, wollte aber nicht so viel Scheußliches zusammenkommen lassen. Also dieses Scheußliche in diesem sonst nicht scheußlichen Brief, gell. Habe keine Angst, ist mehr tragisch – komisch, als furchtbar. Mir ist es nicht so arg – wegen meiner – sondern nur wegen Dir. Schimpfe bitte nicht. Sage gar nichts drüber, auch wenn Du kommst. Was kann ich nämlich dagegen tun? Nicht? Also – langsame Vorbereitung:

1. Mein Anblick ist anders!
2. Nicht unten, nicht in der Mitte, nicht am Hals, nein – ganz oben.
3. Es war so!
4. Ich hatte wieder den weißen Haarstreifen, grässlich und erwartetet Dich doch täglich.
5. Also ging ich zum Friseur. Der sagte:
6. „Oh, wir haben jetzt was sehr gutes – einen Moment!"
7. Er schmiert den Streifen, er wird sehr schön. Nun sagt er:
8. „Auf der Seite werden sie auch schon etwas weiß – einen Moment!" (Nun musst Du voraus wissen, Colombo
9. dass weiße Haare viel stärker sind und viel schwerer greifen als braune ect. Diese ganz rasch) Also:
10. Er schmiert auch seitlich drauf und sagt: „Einen Moment!" Doch der Moment war zu lang.
11. Kam ich heraus und war -----<u>schwarz</u>!!! So!!! Nun musste wohl oder übel oben auch nachgeschwärzt werden. Oh!
12. Hast Du eine Italienerin zur Frau bekommen. Es ist fast schwarz, dunkelbraun, das rötlich schimmert etwas durch.
13. Dies war also vor 3 Tagen.

---

135   Sattlers = Architekt Carl Sattler ist ein Schwiegersohn von Adolf von Hildebrand, wie auch Georgii und Braunfels, siehe Lebensbericht

Nun weißt Du es und hast gewiss mit lachender Wut die 13 Punkte gelesen. Ist es Dir sehr arg? Einmal wird es schon wieder anders. (..)

Lieber Colomb! Du bist so weit – ach und ich habe keine Nachricht. Wie mag es Dir gehen (..)
Colomb, sei innig umarmt und geküsst
Von Deiner treuen Frau

****

388:                    GNM

München, 14. Nov. 1917

Lieber, lieber Colomb!
Ich hoffe nicht, d.h. ich mache mir keine Hoffnung, aber ich denke, vielleicht ist das der letzte Brief, der Dich trifft, ehe Du auf einen Abstecher zu uns kommst. Das ist doch wenigstens etwas. Und ich freue mich darauf. (..)
Du frägst, wo Corneille ist. Ich weiß nicht. Entweder beim Prinzen[136] oder in Dresden, oder Berlin oder Frankfurt. Von all diesen Orten wurde gesprochen. Heinrich lässt sich nicht sehen. Mama und Mimi wollen noch lange, über Nov. draußen[137] bleiben. Ich wollte doch, Du hättest nichts gegen das Elektrische gesagt. Es wird Dir früh und Abend vorgeworfen werden draußen und drinnen. Ich habe auch keine einzige Kerze mehr bekommen. Obwohl ich mich sehr bemühe. Storchl und Mimi verlangen es direkt von mir – ich Opfer. Sieh beiliegend die Wimper, mit der ich nicht gezuckt habe.
(..) Mein Hals ist <u>Gott sei Dank</u> besser. Es war doch vielleicht ein Speicherhals. Ich räume nie mehr in meinem Unglücksmonat November. Mir graut vor Koffern und Mottenmitteln. Ich bin wie eine Motte, die an Atemnot doch durch dergleichen stirbt. (Bin ich auch sehr Kleider liebend?) Das ist alles Spaß. Vom Druck auf der Brust, den ich doch seit Diphtherie manches Mal habe und damals im Juli so arg, sprach ich wieder. Es ist doch eine kleine Mangelhaftigkeit des Herzens jetzt. Ich darf nicht sofort rennen, verbot Asthor und soll ruhiger sein. Es ist halt wahr, dass sich die seelischen Leiden auch materialisieren. So druckt einen der Kriegskummer aufs Herz und die Angst schnürt einem im Hals. Es vergeht aber wieder, wenn Du da bist und Du hast keine Frau mehr mit Speicherhals und schlechtem Herz.
Tommi ist im Gymnasium, er kann Dich also nicht grüßen. Er ist fleißig, hat viel Witz und Überlegung. Aber er sieht schlecht aus, ist trotzdem frech und wild auf der Straße. Olly grüßt Dich. Das Apfelmus ist von ihr gemacht.
Umarmung von mir und innigen Kuss Deine treue Frau

****

a)   Im gleichen Brief:

---

136   Prinzen = Prinz Biron, Corneille malt dessen Söhne
137   draußen = in Ammerland

NR.32436.
K. Staatsministerium des Innern
für Kirchen- und Schulangelegenheiten.

München, den 12. November 1917.

Hochwohlgeboren
Frau M a x , Kunstmalersgattin
in
München.
Betreff: Beurlaubung des Malers Colombo Max
Des E / 3. Fußart. Regts.

Das Kriegsministerium hat am 6. ds. Mts. mitgeteilt, dass bei der gegenwärtigen Ersatzlage, die die Heranziehung aller verfügbaren, auch nicht kv.F Wehrpflichtigen zum Heeresdienste verlangt, dem Antrag auf längere Beurlaubung des Malers Colombo M a x leider nicht entsprochen werden kann.
J.A. ……..

****
Colombo bekommt ein paar Tage frei.

****

389:                            GNM

München, 22. Nov. 1917

Lieber, lieber Colomb!
Der erste <u>Brief</u> wieder. Wenn Dir meine Briefe zum Hals herauswachsen, oh alle, es wäre schrecklich. Mir wächst der Krieg zum Hals heraus und wie. Ich bin wütend. Ich möchte es mir nicht mehr gefallen lassen, dass Du mir genommen wirst. Die 4 Tage waren so schön!!! Und wie viele Jahre soll es noch so gehen? Es geht einfach <u>nicht</u> mehr. (Ich schreibe ja vor Wut wie Ernestine mit Unterstreichen und Rufzeichen.)
Gehörst Du mir denn noch, Colomb? Wer weiß, vielleicht lebst Du Dich in eine andere Welt ein. Manches mal fürchte ich's. Und ich schreie auch manches Mal bloß deshalb so laut „nein", Colomb, weil ich mich verteidigen möchte, weil ich eben fürchte, Du habest ein anderes Ideal vor Augen, wenn Du etwas von mir ungeschickt findest. Und so! Du weißt ja nicht, wie schlimm einem ist. Wie schlimm, wenn man jemand so sehr lieb hat und meint man kann es ihm vielleicht nicht so ganz nach <u>Gefallen</u> machen. Doch wozu lange reden. Ich bin schlecht aufgelegt, wütend, grantig, traurig. Ich will Dir von anderen Dingen erzählen:
(..)

Es ist noch eine ganze Wolke „Colomb" um mich. Du weißt gar nicht, was für eine gute Luft Du diesmal wieder dagelassen.
Ach leider ist nun der Platz für das Umarmen so klein. Aber ich mache es in Gedanken sehr groß und lang und fest
Deine treue Frau.

****

390: GNM

Grafenwöhr, 23. Nov.17

Liebe, gute Paula!
Jetzt bin ich schon 3 Tage hier und komme erst jetzt zum Schreiben. Also in Weiden habe ich 5 Stunden im Gasthaus geschlafen. Hier angekommen, habe ich gleich Schur bekommen. Außerdem musste ich gleich zum Major malen. Dunkelheit. Hab nichts fertig gebracht. Um 5 Uhr abends kam der Befehl vom Bataillon, ich soll sofort ins Offizierskasino, etwas malen: Zum Generalsempfang. Oben war nur ein kopfloser Maler (Kunstmaler), der Farben und alles in Nürnberg gekauft hatte und nicht wusste, wo ein und aus. Bis gestern um 4 Uhr mussten 3 große Bilder gemalt werden. Also gleich anfangen. Bis 2 Uhr nachts besprechen und malen. Bei freiem Wein und Zigarren. Werkstätte eine Kegelbahn. Ich habe gleich eine Barbara auf Löwen reitend, der mit einer Kanonenkugel spielt entworfen und angefangen, weil es den Offizieren sehr gefallen. Die anderen zwei Bilder entwarfen 2 andere Maler, die noch dafür kamen. Vergrößerungen machen Erler und Münzer. Ich und der kleine Kunstschüler von uns, konnten leider nichts dagegen machen.
Um 2 Uhr Nachts kam ich mit einem kleinen Schwips und recht müde ins Bett. Gestern früh um 8 Uhr ging's wieder los und wir arbeiteten ohne Mittagspause bis 4 Uhr durch. Die Bilder sind fast lebensgroß. So schnell habe ich noch nie gearbeitet. Die Bilder wirkten im Saal ganz gut. Das viele Dreinreden der Offiziere war recht hindernd. Die Arbeit hat mich aber gefreut.

Also, gestern abends kam ich erst zum Auspacken. Dann besuchte mich noch Hutterer und um ½ 9 Uhr ging ich recht müde ins Bett.
(..) Ich bin heute müde, dumm und schläfrich.
Gute Nacht.

****

391: GNM

München, 24. Nov. 1917

Lieber, lieber, lieber Colomb!

(..) Ich freue mich über Deine Wandmalerei. Das ist recht! Ich bin so froh für Dich, dass Du endlich einmal groß und frei arbeiten konntest. Aber in dieser Eile! Kannst Du die Malerei fotografieren? Schicke mir bitte dann das Bild. Wie hat es dem General gefallen? Vielleicht ist es Dir zum Guten. Wie kamen sie denn so rasend schnell auf die Idee der Malerei? Wie sind denn die Kopien der Erler Münzersachen geworden? Ich kann's mir nicht vorstellen. Hoffentlich hast Du nun zum Majorbild Ruhe.
(..) Was sagst Du zum russischen Waffenstillstandsangebot? Ich mache mir gar keine Hoffnungen.
Gestern war ich bei Salzer's, da ich ans österreichische Konsulat gegangen war, um mich auf alle Fälle zu erkundigen. (Habe mich auch Pass fotografieren lassen) Grüße von Salzers. Bei ihnen sind jetzt immer „Entente - Einladungen" wie Salzer sagt. Eine Russin, eine Amerikanerin u.s.w. Wenn Du wieder Urlaub hast, solltest Du unbedingt hinkommen, sagt er. (..)
Lieber Colomb!
Es war so schön, wie Du da warst! Sei umarmt und geküsst von Deiner treuen Frau
Wo ist es am schönsten auf der Welt? Auf blauem Meer? Nein, für mich in Deinem Arm.
(..)

****

392:                         GNM

München, 26. Nov. 1917

Lieber, lieber Colomb!
(..) Also heute war Emmi Zeichenstunde bei mir oben. Es läutete und Herr Banger[138], Kunsthändler aus Wiesbaden kam. Er ist ein kleines Mäusemännchen. War imponiert durch unseren alten Tisch und Bild auf dem Bücherschrank. Ich war wie immer mit diesen Menschen instinktiv sehr hochnäsig. Und ich finde es ist die beste Behandlung, sonst werden sie frech. Ihm gefiel also im Atelier hier „Amelia" mit den nackten Schultern und er will das Bild sich vielleicht schicken lassen. Ist es Dir recht? Und was soll das Bild kosten? Dann in Paul Heyse Str. gefiel ihm die „Gimpelfängerin". Schade, dass sie nicht fertig sei, sagte er. Er will sie sich bis im Sommer bestellen. Die anderen Sachen waren nichts für ihn. Er liebt auch mehr das Pikante.
Kaum war ich wieder bei Emmi, als es wieder läutete und Frühholz[139] kam. Er ist so nett. Er macht Augen, wie aus einer anderen Welt, so kindlich. Er hat ja <u>wieder</u> Urlaub in Aussicht, 6 Wochen wegen seiner 7 Kinder. So! Er ließ uns 2 schöne Päckchen Butter da und schnitt eigens einen schönen runden Kuchen für Tommi an. - Du hast recht, er ist Gemütsmensch. - Und schenkte Tommi einen roten Apfel auf dem er in der Bahn anscheinend schon gesessen war. Wir gaben ihm an Dich eine Flasche Rotwein mit. Das traf sich glücklich, gell. Gibst ihm auch bissel davon, gell? Eine Zigarre und eine Handvoll (dünner) Zigaretterln hatte ich noch im Buffet, die schenkte ich ihm. Geld nahm er

---

138   Banger = Kunsthändler, verhandelt öfter mit Paula
139   Frühholz = Kriegskamerad von Colombo

nicht. Er wolle es schon mit Dir ausmachen, sagte er. Er lief gleich wieder fort. Nun sieht er Dich morgen früh. Wenn er seine Hand nicht gewaschen hat, was ich hoffe, bringt er Dir von meinem Händedruck was mit.
(..) Ach wann! ist der Krieg zu Ende?? Ich hoffe nicht viel auf Russland Oh!
Colomb, sei innig umarmt und viele, viele Male geküsst
Deine treue Frau.

****

393:                        GNM
                                              München, 28. Nov. 1917
Lieber, lieber Colomb!
Heute wollte ich Dir gerade einen recht schönen, vielleicht poetischen Brief schreiben. Aber die Stimmung ist ins Wasser gefallen, durch Heinrichs Besuch mit Deinem Brief. Armer Colomb! Ich war so traurig darüber, dass ich die Augen nicht zu Heinrich[140] aufschlagen konnte. Was sollte ich tun? Weinen? Schimpfen? Du schreibst ja in dem Brief schon von Deiner Zustimmung. Was kann man da tun? Hätte ich's nur eher gewusst. Wir hätten doch noch mehr besprechen und festlegen müssen. Es ist kein Verlass. Hätte Heinrich Dir den einen Gobelin wenigstens gesichert. Glaubst Du wirklich, dass der Goldschmid[141] wirklich nur die 3 zusammen nimmt? Er hätte sicher auch mit 2 genug gehabt. Heinrich zeigte mir also Deinen Brief und sagte, auch Du seist in vielen Fällen im Irrtum. So schriebest Du von der Eventualität, den einen Gobelin um 4000M zu kaufen, das könntest Du ja gar nicht. (Also müsstest Du wohl alle kaufen) Wenn ich wüsste, wo die zwei übrigen aufzuhängen seien, würde ich mit Olly alle 3 kaufen und dann 2 wieder weiter verkaufen (von mir aus). Aber nun hast Du ja eingewilligt und Heinrich sagt morgen oder wann kommen die Gobelins schon herunter. Ich sehe auch nicht ein, warum die Gobelins jetzt verkauft werden müssen. Heinrich würde sich aber nicht gerne in seine Geschäfte handeln lassen, es ist immer angenehmer ein Geschäft gemacht zu haben. (So für ihn).
Ich fürchte, es wird mit den anderen Sachen auch so gehen, denn es wird ja jetzt gern gekauft. Sogar General Harlander hat es damals auch gesagt. Aber es ist nichts zu machen. Nur traurig, dass Du sie verlierst. Hans hatte mit seinen Geweihen Glück damals. So wertlos sind die auch nicht gewesen. Heinrich sagt, es sei etwas anderes gewesen, kein Angebot da. So sagte ich, jetzt kaufen wir also dann aber sicher den Schreibtisch gleich, es ist auch kein Angebot dafür da. „Nein, tu das nicht" sagt Heinrich, „dann machen sie es wertvoller. Warte lieber." u.s.w. Aber ich habe nun einmal Furcht bekommen. Schreibtisch und Gobelin, die 2 Dinge waren mir so lieb für Dich.
Ich bin trotz allem heute noch voller Willenskraft gewesen. Und ich dachte, vielleicht finde ich noch jemand, der sich für 2 um 8000 M interessiert. So ging ich zu Mastag-

---

140   Heinrich = Heinrich Müller, Nachlassverwalter
141   Goldschmid = Kunsthändler

lio[142]. Gern ging ich nicht, da ich nicht mehr in Verkehr mit ihr kommen wollte. (Es ist eine begabte, gute aber auch gefährliche und sinnliche Italienerin) Sie sagte, es sei schade. Wenn Goldschmid 12 000 M gäbe, müsse etwas dran sein. Sie will mir seine Frankfurter Adresse geben. Hätte sie's eher gewusst, sagte sie, er war bei ihr und hat alte Figuren ihrem Vater abgekauft. Wenn ich nur selbst mit ihm gesprochen hätte. Möchte wissen, ob er nicht doch mit zwei zufrieden gewesen. Auf Heinrich bin ich ernstlich böse. Nicht wütend, dass man's sieht, aber --.
Ich will keine Wut heute aufkommen lassen, es ist der 28. Und vielleicht war heute Deine Untersuchung. Ich hypnotisierte den ganzen Tag. Oh Colomb!!
Ein Putzlumpen kostet jetzt 4 M und ist keinen Quadratmeter groß, lange nicht. Wie viel Putzlumpen könnte man schon aus den Gobelins machen!!?! Heinrich meinte, Du widersprächest mir. Dem Herrn Sattler z.B. würdest Du es gönnen (da Du schreibst, ihm solle man sie zeigen) Aber das meinst Du doch nur, damit nicht alle 3 verkauft werden, gell? Es ist schrecklich. Oh Colomb, Du bist in einem ein Idealist. Du verlässt Dich auf schöne Sachen, ohne dazu die wirklich materiellen Festmach- oder dergleichen Handlungen zu tun. Du kannst es natürlich nicht als Soldat. Ich weiß es ja. Ich wäre ja da, aber mir ist nichts gesagt worden. Ihr müsstet wirklich einmal ganz, ganz geschäftlich alle miteinander reden. Mit Papier und Tinte u.s.w.
Eben habe ich mit Zusi am Telefon gesprochen. Sie findet es auch so schade. Übrigens kennt ihr Vater den Frankfurter Goldschmid.
Morgen Abend soll ich zum Abendessen zu Hildebrands kommen.
(..)
Dann war ich wegen meines Passes in der Polizei.
(wegen der Reise zu Frau Kuppelwieser nach Lunz)
„Bitte, Sie müssen 5 Aufnahmen hergeben!" sagten sie im Büro. „Ja, aber", sagte ich ganz entsetzt:, „ich habe doch bloß 4 Seiten" und dachte dabei voll Schauder, wie das fünfte sein müsste. Das Fräulein und die anderen lachten: „Nein, fünf <u>gleiche</u> Bilder für die verschiedenen Stationen." Also gab ich meine neuesten Verbrecherköpfe hin, (vorschriftsmäßig von rechtsdreiviertel Profil. Scheußlich) Wurde dann alles ausgefragt. Wie, wo, wie lange in feindlichem Auslande gewesen? „Ja, 5 Monate in England nach der Geburt. (Oh!) 4 Monate 1911 in Italien (Oh! Oh!)." Ich bin also ein schwieriger Fall. Will sehen, ob ich Reiseerlaubnis erhalte. Vielleicht wäre es gut, wenn ich reiste. Vielleicht Luft und Essen. (..)
Gestern Abend, Colombo, war ich im Theater. Lisl[143] telefonierte mich an, sie lade mich ein. Es war in den Kammerspielen und „Wie es Euch gefällt" von Shakespeare. Ein **<u>reizendes</u>** Stück und sehr gut gespielt. Dabei eine leise Begleitmusik hie und da von Zilcher. Sehr stimmungsvoll. Direkt faszinierend am Schluss. Habe nie solch' gut verklingenden Schluss erlebt. Nach Spielschluss wie von selbst auf halbdunkler Bühne ein kurzer wiegender Tanz eines Waldmädchens (Szene: Wald, Kleid grüne Seide) und darauf herausspringend die beste Spielerin (Frl: Mewes) eine witzige Ansprache ans Publikum. In

---
142   Mastaglio = Kunsthändlerin, Gobelinmanufaktur
143   Lisl = Lisl Feder, geb. Richter, Paulas Freundin

Ton, Temperament und Bewegung vollkommen harmonischer Abschluss. Du musst es einmal sehen.
Colombo!
Der Frieden muss kommen. Und es wird Dir gut gehen und Du musst es gut und schön haben. In Liebe – sei umarmt von Deiner treuen Frau.
(..)

****

394:                    GNM

Grafenwöhr, 28. Nov. 17

Liebe, liebe Paula!
Gell verzeihe, mit Schreiben komme ich Dir nicht ganz nach. Die paar hellen Stunden im Tag benütze ich zum Malen, wenn ich Zeit habe und abends bin ich wieder öfters beim Herrn Feldwebel oben. Wir lesen zusammen italienisch, französisch und englisch. Er hat ausgesprochenes Sprachentalent. Er malt und zeichnet auch leidenschaftlich. Sein Diener und die ganze Kanzlei hat auch eine Zeichen und Mallust gepackt, es ist wirklich komisch.
(..)
Dein lieber Brief vom 24. Nov:
Mein Bild hat der General, glaube ich, gar nicht gesehen. Ich habe es nochmals klein gemalt und werde es Dir schicken. Leider ist es mir beim Abspannen verunglückt. Die Erler Kopie war ganz geschickt gemacht, das andere aber miserabel. Leider meinten fast alle, alle drei sind von mir.
Auf das Majorbild habe ich mich nochmals verzweifelt geworfen und nun ist er endlich zufriedener.
(..) Danke Dir, Frühholz hat Deinen Handdruck und den Wein mitgebracht. Getrunken habe ich ihn mit Herrn Feldwebel, weil er keinen mag. Ist die Butter gut? Gell, es ist ein nettes Mannerl. Du darfst mir nichts schenken, nein, ich will Dir immer was schenken.

Dein lieber Brief vom 26.
(..) Also der freche Jude Banger war da.
Die „Amelia" bin ich froh, wenn ich los hätte. Ich wollte sie nur immer ändern. Ich denke, ich muss 150 M dafür verlangen oder mehr? Wert ist sie ja nix. Die „Gimpelfängerin" muss wohl auf den Frieden warten, vorher wird es nicht gehen. Was machen denn meine anderen Bilder bei ihm? Die Leihkiste?
(..)
Gestern hatte ich Gelegenheit gehabt, durch einen Kameraden mit den Italienern zu sprechen. So nette Leute darunter. Alle so traurig. Sie waren so erfreut mit jemandem zu sprechen, der auch Italien kennt. Nichts von Hass zu merken. Unterhaltung wie sonst, nur schimpfen alle furchtbar auf den Krieg, haben Sorgen um ihre Angehörigen und leiden Hunger. Ich tröste sie mit schlechtem Gewissen. Alles drängte sich um mich. So

hübsche Leute darunter. Besonders ein Jüngling von der Riviera. Echter italienischer Bauer. Freundlich, unschuldig, verlegen. Als sie wegmarschierten, riefen alle: Auf Wiedersehen, hoffentlich bald in Frieden in Italien. Der Genuese gab mir sogar die Hand. Wir erschraken aber beide darüber. Ein anderer flüsterte mir zu: Wird bei Euch auch vom Frieden gesprochen? Als ich es bejahte, wollte er es vor lauter Freude gar nicht glauben. Es ist beschämend, wie Völker verhetzt werden. Und doch ist kein Hass da. Nur eine böse Macht, die alle im Banne hält. Der verfluchte Krieg muss zu Ende gehen.
Liebe Paula, sei geküsst. Du bist brav und gut
Dein Colomb (..)

****

(Skizzenbuch 1917)

****

395:               GNM

Grafenwöhr, 01. Dez. 1917

Liebe, liebe Paula!
Deinen lieben Brief vom 28. und die Karte bekommen, herzlichen Dank. Vor allem wegen der Rahmen für Herrn Major. Einen schönen Gruß von ihm und Du möchtest ihn bestellen. Gell, er <u>muss</u> aber bis Weihnachten fertig und <u>hier</u> sein. Der Major möchte

das Bild seiner Frau am Abend hier überreichen. Gell, die Goldeinlage schmal und abgedunkeltes Gold. Der Major hat guten Geschmack und will was Einfaches, Vornehmes. Die Größe: 42 x 53 cm Bildgröße. Natürlich ist das Licht Maß einige cm kleiner. (41 x 52 cm). Gell, lasse das Maß vor Deinen Augen bei Albrecht aufschreiben, dass es sicher richtig ist. Vielleicht passt die Bilderkiste im Orgelatelier dafür.

Im letzten Brief habe ich gar nicht über die Gobelinsache geschrieben. Ich habe mir's schon aus dem Kopf geschlagen. Schade ist es, aber ich hätte doch nichts dagegen machen können. Wenn ich nein gesagt hätte, wäre ich doch überstimmt worden. Und dann hätte es höchstens geheißen, ich widerspreche nur immer. Meine Gegengründe habe ich ja geschrieben und anscheinend sind sie nicht befolgt worden. Interessant wäre es zu wissen, was Bernheimer jetzt für Gobelin verlangt. Kaufen können wir uns ja im Leben keinen mehr.
Aber es wird das Malen auch so gehen. Der Krieg ist noch nicht aus und das Geld hat auch für Euch wert. Ich habe nur Angst, dass jetzt wieder mit dem Verkauf von Haus und Vermietung gebummelt wird. Heinrich hat mir ja geschrieben, dass man so wieder den Hauszins für 1 Jahr beisammen hat. Sein Vorteil ist es ja nicht, wenn das Haus rasch verkauft wird. Ich bin vielleicht Idealist, aber so dumm wie mich alle halten, bin ich nicht. Ernestine werde ich schon schreiben.
Wegen Sattler habe ich es natürlich so gemeint, dass er vielleicht 2 nehmen würde. Anscheinend ist das Ideal der anderen 4: Nur Geld und gar nichts anderes haben. Von großer Pietät ist nichts zu merken.
Nun bin ich aber gewitzigt. Ich werde andere Sachen, die ich will, schätzen lassen (von uns aus) und sie direkt kaufen, bevor ein Angebot kommt. Ich werde die in Betracht kommenden Dinge noch schreiben, gell. Danke Dir für die Mühe (und Interesse), die Du Dir für die Sache gemacht hast. (..)

Auf die Untersuchung habe ich wenig Hoffnung. Ich trinke Rot – und Heidelbeerwein. Die H. waren aber noch nie so gut wie jetzt. Mit großem Willensaufkommen faste ich, so gut es geht. Aber auch das schlägt mir an. Ich habe große Arbeitslust. Nur sanft wird man und hat keine Lust zum streiten.

(..) Sei herzlich gegrüßt, dankbar geküsst, innig umarmt
Von Deinem Colomb
Untersuchungserfolg werde ich Dir telefonieren.
Wir kommen aber erst am Dienstag dran! Da willst Du aber reisen? (..)

****

396: GNM

München, 1. Dez. 1917

Lieber, lieber Colomb!

(..) Wie geht es Dir? Ich gehe eigentlich doch nicht gern nach Österreich, komme mir so weit von Dir entfernt vor. Oh Colomb! – Und dann – ich muss Deinen blauen Ring hierlassen. Man darf ja gar keine Schmucksachen mit nach Österreich nehmen. Und den Ring habe ich jetzt nicht einen Tag weggetan. Ganz abergläubisch…Er gehört zu unserer Liebe und Treue und Deinem Gutgehen. Gell, ich bin dumm? Wenn ich aber Reiseerlaubnis bekomme, würde ich am 4. oder 5. reisen.

Colomb, wann glaubst Du, dass Du Urlaub bekämest? Darf ich daran denken? Heute hat Mimi angerufen, da sie kurz hier war. Sie wollen um Mitte kommender Woche hereinkommen. Müssen leider, da sie keine Beleuchtung haben. Es wäre so schade, es wäre so gut und so herrlich draußen. Heute wäre bei Milla große Einweihung des elektrischen Lichtes. 18 Flammen!! Colomb, ich kann nichts dazu. Und so viele Kerzen hätte ich doch nie bekommen für den ganzen Winter. Storchl hat 30 Stück jetzt. Nur, sagt sie, es sei wenig für das Frühjahr hinausgehen. Jetzt gibt es ja nur noch Kerzen auf Marken hier, für Leute ohne Elekt. Und Gas. - -

Heute war ich nochmals an der Polizei wegen des Passes. Bin mit demselben dann ins Österr. Konsulat gefahren. Dort stand ich eine halbe Stunde an der Türe an und als ich endlich dran kam, hieß es „Frau Max?" „Ja, Gnädige, sie müssen leider wieder zur Polizei zurück, eben ist telefoniert worden." – Gemein! – Die Polizei war aber inzwischen geschlossen. Also ging ich Nachm. wieder zur Polizei. (Schwierige Kämpfe um einen Platz in der Tram hatte ich jedes Mal. Das Fahren wird immer schwieriger. Fast immer erst nach 3, 4 Trams bekommt man einen Platz und dann nur mit Gewalt. Es fahren zur Schonung weniger Wagen, und Menschen sind mehr wie je unterwegs. Und alle wollen Schuhe sparen.) –

Also gut, an der Polizei hieß es, ja sie können keine Erlaubnis bekommen so, müssen Eingabe machen am Generalkommando, da sie feindliche Ausländerin sind. Ihr Vater war Amerikaner. Ich lachte gerade hinaus. Zuerst ist man durchaus Bayerin, besonders wenn man nationallos ist und plötzlich wenn man reisen will, ist man Amerikanerin. Jetzt interessierte es mich. Und ich begann eigens zu forschen. Sagte, nun, was ist dann mein Sohn? Sie holten die Papiere. „Ja, da steht: Bayer – aber das kann falsch sein." – Colomb, mir liegt an der verhinderten Reise schließlich nicht so viel, mich interessiert jetzt, was Tommi sein soll. Du weißt, warum! Am Montag muss ich um 9 Uhr wieder in die Polizei; inzwischen wird erkundigt. Wenn eingegeben werden soll, würde es mindestens 5 – 6 Wochen dauern, bis ich reisen könnte. Das ist dann aber nichts mehr. Ich lasse alles gehen wies kommt. Aber wenn ich reise, gell denke daran – offene Briefe – nach Österreich. Und vergesse mich nicht, wenn ich auch noch weiter fort von Dir bin – und – ohne Deinen lieben blauen Ring. (..)

Eben haben wir gebadet. Ich bin sehr sauber. Tommi habe ich Rollschuhe gekauft. Er hat immer so wenig Lust in die Luft zu gehen ohne Grund. Besorgungen sind keine Erholung. Heute lief er zum ersten Mal und sofort ganz recht und riesig flott und kühn. Er ist natürlich ganz begeistert. Nun hängt er schon an Deinen (oberen) Turnringen. Weißt

Du, so mit dem Kopf nach unten, ganz stramm, eine Zeit lang. So unter der Decke, sieht ganz komisch aus. Komisch, Angst habe ich aber nie bei seinen Übungen.

(..) Für Tommi habe ich einen Schmetterlingskasten um 5 M gekauft für Weihnachten. Sonst bekommt er nur noch ein neues Glas auf die Uhr und vielleicht einen Laubfrosch. Für Laura habe ich ein Ausmalbuch gekauft. (Postkarten).
(..) Colomb, innigen Kuss und Umarmung
Deine treue Frau.

****

397:            GNM
                                        München, 2. Dez. 1917 (Sonntag)
Lieber, lieber Colomb!
(..)
Heinrichs Gobelin Brief bringt mich ganz auseinander. Also hätte Goldschmid nur 2 kaufen wollen. Warum ließ es Heinrich nicht dabei, wo er doch wusste, dass du gerne einen hättest? Da kann er sich nicht drüber ausreden. Die Anderen wären mit 7000 M auch zufrieden gewesen. Und wenn Du dann noch 3000M für den einen gegeben hättest. Colomb, möchtest Du ihn nicht gekauft haben? Vielleicht wäre es doch gegangen. Mir tut es zu bitter leid für Dich. Ich kann mich nicht drein finden. Von Tischen halte ich viel weniger und Sammlungsschränken und Uhren, sonst, wie Du weißt. Aber so etwas ist herrlich und stimmungsvollster Hintergrund. Und Größe. Ach, ich bin wütend. Mein Hals bläht sich wie bei einem Truthahn!! Bitte schreibe nur Corneille und Ernestine. – Genug jetzt.
(..) Wenn ich Dir nur Zauber H. anhängen könnte, bloß für die Untersuchung. Vielleicht können sie nicht, wegen der allzu leichten Kost. Was soll ich tun? Kann nur wünschen. Colomb, Colomb, lieber Colomb!
Sei innig umarmt und geküsst von Deiner treuen Frau (..)

****

398:            GNM
                                        München, 3. Dez. 1917
Lieber, lieber Colomb!
Gell, jeder Tag ein Brief. Ich kann nicht anders. Habe so Sehnsucht nach Dir. Der Krieg, ach, wie lange dauert er. Bald kann man wirklich nicht mehr. Der ganze Willen wird aufgerieben. Morgen ist wohl Dein Untersuchungstag. Ich will fest denken.
War heute 2 Mal an der Polizei wegen dem Pass. In der Frühe langes Gespräch mit einem Oberbeamten. Bis der zum Entschluss kam, dass ich doch keine Amerikanerin sei. Ich sagte: „Früher, wo man was davon gehabt hätte, hieß es staatenlos und jetzt, wenn ich

reisen will, heißt es „feindliche Amerikanerin"! Nett!" Das sagte ich recht kräftig, lachte aber nachher ganz freundlich. So können sie nicht zornig sein. Ich sagte: „Vielleicht ist es gut, dann braucht mein Junge nicht zu dienen." Da lenkten sie allmählich ein und ich wurde „staatenlos". Nach Tisch kam aber wieder ein Polizist, mich an die Polizei bestellen. Es müsse jetzt überall hin das Ganze geändert werden, da schon „Amerikanerin" an der Grenze angekündigt. Ich müsse warten, hieß es dort. Pass blieb wieder dort. Ein bissel dumm sind sie auch, hätten immer gleich an alles denken können. Oder sollte ich ihnen so verdächtig erscheinen? Würde mir Spaß machen.

Heute war's bitterkalt und Schnee liegt. Ich werde mich doch um einen Halspelz schauen. Vielleicht ließe sich eines der Bärenfelle als eleganter Brustschutzkragen richten. Schaue morgen auf den Speicher. Soll ich also am Donnerstag reisen? 7.50 früh ginge der Zug und abends um 9 Uhr käme ich in Lunz[144] an. Teils habe ich Lust, teils habe ich Angst. Ich darf also keinen Schmuck, kein Fetzerl Papier, keine Zeitung bei mir haben.

Was ich Dir heute noch schreiben will, ist ein Telefongespräch mit Corneille. Ich wollte nochmals wissen, ob die Gobelins schon weg seien. Corneille sagt, er wisse es nicht, aber die Sache sei jedenfalls fix. Er sagt, da könne keines etwas Bestimmtes haben wollen von den Sachen. (Du wolltest ja fast das ganze Atelier). Er möchte auch gerne einen Gobelin, könne ihn sich aber nicht leisten. Und wenn er einen haben möchte, möchte er ebenso wie Du den Besten. Das ginge also nicht mit dem Haben wollen. Ich sagte, ob man Dir nicht schneller schreiben könne (um Vorrecht zu lassen ect). Du habest ja eingewilligt. „Ja", sagte ich, „gezwungenermaßen." „Wenn Du „Nein" gesagt hättest u.s.w...." Du hättest ja „nein" sagen können und den Verkauf unmöglich machen. Rechtlich hättest Du es dürfen, das sagte auch Hildebrand, dem ich klagte von den verschieden gedachten Werten des Menschen. Corneille sagte, wenn Du „Nein" sagen würdest, würde man Dir eben das nächste Mal gar nichts mehr sagen. Es ist zu blöd. Die anderen haben eben anderes vor, und je mehr man redet, um so schlimmer wird's. Ich fürchte sehr, dass Du nichts mehr erreichen wirst. Corneille sagt, alles müsse gemeinsam geschätzt werden und so verkauft. Keiner hätte ein Vorrecht. Eigentlich ist es ungeschickt, dass man weiß, du möchtest den Schreibtisch, weil Storchl und Corneille es für ungerecht halten. Corneille hat leicht, andere für bitter halten, es geht ihm nicht schlecht. Das habe ich ihm auch gesagt, Er sagt, wenn das aufkäme, dass wir Gobelins kaufen und Wohnungsnachlass haben… Ich sagte, der eine legt sein Geld so, der andere so an. Lieber soll das Thema „aufkommen" nicht berührt werden…Ach Gott, ich muss mich leider doch ärgern.

Herr Breg war heute da. Er erzählte sehr nett von Prinz Albrecht. Will Tommi eine Schnitzerei von ihm mitbringen. (..)
Von Tommi soll ich Dir schreiben: Viele, viele Grüße und ob die Flieger auch Flammenwerfer haben, um andere unter sich in Brand zu setzen?
Gute Nacht: Ich bin sehr müde.

---

144   Lunz = Wohnort von Frau Kuppelwieser, siehe Lebensbericht

Mit herzlichsten Grüßen!! So ganz müd und blöd bin ich! Oh Colomb! Sei innig geküsst. Deine treue Frau.
Meine Nase ist so kalt. In Deinem Bart könnte ich sie so gut wärmen. (..)

****

399: GNM

Grafenwöhr, 04. Dez. 1917

<u>Liebe, liebe Paula!</u>

Zwei liebe Briefe von Dir bekommen! Morgen, Mittwoch den 5., ist der entscheidende Tag (Untersuchung). Wenn ich k.v. werde, meint der Herr Feldwebel, ist es jetzt auch nicht so schlimm. Also wegen mir lasse Dich nicht mit Deiner Reise aufhalten. Schreiben tue ich Dir gerade so, wie nach München. (..)
Alles denkt an Frieden, wegen Russland, ich habe aber wenig Hoffnung. Die Passgeschichte ist echt. Wenn Tommi zum Militär müsste, wäre er natürlich Bayer. Sehr gut, dass Du Tommi Rollschlittschuhe gekauft hast. Was kann ich Tommi schenken zu Weihnachten? Was Herrn Feldwebel? Er geht sicher Weihnachten in Urlaub.
Das Bacherachbild stelle eingerahmt ins Atelier. Seine Mutter kommt ihr Geschenk anzusehen. (Kann darüber verfügen). Nach Weihnachten kann man's ausstellen? Die Rechnung soll Albrecht an mich schicken. Der Rahmen von Herrn Major sollte bald fertig werden. Es wäre arg, wenn nicht.
(..) Mit dem Gobelin machst Du mir wieder das Herz schwer. Was konnte ich tun? Ich stand doch vor einer fertigen Tatsache! Schöne Sachen verkaufen ist natürlich leicht. Die anderen großen Dinge (Kopien, Vertäfelung, ...) bringt Heinrich nicht so leicht an, da müssen wir uns einmal plagen. Ich bin bös auf ihn.
Heute Nacht habe ich von Papa geträumt. Komisch, wir waren zusammen im Atelier. Er sagte, alles braucht ihr mir doch nicht von den Wänden zu nehmen. Er war etwas ärgerlich.
Heute bin ich traurig und hoffnungslos. Gegenwart und Zukunft ist düster. Kennst Du solche Tage? Hoffentlich gelingt es mir morgen zu hypnotisieren!! Was für Sklaven sind wir. Ich soll wieder 2 Majore malen. Bei der Dunkelheit eine Plage. Hier hat es furchtbar gewettert. Schneesturm. Jetzt liegt hoch Schnee und es friert.
Liebe Paula, alles geht wie es muss. Gell, wir vergessen uns aber nicht und haben uns lieb. Dein Colomb.

****

Brief von Nachlassverwalter Heinrich Müller

400: GNM

München, Goethestr. 37 /III den 4. Dez. 1917

Lieber Colomb!

Es drängt mir Dir einige Erklärungen über die „Gobelin Express –Vergewaltigung" zu geben. Es würde mir furchtbar leid tun, wenn Du irrtümlicher Weise meinst, ich habe da etwas vor dir <u>verschleiern</u> wollen, gerade <u>Dir</u>, hoffentlich traust Du mir so viel Selbstachtung zu, dass Du diesen Gedanken fallen lässt. Auch der mächtigste oder verlockendste Einfluss hat mich bisher nicht bewegen können (und wird es auch ferner nie können) etwas in Euren Angelegenheiten zu tun, was mir nicht im Sinne Papas erscheint. Habe mich in dieser Beziehung doch wirklich schon als sturmfest erwiesen. Würde dies nie erwähnen, wenn mir Dein Brief nicht die Veranlassung dazu gegeben hätte, da es mir durchaus nicht gleichgültig ist, wie Du oder Paula über so was denkst.

Du fragst, ob ich, wie Du da warst von Goldschmidt nichts gewusst habe. Ich sagte Dir, dass er sich für die Vertäfelung schriftlich interessiere, ich ihm schrieb, dass ein Museum die erste Hand drauf habe und er sich deshalb mit der Antwort gedulden müsse. Sagte Dir auch, dass wir ihm dann statt 10 000, zweitausend mehr sagen werden.

Am 28. Okt. bist Du weggereist, am 21.Okt, suchte er mich früh auf, ohne sich vorher angekündigt zu haben, ich lag noch im Bett.

Seinen Wunsch das Getäfel zu sehen, erfüllte ich und sagte ihm wieder dieselbe Antwort, dass ein „Museum" die Vorhand habe. Doch sah er die Gobelins, das Nähere bitte ich in meinem Brief vom 23. Nov. jetzt nochmals nachzulesen. Auch wie Alle freudig zustimmten, Ernestine gleich noch 2000 nachlassen wollte. Selbstverständlich aber sagte ich doch nicht zu und schrieb Dir ausführlich am 23. Nov. Am 27. Nov kam Deine Antwort, da schriebst Du auch „wartest auf die Mannheimer", dasselbe hatte ich mir trotz der Zustimmung der Anderen vorgenommen.

Am 28. kam Direktor Hontlaub von der Mannheimer Kunsthalle, ich hatte sogar das kleine Atelier für ihn heizen lassen. Er war schon 14 Tage vorher da, empfing mich diesmal nur im Hotel, da er Eile hatte und sagte, die Frage wegen Vertäfelung, Orgel und Schrank im kleinen Atelier kommt vor die Stadtratssitzung, die Gobelins kämen aber <u>gar nicht</u> in Betracht, da sie schadhaft sind, nicht fein genug und Borten fehlen.

Aber erst als ich auch Paula Deinen Brief zeigte, ihr alles getreulich erklärte, gab ich Eure Angelegenheit weiter. Alles fürchtete, dass er sich die Sache überlegt hätte, doch war die Besorgnis umsonst, da es sich um eine sehr reale und anständige Firma handelt. Geld bereits angewiesen.

Wie Du weißt, haben wir mit Deinem und Paulas Einverständnis (Paula hatte damals Frl. Mastaglio empfohlen) die Gobelins an einen Bekannten der Mastaglio[145] um 8000 geben wollen, später an einen Bekannten vom Hans um 9000, beide hatten abgelehnt. Für den Figurengobelin hatte sich auch Frau Prof. Dr. Kuppelwieser interessiert. Ihr zu Liebe wollten wir auch einen einzelnen extra verkaufen und sagten ihr 3000M, ohne dass sie sich dafür entscheiden wollte.

---

145 Mastaglio = Gobelinmanufaktur; Hans = Hans Weber, Ehemann von Colombos Schwester Ludmilla

Hans freute sich jetzt sehr, als er von dem neuen Verkaufspreis hörte, auf dem ich unbedingt festhielt, trotz aller Gegenkünste.
Hättest Du Dich zum Ankauf des Gobelins entschlossen, dann hättest Du sie, da ein Viertel Dir ja gehört um 9000M bekommen und ich hätte Dir zwei davon früher oder später auch verkauft. Aus allem kannst Du sehen, dass es von mir aus keine „Vergewaltigung" war. Anderseits ist es fast sicher, dass nach dem Krieg solche Preise nicht bezahlt werden.

Schon gestern erhielt ich vom Oberbürgermeister einen Brief, dass der Stadtrat beschlossen hat, Vertäfelung, ect. nicht zu kaufen, „da Geldmittel für diesen Zweck in absehbarer Zeit nicht verfügbar zu machen sein werden." Auf die Art bekommt Ihr von der selben Firma eventuell 2000M mehr für die Vertäfelung und auch den Preis für Orgel und Kasten werden wir erhöhen.
Sonst soll von Möbeln nichts verkauft werden. Außerdem habe ich Dein Verzeichnis. Wegen Deinem Schreibtisch im kleinen Atelier habe ich schon so viel gesprochen, dass keiner etwas dagegen hat. Da kannst du also beruhigt sein.
Was Du von mit Ernestine besprechen sagst, ist hundertmal geschehen, auch von Corneille und Storchl. Ernestine meint, dann werde sie den Verkauf in die Hand nehmen, da sie doch bei Lebzeiten etwas von den Sachen haben will, besonders da sie sich mit Ammerland geduldet. An die Sache mit der Gefahr für Bargeld glaubt sie absolut nicht.
Aus Deinem Brief geht auch heraus, dass Du meinst, die Anderen also auch, ich lasse mir Zeit mit Hausverkauf und Mieter. „Das gemütlich gewartet wird". Auch da kann ich Dich beruhigen, habe es seit 1 ½ Jahren einer Firma übergeben. Jetzt da ich mit den Sammlungen fertig bin, werde ich es persönlich betreiben, laufe täglich diesbezüglich herum und verspreche mir von meinen Schritten mehr als von allen Vermittlern.
Du schreibst, dass die 2te Hyp. Im Frühjahr gekündigt wird. Ich sagte Dir, dass sie seit Papas Tod vielmehr vorher schon gekündigt war, es gelang mir mit Eurer Zustimmung nach langem Bemühen diese Kündigung für zwei Jahre zu verschieben, also bis 1. November 1918. An diesem Tage verfällt die 2te Hypothek. Hoffe bis dahin das Haus verkauft zu wissen. Wenn nicht, so wird bis dahin ein Ausweg gefunden werden. Wegen Monitorium sagt mir jeder, es sei ausgeschlossen, doch werde ich mich in den nächsten 2 Wochen an erster Stelle absolut klar darüber unterrichten.
Du frägst, ob die 2te Hypothek Wucherzinsen fordert. Auf meinen Ausweis schrieb ich Dir genau, dass die 61 000M 2te Hypothek jährlich 3 050 Zinsen kosten also 5 %, so viel kostet jede 2te Hypothek, meistens mehr.
Die erste Hypothek von 120 000M kostet 5 400M Zinsen, also 4 ½ %, auch das habe ich Dir aufgeschrieben.
So viel für heute über die geschäftlichen Punkte. Es tut mir ehrlich leid, dass Du Dich in Deiner jetzigen Situation mit solchen Dingen beunruhigen musst. Ins Feld hätte ich Dir so was nicht geschrieben.
Ebensoleid ist es mir, dass sich die arme Paula über deinen Brief beunruhigt hat, doch wolltest Du ja, dass ich ihr ihn zeige. Hätte mich schwer gehütet, es zu tun, wenn ich

die für sie unangenehme Wirkung einer Ärgerung voraus gesehen. Da sie sich, wie es scheint auch jetzt noch trotz Deines Einverständnisses über die Sache aufregt, bitte ich Dich, sobald Du Zeit hast, sie zu beruhigen, das wird bessere Medizin sein, als wir alle hier ihr bieten können.
Da ich weiß, wie sie ohnehin an Deiner langen und weiten Entfernung leidet, bin ich selbst sehr beunruhigt mit Anlass zu ihrer Aufregung gegeben zu haben. Weißt Du mir keinen Rat, das gut zu machen? Am Besten paar Zeilen von Dir. Doch genug davon.
Erst nächste Woche kommt Wetsch den letzten Wagen schicken, alles Drängen umsonst hat 100 Fuhren rückständig wegen der Sperre.

Herrlich ist das russische Friedenslüftl. Dass England jetzt über die armen Russen und die herrlichen Menschen, die jetzt dort an der Spitze sind, tückisch hetzt, beweist wie nötig der Krieg gegen dieses Gesindel war! Auch die Tschechen hetzen gegen den Frieden!
Hoffentlich hilft es ihnen allen nicht, das Blutmeer ist groß genug. Bin begierig, wie es sich weiter entwickelt.

Ernestine hat die Wohnung am Bavariaring genommen, bekommt ihr eine Partei zum wohnen, so kann sie jederzeit heraus.
Für die Vertäfelung im Vorderhaus haben wir 35 000 angesetzt.

Es ist tiefer Winter, dicker Schnee, ziehe 7 Häute an wie eine Zwiebel, die es nicht mehr gibt. Lasse Dir <u>nichts</u> abgehn, spare ja <u>nicht</u>, Gesundheit das wichtigste Kapital! Wie steht es mit Musterung? Wie mit großem Urlaub? Wärst Du hier, wäre es gleich aus mit der Unruhe.
Bezüglich Steuer habe ich abermals Verlängerung erreicht bis 15. Januar!
Da können alles gut überlegen und alle Zwischenschritte tun. Du siehst, ich bin nicht müßig, doch soll das kein Selbstlob sein, nur Beruhigung, die scheint mir das Wichtigste. Zum Schluss bitte ich Dich, mir alles was Dich noch beunruhigt oder nicht ganz klar erscheint zu schreiben, mir ganz skizzenhaft auf die Art kann es dann nie zu einem Missverständnis kommen oder wo es besteht, kann es aufgeklärt werden.
Verzeihe die Pfotenschrift, aber sie sind etwas erfroren.
In alter Treue grüßt herzlich Dein alter Heinrich
Ich lass den Brief einschreiben, da von Geld drin die Rede ist, lass ihn nicht liegen.

****

401:                              GNM
                          Salzburg, 7. Dez. 1917 (Hotel Elisabeth)
Lieber, lieber Colomb!
Also hier bin ich schon stecken geblieben. Scheußlich und furchtbar melancholisch. In München hieß es an allen Stellen (Österreichisches Reisebüro und Bahn), dass ich hier

um 1.50 weiter fahren könne. Aber erstens kam ich schon ¾ 2 Uhr hier an, dann geht dieser Zug überhaupt nicht mehr. 8 Uhr abends wollte ich doch nicht weiter fahren, also übernachte ich hier. Wenn ich mir's nicht so vorgenommen hätte und es dumm wäre nach all der Mühe, würde ich am liebsten wieder heimfahren. Du kennst aber das – reisemüde – ganz fremd und einsam. Kein Mensch Interesse an einem. Im Gegenteil, man schaut höchstens und gibt ungern Antwort. Nach Zügen erkundigen ruft Achselzucken hervor. Wann ich in Lunz ankomme, kann mir niemand mit Bestimmtheit sagen. Solche Grenze, jetzt im 3ten Kriegsjahr, ist furchtbar traurig.

In der Bahn ging's mir gut. Mir war nicht übel, obwohl ich es erwartet. Bin von Rosenheim bis Markwartstein mit Freksa gefahren. Er ist <u>sehr</u> dick, hat Rückenmarksverletzung von einer Unterstandtüre. Ist sehr eifriger Vaterlandsparteiler. Schreibt hauptsächlich politisch. Ich fuhr nämlich II. Klasse. Waren sonst nur noch Offiziere drin. Interessant, wie ganz anders die Gespräche wie in III. Klasse.

Ich wohne im Hotel Elisabeth und muss morgen früh schon wieder um 7 Uhr weiter. Gemein. Ich freu mich schon wieder auf heim. Gell dumm!

Ach, wenn nur Frieden wird. Wenn Du wieder da bist, muss alles anders sein. Ich glaube, ich werde noch ganz trübsinnig ohne Dich.

Die Revision war sehr lange hier. Musste ganze Lebensbeschreibung von mir und meinen Eltern in einem Einzelholzverschlag diktieren. Zuerst nach dem Aussteigen, warten vor einer Türe bis die Nummer dran kam, die man bekam. (Ich war die Letzte). Dann verschiedene Ausforschstellen, auch Gepäckdurchsuchen. Mein Klopapier wurde mir sogar genommen. (für immer) Morgen schreibe ich Dir wieder. Sei innig umarmt
Von Deiner treuen Frau

****

Brief von Paulas Tante Sophie Mehling (Olly)

402:

München, 7. Dez. 1917

Lieber Neffe

Tommi bringt seinen Brief nicht weiter, als zur halben Anrede. Er will am Tage weiter schreiben.

Also Du bist g.v. geblieben! Gottlob! Nun wirst Du wohl bald ganz nach Hause kommen. Die Russen sind doch vernünftige Menschen. Wenn es auch sehr allmählich mit dem „Frieden machen" geht – ein Anfang ist doch dazu gemacht. Wie geht es Dir bei dem kalten Wetter? Paula hat mich vor ihrer Abreise beauftragt, Dir etwas warme Wäsche zu schicken. Ich brachte die Sachen heute zur Post und habe hoffentlich das rechte Hemd und Unterhose geschickt. Ein Glas verbrannte Himbeermarmelade liegt auch dabei. Dass Du Dich opferst ist rührend, jetzt ist es aber das letzte Glas und dann musst Du Honig essen. Dein Esspacketerl war zwar sehr willkommen, dennoch beanstande ich etwas darüber, dass Du die ganze Butter schicktest und nicht etwas für Dein Brot zurückbehieltest. Du hast uns doch jetzt schon so gut versorgt, dass wir einen kleinen Vorrat haben und Du Dir leicht etwas gönnen dürftest.

Der Kalender ist für Herrn Feldwebel bestimmt. Paula meinte, da hat er täglich eine Portion Kunst. Sie hat auch ein paar Zeilen hineingelegt an Dich. Ich habe neulich gelesen, dass vom 15. – 24. Dez der Paketverkehr an Militär (ausgenommen an der Front) gesperrt ist. Schreibe mir also, bitte gleich, wenn Du irgendetwas Notwendiges geschickt haben willst, damit Du es noch rechtzeitig erhältst. Aber zu Weihnachten bist du doch sicher zu Hause?

Jetzt ist es ½ 10 Uhr abends und wird Paula wohl gerade in Lunz ankommen. Froh die lange Bahnfahrt hinter sich zu haben. Wie schön wäre es, wenn Du mitgekonnt hättest! Ihr beide könntet die Erholung brauchen. Ob Deine Mutter am Mittwoch (wie beabsichtigt) von Ammerland hereingekommen ist, weiß ich noch nicht. Ich glaube, sie besucht uns bald, wenn sie hier ist. Der Rahmen um das Bild von Major B. ist bei Lamprecht bestellt. Hoffentlich ist es fertig, bis die Dame zur Besichtigung des Bildes kommt.

Tommi hatte inzwischen lateinische Skription und sagt, er erholt sich schon wieder von dem Vierer. Er hat diesmal 3 bekommen, in Geographie Naturkunde und Turnen 1-2, Hauptsache ist, dass er gesund und frisch bleibt. Ich kämpfte heute abends mit ihm. Der Religionslehrer hatte gewünscht, dass er 3 Tage hintereinander abends von ½ 7 bis ½ 8 Uhr im Bürgersaale einem Vortrage beiwohnen sollte, den ein Feldgeistlicher hält, der ein Bein im Krieg verloren hat und sich das Eiserne Kreuz I. Klasse erworben. Wahrscheinlich erzählte er von seinen Erlebnissen. Aber ich finde, wenn ein Kind den ganzen Tag lernt, morgens schriftliche Arbeiten macht, Nachmittags von 2 – 6 Uhr Schule hat, so gehört er abends nach Hause und rechtzeitig ins Bett. Ich ließ ihn nicht hin und er meinte, er müsse dann zu Hause eine Andacht halten und beten für alle, die im Felde fallen ohne zuvor gebeichtet zu haben. Auch würde er von seinem Religionslehrer verachtet, wenn er nicht den Vorträgen beiwohne. Zuletzt war er doch zufrieden, als er um 7 Uhr behaglich beim Abendessen saß und wird auch die Verachtung des Religionslehrers verwinden.

Beten kann er ja auch zu Hause.

Nun wünsche und hoffe ich, dass es Dir gut geht. Hast Du doch ein warmes Zimmer? Wir bekommen jetzt wieder 10 Ztr. Kohlen, so dass es ganz gut geht mit dem Heizen.

Sei herzlich gegrüßt von der alten Tante Olli.

****

403:

Monachium VIII Dezember M DCCCCXVII
Mi pater!!

Epistulam do. Mater in Austria est. Gell, Du hast gefragt, was für Noten ich habe: Im Turnen: 1 – 2, Geographie: 1-2, Natur: 1 -2, Singen unbestimmt, Deutsch 2 -3, Rechnen: 2-3, Latein 3 jetzt.
So war ich als Nikolaus:

In Latein sind wir schon beim cap. 59. In Natur beim Löwen und Tiger. Geographie: Schwäbisch Bayrische Hochebene. Ich hab jetzt leider keine Zeit, um den Brief lateinisch zu schreiben, aber **bald**!! Olly will auch noch schreiben wegen Postpaketverkehr.
Das Buch „Auf dem Kriegspfad" von <u>Dir</u> ist **sehr** schön. Ich schreibe Dir **bald** aber sehr viel!
Gruß und Kuss Dein ? Tommi!

****

404:                       GNM
                                          Pöchlarn, 8. Dez. 1917
Lieber, lieber Colomb!
Hast Du meinen gestrigen Brief aus Salzburg? Den melancholischen Reisebrief. Ich habe vergessen Deutschland nach Grafenwöhr zu schreiben. Du weißt also, dass ich nicht weiter konnte in Salzburg. Ich übernachtete also und heute früh 7 Uhr ging's wieder weiter. Alles schlief noch im Hotel und ich lief überall im Haus herum. Komisch und öd. Ein Träger von der Bahn nahm meine Handtaschen, aber kam bis zuletzt nicht, so dass ich an der Sperre verzweifelt wartete. Es ist riesig trübselig und verlassen. Mehr noch wie bei uns. Übernacht hatte ich einen geschwollenen Augendeckel bekommen und sah

reizend aus. So fuhr ich bis 3 Uhr, wo ich hier ankam. Wie immer mit riesen Verspätung! Um 6.30 geht der Zug weiter und ich denke um 9.38 in Lunz zu sein.
Ich bin nun hier spazieren gegangen, es ist aber nicht schön und weiter trau ich mich nicht. Zum ersten Mal habe ich mein Gepäck eingestellt. Alle Leute schleppen alles selbst mit sich. Es ist schon ein Riesenunterschied zwischen der Zeit vor 3 - 4 Jahren. Wenn Frieden ist, wird man nur selig sein, sein Heim zu haben und vereint zu sein. Und Arbeiten zu können. Ich kann Dein Leben genau fühlen.
Wie wird's mir heute Abend in Lunz vorkommen? Frau Kuppelwieser hat's schön, aber einsam wohl. Hans soll nicht für Lunz beurlaubt worden sein. Vielleicht kommt sie doch noch nach München. Nur diese Reise!! Heim fahre ich durch, wenn auch nachts weiter. Wann ich daheim ankomme ist ja gleich. Schlecht ist es mir dieses Mal gar nicht geworden, obwohl ich fast nichts zu essen. Die Vorräte von Olly für einen Tag, habe ich über 2 gestreckt. Schon 2 Tage kein Mittagessen. Hier war eine schwarze Brühe (Kaffeeersatz und 2 paar Würstel) Die schmeckten mir aber herrlich. Marken habe ich noch keine, also auch kein Brot.
Vorhin sah ich ganz Pöchlarn mit Gießkannen, Eimern und Krügen laufen um Petroleum. Das hilft mir ja nichts. Ich freue mich auf Deinen ersten Brief. Und ich freue mich wieder in München zu sein, und Dir damit näher. Nun muss halt erst der Reisevorsatz durchgeführt werden. Die Luft wird herrlich sein in Lunz. In München waren die Nebel recht schwer und drückend. Im richtigen Winter wird das besser. Und dann wächst vielleicht die Hoffnung auf Frieden. Oh, stelle es Dir vor! Eben heizt ein Russe den Ofen im Wartesaal. Die sehen hier sehr ordentlich aus.
Nun lebe wohl. In einer Stunde sitze ich wieder im Zug.
Sei innig umarmt, lieber Colomb von Deiner treuen Frau.

****

405:                    GNM

Lunz am See, 9. Dez. 1917
Niederösterreich

Lieber, lieber Colomb!
Da bin ich. Gestern Abend gehen 10 Uhr in Lunz angekommen. Von Frau Kuppelwieser an der Bahn abgeholt und mit dem Wagen hergefahren. Wunderschön war das bei Schnee und Sternen. Ich habe es gar nicht begriffen, dass ich wirklich da war. Nach dieser Reise ist es mir wie ein Traum. Heute ist das Wetter herrlich. Ich freue mich furchtbar hinaus. Zuerst sollst Du nur Nachricht haben.
In Pöchlarn habe ich Dir gestern schon geschrieben. Hast Du diesen Brief und den aus Salzburg? So weißt Du meine Reise. Nun komme ich zu hier.
Ich schlafe, denke Dir, mit Frau Kuppelwieser zusammen im Kapellenzimmer. Ganz merkwürdig zum ersten Mal mit einem Erwachsenen außer Dir zusammen. Ich hatte immer Angst, dass ich schnarche oder sonst. Ich habe aber sehr ruhig geschlafen heißt es. Ich war ja auch sehr müde.

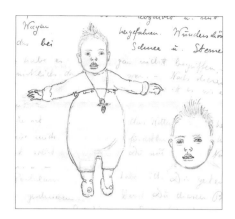

Heute früh wurde mir der „Mutzerl" vorgestellt. Er ist sehr herzig. Hat keinen dicken Kopf, eher zierlich. Kleine Nase, wie seine Mutter, gewungenen Mund, sonst ähnlich wie sein Vater. Schaut recht vergnügt und ist scheinbar sehr brav und zufrieden. Fängt an ein richtiger Mensch zu werden, macht steife Beine, wenn man es setzen will, d.h. will auf den Füssen gehalten werden.

Abends weiter geschrieben. War vor Tisch noch spazieren. Allein, da Polja nicht wohl ist. Es war herrlich. Diese Luft! In München, oh, dieser Nebel und schlechte Kohlenluft, diese Enge, dieser Kampf. Wie kann man hier krank werden? Ich bekam's so mit der Bewegungslust, dass ich ganz ungern zum Essen heim ging. Und doch auch wieder gern. Die Sonne schien, ich habe schönes Wetter. Zum Essen – oh, soll ich's Dir sagen – gab's (Sonntagsessen) Suppe aus Wildknochen. Kalbsbraten und Kohlraben und Kartoffelbrei und danach: - - - Kastanienberg mit braun gekrustetem Eierschnee drauf. Oh, wie konnte ich's machen, für Dich zu essen?! Du isst es doch noch lieber, armer Colomb!
Nach Tisch ist wieder geschlafen worden und vorhin bin ich nochmals 1 Stunde spazieren gewesen. Auf den Berg mit Südhang hinauf(gesaust). Ich habe solche Lust an dieser freien Natur und Luft. Morgens ist's ja schöner alles mit der Sonne hier.
8 Tage kann ich's genießen, dann geht es wieder heimwärts. Am 18. muss ich wieder in München sein. Hoffentlich bekomme ich deine Briefe hier. (..)
Nun sei gegrüßt, auch von Frau Kuppelwieser. Sie ist viel schlanker geworden und sehr vergnügt mit dem Mutzerl. Und lacht immer mit ihm und singt einen kleinen russischen Vers. Ich konnte es mir gar nicht vorstellen und jetzt sieht es so natürlich aus.
Und die Umarmung über die Grenze und viele innige Küsse
Von Deiner treuen Frau

****

406:	GNM

Lunz am See, 11. Dez. 1917
Schloss Seehof, <u>Niederösterreich</u>

Lieber, lieber Colomb!
(..) Gestern bin ich auch noch 2 Mal ohne Frau Kuppelwieser spazieren gewesen. Es ist zu herrlich. Ich kann gar nicht satt davon werden. Oh, dieser Unterschied zur Goethestraße. Diese Luft!! Ich laufe zuerst immer ganz gierig schnell und dann schaue ich auf die Uhr und denke: „Nur noch um diese Ecke." Dann: „Nur noch um die.."
Was ich sonst tue, kann ich Dir so beschreiben: Um ½ 7 Uhr steht Frau Kuppelwieser auf. Um 7 Uhr geht dann der Wecker für mich. Polja ist schon im Wohnzimmer (oder Badezimmer). Also wasche ich mich allein kalt und turne (wie jetzt die ganze Zeit). Nur die roten Pantoffel an, hüpfe ich müllernd herum. Mich friert gar nicht. Da seh ich erst, wie kalt es bei uns in München immer ist. Eine tödliche Kälte in der Wohnung. Hier die dicken Mauern, die gute Luft und das Heizen mit Holz. Mir ist fast zu warm, so dass ich in Sommerbluse im Haus bin.
Also ¾ 8 oder 8 Uhr Frühstück. Jetzt schreiben, dann z.B. – 10 Uhr ein Brötchen. Dann sprechen. Dann spazieren gehen. Dann ¾ 1 Uhr essen. Dann schlafen, dann Glas Milch. Dann spazieren gehen. Dann lesen oder sprechen. Essen, sprechen, lesen. 9 Uhr Toilette, ½ 10 Uhr Bett, lesen, schlafen.
Hauptsache natürlich: Sprechen und dann Mutzerl beobachten und spielen. Es ist ein sehr braves Kind, schreit kaum, schläft viel. Tommi war entschieden böser in dem Alter, größer sicher nicht, aber dicker und hatte den geschwollenen Dick- und Zornkopf auf. Das Mutzerl ist eher liebenswürdig, sanft.

So, jetzt gehen wir spazieren. Sei innig umarmt Colomb.
Allerhand Küsse von Deiner treuen Frau
Hier kommt die Post nur abends.
Von Dir noch keinen Brief, leider.

****
407:    GNM
Lunz am See, 13. Dez. 1917

Lieber, lieber Colomb!
Gestern Abend habe ich endlich einen Brief von Dir bekommen, vom 7. Dezember (abgestempelt: 8. Dez. Grafenwöhr). Also, so lange dauert es. Zeitungen sind gestern keine gekommen, weil hoher Schnee gefallen ist. Eine Nachricht ist gekommen: Dass aus dem Kuppelwieser Gut in Kirnberg aus dem Wohnhaus <u>alles</u> geraubt sei. Wäsche, Schuhe, Bettzeug (ich glaube sogar Matratzen). Die Zeiten werden nicht besser. Ich denke, dass wir doch noch (<u>bald!</u>) nach Ammerland müssen, um allerhand noch hereinzuholen. Meinst Du nicht? Besonders Bettzeug.

Du glaubst also an Neujahr kommen zu können, Colomb. Und wie lange denkst Du? Wir bestellen uns also kein Zimmer in Ettal, wohin Frl. Groth geht. Vielleicht fährst Du mit uns nach Ammerland! Das wäre schön.
Hat Herr Feldwebel bald Hochzeit? Ich beneide ihn natürlich um das g.v.h.
Auf was hin ist das? Herz?
(..) Hier ist alles wahnsinnig teuer, wenn es bei uns auch so käme, wäre es schrecklich. „Ihr lebt ja wie geschenkt," sagt Frau Kuppelwieser. Hier zahlt man für 1 Pfund Schmalz 30 Kronen, für eine Rolle Nähgarn 30 Kronen, ¼ l Milch 60 Kreuzer. Fleisch auch auf Marken 6 – 8 Kronen. Die einfachsten Leute kaufen Kleider zu enormen Preisen. Eine Wirtin erzählte, sie habe ihrer Köchin eine Bluse gekauft, der Meter zu 38 Kronen. Gänse und Geflügel sind unerschwinglich. Man meint also jetzt, schnell kaufen, kaufen, kaufen zu müssen zu Hause.
Gestern schneite es. Keine dicken Flocken, kleine feste Sternchen und ganz dicht und ununterbrochen. Nachmittag musste Frau Kuppelwieser nach Lunz. Sie fuhr im Schlitten und ich mit. Das war herrlich. Du hättest dabei sein sollen. Ich hatte eine kindische Freude. Heute liegt natürlich hoher Schnee und die Sonne ist noch nicht da. Aber ich gehe doch aus. Diesmal wieder allein.

(..) Colomb, einen weittragenden Gruß und Kuss und sei umarmt von
Deiner treuen Frau

****

408: GNM

Lunz am See, 15. Dez. 1917

Lieber, lieber Colomb!
Heute ist Samstag, am Montag muss ich wieder hier abreisen. Die Reise wird wieder 2 Tage dauern. (Hoffentlich nicht länger, denn am 18. muss ich die Grenze passiert haben). Zu unserer Bestätigung erhielten wir vom Verwalter vorgestern die Nachricht, dass ab 14. der Schnellzug Wien – Salzburg überhaupt eingestellt wird. Also werde ich hier am 17. abreisen und bis Lunz fahren, wo ich ½ 10 Uhr ankomme, glaube aber es wird gegen 11 Uhr werden. Dann muss ich früh ½ 6 Uhr wieder einsteigen und soll gegen circa 1 Uhr in Salzburg sein. Hoffentlich, hoffentlich bekomme ich dann bald einen Zug nach München. Von hier kann man das gar nicht sagen. Das Reisen ist jetzt ein Phantasiegebilde. Vom 18. an schreibe mir bitte nach München.
(..) Gestern sah ich in der „Jugend" meine drei uralten Tänzerinnenzeichnungen erschienen. Scheußlich!
Immer dichter fällt der Schnee. Es sieht aus, als gäbe es auf der Welt nichts anderes als dieses Schloss. Rings eine Wand von Schnee. Es ist einschläfernd. Jetzt wirbelt der Wind den Schnee hoch auf und ein dichter Schleier saust vor dem Fenster.
(..)
Nun Schluss und letzter Brief von hier.

Sei innigst umarmt von Deiner schon ziemlich viel dicker gewordenen treuen Frau. (..)

****
   Brief von Paulas Tante Sophie Mehling (Olly)

409:
                                                    München, 17. Dez. 1917
Lieber Neffe!
Für Deine beiden Briefe meinen besten Dank, auch in Tommis Namen. Er schreibt schon wieder selbst, wenn er dazu kommt.
Gestern besuchte uns Deine Mama, ist erst seit ein paar Tagen hier und bedauert, dass sie in die Stadt musste, es sei wunderschön draußen gewesen. Am Weihnachtsabend sind sie wieder in Ammerland. Wollen die Feiertage bei Milla und den Kindern verbringen, Mama sieht gut aus, ist wieder dicker geworden und sagt, dass sie auch viel mehr zu Essen hatte, wie hier. Ziegenmilch täglich, ect. Sie wird Dir schon selbst schreiben.
Ich hatte im Stillen immer gehofft, dass Du Weihnachten zuhause feiern könntest. Das wird sich aber erst erfüllen, wenn das „Fest des Friedens" auch wirklich auf Erden wieder ein Friedensfest sein wird. Zum nächsten Dezember doch wohl sicher.

Es ist eigentlich gut, dass du stark beschäftigt bist, da kommen die traurigen Gedanken und das Gefühl des Ausgeschlossen seins nicht so auf. Ich habe so die ganz feste Zuversicht, dass das neue Jahr den <u>langen Urlaub</u> sicher bringt. Und was man so fest wünscht, erfüllt sich auch.

Wegen dem Rahmen habe ich bei Albrecht angefragt, fertig ist er so noch nicht. Immer die gleiche Aussage, wir haben keine Leute, Sie müssen sich gedulden. Aber Du könntest sicher rechnen, dass er bis Weihnachten hin käme. Vielleicht wäre es gut gewesen, wenn Du selbst nochmals geschrieben hättest.
Nun, morgen Nachmittag, wenn die Züge nicht stecken bleiben, kommt ja Paula wieder nach Hause. Sie wird dann gewiss auch nochmal nachfragen. Gestern, Sonntagnachmittag kamen die beiden Damen Bacharach, das Bild zu besichtigen. Sie finden es: „Ausgezeichnet!" Die Mutter will sich auch von Dir malen lassen. Sie wohnen für einige Wochen hier in einer Pension und wenn Du an Neujahr kommst, möchte sie verständigt werden, wegen einer Sitzung. Die Besichtigung war zu komisch. Ich musste das Bild nach allen Seiten drehen, in die rechte Beleuchtung bringen. Die Mutter fragte mich: Nicht wahr, es ist sehr ähnlich? Ich sagte, das müssen Sie besser beurteilen können, als ich, gnädige Frau, ich kenne ihren Sohn ja nicht, aber ich finde es so lebensfrisch, es muss wohl ähnlich sein. Dann fragte sie wieder: Finden Sie nicht, dass er mir sehr ähnlich sieht, oder hatte er beim Malen wohl den Schnupfen, weil die Nase so rot ist? Halten Sie die Nase für eine Stumpfnase? Ich sagte, die Nase ist nicht rot, das sind Schatten. Nun will sie nochmal kommen, das Bild bei Tage besehen. Es war 5 Uhr, als sie kamen und ich musste die Damen ins warme Wohnzimmer bitten, weil das Atelier zu kalt war.

Die Schwester meinte, sie habe sich das Bild viel größer vorgestellt. Die Mutter fragte: Meinen Sie nicht, es sei in Uniform noch viel vorteilhafter gewesen?
Wie alt Du seist, ob Du jedenfalls speziell Porträtmaler seist? Nun, ich rühmte Dich und Dein Können selbstverständlich. Brüstete ein wenig mit Deinen Aufträgen. Merkwürdig, hier bei so Leuten, die gar nichts von Kunst verstehen, wird die Arbeit erst beachtet, wenn man Namen nennt und Titel. Als ich vom Ministerium und Stadtauftrag sprach, da stieg Dein Ansehen bedeutend. Eigentlich tust Du mir sehr leid, dass Du solche Arbeiten annehmen musst, aber der Weg zum Ruhm ist eben nicht glatt.
Nun, bitte schreibe mir, wenn Du etwas benötigst. (..)

Wir wollen gar nicht denken, dass Weihnachten ist, so geht es leichter zu ertragen. Sei von uns herzlich gegrüßt. Auf baldiges Wiedersehen
Tante Olli
In der Arena ist schon Eis zum Schlittschuhlaufen, lässt der Tommi sagen. An Werktagen, wenn er Zeit hat in den Ferien geht er.

****

410:            GNM

München, 18. Dez. 1917

Lieber, lieber Colomb!
Ich bin zu Hause. Gestern Abend um ½ 10 Uhr angekommen. Ich dachte, erst heute anzukommen und aus Vorsicht, um ja am 18. über die Grenze zu sein (Termin) bin ich Sonntag ½ 2 Uhr schon abgereist. Aber es kam anders. Die Züge, die mir Frau Kuppelwieser aufgeschrieben, gingen alle anders. Ich hatte auf ihren Wunsch hin in Weidhofen übernachten und sollte früh 6.45 weiterfahren. Aber dieser Zug ging nicht mehr. So musste ich dort nur einige Stunden mich hinlegen und um 3 Uhr aufstehen, da der Zug um ½ 5 Uhr ging. Der Bahnhof war auch weiter, als sie gemeint von ihrem Hotel entfernt. Es war also sehr romantisch. Aber man sieht, dass kein anderer einem raten kann, jetzt mit Reisen. Besser man handelt selbst. Durch diesen frühen Zug und dann um 6 Uhr durch einen Handstreich von mir, nämlich Erreichen des anderen Zuges beim Umsteigen in Amstetten in 1 Min, kam ich eben weiter. Ich habe eine große Routine bekommen. So im Dunkeln einen Bahnbediensteten erwischen mir zu helfen und zu rennen. In Salzburg war ich um 1 Uhr und um 5 Uhr ging es weiter hierher. Die Grenzvisitation ging 10 Min vor Zugabgang erst an. War allgemeine Aufregung. Ich bestach zwei Träger durch Trinkgeld, so dass mir's gelang, so schnell wie nur irgend möglich in meinen Zug zu kommen. Dann aber war ich wie erlöst.
Die Reise erzähle ich Dir später genauer. Auch die schöne Schlittenfahrt von Lunz bis über zwei Bahnstationen an die Bahn. Ich habe mich doch sehr erholt in Lunz und sehe sehr gut aus. Schade, dass Du es nicht siehst.
(..) Mit herzlicher Umarmung – schnell und schnelleren innigen Kuss
Deine treue Frau.

München ist schauderhaft!!! Kaum zum atmen!!! Wie kann man so leben???

****

Anfang fehlt....
Auf Vergissmeinnichtpapier:

411:   GNM

.....Alles kommt zusammen! So eine Zappelei habe ich noch nicht gehabt. Ein großes Bild über eine Theaterbühne wäre auch zu malen gewesen. Ich konnte es nicht annehmen. So musste ich es dem jungen Kunstschüler überlassen. Ich musste ihm aber doch mit Rat und Tat helfen. Hab jetzt oft abends noch bis 12 und 1 Uhr gemalt. Aber es geht doch unter seinem Namen, darum habe ich eigentlich wenig davon in einer Beziehung. Aber ich konnte nicht anders, ich musste manchmal mittun aus Freude an der Sache.
Unter Tags ist es einfach grässlich. Ich komme fast nicht zum Sitzen und kaum zum Essen. z.B. wie der Tag vergeht:
Aufstehen. Herumrennen, ob nichts eingefroren, ½ 8 Uhr Appell, Namen aufschreiben für Arbeitsdienst. Wenn, Welche marschbereit, eingelieferte Sachen abnehmen, Brot für die Reise ausrechnen und mitgeben. Herumrennen, „Handtücher austauschen" schreien, 100 – 150 Handtücher zählen, Umtauschschein schreiben. Ein Offiziersquartier übernehmen irgendwo im Lager, zurückkommen, frische Handtücher abzählen und verteilen. Quittungen für zu fassende Kohlen und Holz ausstellen beim Major und am Bataillon unterschreiben lassen.
Um 10 Uhr kommen die Urlauber zum Einliefern. Jeder muss einen Schein bekommen (genaue Brotabrechnung). Dazwischen kommt Zugang zum Feld. Zimmer anweisen. Handtuch, Essgeschirr, Brot geben, einschreiben. 11 Uhr essen. Zu jeder Zeit dazwischen kommen die anderen Stellen um Gasmasken zu fassen. Die sind am Speicher. Jede muss eingeschrieben werden und halbmonatlich genau verrechnet werden am Bataillon. Von 12 – ½ 1 Uhr: Petroleumausgabe an alle Zimmer. 12 ½ Torf und Heizmaterialausgabe. Rumrennen („Torffassen schreiben"), nach Liste ausgeben. Immer Streit, jedem ist es zu wenig. Um 1 Uhr entweder Leute mit Schaufeln zum Torfholen oder Brot fassen abfertigen (aus Proviantstand).
Um 2 Uhr Arbeitsdienst anweisen. Heute sind zum Beispiel 8 Kisten mit Gasmasken gekommen. Unter eigener Leitung, auspacken lassen, zählen, einschreiben, auf den Speicher schaffen lassen. 800 Stück. Nach Nummern sortiert. Alte Schadhafte aus dem Feld wieder verpacken. Ankommendes Brot einzählen. Die Verstauten, einliefern, abholen. Um 5 Uhr Abendessen. Um 6 Uhr Brotausgabe. Vorher 80 – 100 Laiber halbieren. Herumrennen und „Brot fassen" schreien. Alle Leute namentlich verlesen und Brot ausgeben. Alles geht schrecklich genau. Dann, wenn man meint, jetzt ist Ruhe, kommen Offiziere und Burschen mit Anliegen, Wünschen und Beschwerden.

Da noch manchmal Zeit herauszubringen, um zu malen ist sehr schwer. Nicht einmal zum Denken hat man Zeit. Auf diese Weise geht es einfach in rasendem Tempo auf Weihnachten zu. Ich bin verzweifelt.
Gell, wenn ich was schick, soll es nur ein Symbol sein, dass ich an Euch denke, gell. Ich kann ja hier nichts auftreiben. Komme wochenlang nicht aus der Kaserne. Bissl ist der Feldwebel schuld, dass ich so da hänge. Werde es Dir erklären. Jetzt muss ich halt das warme und Einzelquartier bezahlen. Andernteils können sie mich auch nicht versetzen, was wieder in der Luft liegt.
Gell, denke nur nicht, dass ich am Ende zu wenig gestrebt, an Weihnacht heim zu kommen. Es geht einfach nicht und da schlage ich es mir ganz aus dem Kopf. Daran denken macht mir Schmerzen.
(..)
Gott sei Dank, bist Du gut in München angekommen. Gemütlicher ist es mir schon, wenn Du in München bist. Reisen kannst Du wirklich meisterhaft. Nach Lunz habe ich Dir 3 Briefe geschrieben. Die Kälte ist ekelhaft, ich bin starr und müde. Es ist schon wieder 12 Uhr. Morgen geht der Tag schon wieder in aller Früh an. In der Nacht fliegen die Gedanken zu Dir.
Gute Nacht. Kuss Dein Colomb (..)

****
Auf Vergissmeinnichtpapier:

412: GNM
Grafenwöhr, 23. Dez. 1917
Liebe, liebe Paula!
Entsetzlich, Weihnachten ist ja schon morgen! Deine Riesenpackerln bekommen. Neingespitzt habe ich. Du bist unverbesserlich, mir so viel zu schicken. So gut ist es mir zu Weihnachten noch nicht gegangen. Was ich alles bekomme, lauter Esssachen. Auch Fleisch und Butter von einem Unteroffizier. Den halben Kuchen habe ich Dir noch schnell schicken können durch den Unteroffizier, der Dich besucht. Mein armseliges Kistl wirst Du nicht zur rechten Zeit bekommen. Es soll eine Briefschachtel sein. Es ist immer nur nachts bei schlechter Lampe gemalt. Am Schluss ganz verpatzt, hab einen Möbelfirnis erwischt. Das Grün ist scheußlich geworden. Schmalz und Semmeln werden Dir besser gefallen.
Wollte noch was zeichnen, bringe in der Hetze aber nichts zusammen. Das Geld ist für eure Gesundheit.
Das ist ein Weihnachtsbrief. Morgen ist der traurige Abend. Ich bin in Gedanken bei euch. Still ist es hier, aber nicht heiliger. Sei umarmt und Tommi auch. Seid fröhlich, denn wir haben keinen Grund traurig zu sein. Ich bin wenigstens in der Heimat. Alles nur erdenklich Gute zum Christkind. Haltet aus!

In Liebe Colomb
Der Rahmen ist noch nicht da??

****

413:                    GNM

München, 24. Dez. 1917

Lieber, lieber Colomb! Lieber, lieber Mann!
Du warst nicht bei uns, aber ich war bei Dir. Tommi hat sein Weihnachten gefeiert und Käthchen. Zuerst hat Tommi beschert wie immer. In Aufregung, dass die Kerzerln anbrennen. Er hat es nett gerichtet. Mir hat er einen Serviettenring (sehr passend jetzt!) bemalt. Von Olly habe ich Briefpapier und einen Kamm, da mein grüner leider in Lunz zerbrochen. Olly hat von mir Pantoffel und ein kleines Krägerl. Käthchen hat Konfekt, Dörrobst ect. und 20 M und ein Krägerl. Man kann ja gar nichts kaufen.

Tommi hat also sein schwarzes Meerschweinchen von mir und einen Schmetterlingskasten. Von Olly Bonbons und Strümpfe gestrickt. Von Heini etwas sehr schönes: eine Uhrkette. Von Mama: Eine Ordnungsmappe für Löschblätter, 2 Hefte und 2 Bleistifte. Von Corneille ein Buch: „Am Fischwasser". Von Lisl: „Die Nibelungensagen". Von Frau Wenz: „Der Wildsteller" und „Der letzte Mohikaner". Von Breg einstweilen: „Die Reise zum Mittelpunkt der Erde."

Tommi hat Heini[146] einen Kalender gemacht mit schauerlicher Zeichnung. Da Heini ihn neulich in der Klinik im Sprechzimmer allein abgerichtet und Predigten über Beamte und Militär gehalten, war dies die Frucht. Es ist eine Revolutionsszene. Anscheinend russisch. Ein General, ähnlich Hindenburg, deutet an einem Tisch auf eine Karte, ein Herr mit Schnurrbart wird von einem in blauem Anzug, der Heini sehr ähnlich sieht, erstochen. Das Blut spritzt furchtbar.
(..)
Armer Colomb! Dein Tagesablauf ist grässlich. Ich habe es Heini heute vorgelesen. Er schlägt immer bloß die Hände über dem Kopf zusammen und sagt: „Heiliger Gott, der Colomb!"
(..)
Jetzt Gute Nacht! Liebster Colomb!
Schlafe gut und träume einen Friedenstraum! Ich bin bei Dir
Sei umarmt fest – fest
Und geküsst von Deiner treuen Frau

Kuss Tommi

****

---

146   Heini = Heinrich Weber, Arzt und Freund, Colombo besuchte ihn im Juli 1916 Cambrai

Landleben (gezeichnet von Paula): Ob und wann die Erdbeere reif wird? Und wer die Erdbeere bekommt? Während des Krieges in Ammerland, Familienleben (und Lieben!) Nahrungsmittelknappheit: Corneille, Tommi, Paula, Tante Mimi, Mama, Storchl

1918

414:            GNM

Grafenwöhr, 10.1.1918

Liebe, liebe Paula!!
Geduld, Geduld. Es ist jetzt so vielerlei los, so dumm alles. Montag kommt wieder ein General. Der Herr Major war eben bei mir und hat mich gebeten, ich soll erst danach meinen Urlaub nehmen. Da kann ich nichts dagegen machen. Er war ja sehr freundlich und hat gesagt, dass ich dann doch einen längeren (14 Tage) Urlaub zu Pfingsten bekomme. Es kommt jetzt auch wirklich so vielerlei zusammen. Mein Vertreter, den ich abgerichtet, der will auch gerade den Urlaub. Tochter wird gefirmt, kann es ihm nachfühlen. Dann komme ich also vielleicht erst am 16. oder 17.

(..) Oh diese Verschiebung und Enttäuschung ist hart. Ich war schon ganz bei Euch. (..)
Wenn nur nicht mein Urlaub ganz ins Wasser fällt: Geduld, Geduld, hoffen, hoffen.
Nur sich nicht freuen.
Kuss und Umarmung, arme Paula Dein Colomb

****

Colombo bekommt Urlaub

****

415:   GNM

Grafenwöhr, 21.1.1918

Also wieder schriftlich, liebe, liebe Paula!
Man weiß gar nicht wie, man steckt wieder im alten Rummel. Hier sieht es gar nicht nach Frieden aus. Ich habe zwar meinen alten Posten, nur gibt es viel Arbeit.
Die Reise ging gut. In Weiden war im Gasthaus kein Licht. Also musste man im Dunkeln sein Bett suchen. Heute habe ich schon Schur. Ihr habt mir doch hinterlistig die Butter in den Rucksack. Schrecklich, wann werde ich wieder welche Euch schicken können. Herr Prückel war sehr erfreut und ist der Alte. Leider haben wir einen neuen Major (M. Noi). Gestern Nachmittag musste ich gleich bissl Spazierengehen mit Feldwebel. Luft und Stimmungen sind ja hier sehr schön. Das ist aber das Einzige was bissl trösten kann. Hoffentlich geht es auch Dir wieder besser und habe mich nicht in schlechter Erinnerung.
Sei umarmt Du und Tommi und viele Grüße an Tante
Dein noch dasiger Colomb

****

416:   GNM

22. Jan. 1918

Lieber, lieber Colombo!
Heute nur kurz! Hier ist ein Zeitungsausschnitt dabei. Denke Dir, ich war auch in dieser Versammlung, erst am Schluss, aber ich habe doch einen Eindruck bekommen. Es war furchtbar!
Bin also mit Lisl[147] im Volkstheater gewesen und habe Frl. Kratina tanzen sehen und Ruoff am Klavier und Frl. Studenz Geige spielen hören. (..) Nach Schluss wollte Lisl ihren Mann abholen, der im bewussten Vaterlandsvortrag im Hotel Wagner war. Ich zögerte und entschloss mich dann doch mitzugehen. Es ist ja vis a vis. Aber welcher Tumult! Der Saal gedrängt voll. Alles stehend, teils schon auf Stühlen. Schreiend und gestikulierend. Von der Galerie besonders furchtbare Rufe und Drohungen. „Pfui". „Der mit seinem Ludwigskreuzerl soll an die Front!" „Ja, Durchhalten!! Das könnt ihr!!" u.s.w.

---

147   Lisl = Paulas Freundin, verheiratete Feder

Wir wurden am Saaleingang hin und hergeschoben. Empörte vornehme Herren kamen, verlangten die Polizei. Einer sagte zum Schutzmann, der und der habe „Schandkaiser" gerufen. Der Schutzmann sagte ganz gemütlich: „Ich geh schon nein, wenn's mer'n Kopf wegreißen, dann geh i ohne Kopf." Das Getümmel war schrecklich. Von der Musik hörte man keinen Ton. Die einen versuchten zu singen: „Deutschland, Deutschland, über alles.", die anderen johlten und pfiffen. Knäule bildeten sich und Lisl wurde blass und meinte: „Sie schießen!" Aber ich wollte nicht fort und ging noch auf die Galerie. Nach Schluss der Vorträge sammelten sich noch Gruppen im Saal. Ein Rotköpfiger brüllte im Kreis. Ich konnte nicht hören, zu welcher Partei er gehörte. Ein junger Magerer war ganz in Ekstase. Stieg auf einen Stuhl und gestikulierte und sah wie Savonarola aus. Viele Soldaten standen um ihn. Auch ein Großer mit einer weißen Binde um den Kopf. Es war so aufregend, dass ich zitterte und trotzdem ich ganz bleich sein musste, schwitzte. Lisl traf ihren Mann nicht mehr, obwohl wir ihn von der Galerie gesehen hatten. Er war mit dem Vortragenden durchs Hotel hinten hinaus.

Heute höre ich von Corneille, dass in Ammerland bei uns eingebrochen sein soll. Die Balkontüre soll weit offen gestanden sein. (..)
Mit inniger Umarmung und vielen, vielen Küssen
Deine treue Frau.

****

               Zeitungstext Morgen Ausgabe   München 21. Januar 1918
Gesprengte Versammlungen der Vaterlandspartei
Der Bayerische Landesverein und die Ortsgruppe München veranstalteten Montag abend im großen Saale des Hotels Wagner, der völlig besetzt war, eine „Festversammlung zur Feier der Reichsgründung". Nach einleitenden Worten von Geheimrat Professor Dr. V. Hertwig hielt Professor Alexander von Müller einen Festvortrag, in welchem er in einem historischen Rückblick darstellte, wie Deutschland vor seiner Einigung seit dem 30-jährigen Kriege von fremden Kriegsmächten zerwühlt wurde und wie es nach mehreren vergeblichen Versuchen zu einer wirklichen Einheit erst dann kam, als es einsah, dass Wirklichkeiten durch verständige Gedanken allein ohne Macht sich nicht schaffen lassen. Weiter stellte er dar, dass das geeinigte Deutschland in den vierzig Friedensjahren das Wort, das Bismarck bei der Reichsgründung gesprochen, wahr gemacht hat, dass es ein Reich der Macht und auch des Friedens sei. In seinen Schlussausführungen meinte er u.a., es sei ein Zeichen unserer alten Schwäche, wenn jetzt Deutsche oft mit weniger Befangenheit auf Wilsons Worte hören als auf ihre eigenen Landsleute. Musikvorträge des Neuen Münchner Konzertorchesters unter Leitung von Hofkapellmeister Prill eröffneten und beendeten diesen Vortrag. Bis dahin verlief die Feier völlig programmmäßig. Als aber Geheimrat v. Gruber seine „Ansprache" begann, wurde er nach dem ersten Satz durch starken Protest unterbrochen. Nachdem die Kapelle durch das Lied „Deutschland Deutschland über alles" den Protest zu beenden versucht hatte, setzte Geheimrat Gruber

das Ablesen seines Manuskripts fort, wurde aber fortwährend durch Rufe, Pfeifen und Lärmen unterbrochen, so dass er abbrechen musste. Man hörte u.a. die Rufe „Wir wollen keinen Gewaltfrieden, wir wollen einen Verständigungsfrieden" „Nieder mir dem Dreiklassen Wahlrecht".
Justizrat Rumpf versuchte durch eine Ansprache zu beruhigen, aber erfolglos, da wohl die Hälfte der Versammelten zu den Gegnern der Vaterlandspartei gehörte; es befanden sich Kriegsbeschädigte und Soldaten unter den Demonstranten. Geheimrat v. Hertwig musste die Versammlung schließen; erregter Meinungsaustausch, wobei Tätlichkeiten gerade noch verhütet wurden, fand statt. Als die Polizei kam, um für Einhaltung der Polizeistunde zu sorgen, verlief die Menge.

*

Eine Versammlung der Vaterlandspartei Stuttgart, die am Sonntag als Reichsgründungsfeier mit einem Vortrag von Universitätsprofessor Haller aus Tübingen stattfinden sollte, nahm, obwohl nur Mitglieder und Freunde geladen waren, einen sehr stürmischen Verlauf. Schon nach kurzer Zeit erhoben sich heftige Zwischenrufe und anhaltender Lärm. Es musste ein starkes Polizeiaufgebot erscheinen, das zahlreiche Feststellungen von Ruhestörern vornahm. Die Versammlung konnte nicht fortgesetzt werden und der Saal musste von der Polizei schließlich geräumt werden. Auf der Straße gab es noch erregte Kundgebungen.
In Leipzig sollte am Sonntag eine Versammlung der Vaterlandspartei stattfinden, in der Admiral Graf Baudissin einen Vortrag über unsere Wehrmachtsstellung und England halten sollte. Der Vertreter der Unabhängigen Sozialdemokratie Reichstagsabgeordneter Russel, der sich zur Geschäftsordnung meldete, forderte die Bildung eines Bureaus und freie Aussprache. Der Vorstand lehnte die Diskussion ab, da sie polizeilich nicht genehmigt sei. Als Graf Baudissin seinen Vortrag beginnen wollte, wurde er durch Absingen der Arbeitermarseillaise daran gehindert. Die übrigen Versammlungsteilnehmer antworteten mit dem Singen von Deutschland Deutschland über alles. Da es nicht möglich war, die Ruhe wiederherzustellen, wurde die Versammlung geschlossen.

417: GNM

Grafenwöhr, 24.1.1918

Liebe, liebe, gute Paula!
Gell, verzeihe, dass ich so selten schreibe. Aber es ist so ein Durcheinander. Die Laune ist möglichst schlecht, die paar freien Augenblicke benütze ich, um mit Lesen zu vergessen.
(..)
Unser Unteroffizierszimmer muss ich ausmalen und da muss ich sehr dahinter sein. Herr Feldwebel hat mir ans Herz gelegt, dass ich deshalb Urlaubsverlängerung bekommen habe. Es ist ja ganz lustig, aber Zeit habe ich dadurch wenig.
(..)
Eben Deinen zweiten interessanten Brief bekommen mit Zeitungsausschnitt. Armes Vaterland. Ja, ja durchhalten.

Schade, dass ich nicht bei dem Vortrag war. Aber gebe Obacht, bei so was, gell. Besser nicht gehen als Frau allein und besonders nicht mit Feders. Er Hintertüre, das ist echt. Wird schon recht werden, aber gewöhnlich trifft es die Unschuldigen am meisten.
Grüße Tommi und Tante
Küsse von Deinem Colomb
Hab keine rechte Ruhe zum Schreiben.

****

Emma (Mama), Tommi, Tante Sophie (Olly), Paula

****

418:                                GNM

28. Jan. 1918

Lieber, lieber Colomb!
Wie geht es Dir? Das ist ein Tommi Brief Anfang, aber auch mein Gedanke. Eines freut mich: Dass Grafenwöhr ein Museum Deiner Arbeiten wird. Ach Gott! Wie lange noch bleibst Du aber dort? (..) Vorgestern Abend soll ein geheimer Vortrag von Prof. Förster gewesen sein, für seine Hörer, ect. Ich habe gestern Nachmittag Frau Sattler[148] besucht und Gogo Hildebrand getroffen. Er ist begeistert für Förster. Es soll nur noch nicht darüber gesprochen werden, da er gerade sich vorbereitet, an die Universität zu kommen

---

148   Sattler = Eva Sattler, geb. Hildebrand, siehe Lebensbericht; Gogo = ist ihr Bruder

und es soll nicht bekannt werden, welcher Ansicht er ist, sonst wird es hintertrieben von Professoren der Vaterlandspartei. (Es wäre immer gut, je mehr an der Universität sind für Verständigungsfrieden, deshalb muss es vorsichtig gemacht werden.) Die Reden von Gogo taten mir sehr wohl, nachdem ich Samstagabend doch bei Lisl gewesen. Ich hatte vergebens vom verdorbenen Magen gesprochen, schließlich kam ich doch nicht aus. Ich nahm mir aber vor, um ½ 11 Uhr zu gehen, schon, Colombo, weil ich es im Brief Dir zugesichert, dass ich's nicht wieder täte. Es war zwar schwer gegen alle Reden aufzubrechen, und zudem gerade der herrlichste Kuchen mit Schokoladeguss und Butterplätzchen und Schaumeier und Steinwein herein kamen (um ½ 11 Uhr). Vorher gab's erstens eine große Gänseleberpastete mit Butterbrot und Radieserln, dann einen riesigen, herrlichen Filetbraten mit Bratkartoffeln und Salat. Dann Kirschkompott und dann (natürlich auch markenlos) einen riesigen Emmentaler. Und bei all dem (z.B. beim Transchieren des Filetbraten) „eherne Worte" vom Dreinhauen und Durchhalten. Es ist unbegreiflich. Glaubst Du, dass es mir schwer wurde, nichts zu sagen? Aber ich habe kein Wort gesagt. Denn, das erste Wort, wenn es gefallen wäre, dann wäre ein Bach, ein Strom entfesselt worden und ich hätte nicht zurück gekonnt. Und wozu mit Irma und Lisl mich bitter verfeinden? Meine Erregung ging schließlich in große Traurigkeit über. Ein ganz merkwürdiges Gefühl, sich so zu beherrschen. Stolz Colomb! bin ich, denn ich komme mir ja wie der Starez in den „Brüdern Karamasoff" vor. In diesem wunderbaren Gefühl befangen, der Rohheit gegenüber mich beherrscht zu haben, gab ich Lisl beim Abschied einen Handkuss. Verstehst Du das?? Heini würde es nicht begreifen. Er möchte Herrn Feder ins Gesicht spucken, sagt er.

Merkwürdige, merkwürdige Ansichten hat diese Vaterlandspartei. Der Prof. Alexander Müller[149] war auch dort. Denke Dir, sie sagen, es sei eine große Rundfrage an alle Soldaten an der Westfront gerichtet worden und alle seien fürs Weiterkämpfen, kein einziges „Nein" sei gekommen und alle freuten sich auf die Offensive. Ich war starr und hätte sagen mögen:

„Und ich kenne keinen einzigen Soldaten, der nicht für sofortigen Frieden (und Verständigungsfrieden) ist." Weiter sagen sie: Durch den Machtfrieden allein wird Deutschlands wahrer Frieden gesichert. Denn, wenn wir Belgien hergeben, spickt es England mit Wehrmitteln und in ein paar Jahren haben wir wieder Krieg. Oh Gott!! Dann: Natürlich sind die Soziführer für den Verständigungsfrieden, denn sie brauchen unzufriedene Arbeiter und durch den Machtfrieden bekämen wir zufriedene Arbeiter. U.s.w.... Oh!! Großartig wird unsere Offensive!!

Also Colomb, Du siehst: Sie halten durch, bis zum letzten Tropfen Blut – den Anderen!!! Es ist eine Schande!! Viel könnte ich noch schreiben, doch muss ich Schluss machen. (..) Mit Heini und Tommi habe ich am Samstagnachmittag einen Spaziergang gemacht. Sei innig umarmt und Kuss von Tommi und mir. Deine treue Frau.

****

---

149 Prof. Alexander Müller = zweiter Ehemann von Irma, Schwester der Freundin Lisl Feder

419: GNM
28. Jan. 1918

Lieber, lieber Colomb!
Damit Du heute 3 Briefe von mir erhältst, schreibe ich nochmal. Und weil ich etwas vergessen habe. Nämlich, Mimi[150] hat mir schon neulich gesagt, dass sie die Kiste mit den alten Porzellansachen holen lassen will. Nun war ich heute Abend einen Sprung bei Mama, da sagt sie, sie lässt es Mittwoch vom Dienstmann holen. Ich kann doch nicht „nein" sagen, Colomb. Mimi will das Geschirr bei Mama in die Kästen stellen. Was soll ich tun? Mir gehört es doch nicht.
Viele Grüße von Mama. Milla hat wieder ein Mädchen (aus Wolfratshausen). (..)
Ich habe Dich so lieb. Deine treue Frau.

****

420: GNM
Grafenwöhr, 1.2.1918

Liebe, liebe Paula!!
Deine 3 Briefe vom 28. bekommen, herzlichen Dank. Die Brotmarken habe ich natürlich auch. Konnte aber leider noch keine Semmeln dafür bekommen. Komme ja auch nie in den Ort. Hemd und Hose auch erhalten, jetzt reiche ich für den Winter, gell. Ich habe schrecklich viele Sachen hier.
(..) Die Zimmermalerei macht mehr Arbeit, als wir gedacht. Außerdem viel Dienst. Auf einer Seite der bayrische Löwe, auf der anderen Seite der deutsche Adler. Ganz rot auf blauschwarzem Grund.

Ober der Türe die Fortuna. Auf den Seiten Girlanden, Früchte und Trauben, eine morz Arbeit. Die Decke macht Ortner teilweise nach meinem Entwurf.

150   Mimi = Schwester von Emma von Max (Mama)

 3 solche Füllungen.

Er ist viel geschickter und anstelliger als Artur Müller. Seine Sachen gefallen sogar besser, als meine. So gute Kunstgewerbe Rezepte. Vögel und Fruchtstilleben. Es ist ein förmlicher Wettstreit geworden. Aber ich bin doch immer recht unglücklich hier. Alle haben das Militärleben satt.

Deine Heldentat bei Feders ist schön. Gut hast Du es beschrieben.
Die Rundfrage im Feld ist eine Lüge. Die Abrechnung wird kommen. Aber wenn nur nicht alles haltlos wird, wie es schon einmal war in Deutschland, wenn der Krieg aus ist?

Das Porzellan gehört eben Mimi, Mama und Helene zusammen. Mimi wird Angst haben, dass wir es behalten wollen. Aber Du kannst sagen, es ist so schön verpackt. Mama wird es vielleicht manchmal sehen wollen.
Milla will es aber nicht nehmen und dann mit Kind zerschlagen. Nicht verkaufen. Dann kaufe sicher ich es. Auch nicht einzelne Stücke. Vielleicht steckt auch Storchl dahinter.
Ich lese eben den Franz von Assisi. Da sieht man erst, wie schwer es ist, ein Heiliger zu sein. Man kommt sich recht materiell vor. Du bist aber schon eher eine Heilige. Oder war ich im Urlaub Märtyrer?
(..)
Küsse Dein Colomb
Grüße Tommi.

****

421: GNM

31. Jan. 1918

Lieber, lieber Colomb!
Gestern habe ich wieder einen Brief von Dir bekommen (vom 27.). Dein Bericht über das Ausmalen des Unteroffizierszimmers freut mich am meisten. Wo ist denn das Zimmer, wie groß ist es und werden dort die Malereien auch geschont werden? Fotografiere es nur schön, oder lasse es fotografieren. Ich möchte so gerne einmal derartige Bilder in eine illustrierte Zeitung bringen. Schade, dass der gemalte Tisch bei Herrn Feldwebel (im Zimmer) nicht etwas besser (deutlicher) fotografiert ist. Es gäbe sonst eine ganze Kollektion Wandbilder von Dir in Grafenwöhr. Dir zu lieb möchte ich's bekannt machen, Colomberl, auch hier. Deine Jahre sollen nicht verloren sein. Du sollst Dank haben, wenn Du heim – darfst.

Heute habe ich eine Menge zu schreiben, wo anfangen: irgendwo.
Erstens: Hier schicke ich Dir einmal Tommis Fuß maß – im Fall. Aber die Schuhe müssten natürlich viel größer sein, denn für heuer hat er noch. Es wäre für nächsten Winter. (..)
Corneille kauft sich noch einen neuen Anzug. Storchl sagt, Du müsstest es auch tun, denn nächstes Jahr gäbe es gar keine Stoffe mehr. Sie würden demnächst alle beschlagnahmt, besonders auch für die heimkehrenden verwundeten Soldaten. Corneille hat also einen Lüsteranzug an die Altbekleidungsstellen geschenkt und bekommt dafür einen Bezugsschein. Mit diesem kauft (oder lässt sich vielmehr machen) einen neuen An-

zug zu 250 (- 300 M?). Auch Storchl kauft noch allerhand Kleider. Ich habe keine Lust für mich. Willst Du etwas hergeben, etwas Altes?? Heini will auch was hergeben, um etwas Neues. Schreibe bitte.
Heini sieht ausgezeichnet aus. Die Kur hat ihm (zu) gut getan. Gestern habe ich Deine liebe Briefschachtel ausgeklebt mit Naagerpapier. Das freut mich. Nun sollte ich Dir eine machen lassen und bemalen, für meine Briefe an Dich. Soll ich? (..)
Liest Du die Zeitungen jetzt? Diese aufregenden Streikgeschichten. Ich bin ganz aufgeregt. Was wird sich entwickeln. Ich glaube, alles glättet sich wieder. In Hamburg hat man doch gedroht, die bis 31. Januar noch streikenden Arbeiter an die Front zu schicken. Welche Gewalt wird siegen? Hier sagt man meist, die Streiks seien verfrüht, u.s.w. Ach Gott, wir kommen zu keinem Frieden. Armer Colomb!!!
Heute Nachmittag gebe ich Ossi Beissbarth[151] eine Zeichenstunde.
Gell, Du kannst durch niemand schwarzes Stopfgarn bekommen? Hier in meinem Leiberllladen gibt es noch echten Hosenträgergummi, das Meter zu 6 M. Soll ich die nicht kaufen, es wird der letzte sein? So jetzt muss Mittag gegessen werden. Wärst Du dabei. (..)
Tommi deklamiert laut Lateinisch neben mir. Er grüßt und küsst Dich. Und ich auch und viele, viele Male und sei umarmt von uns und innigen Kuss nochmals von Deiner treuen Frau.

****

422: GNM

Grafenwöhr, 4.2.1918

Liebe, liebe Paula!!
Danke für den lieben langen Brief vom 31. Wegen den Schuhen, werde ich mal sehen, was zu machen ist. (..).
Nein, einen Anzug um so ein Sündengeld will ich nicht. Ich brauche ja auch gar keinen. Im Kasten werden die Anzüge nicht abgetragen, wenn der Krieg lange dauert, trage ich auch noch lange die Uniform. Leider. Schau nur, dass nirgends die Motten hinein kommen, auch am Speicher, gell.
Brauchst oder willst Du etwas? Wie steht es mit den Kartoffeln? Sollen bald alle beschlagnahmt werden wegen Pferdefutter. Pepi wollte doch welche besorgen? In Ammerland in den Keller.
(..) Stopfgarn, also auch das gibt es nicht mehr. Vielleicht geht es mit einem Stopfgarnbild? Aber ich laufe sicher im Sommer barfuß. Probiere alte Sachen aufzutrennen. Nass machen, über Nacht einspannen. Wenn die Hose = Trägergummi kräftig ist, so könnte ich ihn notwendig brauchen. Meine fordern gar nicht mehr.
(..)
Kuss und Umarmung. Dein trauriger Colomb

---

151   Beissbarth = Verwandte von Paula, siehe Lebensbericht

Grüße Heini und Tommi. Heute bin ich schlechter Laune, da ist viel die Zeitung daran schuld.

****

423: GNM

3. Februar, (Sonntagabend), 1918

Lieber, lieber Colomb!
(..) Heute waren wir spazieren: Drobele, Tommi und ich. Tommi ist aber heute Abend nicht ganz wohl, hat 38, 5 Fieber. Ich weiß nicht recht warum. Er ist schon seit ein paar Tagen so traurig und seufzt alle paar Minuten tief auf. Beim Lesen, beim Lernen, beim Stehen und allem, auch wenn er gar nicht daran denkt. Ob es Erkältung ist, oder sonst etwas. Ich muss es abwarten. Erfreulich ist es immer nicht.
Vorgestern Abend war Herr Breg[152] zum Abendessen da, um wegen „der Mappe" mit mir zu sprechen. Entweder wäre an Ostern oder zum Geburtstag im Mai eine Gelegenheit zum Schenken. Herr Breg hat für eine <u>Kriegsmappe</u> folgendes passend gefunden:

1. „Kopf mit Stahlhelm" (Zeichnung)
2. „Auf dem Vormarsch"
3. „Waldmorgen"
4. „Nächtlicher Marsch"
5. „Nächtliche Scheinwerfer in Flandern"
6. „Feindliche Brandbomben"
7. „Pferd mit Füllen"

Entweder Kriegsmappe oder Ovids Verwandlungen?
Besonders gefällt ihm eben diese Deine Zeichnung: „Pferd mit Füllen" aus der Liller Kriegszeitung und er meint, ob man nicht gleich an die Liller Kriegszeitung schreiben könnte, ob ich das Original wieder haben könnte und unter welchen Bedingungen. Da der Kronprinz Rupprecht ein großer Pferdeliebhaber sei, wäre es ein hübsches Abschlussblatt.
Dann haben wir wieder Deine „Ovids Verwandlungen" angesehen und waren begeistert. Aber mir blutet das Herz, wenn Du sie so hingäbest. Sie müssen erst verwertet sein, gell. Deshalb war ich am Samstag zur Frage bei Herrn Langheinrich. In nächsten Tagen werde ich Antwort erhalten. Ist es Dir recht, wenn auch andere in der „Jugend" erscheinen? Herrn Dietrich will ich sie auch nochmals zeigen. Ach, diese Bilder wirken ja so herrlich und wohltuend in der jetzigen grauen, grauen Zeit.
Bitte Colomb, schreibe mir also gleich, ob Du meinst, dass ich an die Liller Kriegszeitung schreiben könne. Ich will die Sache eilig betreiben, denn rasch ist Ostern da und alles muss schön und fertig sein.

---

152   Breg = Colombo gestaltet eine Mappe mit Zeichnungen für Prinz Rupprecht, die Josef Breg überbringen soll

Gestern erzählte mir Frau Dr. Wenz, dass Goldschmid[153] mit dem König gerade zusammen in dem Armeemuseum sei und heute sagte sie mir am Telefon, dass Goldschmid nun sicher und ruhig hier sein könnte, da er nun die Kuppel ausmale. Solche Kriegsbilder wären auch Dein Geschmack nicht so ganz, gell.
(..) Bei Tommis Singlehrer war ich in der Schule. Er sagt, er sei sehr gut und ist ganz erstaunt, dass er zu Hause nie singe. Er will einmal zu uns nach Hause kommen. Er scheint sehr nett, nur jähzornig vielleicht.
(..)
Denke Dir, gestern Vormittag war ich auf der Theresienwiese. Hatte einen langen Zug Streikende gesehen und war zu Corneille. Storchl ging mit. Wir hörten von Fern zu bei den Ansprachen. Der Streik ist schon zu Ende. Es hat sich ja bloß um eine öffentliche Demonstration gehandelt, ein „Zeigen" der Meinung der großen Arbeitermasse. Man muss noch sehr vorsichtig sein. Und jetzt wird sehr geangelt werden nach den Widerspenstigen. Sei um Gottes Willen gescheit, Colomb.
Ich selbst ärgere mich, dass ich mich neulich hinreißen ließ in der Tram, meine Meinung zu äußern. Es war, als die Streikenden zur Polizei zogen wegen der Verhafteten. Man sperrte sie mit berittenen Schutzmännern weg. In der Tram sprachen zwei vollbärtige, gutsituierte ältere Herren darüber. Ich frug, ob man denn keinen Anführer vorgelassen zum Aussprechen. „Ha! Auch noch!" ect. sagten die Herren wütend zu mir. Und „Wir haben schon Mittel!!! solche Leute zu zwingen!!" Ich wurde blass und sagte ruhig: „Wissen sie, ich kann diese Leute schon verstehen, nach 4 solchen Jahren." – „Ha! Verstehen!!?!" „Da sieht man, wenn Frauen Politik machen!!" „Verrückt, ect" u.s.w.
Streit wollte ich keinen machen und sah also (auf der Plattform war's) zur Seite. Ich wollte eigentlich bloß diesen Menschen einmal merken lassen, dass auch gut angezogene, Gebildete solches verstehen und sich's sagen trauen. Sie waren ganz außer sich. Das könnte mir schmeicheln.
(..)
Denke Dir, der verrückte Heini ist wieder ganz weg von seinem „schönsten Mädchen der Welt", die jetzige Frau Dr. Reinström. Er sagt, er könne ihren Mann umbringen, wenn er ihm nicht sympathisch wäre. Wenn er sie Lachen sieht, läuft es ihm eiskalt über den Rücken. So!! Findest Du sie wirklich auch so schön?

Gestern Abend, Colomb, haben mich Storchl, Corneille und Heini wieder in das Kino verlockt. Auch Emma und die Zwillinge[154] waren dort. Nachher beim, für Corneille, unvermeidlichen Wein, haben sie uns allerhand interessantes aus Industriekreisen erzählt. Es gibt in Berlin viele Büros, nur für Vermittlung von militärischen Aufträgen für Industrielle.

---

153   Goldschmid = Kunstmaler, der den Auftrag bekommt, die Kuppel des Armeemuseums auszumalen.
154   Emma und die Zwillinge = aus der Familie Beissbarth, siehe Lebensbericht

15 % verlangen diese. Das Militär gibt ja rasend aus, jetzt. Es ist haarsträubend, was manche Dinge kosten, auch die neuen deutschen Tanks. Beissbarth's bekommen jetzt Flugmotoren in ihre Fabrik (die solchen Lärm machen).
(..)
Ach Colomb! Und wehe! Jetzt kommt der schöne Frühling. Ich will nichts davon wissen, ohne Frieden. Nun muss ich aufhören. Bitte antworte schnell. Wenn nur Tommi auch bald wieder besser wird.
Mit herzlichem Kusse, sei innigst umarmt, lieber Colomb, von Deiner treuen Frau.

****

424: GNM

5. Feb. 1918

Lieber, lieber Colomb!
(..) Tommi geht es wieder besser. Er hatte Sonntagabend schließlich noch 39,1 Fieber und war auch gestern noch im Bett. Heini kam und untersuchte ihn ganz und sagte bloß „Trottel" zu ihm. Vielleicht hat ihm das geholfen. Ich weiß heute noch nicht, was es war, ob Erkältung oder Magenverstimmung. Ich habe immer bloß Angst wegen dem Bauch. Heute ist er auf und sitzt am Klavier gerade, das ich ganz aufgemacht habe, weil der Stimmer gestern da war und einen Bleistift darin liegen ließ. (Durchs Schäpern bin ich drauf gekommen).
(..)
Gestern war ich bei Brandl (**am Odeon**) und habe Mappen angesehen. (Denn mit dem Machen wird es jetzt schwer sein). Da käme eine in Betracht 36 x 49 cm, die ist in Leinen ganz einfach, aber sehr gut und fest. Ohne Bändeln, aber mit Einschlägen. Allerdings ist das Leinen rot, altrot, wie Kirchenstühle, ganz hübsch. Diese Mappe käme in Betracht für die „Ovids Verwandlungen". Man könnte in (nicht glänzend) Gold etwas darauf drucken.
Morgen erfahre ich, ob noch graue Leinwand zu haben ist, dann kann ich eine in grau machen lassen für die Kriegsbilder. Ich lasse auf alle Fälle beides zusammenstellen, gell Colomb. Es ist nämlich schon weit das Unternehmen, schon gar nicht zu reden von Deinen Arbeiten. Ich freue mich direkt darauf, Colomb.
Ich möchte nur bitte bald wissen, ob es Dir recht ist und Deine Meinung bitte. Weißt Du, die anderen Mappen waren nicht so recht schön...Lederimitation, oder Papier mit Jugendornamenten.
(..)
Heute nach Tisch will Mimi kommen, wegen der Porzellankiste. Ich kann wohl schwer was sagen. Vielleicht will Mimi etwas eintauschen oder traut uns bloß nicht. Übrigens haben sie ja wirklich alle nichts davon, wenn es bei uns auf dem Speicher steht. Ich werde aber Mimi sagen, dass Du es – im Falle – kaufen würdest.
So jetzt muss ich Wäsche zählen u.s.w., u.s.w. Ollys neue Brille ruht weich in den gelben Locken. Sie schaut dadurch noch dackelhafter.

Leb wohl Colomb. Von Tommi Gruß und Kuss. Sei umhalst und viele Küsse von Deiner treuen Frau.(..)

****

425:                    GNM

                                                                          Grafenwöhr, 6.2.1918
Liebe, liebe Paula!!
(..) Du plagst Dich mit meinen scheußlichen Zeichnungen. Glaubt man wirklich, dass es einen Zweck hat? Dem Volke gegenüber wird man immer ängstlicher. Das Original von dem Pferd mit dem Füllen habe ich leider damals, wie alle Originale, Hauptmann Kolge (Landsturm Bataillon Göttingen, Nordfrankreich, Poststation N3) geschenkt. Ob er es wieder hergibt und ob die Adresse noch richtig ist, ist sehr fraglich. Wenn ich mehr Ruhe hätte, würde ich paar Sachen für diesen Zweck zeichnen. Ich müsste halt Kolge etwas anderes schenken. Soll ich ihm schreiben?
Ich fürchte nur, das 3. Armee Korps lasst mich nicht weg. Ovids Verwandlungen machen vielleicht Herrn Prinzregent Rupprecht mehr Spaß, obwohl ich die anderen lieber herschenke.
(..)
In München muss es interessant gewesen sein. Es ist sehr schön, dass Du unsere Ansichten vertrittst. Sei aber auch vorsichtig. Wegen mir kannst Du ruhig sein. Bei uns sind jetzt 1000 Mann Alarm und Marschbereit (alle alten Mannschaften und Unteroffiziere) seit gestern. Im Fall der Streik nochmals kommt. Ich bin von den Wenigen, die nicht dabei sind, leider. Aber unsere wissen, was sie zu tun haben. Aber ich habe Recht gehabt. In Frankreich und England sind auch Streiks. Die wollen gerade so Schluss haben wie wir. Dass Heini nicht gescheit wird, der Arme. (..) Es ist Zeit, dass wir mit unserem Geld was anfangen. Vielleicht können Beissbarth's raten. In Ammerland möchte ich gerne was festlegen. Das Haus Paul Heyse Straße wird auch noch viel verschlingen.

494
(..) Gut dass es Tommi besser geht.

Die Mappen werden ja schöner, als der Inhalt. Oh weh, meine Meinung willst Du wissen? Von meinen Sachen ist sie sehr gering. Die paar Ovid Zeichnungen füllen doch gar keine Mappe? Man müsste sie riesenhaft aufziehen. Du bist so rührend für mich tätig und ich so dumm. Wenigstens über meine Sachen fällt es mir schrecklich schwer was zu sagen. Prinz Rupprecht kommt vielleicht nur in Verlegenheit. Ich bin gedienter Soldat, nicht frei wie Naager.

Bleib gesund, Tommi gute Besserung. Kuss und gute Nacht.
Dein alter, bald hoffnungsloser Mann Colomb

****

426:　　　　　　　　　　GNM
　　　　　　　　　　　　　　　　　　　　　　München, 8. Feb. 1918

Lieber, lieber Colomb!
Frau Kuppelwieser schreibt mir Express. Herr Dr. Kuppelwieser wird nun doch enthoben. Nun sind alle Bekannten militärfrei. (Heini, Kuppelwieser, Hans, Corneille, Goldschmidt, Wackerle, Feder, u.s.w.) Es ist merkwürdig. Einmal muss es auch an Dich kommen.

Denke nur nicht, dass bloß Naager eine Mappe geschenkt hat. z.B. Wilm hat diese Weihnachten eine geschenkt mit dem Titel „Der Sieg". Herr Breg ist sehr bei der Sache. Die „Jugend" hat mir die Sachen bis auf die „Verwandlung in den Tiger" zurückgegeben. Aber Langheinrich weiß auch davon noch nicht recht, ob es bleibt. Die „Jugend" wird immer „gartenlaubiger" scheinbar. Ängstlich halt.

Gell, mit <u>Stopfgarn</u>, Colomb, meine ich nicht Wolle für Socken etc.. sondern das Dünne, was man für Stoff braucht und das Weiße z.B. für Hemden. Das Schwarze für meine dünnen Strümpfe. Faden, aber keinen aus Papier. Bitte nur kein Bild dafür malen, das ist es nicht wert. Ich meine nur so, falls Du in Weiden oder sonst wo was sähest.
Ach Gott, Colomb!! Heute Abend muss ich Bankabrechnungen studieren. Also gute Nacht! In inniger Liebe einen Kuss von Deiner treuen Frau.

****

427:　　　　　　　　　　GNM
　　　　　　　　　　　　　　　　　　　　　　Sonntag, 10.Feb. 1918

Lieber, lieber Colomb!

(..) Tommi soll morgen um ½ 1 Uhr zum Prinzen Albrecht[155] ins Palais kommen und ihm sein schwarzes Meerschweinchen bringen. Ich bin sehr begierig, wie der Besuch ausfällt.

(..) Weißt Du, dass in München die Tram jetzt nur noch bis ½ 10 Uhr geht? Es wird immer ländlicher. Colomb, ich muss Schluss machen. Gute Nacht! Lieber, Colomb. Sei umarmt und Kuss

Deine treue Frau (..)

Montag, 11. Feb.

So, heute noch ein bisserl weiter. (..)

Tommi habe ich (..) zum Odeonsplatz begleitet, wo Herr Breg wartete. Der kleine Prinz guckte schon neugierig zur Türspalte heraus. Er sieht recht herzig aus. Ich wartete vor dem Palais und unterhielt mich mit dem Herrn Rat? so u. so, der im Vorzimmer beim Grafen Pappenheim arbeitet. Tommi kam dann sehr lustig nach einer halben Stunde mit Herrn Breg wieder heraus. Das Meerschweinchen war zu den Hasen gekommen. Das rote Schleiferl, was ich ihm um den Hals angezogen hatte, hat er immer <u>sofort</u> wieder als Bauchbinde angehabt. Die Buben haben sich scheinbar sehr gut unterhalten, mit Besen gerauft, u.s.w... (..)

Nun wirklich Schlaf. Herzlichen Kuss von Deiner treuen Frau

Ach! Herrliches Wetter!

****

428:                       GNM

14. Feb. 1918

Lieber, lieber Colomb!

(..) Tommi hat heute zum Ersten Mal etwas kaputt gemacht. Er hat Versuche mit Elektrizität machen wollen. Hat zwei Drähte in den Kontakt gesteckt und zwar in den des Bauchwärmers am Lämperl. Er gestand es mir gleich ein, als ich nach Hause kam. So konnte ich nicht viel zanken, besonders, da ich ihn nicht ganz ununternehmend machen will. Grantig war ich doch, als das Lamperl wirklich nicht mehr brannte. Durch die zwei Drähte ging ein Funke, erzählte Tommi. Natürlich war Kurzschluss. Entsetzlich! Ich untersuchte alles. Erfolglos. Von Emma ließ ich mir's nachmittags erklären und nahm neue kleine Sicherungen mit. Zu Hause schraubte ich dann die Kontaktdose auf und wechselte die Sicherungen, was aber immer noch nichts half. Erst dann machte ich Versuche mit den Porzellanknöpfen in Ollys Zimmer. Zufällig hatte voriges Jahr ein Arbeiter noch einen solchen neuen Knopf dagelassen und herrlich, als ich diesen in das betreffende Loch (auswechselte) brachte, brannte das Licht wieder. Tommi half mir schuldbewusst bei Allem.

(..)

Lieber, lieber, lieber Colomb, ich umarme Dich furchtbar fest. Ich lasse Dich nicht aus. Das hoffe ich auch von Dir. Küsse Dich innigst und bin Deine treue Frau.

---

155   Prinz Albrecht = Sohn von Kronprinz Rupprecht, sein Erzieher ist Josef Breg

****

429:                    GNM

Grafenwöhr, 14.2.1918

Liebe, liebe Paula!
In Eile einige Worte. Hauptsächlich vielen, vielen Dank für das Esspackerl. Die roten Rüben sind sehr gut angekommen und haben auch dem Herrn Feldwebel mit sehr geschmeckt. Die Äpfel waren herrlich. Die Marmelade nehme ich nur, wenn Ihr mit der Marmelade reicht. Aber wegen dem Geräucherten muss ich Dich schimpfen. Fleischsachen dürft Ihr nie, nie schicken. Schau ich doch, dass ich für Euch hier was ergattern kann. Wahrscheinlich werde ich also das Fleisch wieder schicken. Ich habe jetzt einige Pfund frisches sehr fettes Schweinefleisch bekommen. Das lasse ich aus und kann Euch vielleicht auch vom Fett schicken. Hoffentlich war der Schweinebraten neulich noch frisch.
(..) Sei schnell aber sehr herzlich umarmt von Deinem Dich küssenden Colomb
Grüße und Dank an Tante

****

430:                    GNM

Grafenwöhr, 18.2.1918

Liebe, liebe Paula!
(..)
Künstlerisch bin ich ganz schlechter Laune. (..) **Ich muss ja vieles ganz gegen meine Überzeugung malen.** Aber ich fürchte, ich komme nach und nach ganz herunter. (..) Hier habe ich die richtige Ruhe und Sammlung nicht zum Malen. Wie lange wird das noch dauern? (..) Als alter Mensch muss man nach dem Krieg von neuem anfangen. Oder wir ziehen uns von der Menschlichkeit zurück? **Gegenwärtig muss man nur ans Leben denken.**
(..)
Die Hülsen habe ich für Tommi gedacht. Gell, dass Tommi mir nichts an den Gashähnen macht! (..)
Das Zimmer ist fertig. Fotografiert noch nicht. Heute habe ich wieder einen Hauptmann angefangen zu malen.
Hier ist blaue Kälte.
Da sind Zeitungsausschnitte von Häusern. Großer Garten ist verlockend. Vielleicht kommst Du mal hin. In diesen Tagen werde ich Dir wieder ein Esspackerl schicken. (...)
Liebe, Gute sei geküsst und fest umarmt
Dein Colomb, der manchmal sehr verzweifelt ist
****

431:                              GNM

                                                    München, 17. Feb. 1918
Lieber, lieber Colomb!
(..) Vor Tisch haben wir eine große „Schleichpartie" gemacht. Kathi hat uns in die Augustenstraße so und so bestellt für sehr viel. Also trafen wir uns: Corneille, Storchl und ich. In der Augustenstraße wartete Heini auch mit einem Kofferl. Er war so komisch, und er machte auch dumme Bewegungen und bleckte alle Zähne, dass wir viel zu auffallend lachten. Deshalb trennten wir uns. Die Männer zuerst, dann wir. Jedoch alles war umsonst, nichts war dieses Mal da.
Gestern habe ich Frau Sattler[156] antelefoniert. Ihr Mann war 14 Tage da. Wegen des Hauses haben sie auch zusammen gesprochen. Aber sie wissen noch gar nichts. Der Krieg kann noch lange dauern und vielleicht müssen sie ihre Lebensverhältnisse überhaupt vereinfachen. Frau S. sagt, ihr Haus bedinge einen Train Dienstboten, sie hat jetzt 4 (Zimmermädchen, Kinderfrau, Hausmädchen und Köchin) und das kostet furchtbar viel. Wenn es noch lange dauert und nachher schlecht aussieht mit der Arbeit, müssten sie eventuell ihr eigenes Haus verkaufen. Allerdings, sagte sie, wüssten sie ja auch noch nicht, ob sie es verkaufen könnten, usw. Dieser Bericht hat mich sehr betrübt. Doch, wer weiß! Von Frieden allerdings lässt sich nicht viel hören. Wenn ich nur wüsste, wohin mit all den Sachen, wenn die Paul Heyse Straße[157] leer gemacht wird. Es wird hübsch teuer kommen, für länger einen Raum zu mieten.
Ernestine habe ich gestern kurz besucht. Sie ist gerade mit Heinrich bös. Sie hat ihre Abrechnung noch nicht und ist misstrauisch. Sie sagt, wer garantiere ihr überhaupt, dass er uns nicht betrüge. Nirgends seien Belege und Beweispapiere von den Verkäufen. Ich sagte natürlich zu nichts etwas, sonst würde ich als Zeuge aufgerufen. Ein bissel recht hat Ernestine schon. Aber ich will ja nie Misstrauen haben, es hat keinen Sinn.
(..)
Meine Freude heute ist schon, dass Du zu Tommis Kommunion kommst. Wie lange weißt Du natürlich noch nicht gell? (..)
Sei herzlichst und sonntäglich umarmt, lieber Colomb!
Viele Küsse und alles Gute und alles, alles.
Deine treue Frau.

****

432:                              GNM

                                                         23. Feb. 1918
Lieber, lieber Colomb!
Gestern ist Dein schönes Kisterl gekommen, lieber Colomb, sei herzlichst bedankt. (..) Vorher war sein Professor aus dem Gymnasium bis ½ 6 Uhr bei uns. Der Singprofessor Weinzierl. Es ist wahnsinnig komisch, ich weiß eigentlich gar nicht, was machen. Der

---

156   Sattler = Eva, geb. Hildebrand siehe Lebensbericht
157   Paul-Heyse-Straße = Atelier von Colombo und seinem Vater Gabriel von Max

Professor interessiert sich so für Tommi und war 2 Stunden da und möchte ihn für sich und für seine kleinen Quartette erziehen. Tommi ist Feuer und Flamme dafür, hat Respekt vorm Professor, Eifer an dieser Art Harmonielehre und besonders Freude, weil der Professor ihm versprochen hat, auch etwas Geige mit ihm zu treiben. Ich habe zugehört, wie nett Tommi mit ihm gesungen hat. Der Professor kam nämlich zu mir, um Tommi daheim zu prüfen. Das dauerte 2 Stunden. Ich war ganz gebrochen, denn der Professor verlangte auch von mir eine ständige Aufmerksamkeit. Er ist so komisch, etwas eitel, aber nett. Nun ist aber das Unglück da. Frau von der Planitz[158] wird nicht mehr Tommis Aufmerksamkeit haben. Ich habe schon seit Wochen Klage von ihr wegen schlechterem Eifer und dachte eigentlich Tommi bekäme mehr Eifer durch die Schuluntersuchungen zur Musik. Das ist auch wahr. Aber der große neue Eifer zeigt ganz nach der <u>männlichen</u> Seite. Es ist für mich vollkommen begreiflich. Ich bin verzweifelt, Frau von der Planitz wegen. Sie natürlich, ist gegen andere musikalische Interessen. Ich müsste also Tommi den großen Schmerz bereiten, ihm das mit der Schule abzuschlagen. Ich tue das nicht gern, denn man muss den armen Kindern so wie so von früh bis abends Sachen zumuten, die sie ungern tun. Oh Colomb, es ist nicht leicht zu entscheiden. Den guten Unterricht mit dem schönen Anschlag bei Frau von der Planitz will ich mir doch nicht verfeinden. In diesen Tagen muss ich aus diesem Chaos klar heraus finden.

Deine Ovid Mappe ist wunderschön. Da ist es gerade solches Dilemma. Ich kann mich nicht davon trennen. Ach Colomb! Die „Jugend" nimmt doch nicht die Tiger Verwandlung. So bin ich mit der ganzen Mappe zu Herrn Dietrich, da er doch davon gesprochen. Er hat so großes Wohlgefallen daran. Es war ihm ganz schwer, denn er weiß nicht recht, wie er's damit jetzt machen sollte. 5 Bilder sind zu wenig. (Zudem das eine schon in der „Jugend"). Jetzt würdest Du wohl nichts arbeiten können daran?? Ich sagte, wahrscheinlich nicht. (Leider).
Eben kommt mir eine Idee. Wie wäre es, wenn man die Originale herschenkte mit der Bitte einer Beurlaubung zum Zwecke einer Herausgabe der ganzen Mappe. Dietrich würde natürlich vollkommen beihelfen mit Anforderung. Ich muss einmal gleich mit Breg darüber reden. Weißt Du, die Drucke sind jetzt wahnsinnig teuer. Der Quadratzentimeter 1,06 M. Also das Bild mit Sturmwind ungefähr 478 M, allein das Cliché. Auf unsere Kosten, meinst Du, wäre es gut, zu riskieren? Also, das wäre ein <u>einstweiliges</u> Drucken, bis dann die anderen nachkämen. Jetzt, meint Dietrich, wäre noch eine gute Zeit zum Absetzen, denn nach dem Krieg wird niemand Geld für Luxus und Kunst haben, meint er. Die hohen und ganz Reichen sind nicht die Interessenten dafür, die Arbeiter geben aus, was sie verdienen. Der Mittelstand (auch eben Kunstliebender) wird sehr geschröpft werden. Das sind alles Abzweigungen. Ich muss doch bei der Sache bleiben. Entweder schenken wir bloß die Kriegsmappe und „Daphne" oder die Bedingung der Reproduktionsmöglichkeit. Mitte kommender Woche wird die Kriegsmappe auch fertig. Ich freue mich auf jeden Fall, das alles so schön wird, Colomb.
(..)

---

158 Planitz = Tommis Klavierlehrerin

Es muss bald Frieden kommen.
Sei innigst umarmt von Deiner treuen Frau
Gell, Du hast keinen Beitrag mehr bezahlt für den wirtschaftlichen Verband? Denn dann kannst Du kein Terpentinöl bekommen.

****

433:                    GNM
                                                    Grafenwöhr, 25.2.1918
Liebe, liebe Paulamia!
Habe ich lange nicht geschrieben? Ich glaube, ich verwechsle oft Denken und Schreiben. Habe ich Dir für das Packerl schon gedankt, mit den guten Äpfeln und den Zigarren? Mein Album auch. Du machst mit Deinem liebevollen Drumherum wirklich erst was aus meinen Sachen. Ich bin ganz in Verlegenheit. Ich möchte so gerne bessere Sachen solch einer guten Behandlung übergeben können. Aber hier ist es schrecklich schwer, etwas anders außer Porträts zu machen. Es gelingt mir nichts recht.
(..)
Am 12. soll hier wieder die Untersuchung sein. Also könnte ich den Urlaub höchstens etwas vor dem 10. ausdehnen! (..) Wegen Tommis Kleidern habe ich keine Angst. Ich habe hübsch viele alte Kleider aufgehoben. Lasse ihm nur auch Hemden umändern, so viel er braucht. Ich reiche doch leicht mit meinen. Es ist ja unheimlich, wie lange man etwas tragen kann, wenn man auf Eleganz verzichtet. Übrigens wäre es nicht unpraktisch, ihm lange Hosen machen zu lassen. Da fallen Strümpfe und Strumpfbänder weg. Du musst Dich halt in gewissen Zeiten ganz ins Bett legen. Bettwäsche kann man im Winter 6 Wochen haben.
(..)
Deinen langen lieben Brief vom 23.II. habe ich heute bekommen. Was Du über Tommis Musizieren schreibst, ist sehr nett. Nur muss man vorsichtig sein, ob nicht Tommis Begeisterung nur durch den Reiz der Neuheit angefacht ist. Das tägliche Üben ist leider nie zu umgehen. Auch bei der Geige nicht. Sehr gefährlich ist, wenn man zu vielerlei anfängt. Verliert er Frau von Planitz und hat dann schließlich auch in der Schule keine Freude mehr, dann ist es mit der Musik ganz aus. Allerdings ist ein Musizieren zusammen mit Gleichaltrigen viel anregender, als so allein. Will der Prof. Klavier mit ihm spielen? Das Quartett würde ja Frau von Planitz nicht unmöglich machen. Für den Prof. müsste er sicher auch üben. Aber gut überlegen, ob der Prof. für Tommi oder nur für seine Schule Interessen verfolgt?
(..) Ob ich hier mich in eine Ovidsonnenstimmung versetzen kann, bezweifle ich, so große Lust ich dazu hätte. Als Grund zur Beurlaubung ist es, fürchte ich, hoffnungslos. Auf eigene Kosten drucken lassen, ist ausgeschlossen. Die einzelnen Drucke kauft doch keiner. Ich habe es mir immer als schöne Ausgabe mit Text gedacht und auch dazumal mich mindestens an 10 Verleger gewandt. Die alle nicht eingehen wollten. Mit Bedingungen können wir nicht gut herschenken. Ich habe hier so einen verkümmerten und

gebrochenen Unternehmungsgeist, dass ich gar nichts sagen kann, es ist schrecklich. Versprechen tue ich mir ja von so einem Geschenk nichts. (..)
Jetzt ist es 11 Uhr, um 8 Uhr habe ich schreiben angefangen. Kuss und Umarmung von Deinem Colomb. (..)

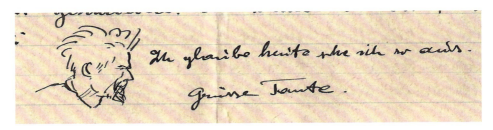

Ich glaube heute sehe ich so aus. Grüße Tante (..)

****

434:             GNM
                                                    München, 25. Feb. 1918
Lieber, lieber Colomb!
Heute habe ich Dir eine Menge zu schreiben. Erstens liegt hier ein Ausstellungsformular bei. Willst Du ausstellen? Vielleicht wäre es ganz gut. Mit dem Auswärts ausstellen lassen wir es lieber im Krieg. Ich habe da an Kunsthändler Banger[159] geschrieben, was denn mit der großen Leihkiste sei. Darauf folgende Antwort: Sehr geehrte Gnädige Frau! Antwortlich ihren Zeilen vom 21. habe ich die betreffende Kiste leider nicht mehr, da darin das Bild nach auswärts verschickt wurde. Nach meinen Ausstellungsbedingungen gehört die Kiste zum Bild und bedauere ich lebhaftest Ihnen in dieser Angelegenheit nicht dienlich sein zu können. Die Bilder würde ich gerne noch hier behalten und teilweise wieder mit nach Nauheim nehmen. Ist „Die Gimpelfängerin" inzwischen fertig geworden? Hochachtungsvoll ect...
Colomb, weißt Du etwas aus seinen Statuten? Es war doch leichtsinnig, dass wir sie uns nicht kopiert haben. Übrigens haben wir die Bedingungen erst beim Letzten bekommen. Oder schon bei den anderen? Ich werde jetzt auf jeden Fall noch mit Gondrand reden. „Die Gimpelfängerin" soll er doch gleich <u>kaufen</u>. Ich habe keine Kiste mehr für Herrn Banger.
(..)
Corneille und Heini aßen im Treffler und da ging ich auch hin. Später in ein Cafe mit. Heini erzählte von seinen Schwärmen und Storchl mir von Deinen. Auf dem Heimweg hatte ich ein endloses Gespräch mit Corneille. Merkwürdig, nun war alles so gut, ich so verwandtschaftlich brav und vergnügt, aber es hat keine lange Dauer. Corneille ist auch nach einer <u>gewissen</u> Quantität Wein so aufgeregt. Nervös scheint er jetzt überhaupt zu sein. (..) Er hat dann das Bedürfnis sich moralisch als Schiedsrichter zu gebärden. Dass,

---

159   Banger = Kunsthändler, verhandelte schon öfter mit Paula

das aber bei erwachsenen Verwandten nicht geduldig hingenommen werden kann, ist verständlich. Gestritten habe ich gar nicht, aber ich habe <u>meinen</u> Standpunkt vertreten. Ich bin schon in einem Alter und einer Erfahrung, Colomb, dass mir bei diesen Reden nicht die ausgesprochene Sache das Aufregende bedeutet, sondern ich sehe die Quellen und (menschlichen) Ursachen dazu. Das macht traurig (unter Umständen spöttisch).
Ich habe also Corneille lachend gebeten, so war der Anfang, Tommis Firmpate zu sein. Er hat aber „prinzipiell" abgelehnt, weil er es aus moralischen Gründen nicht will. Er will von Tommi später keine Vorwürfe des Anlügens. Es ist merkwürdig, wie schwer sich Leute ohne Kinder alles zusammenkonstruieren. Selbstverständlich muss Tommi einmal aufgeklärt werden, doch ist er jetzt wirklich noch zu kindlich. Was weiß er denn überhaupt davon, was der Vater eigentlich mit dem Kind zu tun hat. Da stieße ich bei ihm auf unverstandene Probleme. Und wozu das Kind, jetzt mitten im Lernen, mit so schwierigen Dingen das Gehirn belasten, nicht grüblerisch machen und besonders, wo unsere Familie jetzt so zerrissen ist. Es wird ihm ja nie etwas <u>über</u> Dich gehen, Colomb. Storchl wartete förmlich sensationslustig auf Tommis Aufklärung. Du weißt ja, wie gern sie sich in grässliche Familienprobleme und Eventualitäten hineindenkt. Das, was Corneille so entsetzlich findet, Tommis Naivität in seinem Verwandtschaftlichkeitsgefühl, finde ich so gefährlich, schon zu zerstören. So lange Du, Colomb, nicht in Ammerland bist, möchte ich es Tommis wegen nicht. Denn schau, Tommi ist vielleicht eher leicht verletzt, jetzt, wenn er weiß, Mama ist nicht seine Großmutter u.s.w. Denn bei allem guten Willen ist es eben doch nicht so, wie bei anderen Kindern. Ich glaube, Du weißt, wie ich das meine.
Ich war ganz erstaunt, dass Corneille so demonstrativ erklärte, dass natürlich seine Erben und Erben am Anteil an Ammerland, Zoe und Gabriele seien. Ich weiß gar nicht, wie so sie auf diese Gedanken kommen. Das klingt so gereizt, als wie nur Leute ohne Kinder reden. Tommi redet doch höchstens von „unserem" Ammerland entgegen dem Kloiber, bloß weil er die ganze Zeit, besonders von Storchl und Mimi das Beispiel hört. Das begreifen aber diese Leute nicht, die doch nicht mit Kindern richtig und ganz zusammen leben. Sie sehen ein Resultat und nehmen das wie Erwachsene es nehmen können. Ich sagte, dass vor allem Du zu entscheiden habest. Corneille ist halt sehr nervös. Ich gehe nicht mehr auf Einzelheiten ein. Du wirst es Dir schon denken können. Ich habe sehr schlecht geschlafen und einen sehr engen Hals gehabt.
Heute früh war Olly beim Hamstern mit Rosa und Tommi. Sie brachten 130 Eier, 20 Pfund Schweineschmalz und 4-5 Pfund Geräuchertes. Storchl kam nach Tisch und wir wogen aus. Natürlich auch Mama ihren Teil. Das ganze war komisch. Ich erwartete den Verleger Kohler um 3 Uhr und so mussten wir mit all dem Zeug ins Schlafzimmer flüchten. Alles darin zeigte Fettspuren. Mehl und Honig haben wir bestellt. Ob es kommt, ist noch ??
Kohler ist sehr nett. Hat mir noch jemand empfohlen für die Ovid – Verwandlungen. Von mir nahm er die „Prinzessin Chocoladili"
(Später als Lotti Sarotti)
mit, da er sie vielleicht verwenden kann. (..)

502
Sei innig umarmt und geküsst Colomb von Deiner treuen Frau (..)

****

435: GNM

27. Feb. 1918

Lieber, lieber Colomb!
Allerhand Neues gibt es. Bitte schreibe mir Antworten darauf. Dass ich ganz Mappe bin, weißt Du ja. Vorgestern bin ich nochmals bei einem Verleger gewesen, den mir Kohler empfohlen hat.

Es ist Wiechsmann in der Giselastraße. Aber er kann nichts machen, da er zu wenig Papier zugewiesen bekommt. Er hat mir ein Bild der jetzigen Druckverhältnisse entrollt. Er ist ein Jude. Klug, aber nicht unsympathisch. Wir kamen auf die Politik zu sprechen und er zeigte sich als leidenschaftlicher Pazifist. Er hat ein Buch schon fertig (von Jungnickel) gegen den Krieg. Es sind Gedichte. Aber er wagt es nicht herauszugeben, nicht bloß wegen sich, sondern auch wegen des Dichters, der Soldat ist. Wir sprachen von Ansichten und er möchte Deine Kriegszeichnungen sehen, die, die anderen Leute jetzt nicht annehmen wollen (können – dürfen). Einmal, wenn die Wendung geschehen, können sie gleich herauskommen. Jetzt wäre ich allerdings auch noch etwas ängstlich. Was meinst Du?
(..)
Heute Vormittag holte ich beim Herrn Reinhardt[160] das Buch „Le Feu". Dabei zeigte ich ihm die Ovid Verwandlungen und er hat mich auf einen guten Gedanken gebracht. Das wäre der: Wir ließen Lichtdrucke machen (Ev. nur je einen oder zwei) und man würde sie handkolorieren. Vielleicht Colomb könntest Du es machen bei Deinem Hiersein? Das Verfahren wäre 1. das billigste für uns, 2. könnten wir eventuell die Originale dabehalten, weil 3. ein sehr nobles Geschenk: ein einmaliger Abdruck handkoloriert. Das ist kein gemeiner Farbendruck usw, usw.
Nun habe ich, lieber Colomb, der kostbaren Zeit halber, die Bilder heute nach Tisch zu Hanfstaengel getragen. Bei dem mir empfohlenen Herrn Böttcher fand ich ein offenes

---
160   Reinhardt = Verleger

Ohr. Wir besprachen eingehend die Sache. Er zeigte mir allerhand schöne Druckverfahren.(..) Morgen früh werde ich von ihm angerufen und er sagt mir die Kostenberechnung und wann der erste Druck fertig sein kann. (..)
Ich freue mich schon sehr darauf. Du, armer Colomb, wohl nicht, wegen des Aquarellierens! ? (..)

****

Der Umzug Emma Max (Mama) von der Lessingstrasse in die Kobellstrasse fand 1911 statt.

Brief vom 1. März 1918 von Emmas Schwester Tante Mimi:

436:

GNM

Lieber Colomb
Gestern Service ausgepackt. 1911 habe in der Lessingstr. von sämtlichen vorhandenen Servicestücken eine Aufschreibung gemacht. Leider muss ich nun konstatieren das Verschiedenes fehlt: 1tens: Das schöne Obstkörbchen. (Vielleicht hast Du Selbes aufbewahrt). Ein zweites Körbchen ist noch da. 2tens: Eine Zuckerdose, 3tens: Ein kleines Salzgefäß, 4tens: Ein Suppenteller. Nicht wahr, Wetsch hat beim Umzug in die Kobell Straße die Sachen verpackt. Wir haben gewiss nicht die Absicht das Service zu verkaufen. Es soll in der Familie bleiben.
Wie geht es Dir? Wir hoffen Dich bald in München begrüßen zu können.
Herzlicher Gruß T. Mimi
München, 1. März 1918

****

437: GNM

München, 2. März 1918

Lieber, lieber Colomb!
Ist das der letzte Brief, vor du kommst? (..)
Tommi hatte heute früh von 9 – ½ 1 Uhr Kommunionsprobe. Er freut sich sehr auf Dich, will nicht kommunizieren, wenn Du nicht kommst. Eben näht er seinen gerissenen Schulranzen selbst und ist schon ganz verdreht vor Aufregung. Tommi wird eine lange Hose anhaben bei der Kommunion, wie Du auch meintest. Ich konnte noch eine billig haben zum Matrosenanzug. Wenn ich nur schwarzes Leinengarn hätte zum Knopf annähen. Tommi hat eben so ziemlich die letzten Fäden zum Ranzen.
Colomb, wie lange und wann kommst Du? Ich möchte es so gerne wissen.
Schreibe es bald, oder telegraphiere. Jetzt muss ich mit Tommi fort.
Sei innig umarmt und geküsst von mir und Tommi.
In Liebe Deine treue Frau. (..)

****
Colombo hat ein paar Tage frei

****

438:                    GNM

Grafenwöhr, 13.3.1918

Gut angekommen, liebe Paula! Herr Feldwebel, und aus allen Fenstern riefen sie mir schon zu voller Aufregung, als ich ankam. Höchste Zeit, um ½ 9 Uhr kommt der General zur Besichtigung. Der Schrei nach dem Gasschutz U.O.. Also musste ich gleich auf den Exerzierplatz. Aber es ging gut, er frug nicht nach Gas.
Sonst bin ich noch ganz bei Dir. Kann noch nicht mehr schreiben. Viel zu tun! (..)
Kuss Dein Colomb (..)

****

439:                    GNM

Grafenwöhr, 13.3.1918

Liebe Paulamia!
Ich bin gleich wieder in den Dienst hineingewirbelt worden, dass ich nicht recht zum Bewusstsein kam, dass ich im Urlaub war. Ein angenehmer schöner Traum. So kurze Urlaube haben etwas für sich. Man genießt nur und entwöhnt sich doch nicht ganz der Gefangenschaft.
Wie schön war der Ausflug in den Zoologischen Garten, die gemütlichen Abende und Nächte. Hier angekommen, haben sie mich auch gleich erschreckt. Das erste, was sie sagten, war, ich würde abgestellt nach Brüssel. Natürlich Spaß. Aber mir war es gar nicht spasslich und ich war den ganzen Tag furchtbar politisch und wütend.
Herr Feldwebel ist heute auf einige Tage auf Urlaub.
(..)
Sei umarmt und umküsst. Gute Nacht Dein Colombotuo
Kuss Tommilein, Gruß Tante (..)

****

440:                    GNM

Grafenwöhr, 21.März.1918

Liebe, liebe Paula!
(..) Erfreulich ist die Schiffgeschichte. Es freut mich für Euch, dass Ihr was gefunden. Da kannst Du im Sommer auch bissl rudern. Billig ist das Schifferl natürlich nicht. Aber so oder so geht das Geld doch hinaus. Dass Corneille auch eines gekauft hat, ist fast unnö-

tig. Das Schwierige ist nun, wo die Boote unterbringen? Im Schiffshaus? Vielleicht stellt Corneille sein Schiff in Starnberg ein, da kann er immer gleich schleppen. Hat er Ringe zum Aufziehen? Mir tut es leid, dass ich es nicht sehen kann. Aber es freut mich und ich bin sehr einverstanden. Tommi wird auch Spaß daran haben.
(..)
Küsse und Umarmung, Dein alter Colomb
Kuss Tommi. Tante Grüße

****

441: GNM
Grafenwöhr, 22.3.1918

Liebe, liebe Paula!
Ich bin unzufrieden mit mir und überhaupt traurig. Deine lieben Briefe erfreuen mich.
(..)
Ich bin eigentlich nicht geeignet für Militärbetriebe. Ich bin zu nachgiebig und Streit ist mir so ekelhaft. Dadurch wird mir allerhand Dienst aufgehängt. Ich habe es ja sehr, sehr gut, aber der Mensch beneidet immer gerne andere, die es noch besser haben. Einige Abende hatte ich Zeichenwut. Außerdem habe ich Frühlingsschnupfen. Am Sonntag war es so schön, ich habe alleine einen weiten Spaziergang gemacht, sogar im Freien ein Fußbad genommen. An diesem Tag habt Ihr das nette Schifferl[161] gekauft. Ich habe sehnsüchtig einen blauen Weiher betrachtet. Trotzki wäre freilich ein schöner Name.
(..)

****

Paula ist bei Colombo, zusammen sind sie Ende April in Nürnberg

****

442: GNM
Grafenwöhr, 27.4.1918

Liebe, liebe Paula!!
Wie bist du angekommen? Bist Du wirklich wieder unsichtbar? Gell, es war aber doch nett, dass Du mit mir durchgehalten. Hat es Dich nicht gefreut? Jetzt kannst Du wieder ausruhen von dem Zigeunerleben. Heute hätte ich wenig Zeit gehabt für Dich, also war es doch besser, dass du gefahren bist. Vom Bahnhof aus habe ich noch einen kleinen Spaziergang in die Einsamkeit gemacht. In Trauer habe ich noch ein Fußbad genommen. Die erste Nacht allein, habe ich nicht wunderlich gut geschlafen.
(..)

---

161 Schifferl = Das kleine Schiff wird auf den Namen Bolschewikerl getauft, gegenwärtig liegt es unter dem Namen „Colombo" am Wolfgangsee.

Gute Nacht, Kuss auf Augen und Mund Dein Colomb
Grüße Tommilein und Tante

****

443: GNM

München, (Samstag), 2. April 1918

Lieber, lieber, mein Colomb!
Endlich habe ich etwas Ruhe zum Schreiben. Habe alles Mögliche ordnen müssen und telefonieren wegen Tommis Vorspiel, was heute Abend schon ist. Es ist also doch gut gewesen, dass ich schon da bin. (Deine „Ovids Verwandlungen" sind erst am Montag fertig). Tommis Haare musste ich schneiden und Nägel, die Blumen recht stellen, schimpfen, wegen „Freischütz" Billeten telefonieren u.s.w.. Jetzt ist Ruhe und die Reisebeschreibung beginnt.
Also: Deinen freundlich lächelnden Kameraden (Schi...?) habe ich schon in Pressath verloren. (..) Er stieg aus, wegen des aufgegebenen Gepäcks und kam nicht wieder. Der Arme! Ich hatte solche Freude an ihm, er erzählte so nett. Macht Pantomimen beim Sprechen, anscheinend von nicht verstandenem Wortgespräch in Frankreich her. Steckt den Finger in den offenen Mund, wenn er „Essen" sagt, u.s.w. Hat mir von einem Eurer Kameraden augenrollend erzählt. (Deppen muss er heißen) Der hat sich scheiden lassen, weil er seine Frau in der Hoffnung fand, als er nach München in Urlaub heim kam. Über die Offensive erzählte er. Wie die Engländer davongerannt seien, dass er da so lachen hat müssen. (Das stelle ich mir ganz gut vor). Und die Schrecken hat er mir erzählt und immer dabei zu mir gesagt: „Mei Liaber! Mei Liaber, da geht's zu!" Schade, dass ich ihn verlor. In Weiden musste ich rasen mit allem.
Im neuen Coupe saßen, das Gegenteil Deines Kameraden, zwei norddeutsche Studentinnen. Es war schrecklich, nicht eine Minute, nein Sekunde, schwiegen sie. Trotz ihrer Jugend hatten sie scharfe Stimmen. Unglaublich viel Wissen, wirklich, Medizin, Philosophie, Kunstgeschichte, Literatur, Biologie, Latein, Englisch, Alt Indisch, Erziehung, Gotik und all diese hochgewählten wissenschaftlichen Worte. Mir wurde es fast übel. Sagen kann man nicht, dass des Weibes Gehirn schwächer sei, als das des Mannes, aber persönlich finde ich es nicht reizvoll am Weib. Vielleicht sind Münchner Studentinnen weniger äußerungsbedürftig.
Ein Pärchen kam dann noch: Ein österreichischer Soldat (fesch) mit seiner sehr molligen blonden Frau. Die hatte Magenweh und lehnte auf ihm. Das war wieder etwas ganz anderes.
Ich hatte kein Magenweh und gar nichts. Ich schaute zum Fenster hinaus und dachte an Dich. Die Hauptsache ist, dass ich Dir Dein Dasein erleichtern möchte. Wenn ich auch manchmal hässlich bin, Colomb, das bleibt doch sicher mein Hauptwunsch und Bestreben. Du sollst mir nicht ganz verdepft werden. Du bist so zu gut. Es ist ja vielleicht gerade das wieder Dein Glück. Es darf aber bald genug sein. Das Depfen, nicht

das Glück. Nun will ich sehen, was sich einrichten lässt. In nächster Woche fange ich an zu forschen.
(..)
Heute regnet es wieder. Wie schön war es gestern. Colomb, es war doch schön bei Dir und mit Dir. Ich danke Dir auch für alles noch einmal. Du warst so gut. Herrn Feldwebel werde ich morgen einen schönen Brief schreiben, heute ist alles noch zu zerrissen.
Morgen ist „Freischütz". Tommi ohne Schnupfen bei Freischütz gibt es natürlich nicht. Aber ich nehme keine Rücksicht darauf. Hans hat mir wirklich ein Billet zurechtgelegt. Was kann ich Dir schicken? Meine Gedanken sind immer bei Dir. Sei innig umarmt, lieber, lieber Colomb und Kuss, Deine treue Frau

Dein Kamerad hat mir auch erzählt, dass er für Leutnant Paulus einmal 8 lebendige Kaninchen vom Feld nach Starnberg zu seiner Frau gebracht.

Tommi ist heute Nacht aufgewacht, als ich kam. Er fragte allerhand. So komisch fast das Erste war: „Wie hat denn dem Vati das Läuten von der Nürnberger Trambahn gefallen?" Colomb, wie hat es Dir gefallen??

****

444:

(30. April)

Lieber, lieber Colomb!
Ich sitze über dem Brust – Exlibris. Es geht nicht. Bitte helfe mir ein wenig. Wie soll ich nur das nackte Weib unterbringen. Und die vielen Bücherregale? Bitte!! Wenn Du mir nur ein paar inspirierende Linien angibst. Oh, hätte ich mich nie auf Kunst und Brust eingelassen.

Heute habe ich Dir ein Stück Linoleum für die Sandalen gekauft. Die Gummisohlen sind teurer, 4 M. Soll ich noch solche kaufen? Wegen Regenmantel für Dich habe ich im Bezirksamt und Rathaus ein bisserl meine Meinung gesagt. Du bekommst halt keinen. Heini hat nun in Ammerland einen ganz alten, der wie er sagt, gar nichts mehr taugt. Aber ich lasse nicht aus.
Die „Ovid Verwandlungen" bekomme ich (wieder) erst morgen. Brusts machen mir ein Kranzerl (haltbar) für Herrn Feldwebels Zimmer.
Von Dir habe ich heute den ersten Brief bekommen. Ich Danke Dir, lieber Colomb. Das Trauer Fußbad gefällt mir.
Im „Freischütz" waren wir gestern. Tommi war ganz weg. Er stellte sich immer vor Spannung. Die Wolfsschlucht ist furchtbar effektvoll. Zum Lachen und furchtbaren Erschrecken. Herr Breg war auch drin, aber auf der Galerie mit 11 seiner Buben (13 jährige). Er sagt, diese gehen doch Sonntags ins Wirtshaus oder sonst wo hin, da nimmt er sie lieber in etwas Gutes. Das ist doch nett.

(..)
Gute Nacht! Lieber, lieber Colomb, ich habe sehr Sehnsucht nach dir.
Viele, viele, viele Küsse, Deine treue Frau (..)

****

445:   GNM

Grafenwöhr, 1. Mai 1918

Liebe, liebe Paula!
Soll das „immer Schreiben müssen" ewig weitergehen? (...)
Ich male halt wieder. Auch unseren Major habe ich jetzt gebeten, malen zu dürfen und angefangen. Aber leider ist er bald weg und der Feldwebel auch. Hoffentlich bekomme ich dann doch meinen Urlaub.
Mir ist, als ob ich die Kunst beschmutzen würde. Auch das Geschenk an Prinz Rupprecht drückt mich manchmal. Ich binde damit meine Gesinnung und alles für immer damit. Es sind aber so viele, viele Gründe dafür. Das eigene Gefühl ist nicht immer die Hauptsache, gell.
Leider bin ich sehr gedeppt, Du hast Recht. Aber was ist, wenn ich aufmandl? Ich denke mir immer, noch dieses Stückl kann ich tragen, aber der Weg geht nie zu Ende. Fürchtest Du am End, dass mein Rücken krumm bleibt? Arme Paula

Ja, die Nürnberger Tram hat mir gefallen. So große Wagen und die Glocken tiefer als in München. Tommis Spielprogramm habe ich nicht gleich verstanden und immer gedacht, ja was für ein T. Max ist denn in München? Wie ist es gegangen?
Freischütz ist eine nette Oper. Gell, die Wolfsschlucht! Wildschwein!

Danke Dir für die verschiedenen Plagen. Bitte keine Gummisohlen, Linoleum ist schon recht. (Bitte schicken) Lass es gehen mit dem Regenmantel. Glaubst Du, dass es am Markt Erbsen zum Ansähen gibt? Frühholz würde für uns welche bauen. Er wird auch wieder Butter schicken, wenn es besser geht.

 Mir fällt heute nichts ein. Gell, ich schicke Dir Deine Skizze bald wieder, vielleicht fällt Dir noch was Besseres ein. Jedenfalls richtige Perspektive.
Oder wolltest Du alles von oben gesehen machen. Schreibtisch, wo seine Beine versteckt sind?
Muss schlafen gehen. Morgen kommt ein Offizier, meine Gasmasken stürzen. Oh wehe, alles in Unordnung. Ein Beamter könnte ich nicht sein.
Kuss, gute Nacht. Herzlich in Liebe Dein Colomb
Grüße, Küsse Tommi (..)

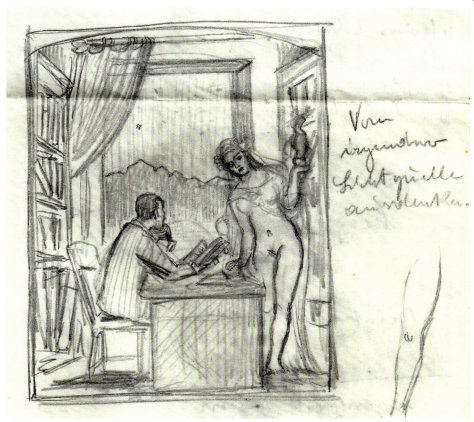

Von irgendwo Lichtquelle ausdenken.

****

446:   GNM

Mai 1918

Lieber, lieber Colomb!

Ach, ich wollte, es wäre Frieden. Es ist zu traurig so. Wann ist alles wieder normal? Wann sind wir wieder eine Familie? Heute war ein schlechter Tag, ging mit Streit an, das verdirbt die Laune. Olly und Käthchen wegen der Treppe u.s.w...
Zu schreiben habe ich Dir viel. Gestern Vormittag war ich also in der Kaserne draußen. Zuerst suchte ich Herrn (Oberstleutnant) Dr. Robert Riemerschmidt, um ein paar Worte über Lage usw. in freundschaftlicher Weise zu fragen. Er hat jetzt die Stellung von Herrn Prof. Riemerschmid. Er meint halt, man solle es lassen, wie es sei. Bei ihm würden jetzt alle g.v.e. ins Feld abgestellt und was wäre dann, wenn wir das Schicksal versuchten. Ich sagte bloß, dass ich's nicht mir zu lieb, sondern Dir wegen wünschte, dass Grafenwöhr

zum Verkommen sei u.s.w. Er meinte: „Besser noch, man vertrottelt in dem Krieg, als man verkrüppelt." Er hat wohl nicht Unrecht.

Um mein Gewissen ganz zu beruhigen, ging ich noch zum Oberst Mayer, der jetzt <u>Generalmayor</u> ist. Er ist sehr nett, saß mit offenem Kragen am Schreibtisch. Er wusste gleich Bescheid und wer Du seist. Er schaute mich fest und freundlich an und sagte:„Ja, wenn Ihr Mann zu mir kommt und ist g.v.e., so muss ich ihn gleich wieder hinaus ins Feld schicken. Also lassen Sie ihn lieber in Grafenwöhr."

Das sind also meine hiesigen Erforschungen. Armer Colomb, jetzt würde es also eine gefährliche Sache sein hier.

Gestern Nachmittag bei Zusi[162] habe ich gehört, dass auch Gogo jetzt militärisch eingezogen ist. Er ist in Ulm und hat aber sehr rücksichtsvolle Vorgesetzte, so dass er wohl dort bleibt. Braunfels ist in seinem Lazarett (am Rhein) und kommt dann nach München als Musiker an ein Marionettentheater (für Soldaten, glaube ich.). Das kann aber auch vielleicht bloß wieder für Wochen sein. Oh der endlose Krieg!! Wir müssen halt warten und zufrieden sein. Dem armen Bertele ist am Bahnhof die ganze Handtasche mit 50 M vom Arm geschnitten worden.

Deine „Ovids Verwandlungen" habe ich da. Die, die ich erst aufziehen lies vor dem Bemalen, sehen besser aus. Heute Abend kommt Herr Breg vielleicht zum Brieflesen und anschauen.

Nach Zusi war ich bei Lisl[163]. Ihr Haus liegt reizend. Die Straßen dort draußen sind teils noch sehr ländlich und alte Gärten sind in der Nähe, z.B. alte Faulbeerbäume stehen voller Blüte. Vis a vis des Hauses ist der Garten der Sternwarte. Im Haus ist es tadellos sauber und solid. Im Garten viele Obstbäume; der Keller voller Holz (vom Bauplatz). Ein Haus ist schon besser zum Hamstern geeignet.

Heute Vormittag sah ich am Haus des Telefonamtes (**Ecke Luisenstr. – Bahnhofsplatz**) ein kleines Schild „Honigabgabe". Ich dachte, fragen kann nichts schaden und ging bis ins Rückgebäude hinauf. Da stand alles voller Honiggläser. Ich frug, wem der Honig zustehe und erfuhr, <u>nur dem Militär</u>. Also endlich einmal etwas für Euch. Also, wenn Du wieder im Urlaub bist, kannst Du wöchentlich (immer Mittwoch) ein Glas Honig holen. Ich selbst will Dienstag wieder hin, weil dann <u>vielleicht</u> Feldpostverteilung ist und ich Dir welchen schicken kann. Bin froh, wenn man einmal wieder etwas Schickes zu kaufen findet. Es kostet ja auch 4-5 M das Pfund, glaube ich. Aber Honig!!? (..)

Lieber Colomb und hast Du mich noch lieb? Ich bin so traurig ohne Dich.

Gute Nacht! Ich umarme Dich innig, Du Lieber, Du Armer, Guter.

Kuss, Deine treue Frau

Kuss von Tommi (..)

****

447: GNM

---

162 Zusi = Irene Georgii geb. Hildebrand, Gogo ist ihr Bruder – siehe Lebensbericht
163 Lisl = Paulas Freundin Lisl Federer, Federers haben eine neues Haus gekauft

München, 3. Mai 1918

Lieber, lieber Colomb!
Heute habe ich Deinen 2ten lieben Brief bekommen. Ganz besonders danke ich Dir auch für die Skizze für Brust. Das sieht eben doch ganz anders aus.
Jetzt an Dich ein Express Paket abgeschickt: Den Kranz für Herrn Feldwebel. Ich muss ihm wieder etwas schenken, Colomb. Und das ist zum Empfang dann für seine Frau. Der Kranz ist von Brust gemacht. (Auf Konto Ex Libris) und die Bänder habe ich hingemacht. Es sind der Storchl ihre Stimmbänder, d.h. von dem Frauenstimmrechtsplakat die lila und grünen. (Bedeutungsvoll für Frau Zahn!?!) Habe ich's nett gemacht? Etwas stachelig ist der Ruscus, aber haltbar. Bux gibt es gerade nicht. „Rußkuß"
Herr Breg war immer noch nicht da. Schrecklich! Heute ist Albrechts Geburtstag. Er wird heute Abend wohl kaum mehr kommen. Die Bilder liegen schon brav in der roten Mappe. Schließlich muss ich halt Deine Schrift <u>genau</u> imitieren und den Brief schreiben. Das ist ja gleich, gell.
Morgen will ich nach Ammerland, die Sonne scheint zu schön. Wohl werde ich nicht recht beisammen sein, aber ich halte mich ruhig. Für Tommi, der immer noch rotzelt, ist es vielleicht draußen besser. Er muss doch endlich wieder ganz schnupfenfrei kommen.
(..)
Die arme Emma hat Mittelohrentzündung seit 2 Tagen und schreckliche Schmerzen. Ich war gestern dort zur Zeichenstunde. Gestern war ihr schon ein Loch im Trommelfell gemacht worden, heute nochmals, glaube ich. Sie tut mir so leid. Hatte Schnupfen und dabei verdorben.
(..)
Ganz müde, es ist ½ 11 Uhr. Gute Nacht!
Wenn Du nur bei uns wärst! So heißt es halt denken und lieben.
Ich umarme Dich furchtbar fest. Deine treue Frau. (..)

****

448:

München, 6. Mai 1918

Lieber, lieber Colomb!

In vier Tagen ist Dein Geburtstag und ich möchte Dir recht schön gratulieren. Was ich Dir wünsche, sind vor allem einmal rosige Freiheitsflügel. Dann eine schöne Insel. Dir zu Liebe auch eine braune Insulanerin. Die möchte ich Dir schenken, aus opferfreudiger Liebe. (Aber wünsche leider im Stillen, dass Du ihr lieber nicht begegnen möchtest, weil sie zu reizend ist.) Als wirkliche Geschenke kommen mit: Ein Kuchen und Äpfel. Und in der Stadt werde ich heute noch schauen, ob ich das finde, was ich noch will. Vielleicht!

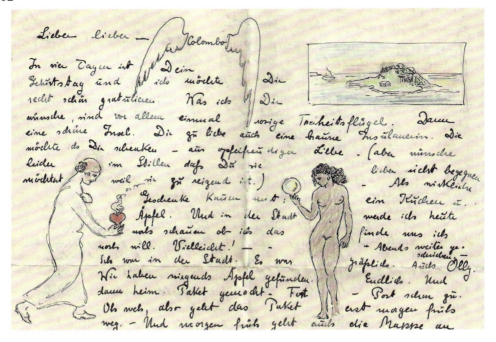

Abends weiter geschrieben: Ich war in der Stadt. Es war grässlich. Auch Olly. Wir haben nirgends Äpfel gefunden. Endlich. Und dann kein Paket gemacht. Fast Post schon zu. Oh weh, also geht das Paket erst morgen früh weg.

Und morgen früh geht auch die Mappe an Kronprinz Rupprecht endlich weg. (Sein Geburtstag ist am 18.)

Im Paket ist also: Kuchen, Äpfel, ein Buch „Unter Eskimos und Walfischfängern". Dann ein Kamm. Ein Büchserl kondensierte Milch. Ein paar getrocknete Zwetschgen, noch aus Lunz. Dann noch ein rosa Schaumdings. Und Kunsthonig. Mein Herz leg ich obendrauf.

Tommi sitzt mir vis a vis und schreibt an Dich. Er heult dabei, weil er glaubt, Du meinst, er schreibt gezwungen. Der dumme Kerl. Weil ich gesagt habe, heute ist die höchste Zeit u.s.w. Und weil ich sagte, Du seist traurig, wenn er nicht schreibe. „Es ist so grässlich, wenn der Vati meint, ich schreibe auf Befehl!" Ich habe gerade eine Wirtschaft mit diesem Gefühlsigel. Es ist schon 9 Uhr. Er hat so lange am Fenster gerotzelt. Er hätte Dir geheim schreiben wollen. Aber wann?

Vielleicht ist am 10. schönes Wetter und Du kannst einen kleinen netten Spaziergang machen, wenigstens. Kannst Du an Pfingsten kommen, frage ich ganz leis und schüchtern? (..)

Tommi heult schon wieder. Er bringt das Wort „gratuliere" nicht aufs Papier. Es ist gerade so schwer, wie das Kern ausspucken. Das hat er auch so schwer gelernt. Eine schwere Zangengeburt wird der Brief. Ich muss wirklich lachen. Es ist schon gleich ½ 10 Uhr. (..)

In der „Jugend" sind eine Menge kleiner Zeichnungen von Dir angenommen. Ist es Dir recht?
1.Soldaten (Silhouetten am Kreuz), 2. Soldaten eine Bahre tragend, 3. Befreiender Engel aus den Gräben. (Soll ich das nicht lieber zurücknehmen? Für etwas besseres, eine bessere Reproduktion?) Sehr gut gefiel Deine „Liebe". Sie darf aber nur groß erscheinen, will ich. Herr Queri hat es gesehen und hat gesagt, es seien die besten Gefallenen, die er gezeichnet gesehen hat. Schreibe mir, ob Du die Sachen reproduziert haben willst in der „Jugend". Ich habe sie gezeigt mit der Barbara und gar nicht gedacht, dass daran zu denken sei. Merkwürdig. Da schau her, die „Jugend"! Sie ist halt feig.
Jetzt ist's 10 Uhr. Tommi endlich eben im Bett. Sein Brief gefällt ihm nicht: „Der Vati soll ihn halt einmal aus Versehen verbrennen."

Frühling, Frühling! Alles duftet nach Blüten. Der Flieder geht auf. Das Herz tut einem aber so weh! Colomb, lieber Colomb, wann wirst Du frei und froh sein? Ich wünsche es. Und dies als Schluss.
Sei innig, innig umarmt und viele Male geküsst, geliebter, guter Colomb von Deiner alten, treuen Frau. (..)

7.5.1918

Lieber Vati!
Ich schreibe Dir nicht gezwungen. Der Onkel Cornel und Michel gruben das Schiffshaus aus. Ein Brett ging gar nicht heraus. Da machten wir es so: (**Zeichnung**) Wir brachten es nicht heraus.
Ich wünsche Dir zum Geburtstag alles Gute und Bolschiwiki fahren.
Dein Tommi.

****

(Skizzenbuch, Grafenwöhr 1917)

****

449:                          GNM

Grafenwöhr, 10. Mai 1918

Liebe, liebe Paula!!
Heute war also mein Geburtstag. Das Wetter war herrlich. In der Natur habe ich ihn eigentlich schon gestern, bei einem herrlichen Eierhamsterspaziergang gefeiert, allein mit Fluss und Sommerbad. Deinen lieben Brief hatte ich schon in der Tasche und las ihn erst am Gipfel einer Höhe, mit herrlicher weiter Aussicht nach Süden. Danke, Du bist sehr lieb!
In aller Früh heute erhielt ich Dein schönes Geburtstagspackel. Es ist wirklich zu viel. Der herrliche Kuchen! Die Äpfel, Kunsthonig, Kamm, Buch, ect. So einen Geburtstag habe ich schon lange nicht gehabt. Auch Tommis schöner Brief mit der Zeichnung, die mir besonders gefallen hat, freut mich sehr. Auch Tante vielen Dank. Von Milla habe ich auch etwas Schnaps und Zigaretten (die ich Schmidt gab, als ob von Dir) bekommen. Von Mama und Helene einen Brief. Ebenso von Heinrich (Der nebenbei Fall Ernestine erklärt). Butter habe ich auch bekommen, so dass ich mir das Vergnügen leisten kann, sie Dir mit einigen selbsterbettelten Eiern zu schicken.

Alles war also schön. Nur einheitliche Ruhe und Stimmung habe ich heute nicht gehabt. Erstens war Wochentag. Zweitens habe ich etwas unternommen, was mich eigentlich jetzt schon wieder reut am Abend.

In der Früh wurde beim Appell verlesen: Unteroffiziere, die italienisch können, sollen sich melden. Anfrage vom Kriegsministerium in München. Aber nur G.V. Ich denke sofort ans Lager Lechfeld. Mir wird zugeredet. Herr Feldwebel ist im Abreisen, kann nur kurz fragen. Stellvertreter rät es mir. Die Untersuchung steht Ende Mai bevor, kann K.V. werden.

Ein Befehl ist da, dass Gasschutz Unteroffiziere abgestellt werden dürfen. Also vielleicht eine letzte Gelegenheit und an meinem Geburtstag. Ich habe mich also gemeldet, musste meinen Lebenslauf schreiben, was mich viel Schweiß kostete. Jetzt ist es geschehen, vielleicht eine riesen Dummheit. Wenn man nur am Kriegsministerium erforschen könnte, für was die Leute bestimmt sind. Eigentlich bin ich närrisch, vielleicht habe ich mir meinen Urlaub, der schon fertig auf der Kanzlei liegt, verkürzt. Auf mein Bild hin hat mir der Herr Major vom 17. mit 30. Mai Urlaub genehmigt. Aber es kam mir wie ein Hoffnungsstrahl, in die Nähe Münchens zu kommen, vor. Schon den ganzen Tag malträtiere ich mein Gehirn. So einen herrlichen Posten wie hier aufzugeben! Aber einmal kann mich der Herr Feldwebel vielleicht doch nicht mehr halten. Das Wahrscheinlichste ist, dass meine Meldung abgelehnt wird, ich kann zu wenig. Vielleicht kann ich mich am Ministerium erkundigen und wenn es etwas nicht passendes ist, bitten es abzulehnen. Etwas wagen ist oft nicht schlecht. Mir graust es aber schon vor dem Weggang von hier. Wenn es schnell geht, weiß ich nicht wohin mit allem Zeug. Also diese Sache beschäftigte mich bis 4 Uhr. Dann schlug ich mir alles aus dem Kopf, ging bissl zum Malen an den Grünhundweiher. Aber auch da ging's nicht recht. Kaum hatte ich angefangen, verschwand die Sonne hinter einer Gewitterwolke. Musste nochmal was anderes anfangen, was auch nicht gelang. Schließlich Laufschritt heim, weil Regen im Anzug. Da fand ich Deinen zweiten lieben Brief (den dicken) vor.

Die Ausstellungsgeschichten werde ich alle im Urlaub regeln. Gustav Doré wollte ich in München kaufen und Du schickst ihn mir, komisch. Zum Lesen komme ich jetzt wenig. Ich hab die „Arena" noch gar nicht angefangen. Die Abende sind so schön zum Spazierengehen.

Jetzt bin ich müde, der Geburtstag ist aus. Er stand im Zeichen einer Entscheidung, hoffentlich einer Guten.

Wenn möglich, komme ich schon am 16. Mai, dann können wir mit Tommi gleich hinaus. Leider ist mein Vertreter noch verreist und ich kann nicht weg, ehe er nicht da ist. Ich bange um den Urlaub!

Innige Umarmung und Kuss von Deinem 41 jährigen Mann Colomb

****

Colombo hatte einige Tage Urlaub

****

450: GNM

Grafenwöhr, 23. Mai 1918

<u>Liebe, gute Paula!</u>
Ich kämpfe mit dem Schlaf, muss Dir aber doch noch schreiben. Sprechen ist leider wieder vorbei. Jetzt ist es 8 Uhr abends, ich habe seit Ammerland nur ½ Stunde geschlafen. Sehr glücklich bin und war ich heute nicht in jeder Beziehung. Das heißt, wenn ich das Schicksal nach meinem Willen wünschte (vorwitzig).
Also in der Bahn bin ich gestanden, absichtlich. Habe auch mit Herrn Riemerschmid[164] gesprochen. Leider, leider auch Vaterlandspartei angehaucht. In Weiden von 12 Uhr bis 5.40 aß ich etwas, trank Wein, Schnaps, Kaffee durcheinander, saß und las oder ging in der Stadt einsamen Schrittes spazieren. Herrlich milde Nacht. In der Früh am Bahnhof von Grafenwöhr traf ich schon andere <u>Kameraden</u>, die auf Telegramme kamen. Unser Depot soll schon daran sein. Also im Sturmschritt in die Kaserne. Herr Feldwebel leider nicht da. Sein Stellvertreter empfing mich unnett, bis er meine Entschuldigung hörte. Also sofort zur Untersuchung, die schon angefangen. Nicht waschen, nicht umziehen. Nach einer Weile auf einem Bein stehend, kam ich daran. Geraucht habe ich die ganze Nacht. Aber die Stimmung war unsicher, mein Wille müde und zerfahren. Nichts half mir, weder Feldwebel noch Major sind da. Mit der Kunst auch nichts. Also musste ich allein reden. Da kann man nicht viel sagen. Der Stabsarzt war aber ganz nett. Ich stach ja entsetzlich aus den bleichen Körper hervor. Die nach mir kamen, machte ich alle glücklich. Nur ich war nicht glücklich in meinen Reden, weil ich nicht sicher war. Meine Bräune brachte ich gut als Entschuldigung an, dass ich Sonnenbaden im Urlaub war, da ich etwas nervös war. Mein anderes Hauptleiden (leider nicht gerade schlimm) wurde auch anerkannt und Nervosität glaube ich.
Das G. habe ich wenigstens gerettet und wurde zum G.V.f.[165] Wenigstens nicht K.V. wie ich schon fürchtete. So ganz sicher ist es ja nicht mehr, aber Herr Feldwebel kann mich mit gutem Willen schon halten.

Ammerland war herrlich, aber sobald man sich mal Tage einem sichern Genießen hingibt, dann geht es schon wieder dumm im Krieg. Darum will ich auch immer arbeiten. Das nette Schifferl hat mich vielleicht G.V.f. gemacht, aber schön war es doch. Es dauert zu lang, ich kann nicht immer den Kranken spielen, ewig, ewig.
Vielleicht ist meine Dolmetscher Meldung doch nicht ganz dumm. Vor allem muss ich jetzt mit Herrn Feldwebel sprechen. Der Rest meines Urlaubs ist mir auf Anfang Juni gutgeschrieben. (Soweit möglich)
Heute bin ich den ganzen Tag nicht zur Ruhe gekommen. Nachmittags, bei Gluthitze zum Vergasen gehen müssen. Aus Verzweiflung im Grünhundweiher gebadet. Nehme es nicht schlimm: G.V.f. ist immer noch gut. Umarmt, umarmt, geküsst Dein Colomb

****

164   Riemerschmid = Richard Riemerschmid, Direktor der Kunstgewerbeschule
165   G.V.f.= garnisonsverwendungsfähig

451:                            GNM
                                                                24. Mai 1918
Lieber, geliebter Colomb!
Bist Du fort? Ist es wieder leer um uns und das graue Leben bloß? Es war ein paradiesischer Traum in Ammerland. So schön weiß ich lange nichts. Und jetzt? Wie ein Vogel, dem man das Nest zerstört hat, flattere ich umher. Ruhelos, Colomb und warte! Heiß sind meine Wünsche!! Wie geht es in Grafenwöhr?
Weiter keine Fragen! Ich will Dir bloß einen Klammerbrief ( ) von hier schicken heute mit Berichten.
Zunächst Fragen:

Welche der Bilder gibst Du mit Original an die „Jugend" von den 6 angenommenen?
1.)   Barbara (mit Kleidern)
2.)   Aber die Liebe lebet noch
3.)   Eingang zum Laufgraben (Nachtszene mit Wegkreuz)
4.)   Über den Gräbern (Befreiungsengel)
5.)   Weg zum Frieden (Bahre von Soldaten getragen)
6.)   Heimatlos (Mädchen am Weg mit rotem Tuch)
Nummer 2 bitte nicht das Original hergeben. Schreibe mir bald, dann kriegen wir das Geld, sonst kann keine Abrechnung gemacht werden.

(..) Ohne Käthchen gibt es schon bedeutend mehr zu tun. Man hat nicht viel Ruhe. Morgen hat Tommi Beichte, Sonntag Kommunion und Montag um 8 Uhr in der Frauenkirche Firmung. 3 Tage ohne Schule, aber leider nicht Ammerland. Mittwoch ist Schul-Mai –Ausflug. Donnerstag Feiertag.
(..) Wie haben die Fischerln geschmeckt?
Colombo, wie geht es Dir? Lieber, lieber, guter, herziger, lieber Colomb, innigen Kuss. Deine treue Frau.

****

452:                            GNM
                                                        Grafenwöhr, 27. Mai 1918
Liebe, liebe Paula!
(..) Ich denke immer noch mit Freuden an die herrlichen Tage in Ammerland, gell, sie waren schön!
So viele Sachen hat die „Jugend" genommen? Die „Barbara" (mit Kleidern) und „Aber die Liebe lebet noch" möchte ich die Originale behalten. Ersteres möchte ich nochmals verarbeiten und das andere gehört zu den andern Anti-Kriegsbildern.
(..)
Über Tommis Firmung bin ich gespannt zu hören. Leider ist hier nichts zu finden gewesen für Tommi. Am besten Du kaufst Tommi einen Kompass mit Leuchtzifferblatt.

Meine Karte an ihn hat mir einige Schwierigkeiten gemacht, was kann man bei so was schreiben. In diesem Fach kann ich ihm kein Vorbild sein.
(..) Die Fischerln waren herrlich, ein Nachgruß von Ammerland. Freitag und Samstag musste ich noch schnell verschiedenes im Kasino malen, leider ist es diesmal zu spät gekommen.
Schnell Schluss, es ist 2 Uhr, ich muss arbeiten.
Gute innige Umarmung, Küsse Dein Colomb
Kuss dem Firmling. Grüße Tante

****

453:                          GNM
                                                       27. Mai 1918
Lieber, lieber Colomb!
Heute ist an Tommi deine liebe Firmungskarte gekommen. Danke! Ich will Dir ein wenig schreiben über gestern und heute, obwohl ich schon recht müde bin.
Gestern Nachmittag war ich bei Hildebrands[166]. Schön war, dass ich ein Konzert dort hatte. Hösel's waren da. Kennst Du sie? Er spielt Geige, die Schwester sang (ist Sängerin am Theater in Essen) und ein junges Frl. Hösel spielte Cello. Braunfels spielte Klavier. Zuerst sang Frl. Hösel dramatische große Sachen. Sehr ergreifend. (von Beethoven). Später wurden schottische Lieder probiert. Bertele hatte sie ausgefunden und ihrem Mann empfohlen. Sie sind entzückend. Ich hatte einen großen Genuss, viel mehr wie in einem Konzert. Viele Grüße von allen. Herr und Frau Prof. reisen heute nach der Schweiz. Es sollen doch alle Besitzungen in Italien von Deutschen eingezogen werden. Um dies zu verhüten, müssen sie Schritte tun. Da Prof. H. ein Schweizer Bürgerrecht (noch außerdem) hat, glaubt er etwas zu erreichen.
Denke Dir nur, Frau Dohrn[167] ist tot. Und zwar ist die Arme einsam, verlassen und verarmt in Russland gestorben. Erst jetzt haben es ihre Söhne erfahren. Die Bolschewiki haben ihre Besitzungen zerstört und genommen. Das was ihr immer als das Ärgste dünkte, das einsame Ende, musste sie erleiden. Schrecklich!
(..)
Und wie war Tommis Firmung: Um 7 Uhr gingen wir schon aus dem Haus. Herr Breg kam natürlich erst um 5 Min nach 8 Uhr. Er und Tommi mussten in die Bank, während wir (Olly und ich) stundenlang stehen mussten. Die Kirche war ganz voll.[168] . <u>Alle</u> Gymnasien, Realgymnasien und Bürgerschulen. Eine wahnsinnige Menge. Es dauerte von 8 - 11 Uhr. Der arme Bischof auch. Das Beten und Predigt war nicht besonders erhebend. Die Litaneien ertrug ich schließlich nicht mehr und ging vor der Kirche spazieren. Einzig schön wird der Moment der Segnung sein. Ich sah nicht viel davon, nur

---

166   Hildebrands = Familie Adolf von Hildebrand, er hatte ein Atelier in Florenz, in dem Colombo tätig war.
167   Dohrn = zur Familie Dohrn siehe Lebensbericht 1911
168   Kirche = Firmung im Dom in München

Köpfe, Mütze und Stab des Bischofs. Herrn Breg war ich sehr dankbar. Tommi wäre sich doch sehr verlassen ohne Paten vorgekommen. Es war sehr nett von ihm und ein großes Opfer. Aber wer anderes hätte es getan? Corneille hätte es sicher nicht ausgehalten. Lauter Zylinder Paten und dergleichen. Und Herr Breg hat schon <u>wirklich</u> eine gewisse geistige Führsorge für Tommi, das ist dann keine solche Mache. Zum Essen waren wir bei Emma. Dani hat Tommi einen wunderschönen Wecker geschenkt. So ein mattgolden aussehender für Herren. Eine direkte Zimmerzierde. Einfach und sehr solid. Wahrscheinlich leider sehr teuer. Er sagte:„Du wirst ihn wohl haben, so lange Du lebst. Wir haben unseren guten aus Amerika auch noch"
(..)

****

Colombo hatte Rest – Urlaub

****

454:                          GNM

Grafenwöhr, 24. Juni 1918

Liebe, liebe Paula!
Also wieder hier. Nicht viel Neues, aber viel zu tun. Mir ist es zu gut gegangen in München bei Euch. Will mir hier nicht gefallen. Komme mir wie eine Ovid Verwandlung vor. Hier ist es noch kälter, als in München. Mein Zimmer stinkt. In Eile. Heute bin ich müde und öde. Überwinden und hoffen heißt es nun wieder. Sei nicht traurig.
Küsse Tommi

Herzlichst Dein Colomb
Grüße Tante. Heini auch nochmals Grüße und Dank.

****

455:              GNM

520
Der lieben Paula,
Paula, Paula zum Namenstag viele herzliche Wünsche und Grüße und schönes Wetter.
1000 Küsse Dein Colomb
Grafenwöhr, 26. 6. 1918

****

456:                         GNM
                                                    Grafenwöhr, 4. Juli 1918
Liebe, gute Paula!
Heute habe ich Deine lieben Zeilen aus Ammerland bekommen. Du Arme hast die Spanische Krankheit[169] . Wenn Du krank bist, so kommt mir die Trennung erst recht zum Bewusstsein. Alles so getrennt durchmachen müssen. Gar nicht kann ich hoffen, sagen (schimpfen). Ich bin in Sorge um Euch. Du hast es glücklich überstanden hoffentlich. Aber ich fürchtete das Umfallen. Hier die jungen Leute. Fallen um und sind einige Zeit wie tot. Einer ist aufs Gesicht gefallen und hat furchtbar geblutet. Darum hatte ich Angst, besonders um Dich. Bei Kindern weiß ich nicht, wie es auftaucht. Ich bin noch einer der wenigen die sich halten. Selbst der Feldwebel liegt oben im Bett. Es gibt daher viel zu tun, die Hälfte der Unteroffiziere liegt. Ich glaube, ich habe die Krankheit in meinem Urlaub gehabt. Du weißt, ich hatte doch immer Fieber. Heute sind sogar alle Ärzte krank, daher kann keine Untersuchung stattfinden.
(..)
Arme Haut, Deinen Namenstag hast Du also im Bett gefeiert. Hier war's auch nicht schön. Am späten Nachmittag kam ich erst fort und malte bissl frierend und vom Regen gestört.
Du musstest also auch noch hungern in Ammerland. Zwar hat man nicht viel Hunger bei dieser Krankheit. Du müsstest halt mal Frühholzens besuchen zuerst. Ich fürchte, es ist recht schmutzig dort. Schmidt Josef ist jetzt bei meinem Depot. Er verspricht Butter und später Korn für Kaffee. Leider ist er bissl unzuverlässig. Es ist schrecklich schwer, was zu bekommen. Ich hab Dir ein Kistl mit 22 Eiern und Butter geschickt. Mama auch eins mit 2 Eiern, bissl Butter und ein Fläschchen Schnaps. Zur Stärkung, wenn sie auch die Krankheit bekommen sollte.
Gell, Du bekommst eher was in der Stadt. Das schöne Packerl von Tante habe ich bekommen. Stachelbeeren waren noch herrlich, auch die Kirschen. Das Brot ist ja ganz gelungen. Leider, leider bin ich aber schon zu alt. Vor 30 Jahren wären meine Zähne noch gut geworden, aber jetzt---! Tommi soll es manchmal essen.
Du hast also mit Fieber den Kartoffelkorb geschleppt? Arme! Und hier muss ich meine Muskeln unbenutzt hängen lassen.
Am 12. ist Besichtigung für Gaskampf. Muss viel schreiben und Unterricht geben. Wenn es schief geht, werde ich davongejagt.

---

169   Spanische Krankheit = Grippe-Epidemie, siehe beigelegten Zeitungsbericht

Kann man wirklich baden in Ammerland? Meine einzige Sommerkur besteht im Barfuß laufen in den Stiefeln. Gell, verderbe Dich nicht und hole Dir Nachkrankheiten.
Nun habe ich alle Hoffnung verloren, dass der Krieg aus wird. Niemand findet einen Weg. Soll man da mittun?
(..)
Gute Nacht, gute Besserung! Hand auf Kopf, Brust, Hals – wo Du willst! Kuss von Deinem alten, fernen Mann Colomb.
Tommi viele, viele Grüße
Tante herzlichen Dank und Grüße
(Seid Ihr friedlich?)

****

457:                    GNM
                                                    Grafenwöhr, 19. Juli 1918
Liebe, liebe Paula!!
Deinen zweiten lieben Brief von Murnau bekommen. Ich kann mir alles so gut vorstellen, sehr lieb, dass Du mir so ausführlich schreibst. Ich bin glücklich, dass es Dir gefällt. Dein kühnes Unternehmen ist belohnt worden. Das herrliche Wetter. Dass wir nichts mehr zusammen erleben dürfen! Ich schreibe auch noch so wenig.
Seit gestern hat es mich wieder. Komisch. Fieber. Nachts Schwitzen. Am Tag Schwindl. Ich liege so herum, mache aber Dienst. Außerdem bin ich beim Zahnarzt und werde geschunden. Ich glaube, ich habe da ganz frische Bazillen bekommen. Die vielen Mäuler, ein ganz junger Arzt. Gestern bin ich in eine Ortschaft wegen Schwarzbeeren gerast, umsonst. Dann gleich zum Arzt und darnach war ich krank.
Das Brot werde ich jetzt gleich nach Ammerland schicken. Die Butter auslassen. Bekomme ich Schwarzbeeren, schicke ich sie gleich der Tante.
(..)
Ich habe große Sehnsucht nach Euch, nach <u>Freiheit</u> gerade im Sommer.
Schreckliche Angst habe ich auf den Winter. Was wird man essen?
Es kommt ein <u>böses Ende</u>. Die Menschen sind so schrecklich schlecht.

                                                                20. Juli
Wieder eine verschwitzte Nacht überstanden. Bissl besser bin ich schon, nur noch schwindlig. Sei herzlich umarmt, Du arme Zigeunerin. Küsse auch Tommi. Herzliche Grüße an Freundin Irma und Kinder
Dein Colomb

****

458:                    GNM
                                                    Grafenwöhr, 25. Juli 1918

522
<u>Liebe, liebe Paula!</u>
Es gibt schon wieder so viel zu schreiben. Wenn nur die Zeit auch da wäre. Bei Licht darf man nicht mehr sein, abends. Meinen spanischen Rückfall habe ich wieder niedergekämpft. War sogar Sonntag schon wieder mit Familie Feldwebel in Bayreuth (22. Juli). Das Städterl ist wirklich reizend, besonders Umgebung. Wir haben uns diesmal gründlich die Eremitage angesehen. Wie Nymphenburg, nur intimer und bergig gelegen. Alte Bäume, schöne stürmische Wolken. Reizende Zimmerln in den kleinen Schlössern. Wackerle[170] war ja auch so weg davon.
Dann sind wir zu Fuß eine alte Lindenallee nach Bayreuth hineingegangen. Breite Straße. Sturm und all die Sonntagsspaziergänger entgegengekommen, nett.

An der Straße liegt ein herrliches altes Haus, halb Bauernhof. Etwas verwahrlost, aber große hohe französische Fenster. Mauer und Steinterrasse gegen Süden. So was, wenn man bekäme, würde ich sofort kaufen. Um München gibt es aber so was nicht mehr.
Bissl damisch war ich noch, aber ich habe die Krankheit vergessen. Überdies habe ich gelesen, dass es auch sehr bösartige Rückfälle von der Spanischen Krankheit gibt. Lungenentzündung, meist tödlich. Gell, gebt Acht.
(..)
Urlaub ist jetzt ganz aussichtslos. Ich bin G.V.f. und so viel wie K.V., also muss ich froh sein, wenn ich hier sein kann.
Es freut mich, wenn es Dir in Murnau gefallen hat.
(..)
Sei herzlich gegrüßt und vielmals geküsst sommerlich Dein Colomb
Grüße Tommi und alle

****

---

170   Wackerle = Künstler, Colombos Freund, siehe Lebensbericht

459: GNM

Grafenwöhr, 2. August 1918 (Freitag)

Liebe, liebe Paula

Enttäuschungen sind immer misslich. Das habe ich heute erlebt. Alles war so schön vorbereitet, ich wollte so einen kleinen, unauffälligen Sonntagsurlaub (mit Montag), wie sie viele fast jeden Sonntag nehmen. Ich wollte Dich überraschen. Hatte eine unüberwindbare Sehnsucht nach Dir und Freiheit. Einfluss hätte es nicht gehabt, auf meinen Urlaub Ende August. Aber gerade heute war der Hauptmann schlechter Laune, Sonntagsurlaube sollten nicht mehr so viele genehmigt werden. Gerade ich hatte also das Glück.

Dafür hat er mir aber Dienstag, Mittwoch und Donnerstag Urlaub gegeben. Ich wollte verzichten, weil unter der Woche Urlaub auffälliger ist. Nun habe ich aber etwas für Lauras Geburtstag für Herrn Feldwebel zu besorgen, darum nahm ich ihn doch an. (der Geburtstag ist am 10. August). Noch etwas hat mich zum Urlaub bewogen. Der sofortige Marschbefehl[171] nach Berlin ist nun doch vor einigen Tagen gekommen. Ich wurde aber sofort als unabkömmlich gemeldet und damit wird es gut sein. Sicher ist aber sicherer, ich kann doch vorübergehend hin müssen und da wollte ich doch noch einen Urlaub vorher.

Der heutige Fehlschlag hat mich so grantig gemacht. Auf leeren Magen um 12 Uhr Mittag war Rapport, seit der Zeit habe ich Kopfweh. Das Bitten ist mir so das Ärgste. Ich schlage mir immer alles aus dem Kopf, frisst sich aber einmal eine Hoffnung ein, so wachsen die Heimatgedanken mächtig. Enttäuschung ist dann bitter.

(..)

Es kann also sein, dass ich Montag schon um 6 Uhr oder 10 Uhr Abends komme. (..)
Innigen Kuss, Umarmung, Dein Colomb. Gute Nacht!

****

Ende August bekommt Colombo Urlaub

---

171   Marschbefehl = Colombo hat sich als Dolmetscher nach Berlin beworben.

Krieg und Frieden: Tommi und Colombo

✱✱

460: GNM

Ammerland, Montag, 2. Sept.1918

Lieber, lieber Colomb!
Vier Stunden sind vorüber, seit Du fort bist. Ich bin sehr unglücklich! Es ist ein solcher Schmerz Dich wegzugeben und dich so traurig, so zornig, zu sehen. Ich bin so unglücklich, Colomb! Diese Tage waren so wunderschön und Du warst so froh und zufrieden. Da kommt das weggehen erst recht wie ein Riß. Und zu allem, zu allem, fühle ich mich so verzweifelt schlecht. Du hast mir's gesagt, wie ich nicht sein soll und so bist Du weg. Wie kann ich mich jetzt bessern und noch vor Deinen Augen. Es ist unerträglich! Wenn ich diese Qual nur aus meinem Herzen reißen könnte. Ich muss das – gleichviel wie. Nur nie, nie wieder dieses, bevor Du weggehst. Wenn Du mich zankst, Colomb, das ist mir das Ärgste auf der Welt. Lieber alles andere. Lieber dass, das Schiff kentert. Ich werde alles tun, damit Du mich nicht mehr so, wie heute, an das mahnen musst, was ich eben auch nicht will. Ach Gott!! Mir ist so traurig, wie wenn ein Hagel auf das schöne Feld des Urlaubs gefallen. Wann wirst Du wieder anders sehen? Colomb! Wie Dir beweisen? Und hier liegt im Brief die Blüte von unserem Fenster. Das „Je länger, je lieber." Was uns zu Ehren geblüht hat. Ich hasse mich, Colomb. Und ich will es anders wegen Dir. Heb Dir nur diesen Brief auf, Colomb und Du wirst es sehen, dass es anders wird. Genug.

Ich soll Dich grüßen von Heini[172] . Denke Dir, er war noch an der Bahn, aber da Du ihm 12.15 Uhr gesagt, kam er zu spät. Als ich am Starnberger Bahnhof stand, kam er daher. In Uniform, ganz blass, ich kannte ihn fast nicht. Er blieb die ganze Wartezeit bei mir und kaufte mir einen Pack Zeitungen für die Reise. Blieb auch noch im Wagon bis zur Abfahrt. Das war sehr nett, denn er hatte noch nichts gegessen. Ich war froh, denn mir war so verzweifelt zu Mute. Beinah konnte ich nichts reden, wegen Tränen schlucken. Heini schimpfte recht, zu meiner Erleichterung. Und dann sprachen wir von dem Fräulein. Heini strahlt eigentlich. Er wollte aber so dringend wissen, was Du zu ihr sagst. Kannst Du ihm vielleicht bald schreiben. Ich konnte doch nur sagen, dass Du sie nett findest. Er möchte halt auch, dass Du von ihrem Äußeren begeisterst bist. Aber wie das detaillieren? Die Geschmäcker sind doch verschieden. Sie ist hübsch, hat aber gar nichts – Samoranisches. Ich glaube bei Heini ist die Entscheidung schon gefallen. Ganz merkwürdig wäre das doch.
(..)
Colomb, bitte, sei wieder gut und zanke nicht.
Deine unglückliche treue Frau.

****

461:                    GNM

Grafenwöhr, 4. Sept. 1918

Liebe, liebe Paula!
Gestern schon habe ich Deinen lieben Brief mit duftenden Blüten bekommen. Ein schöner Nachgeschmack des Urlaubs. Dein Brief ist aber viel zu traurig. Der Urlaub war sehr schön und die Erinnerung ist nicht gestört. Die schlechte Laune war doch rein körperlich und ich schimpfe eben, weil ich nicht schimpfen will. Eben das fürchte ich, dass ich schlechter Laune sein könnte, weil ich Dich eben nicht schimpfen will, schimpfe ich Dich da. Verstehst Du mich? Also beruhige Dich, ich bin ja auch nicht unschuldig.

Oh, die goldene Freiheit war so schön. Diesmal habe ich den Urlaub wirklich genossen. Ich war so traurig, dich so arm allein und traurig am Bahnhof zurück lassen zu müssen. Hier hat mich der Mantel der Ödigkeit gleich eingehüllt. Es gibt auch gleich viel Dienst am Anfang.
Wegen Berlin ist noch nichts bestimmt. Mein Hauptmann sagt mir, dass ich vorsichtig sein soll in Berlin. Wenig Talent zeigen.
Schade dass ich Heini nicht mehr getroffen habe. Werde ihm schreiben.
(..)
Hier sprechen die Soldaten gar nicht in Corneilles Sinn.
Heute sitze ich wieder zum ersten Mal bei der Lampe. Werde ich wieder die langen Winterabende hier allein verbringen müssen? Dauert der Krieg noch länger, so müssen

---

172   Heini = Heini Weber, Arzt und Freund, Colombo besuchte ihn in Cambrai 1916

wir auch froh sein, wenn ich hier sein kann. Ein Elend! Sei umarmt in alter, je länger je lieber Liebe
Dein Colomb
Kuss Tommi. Viele Grüße an Mama und alle. Jetzt versuche ich noch Heini zu schreiben.

****

462:             GNM
                                                                    München, 12. Sept. 1918

Mein lieber, lieber Colomb!
Endlich komme ich zum (richtig) Schreiben. Es war ein Gehetze diese ersten Tage hier. Es ist zwar noch so, aber dieser Abend muss zum Schreiben hergenommen werden. Dein so sehr lieber Brief hat mich heute sehr gefreut. Ich danke Dir sehr. (..)
Denke Dir nur wie merkwürdig, nun hatte ich doch keine Minute meinen Hals gespürt und gestern am 3. Tag hier fing das Enge wieder an. Das kommt doch wohl vom Räumen, vom Staub, vom Hetzen. Es kommt nicht vom Schleppen, sonst hätte ich es eher gehabt.
Ach, ich sage Dir Colomb, die Herreise[173] war arg. Ich hatte aus Vorsicht nur den Schließkorb aufgegeben und viel, sehr viel Handgepäck. Tommi trug den Käfig mit den Mäusen (nicht leicht) und nahm Olly hie und da den Plastikriemen ab. Olly hatte am Arm den Rucksack mit sehr schweren Sachen: Fetttopf, Äpfel. Ich hatte die Handtasche (von Heini) mit allen Gläsern Marmelade und voller Flaschen drinnen und Eier. Sehr schwer. Meinen Schirm und die Ernestine Tasche mit 4 großen Flaschen Milch in der anderen Hand. Nun gibt es doch niemand zum Tragen, vom Schiff zur Bahn und in München wieder bis außen hin. Und dazu dieser Ansturm beim Einsteigen! Ferienschluss! Wir standen endlich im Zug drinnen. Ich nur mit einem Bein, das andere am Koffer geschlängelt.

Da schrie Olly: „Meine schwarze Tasche! Meine Geldtasche!" So! Alles suchte. Da lag sie, Gott sei Dank, am Boden unter Beinen. In München bekam ich keinen Dienstmann, Schließkorb nicht mitgekommen (erst später). Entsetzlich! Und wir hatten auf dem Schiff kein Mittagessen bekommen. Aber abends habe ich noch alles ausgepackt und eingeräumt. Anderen Tag war Schulanfang. Bücher kaufen u.s.w...   (..)

173   Herreise = von Ammerland

Heinrich Müller[174] war da. Er erzählt, dass die „Chorstühle", der „Kindermord", die „Rubensbuben", die „Landschaft", der „Engel mit Lamm" verkauft seien. Hat er's Dir geschrieben? Die Chorstühle um 12 000 M. Der Kindermord um 7000, die Buben 1500, die Landschaft 400M (hat Heinrich Frau Kuppelwieser abverlangt). Zusammen sollen es 24 000 M sein. Aber morgen muss ich nun gleich hinüber und ausräumen, auch die Truhen. Mir ist ganz Angst. Und wohin dann alles?? (..)
Ich bin immer am wenigsten begeistert von Verkäufen. Das ist halt so.
Hast Du die „Jugend" mit Deinem Engel? Oder befreiendem Genius. Ich habe heute Einbandpapier, sehr hübsches bei Brandl für Dein Album gekauft. Das mache ich morgen Abend.
(..)
Wohin meine Küsse und Umarmungen? Oh Colomb!
In Liebe Deine treue Frau (..)

****

463:         GNM

13. Sept. 1918, München

Lieber, mein lieber Colomb!
Heute bin ich ganz in Deiner Atmosphäre untergetaucht. Von früh ¾ 10 Uhr bis abends 6 Uhr war ich in der Paul Heyse Straße. Ich war wirklich auch fleißig. In den ersten Augenblicken war ich verzweifelt und ähnlich wie Mama vor einer schweren Aufgabe. Wohin mit allem?! Die Truhen alle offen, sahen mich so voll an. Zunächst räumte ich so rasch wie möglich alles Sammlungshafte in zwei Handtaschen, umwickelt mit Stoffen (Muschel, Wachskopf, Figürchen, Flaschen, Fächer ect. Die vielen unbenutzten Platten, Schachteln und Kartons (alles so staubig!) räumte ich in eine der Holztruhen (die Frau Vogel mir ausleerte) im Ateliervorraum. Den Vergrößerungsapparat Eternite ect. stellte ich auf Deine Maltreppe in der Mitte des Ateliers. Die Bilder trug ich alle in den Sammlungssaal hinunter, ebenso die Leinwand und Papierrollen (fürs Erste)- auch Deine Studien. Bücher alle in einem zweiten Transport in Handtaschen hier herüber. Alle Malsachen, Farben, Flascherln auf <u>einen</u> Tisch zusammen, so dass das Brett auf den Schragen frei ist und weg kann. Es war schon eine Arbeit. Aber es ist zunächst so wenigstens alles in Sicherheit. Freilich unten im Saal. Montag wird wahrscheinlich schon angefangen, abzureißen. Der „Kindermord" und „Rubenbuben" sind schon weg. Denke Dir, was ich hinter dem Ofen fand? Deine <u>alte</u> braune Jacke. Und ganz vermodert. Schad. Und in der Tasche einen Brief von mir an Dich aus alter Zeit. Mir war so merkwürdig. Ein Brief von einem April. Vielleicht 1909 oder 1910. Ein verzweifelter Brief, Colomb.
Heute Nacht träumte mir so seltsam. So fantastische deutliche Bilder, doch war ich bei allem ganz ruhig. Jahre spielten sich sozusagen in einem großen Atelier ab. Ich schwebte oft ganz oben an dem Fenster und hielt mich an dem roten Vorhang und schaute dem Treiben unten zu. Ida war auch einmal da. Sie kam später wieder, trug einen Zwicker

---

174 Heinrich Müller = Colombos Onkel, Nachlass-Verwalter für Gabriel v. Max

und sang zum eigenen Ziehharmonikaspiel höchst primitiv vor allerhand Leuten. Du wolltest, dass ich sie dafür umarme. Ich tat's und es war Drobele. Dann viel später sah ich Dich in einem Bett liegen und schlafen. Du hattest nichts an und warst mager und nicht mehr jung, auch die Nase war etwas rot. Trotz des Schlafens hattest Du die Augen starr auf und auf die Wand gerichtet. Auch die Hand deutete dahin. Als ich Dich weckte, sagtest Du immer dasselbe. Was es war, fällt mir durchaus nicht mehr ein. Es war etwas sehr verblüffendes. Du tatest mir so leid und ich umarmte Dich, weil Du so kalt und erfroren aussahst. Ein dummer Traum, nicht wahr?
(..)
Dass ich das so schreibe, ich bin so in der Traumstimmung. Dein Atelier, der Brief, der Traum. Es ist so ein warmer Dunst um mich, wie von Dir. Ganz sonderbar. Ich muss aber zu anderen Dingen zurück.
Also Heinrich will, dass ich dieser Tage gleich zu Böck gehe mit Vollmacht, dass das mit Ernestine gemacht wird. Möchte aber erst gerne Deinen Entscheid, Colomb. Ernestine wird ja nicht am Verhungern sein. Es ist wohl gut, wenn alles geordnet wird, aber es wird ja anderes auch nicht so rasch betrieben. Von den neuen 24 000 M meint Corneille 10 000M aufzuheben und ev für Herrichten des Vorderhauses zu nehmen. Heilmann[175] soll gesagt haben, es sei gut zu vermieten. (Pro Stock 2000M, was ich nicht ganz glaube). Corneille hat mit mir die bunten Lederstücke geteilt (vom großen Atelier). Sind sehr schön. Auch nahm ich aus einer dortigen Truhe alle Temperafarben. Corneille war es zu fad und zu mühevoll. Die Atelierstoffe wurden in eine große Kiste verpackt. Staub und Mottenpulver flogen herum.
Morgen wollen wir doch nach Ammerland. Die Zwetschgen drucken auf mein Gewissen. Schrecklich ist nur, dass wir Sonntag wieder zurück müssen, da Tommi nur <u>immer</u> vormittags Schule hat. Mir wird bang. Es wird wohl ein Geschleppe. Und Samstag rauf zu Settele und Sonntag früh nach Ambach und um 3 Uhr wieder nach München, da der letzte Zug mir doch zu spät wird für Tommi.
(..)
Colomb ich bin so traurig ohne Dich. Wann sind wir wieder zusammen? Sei umarmt, liebster Colomb
Und viele Küsse von Deiner treuen Frau.

****

464:	GNM

München, 15. Sept.1918

Lieber, lieber Colomb!
Wenn Du mir es nochmals erlauben würdest zu sagen, Colomb, dann bitte: Wirklich, es ist doch so, die kleinen Bestien haben es doch mit mir. Denke Dir Colomb, deine Frau hat den ganzen Kopf voller Läuse! Schon die ganze Woche juckte es mich so sehr und immer mehr und um den Hals bekam ich einen Ausschlag. Heute Nacht war's ganz arg.

---

175   Heilmann = Jakob Heilmann, Bauunternehmer

Habe es heute Heini gezeigt und er sagte, kommt von Spinnen. Vor wir abreisten von Ammerland sagte ich so halb im Spaß zu Olly, ob ich nicht Läuse habe und sie kämmte gleich begeistert. Und oh Schreck, gleich so und so viele zappelten auf dem Kamm. Im Leben hatte ich nie so etwas! Es ist sehr merkwürdig. Es ist sehr merkwürdig, solche Lebewesen zu beherbergen. Was sagst Du dazu? Im 5ten Kriegsjahr! Es ist von der scheußlichen Bahnfahrt wahrscheinlich. Oder vom Kloiber. Scheußlich.
Heute und gestern waren herrliche Tage. Erst wagte ich nicht zu reisen, überhaupt wegen der Hetze. Aber dann doch und ich bereue es nicht. Um 1.30 sind wir abgefahren. In Ammerland haben wir uns nur wenig erst am Ufer ausgeruht, ich in der Sonne und dann <u>bissel</u> in den See getunkt.
Dann gleich gehamstert, Colomb. Ich zu Frau Kirchmaier und Olly zu Settele. Ich bekam 11 Pfund Birnchen. Von diesen schicke ich Dir. Leider sind <u>sehr</u>, sehr viele morsch innen. Dann aber bekam <u>ich</u> zum ersten Mal im Leben auf diese Weise Butter. Die gute Frau brachte mir ein Pfund Butter zu 2,40 M!! Sie liegt schon recht abgelegen vom Verkehr und vielleicht wissen ihre Töchter gar nichts davon. Ich habe ihr aber neulich Kaffeeersatz gebracht, das hat sie so gefreut und ich gebe immer etwas mehr Geld als sie verlangt.

16. Sept.

Gestern Abend bin ich doch zu müde gewesen zum Weiterschreiben. Und heute, untertags bin ich wieder nicht zum Schreiben gekommen. Nun ist es endlich 9 Uhr und ich sitze da mit einem Sublimatwickel um den Kopf nach Heinis dsingardem Rezept. Olly hat gestern noch abends gelaust mit Kamm, aber Heini sagt, das ist nur schlimmer, da verträgt man sie bloß. Gleich töten. Also. Ich fürchte nur, Olly und Tommi haben schon was und da geht es so weiter. Und der Alkohol ist so schrecklich teuer. Eine teuere Geschichte. So wäre es ja ganz lustig.

Tommi war begeistert: „Endlich habe ich jetzt Tiere zu Hause!" Und dann, wie interessant, die Jagdgründe auf dem Kopf der Mutter. Ich muss nun abschließen mit dieser Laussache und weiter erzählen von Ammerland.
Vorher aber zu Deinem Brief, d.h. Karte mit den Fotos. Aber Colomb, warum eigentlich dabei bloß 4 Küsse und nicht einmal: Dein Colomb, geschweige: Dein treuer Gatte?? – Nur „Colomb" Es ist wohl aus Zeitmangel, gell? Oder weil ich auf der Fotografie mit Heini kokettiere? Ich tue es ja bloß, damit ich ein recht süßes Köpferl machen konnte (in dieser Sonne). Ich schicke Dir die Bilder gleich wieder, weil Du sie willst. Natürlich. Ich

habe Mama Neue machen lassen. Dich und Tommi möchte ich für mich halt. Es freut mich so, diese Geburtstagserinnerung, weißt Du.
(..)
Olly hat Milch bei Settele geholt und ein paar Eier bekommen. Sie hat Tommis verwachsene Stiefel hinaufgebracht. Zwetschgen waren noch nicht reif. Am anderen Morgen sind wir aber doch pflichtgemäß nach Ambach. Überall noch nicht. Und zudem große Zurückhaltung wegen Angst und Beschlagnahme. Überall viel beschlagnahmt und bei Übertretung des Verbotes, d.h. Abgeben an andere Leute, wird den Bauern alles Obst abgenommen. So müssen wir kommenden Samstag, wenn es dunkel ist zum Hansen Bauer schleichen. Wir haben es schon ausgemacht. Alles schleicht jetzt. Herr Wirsching, von dem ich Dich grüßen soll, hat Vereinbarung sogar mit einem Bahnbeamten gemacht. Wo der offene, ehrliche Deutsche nur hingekommen ist?
Nun kommt die Heimreise von Ammerland. Wir nahmen statt der Zwetschgen das Korn und die Gerste dieses Mal mit und noch Dortgebliebenes. Tommi, der Arme trug den Rucksack mit 15 Pfund Korn hinten auf dem Rücken und seinen schweren Schulranzen vorne auf der Brust. Eine Leistung. Besonders von der Bahn bis Lessingstraße. Und dazu nahm er noch Frl. Lindas und Ollys Schirm ab.
Er ist überhaupt gerade sehr höflich. Er bringt ungefragt alles herbei, was gerade nötig ist. Mama hatte im Gasthaus gestern Mittag ihren Zwicker vermisst. Tommi wollte gleich unter dem Essen heimspringen, ihn holen. Siehst Du, es hat alles seine Zeit und kommt. Du hast auch so eine gute Nachwirkung auf Tommi, gell.
(..) Samstag bevor ich abreiste, habe ich noch telefonisch mit Herrn Brakl[176] gesprochen. Wegen des Steinbildes. Ich meinte, er müsste doch gerade viel Platz haben und verkauft. Und, da in der Paul Heyse Straße geräumt würde, sei mir bang um das Bild. So kam Brakl selbst heute früh 11 Uhr in die Paul Heyse Straße und sah sich's an. Heinrich war dabei. Brakl kennt Heinrich, da dieser ihm schon Sindings angeboten. Haben beide sich angelogen und Katz und Maus gespielt. Ich mag das nicht. Ist es Dir doch recht Colomb, wenn die Steinplatte bei Brakl steht? In der Paul Heyse Straße könnte sie jetzt vielleicht defekt werden. Und drüben wird sie dann auch gesehen. Nun bestelle ich gleich 2 Dienstmänner, um das Bild zu Brakl zu schaffen. Kam damit, aber Heinrich war weg und hatte unbegreiflicherweise den unteren Schlüssel (Atelierhaus) eingeschoben. Und sonst hat ihn immer Frau Vogel. Und Heinrich wusste doch, dass ich mit den Dienstmännern komme. Also ich war wütend. Und wie ihn erreichen? Und die Dienstmänner kosten doch und morgen wird schon um 8 Uhr angefangen abzureißen im Orgelatelier. Schrecklich. Mir blieb und bleibt nichts, als morgen das Bild holen zu lassen.
Corneille hat ein Eichhörnchen geschossen in Ammerland gestern. Das Arme hatte 4 Junge im Bauch. Wie menschliche Embryo. So groß. Ich habe zwei in Spiritus.

176   Brakl = Galerie in München

Ich bin ganz bös auf Corneille. Sie hatten sich schon ein bisserl bewegt, als er sie aus ihrer Eihaut nahm. Lauter kleine Grugrus wären es geworden.

In Ammerland, wenn man kommt, so merkwürdige Stimmung. Mimi gekränkt, weil Storchl gesagt: „Die Tanten lesen die Zeitung!" Die Tante – Olly und sie – Beleidigung!! Mimi will doch keine „Tante" sein wie Olly. Tante Helene beleidigt, wegen Platz im Gasthaus, geht sofort auf Französisch. Mama ist alles zu ordinär und bürgerlich (kommt von Tante Helene). Milla's Kinder haben jetzt überall Madör[177]. Nächste Woche kommt Agnes noch hinaus. Zu Milla und Tante Helene, dann zu Mama. Das wird ein nettes Kränzchen geben. Nicht sehr friedlich. Heini hat mir heute 3 Eier geschenkt und wieder seine Heiratslust und Ängste geklagt. Du solltest halt da sein, meinte er. Ich auch!! Wir schwärmten dann von Dir, Colomb. Heini hat Dich schon sehr gern. Er ist ein braver Mensch.

Jetzt muss ich ins Bett. Bin müd und .... Danke Dir für Butter und Liebe nochmals. Und sei umarmt Colomb und Kuss
Deine treue Frau
Armer Colomb, wenn Du's nur recht, recht schön hättest!!

****

465:              GNM

Grafenwöhr, 19. Sept. 1918

Liebe, liebe Paula!!

Oh Gott, ich schreibe Dir zu wenig, aber Du hast einen solchen Vorsprung, dass ich nicht nachkomme. Die Abende werden oft durchs Gasthaus verstümmelt. Muss oft eine Stunde sitzen, um zahlen zu können. Seit gestern ist der Herr Feldwebel wieder da, freut ihn auch nicht recht, hier.

(..)

Also zu Deinem Atelierbrief und Träume. Ja, Du hast ein Stück Leben von mir eingepackt. Wenn Du alles empfunden hättest, was ich in diesem Raum erlebt. Freude, Trauer, Verzweiflung und liebe Erinnerung an Papa. Es beruhigt mich so, dass Du selbst alles geräumt, liebe verständige Hände alles gemacht haben. Du hast auch dabei miterlebt, nur Idas hast Du bisl zu viel angesehen, darum auch sie im Traum gesehen.

Die Böck Angelegenheit muss also geregelt werden. Anders wird's nicht gehen, von hier kann ich Ernestine zu nichts überreden. Wenn sie nicht will, was ist zu machen? Kommt ein Geldsturz, so verlangt sie es einmal, wenn wir es nicht zahlen können? Wird uns nichts anderes übrigbleiben, als zahlen. Dafür habe ich das Vergnügen, nichts zu verdienen. Und ich habe noch dazu eine verlauste Frau, das ist sehr nett. Das ist am End der Schluss der Entenmilbe? Die Läusejagd muss ja lustig sein. Ich jage Hochwild, Flöhe, ganze Familien.

---

177   Madör = Furunkel

Es freut mich, dass Ihr in Ammerland schönes Wetter gehabt habt. Es ist mir eine kleine Freude, dass ich Dir zu der guten Frau in Münsing verholfen. Du Arme schleppst was zusammen und ich kann hier nur mein Maul bewegen, muss die Arme immer hängen lassen.

Warum ich nur 4 Küsse schickte, weil Du sagtest ich schreibe immer so viele und gebe so wenig. Wenn ich aber die Küsse von den 4 Jahren nachholen müsste (die ich geschrieben), so blieb mir nur noch eine dünne Haut über den Zähnen. Das wäre aber nicht schön, gell.

Eigentlich ist es gemein, dass gerade wir so lange getrennt sein müssen. Andere Eheleute, die sich nur in der Nacht angrunzen und sonst fast nichts von einander haben sind beisammen. Dicke oder dürre hässliche Weiber, der Mann kein Kunstmaler, ect. Aber wir denken und das Schicksal lenkt. Ich darf mich nicht so darein vertiefen, sonst mach ich noch einmal so eine Dummheit wie mit der Dolmetscherei, gell.

Über Tommis Kraft und galante Leistungen bin ich sehr erfreut. Schon im Urlaub habe ich mit Freude bemerkt, dass er alle mit Namen anredet beim Begrüßen. Lass dies nur nicht einschlafen und gehe mit leuchtendem Beispiel voran. Ich verbauerter Soldat kann ihm nicht viel leuchtendes Beispiel sein.

(..)

Freilich ist mir recht, dass die Steinplatte bei Brakl, danke Dir dafür. Ich habe ja meine Sachen schon alle vergessen. Mir ist schwummlig wie ich wieder Künstler werden kann. Im großen Atelier stehen so viele Gipssachen von mir. Viele möchte ich zerschlagen, einiges verschenken, weniges behalten. Da müsste ich aber schon kommen. Die Verkäufe mussten ja sein im Atelier, alles hat seine zwei Seiten. Heinrich habe ich noch nicht geschrieben. Gehören die unteren Truhen wirklich Hausmeisters. Ich weiß nichts davon. So eine möchte ich gerne mal. Die große alte Landschaft im Vordergebäude die mir zufällt, ist vielleicht auch besser abzunehmen und herüber zu tun. Der „Raub der Sabinnerinnen" wäre schade zu verschleudern. Ein hübsches Bild.

Ja, die armen Eichhörnln. Ich muss gestehn, dass ich schrecklich wenig Jagdlust habe, besonders nach dem Krieg. Da müsste der Hunger schon ziemlich beißen. Ich markiere nur manchmal Eifer vor Tommi.

Also Heini hat wieder Ängste. Es gibt doch auch so viele Christenmädchen! Wenn ich nur in München wäre. Aber jeder Wille ist gebunden. Unsere politische Lage ist jämmerlich.

Innigen Kuss von Deinem dankbaren Mann

Colomb

Kann ich so eine „Jugend" bekommen, wo meine Schmierereien drinnen sind? (..)

****

466: GNM

München, 23. Sept. 1918

Lieber, lieber Colomb!

Deinen so langen und so lieben Brief habe ich, und ich danke Dir sehr. Ich bin auch so schlecht zum Schreiben gekommen, jetzt auch mit dem Ammerland fahren. Ich habe eine Menge nachzuholen. Wo beginnen?

Heute kam ein Kisterl Zwetschgen. (..) Ich danke Dir sehr herzlich für diese Besorgung. Das war eine leichtere Geburt. Wir haben gestern und vorgestern furchtbar uns mit Zwetschgen geplagt. Zuerst (am Anfang) bin ich ins Gymnasium, um zu bitten, dass Tommi um 1/1 1 Uhr weg dürfte, da doch um 1 Uhr 20 der Zug geht. Hatte Verhandlung, wie Du mit dem Direktor. Sehr unangenehme Redensart hat er, direkt zum Widerspruch herausfordernd. Aber ich war demütig wie ein Lamm, denn 1. ist das Theresien Gymnasium nah, dann schön und luftig (jetzt besonders nachdem das Wittelsbacher Gymnasium auch draußen ist), dann guter Unterricht und billig. So muss man sich fügen. Viel Trambahn fahren ist für Kinder jetzt direkt eine Sünde. Endlich erlaubt der Direktor, dass Tommi 1.35 Uhr gehe. Nun, er ist halt ein korrekter Direktor und es ist ja wahr, jeder kann nicht was anderes wollen. Bei ihm stört nur diese Art zu reden.

Also fuhren wir. Wir waren hübsch müde. Ein Samstag ist immer grässlich, Olly war lange ums Fleisch angestanden. Dann um Würsteln. Sie sieht ganz zusammengehetzt aus. Ich helfe schon, aber es ist schon viel alles. In der Bahn so voll, natürlich stehen müssen. Auf dem Schiff Corneille, Heinrich, Hans. In Ammerland, Mama und Mimi sehen sehr gut und viel dicker aus. Essen sehr oft jetzt Geflügel. Waren gerade 5 große Hähne da. Einen nahmen wir. Mimi benützt sehr den Herbst zum Hamstern. Es sind ja wenig Leute jetzt draußen. Sie hat auch Korn und Gerste in einem Wagerl heimgefahren. Und Hartl bringt 1 Zentner (geheim).

Kaum angekommen machte ich mich mit Tommi nach Münsing auf. Aber Frau Kirchmaier hatte dieses Mal gar nichts für mich. Also leer fast. Olly war bei Settele. Aber bekam sehr wenig Milch, da diese jetzt auch den Kloiber beliefert und zwar speziell Tante Helene. Ich finde das mit den Grenzgebieten sehr wenig eingeteilt, oder nie. Deshalb habe ich auch ruhig bei Michel mir ein kleines Flascherl Milch geben lassen und einige Falläpfel. Das im Rucksack heimgetragen. Sonst tat ich das nie, weil ich alles von dort für Mama und Storchl ließ.

Als wir heimgekommen sind, aß ich geschwind, lief dann (es war dunkel geworden) nach Ambach mit Olly. Wir kamen um 9 Uhr an und gingen bis zum Hansenbauer hinein. Wir bekamen 10 Pfund Zwetschgen zu 3 M. Einen Dietzel fürs Kind habe ich auch versprochen. Kosten jetzt 3,60 M und alle 2 Tage reißt einer (Die junge Frau Brosi hat schon 40 M für Dietzel gegeben) Dann bei Brosi bekamen wir keine Zwetschgen, leider. Aber ich solle auch anderen Vormittag 11 Uhr kommen.

So ging ich also um 10 Uhr fort. Am Ufer war Heini mit seinem Schiff. Er wollte mich zur Spitze rudern, aber er war so nett und fuhr mich bis Brosi. Er macht Colombo – Ersatz und hilft mir. Frau Brosi ging in den Garten und war ganz unglücklich, denn sie sah, dass ihr über Nacht (mondhell) die beiden schönsten Apfelbäume abgeleert waren. Hans ist übrigens sein ganzer Tabak (30 Pflanzen samt Wurzel) gestohlen, auch der gemähte Hafer.

Frau Brosi stieg auf die Bäume und schüttelte und Heini und ich lasen auf. Und die dicken Zwetschgen fielen dabei auf unsere Rücken. Das war nett. Ich bekam 15 Pfund und für Heini dazu 4 Pfund fürs Rudern.
Sonntagnachmittags ging's nach München. Furchtbares Gedränge!! Schon im Schiff. Dann kein Dienstmann. Scheußliches Schleppen, Arme, d.h. Handgelenke, weh! Kropf und neue grüne Krampfader am rechten Bein. Oh! Olly schleppte auch ganz schief. Tommi seinen Ranzen: Zwetschgen, Äpfel, Milchflaschen, einige Eicheln,....Das kann man nicht sagen, dass wir die Nobelsten der Familie sind. Zuhause die Zwetschgen in den Holzdeckel (des Tisches) im Wohnzimmer ausgebreitet.
Heute liegt Tommi im Bett. Sein Schnupfen ist verrutscht.
Bei Brakl habe ich vorher nach Deiner Steinplatte geschaut, die steht ganz gut. Kann weit gesehen werden, durch die Glastüre gleich links. Vor man zur Treppe hinauf geht. Da steht sie. Das große Bild von der Paul Heyse Straße habe ich damals gleich herüber schaffen lassen von den Dienstmännern, wie sie die Steinplatte zu Brakl brachten. Kostete 5 M!!

Die Entenmilbe ist mir nie auf den Kopf. Und Läuse sind Läuse. Ganz richtige Läuse. Es ist gemein. Und man hat immer Wimmerln im Gesicht und bei den Ohren u.s.w. Pfui!! Heute mache ich wieder Wickel.
Übermorgen kommt Herr Breg. Heini hat mir viel von Dir erzählt im Schiff. Wir sahen Sumpfgase und er sagte, dass das Deine Spezialität von früher und Begeisterung. Es sieht auch reizend aus, wie aus dem Sand so schnell die Reihen Blasenketten kommen. Wir sahen ein Wiesel und Heini wollte es fangen. Machte furchtbare Sprünge, aber es verschloss sich. Einen kleinen Fisch fing er und fiel beinah ins Wasser. Einen Russen sprachen wir bei Brosi. Wir fragten ihn, ob er Bolschewiki sei.
Heini fährt vielleicht am Donnerstag mit mir nach Reichertshausen zu Fuchs. Ich schicke an Fußeder einen Korb. Die Ausfuhrerlaubnis muss er selbst in seiner Heimat erhalten. (..)
Ich habe Frau Paulus   **(Frau des Feldwebels in Frankreich)**
auf dem Dampfer getroffen mit den beiden Kinderln. Der Bub ist ganz mit Furunkeln bedeckt. Die ganzen Beine zugewickelt, oft 20 neue über Nacht. Sie ist leidend, hätte Operation nötig, doch will den Arzt nicht, wegen der schlechten Ernährung danach. Hat 3 Dienstboten. Ein Ei kostet in Starnberg 1 M. Er ist immer draußen, bekommt immer mehr Ödeme. u.s.w.   (..)
Schicke mir bitte doch mehr als 4 Küsse. Brieflich nützen wir uns ja nicht ab dabei. Alles riecht nach Zwetschgen bei uns.(..) Heini wird wohl dieses Frl. T.S. heiraten. Er sagt, alle letzten waren auch Jüdinnen, Frau Reinshöm, Würzweiler u.s.w.   (..)
Corneille ist dieser Tage um 300 M gesteigert worden.
Meine Läuse sind wieder da. Schrecklich! Aber es ist keine Entenmilbe. Entenmilbe hatte ich jedes Jahr im August am Körper, wie alle anderen.
Beinahe kein Platz für die Küsse. Sei deshalb sehr herzlich und innig umarmt von Deiner treuen Frau.

****

467:                    GNM
                                          Grafenwöhr, 26. Sept. 1918
Donnerstag
Liebe, liebe Paula!
Schnell ein paar Zeilen. Zu dumm, jetzt haben wir schönes elektrisches Licht, dürfen aber nur bis 9 Uhr brennen. Im Gasthaus muss man oft so lange warten aufs Essen. Allerdings habe ich jetzt mehrere Abende immer selbstgefundene Steinpilze gegessen beim Herrn Feldwebel oben. Da komme ich aber auch nicht zum Schreiben.
Vielleicht bekommst Du diese Zeilen noch an unserem Hochzeitstag. 8 Jahre sind wir verheiratet, wo ist die Zeit? Allerdings bin ich 4 Jahre jetzt weg von Dir. Ein Jahr waren wir nur allein in der Wohnung. Also sind wir eigentlich immer noch jung verheiratet. Oder ist es Dir schon zu lange? Arme Frau. Du hast kein Glück gehabt mit Deinem Mann. Ich wollte schon schnell Urlaub nehmen für 2 Tage, aber es ist besser ich nehme mir vielleicht nach der Besichtigung am 7. Oktober bissl länger. Muss Dich halt wieder einmal aus der Ferne umarmen herzlich und küssen. Darf ich es tun wie immer, ist nichts zwischen uns gekommen? Bist Du noch glücklich mit mir?
(..)
Also nach 8 Jahren verheiratet sein, ist die Frau verlaust und hat einen Mannersatz – und der Mann ist in der Zwangsjacke, aber ohne Frauenersatz (nur mit sehr viel Flöhen). So ist die Lage und die Zukunft ist ganz dunkel. Gell, wir wollen aber doch durchhalten und nicht verzweifeln.
(..)
Heini habe ich unter anderem geschrieben, dass Frauen, über andere Frauen, besser urteilen, als Männer. Darum wird er sich an Dich halten!
Schluss. Meine gute Frau, die ich liebe, die mich liebt?
Viele Küsse, Dein Colomb
Grüße Tommi, Gute Besserung

****

468:                    GNM
                                          München, 27.Sept. 1918
Lieber, lieber Gatte Colomb!

Zuerst und vor Allem, gratuliere ich Dir zum Hochzeitstag, gratuliere mir zu Dir und gratuliere Dir zu Deiner Frau. Der 9. Hochzeitstag, acht Jahre Ehe. Bist Du noch zufrieden mit mir?
Colomb, ich habe Dir so viel zu schreiben, bin ganz <u>schwummelig</u>. Heute schreckliches <u>Gewirr</u>, wie Tommi sagt.

Es war ein Herr Direktor Thom da mit einer Frau Eckhard. Thom, Direktor der Hamburger Explosivstoffwerke Hamburg 21, Oberbeckstr. 19 wohnt Bayrischer Hof. Er hat in Hamburg bei einer Auktion Dein Bild „Stillende Mutter" gekauft und will andere von Dir. Außerdem will er wissen, warum über diesem Bild Glas ist. Ich konnte es nicht genau sagen. Er möchte bitte bald wissen, was folgende Bilder kosten:
1. „Reiterin im Meer"
2. „Schwarz und Weiß"

Dann in Paul Heyse Straße: 3. Das Bild mit dem bleichen Mädchen am Brunnen (gestützt von der anderen Amazone??) Er will hier auch den Titel wissen, ect.

Dann: 4. Möchte er die „Harmonielehre" Nun aber kommt das Dumme: Er meinte, ich solle Banger[178] schreiben, er solle ihm direkt das Bild schicken, damit er es sehen könne. Aber da sagte ich: „Nein." Ich war sehr liebenswürdig, aber es geht doch nicht, dass ich das tue. Welche Garantien? Er sagte, er wolle ein Depot an der Bank für mich hinterlegen, damit ich sicher sei. Es war grässlich. Ich möchte dies, aber per Anwalt gemacht, aber nun fährt der gute Mann morgen schon wieder nach Hamburg. Wenn er mir auf mein Depot auf der Bank 1000M hinterlegt, ist es Dir dann recht, wenn ich Banger schreibe, er solle ihm das Bild schicken? Banger wird nicht wollen. Soll ich Banger schreiben, ich möchte alle Bilder wieder hier haben? Er hat doch mehrere.

Schade, dass Du nicht da warst. Beide sahen nicht schwindelhaft aus, aber ich war sehr vorsichtig. Ich bin sehr neugierig, was ich für Nachricht bekomme.

Colomb, wann kommst Du denn eigentlich im Oktober? Wann ungefähr? Der Direktor heute sagte, er wolle Dich einfordern. Ich sagte, ja ob Du bei ihm so sicher seist? Er meint schon. Allerdings Explosivstoffe und Hamburg?!! Und wie will er einen Maler anfordern? Er sieht ja ganz nett und gemütlich und reich aus, der Mann. Hatte Auto vor der Türe warten. ¾ Stunden fuhr dann damit zur Paul Heyse Straße, hier wieder warten, dann mit mir sprechend bis Bahnhof. Nobel!

Ich muss Dir etwas von Olly einmal mündlich erzählen, wenn Du da bist. Sie war so mysteriös in der Nähe lauernd. So komisch.

(..)

2 Hausannoncen haben mich antelefoniert, wollte heute hin, kam nicht dazu. Muss also erst Montag. Ob nicht schon zu spät. Eines ist: Romanstr. 69, 65 000 M Anzahlung, 25 – 27 000M, 22 500 M Hypothek und 12 000M Hypothek. Haben das Haus im Juli erst gekauft, wollen aber auf's Land, d.h. Isartal wegen der Kinder. Das andere Limbrunnstraße 65.

(..)

Tommi gesteht mir eben (Abends im Bett), er war heute so traurig auf der Straße. Er hat ein kleines Mäderl von 5 Jahren begegnet, welches sich verirrt hatte. Er ist mit ihr gegangen, weil sie ihm so leid tat und weil er kein Schwesterl hat. Er möchte so gern, dass ich noch Kinder hätte.

(..)

Hans will sich, glaube ich, jetzt auch auszahlen lassen. Braucht Geld.

---

178 Banger = Kunsthändler, mit dem Paula schon länger verhandelt

Habe mich heute so sehr über Heinrich geärgert. Ich habe Dir ja, glaube ich, geschrieben, wie ich neulich 2mal vergeblich mit Dienstmännern in Paul Heyse Straße war und nicht hinein konnte, weil er den Schlüssel eingesteckt. Vorgestern Nachmittag wollte ich nun auf den Speicher. Besonders um in meinen Koffer einmal zu schauen. Hatte Tags zuvor mit Heinrich darüber gesprochen und er hatte gesagt, er ließe den Speicherschlüssel der Frau Vogel. Also ging ich hinüber. Aber der Schlüssel passte nicht. Auch Frau Vogel probierte. (..) Endlich kam Heinrich zufällig mit Alois ins Rückgebäude. Ich schimpfte mit ihm. Er räumte herum im Schreibtisch, dann im Vorderhaus Bibliothekzimmer. Dann ging er mit auf den Speicher und sagte, der Schlüssel passe sicher, wir hätten es nur nicht recht gemacht. Aber er gab mir dieses Mal einen anderen Schlüssel. Ich sah es genau. Er wollte die Verwechslung nicht zugeben. So hatte ich heute schon so Angst, ich könne nicht hinüber. Es ist schon scheußlich, Colomb. Ich bin doch froh, wenn wir uns loslösen können. Die Sachen müssen herüber kommen. Drüben ist nichts mehr sicher. Und aussehen tut es schrecklich, schrecklich.
Ich habe auf dem Speicher mit meinen ersten Kinderspielsachen gespielt. Puppenwägerl herumgezogen am Strick, dass ich das Quietschen der Räder hörte. Die spanische Tänzerin aus Blech habe ich gefunden, die Du Tommi einmal schenktest. Sie tanzt sogar noch. Nur sehr kurz, aber sehr heftig und dann biegt sie ihren Oberkörper ab. (Der abgebrochen ist und nur draufgesteckt ist.) Wie ich?
Lieber Gatte Colomb, lieber 8 Jahre Lebensgefährte!
Sei innig umarmt (vom Oberkörper, der zu Dir fliegt).
Viele Küsse von Deiner treuen Frau.

****

469: GNM

München, 29. Sept. 1918 (Sonntagabend)

Lieber, lieber Colomb!
Deinen schönen Hochzeitstagbrief habe ich richtig gestern früh bekommen. Ich danke Dir, Colomb und danke Dir für alle Liebe die drinnen enthalten ist. Wie kann ich so glücklich sein, einen so ---lieben, guten—Mann zu haben. Du hast mich also noch gern. Und ich Dich, noch mehr. Was sollte zwischen uns gekommen sein? Von mir aus Colomb? Ach, wenn es nicht von Dir aus etwas gibt, dann ist und bleibt es gut. Ich freue mich so sehr auf Dein Kommen. Es ist hart ohne Dich und mit Dir glücklich und weich. Am 7. kommst Du. Das wäre ein Montag. Morgen in 8 Tagen. Am 12. ungefähr kommt dann die Unmobilität. Gell, dieses Mal müssen wir fest arbeiten und denken. Wegen Deinem Atelier in Paul Heyse Straße. Und dann – Haus. Es wird nun ein Wettrennen um Häuser werden. Die Bulgarische Sache lässt alle Gemüter in Angst kommen.
Gestern Abend haben wir in Ammerland (von wo ich vor 2 Stunden herkam) die „Niederkunft" Deutschlands mit Wein gefeiert. Heini fletschte die Zähne und ballte die Fäuste und sagte: „Nun geht der Militarismus zu Grund." Ich kann Dir nicht schreiben, was wir alles ausmalten. Es war furchtbar. Corneille auf einmal, hatte Deine Ansichten mit

Werten oder Grund kaufen. Ich musste lachen. Heini will schnell sein Geld verleben, um noch etwas davon zu haben. Eigentlich, wenn es so käme, hätten wir am wenigsten davon gehabt. Wir haben immer gespart und uns geplagt.

Für Bilder wird jetzt herrent gezahlt. Frau Egger (nicht Eckard) hat mich gestern früh wieder angerufen. Sie sagte, ich solle nur nicht so bescheiden sein. Deine Bilder seien so schön und der Direktor Thom verdiene im Tag 6000 M ungefähr und <u>wolle</u> sein Geld in Kunstwerten anlegen. Das war ja so sehr nett von ihr, nicht wahr? Sie sagte weiter, dass jetzt für ganz geschmacklose Stilleben 2 500M gezahlt würden und wir sollten ja Preise machen. Der Direktor interessiert sich besonders für die beiden Mädchen am Brunnen (Ist es nicht eine verwundete Amazone?) Wir könnten schon 2 500M dafür verlangen, wenn Du es überhaupt hergeben willst. Es imponiert gar nicht, Deine Preise. Die Leute <u>wollen</u> doch <u>Werte</u>. Und so meinen sie dann, sie hätten keine, wenn es so billig ist, Colomb. So denke ich. Man sollte diese Zeit ausnützen. An den Banger habe ich auch geschrieben, was er weiter vor hat. Denn, wenn der uns nun diese Preise zahlt, die wir für die Bilder damals machten, so sind wir angeschmiert. <u>Er</u> bekommt jetzt sicher mehr. Der Direktor wollte Dich doch anfordern, wie ich Dir schrieb. Ob das aber ginge? Und Explosivstoffe?? Ich habe gestern früh nochmals telefonisch mit ihm gesprochen. Er interessiert sich sehr für einige Bilder, besonders das genannte.
Beiliegend 6 „Reiterinnen". (Bertele[179] auf Pferd) 10 sind nur gekommen. Ich werde gleich mehr bestellen, nicht wahr. Gut ist es schon, nur kommt mir vor, als sei unten ein Stück Meer zu wenig. (Wie abgeschnitten). Ich schicke heute noch eine zu Hildebrands. Es wird sie freuen. Auch dem Direktor schreibe ich darauf, wenn Du mir die Preise geschrieben hast. (Bitte bald!)
(..)
Hans soll wieder Grund gekauft haben. Der Stall ist im Bau. Aber nicht am Haus höre ich. Ich war nicht oben. Komme nicht dazu.
(..)
Sei umarmt und – wieviele Küsse? 11?
Deine treue Frau

****

470:                    GNM

Grafenwöhr, Samstag den 30. Sept. 1918
Liebe, liebe Paula!
(..)
Die Bilderverhandlungen sind ja ganz schwirig! Du hast aber Recht. Der Herr und die Dame müssen aber ein gewisses Verständnis haben. Die schlechtesten Sachen haben sie nicht ausgesucht.

---

179   Bertele = Bertele Braunfels geb. Hildebrand, siehe Abbildung nach 336

Das Bild ist unter Glas, weil es ungefirniste Tempera ist. Es darf nicht gefirnist werden. Es hält aber gerade so gut und lange (im Gegenteil: länger, weil es nicht rissig und brüchig wird.) Das Glas ersetzt den Firnis.

Mit der „Harmonielehre" bin ich einverstanden. Am besten, wir bitten es von Banger zurück und er möchte es gleich nach Hamburg schicken. Oder haben wir einen Kontrakt mit ihm?
Was weiß ich, was man verlangen kann? „Reiterin im Meer" 800 – 1200 M, „Schwarz und Weiß" 250 M, „Verwundete Amazone" oder „Amazone" (hat einen Holzgeschnitzten Rahmen, den ich ungern hergebe) Oder wir verlangen 1500 – 1800 M.
Es ist sehr schwierig. Verlangt man zu viel, dann verkauft man nicht und zu wenig, dann haben die Leute keinen Respekt. Was heißt heute aber viel oder wenig? Den Kriegspreisen nach dürfte ich schon so viel verlangen, wie ich angegeben. Alles <u>Friedensware</u>!
„Autsch", das Bertele springt aber schon bisl ab. Ich muss unbedingt Urlaub haben, um Bilder herzurichten. Ein Grund!
Hamburg wäre schön im Frieden. Aber jetzt und Explosivstoff? Bewilligt würde es mir ja sofort, wenn so ein Betrieb eingeben würde. Aber was machen dort?
Kann mir vorstellen, wie Tante lauschte. Wie ich einmal bei Euch war, war es auch so, da ist es mir ganz gruselig geworden.
(..)
Kuss, Kuss, Kuss, Dein Colomb

****

471: GNM

München, 2. Oktober 1918

Lieber, lieber Colomb!
(..)
Häuser habe ich vorgestern 2 angesehen. Eines Romanstraße, eines Limbrunnstraße. Beide nicht hässlich, doch ungeeignet. Ersteres von „Heilmann und Littmann", gekachelt und sehr solid. Aber zwischen einer großen Reihe ganz gleicher und mit ganz kleinem Garten, in den man nur rechts und links schauen kann. <u>Gar nichts</u> Originelles.
Limbrunnstraße : 95 000 M. Sehr großes Haus, sehr großes Atelier. Origineller. Aber fast direkt bei den Kasernen hinter den Lazaretten. Küche und Esszimmer im Souterrain. Aller Dreck von der Straße fliegt da hinunter, ect. In Solln habe ich uns angeboten. Am besten, ich setze einmal eine Annonce in die Zeitung. Die billigen Sachen sind halt Michelartig oder sehr klein. Leider sind die Häuser teuer, da <u>gar</u> keine Wohnungen zu haben sind.
Gestern Nachmittag bin ich zu Emma, da ich Fleisch geschickt bekommen, welches ich mit ihr teilte. (Nicht von Reichertshausen). Mit 7 Pfund im Beutel lief ich; es ist so komisch. Nun darf gar kein Obst mehr herein, vom 1. Oktober an. Mit dem Hamstern ist es also aus. Schicken lassen geht doch nicht. Obst ist doch alles beschlagnahmt und

schwere Strafe auf verbotenes Hergeben. Nur 10 Pfund Pakete gingen durch. Das ist den Leuten aber zu umständlich. <u>Wenn</u> ich von Fußeder die Äpfel bekomme (mit Erlaubnisschein), dann bekomme ich hier die Obstmarken entzogen. So einfach ist's leider nicht. (..) Eben kommt Tommi. Ich höre ihn schon im Garten. Er sagt laut: „Gemeinheit!" Den Dr. Lottenburger kann er halt gar nicht leiden.
So jetzt muss schnell Mittag gegessen werden. Colomb, wann kommst Du? (..)Wir werden Dich schon versorgen. Hoffentlich ist es nicht recht kalt. Gell, und <u>Milchreis</u>.
Sei innig umarmt und Küsse von Deiner treuen Frau.

****

Colombo bekommt ein paar Tage frei

****

472:                    GNM

Grafenwöhr, Samstag den 12. Okt. 1918
Liebe, liebe arme Paula!
Eben bin ich angekommen. Übernächtig und ärgerlich und voller Sorge wegen Euch. Hier ist gar nichts los. Fast alles im Urlaub, die Besichtigung verschoben. Ich bin böse, dass mir nicht länger Urlaub gegeben wurde. Eben ist aber der Befehl eingetroffen, dass ich doch wegen der Prüfung nach Berlin muss. Mit der Begründung, dass so großer Mangel an G.V. Dolmetschern ist. Ich werde vorsichtig sein. Sorge Dich nicht wegen mir, gell. Morgen oder Montag werde ich fahren müssen. Leider kann ich vorher nicht nach München. Dafür werde ich aber nachher kommen. Heute Mittag werde ich Dich anrufen, dass ich weiß, wie es Tommi geht, gell. Im Falle Du mich im Telefon nicht verstehst, schreibe ich Dir meine Adresse:
U.O. Colombo Max
z.Z. Dolmetscherschule
Berlin S.O.16
Brandenburger Ufer 1
(Jannowitzbrücke)
Es kann auch sein, dass ich nur 1 – 2 Tage dort bin. Also bitte, mir nur kurz schreiben, wie es Euch geht.
Kuss und Umarmung
Tommilein Kuss und Gesundheit. Er soll essen.
Viele Grüße und Gute Besserung wünscht Herr Feldwebel

****

473:
München 12. Okt. 1918
Lieber, lieber Colomb!

Eben habe ich mit Dir gesprochen. Berlin! – Schrecklich!! – Hoffentlich, hoffentlich gelingt es Dir durchzufallen. Und schau nur nicht aus, wie ein bayerischer Löwe. Und Colomb, lieber werde nicht krank dort in diesem Pfuhl. Nie mehr im Leben will ich nach Berlin – ich hasse es.
Gestern Abend, kaum war ich zuhause, kam Prof. Hecker. Er untersuchte Tommilein recht genau. Er sagte, dass diese trockene Bronchitis ihn so quäle. Die ist bei der Grippe meist. Er riet Wickel und verschrieb auch einen Hustensirup. Ich gab Tommi den von Heini, auch nachts, da er qualvoll hustete. Den Wickel, den er sich selbst wünschte, tat ihm gut. Ich machte ihn noch um ½ 10 Uhr. (2 Stunden) und um ½ 12 Uhr weg. Der arme Kerl, solange er den Wickel hatte, war er still. Aber er wimmerte und hustete immer im Schlaf. So grässlich trocken und stickig. Mir wurde oft ganz kalt vor Ängstlichkeit. Heute früh scheint es besser: 37, 2 und vorhin 37, 5. Aber noch keinen Appetit und noch grantig. Ich bin schon sehr vorsichtig, das kannst Du Dir denken. Wenn Du nur beurlaubt wärst noch. Oh verfl. - Berlin. Schreibe, oder telegraphiere mir den dortigen Stand. Wenn, dann werden wir sehen, dass Dich Sattler eventuell als Dolmetscher anfordert. Aber natürlich besser, wieder Grafenwöhr.
(..)
Tommi weinte gestern so sehr wegen Deiner Abreise. Mit gebrochener Stimme sagte er immer kurze Sätze unter Schluchzen. „Hat der Vati einen Platz bekommen?" – „Wer reibt jetzt den Glaskasten?" – „Hat der Vati was zu trinken bekommen?" – Er tat mir schrecklich leid. Und wie nett er fürsorglich an Dich dachte. „Was hat Herr Feldwebel gesagt? Hat er den Aschenbecher?"
Hier schreibe ich Dir auch für alle Fälle Serini's Adresse. Friedl wird Dir wenig nützen können. Kolbe am ehesten, wenn nötig. Wird er aber in Berlin sein? Ich bin begierig, was Du von dieser Stadt jetzt siehst. Du solltest nur mehr zu essen für Dich haben. Das ist unerwartet gekommen.

Dr. Hermann Serini (Direktor?)
Berlin S.O. 16., Köpenickerstr. 48 – 49
Stak Motorpflug. Telefon: Mpl. 569 11049
Ob das Telefon noch stimmt, weiß ich natürlich nicht. Wohnen tut er Tempelhoferufer, glaube ich. Aber das steht ja alles im Telefonbuch. Du wirst seine Adresse ja vielleicht gar nicht brauchen. Und nun: Alles, alles Gute. Ich umarme Dich fest und innig. Mein Wunsch ist stark und muss und wird Dir beistehen. Wir denken immer an Dich.
Gruß und Kuss von Tommi und von Deiner treuen Frau
Wie es Tommi heute Abend geht, schreibe ich dann nach Berlin.

****
474:
Sonntag, München, 13. Okt. 1918
Lieber, lieber, bester Colomb!

Ein Brief nach – Berlin-! Deinen Express Brief habe ich heute bekommen in der Frühe. Ich bin etwas länger liegen geblieben, da ich nicht gut wohl. Heute Nacht hatte ich wenig Ruhe, das arme Tommilein hustete so grässlich. Ich war oft ganz am Verzweifeln. Solch hässlichen Husten hört man sonst nicht leicht. Wenn er schlief und nicht hustete, stöhnte er viel. Das war wohl so ein ständiges Husten wollen. Mehr als 2 Mal kann ich ihm auch nicht den Codein Sirup geben. Gebe ich ihn um 12 Uhr Nachts, dann fängt um 3 Uhr doch wieder ein grässliches Gehuste an. Nun will ich aus Verzweiflung doch den Sirup von Prof. Hecker noch probieren. Olly hat ihren Rheumat. oder was es ist, Käthchen ist schon um 7 Uhr früh nach Ammerland. Ich habe Drobele telefonisch gebeten, mir bei Hecker den Sirup zu holen. In den Apotheken gibt es ihn nicht mehr und er hat mir in diesem Falle seine Flasche angeboten.
Colomb, wie ist es in Berlin? Dani[180] meint, Du habest es doch da besser, wie in Grafenwöhr. Das ist fraglich.
Was sagst Du zur Zeitung? Hast Du den Artikel von Prof. Bonn (von heute morgen) gelesen. „Wie kann es doch?" Ist es möglich, dass mit einem Schlag, alles andere Ansichten haben darf? Fast unheimlich rasch dieser Wechsel.
Tommi hat weniger Fieber, nur der Husten ist so schrecklich. Mit Baden traue ich mich nicht recht ohne Dich. Ich kann es nicht so gut und daher so schnell machen. Ich muss halt Wickel machen probieren. Man kommt halt dem Husten nicht recht bei. Diese Bazillen sitzen in der Luftröhre und Bronchen. Ewig Schwitzen lassen, kann man den armen Kerl doch auch nicht.
Kannst Du eigentlich wirklich nochmal über München kommen nach der Prüfung? Das wäre gut. Ich wäre so froh. Tommi hat Dir die Berliner Adresse heute Vormittag gedruckt. Wir brauchen sie ja wohl nicht oft, aber es war eine Beschäftigung. Und eine Liebevolle für Dich.

Ach, wenn Frieden kommt, wie wollen wir friedlich sein und froh zusammen. Jetzt kommt die Entscheidung.
Sei umarmt von uns. Alles Gute in Berlin.
Küsse von Tommi und von Deiner treuen Frau.
Tommi lässt Dir sagen: dass er Dich so sehr gern mag. Und einen Kuss soll er kriegen. Und bald kommen, Recht bald Kommen. In 1 – 2 Tagen.

****

475:                    GNM
                                   Berlin, 17. Okt. 1918 Donnerstag
Liebe, liebe gute Paula!
Hier ist es schrecklich. Berlin und Militär zusammen, das ist das Furchtbarste, was es auf der Welt gibt. Also lasse mich erzählen! München, Bahnhof etwas traurig. Schaffnerinnen ließen mich alle gutmütig durch. Sehr gefreut hat es mich, dass Heini noch gekom-

---

180   Dani = Dani Beissbarth, Paulas Verwandter, siehe Lebensbericht

men. Man hat sich das „Begleitet werden" angewöhnt. Noch einmal schlüpfte ich durch die Kontrolle in der Bahn. Kurz vor Regensburg aber, als ich mich ganz sicher fühlte, kam der Feldgendarm, ich konnte nicht mehr aus.
Er nahm mir Fahrschein und Ausweis weg. Ich musste auf die Kommandantur in Regensburg. Dort große Hetze. Zuerst versuchte ich es im Guten, dann wurde ich aber bösartig, da sie mich zahlen lassen wollten. I. Sagte ich, ich hätte kein Geld. II. Könnten sie nicht verantworten, mich aufzuhalten, da ich sehr nötig in Dolmetscherschule. II. Verlange ich, dass Sämtliche gestraft würden, die mich durchgelassen in München.
Wurde dem Offizier vorgestellt, der mich schließlich durchließ. Höchste Zeit, der Zug ging schon. Bis Berlin eingezwängt sitzen mit einigen Stunden Verspätung.
Meine Unterkunft hier im Seminarhaus: Düster, staubig, stinkig. Grafenwöhr ist ein Sanatorium dagegen. Der Unteroffiziers Saal ist anscheinend ein Festsaal gewesen. Man muss bei Tag Licht brennen.
Das ganze Haus Hohenzollern hängt an der Wand. Wir liegen zu 80, wie die Schweine zusammen, kaum, dass man sich umdrehen kann. Staub, Dreck und Luftheizung. Ein Eldorado für die Grippe. Der Boden hat nie Wasser gesehen. Behandelt werden wir, wie die Rekruten. Mein Vorgesetzter ist ein Gefreiter. Alles flucht, ekelhafte Preußenstimmen. In der Kantine sind nicht einmal Tische.
Jetzt weiß ich es sicher, Berlin war der Seuchen und Kriegsherd.
Übernächtig bin ich auch. Aber ich gehe, so bald als möglich von hier, sonst kann ich doch noch zu viel sagen.
Wie geht es Euch? Viele Grüße und Küsse Tommilein. Gell, und Du lege Dich gleich, wenn Du Dich unwohl fühlst.
Eben bin ich in ein Kaffee geflüchtet, wo ich schreibe. Will jetzt Kolbe telefonieren. Vielleicht schlafe ich doch auswärts.
Umarmung von Deinem reuigen Colomb

****

476:                    GNM
                Berlin, 21. Okt. 1918   Montag, 12 Uhr Nachts
Liebe, liebe Paula!
Endlich habe ich heute Deinen lieben Brief vom 18. bekommen. Er beruhigt mich. Tommi geht es besser und Du bist auch wohl. Hier ist eine Hetze. Den ersten Schrecken habe ich überwunden. Habe ziemlich viel Dienst, heute z.B. Kasernen Wache. In Berlin unter Preußen ist das nicht so einfach. 24 Stunden darf man nicht abschnallen. Interessant sind die internationalen Besucher, die alle durch die Wachstube müssen. Fast lauter Russinnen, Rumäninnen mit Kindern. Es geht überhaupt sehr international hier zu. Also Samstagnachmittag war die Prüfung. Ich brauchte mich nicht sehr anstrengen, sie ungenügend zu machen. Besonders schriftlich war sie sehr schwer. Kaum hörte der Offizier meinen Namen, so fragte er, er kenne mich nach Bildern. Nachdem lud er mich gleich ein und wir unterhielten uns 1 ½ Stunden über Kunst. Er zeichnet selbst sehr nett.

Ich konnte ihm daher auch ganz offen meine Wünsche und Schmerzen sagen. Mein Zurückkommen ist also so viel, wie sicher. Wie lange sie mich noch halten, weiß ich nicht. Fast alle sind so hereingefallen wie ich und sind hier schrecklich enttäuscht.

Hungern tue ich nicht. In den Gasthäusern ist es bissl teuer. 2 Abende war ich bei Friedel, einen bei Theodor Mann.

Die Untergrund und Obergrundbahn macht einen ganz dumm. In der freien Zeit möchte ich auch bissl was ansehen. Frau Kolbe habe ich besucht. Hat ganz unsere Ansichten, so leidenschaftlich, dass sich ihre ganzen Haare verrutschten. Die Arme hat schon Schwächeanfälle vor Hunger gehabt. Man sieht überhaupt viel erschöpfte Gesichter. Die Stimmung ist überall sehr gereizt. (..) Man sieht aber auch viele ekelhaft fette Unabkömmliche.

Meine Liegestätte ist sehr schlecht. Wanzen plagen einen auch. Die Menage ist schrecklich schlecht, da ist Grafenwöhr ein Schlaraffenland dagegen. Hoffentlich bin ich bald erlöst. Ein elendes Licht zum Schreiben und müde bin ich auch. Muss aufpassen, habe 5 -6 Bücher, in die alles eingetragen werden muss. Der geringste Fehler bringt 14 Tage Mittelarrest. Mein Feldwebel ist ein kleiner Jude mit schriller Stimme. Schreit unangenehm. Denke Dir nur, in verschiedenen Straßen ist hier das Rauchen verboten für Soldaten, wegen S.M.

Alles schläft. Nur die Stadtbahn poltert bisweilen vorüber. Hoffentlich schlaft Ihr gesund und gut. Tante ist halt auch schlechter Laune wegen Spanischer Grippe. Tommi wird bald besser werden. Heute habe ich im Luftschacht unseres Hofes gesehen, dass blauer Himmel ist und die Sonne scheint ganz oben. Hier ist es nicht schön. Gehe viel an die Luft, wenn Du kannst, gell. Ich könnte Dir so viel erzählen. Mir ist, als ob ich schon schrecklich lange weg wäre.

Mit uns steht es schlecht. Deutschland hat sich selbst gerichtet. Was wird kommen? Hoffentlich habe ich nicht bis zum Ende Recht. Aus den Karten an Tommi hörst Du auch von mir. Grüße Tante

Herzliche innige Küsse, Dein Berliner Colomb

****

(Skizzenbuch: „Adler", Grafenwöhr)

****

477:
                                    München 22. Okt.
Lieber, lieber Colomb!
(..)
Tommi geht es besser. Heute erlaubt Heini, dass er 3 Stunden aufstünde. Aber abends muss er noch Wickel haben. Nun hört auch Heini das Rasseln in den Bronchen (od. wo). Es löst sich hoffentlich. Fieber keines mehr; aber noch solchen Husten. Und so arm und so abgemagert sieht der arme Kerl aus. Heini meint, er gehöre halt nach Italien oder Tirol jetzt. Wann glaubst Du kommen zu können? Seit Montag Theresien Gymnasium geschlossen. - -
(..) Hoffentlich bekommst Du diesen Brief.
Sei innigst gegrüßt und umarmt von Deiner treuen Frau
Kuss von Tommi.

****

Die Grippe
Der Direktor des städtischen Krankenhauses links der Isar Universitätsprofessor Geheimrat Dr. Friedrich von Müller hat uns auf unser Ersuchen den nachstehenden Aufsatz zur Veröffentlichung übergeben. Die sehr beachtenswerten Ausführungen dürften jetzt allgemeinstem Interesse begegnen. (II. Schluss Nr.534)
Als die Krankheit im Sommer an der Front uns in Deutschland auftrat und bald als Schützengrabenfieber bezeichnet wurde, musste die Frage erörtert werden, ob es sich hier um eine neuartige Erscheinung handelt. Manche Ärzte waren in der Tat dieser Meinung. Mehr und mehr hat sich aber die Überzeugung durchgesetzt, dass es sich um jene Krankheit handelt, die als Influenza im engeren Sinne des Wortes bezeichnet wird. Keine andere Infektionskrankheit zeigt eine derartig weite Ausbreitung über ganze Länder und Kontinente, ja über die ganze bewohnte Erde als wie die Influenza, und man hat deshalb für diese den Ausdruck gebraucht, dass sie sich im Gegensatz zu den epidemischen Krankheiten als Pandemie ausbreitet, indem sie ganze Volk durchseucht. Die letzte große Influenza Epidemie ist bekanntlich im Jahre 1889 von Russland her über Europa gezogen und von hier auf Amerika übergesprungen. Die älteren Ärzte, welche diese sich bis ins Jahr 1891 fortschleppende Pandemie kennengelernt hatten, heben einstimmig große Ähnlichkeit zwischen der damaligen und der jetzigen Krankheit hervor. Wohl lassen sich gewisse Unterschiede nicht verkennen, so standen damals unerträgliche Kreuzschmerzen im Vordergrund der beschwerden, während diesmal die Kreuzschmerzen gegen die Kopfschmerzen etwas zurückzutreten scheinen. Bösartige Lungenentzündungen und namentlich solche mit Vereiterung der Lunge waren auch schon 1889/90 an der Tagesordnung, doch sind sie diesmal noch häufiger und der Verlauf der Lungenentzündung gefährlicher. Ein wesentlicher Unterschied lässt sich nicht verkennen, und dieser beruht darin, dass bei der Pandemie von 1889/91 ganz besonders die alten Leute von der Krankheit ergriffen und gefährdet wurden; eine

große Zahl alter und unter ihnen sehr hervorragender Männer und Frauen sind in jenen Jahren von der Influenza hingemäht worden. Dagegen sehen wir jetzt, dass sie alten und älteren Leute von der Krankheit auffallenderweise weniger befallen und nicht so sehr gefährdet werden, ja selbst ihre Pneumonien verlaufen leichter, und es sind gerade die kräftigsten Menschen und die jüngeren Jahrgänge bis etwa zum 30. Lebensjahr, unter denen die Krankheit ihre Opfer sucht. Die große Verbreitung in den Schulen zeigt, dass auch das Kindesalter in hohem Maße beteiligt ist. Man möchte versucht sein zu glauben, dass jetzt die älteren Jahrgänge deswegen weniger ergriffen werden, weil sie schon vor dreißig Jahren an der Epidemie teilgenommen und von einer damals überstandenen Influenza einen gewissen Schutz, eine Immunität zurückbehalten hatten. Diese Anschauung wird aber nur dann erlaubt sein, wenn es sich tatsächlich nachweisen lässt, dass das einmalige Überstehen der richtigen Influenza einen ähnlichen Schutz gegen eine Neuerkrankung verleiht, wie dies bei Masern, Pocken und manchen anderen Infektionskrankheiten die Regel ist. Es wird interessant sein zu beobachten, die einen Anfall der Krankheit in diesem Sommer überstanden hatten, bei dem neuerlichen Aufflackern der Epidemie im Herbst verschon zu bleiben pflegen. Dies ist anscheinend die Regel, doch kommen auch zweimalige Erkrankungen vor, aber diese scheinen dann gewöhnlich einen leichten, sogenannten abortiven Verlauf zu nehmen. Es darf nicht verschwiegen werden, dass seit dem Jahre der großen Influenzaepidemie im Jahre 1889 gar manche epidemisch auftretende Erkrankung der oberen Luftwege fälschlich mit dem Namen der Influenza bezeichnet worden ist, dass dieser Ausdruck gedankenlos auf alle möglichen unklaren Infektionskrankheiten angewandt wurde.

Der Krankheitserreger der jetzigen Epidemie und der Influenza ist noch unbekannt, wohl fand man im Sommer und jetzt im Auswurf, in den Lungen, der Rückenmarksflüssigkeit und anderen Organen und Sekreten der Kranken Mikroorganismen aller Art, vor allem Kettenkokken und Doppelkokken der Lungenentzündung, also Pneumokokken. Aber gerade die Mannigfaltigkeit dieser bakteriologischen Befunde bei einer offenkundig einheitlichen Erkrankung weist darauf hin, dass es sich nicht um den eigentlichen Krankheitserreger, sondern um sogenannte Sekundärinfektionen handelt, wie sie uns auch beim Typhus, den Masern und dem Scharlach geläufig sind, und auch bei diesen Krankheiten zu den gefürchteten Komplikationen Veranlassung geben. Am Ende der letzten großen Influenzaepidemie hatte der hervorragende Bakteriologe R. Pfeiffer ein überaus kleines Stäbchen in dem Auswurf und den Organen von Influenzakranken nachgewiesen und als Influenzabazillus bezeichnet. Die Frage, ob dieser Influenzabazillus der wirkliche Erreger der echten Influenza sei, war aber offengeblieben, und zwar deshalb, weil er sich nicht bloß bei typischen Influenzafällen, sondern auch im Auswurf von Tuberkulose und anderen chronischen Lungen- und Bronchialkrankheiten nachweisen ließ, wo ein Zusammenhang mit der eigentlichen Influenza nicht nachzuweisen war. Es wird jetzt vielfach die Anschauung vertreten, dass dieser Pfeiffersche Bazillus etwa eine ähnliche Rolle spielt, als wie die große Zahl anderer Mikroorganismen, die bei Influenzakranken nachgewiesen werden können, dass aber der eigentliche wirkliche Erreger der Seuche zurzeit noch ebenso unbekannt ist, als wie derjenige der Masern und anderer Infektionskrankheiten.

478:
23. Oktober 1918

Lieber, lieber Colomb!
(..)
In Berlin muss es schrecklich sein. Ich bin so froh, dass der Offizier von Dir wusste. Gestern telefonierte mich eine Frauenstimme an: Kipling. Sie wolle den Hasen um 2 Uhr bringen. Ich freute mich schon sehr, aber es kam niemand, auch heute nicht. Nun habe ich diese Kipling Adresse (Planegg?) aber nicht. Was tun? Ewig schade. Wäre für Tommi so herrlich gewesen. Er bekommt nun endlich Appetit. Er ist bloß traurig, weil ich nicht immer bei ihm sein kann und weinte heute Abend. Ich muss aber immer allerhand tun. Auch an die Luft gehen. Mir ist ganz zappelig, was ich alles soll. Hernach muss wieder der Wickel gemacht werden. Tommi war wieder auf. Zuletzt aber sehr müde. Der arme Kerl. Wäre schönes Wetter gewesen, hätte ich ihm ein bissel an die Luft führen dürfen. Aber es ist hässlich.
Zur Fußeder soll ich und zu Siech's. Und zu Frau Kirchmeier. Hier zahlt man für 1 Pfund Butter 14 M. Ich werde ganz nervös und möchte noch hamstern. Von der Grippe bei Bekannten werde ich nächstens berichten. Kommst Du über München nach Grafenwöhr? Und die Wilson Antwort? Was sagst Du dazu? Nun keine Hoffnung! Wir haben eben 13 Zentner Winterkohlen bekommen auf die Marken. Aber 59 M.
Das Leben ist grässlich. Verzeih, ich bin so unruhig, Colomb. Habe heute so vielerlei und doch noch nichts Richtiges getan.
Mit innigen Grüßen und Kuss
Deine treue Frau.

****

479:

So eine Kälte ist es!

(Mittwoch) München, 30. Oktober 1918

Lieber, mein Liebster Colomb!
Endlich komme ich zum Schreiben. Wollte zuerst noch gestern Abend nach Heimkommen schreiben, aber es wurde ½ 1 Uhr nachts, bis wir zu Hause waren. Und heute früh war ich so entsetzlich müde, dass ich wirklich noch einmal einschlief (hatte auch Kopfweh) und bis ½ 12 Uhr schlief. Dann nach Allem schauen, essen und mit Tommi an die Luft bis 4 Uhr. Dann schnell Zisselmauskäfig putzen und um ½ 6 Uhr in die Poliklinik, da bestellt, mit Tommi. Forell hat ihn nur durchleuchtet nicht fotografiert. Es ist Gott sei Dank nichts mehr auf der Lunge. Nur die Bronchen sind geschwollen (oder so ähnlich) noch.
Denke Dir nur, nun kann man nicht mehr so einfach nach Murnau. Vom 1. Nov. ist jeder Privatverkehr gesperrt (wegen Ernährung heißt es). Ohne ärztliches Zeugnis dürfte ich also nicht reisen. Ich will sehen. Irma hat mir noch nicht geschrieben. Das Wetter ist

schön, nur schon sehr kalt. Denke Dir, soll gestern früh geschneit haben auf der Strecke und in der Gegend Lammendingen.

Nun komme ich endlich auf meine Reise zu erzählen. Ich muss immer so viele Hindernisse und Erklärungen vorher überwinden. Gestern hast Du mir so leid getan. So eingepfercht. Schrecklich! Ist es in Regensburg nicht besser geworden? Und hast Du etwas zu trinken bekommen? Und wie war die Ankunft? Und was ist los?

(..)

Also: Von Dir weg, gleich Billeten genomen und mit Käthchen angestanden. III. Klasse Billeten gehabt, aber in IV. geraten. Hat nichts gemacht, mich nur geärgert. Sehr kalt gewesen. Leider zu dünne Strümpfe angehabt. Endlich Buchloe, sehr schnell umsteigen müssen, Gerenne. In Lammerdingen endlich, endlich: Tochter von Siech's (Frau Bichler) an der Bahn. Frug: „Frl. Schwester?" gegen Käthe, diese sagte aber bescheiden: „Bin die Köchin." Dann über Wiesen und eine Brücke und ein paar Häuser sehr nahe zum Haus. Auf der Straße <u>so viel</u> Geflügel, dass man ganz schwindlig wurde. (Hauptsache weiße Enten). Haus sehr sauber und nett. Wurde in die warme Stube neben Küche geführt. Mutter dick mit großem, freundlichen Gesicht; saß eingenickt auf dem Sofa. Hatte gerade die Grippe. So! Nett! Musste mich aber setzen und bekam <u>echten</u> Tee mit <u>dickem</u> Rahm und selbstgemachtem Zwieback. Auch Käthe. <u>Alle sehr nett</u>. Besonders die Mutter. Alle runde Nasen (bis auf den Sohn). Dieser ist schon recht ruppig. Mir scheint, er tut aber bloß so. Der Arme ist halt auch schon <u>7 Jahre Soldat</u>. Ich habe mich nicht sehr viel mit ihm beschäftigt Colomb, weil Du so erzählt.(Vielleicht ist er bös). Ich habe hauptsächlich mit der einen Schwester und der Mutter gesprochen. Aber, Colomb, er muss sehr nett von Dir zu Hause gesprochen haben, das gefällt mir. Die Mutter sagte: „Ja, der Fritz hat gesagt: Der Herr Max ist der beste Mensch von der ganzen Welt:" Und das war so nett und offen gesagt, Colomb. So überzeugt. Ich habe mich gefreut und – geniert weil ich so eine dumme und mindere Frau bin. Oh Colomberl! Der Vater ist gemütlich. Er las Zeitung mit der Brille. Von dieser stand aber immer die eine Stange nach vorne. Er ist auch rauer. Aber gutmütig. Man sieht, wie er seinen alten dicken Hund liebt und aufs Sofa legt. Die kleine Schwester ist mehr „Land", während die andere in München war und sehr gewandt ist. (Sie war Näherin) Sie ist wirklich klug und nett. Den Stall bekam ich voller Stolz gezeigt. Sehr reinlich, wie ich nie sah so. Nicht modern mit Beton und so wie Staudacher, sondern mit Holzwänden und überall dick und gemütlich und duftig Heu. 7 Kühe und ein Kalb. Schwänze, d.h. Quasten derselben ausgebürstet, eine ganz seidig und gelockt.

Der Mutter ihr Stolz aber war das Schwein. Sie sagte: "Die einzige Freude, die ich noch hab!" Es ist wirklich sehr schön und so rosig und riesig. Eine Menge schneeweißer Enten schliefen wieder ganz sauber woanders.

Nun kamen die Sachen zum Mitnehmen. Die Mutter beobachtete mich freudig mit ihrem gr. runden Gesicht, was ich nun sage. Da kam also 1 Pfund Butter (zu 3 M), 1 Pfund Gries (40 Pfennig), 5 Pfund weißes und 5 Pfund schwarzes Mehl (1 Pfund, 50 Pf), 10 Enteneier, dann 1 Laib weißes Brot für Tommi und 2 Laib dunkles. (Das eine ließ sie schnell noch holen), 2 gr. Flaschen Milch, einen großen Hahn, Colomb, um 9 M und zwar lebend. Das war merkwürdig, er hopste immer im Rucksack auf meinem Rücken. Dann sehr schöne Äpfel, spezielles Geschenk für Tommi und ½ Zentner Winteräpfel. Wohl Kleine, sollen aber halten bis März.

Denke nur, übrigens kamen heute von Fußeder ein Korb mit Äpfeln (circa 50 Pfund). (Aber ein Loch oben im Rupfen auf der Bahn gemacht und scheinbar mehrere herausgenommen)
Dann kam heute von Wippel ein Sack mit Gerste. Da sieht man, wo viel ist, fliegt wieder viel zu. Alles durch Dich, aber! Danke lieber guter Colomb! – Kuss! –
Weiter zu Siech's! Alles in allem machte es 37,80 M. Das war alles Selbstkostenpreis. Ich konnte doch daher nicht drauf eingehen, die Zigaretten abzuziehen. Gell? Sie waren ja teuer. 1 Schachtel 4 M. (Das Stück 20 Pf). Die meisten im Laden kosteten übrigens das Stück 50 Pf.
Gegen 7 Uhr bekam jedes von uns noch einen Pfannekuchen mit Selbsteingekochtem. Sehr gut.
Eine Nachbarin kam ganz rot und setzte sich gleich. Sagte, sie käme sich kaum aufhalten. Zu Hause lägen alle an der Grippe und kaum, dass sie alle Kühe hätte melken können. Tags zuvor war ein Bruder (jüngerer Mann) vom alten Herrn Siech an der Grippe gestorben. Ich war da gerade recht passend gekommen! Aber was tun. Es wäre so beleidigend gewesen, davon zu laufen. Draußen war es auch bitter kalt. An die Bahn brachten uns die Schwester und Fritz Siech. Dann ging's allein weiter. Ich hatte den Rucksack mit einem Brot und dem Hahn und einer Tasche voller Äpfel. In Buchloe taten wir nach der Mahnung und stellten uns gleich (durch die Unterfahrt) an die Gleise ins Dunkle, nicht an den Bahnhof. Aber es war eine Stunde Aufenthalt. Und sehr kalt. Noch eine Frau (bessere), ähnliche Lage wie wir und ein Soldat ähnliche Lage wie Du, verbergen sich bei uns. Der Letztere wollte ohne Erlaubnis einen Tag heim. Es war schon recht romantisch. Glücklich haben wir alle Gendarmen überwunden.
In München in der Goethestraße (Um 12 Uhr nachts, da Verspätung) schleppten wir uns dahin. Alle 20 Schritte Pause. So brachen wir gerade wieder einmal zusammen. Oh, es war gerade ein Schutzmann, der uns entgegenkam und ich sagte noch: „Ich kann nicht mehr!" Aber er tat uns nichts. Endlich zu Hause. Der Hahn lebte bis heute Nachmittag im Klo und saß auf der Stange vorm Fenster.
Hans war da und holte das „schwarze Kind". Er sagt, gestern oder vorgestern seien ein ganzes Geschwader amerikanischer Flieger gemeldet gewesen. Im Hoftheater sei alles schon vorbereitet gewesen. Wegen des Nebels seien sie nicht ganz hergekommen. Nett! Meine Zehe tut mir hübsch weh, wenn ich einen Schuh anhabe. Morgen will Heini sie ansehen. Vielleicht schneiden und mich aber vorher „kalt machen". Jetzt friere ich, möchte endlich ins Bett. Jetzt ist schon der 4te Abend so spät Colomberl, lieber Colomb. Sei innig umarmt und viele Küsse viele. Und Dank, Dank, Dank von deiner treuen Frau.

****

480:　　　　　　　　　GNM

Grafenwöhr, 1. Nov. 1918

Liebe, meine liebe Paula!
Jetzt bin ich halt wieder da. Hier ist es doch besser als in Berlin. Die Luft allein schon. Bis Landshut war die Reise schwierig. Dann hatte ich einen schönen Sitzplatz. Um Deine Hamsterreise bin ich in Sorge. Hoffentlich ist es gut gegangen. Hier ist schreckliche Kälte, alles zugefroren. Aber Mittag schöne Sonne. Der größte Teil des Depot ist marschbereit an die Böhmische Grenze. Alles wartet, was kommen wird. Sonst hat sich nichts verändert. Fußeder schickt Dir die Äpfel jetzt doch, hat die Erlaubnis bekommen. Viele Grüße an Tommi, gute Besserung. Wenn so schöne Sonne ist, ausgehen. Hier ist so saubere Luft gegen Berlin.
(..)
Kuss und Umarmung, Dein Colomb
Grüße an Tante.
(..)

****

Beigelegter Zeitungsausschnitt:

Die Grippe hat in München im Gesamtbild noch immer keine wesentliche Veränderung erfahren. Die Überführungen Erkrankter in die Krankenhäuser halten sich seit einer Reihe von Tagen in ziemlich gleicher Höhe. Wie groß die Zahl der Erkrankten in München ist, lässt sich auch nicht annähernd angeben. Um wenigstens über die Zahl der in den Krankenhäusern untergebrachten Grippekranken ständig auf dem Laufenden zu sein, hat das Gesundheitsamt der Polizeidirektion tägliche Meldungen der Krankenhäuser angeordnet. Die Todesfälle haben noch nicht abgenommen; ihre tägliche Zahl schwankt zwischen 20 – 30. Im Oktober starben an den Folgen der Grippe 440 Personen. Dadurch, dass am Allerheiligentage keine Bestattungen erfolgten, wuchs infolge der vermehrten Todesfälle die Zahl der Toten in den Friedhöfen derart an, dass man heute zum Teil um 10 Uhr vormittags mit den Bestattungen beginnen musste.
Am nächsten Montag sollten bekanntlich die Mittel- und Volksschulen ihren Unterrichtsbetrieb wieder aufnehmen. Nach unseren Erkundigungen ist es jedoch wahrscheinlich, dass die Schließung eine weitere Woche aufrecht erhalten wird. Jedenfalls müssen die gesunden Schüler die Schule besuchen, damit durch ihre Zählung der Krankenstand festgestellt werden kann. Vom Bezirksarzt wird der Aufenthalt in den gereinigten und gelüfteten Schulgebäuden zwar für unbedenklich und für gefahrloser als in den dumpfen Stuben bei kranken Familienmitgliedern und auf der Straße erklärt, aber es soll den Eltern, wenn die Entscheidung im Sinne der Fortdauer der Einstellung des Unterrichtsbetriebes erfolgt, die Befürchtung erspart bleiben, dass ihre Kinder in der Schule Schaden nehmen könnten.
Die Straßenbahn verkehrt heute wieder mit normalem Betrieb. Die durch die Grippe unter dem Fahrpersonal hervorgerufenen Einschränkungen sind, wie gemeldet, bereits am Donnerstag aufgehoben worden. Man hofft ohne weitere Einschränkungen auszukommen,

allerdings haben die Erkrankungen unter dem Fahrpersonal, die von Dienstag auf Donnerstag um 25 zurückgegangen waren, inzwischen wieder um 10 zugenommen.

****

481:

München, 4. Nov. 1918

Lieber, lieber Colomb!
(..)
Tommi sieht heute auch besser aus. Gestern Abend hat er gebadet. Furchtbar viele Hautwursterln gingen weg. Wir gehen viel an die Luft. Das ist ihm gut, aber nur meinen Zehen unangenehm. (Rohes Fleisch!)
Für mich gibt es hauptsächlich jetzt 2 Dilemmas. Das Große ist: Kommt Waffenstillstand? Kommen die Italiener herein? Geht der Kaiser? Das Kleine ist: Soll ich mit Tommi nach Murnau? Es ist eben so: Hier will er absolut seit heute nicht spazieren gehen, weil das Gymnasium wieder angegangen ist. Du kannst Dir's denken. Auch mich peinigt das Gewissen. Wenn Tommi zu viel versäumt, geht es ihm dann noch schlechter, das Nachlernen ect.… Repetieren ist ja auch recht deprimierend. Ich meine, in der Landluft ginge die Erholung schneller. Aber rasch müsste ich reisen. Irma ist nur bis 10. Nov. in Murnau. Und zögerte ich noch, dann müsste ich hier vielleicht mit den Nachhilfestunden anfangen. (..)
Gestern traf ich Ernestine auf der Wiese. Erst schimpfte sie auf Heinrich und hat Misstrauen wegen Abrechnungen. Ich sagte nichts. Dann kam sie auf die jetzige Politik und schimpfte auf die Sozi. „Das kommt alles davon, sagt auch mein Bruder, dass man die Soldaten immer in Urlaub ließ. Da hat man sie zu Haus verhetzt." Da war ich aber geärgert und sagte: „Auch das noch! Sollten die armen Soldaten auch nicht einmal in Urlaub gedurft haben!!" Ernestine meinte: „Na, man hätte ja vielleicht einen Treffpunkt mit ihren Frauen irgendwo erlauben können." „Was wär dann daheim mit der Wirtschaft, den Kindern, Kühen,..!" sagte ich. Um ½ 1 Uhr sagte ich: „Nun muss ich heim, auch will unser Käthchen heute nachher nach Pasing.." „Bist Du auch so fein mit Deinen Mädchen – sag doch „Kati"! sagte Ernestine, „Wenn mir eine nicht passt, werf ich sie wieder hinaus etc.!"- „Ja", sagte ich, „aber eine Andere bekommen, die anständig ist?" „Ich zwing sie schon", sagte Ernestine, „ich zahle 50 M Lohn." – „Und ich eben bloß 25 M." Ernestine ist für Gewalt und Geld. Ob das aber immer geht? Mohrs haben 25 Säcke Kartoffeln im Keller und wir keinen. Es ist gemein.
Tommi bereitet sich eben zur Revolution vor. Er hat eine rote Samtmütze an und rote Fahnen in der Hand, Büchse mit G. M. umhängen. Er macht eine große Unordnung. Alles liegt voll Spielsachen. (..) Schreibst Du mir bald wieder? Und wenn Waffenstillstand ist? Was dann? Es steht jetzt schon auf Spitz und Knopf. Colomb, sei innig umarmt und Kuss
von Deiner Treuen Frau.

482:
München, Mittwoch 6. November 1918

Lieber, lieber Colomb!
(..) Heute wollte ich doch nach Murnau reisen, hatte Zeugnis, alles hergerichtet, Zimmer bestellt. Tommi hatte aber gestern gegen Abend wieder 37,6 und war so matt, dass ich ihn zu Bett legte. So reise ich nicht. Es ist schrecklich. Wenn es nur endlich zu einer Entscheidung käme. Gestern Vormittag hatte wir einen Schrecken. Um 10 Uhr großer Fliegeralarm. Sirenen und Bombenschüsse. Ein schauerlicher Lärm. Olly war einholen. Ich zog Tommi den Pelzmantel an und wir gingen in den Keller, da bei Degginger[181] niemand öffnete. Degginger waren schon, wie ich dann erfuhr zur Hausmeisterin gegangen. Das werde ich das nächste Mal auch tun. Dumm war, dass man nie recht wusste, wann die Gefahr vorbei war. Wir blieben nicht lang im Keller. Wie Du aus der Zeitung gelesen haben wirst, war es ein Irrtum. Es waren österreichische Flieger, die sich verflogen hatten. Gefasst sind wir ja schon auf Flieger hier.
(..)
Eben wieder --- S i r e n e n --- !!! – Aber keine Bombenschüsse. Da kennt sich kein Kuckuck aus. Ich gehe nicht in den Keller. Ich will jetzt Mittag essen. München ist entsetzlich. Eben 2tes Sirenenzeichen! Ohne Schießen! Soll das heißen 1.tes Zeichen. Sie kommen wohl in 50 Min. Wieder Sirene. - Scheußlich! – Man kennt sich nicht aus. Die Trambahn geht aber. Wer kennt sich aus??
So: ½ 2 Uhr. Jetzt ist es vorüber. Wir waren doch unten, nachdem auch die Bombenschüsse krachten.
Jetzt ist es ½ 4 Uhr, ich schreibe endlich fertig. Wir haben gegessen und ich habe Mittag geschlafen ganz fest. Ich weiß gar nicht mehr im Schreiben weiter. Was war, weiß noch niemand. Ob wirklich Bomben gefallen sind. Wir waren bei Behrs im Parterre. Auch Degginger's . Alle in der Diele. Es dauerte circa 1 Stunde.
Heute ist neblig, ich lasse Tommi nicht aus. Ihm ist zwar wieder gut.

Weißt Du Colomb was mich recht verdrießt? Storchl und Corneille behaupten, wir hätten Mama neulich am Sonntag wieder Grippebazillen gebracht. Storchl behauptet, wir hätten sie geküsst, das ist doch gar nicht wahr. Mama habe am selben Abend einen kleinen Grippeanfall gehabt. Am anderen Tag wieder alles vorbei. Warum aber sollen gerade wir das gewesen sein? Die anderen kamen doch auch von München. Auch ist gerade in Ammerland selbst die Grippe sehr (bei Seiler's ect.) Ich glaube auch nicht einmal, dass es Grippe war. Ich glaube erstens nicht, dass man sie 2 Mal bekommt. Es war mehr Suggestion dabei sicher. Jungen Leuten ist es merkwürdiger Weise viel gefährlicher. Nun sind schon 5 Schulgefährtinnen von mir gestorben.
(..)

---

181 Degginger = Wohnungsvermieter in der Lessingstraße

Eben hat Storchl angerufen. Es seien 3 Flieger über München geflogen. Bei dem Nebel hätte man aber nicht erkennen können, was für welche es waren. Jetzt muss ich wegen Deiner Rolle schauen. Und dann auf die Post. Es ist höchste Zeit.
Eben hat mich Storchl angerufen:
„Waffenstillstandsbedingungen seien von uns angenommen"
Sei eingeschlagen.
Will sehen! Selbst!
Fort laufen ! schnell
KUSS
Deine treue Frau

(Freudenskringel gemalt…)

****

a) Auf Postkarte:

Helden:
Jetzt weicht, jetzt flieht, der Sturm bricht los.
Nun geht's Dir schlecht, mein Herr Franzos!
Die Heimstrategen rücken an,
Die Rüstungspresse führt sie an.
Vorauf die Redakteure!
Die Redakteure, die bisher
Gekämpft mit Kleistertopf und Schere,
Sie gaben mit verwegnem Mut
Für's Reich den letzten Tropfen Blut.
Und dann die Oberlehrer!
Der Oberlehrer reis'ger Schwamm
Mit breitem Bauch und starken Arme.
Die Brille blitzt, die Glatze dampft.
Die Männerfaust das Schwert umkrampft.
Und dann die Kriegsgewinnler!
Sie opfern jetzt mit offner Hand
Den Rehbock für das Vaterland.
Sie geben gern die Pickel her
Und schultern willig das Gewehr.
Und dann die Reklamierten!
Die Drückeberger alt und jung
Sie glühen vor Begeisterung
Sie haben ihre Kraft gespart
Bis dass die Sache brenzlich ward
Nun gehen sie drauf wie Blücher!

6ter Vers:
Tsching bum, tsching bumm
Hurra, hurra!
Die rechten Helden, sie sind da.
Die Feinde packt ein kalter Graus,
Sie schütteln sich und reißen aus.
Wie übers Handschuhleder!

Wir feiern den Sieg! Heini
Es lebe die Abrüstung! Corneille
Colomb rüste ab!
Heinrich Vetter! Kommst jetzt!
Paula

****

483:               GNM
                                                Grafenwöhr, 8. Nov. 1918
Liebe liebe Paula!
Der Hoffnungsstrahl wird immer breiter, Die Ereignisse überstürzen sich. Hier merkt man ja eigentlich von nichts etwas, aber aus den Zeitungen liest man es. Mir tut es leid, dass ich nicht in München mitmachen kann. Eure Friedenskarte mit lustigem Gedicht bekommen. (..)
Der Fliegeralarm hat Euch aber erschreckt. Seid nur vorsichtig. In klaren Nächten immer warme Kleider herrichten. Italienische Krägen ect. Sei noch vorsichtig mit Tommi, aber nicht zu ängstlich.
Dass Mama wieder bissl krank war, ist kein Wunder, sie ging ja damals so unpraktisch angezogen zum Kloiber. Kann die ganze Familie keinen Mantel für sie aufbringen? Von uns ist sie nicht angesteckt. Das ist lächerlich.

Mit dem Kommissbrot sieht es noch schlecht aus. Der viele Wechsel hier, da ist wenig über. So bald es geht, schicke ich. Von mir kann ich keines einsparen, weil das Essen sehr spärlich ist. Gell, aber keine Brotmarken verfallen lassen. Lieber Mama welche schicken. Vor der Frost kommt müssen wir Kartoffeln bekommen. Ist in Ammerland nichts zu haben? (..)
Wart Ihr bei der Demonstration auf der Wiese dabei?
Freiheit Freiheit Freiheit
Friede
Gute Besserung und jetzt noch bissl tapfer sein, es gibt noch einiges zu überwinden.
Kuss und Umarmung, Euer treuer Colomb

****

(Brief rot umrandet!)
484:

München, 8. Nov. 1918

Mein lieber Colomb!

Eine unglaubliche Veränderung! Geschehnisse in diesen Tagen! Man kommt nicht mehr zu sich. Ob Du davon weißt? Jetzt vielleicht, doch vielleicht nicht so schnell. Und was ist mit Dir? Und wie ist es in Grafenwöhr? Wenn Du nur hier wärst! Aber für ganz, denn bloß in Unsicherheit möchte ich Dich nicht bringen. Könnt Ihr weg von Grafenwöhr? Aber wahrscheinlich dürft Ihr hier nicht in die Stadt, denn es heißt: „Kein Soldat darf hinaus und keiner herein."

Ich will Dir von Anbeginn alles erzählen, was ich selbst gesehen und alles, was ich gehört. Es war ein aufregender Tag gestern. Vorgestern, der Fliegeralarm war ja eine Kleinigkeit dagegen. Es hieß, um 3 Uhr sei eine große Versammlung auf der Wiesn. Wir hatten natürlich alle daran ein großes Interesse. Ich ging zu Corneille, da ich von oben mehr zu sehen vermutete. Heini wollte auch kommen, verspätete sich aber und ging gleich auf die Wiesn und später weiter mit. Wir sahen eine riesige Menschenmenge zusammenkommen. Die Hänge waren ganz schwarz. Es waren vielleicht 150 000 Menschen. Nachdem an verschiedenen Stellen Reden gehalten waren, setzen sich alle in Bewegung. Einige große rote Fahnen und Schilder immer dabei. Der Zug wurde gemeinsam angeführt von Auer[182] und Eisner[183].

Zunächst ging es zu den Kasernen. Dort würden die Soldaten, welche Ausgehverbot hatten, befreit werden. Eigentlich gesprengt wurden die Kasernen. Heini, der noch in der Nacht mit Wackerle die Türkenkaserne gesehen, sagt sie schaue entsetzlich aus. Fenster zerschlagen, Schulterhaus umgeworfen. Alle Akten sind zu den Fenstern hinausgeworfen und lagen auf der Straße herum. Von da ging es, glaube ich zu den Ministern und der Regierung. Die Regierung wurde gestürmt. Die Wachen in der Residenz schlossen sich an. Die neue Regierung sitzt nun in der Prannerstraße und die ganze Prannerstraße ist gespickt mit Maschinengewehren.

An der Siegessäule wurde auch gezogen, speziell mit Auer. Wie ich höre wurde das Generalkommando belagert. Der Kommandierende ergab sich aber erst um 3 Uhr nachts. Alle hohen Offiziere sollen dann im Bayerischen Hof „interniert" worden sein. Dies erzählt Heini, der mit Wackerle und Geiger bis ½ 1 Uhr herumging. Er erzählt auch, dass das Waffengeschäft am Maximiliansplatz geplündert wurde. Als sie alle Waffen hatten, fingen sie einfach damit an, in die Luft zu schießen. Heini und die anderen Leute flohen in die Büsche und legten sich auf den Boden. Es war besonders finster gestern. Alle Ge-

---

182   Auer = Erhard Auer (1874-1945), wurde erster Innenminister des Freistaats Bayern
183   Eisner = Kurt Eisner (1867 – 1919) erster Ministerpräsident des Freistaats, wurde im Februar 1919 ermordet

schäfte geschlossen und Läden heruntergelassen. Ich war von Corneille aus mit diesem um ½ 6 Uhr zum Marienplatz. Von hier wollten wir mit Heini zur Siegessäule, verfehlten uns aber und gingen zu Treffler essen.

In der Stadt zogen Banden mit roten Fahnen. Alles war meist sehr still. Trambahn ging keine mehr. Nur selten viel helles Licht auf Gesichter und Menschen. Die roten Fetzen sahen aufregend aus. Junge Burschen und Mädchen schrien: „Nieder mit Wilhelm dem Letzten!" und allerhand andere Dinge. Die meisten waren schon ganz heiser. Die Soldaten waren ruhiger. Teils sehr lustig über ihre gewonnene Freiheit. Sie hatten sich des Automobilparkes bemächtigt und der Soldatenrat fuhr damit in schnellem Tempo durch die Stadt. Soldaten ohne Mützen saßen darinnen.

Offiziere wurden auf der Straße angerufen, die preußische Kokarde ihnen abgerissen, der Säbel genommen und mit Soldatenbewachung abgeführt. Auch ich sah zu, wie vielen Soldaten befohlen wurde, die Kokarde wegzunehmen. Heute trägt sie keiner mehr. Schutzmann sah man auch keinen. Es war eine unglaubliche Kraft, angewachsen wie eine Lawine. Der Bahnhof war in der Hand der Revolutionäre. Alle ankommenden Soldaten (auch die zum Ordnungsmachen gekommen von Auswärts) wurden gleich entwaffnet. Das Telegrafenamt ist natürlich auch in ihrer Hand. So kann ich Dir auch nicht telegraphieren und telefonieren. Das war etwas beängstigend, als ich um ½ 9 Uhr nach Hause kam. Ich bin mit Corneille und Storchl gegangen. Diese waren zu ängstlich. Vielleicht war es gut, obwohl ich glaube, es wäre mir gar nichts passiert. Heini hat viele interessante Dinge gesehen. Hätte es furchtbar gern gesehen. Er sagt z.B.: Ein gewöhnlicher Zivilist mit einem Maschinengewehr auf dem Rücken. Ein Trupp Frauen mit Gewehren. Alle Soldaten trugen die Gewehre verkehrt. Die ganze Nacht hörte man Schüsse pfeifen. Es war aufregend. Man wusste nicht, kommen mehrere in die Straße und kommen sie vielleicht doch in Häuser.

Deggingers waren ziemlich in Angst. Ich war eigentlich ruhig. Wir wohnen ja oben und vor Soldaten fürchte ich mich nicht. Nur gewisse Elemente und Weiber. Ich bin eigentlich so sehr überrascht, dass König Ludwig und Prinz Rupprecht abgedankt haben. Ich glaube, das Volk hatte dies gar nicht eigentlich bezweckt. Es wollte bloß Frieden und den Kaiser weg haben. Da wollte es seine Einheit zeigen. Dann ging alles überstürzt.

Nun bin ich sehr neugierig auf die neue Regierung.

Heute Vormittag wurde Storchl angerufen, sie müsse sofort die Schlüssel der Bekleidungshilfe abliefern, sonst würde sie gewaltsam gesprengt. Also ging sie mit Corneille hin. Mussten durch die Maschinengewehrstraße. Einen haben sie gesehen. Aber ging alles schnell, die Schlüssel abgeben und Quittung bekommen. Alles Vernünftige begibt sich schnell unter den Schutz des Soldatenrates. Auch Beissbarth[184]'s haben nun Wachen davor in Fabrik und Halle.

Tommi sieht mir zu beim Schreiben und dichtet:„Den Finger an der Nase, die Lippen ganz gewulstet vor lauter Geisthaftigkeit! Blitzschnell gleitet der Bleistift an der Zeile! So süß! Schnell schreibt sie, was ihre Gedanken erraten. Ihr Geist arbeitet wie 20 Arbeiter!" u.s.w.

---

184 Beissbarth = Paulas Verwandte , Auto-Karrosserie-Fabrik, siehe Lebensbericht

„Ihre Wimpern zucken kurz! Und dann, entschlossen schreibt sie kurz mit Windeseile ihre Zeile. Sie lacht wie ein Philosoph, weil sie sich erinnert an ihre Kinderzeit! Wie ein Himmel, der von bewölkter Wolke die Sterne ablöst. Sie arbeitet mit ehener Manneskraft! Und eiserner Konsequenz!"
Fabelhaften Wortreichtum bemerke ich an Tommi!
„Der das liest, muss laut aufweinen! Ein geborener Philosoph ist sie! Jetzt macht sie wieder Poetennase!! Ihre Augendeckel sehen wie ein Sessel aus!" Alles wird mit Fotos gesagt.
„Jetzt reißt sie die Lampe heraus, voll Kraft, vor lauter Konsequenz."
Entsetzlich, jetzt muss ich wieder zur Revolution zurück.
Frau Mathes telefoniert voll Angst. Sie hat so lange nichts von Hans und Polja gehört. Sie fürchtet die plündernden Banden. Wenn Du nur (eben ein Schuss auf der Straße ½ 10 Uhr abends) herkommst, müsstest Du eventuell von Pasing zu Fuß herein.
Als Soldat könntest Du uns hier viel helfen. Heute waren wir in Not. Tante immer mit ihren argen Schmerzen und ich seit gestern gerade unmobil. Die Kartoffeln auf Marken sollten wir nur noch heute von 2-3 haben können. Wir hätten sonst keine. 38 Pf. Käthe war noch bei Hans. Hans ist schrecklich. Nun hat er gerade die Maler und Maurer in der Wohnung. So nötig ist das gewiss nicht. Ich bat ihn schon um Käthe, er sagte aber: "Unmöglich!" Gott sei Dank ist aber Hans heute nach Ammerland und so konnten wir Käthe um 4 Uhr haben.
(Wieder wird unten geschossen!)
Ich habe halt einen Dienstmann genommen. Brot ist nirgends mehr zu haben gewesen. Scheußlich. Und durch dass Olly gestern gar nicht ausgehen konnte und ich es auch nicht so erwartete, haben wir gar keines im Haus. Hoffentlich gibt es morgen welches. Ah, es ist eine unruhige Zeit! So weit hat es kommen müssen! Jeder steht auf seine eigene Kraft oder Klugheit angewiesen. Ob es gerade in Ammerland sicherer wäre? (..) Jetzt ist es draußen noch ruhig. Noch ist alles in der Stadt. Vielleicht kommt solche Ordnung, dass keine Hungersnot entsteht. Das Bekleidungsamt wurde gestürmt. Soldaten schleppten was sie konnten. Stiefel, Kleider. Heute früh sollten Hosen schon das Stück zu 1 M verkauft worden sein, erzählt Herrmann Beissbarth. Emma ist ziemlich ängstlich.

Meinst Du, ich solle mich unter den Schutz von jemand begeben? Heini ist ein guter Schutz. Er kann so lachen bei den Leuten. Heute früh haben ihm seine Soldaten im Lazarett massenhaft (Wieder schießen unten!), massenhaft Waffen und Munition gezeigt, die sie sich geholt. Die Einbeinigen und wer nur sich bewegen konnte hat sich's geholt. In und unter dem Bett haben sie's.

Jetzt ist es 10 Uhr. Heute ist über München Kriegszustand verhängt. Nach 9 Uhr darf niemand mehr auf der Straße sein. Oder soll! Ich kenne mich noch nicht recht aus. Wir haben halt den Krieg zu Hause. Heute früh blieb ich im Bett wegen meiner Ruhebedürftigkeit und weil ich sehr Kopfweh hatte. Konnte schlecht schlafen, wegen des Schießens bis 4 Uhr. Nachmittag bin ich mit Tommi zu Corneilles. Ernestine hat sicher sehr Angst.

Heinrich geht immer zu ihr. Er meint immer, Du könntest nicht nach München, was mich zum Widerspruch reizt (Wie vieles bei ihm).
Gut aber, dass Du mich nicht siehst. Ich habe furchtbare Ringe. Die wehe Zehe hat mich auch so angegriffen. Immer der Schmerz beim Laufen. Sie fängt jetzt bißl zu heilen an; seit ich sie trocken behandle.
(..).
Bin aber froh, nicht im fremden Murnau zu sein. Oder wäre es dort ruhiger? Ich bleibe hier jetzt. Und warte auf Dich! Gute Nacht Colombo
In Liebe Deine treue Frau

Wieder Schießen. ¼ nach 10 Uhr. Warum nur nachts geschossen wird? Starkes Schießen!
Ein Soldat soll seinen Helm heute an einem Löwen an der Residenz in Fetzen zerschlagen haben. Nett!

****

München, 8 Nov 1918

Lieber V.
In München ist Revolution! Die Soldaten sind frei und haben heute Nacht in die Luft geschossen. Maschinengewehre haben sie aufgestellt. Und unser König hat abgedankt.
<u>BAYERN ist REPUBLIK!!</u>
Komm doch her. Wenn Du kommst, kann ich Dir's erzählen. Jeder Soldat hat die bayrische Kokarde auf der Mütze.

Du musst kommen, dann siehst Du es selber. Heute Nacht werden preußische Truppen erwartet. Jetzt hat's grad wieder geschossen auf der Straße.
Gruß und Kuss Dein Sohn Tommi
Komm! Komm

Der Siegeszug
Grad hat der Kaiser
abgedankt.

<u>Jetzt kommt Frieden</u>

****

485:                    GNM
                                            Grafenwöhr, 9. Nov. 1918
Liebe, liebe Paula!
Heute ein denkwürdiger Tag. Wir haben heute den Soldatenrat eingesetzt. Die Aufregung war auch zu groß. Es musste ein Ventil geschaffen werden. Unter freiem Himmel bei Regen haben wir die Republik erklärt. Solche Aufregung, viele waren ganz bleich. Mich hatten sie auch in den Soldatenrat gewählt, bin aber wieder zurück getreten. Morgen bekommen wir Weisung von Nürnberg.

Wie bin ich in Sorge um Euch. Habe keine Nachricht und darf vorderhand (wie alle) nicht Urlaub nehmen.
Bleibt wo Ihr seid, verhaltet Euch ruhig. Wenn dringende Gründe sind, dass ich komme, so telegraphiert. (Heute geht es nicht). Sonst komme ich so wie so bald. Unnötig will ich Euch nichts wegessen. Versuche Kartoffeln mitzubringen.
Alle Offiziere haben sich unterworfen. Ich beruhige mich mit dem Gedanken, dass Du sehr viel gelernt hast und immer das Richtige erkennst. Es ist hart, in solcher Zeit getrennt zu sein.
Wie steht es in Ammerland? Jetzt muss aber der Frieden kommen. Wenn es nur in München nichts mehr gibt. Ich bin heute schrecklich aufgeregt, habe keine Ruhe, zu nichts. Waffenstillstand soll auch sein!
Oh Paula! Ich weiß noch nicht, wie denken.
Vielleicht seid Ihr gar schon in Murnau? Wie es Euch wohl geht?
Innige Umarmung und Küsse, Dein Colomb
Alles immer gut zusperren!

****

486:                    GNM
                                            Grafenwöhr, 11. Nov. 1918

560

Liebe, liebe Paula!

Ist es Wahrheit oder träumt man? Es geschieht mehr, als man erhofft hat. Dein Brief hat mir einen Stein vom Herzen genommen. Hier gehen immer so viele Gerüchte und die Zeitung kommt unregelmäßig.
Du hast so gut alles geschildert und Tommi auch. Diesen Brief muss man gut aufheben. Wenn Ihr nur genügend zu Essen habt. Im Notfall greift den eisernen Bestand an. Nicht viel auf die Gasse gehen. Unter einen Schutz stellen wäre gut. Könnte nicht Herr Breg[185] zu Euch ziehen?
Wohnungen kann man nicht gut leer stehen lassen. Ich kann noch nicht kommen. Urlaubssperre durch Soldatenrat. Der Sache zu lieb, kann ich also schon keine Dummheiten machen. Bin als Vertrauensmann in den Soldatenrat gewählt. Die Offiziere fügen sich ziemlich vernünftig.

Bitte mir möglichst oft durch Eilbrief mir Mitteilung machen. Wegen mir habe keine Sorge. Demobilmachung soll ja schon im Gange sein. Bitte wenn möglich schicke mir 20 – 40 M.
Was hörst Du von Ammerland? Waffen und Munition haben wir schon alle eingeliefert. Ausführlich kann ich Dir noch nicht schreiben. Gestern 15 Pfund Kartoffeln gekauft, wie aber schicken? Mit Brot steht es schlecht.
Paula, Paula, soll wirklich der Friede kommen?
Grüße Alle, Seid umarmt und geküsst, Dein Colomb

****

487:

11. Nov. 1918

Lieber, lieber Colomb
Dank für Deinen heutigen Brief. Was ist heute mit Dir? Ich bin so froh wenn Du da bist. Ich habe auch Sorge um Dich. Ewig schade, dass Du nicht da warst. Du hättest Dinge, wie nie mehr, zum Malen gesehen. Corneille macht jetzt lauter Postkarten davon. Die Autos mit roten Fahnenfetzen. Nächtliche Beleuchtung. Du kannst es Dir gar nicht so denken, - So anderes Bild!! – Male Colomb, male! Zeichne! Zeichne den Friedensengel

---

185 Breg = Herr Josef Breg, siehe Lebensbericht

befreit von Soldaten und Arbeiten. Schnell! Schade wenn wieder andere, die früher anders waren, alles machen!!
Hier alles ruhiger. Nun hoffentlich kommt keine verrückte Partei!! dagegen! Hast Du meinen großen langen Revolutionsbrief (Express)? Käthe trug ihn zur Post. Sei umarmt von Deiner treuen Frau.
Warum bist Du vom Soldatenrat zurückgetreten?

a) Lieber V!?!!
Wie geht es Dir? Kannst Du nicht bald kommen? Es kommt wahrscheinlich eine Gegenrevolution. Gell, komm schnell, wie möglich es ist. Die englischen Matrosen haben sich mit dem Kieler Matrosen vereinigt!!!
10. Nov. 1918. Ich habe das Datum vergessen.
Hast Du meinen Brief vom 8. November bekommen? Erfährst Du nichts von der Revolution? 11.11.1918 Gerade haben wir Deinen Brief vom 9. November bekommen. Schade, dass Du nicht im Soldatenrat geblieben bist. Uns geht es gut. Im Gegenteil, Du hilfst uns zum Essen, wenn Du da bist. In Berlin geht's blutig zu.
Gruß und Kuss Dein Tommi

****

488:                    GNM

Grafenwöhr, 12. Nov. 1918

Liebe, liebe Paula!
Deinen lieben Brief mit Tommis gutem Bericht bekommen. Das beruhigt mich. Um Euch bin ich ständig in Sorge. Es gibt genug Aufregungen, auch hier. Ich musste mich der Sache, für die ich so lange geduldet und gearbeitet, auch widmen. Heute hatten wir 2 Stunden Sitzung.
Kannst Du Dir vorstellen, dass ich in einer Versammlung spreche? Bei unserem Depot habe ich und noch ein Kanonier sämtliche Urlaubsgesuche zu erledigen und genehmigen. (Gibt nur ganz beschränkt). Ein (komisches befriedigendes) Gefühl, wenn ich den Urlaub für Offiziere genehmigen und sie mich um meine Unterschrift bitten müssen.
Viel Verantwortung aber sonst. Gestern war wieder große Versammlung im Freien. Ein Flugzeug mit roten Fahnen kreiste über uns, großer Jubel. Abends, plötzlich heulte die Sirene. Fliegeralarm. Von Hof feindliche Flieger gemeldet. Die Soldaten bekümmerten sich aber wenig darum, gekommen sind sie nicht. Es ist ja Waffenstillstand.
Was das heißt, kann man sich gar nicht so recht vorstellen.

Ist in der Paul Heyse Straße keine Gefahr wegen Zwangsbelegung? Sollte man nicht Vorhänge an die Fenster machen?
Ja zeichnen möchte ich schon, aber wann? Ich habe eine Zeichnung in München. Erzengel und zwei Könige, die Schach spielen. Die Zeichnung von Papa („Die 7 Staaten") sind vielleicht auch noch aktuell.

Zeichne Du doch!

Ich fürcht für Euch nur die Gegenbewegung und Hungersnot. Für mich habe keine Angst, ich bin doch ein schlauer Böhm. Habe Geduld, ich komme, so bald es geht. Wenn nötig gleich. Davonlaufen kann ich nicht, den Offizieren gegenüber. Strafen sollen auch streng werden.

Liebe Paula, wäre ich nur schon bei Dir. Kuss auch Tommi

Dein Colomb

****

489:

München, 12. Nov. 1918

Lieber, lieber Colomb!

Der wievielte letzte Brief ist das?

Colomb wirklich, ist der Krieg an seinem Ende? Und wenn er nicht am Ende wäre Colomb, Dich lasse, lasse ich dieses Mal dann nicht mehr fort. Nein, wir fallen nicht mehr herein auf

solche Schwindeleien. Nein, wir wollen frei sein!!

Entsetzliche Gerüchte kreisen, besonders unter den Kreisen, die sich so recht eingelebt hatten in die täglichen Heeresberichte. Diese Leute sind so fassungslos und es kommt ihnen so furchtbar unordentlich vor, dass sie nur den einen Gedanken haben: So kann es unmöglich bleiben. Oh wie ich Ihnen wünsche, ein wenig Schützengraben zu sehen!

Colomb, Deinen Eilbrief vom 11. habe ich heute erhalten. Ich danke Dir sehr, dass Du mir auf diese Weise schreibst. Es beruhigt mich sehr. So habe ich schnell Bericht. Ich fürchte nichts für Dich. Ich will nur unterrichtet sein und will allmählich ahnen können, <u>wann</u> Du kommst. Ich glaube fast, dass nun alle Frontsoldaten, eher wie Ihr daheim seid. Ja, wenn Du beim Soldatenrat bist, solltest Du schon bleiben. Hans meinte heute am Telefon:„Um Gottes Willen beim Soldatenrat!" Er meint, es sei so gefährlich. Ja, wenn es nun doch bald losginge. Er meint natürlich auch eine Gegenrevolution, denn so könne es nicht bleiben. Er meint, mit Schaudern, nun fingen die Feinde bald wieder an. Russland, Frankreich. Als seien wir nicht schon so besiegt, wie nur möglich. Rumänien hat ja Krieg erklärt. Wer frägt aber danach. Hans bildet sich ein, nun, da durch Revolution das <u>deutsche Heer</u> aufgelöst, kämen Feinde etc. und erschlügen alles und raubten alles. So ist es aber nicht. Der Völkerfrieden wird und muss kommen. Schwer wird es ja werden. Aber besser als anderswo. Oh, nur Einsicht bei diesen verblendeten Heimstrategen!!

Ich bin gestern Abend auch Herrn und Frau Riemerschmid[186] (**Marie**) begegnet. Wie es ginge und was Du „dazu" sagtest. Nun, das habest Du schon seit Jahren so vorher gesagt. Ich auch, ich hätte ja die <u>Soldaten</u> gekannt. Auch hier natürlich, „So kann es nicht bleiben"! Und er wollte mich aufklären und will es wieder einmal länger tun: „Wie der Krieg

---

186 Riemerschmid = Richard Riemerschmid, Direktor der Kunstgewerbeschule

gekommen". Ich wollte nicht streiten. Ich habe ja meine feste Meinung, aber sie sollen es nur selbst sehen.

Oh, nur einen Wunsch jetzt fürs Große: Wenn nur die Völker in Frankreich und England auch mit ihren Militärapparaten aufräumten. Da würde der Völkerbund von selbst da sein. Ich kann heute unmöglich alles schreiben, was ich möchte. Es geht so alles in schnellstem Lauf. Es ist und kommt, wie es die Gerechtigkeit und der Wandel der Welt bringt. Als Weib fasse ich am Besten das, dass Du bald wieder ganz bei uns bist.

Es ist verrückt, gestern war Anfang des Waffenstillstandes, Ende des grässlichen Blutvergießens an der Front und niemand machte ein frohes Gesicht. Wir waren Abend bei Treffler zum Essen: Storchl, Corneille, Heini, Heinrich und ich. Ich wollte danach um 8 Uhr nach Haus. Doch stieß ich allgemein auf Widerspruch. Ich käme auch nicht allein nach Haus u.s.w. Sehr gegen meinen Willen ging ich mit ins Cafe Reichshof. Doch sagte es uns da nicht zu. Alles saß starr da und die Kapelle spielte lauter melancholisches Zeug. Alle dachten wohl an die Waggons der Waffenstillstandsbedingungen und niemand an den Waffenstillstand. So gingen wir wieder und ins kleine Weinrestaurant Michel. Heini hatte schon fast 4 Gläser Bier getrunken und alle waren höchst begeistert, als man dort einen „Revolutionstisch" fand. Hier saß der Werkmeister aus dem roten Kreuz und lud uns dazu. Es waren da Soldaten und Arbeiter. Fast alle schon mit Schnaps. Corneille bestellt begeistert Wein auf Wein und gab 50 M aus (Die ich ihm schnell dazu leihen musste). Corneille hielt Reden, die Soldaten erzählten von ihrer Kasernenstürmung. Alle waren ordentliche Leute, sehr originell. Ein Soldat jetzt Polizei, setzte sich zwischen Heini und mich. Er war todmüde von alledem und hatte schweren Schwips. Manches Mal war er ganz bei Verstand, dann wieder im Dös machte er mir Liebeserklärungen. Der Werkmeister brachte ihn endlich neben sich zu sitzen. Es war ihm schwer gelungen, denn so oft er was sagte, sagte der Soldat zu ihm: „Sind Sie still, Angeklagter!" Wirklich fein war der dicke Werkmeister ohne Kragen. Ich war nicht abgeschreckt, ich verstehe ja die Leute. Ich musste nur ständig aufpassen, niemand zu kränken, da sich alle Mühe gaben, galant zu sein. Zu Storchl wurde „hehres Weib" gesagt. Er war furchtbar begeistert. Corneille ließ alles leben. Sogar fast die Leiche des Militarismus. Zuletzt immer wieder den „Tisch"!

Als wir heimgingen, machte die Luft zunächst alle ganz rabiat. Ich hatte nichts getrunken und musste nur lachen. Heinrich hatte es wieder mit meinem Bizeps. Heini wollte alle Soldatenwachen auf der Straße umarmen. Corneille hörte nicht auf zu reden, politisch natürlich, auf Heinrich ein, der ganz klein und wackelbeinig war. Heini hängt sich in meinen Arm und sagte, er meine er sei Colomb. Dann fing er an, mich zu umarmen. In der Sendlinger Straße. Corneille und Heinrich taten es um uns herum. So waren wir ein Klumpen. Aber ich habe nicht umarmt. Überhaupt sagte ich ständig. Ich wollte mich nicht recht freuen, ich müsse alles sparen auf Dich. Es ist gemein, nun alle diese Erlebnisse ohne Dich!

Oh Colomb, bitte freue Dich auch nicht zu sehr in Grafenwöhr. Ich beherrsche mich auch hier, extra. Es muss einen grässlichen Freudenkrach geben, wenn Du da bist. Wir warten nur auf Dich, dann wird ein <u>rotes</u> Fest gegeben.

Wenn nur nicht diese Hetzer wären. Auch die jungen Leute, Gymnasiasten, wollen Gegenrevolution machen. Bedenken sie nicht, was sie heraufbeschwören? Wenn das Blutvergießen bei uns zu Hause beginnt, oh dann wird es schrecklich. Es ist so ruhig in der Stadt jetzt. Es wird ja kein Idealzustand sein. Wie kann auch: I. Ist alles neu, II. Nach solchem Krieg. Das muss man bedenken. (..)

Herr Breg lässt ganz und gar nichts von sich hören. Ich schrieb ihm schon 2 Mal und telefoniere immer ins Heck. Er kommt zwar täglich dahin, wie ich höre, doch lässt er mir nichts ausrichten. Ich denke, er ist so verzweifelt über die Lage des gewesenen Hofes. Was ist nun mit seinem Lebensinhalt, seinem Schwarm?! Er tut mir wirklich leid. Doch vielleicht fürchtet er bei uns andere Ansichten zu treffen und kann es deshalb nicht übers Herz bringen zu kommen. Also wär auch gar nicht daran zu denken, dass er zu uns zöge. Ich werde mich schon selbst schützen können, wenn es sein müsste. <u>Ein</u> Mann hilft auch sicher nicht viel mehr, wenn ich bisher allein fertig geworden bin. Ach Colomb die Kraft wächst mit der Anforderung. Colomb und wenn Du kommst, dann werde ich den roten Pantoffel über Deinem Haupte schwingen - Gell! Und Dich lieb haben!

Umarmt sei innigst von Deiner treuen Frau
(..).

****

490:

Der verwesende Militarismus

12.11.1918

Wir sitzen mit dem Soldatenrat zusammen beim Wein und lassen die „Leiche des Militarismus leben" wie … seine Reise begonnen hat.
Hoch die Republik.
Heini Storchl Corneille Es lebe der Ostwind!! u. Heinrich
Komm!
Wann kommst?

****

491:                    GNM

Grafenwöhr, 14. Nov. 1918

Liebe, liebe Paula!
Am Ende zieht sich der Weg immer am längsten. Ich kann immer noch nicht kommen. Ich habe nicht mal Zeit, mich zu freuen. Die Soldaten lassen sich sowieso nicht aus dem Kartenspiel bringen. Abends breche ich immer heiser und ermattet zusammen. So herrlich der Erfolg ist, aber manches kann einem jetzt den Rest der Menschenliebe nehmen. Ich muss all meine Beredungskraft aufbringen, die Leute zu beruhigen. Jeder will gleich weg. Sie fluchen gleich furchtbar, wenn es nicht geht. Sie sehen nicht, dass die Offiziere ins Fäustchen lachen, wenn alles drunter und drüber geht. Je mehr Ordnung, je mehr Glauben an uns, das verstehen sie nicht. Die aktiven Offiziere machen sich alle aus dem Staub, es ist eine Schande. Und die ärgsten Schimpfer unter den Soldaten erkennen und verstehen nicht, was eigentlich gewonnen ist. Sie regen sich auf, wenn sie 2-3 Tage warten müssen. Das ist vielleicht in den Städten anders. Hier kommt es nicht zum Anstoßen und Hochleben lassen.

Oh, ich habe viel Freude übrig, mit Euch zu genießen. Bis jetzt habe ich noch Sorgen um unsere Sache und rede und rede. Mein Maskenlager konnte ich noch nicht übergeben, das alles muss noch sein.
Neulich, abends habe furchtbar gebrochen, gestern elend Durchfall gehabt, sonst ist mir gut. Aber alles ist halt in Unordnung und hat Revolution.
Mama hat mir geschrieben, draußen scheint alles ruhig zu sein. Wie es Euch mit dem Essen geht, schreibst Du gar nicht.
Dein Brief hat mich sehr gefreut. Ich wollte, ich könnte mit Euch mich freuen. Lass Dich nur nicht mit besoffenen Männern ein. Der Deutsche lernt gewöhnlich den Umgang mit der Frau nur an Kellnerinnen. So will ich Dich denn doch nicht behandelt wissen. Bauern sind anständiger.
Nett und lustig ist aber so eine begeisterte Tafel schon. Viel länger als eine Woche, glaube ich nicht, dass ich hier sein muss. Bei den Neuwahlen möchte ich schon in München sein.
Heinrich soll sich wegen Paul Heyse bemühen, sonst wird es uns noch genommen. (..)

Vielleicht kann ich doch bald kommen. Vorderhand sei mit verhaltener Freude umarmt.
Küsse (und Grüße an alle)
Dein Colomb
(..)
****

492:
                                                                                                                                                        München, 15. Nov.1918

Lieber, lieber Colombo!
Gestern einen Brief von Dir bekommen. (Kein Eilbrief) Mich freut sehr, was Du darin schreibst, ganz besonders, dass Du jetzt Urlaube genehmigen kannst. Die Welt ist rund und mir kommt es wie ein Bild immer vor. Zuerst standen oben die Herrscher und Generäle und die alle, die führen, und die Soldaten unten und – eine Drehung und alles ist umgedreht. --- Das Leben macht Wellen.

Aber nur nicht frohlocken, zu sehr. Doch nein – Du hast es noch nicht so herrlich, dass man von „oben stehen" sprechen kann. Wenn ich nur wüsste, nur ungefähr, wann Du heimkommst, Colomb. Ich will Dich ja nicht von Deiner Stellung entfernen. Oh nein! Sie ist mir lieb und wert und vielleicht zu etwas für später auch gut. Schade, dass sie nicht hier ist.
(..)

Olly war eigensinnig. Sie hat halt Ischias. Leicht angezogen, und dann immer nur Aspirin und Aspirin, 9 Tabletten im Tag. Gestern nun kam der Zusammenbruch. Sie konnte sich gar nicht mehr bewegen und hatte Ohnmachtsanwandlungen. Ich schimpfte natürlich. Zog ihr warme Untersachen an und um 9 Uhr kam Asthon. Er verschrieb Ruhen und Einreiben. Viel kann man auch nicht tun. Ich muss natürlich jetzt um ¾ 7 Uhr aufstehen und habe viel zu tun. (..)
Ich, (auf Ausmachung), zu Breg in die Herrenschule fahren.
Dieser sehr arm. Konnte nicht eher mit mir reden, sonst geheult, sagte er. Er hat mir viel erzählt. Wie er am Abend des 7. in die Residenz telef. mit Albrecht. Dieser immer gerufen: „Können Sie denn gar nicht kommen Herr Lehrer?"! In der Residenz war arger Tumult und Gebrüll. Breg wurde nicht zu Albrecht gelassen. Um 9 Uhr flohen die Hoheiten. Breg bedauert den Buben rein menschlich. Das begreife ich schon. Wo er jetzt ist, sagte er nicht oder ich habe es vergessen.
(..)
Er tut mir schrecklich leid. Er kann Nacht gar nicht schlafen oder träumte schrecklich, z.B. K.P. Rupprecht käme heim und frug ihn: „Wo haben sie meinen Sohn gelassen, Herr Breg"? Er war ganz außer sich und wusste keine Antwort im Traum.

Olly ist jetzt im Wohnzimmer. Sie kann sich nicht allein anziehen und kaum rühren. Wenn es nicht besser wird in 3-4 Tagen muss man sehen, was zu tun ist. Vielleicht einige

eit wohin tun, wo sie Dampfbäder haben kann. Ausgehen dazu kann sie nicht. Das immer hinten ist aber auch gemein kalt. Ich kenn's.
ommi muss nun ziemlich Nachstunden erhalten. Wenigstens muss man's tun und se-
n. Die Schule bekommt ihm ganz gut sonst. Die Kinder regen ihn an. Aber wieder
rden Klassen geschlossen wegen Grippe. Ob zur Demobilmachung das Gymnasium
rgenommen wird, wird man sehen.

Corneille sagte mir verschiedenes gestern am Telefon. Heinrich ist krank, so hat er viel zu tun, auch mit dem Haus. Wenn es nicht jetzt (augenblicklich) verkauft wird, werden wir's sicher für Soldaten hergeben müssen. Da kommt aber dann eine große und plötzliche Arbeit. Erstens müssen alle Deine Bilder weggeräumt werden. (gut aufgehoben!). Dann Bücher und Schränke vom Vorderhaus. Corneille sagt er, wird es kaum allein bewältigen können.
Storchl hat im Ministerium wegen Bekleidungshilfe zu tun. Rosa ist in ihre Heimat, da Mutter am Sterben. Das ist ja sehr unangenehm für Storchl. Ich überlege immer, was mit meinen Sachen zu machen ist in Ammerland. Falls Mama der Unsicherheit halber herein kommt, dürfen sie auch nicht im Haus bleiben. Man sollte halt <u>nichts verschieben</u>. (..) Und so viel habe ich noch draußen, was ich hier brauche. (..)
Mit dem Essen ist es auch nicht leicht jetzt. Hoffentlich wird es eher besser, als schlechter. Heini ist gestern schnell mit Marie in deren Heimat gefahren, um Kartoffeln. Wenn ich nach Reichertshausen könnte! Aber es ist sehr schwierig jetzt. Viel schwieriger als bisher.
Hast Du Frau Kuppelwieser's Brief erhalten bei meinem? Und die Bildchen? Nett nicht wahr! Wenn ich mal wieder Kartoffeln und alles richtig und genug und Frieden habe, will ich auch so eine kleine Tochter. Absolut! Sehr schöne Sonne ist heute. Aber kalt! Und Republik! Und Demobilmachung. Ich bin konfus. Und an was ich alles denken soll. Und jetzt stinkt gerade der Ofen. Ich kenne mich gar nicht mehr aus. Ich höre auf.

Umarmungsbedürfnis ist groß. Freude! Es wird alles wieder anders! Eine alte verrückte Frau bin ich. Was soll man nur alles tun, wenn richtig Frieden ist! Du kannst wieder tun, was Du willst – und reden. Und ich „nein" sagen und ich bin nicht mehr weit weg von Dir.
Kuss Deine treue Frau.

****

(Zeichnungen von Paula)

****

493:

Samstag, 16. Nov.1918

Lieber, lieber Colombo!
Ist das der letzte Brief bevor Du kommst? Oder wie viele noch? Heute steht in der Zeitung, dass alle Jahrgänge bis 1879 entlassen (also zuerst) werden. Aber natürlich, ob die „Herrn Soldatenräte", das ist die Frage. Oh Colomberl!! Heini sagt immer, Du wolltest halt bei der Amali bleiben. Er ist gemein.
(..) Alle Menschen auf der Straße sehen recht traurig und heruntergekommen aus. Man sieht keine Freude über das Kriegsende. Viele haben Furcht vor den Soldaten und Bolschewiki, andere wieder Furcht, dass eine Gegenmacht die neue Regierung wieder umstürzt. Eine vage Stimmung.

Ich freue mich nun so, wenn alles heimkommt. Das ist doch schön. Und Du Colomb! Was tun wir denn dann? --- Zuerst nach Essen schauen, Paul-Heysestr. erledigen. Wohnung schauen – Arbeiten.
Heute ist furchtbar kalt schon. Wenn man nur wenigstens richtig heizen könnte oder sich traute. (..)
Gell, Colomb, Du telefonierst oder telegraphierst oder schreibst halt eil, wann Du vielleicht kommst. Ich kann den Kriegsschluss sonst nicht begreifen. Heute sind wieder viele Soldaten gekommen von der Bahn. In Autos mit roten Fahnen (nicht eichenlaubbehängt). Die Gefangenen ziehen frei herum.
Olly geht es etwas besser. Ich war heute wieder um 7 Uhr auf.
Sei umarmt Colombo und eben Dein Eilbrief gekommen. Danke, Danke. Also Du meinst noch eine Woche.   (Freudenkringel)
Auch Du hast Zweifel an den Menschen. Sagen lassen will sich nicht leicht jemand etwas. Und wild ist jetzt alles. Es ist ins Übermaß umgeschlagen. Man muss hoffen aufs Richtige.
Nochmals umarmt sei lieber Colomb.
Deine treue Frau

****

494:                    GNM
                                    Grafenwöhr, 18. Nov. 1918   Montag

Liebe, liebe Paula!
Deine lieben Briefe und alles bekommen. Danke Dir! Ich komme, sobald es geht! Sehne mich so darnach. Aber ich habe einige Pflichten auf mich genommen, die ich erfüllen muss. Auch bin ich eigentlich erst ab heute dienstlich frei. Die letzte Gasmaske eingeliefert. Wir mussten als leuchtendes Beispiel die Pflichterfüllung aushalten.
Der Erlass heißt bis Jahrgang 88 Entlassung, so weit sie keine Funktionen inne haben. Ich gehörte zu den Funktionen.
Ich finde es auch schmählich, wenn alle, die welche bis jetzt eine sichere Stelle gehabt, auf einmal sagen, sie sind sofort abkömmlich und alles liegen und stehen lassen, wie viele. Ich habe einen Kasernenwart, statt mir eingearbeitet. Die Leute sind beruhigt, ich kann also mit gutem Gewissen gehen. Und doch muss man Spottreden hören: „Tsja, die vom Soldatenrat drücken sich alle!" Vom Soldatenrat ist mir ein Schein ausgestellt, dass

570

ich hier tätig war, das kann uns vielleicht in München nützen. Meine weiße Armbinde muss ich abliefern.

(..) Kann's nicht glauben, dass ich so bald die hoffnungslos lange Trennung überstanden haben sollte. Sollen wir uns wirklich wieder haben?

(..) <u>Doch bessere Zeiten müssen kommen. Groß ist was geschehen ist.</u>
<u>Es dämmert, wenn auch noch rot. Hoffentlich der letzte Brief.</u>
Kuss

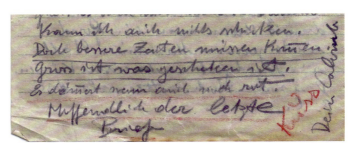

Dein Colomb
Gute Besserung Tante, Grüße und Kuss Tommilein.

****

495:

München, 17.12.18

Lieber Hutterer!
Hoffentlich bist Du schon glücklich bei Deiner Familie angelangt. Also ist das Ende des Krieges doch so gewesen, wie wir immer dachten.
Endlich, endlich ist Schluss.
Auch ich bin seit 21. November entlassen. Die Freiheit versteht man aber immer noch als Urlaub. Am Ende der Sorgen ist man ja noch nicht.
In den sündhaften Städten gibt es immer noch Sauereien.
Wie geht es Dir und den Deinen? Was hast Du vor? Komme doch mal nach München und besuche uns, dann feiern wir den Frieden zusammen. Gell, aber schreibe vorher, dass wir sicher da sind. Du kannst bei uns übernachten.
Heuer feiere auch ich wieder Weihnachten.
Viele Grüße an Deine Frau. Wünschen Euch glückliche Tage
Herzliche Grüße Dein alter Kam. Col. Max

****
****

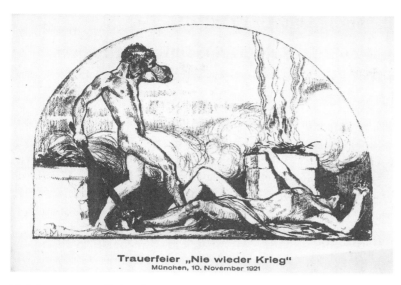

Zeichnung von Colombo

Zeichnung von Colombo

Lebensbericht der Familie Max –
Die Ereignisse NACH DER FELDPOST bis zur Gegenwart

Seit Beginn des Krieges 1914 war es zu einer kontinuierlichen Geldwertverschlechterung und sinkenden Kaufkraft gekommen. Nach der deutschen Niederlage 1918 beschleunigte sich die Inflation und vor allem nach der Festlegung der alliierten Reparationsforderungen des Londoner Ultimatums von 1921 wuchs die Geldmenge rapide. Im November 1923 erreichte die Inflation ihren Höhepunkt. Zu diesem Zeitpunkt waren die Ersparnisse zahlloser Familien vernichtet. Auch das Geld, das die Familie Max durch den Verkauf der wissenschaftlichen Sammlung von Gabriel von Max erhielt, hatte sich aufgelöst.

Über die wissenschaftliche Sammlung heißt es im Ausstellungskatalog des Lenbachhauses:
Im Jahr 1917, mitten im Ersten Weltkrieg, beriet der Mannheimer Stadtrat über die Erwerbung der wissenschaftlichen Sammlung Gabriel von Max. Karl Weule, Leipziger Ordinarius und Geschäftsführer des ‚Verbands deutscher Museen für Völkerkunde' stellte im Gutachten zu der für 300 000 Mark angebotenen Sammlung fest: „Die Sammlung ist in urgeschichtlicher und anthropologischer Hinsicht ganz hervorragend (...). Kein urgeschichtliches Museum kann mit ihr in Wettbewerb treten (...). In völkerkundlicher Hinsicht handelt es sich alles in allem um den Grundstock eines ethnographischen Museums, wie es in solcher Breite für die Zukunft mit keinen Mitteln wieder zusammengebracht werden kann (...). Der geforderte Preis scheint, zumal im Hinblick auf die unsichere Zukunft, als sehr gering." In der folgenden Debatte im Stadtrat wurde einerseits die Dankbarkeit folgender Generationen und die politische Außenwirkung in Kriegszeiten behauptet: „Selbst David Lloyd George wird in seinem Glauben an die Niederzwingung Deutschlands wankend werden, wenn er hört, dass die Bevölkerung Mannheims eine Viertelmillion zur Erwerbung einer wissenschaftlichen Sammlung aufwendet", meinte einer der Stadträte.
Max hinterließ bei seinem Tod 1915 außer seiner Sammlung mit geschätzten 60 000 bis 80 000 Objekten vor allem ausstehende Verpflichtungen, weshalb die Hinterbliebenen zum Verkauf gezwungen waren. Mit der Durchführung beauftragten sie (eigentlich Ernestine, die zweite Frau Gabriels) den ‚Galeriedirektor' (Heinrich) Leo Müller, einen Neffen des Verstorbenen, und entsprachen Max' Wunsch, dass die Sammlung in Deutschland bleiben und geschlossen veräußert werden solle. Die Geschlossenheit der Sammlung wurde erst aufgegeben durch einen vom Staat Baden angeordneten Ringtausch 1935. Mehrere hundert Schädel gingen an das Anthropologische Institut in Freiburg i. B., während die ägyptischen Altertümer an das Ägyptologische Institut der Universität Heidelberg weitergegeben wurden. Die Mannheimer Reiss - Engelhorn- Museen widmen sich seit einigen Jahren mit großer Intensität der Aufarbeitung der Sammlung Max als eigenständigem Konvolut wie auch ausgewählter Einzelobjekte.[187]

---

187   Karin Althaus, „Das Übrige lese man im Darwin nach" – Die wissenschaftliche Sammlung, Katalog der Ausstellung Gabriel von Max im Lenbachhaus, München, Hirmer 2010, S. 247- 248.

Der Traum vom eigenen Haus war für Paula und Colombo nicht realisierbar, aber immerhin konnten sie die Villa der Familie in Ammerland erhalten. Die Schwester Ludmilla wie auch die Stiefmutter Ernestine wurden noch vom letzten Geld ausgezahlt. Gemeinsam mit dem Bruder Corneille und dessen Frau Wilhelmine, genannt „Storchl", die sich noch das Nachbarhaus dazu kauften, besaßen sie damit nun einen Rückzugsort für die Sommermonate.

Paula schrieb am 22. November 1922 an eine Cousine:
Mein Ammerländer Intelligenzverkehr spielt sich jetzt zwischen 3 Häusern ab. I. Graf Pocci. Die sind sehr nett und witzig. Wir kriegen auch die Hasen zum Essen dort vom Verwalter zu kaufen. II. Waldemar Bonsels. Mit der Fräulein von Schrenk als III. Dieser letzte war jetzt täglich hier bei mir. Ich habe schon gedroht, wenn er einen Schlüsselroman über mich schreibt, zünd ich ihm seine Villa an.–
Samstag und Sonntag wird das Haus wieder voll. Da kommen Corneille und Storchl wieder und der Vetter Direktor Müller. Der Corneille hat die Oberhand in seiner Ehe gerad verloren, seine Frau hat einen sehr klugen Schachzug getan und er ist sehr grantig jetzt. Er sagt, es ist ‚Waffenstillstand'.

Die Grafen Pocci, Nachkommen des berühmten „Kasperlgrafen" lebten im Ammerlander Schloss, Waldemar Bonsels (1880–1952) war Schriftsteller, er schrieb unter anderem das 1912 erschienene Buch „Die Biene Maja und ihre Abenteuer", und Edith von Schrenck, die Lebensgefährtin Waldemar Bonsels, war Tänzerin. Zu diesen Adressaten ist heute noch ein reger Briefverkehr Paulas[188] vorhanden, der ein wenig die Zeit nach dem Krieg beschreibt.

Um finanziell einigermaßen über die Runden zu kommen, wurden auch Zimmer in der Lessingstraße vermietet. Die Familie rückte eng zusammen. Trotzdem war oft nichts zu essen vorhanden.

1919 wurde das Altarbild des heiligen Martin in Kirchham bei Passau von Colombo endlich fertig gestellt.

Heiliger Martin

---

188   Paulas Briefe befinden sich im Nachlass der genannten Adressaten im Münchner Literaturarchiv Monacensia

Bilder aus Kirchenheft Kirchham (Penda Verlag)

Mit Auftragsarbeiten und Porträtmalerei hielt er sich über Wasser. Seine Liebe galt den licht - und farbintensiven Landschaften, der Schönheit der Natur in ihrer Lebendigkeit und die Kraft, die er darin fand, das Grauen des Krieges zu verarbeiten.

PAULA im Herbstwald

Paula illustrierte Kinderbücher und Märchen, arbeitete für die erste Trickfilmindustrie und begann auch, Porträts zu zeichnen. Von ihr illustriert erscheinen „Der Glückspeter" von Hans Christian Andersen 1920 im Phoebus Verlag und „Lotti, Prinzessin von Schokoland" im Sarotti Verlag in Berlin 1922.

1920 übernahm Hans Gruß (1883 – 1959) als Direktor das Deutsche Theater. Sein Wunsch war, mit seinem Operetten- und Revue-Theater der Stadt München den Anschluss an Europas Metropolen zu verschaffen. In seinen Inszenierungen sparte er nicht an Aufwand und brachte Ausstattungsrevuen nach dem Muster amerikanischer Varietés zur Aufführung.
Durch seine Gründung eines eigenen Balletts aus 36 Tänzerinnen entwickelte sich München zu einem Zentrum des modernen Tanzes. Auch der Münchner Fasching wurde durch Hans Gruß wieder belebt mit dem festlichen Bal paré, den beliebten Künstlerfesten und der „Venezianischen Nacht". Colombo und Paula bekamen dadurch viele Aufträge in dieser Theaterwelt, aus der auch etliche tiefe Freundschaften stammten, unter anderem mit der Schauspielerin Pamela Wedekind, mit der Paula bis zu ihrem Tod eng verbunden war.
Die witzigen Briefe Paulas an Hans Gruß sind heute noch vorhanden.

Nach wie vor musste und wollte die Familie Erbstücke verkaufen. Colombo versuchte wie schon während des Krieges, die Andenken zusammenzuhalten. Paula beschreibt das in einem Brief an Edith von Schrenck, am 2. Januar 1924 folgendermaßen:

Der Colomb spielt Stütze für alle. Er eilt von Familienmitglied zu Familienmitglied. Meine Schwiegermutter muss einen alten herrlichen venezianischen Glasspiegel verkaufen. Das wollte Colomb aber nicht so Hals über Kopf und außerdem ist er seit Kindheit in den Spiegel verliebt.
So hängt er bei uns im Atelier und der Colomb trägt täglich seit Wochen die nötigen Lebensmittelmarken zur Mutter und Tante Mimi. Später wird also der Spiegel verkauft, jetzt erst gemalt und zwar ausgiebig. Ein ganz reizendes Bilderl entstand in einem Tag.

Gerade so leicht gemalt und pikant in der Farbe, gerät nicht immer alles und ich überrumpelte Colomb mit dem Wunsche es um 3 Dollar zu kaufen – und so gehört auch mal was mir. Zudem bin ich darauf als Rückenakt mit Glanzlichtern auf der Haut und der Spiegel hat Glanzlichter in allen Abstufungen in seinen vielfältigen Flächen und Verzierungen. Hintergrund alter gepresster blassrosa Vorhang. – Süß ist es nicht, es ist bloß reizend in den Farben.
Doch – eigentlich – ich wollte nicht über Kunst reden. Jeder hat seinen Geschmack…

Seit dem 5. Dezember 1923 lag Colombos Bruder Corneille mit einer wässerigen Rippenfellentzündung im Krankenhaus. Es ging ihm ziemlich schlecht, mehrere Male wurde er punktiert. Die Familie sorgte sich sehr und hoffte auf baldige Besserung.

...Wenn er aber ein gesundes Herz hat, dann arbeitet er sich durch. Allerdings wird er lange krank sein und arbeitsunfähig und in den Süden müssen.
Eine böse Sache nach jeder Richtung hin. Die Storchl sitzt jeden Tag im Krankenhaus und dem Corneille bleibt nichts als die Sanftmut, zudem er wenig Luft und Stimme zum Reden hat....

Doch der Glaube und die Hoffnung auf Genesung zerbrachen: Am 22. Februar 1924 starb Corneille Max qualvoll an den Folgen seiner Rippenfellentzündung. Colombo übernahm zahlreiche Aufträge des Bruders.

Corneilles Witwe „Storchl" brauchte Geld und wollte ihren Anteil des Ammerlander Hauses verkaufen. In einem Brief an die Freundin und Bekannte Ella Hartmann am 18. November 1924 beschreibt Paula ihre Sorgen:

Liebe Frau Hartmann!

Zuerst schauen Sie natürlich die Zeichnung an, also ist es das Beste ich sage gleich was das sein soll. Es ist, wie man so sagt:" Das Messer an die Kehle setzen." – Einem - = dem Colombo. Und worum? Um Ammerland natürlich. - Wovon eben der Kopf voll ist, davon die Feder überläuft - bei mir. Hier auf dem Papier. -

Der Colombo hat angefangen, das Glaspalast Bild ein zweites Mal zu malen. Das Atelier ist schrecklich schwer zu heizen. Es ist gemein kalt und er malt in Pelzjacke und Wollhandschuhen. Wir sind recht trist in unserer Stimmung. Und nicht recht rosig in die Ferne sehend.
Augenblicklich brüten wir schrecklich auf dem Ei des Columbus, d.h. wie wir meiner Schwägerin das Geld für Ammerland aushändigen können und ob wir Ammerland behalten werden können - und was wir überhaupt können.

Herr Dinkelacker meinte noch, wir sollten bis Frühling warten. Aber Storchl möchte nicht....

Colombo und Paula schafften es mit ihren letzten Reserven, die Schwägerin auszuzahlen und konnten endlich Ammerland als ihr eigen nennen und retten.

1928 malte Colombo Monna, die Frau des Arztes und Schriftstellers Felix Schlagintweit, der darüber in seinem Buch: „Ein Verliebtes Leben" berichtet:

...Monna erfreut sich verschiedenartiger Beachtung.
Colombo Max malte sie damals herrlich, weiß in Weiß mit prachtvollem, gelblichwarmem Ton des Rückens und der Schultern. Ein weißes Hütchen mit langen weißen Bändern hat sie auf, und an der leicht erhobenen Hand baumelt an einem Schnürchen ihre kleine schwarze Larve. Das Bild hat bei einem Wettbewerb um den Georg – Schicht-Preis „für das schönste deutsche Frauenporträt 1928" einen Preis bekommen. Es war damals Colombos „größtes" Frauenbildnis.
Colombo malte es nicht im Atelier, sondern in meinem Musikzimmer beim Scheine einer Jupiterlampe unter großer Anteilnahme meinerseits und namentlich seiner Frau.
- Monna hielt viel auf ihre elfenbeingelbe Hautfarbe, Colombo dagegen hat eine Neigung für ein rötliches Hautkolorit. Paula wurde daher mit jedem Pinselstrich aufgeregter. Ich notierte folgende Unterhaltung, während der Geburt des Meisterwerks:
Paula, strickend: „Mein Strickstrumpf ist stadtbekannt und auf der Wanderschaft, in Ammerland, im Schauspielhaus, bei Edith von Schrenk ...Colomb! Du kommst jetzt jeden Tag mit anderen Schnörkeln daher, um die Sache in die Länge zu ziehen ..., was machst Du denn wieder den Arm so dreckig!"
Colombo: „Ich darf nicht zu hell werden, ich krieg sonst keinen Kontrast mehr!"
Paula: „Raus aus dem Rot! ...nein, jetzt ist er schon wieder drin!"
Monna (besänftigend): „Geh halt wieder ins Gelbe!-
Paula: „Ein Streit dauert bei mir drei Minuten, so lange kann ich bitterbös sein... Colombo, nicht soviel rote Farbe, heraus!"
Colombo: „Ich muß den Schatten warm machen..."
Paula kommt auf einmal auf eine dalmatinische Küstenfahrt zu sprechen, die Colombo ohne sie gemacht hat: „Zwei alte Koffer hast du heimgebracht, und was war drin? Denkt euch: ein Paar alte Gummihandschuhe und Zeitungen, ein Filtrierapparat gegen die Cholera, ein Pferdegipsbein, jetzt über dem Bett, der Klavierauszug zum Trompeter von Säckingen, Haifischhäute zum Bodenschrubben..." (Pause)
Ich, endlich mich fassend, zu Colombo: „Wie du die Hand schnell malst!"
Paula: „Das ist seine Stärke ... und im Erinnerungskasten an Lussin grande haben wir in der Mitte eine Ansichtskarte, darüber einen Flügel von einem Totenkopfschmetterling und eine Zikade ohne Unterleib..."
(Wieder Pause.)
Colombo: „Was soll sie denn in die Hand bekommen?"
Paula: „Frucht oder Blume, das braucht man zum Verführen..."
Colombo: „Du mußt es ja wissen, Paula!"

Monna: „Ich bin für eine schwarze Larve."
Ich: „Haltet sie doch auf das Bild! …Da, ausgezeichnet, der einzige dunkle Fleck in dem vielen Weiß. Raffiniert!"
Paula: „So Buwle … halt, Colomberles, ich halt´ meine Hand hin, wenn Du nicht Gelb nimmst."
Colombo: „Es ist schwer, die Steigerung mit Gelb…"
Paula: „Ja, wärst Du nicht so gestiegen ins Rote…"
Colombo: „Aurora hatte auch rote Fingerspitzen …"
Monna: „Ich bin keine Aurora…"
Und dabei entsteht ein solches Bild und bekommt einen Preis auf der Ausstellung!…[189]

MONNA

Colombo hatte es nicht leicht, sich innerhalb der großen Max-Familie durchzusetzen. Paula beschreibt im April 1929 in einem Brief an Waldemar Bonsels auf ihre witzige Art die groteske Situation von Colombos Gutmütigkeit und Hilfsbereitschaft im Hinblick auf seine Stiefmutter Ernestine:

---

189   Felix Schlagintweit, Ein verliebtes Leben, Süddeutscher Verlag, München 1967, S. 387 - 389

..Sie haben ja keine Ahnung wie kalt ich hab. Schon wieder schneit es. Immer, immer, immer noch Winter! Da bin ich nun mal ganz allein hier im Haus und hab mir noch mal ein Feuer gemacht.
Spazieren wollte ich gehen, Veilchen pflücken ohne Rußfinger. Es bleibt nichts wie Ofensitzen und nach Capri schreiben.
Nach Berlin bin ich nicht gekommen und wollte so gerne. Bis Weihnachten war Colomb in der Schweiz, dann kam der Karneval mit dem Blödsinn und dem großen hellen Theater zu dem mir Gruss stets den Freischlüssel gab. Dort fror ich nie.
Dann fror ich zu Hause weiter und wartete aufs Glück und die Sonne. Überall gab es Kleinigkeiten zu tun. Mal hinter den Kulissen zu zeichnen. Varietékünstler, - die ja meist gute nette Menschen sind. Dann kleine Porträts in reichen Häusern mit Wintergarten und Kindern. Aber alles nur Tropfen.
Zu Haus grässliche Enge. Im Atelier auch schlafen. Das ist schrecklich für ältere Leute. Einschlafen beim Anschauen der Bilder, aufwachen und schon steht die halbfertige oder alte Arbeit da. Überhaupt: Bilder, Bilder, Bilder. – Ich habe Bilder wahnsinnig satt.
In unserer Nische steht doch das sog. Bett = eine große umgedrehte Kiste. An den ärgsten Tagen war es verzweifelt kalt und die Wandbespannung mit dünner Eisschicht überzogen. Ich wünschte mir dringend und nüchtern ein Plumeau.

Colombos zweite Mutter bewohnte eine 9- Zimmer Wohnung, aus der sie seit 3 Jahren im Begriff ist auszuziehen. Wahnsinnig voll und obwohl sie immer verkaufte wurde es nicht weniger.
Schon waren die neuen Mieter zur Hälfte in der Wohnung aber diese Frau Prof von Max wurde nie fertig. Sie stellte bloß von einem Fleck zum anderen und jammerte. Auch hier wollte Colombo helfen – und war auch hier so harmlos zu glauben, er helfe.

Ich bat ihn inständig, wenn schon - dann vielleicht ein Plumeau zu kaufen. Aber nein, er kam mit einem schmutzigen Rokokoartigen Bild. Ich war unglücklich, da wir ja so in Bildern ersticken und das Bild so flau und schwach ist.
„ Ich musste es nehmen, sie sagt, es kümmere sich niemand um sie und – dann gibt sie auch sicher nächstens das Plumeau!" – so sprach Colomb.
Wieder ging er zu ihr. Doch wieder nichts zum Zudecken – eine große Schachtel mit Zähnen – Ausgrabungen, Schafskiefer und Wildschweinzähne. Eine Menge. Auch Steine und Eisensachen. Dabei nur ein paar interessante. Ich weinte über der Kiste. Colomb aber sprach: „Du kannst es ja verkaufen und ein Plumeau kaufen!"
Wieder lief ich herum, aber ohne Erfolg bei den Händlern. Es war mir auch so fad immer diese große Bonbonniere im Atelier mit den Sortiments an Zähnen.
Dann ging Colomb wieder zur II. Mutter. Er kam mit einem Bild und sprach: „Ich muss Dir sagen, - (Dabei gab er mir Gott sei Dank aus Verlegenheit eine Nugatstange)- ich bringe jetzt einige Speere, Lanzen, Schilder, Helme und Brustharnisch." –
(Ach solche waren längst zurückgeblieben, weil kein Händler sie der Mutter II abgekauft !) – „Die kannst Du dann verkaufen, um ein Plumeau oder mehr." – Ich wurde fast ohnmächtig bei dem Gedanken mit Brustharnisch etc. herum hausieren zu müssen. –

Glücklich war ich und zu preisen die Laune einer solchen Frau. – Colomb bekam die Waffen nicht, sie hatte sie schon eingepackt und bloß eine große Holzplastik aus Mexico und eine große Negertrommel und dergleichen kamen dieses Mal.
Mit 3 ½ Möbelwägen zog diese II. Mutter zu ihrem Bruder, wo sie es sehr gut hat. – Doch die Betten gab sie nicht an uns, auch nicht dem Heinrich Müller, den sie als Ausrede gegen uns verwendet hatte. (Der Heinrich Müller bekam aber von seinem Bruder Gottlob ein neues Bett, jetzt wo er 70 Jahre wurde und <u>wo</u> er auch ausziehen musste.)

So beginnt wieder eine Änderung in dem Kreise dieser Familie, die im Alten wurzelt und verschlungen ist wie Schlingpflanzen. Sie kennen ja meinen Kampf und die Komik und Tragik dieses ewigen Kampfes und haben sich hoffentlich amüsiert....

Am 25. November 1929 starb Colombos Mutter Emma Max. Paulas Sohn Tommi lebte zu dieser Zeit schon in Berlin, um Medizin zu studieren. Am 1. März 1931 kam er zu dem bekannten Arzt Ernst Ferdinand Sauerbruch, um dort zu famulieren.
Als am 6. Juli 1931 der Glaspalast brannte und vollends zerstört wurde, musste nach einem Ausweichquartier für Kunstausstellungen gesucht werden. In Räumen des Deutschen Museums fanden somit weitere Ausstellungen statt, an denen auch Colombo teilnahm.
Das Deutsche Theater kämpfte ums Überleben. Die Aufträge für Colombo und Paula blieben folglich aus. Zwei Jahre später wurde Hans Gruß von den Nationalsozialisten seines Amtes als Direktor enthoben, weil er jüdische Autoren und Künstler unterstützte.

Ein weiterer Brief Paulas an Waldemar Bonsels vom Februar 1931 beschreibt die Lage im Hause Max:

....Leider ist mein Geschenkfüllhorn leer wie ein altes Ofenrohr, ich hätte sonst gerne noch manches geschickt. Die „schwarze Nuß" war das letzte Annehmbare und das persische Kettenhemd – möchten Sie das? – Ich habe noch eine chinesische Brauthose. Sie ist feinste weiße Seide und wenig und zart mit Blumenranken bestickt. Ein paar kleine Käferchen neben den Blüten. Bestickt, nicht wie von Menschenhänden so fein sind die Stiche. Wollen Sie die? Ich versuche sie allerdings in diesen Tagen zu verkaufen, denn ich bin ganz und gar pleite. Zuerst kam ein böser Schlag, indem ein schöner großer Auftrag, Ausmalung einer umzubauenden Brauerei, plötzlich wieder platzte und wir uns schon darin sicher gewiegt hatten. Dann kam die Pleite des Deutschen Theaters, d.h. des Hans Gruss, der uns immer ein bisschen gestützt hatte. Und in den selben Tagen musste ich einsehen lernen, dass meine alte Tante, die hier im Haushalt hilft mich mit ihrer Alterskonfusion ruiniert. Sie hatte mein seit Weihnachten Erspartes in Form eines schönen Geldscheins statt zum Wechseln zu tragen, verlegt und kann sich durch nichts erinnern wo – so dass ich nach 3 tägigem Suchen annehme er ist im Herd entseelt oder einer der Zimmerherrn bekam ihn zu bequem vor Augen gelegt.
Auf den Strich gehen hilft mir nichts mehr. Ich hatte mir zwar vor einiger Zeit, noch im Glückswahne befindlich, Augenwimpern zum Ankleben gekauft und diese nicht fasoniert, nicht zugeschnitten, sondern vollkommen lang gelassen.
Tomi möchte nun am 1. März, sofort mit Beginn seiner Osterferien, nach Berlin um bei Sauerbruch zu famulieren. (Im Sommer will er dann schon mit seiner Doktorarbeit beginnen.) Mein Kopf ist recht dick voll Sorgen, aber es muss doch vielleicht gehen...

Die Auftragslage wie auch die politische Lage wurde immer schwieriger. Die Familie stellte Überlegungen an, nach Amerika auszuwandern. Auch der Sohn Tommi versuchte, in Amerika eine Stelle zu bekommen. Aber es war nicht so einfach. So versuchten Colombo und Paula weiterhin, in Deutschland Aufträge an Land zu ziehen

Am 28.Okt.1933 schreibt Paula an Ella Hartmann:
München ist eigentlich das dünnste Feld geworden für uns. Wir ziehen das Abwesendsein noch immer gerne länger hinaus. - Dezember, Januar und Februar sind reichlich für diese Stadt.

Im März 1934 bekam Paula mehrere Aufträge in Berlin. Im März 1934 schreibt sie dazu an Waldemar Bonsels:
...Seit heute wohne ich bei Dr. Thomas in Zehlendorf– und ich habe hier von einem schönen Haus zum anderen Arbeit. – Ich grübele, ob ich hier bleiben soll? – Nur habe ich große Sorgen um meine Männer zu Hause. Schade dass sie nicht hier sind. Oft habe ich böses Heimweh...

Aus der Ferne bemühte sich Paula, Colombo zu ermuntern und ihm Aufträge zu beschaffen. Ein Brief vom Frühjahr 1934 zeugt davon:

Lieber Colomb! Heute der anstrengenste Tag gewesen. Früh gearbeitet hier, eine Dame zu Hause, mit Lisl auswärts schnell gegessen, dann alleine nach Zehlendorf per Bahn – Kind von Kah erst um ¾ 4 Uhr wach gewesen- bis 5 Uhr, dann Tee bei Kah. Sehr vielsagender Mann. Frau Göbbels wird demnächst bei Kah wohnen. Ich habe alle drei Kinder von Kah rasch zu machen. Bin auf Kinder Göbbels erpicht. Habe außerdem noch circa 10 Kinder gemeldet. - Bin sehr müde. Dann nach Berlin gefahren zu Ranau. Sofort dort Enkelkind abonniert. –
Dann zu Serini´s noch große Abendeinladung und gleich 3 Aufträge. Halt ein oh Segen! Meine Augen!!-

<u>Aber</u> als ich zu Dr. Thomas heute kam, da standen Deine Skizzen im Salon auf dem hellen Sofa vor der hellen Wand. <u>Aber</u> es ist besser ich packte sie wieder weg, da diese nicht das richtige sind zu zeigen. Es meinte auch die wirklich gescheite Frau Dr. Thomas (wegen ihres Mannes).
Sie sind alle viel zu dunkel, teils zu altmodisch ölig. Nur einzig vielleicht, das mit dem hellen gelben Haus. Alles andere sah schmutzig und rußig aus in den modernen <u>hellen</u> Räumen. Du darfst nur noch malen, wie Du <u>jetzt</u> malst. Hell und leicht und duftig.
Ich war ganz betrübt. Denn es muss jetzt oder nie sein, dass Du hier durch kommst. Solange ich hier bin, gell. Vor Ostern! – Und wenn diese Gruppe sich noch interessiert. Du kannst hier nichts auf die lange Bank schieben. Schicke doch bitte lieber 2-3 Skizzen.
Oh Colomb was bist Du für ein Sorgenkind!-
Ich will nämlich schaun, ob Du nicht doch eine Professur bekommst. Sagen wir z.B. Winterprofessur - dann kannst Du im Sommer Reisen machen. -
Und noch eines bitte: kannst Du Deine Kriegsmappe schicken. Ich möchte sie hier zeigen an den nötigen Stellen.
Kriegsbilder sind sehr erwünscht, um der Jugend den Krieg richtig zu schildern und abzugewöhnen.
Morgen habe ich wieder einen furchtbaren Tag. - Ich muss jetzt ins Bett.
Bitte mir <u>nicht</u> das schwarze Jäckchen aus Spitze zu schicken, gell, sondern das aus Tüll mit den weißen Perlornamenten. Ev. noch ein paar weiße Wollhandschuhe. Das Säckchen mit den Handschuhen liegt oben in meiner Kommode links. Weißes Müllsäckchen. Bitte Tommi soll es anschauen oder Olly. Aber bitte das bessere paar. Es sind mehrere Grade von Handschuhen. Und immer wieder gleich jedes Paar <u>zusammen</u> tun. (...)
Vielleicht könntest Du dann (nach dem Schicken) auch eine Skizze machen, wie Du Dir ein Kaminbild denkst. Frohfarbige hell italienische Landschaft....

Im September 1935 musste Paula in die Münchner Klinik in der Thalkirchnerstraße eingeliefert werden auf Grund schwerer Bauchschmerzen. Sie wurde operiert. Von dort schreibt sie am 26. September an Ella Hartmann:

...Colombo versucht eine Tageshilfe fürs Hauswesen (in der Lessingstrasse) *zu finden. Wird schwer mit der Tante die gewissermaßen* <u>eigensinnig</u> *sich als alleinige Herrscherin der Wohnung fühlt, wie eben alte Leute sind. Immerhin hier die Klinik wird zu teuer. So ziehe ich nächster Woche in die Lessingstrasse. - Ich habe offen gestanden sehr Angst auf das Wirrwarr dort. - Aber für Murnau und dergleichen bin ich noch zu schwach und muss auch noch unter Arztaufsicht bleiben. –*
Jetzt kommt noch eine komische Frage für mich, „wie befestige ich meine Strümpfe"? Da ich noch keinen Hüftgürtel tragen kann und soll. - Muss es unbedingt so machen: Strümpfe bis zum Knie (...), und Hosen aus Gestricke bis übers Knie. - Liebliches Bild. - Der Bauch ist immer noch nicht ganz und gar abgeschwollen. Das braucht Zeit heißt es. - Kaum schlüpft man wieder zurück in seine alte <u>Erden</u>*hülle sind auch wieder Gedanken und Sorgen da zuwegen: Putzen, Kleider, Essen.-*
Ha!! Das ist das Leben, Auf! In den Kampf!...

Die Genesung zog sich hin sich, Paula hatte kaum Möglichkeiten, etwas zu tun, außer Briefe zu schreiben. So am 9. November 1935 an Ella Hartmann:

...Heute bin ich wieder immer allein, auch morgen. Mit der Tante „unterhalten" fürchte ich, da es gewöhnlich recht klagend wird. Lilli hat natürlich 2 Tage frei und Colomb und Tommi sind von Henny im Wagerl gestern Abend nach Ammerland gefahren worden. Muss es mir allmählich angewöhnen allein daheim zu bleiben .
Die alte Melone murrt herum. Der Durst ist groß und sobald ich trink, saust es wieder gewaltig umeinander. Tommi lässt mich nicht aufstehen. Diese „ewige Ruhe" ist allmählich schon ein Dauerzustand – und ich fürchte, fürchte… Sehen Sie

Wird Ihnen am End übel, liebe Frau Hartmann, durch Briefe meinige?
Zu zeichnen ist unbequem im Bett wegen der Beinlage. (Liegend geht es auch so schwer).
(...)
Manchmal denke ich Colombo ist es ganz zufrieden mit so einer „aufgehobenen" wenig beunruhigenden Frau, die nicht Atelier stöbern kann und dergl. – Ein gräßl. Enfant terribel ist er!!
Hab ich Ihnen geschrieben, dass er wollte, bevor ich die Treppe hinunter gehe, solle ich täglich hier im Zimmer „üben". So was Unnötiges. Und gerne wollte er durchaus die ganz große Malerleiter, die dreckige vom Speicher holen und in mein endlich sauberes Schlafzimmer zu diesem Zwecke stellen. Ich war ganz außer mir. (...)

Inzwischen war Henriette Pössenbacher, Tochter des kgl. Hofmöbelfabrikanten Heinrich Pössenbacher (1877 – 1959) und Enkelin des Bauingenieurs Jakob Heilmann (1846 – 1927) in Tommis Leben getreten. Seit Oktober 1934 kannten sich die beiden und langsam sah es aus, als würden sie mehr füreinander empfinden.

HENNY von PAULA gemalt

Am 2. Dezember musste Paula nochmals ins Krankenhaus, sie wurde wieder operiert. Doch Besserung trat nicht mehr ein.
Beide Männer saßen rund um die Uhr bei ihr, Colombo schreibt in einen kleinen Kalender: „Paulas letzte Gespräche, Letzte Worte einer tapferen Frau":

(2. Dez. vor der Operation) noch in der Wohnung:
Paula: Jetzt heißt es Abschied nehmen
„....„Ich bin froh dass ich noch keine Enkel habe, sonst müsste ich auch von diesen Abschied nehmen."
„Ich gehe ja nicht schwer fort, nur Ihr tut mir leid, dass Ihr traurig seid"
Paula zu mir Colomb: „ Du bist so lieb, dass es Dir noch sehr gut gehen muss im Leben."
Zu mir: „Du bist schon etwas härter und hast die Natur, aber was macht der arme Tommi?"
„Wenn ich wieder gesund bin, dann gehe ich nie mehr von Euch weg!"-

„Ich habe nur Angst vor der Atemnot beim Sterben, sonst nicht."
„Mach ein Testament, oder nein es hat ja doch keinen Wert."
„Muss ich in den Schwabinger Friedhof?"(Da war das Grab ihrer Mutter)
„Holzhausen? Da kommt Ihr zwei." (Dann hat Paula geweint)
Paula am letzten Tag:
„Ich will nach Holzhausen, dann kommt ihr, pflückt am Weg Kornblumen und bringt sie mir und habt einen schönen Spaziergang."
„Ich will nicht, dass so grosse Füsse auf mein Grab treten."
„Ich mach ja nur Spass."
„Ich sehe ein leichtes Wölkchen auf dem Gipfel des Berges sich lösen, sich heben hinauf, so leicht, so unbeschwert."
„Verzeiht, dass ich Euch so zurück gestoßen habe die letzten Tage."
Letzter Abend: „Jetzt kommt meine letzte Stunde."

PAULAS Totenbild

Am 29. Dezember 1935 starb Paula an Unterleibskrebs. Sie wurde in Holzhausen beigesetzt. Noch heute kann man ihr Grab oben auf dem Hügel der Holzhauser Kirche besuchen und hat einen herrlichen Blick über den Starnberger See. Colombo bemalte ein altes schmiedeeisernes Kreuz mit einer Madonna und dem Gesicht Paulas. Leider wurde das nach Colombos Tod übertüncht.
Die Eheringe trug Colombo seitdem an einer Kette um den Hals wobei Paulas Ring sich in Colombos Ring fügte. Paulas Bild stand immer in Colombos Zimmer mit einem Trauerflor.

Drei Monate später, am 7. März 1936 heiratete Tommi Henriette Pössenbacher. Die Einladung dazu hatte Paula noch entworfen. Es ist eine Zeichnung mit dem Grünwalder Hof, in dem die Henny genannte Henriette aufwuchs.

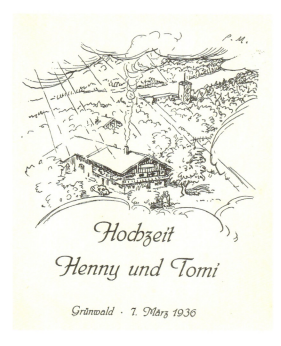

Gemeinsam zog das Ehepaar in eine Wohnung am Bavariaring 26. Tommi hatte eine eigene Praxis als Hals-Nasen-Ohrenarzt in der Wittelsbacherstrasse. Schon am 20. Dezember 1936 kam Colombos Enkel Nikolaus und am 1. August 1938 seine Enkelin Veronika auf die Welt.

Im gleichen Jahr malte er für die Ausstellung „Strahlen und Heilung" vier 8 x 3 m große Gemälde, unter anderem ein römisches Solarium am Golf von Neapel und den germanischen Sonnenkult.

So viel er konnte, verbrachte Colombo die Zeit mit der Familie seines Sohnes. Um dennoch alleine zuhause zurecht zu kommen, suchte Tommi ihm eine Haushaltshilfe. Doch „Lisa" zeigte sich schon nach kurzer Zeit als sehr schwierig. Sie begann sich als „Paula" zu kleiden, bedrängte Colombo und versuchte ihn von seiner Familie abzuschotten. Tommi sah die Notwendigkeit, ihr zu kündigen. Doch Lisa hatte eine Schilddrüsenoperation vor sich, bei deren Ausgang sie möglicherweise schizophren werden könnte. Sie nahm Colombo das Versprechen ab, sie in solch einem Fall nicht allein zu lassen. Hitlers Machenschaften hatten Tommi wie auch Colombo sehr bald durchschaut. Lisas Krankheit würde in diesem Apparat ihren Tod bedeuten. Zudem herrschte seit dem 1. September 1939 wieder Krieg. Hitler marschierte in Polen ein.

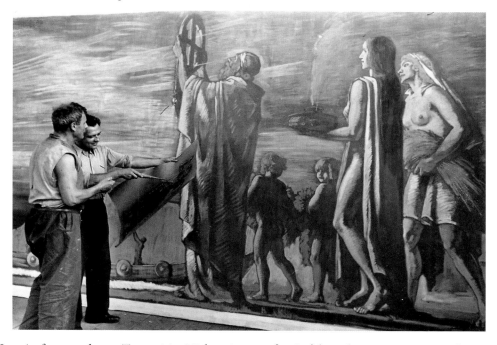

Von Anfang an hatte Tommi in Hitler eine große Gefahr erkannt. Der Wunsch seines Vaters, den er aus dem 1. Weltkrieg an seine Frau Paula in einem Brief am 6. August 1916 schrieb: „Tommi muss ein Freiheitskämpfer werden" sollte wahr werden. Tommi ging in den Widerstand. Er musste heimlich agieren, um seine Familie keiner Gefahr auszusetzen. Seine Freunde von der „Weißen Rose" wurden bei der Verteilung von Flugblättern in der Universität am 18. Februar 1943 beobachtet und verhaftet. Am 22. Februar wurden Hans und Sophie Scholl sowie Christoph Probst, der Schwiegersohn von Harald Dohrn, vom Volksgerichtshof zum Tode verurteilt und hingerichtet.
Colombo malte noch im gleichen Jahr ein Bild, in dem er diese drei als Helden darstellt. Zu ihren Füßen windet sich sterbendes drachen- und schlangenartiges Getier mit Hitlers Gesicht. Ein Bild, das ihn damals den Kopf kosten konnte. Heute hängt es in der Münchner Universität.

WEISSE ROSE

1945 wurde auch der Widerstandseinsatz von Harald Dohrn, aus der über so lange Zeiten mit Colombo befreundeten Familie, aufgedeckt. Als er sich versteckte, wurde ihm gedroht, seine Familie zu töten. Harald Dohrn ergab sich und wurde erschossen.

Tommi schaffte es zunächst, nicht in den Krieg ziehen zu müssen und als Arzt in München stationiert zu sein. Das nützte er unter anderem, um Juden „Arier-Herkunft" zu bescheinigen und jungen Familienvätern Untauglichkeit für die Front nachzuweisen. Jüdische Freunde konnten im letzten Augenblick, als die Gestapo schon an der Haustüre klopfte, aus dem Rückfenster springen und wurden durch ihn gerettet. Auch Colombo hatte in Ammerland Menschen verborgen, die vor dem Wahnsinn des Hitlerregimes nicht sicher waren.

Colombos Atelier in München in der Lessingstrasse wurde bei einem Bombenangriff 1943 zerstört, dabei auch Teile des väterlichen Nachlasses sowie Werke der beiden Brüder. Er musste seitdem ganz nach Ammerland ziehen.
Auch die Wohnung am Bavariaring wurde 1944 durch Bomben vollständig dem Erdboden gleichgemacht. Tommis Familie musste sich bei der Schwiegermutter in Grünwald einquartieren.

Zwei Wochen vor der bedingungslosen Kapitulation des Deutschen Reiches sandte aus Berlin der Leiter der Parteikanzlei als Befehlshaber des deutschen Volkssturms dem Münchner Gauleiter und Reichsverteidigungskommissar ein Telegramm:

Lieber Kamerad Giesler, große außenpolitische Erfolge stehen vor ihrem Abschluss. Verteidigen Sie ihren Gau mit Rücksichtslosigkeit und Schärfe! Ihr Martin Bormann.

Um sich dem letzten Kriegswahn entgegenzustellen, hatte Tommi sich zusammen mit seinem Cousin Hermann Beissbarth[190] der Freiheitsaktion Bayern angeschlossen, die eine gewaltlose Kapitulation anstrebte.

Münchner Brücken sollten laut Giesler gesprengt werden, um den Amerikanern keinen Zugang zu gewähren. Hermann Beissbarth entschärfte die Großhesseloher Brücke und Tommi kletterte in der Nacht vom 27. auf den 28. April auf die Grünwalder Brücke, um diese zu entschärfen. (Leider wurde sie später doch noch gesprengt.) Der Freiheitsaktion Bayern gelang es auch unter Tommi, ohne nennenswerten Widerstand das Waffenlager des Volkssturms zu besetzen und einige als gefährlich eingeschätzte Parteifanatiker festzunehmen. Als Tommi in seiner nahe gelegenen Wohnung durch die bis 8 Uhr fortgesetzten Radiomeldungen von der insgesamt gelungenen Machtübernahme der Freiheitsaktion Bayern erfuhr, tanzte er vor Freude. Der Krieg war vorüber!

Dann kam ein Telefonanruf, der Tommi als Arzt zu einem Verletzten aufs Rathaus rief. Auf dem Weg dorthin begegnete er seinem Mörder, dem HJ und Volksbandführer Friedrich Ehrlicher, der seinem Führer bis zum letzten Atemzug dienlich sein wollte. Tommi wurde von hinten erschossen. Seine 6-jährige Tochter, die mit ihm gehen wollte, hörte noch die Schüsse aus der Ferne. Tommi wurde in einen Schuppen gezerrt, nach zwei Stunden, als er schließlich tot war, wurde die Familie benachrichtigt. Heute erinnert ein Gedenkstein in der zur Erinnerung an ihn benannten Dr. Max-Straße in Grünwald an den Widerstandskämpfer.

---

190 Beissbarth = Paulas Verwandte, siehe Lebensbericht

Nach dieser Nachricht brach Colombo zusammen und wollte auch nicht mehr leben. Doch die Enkelkinder gaben ihm neue Kraft. Er war für sie ab jetzt Vaterersatz.

Friedensengel verbrannt

Enkelkinder: COLOMBO mit NIKI und VERONIKA

Colombo fühlte sich für die Haushälterin Lisa verantwortlich. Er wollte sie nicht vor die Türe setzen. Lisa war schizophren, sie *„hasst die Schwiegertochter und ist zu den Enkelkindern wie eine böse Schwiegermutter",* so schrieb Colombo in einem Brief an Maiti Dohrn[191] im Juni 1950. Meist schrie und schimpfte sie und machte Colombo das Leben schwer. Kaum einer ging gerne mehr ins Haus. Meist traf sich alles am Strand. Ein Zusammenziehen mit Schwiegertochter und Enkelkindern in Ammerland war daher nicht möglich. Tommis Witwe Henny Pössenbacher war von ihrer Mutter in Grünwald abhängig.

Dennoch verbrachte Colombo jede mögliche Zeit mit den Enkelkindern. In den Jahren 1959 – 1960 fuhren sie im September gemeinsam nach Italien. Später fuhr Colombo alleine mit Nikolaus. Dort malte er viel und verdiente sich so seinen Lebensunterhalt. Wenn er mit den Kindern nicht zusammen sein konnte, schrieb er ihnen. Er war auch immer wieder unterwegs, da er während der Jahre 1951 bis 1961 in vielen adeligen Häu-

---

191   Dohrn = Freundschaft mit Familie Dohrn, siehe Lebensbericht von 1911

sern beschäftigt war. In Amorbach, Assenheim, Burgsteinfurt und Josefstadt bei Sigmaringen porträtierte er die Familien der Fürsten zu Bentheim, Fürsten zu Leiningen, Grafen von Westerholt, Grafen von Salms und die Erbprinzessin von Hohenzollern und er restaurierte deren Gemälde. Seine Briefkorrespondenz mit den Enkeln Veronika und Nikolaus umfasst ca. 1000 Briefe mit Zeichnungen. Das betrifft vor allem die Zeit, als Enkel Niki 1953 bei einem Urlaub auf Sylt an Polio erkrankte und darauf lange Krankenhausaufenthalte und Therapien folgten.
Colombos Strand in Ammerland wurde zum Treffpunkt vieler Künstler und Freunde.

COLOMBO mit VERONIKA

Am 2. November 1961 starb seine Schwiegertochter Henny nach einem schweren Krebsleiden. Die Verlobung ihrer Tochter Veronika mit dem Orgelbaumeister Hubertus Graf von Korff Schmising Kerssenbrock wurde noch an ihrem Krankenbett in Grünwald abgehalten, während sie in einer Gipsschale liegen musste.

Bei der Hochzeit seiner Enkelin am 5. Mai 1962 übernahm Colombo stolz die Rolle des Brautvaters.

COLOMBO mit VERONIKA Hochzeit

Am 20. August 1963 wurde seine erste Urenkelin Verena geboren. Er befand sich zu diesem Zeitpunkt gerade mit seinem Enkel Nikolaus in Italien. Jeden Sommer fuhren sie gemeinsam für längere Zeit hinunter, besuchten Freunde und Colombo malte. Ein Brief an Niki vom 10. August 1965 zeugt von seiner Vorfreude auf die sommerliche gemeinsame Reise und seinem Tatendrang.

Lieber Niki! Zum überlegen wäre: Ob es nicht besser ist, wir fahren über Bellaria. Bei Tamborello oder seiner Schwägerin (die mich heiraten wollte) kommen wir sicher unter. Da kannst Du auch den Motor ausprobieren.

Wenn wir in der Bäckerei schlafen, müssen wir Decken und alles mitnehmen. Im Schiff schlafen wäre schön da müsste man aber eine Zeltplane mitnehmen. Den neuen Anker nimmst Du mit? Am Morgen wird es am Meer sehr kühl. Pulli oben und dicke Wollhosen sind nötig. Außerdem müsste man einen großen Wasserbehälter mitnehmen. Aus durchsichtigem Kunststoff. Hab ihn hier bei Zeltlern gesehen. Die großen Tonkrüge gibt es glaube ich nicht mehr in Italien? Ein gutes Focksegel hätte ich für Notfälle.

Ich möchte mitnehmen: 1 Malkasten, Feldstuhl, Meinen Koffer, Staffelei? Wollmantel oder Decke, Gummimantel. Hast Du ein Ankertau? Bootshaken?

Wäre es nicht besser Freitag oder Sonntag 15. Abends zu fahren?

Oder willst Du bei Tag fahren? Hier ist das Wetter ja wieder trostlos. Soll man einen Kocher mitnehmen? Topf zum Tee kochen? Ich kann nur deutsches Geld mitnehmen!

Mittwoch rufe ich an. Dann können wir noch darüber sprechen. Jetzt fällt mir gerade nichts ein. Herzlichste Grüße Dein Nonno....

Am 4. Dezember 1963 fuhr Colombo nach Mannheim und besuchte das Reiss – Museum mit der Sammlung seines Vaters Gabriel von Max. Zurückgekommen schreibt er am 11. Dezember an Niki:

...Gestern um 4 ½ (16 ½) Uhr bin ich durch München. Hab Grünwald angerufen, aber keine Antwort bekommen. Müde und erfroren, bin ich gleich weiter gefahren. In Mannheim war es sehr kalt. Meine Arbeit nicht sehr erfolgreich und wenig erfreulich. Der Krieg, die Nazi und persönlicher Ehrgeiz haben der Sammlung traurig zugesetzt, eigentlich fast zerstört. Gut dass ich dort war. Einiges und das Gedenken ist noch zu retten. Ich war recht traurig. - Leider konnte ich mich nicht in München aufhalten da ich hier noch zu arbeiten habe. Hoffentlich seid Ihr alle gesund. Veronika, Verena?....

Am 20. November 1967 wurde der Urenkel Thomas geboren. In den letzten Jahren wurde es immer schwieriger, mit Colombo zusammenzukommen. Er wurde oft von der Haushälterin Lisa eingesperrt und sein Hörgerät wurde ihm weggenommen. Er verlor in dieser Zeit viele gute Freundschaften. Es waren große Kraftakte, gemeinsam mit der Hilfe der Nachbarn Colombo aus seinem Gefängnis zu befreien und nach Grünwald zu bringen. Dennoch glaubte er immer wieder, zurück zu müssen, um sich um Lisa zu kümmern. Meist stand man vor geschlossenen und verrammelten Fensterläden und konnte nicht zu ihm durchdringen.

Seine größte Freude, mit Niki jedes Jahr den ganzen Sommer in Italien zu verbringen, wurde ihm zuletzt auch genommen. Gabriele Weber, die Tochter seiner Schwester Ludmilla, die sich gut mit Lisa verstand, beschloss, dass sie selbst sich besser als Reisebegleitung für Colombo eigne. Traurige Postkarten folgten.

Als „echte" Max-Erbin überzeugte sie Colombo, als einzige seinen Wünschen gerecht werden zu können. Sie versprach ihm, aus dem Haus in Ammerland ein Museum zu machen und seine Bilder, Sammlungen und Briefe zu bewahren. Für Lisa würde sie weiter sorgen.

Am 23. Juni 1970 wurde seine Urenkelin Cornelia geboren. Leider ergaben sich kaum noch Möglichkeiten für ihn diese zu sehen. Am 5. September 1970 ist Colombo Max in Ammerland gestorben. Seine Familie erfuhr erst nach seinem Tod davon.

Lisa wurde sofort nach Colombos Tod auf die Straße gesetzt. Gabriele Weber heiratete den Architekten Steiner, der für einen Umbau des Hauses engagiert wurde. Vieles wurde weggeworfen oder verkauft und zu Geld gemacht, wie auch das Haus in Ammerland. Die Enkel Nikolaus und Veronika wurden nie von Verkaufsaktionen benachrichtigt und auch sonst ausgeschlossen und ferngehalten.

Einiges aus dem Nachlass erbte später ein Verwandter: Wolfgang Honsig Erlenburg aus St. Georgen am Längsee in Österreich. Ihm ist zu verdanken, dass vieles über die Max-Familie wieder in Erinnerung gerufen wurde und 2011 eine großartige Ausstellung über Gabriel von Max im Lenbachhaus stattfand.

Das Max Haus in Ammerland, das von seiner neuen Besitzerin eigentlich abgerissen werden sollte, wartet auf ein Wunder, doch einst zu dem werden, was der langgehegte Wunsch des Malers Colombo war: Ein Max-Museum.

Villa Ammerland von Gabriel von Max
(Städtische Galerie im Lenbachhaus)

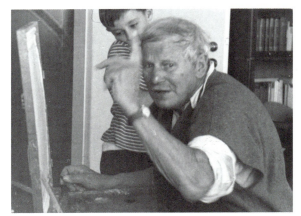

Personen-Register

Diese Personen im nächsten Umkreis der beiden Feldpost-Korrespondenten Colombo Max und seiner Frau Paula werden durchgängig erwähnt, nähere Informationen im Lebensbericht

Tommi	Thomas Max, der Sohn	Milla (Ludmilla)	Colombos Schwester, verh. Weber
Papa	Gabriel von Max	Hans (Lothar) Weber	Ehemann von Ludmilla
Mama	Gabriels erste Ehefrau Emma geb. Kitzing	Heini Weber	Bruder von Hans Weber, Freund und Arzt
Mimi	Emmas Schwester	Tante Olly	Sophie Mehling,
Ernestine	Gabriels zweite Ehefrau geb. Harlander	Beissbarths	Schwester von Paulas Mutter Münchner Familie
Corneille	Colombos älterer Bruder		von Paulas Tante väterlicherseits
Storchl	Corneilles Ehefrau Wilhelmine geb. Gedon	Josef Breg	Erzieher bei Prinz Rupprecht, Freund

Albrecht, Prinz Rupprechts Sohn 462, 495, 566
Asthor, Arzt 444, 445, 448
Auer, Erhard (1874–1945) 555
Banger, Kunsthändler 399, 454, 457, 500, 536, 538, 539
Baudissin, Graf 483
Bentheim, Fürst von 596
Biron, Prinz von Curland 436, 451
Böck, Steueranwalt 373, 377, 528, 531
Bonsels, Waldemar 573, 580, 583
Braunfels Bertele, geb. Hildebrand 11, 30, 141, 305, 359, 385, 390, 394, 397, 404, 428, 538
Braunfels, Walter, Musiker 11, 385, 396, 414, 428, 430, 447, 510, 518
Brend'amour 364
Daxenberger, Assessor 358, 364, 468
Degginger, Vermieter 122, 148, 412, 552, 555
Dohrn, Anton -Neapel 24
Dohrn, Reinhard - Neapel 24, 25
Dohrn, Tatjana - Ischia 24, 518
Dohrn, Wolf - Hellerau 24, 25
Dohrn, Harald 24, 591, 592
Dohrn, Maiti 595
Eisner, Kurt (1867–1919) 555
Ehrlicher, Friedrich – Tommis Mörder 593
Feder, Gottfried, Ehemann von Lisl 31, 208, 446, 485
Föhner, Prof., Sammlung Max 397, 410, 342, 413, 419, 420, 438
Forell, Arzt 64, 71, 189, 292, 405, 439, 442
Frühholz, Kriegskamerad 454, 457, 508
Furtwängler 11
Georgii, geb. Hildebrand, Irene (Zusi) 11, 30, 55, 57, 65, 68, 73, 114, 144, 196, 197, 251, 359, 406, 420, 447, 510
Georgii, Fedja 11, 55, 67,141, 227, 414, 447, 450
Goldschmid, Maler, Kunsthandel 155, 455, 456, 461, 464
Gollwitzer, Willy, Ehemann von Irma 31, 55
Gondrand, Bilder Transport 353, 399, 402, 403, 416, 419
Groth, Käte, (Drobele) 31, 155, 279, 292, 294, 397, 436, 446
Gruß, Hans, Deutsches Theater 576, 582, 583
Harden, Maximilian, Politiker 436, 437, 438

Harlander, General 31, 47, 101, 147, 149, 153, 230, 241, 243, 244, 250, 254, 356, 361, 365, 436, 437, 455
Hartmann, Ella, Paulas Freundin 578, 583, 585
Hayek, Kriegsmaler 317, 318
Hecker, Prof., Arzt 541, 542
Heilmann, Jakob, Bauingenieur 586
Henschel, Ministerialrat 223, 339, 344, 358
Hildebrand, Adolf v., Bildhauer, 11, 24, 141, 150, 160, 294, 396, 447, 456, 518
Hildebrand, Dietrich, (Gogo) 11, 55, 95, 396, 484, 485, 510
Hindenburg 479
Hohenzollern 543, 596
Hontlaub, Mannheim 464
Honsig Erlenburg, W. 599
Hutterer, Kriegskamerad 105, 141, 155, 160, 165, 182, 194, 199, 209, 217, 219, 224, 227, 235, 247, 279, 280, 438, 453, 570
Immelmann, Max, Jagdpilot 284
Irma, geb. Richter, Paulas Freundin 31, 106, 292, 368, 418, 521, 547
Kerssenbrock, Graf v.Korff Schmising 596
Klimkiewicz, Arzt 394, 401, 409
Kohler, Kunstverleger 353, 501
Kuppelwieser, Paulas Freundin 25, 71, 89, 92, 104, 118, 137, 141, 226, 233, 246, 256, 267, 290, 318, 361, 365, 385, 389, 456, 470, 567
Langheinrich, Redakteur „Jugend" 24, 72, 82, 490, 494
Leiningen, Fürst von 596
Lisl, geb. Richter, Paulas Freundin 31, 62, 292, 259, 368, 446, 456, 481, 485, 510
Littauer, Kunsthandel 267, 272, 323
Lusshan, Prof., Sammlung Max 235, 236, 237, 354
Mastaglio, Gobelins 268, 456, 464
Müller, Karl Alexander v. 31, 482, 483
Müller, Alois, Onkel 8, 40, 72, 73, 107, 149, 332, 337, 360, 537
Müller, Heinrich, Nachlass Max 8, 218, 220, 221, 224, 227, 232, 235, 254, 265, 279, 370, 376, 422, 427, 427, 439, 455, 464, 537, 572
Mohr, Nachbarsfamilie 47, 114, 293, 345, 346, 411
Naager, Franz, Innenarchitekt 25, 377, 494

Niki – Nikolaus Max, Colombos Enkel	495, 498–501
Nemes, Kunsthandel	229, 236, 237, 266, 319
Pannwitz, v. Leutnant	51, 100
Paulus, OL	31, 258, 265, 269, 274, 295, 326, 507, 534
Planitz, v.d., Tommis Klavierlehrerin	285, 290, 419, 498
Pocci, Graf	573
Pössenbacher, Henriette	586, 588, 596
Probst, Christoph	591
Prückl, Feldwebel	353, 378, 393, 410, 431
Reinhard, Max, Theater Berlin	20
Reinhardt, Verleger	502
Riemerschmid	12, 24, 255, 509, 516, 562
Rupprecht, Prinz von Bayern	31, 61, 81, 177, 190, 211, 230, 244, 276, 325, 374, 396, 490, 508, 512
Salms, Graf von	596
Sattler Eva, geb. Hildebrand	11, 12, 30, 31, 89, 114, 134, 142, 143, 396, 484, 497
Sattler, Carl, Architekt	12, 138, 141, 145, 396, 447, 450, 456, 541
Sauerbruch, Mediziner	582, 583
Schlagintweit, Felix	20, 580
Schlagintweit, Monna	579
Schmid-Dietenheim, Nikolaus, Maler	23, 103, 119, 120, 129, 163, 314, 410
Scholl, Hans und Sophie	591
Schrenck, Edith, v.	573, 576
Schuhmacher, Tony	10
Schwegerle, Hans, Bildhauer	12, 15, 16
Serini, Berlin	410, 541
Sielken, Hermann, Kaffeekönig	25
Steinhof, Ida (+ ihr Mann, Maler)	12, 407, 410
Thron, Arzt	429, 430, 437
Thoma, Ludwig	448
Tirpitz, Admiral	448
Troger, Fotolabor	54, 68, 402
Veronika, Colombos Enkelin	589, 595, 596, 598
Wackerle, Joseph, Bildhauer	10, 17, 59, 71, 162, 398, 522, 555
Wedekind, Pamela	576
Weinzierl, Singprofessor	435, 498
Westerholt, Graf von	596
Weule, Prof. Völkerkundler	279, 310, 363, 384
Zoe + Gabriele Weber, Nichten	24, 41, 183, 313, 369, 501
Zusi, siehe: Georgii, Irene	

Sach-Register

Brakls Kunsthaus	27, 530, 532, 534
Bruegel	60, 116
Canaletto	263, 266, 274, 279, 320
Deutsches Theater	576, 582
Diphtherie	199, 201, 294, 437
Europäische Union	33
Fesselballone	176
Fliegeralarm	552, 554, 561
Fliegerkampf	180, 191, 282, 284, 287, 301, 384
Freiheitsaktion Bayern	593
Generalkommando	198, 213, 220, 229, 235, 239, 242, 243, 250, 332, 334, 342, 374, 448
Ghirlandaio	98
Glaspalast	25, 120, 267, 284, 294, 420, 578, 582
Goya	62, 98
Grippe	520, 522, 545, 546, 550
Hauberrisser, Fotoatelier	144, 148
Jugend, Zeitschrift	17, 24, 31, 74, 78, 81, 104, 120, 122, 163, 178, 191, 258, 269, 397, 399, 473, 490, 494, 498, 513, 517, 527, 532
Kriegszustand	557
Kunstverein	81, 115, 359, 365, 445
Lebensmittelmarken	353, 576
Lenbachhaus	7, 8, 10, 572, 599
Liller Kriegszeitung	31, 99, 178, 252, 272, 490
Mobilmachung	35
Münchn. Künstlergenossensch.	23, 25
Ovid, Colombos Mappe	490, 492, 494, 498, 506, 510
Reiss-Engelhorn Museen	8, 572, 598
Revolution	551, 555–558
Sammlung Max	220, 221, 223, 235, 236, 241, 320, 353, 383, 410, 416, 439, 465, 572
Simplicius Simplicissimus	70
Soldatenrat	32, 559, 560, 561, 565, 568
Sommeschlacht	316
Telefon	442
Tizian	274, 319
Van Dyck	98
Vaterlandspartei	31, 467, 481, 482, 483, 485
Waffenstillstand	551, 553, 563
Weiße Rose	591, 592
Zeppelin	115
Zoologische Station, Neapel	24

Orts-Register

Durchgängig erwähnte Orte der Max-Familie sind in München das Atelier von Gabriel von Max in der Paul-Heyse-Straße und am Starnberger See die Villa in Ammerland und der nahegelegene Kloiberhof der Familie von Colombos Schwester.

Ambach	47, 266, 528	La Bassée	30, 135, 174, 186, 188, 190, 194, 204, 222
Amerika	15, 234, 251, 274, 310, 319, 338, 519, 583	Lechelle	299, 301–305, 314
Amorbach	596	Lens	191, 193, 235, 239, 244, 277
Annveulin	169, zwischen 173 und 247 passim	Lille	30, 68, 72, 73, 81, 98, 173, 174, 176, 204, 227, 239, 330
Antwerpen	30, 110, 164, 405	London	12
Arras	190, 193	Lüttich	41, 58, 174
Assenheim	596	Lunz	25, 28, 89, 145, 367, 462, 470–474
Avelin	113, 115, 122, 135, 159	Malmaison	233, 240, 244–249, 258
Baden-Baden	25	Manerba	20, 376
Bapaume	298	Mannheim	8, 229, 383, 464, 572, 598
Bayreuth	423, 522	Metz-en-Couture	313, 323
Beaumont	329	Mitterndorf	23, 121, 193, 314
Berlin	31, 59, 523, 540, 542, 561, 584	Neapel,	11, 25, 589
Beuerberg	17	Nürnberg	379, 384, 505, 507
Brüssel	327, 331	Ostende	188, 194
Burgsteinfurt	596	Peronne	298
Cambrai	252, 300, 306–308, 326	Prag	7, 8
Chemy	111, 113	Regensburg	361, 371, 392, 393, 543, 548
Comines	62, 63, 67, 70	Rom	11, 16, 410
Dören, Annaheim	57	Roubaix	59, 72, 76, 100, 105, 108
Dresden	24, 25	Salzburg	393, 466
Douai	252	San Fruttuoso	17, 205, 394
Florenz	10, 11, 25	Selvigny	324, 327
Fournes	124, 126, 128, 131, 140, 145	Stadtsteinach	25
Gomaea	281	Stockvik	25, 28, 64, 72, 98, 242, 404
Grafenwöhr	282, 289–297, 312, ab 461 passim	Straßburg	32, 324, 330, 332, 333, 336, 338, 339
Grünwald	589, 593, 598	Stuttgart	393, 407, 483
Haesdonek	204	Tourcoing	58, 66, 72
Haesdruck	110	Vendeville	152, 153, 156, 160, 168
Hellemes	225, 226, 230	Venedig	11, 25
Holzhausen	588	Verdun	284
Ingolstadt	30, 44, 47, 50, 52, 54, 57	Wolfratshausen	38, 40
Ischia, Castello S. Pietro	24, 25, 113	Ypern	68, 126
Josefstadt über Sigmaringen	596		
Kirchham	31, 212, 214, 216, 332, 341, 344, 358, 364, 373, 401		

Zitate

 # 45, Colombo Max: Comines, 12. Nov. 1914

Ich kann mir nicht denken, dass der Krieg noch lange dauern kann. Wir stehen bei der Schlacht vor Ypern. (...) An das Wiedersehen traue ich mir nicht zu denken. Aber Sehnsucht habe ich oft große. Bete, dass der Krieg bald zu Ende ist. Neulich habe ich einen Buben gesehen, der ähnelte Tommi sehr. Das sollen unsere Feinde sein. Ich verstehe nicht. Tausend Grüße und Küsse Dein Colomb (S. 64)

 # 54, Colombo Max: Mouvaux bei Roubaix, 13. Dez. 1914

Liebe Pauluscha!
Ich habe jetzt wohl oft Zeit, komme aber doch nicht zum Schreiben. Also seit mehr als 8 Tagen sind wir die Hanse im Glück. (...) Eine Hausfrau mit Kind und Großmama macht uns Kaffee und was wir wollen. Ihr Mann ist im Krieg. Sonst werden wir aber gut behandelt. Die gutmütigen deutschen Barbaren. Wir teilen unser Essen mit den Leuten, die ja den Krieg gar nicht verstehen oder begreifen. Sie leiden nur sehr darunter. Das schwierigste ist, Brot zu bekommen. (S. 73)

Colombo Max in einem Gebetbuch, er schreibt 1915:
„Ein Soldat kann kein Christ sein. Also mit dem Staate oder mit dem Christentum muss gebrochen werden. Vor dieser Wahl steht jeder Soldat. Pfarrer, die das bestreiten, haben das Christentum nur gelernt, aber nicht erfasst. Es wird oft behauptet ein Reich mit Völkern verschiedener Rassen und Sprachen könne es nicht geben. Und jetzt hört man immer ein Lob über Österreich singen. Aus was besteht denn das?
Könnte man da nicht auch eine Europäische Union für möglich halten." (S. 32/33)

 # 95, Colombo Max: 28. April 1915

In den Zeitungen wird nur über den Krieg geschrieben. Aber noch nie habe ich einmal gelesen, dass sich ein Mensch über den Krieg geschämt hätte. (S. 132)

 # 151, Colombo Max: 12. Oktober 1915 in der Beichte

Ich sagte, dass ich es für eine Sünde halte, dass ich Soldat bin und dem Mord Vorschub leiste. Auch dass ich zu wenig Demut habe. Für das erste hatte er die allbekannte Entschuldigung. Unter anderem, dass der Krieg ein Gottesgericht wäre. (S. 197)

 # 154, Corneille Max: 21. Oktober 1915

Über Massenmord ect. rede ich lieber gar nicht. So lange es noch Zeit war, wurden die Friedensbewegungen verlacht und vernachlässigt, jetzt da das von uns so oft vorhergesagte Elend da ist, hat sich darüber empören und darüber aufregen gar keinen Sinn. Wenn der Krieg vorbei ist, muss aber doppelt gearbeitet werden, dass so etwas entsetzliches nicht mehr vorkommt unter sogenannten Kulturmenschen.
Es hätte keine bessere Reklame gemacht werden können für die internationale Friedensbewegung, als sie dieser Krieg gemacht hat. (S. 205)

 # 169, Colombo Max: Annveullin 25. Dez. 1915

Dieses Weihnachten werde ich nie vergessen. Unsere Batterie steht jetzt noch viel weiter vorne in La Bassée. Das Artilleriefeuer hörte die ganze Nacht nicht auf. Dabei Weststurm mit abwechselnd Gewitterregen und verträumtem Mondschein. In den Ortschaften überall beleuchtete Christbäume in den Quartieren. In der Totenstadt La Bassée, wo alle Soldaten sich nur in den Kellern aufhalten können, alle besoffen. Überall dringt wüstes Geschrei aus den Kellern. Von unserer Batterie keine nüchtern, nichts weniger als Weihnachtsstimmung, Kartenspiel, brutaler Rausch, vielleicht sich betäuben. Dabei Alarmbereitschaft. Ich sagte zu einem: „Ich kann die Schießerei nicht verstehen, drüben sind doch auch Christen." Antwort: „Na, da san lauter Engländer." (S. 222)

 # 188, Colombo Max: Evin- Malmaison, 30. Jan. 1916

Liebe, liebe Paula!
Denke Dir, was mir vorhin passiert ist. Ein Franzose und seine Frau haben mich geküsst. Du lachst. Die Sache ist so: 300 Zivilisten mussten plötzlich diesen Ort verlassen. Das 60 jährige Ehepaar, wo ich im Quartier bin, auch. Ein großer Jammer. Viele Familien mit Kindern mussten weg und die Häuser im Stich lassen. Meine Hausleute hatten nicht mehr Zeit, all ihre Sachen zu Verwandten in Sicherheit zu bringen. Ich sagte, solange ich hier bin, werde ich aufpassen. Nun habe ich mein ganzes kleines Häuschen für mich. Die Leute haben alles hergerichtet. Kohlen, Kaffee, Zucker, ein halbes Huhn und alles was man so braucht für Hauswirtschaft. Sie legten mir alles ans Herz. Wie sie weg mussten kam die Rührung und sie verabschiedeten sich bei mir, als ob ich vom Haus wäre. (S. 244/5)

231, Colombo Max   25. Juni 1916
Liebe, liebe Paula!
Denn in der Luft knattern die Maschinengewehre der Flieger und krachen Schrapnell. Ferner rollt der Donner der Geschütze. Der Geistliche spricht von Liebe und dem Hauptziele, die Liebe Gottes zu erwerben, bittet um unseren Sieg. Drüben bei den Engländern wird dasselbe gesagt. Ich werde mir über die Sache nicht klar. Sind die Menschen so fantasielos oder ist der Krieg nichts Schlechtes?   (S. 287)

238, Colombo Max: 11. Juli 1916
Aber überall sind ja die Kämpfe so furchtbar, dass wir noch Gott danken dürfen, dass wir hier sind. Europa ist das große Schlachthaus der Welt. Eine nette Errungenschaft nach so langen Kulturanstrengungen. (S. 296)

249, Colombo Max: 3. Sept 1916
Liebe gute Paula!
Heute wäre ein schöner Sonntag, es ist auch schön Wetter. Ich war gerade in der Feldmesse, die aber in einem fort durch feindliche Flieger gestört wurde. Jedes Mal, wenn er in der Predigt anfing: „Liebe Deinen Nächsten, wie Dich selbst", fing ein 100 Meter weit entfernt stehendes Maschinengewehr an zu feuern. Also meist kein Wort zu verstehen. Nebenbei auch der Lärm der Kanonen und Schrapnelle. Der Altar war unter Bäumen auf einem Munitionslager von 21 Granaten aufgebaut. Der Pfarrer war sehr materiell. Ich kam wirklich nicht in Andacht. (…) Die nächsten Dörfer werden mit schweren Granaten beschossen, dass der Boden zittert. Feldartillerie lärmt unausgesetzt. Im Park spielt Militärmusik. Infanterie übt mit Handgranaten. Flieger werden beschossen. Kämpfen in der Luft. Ein Maschinengewehr poltert ganz neben unserem Hof. Das ist so ein stiller Sonntag. Ein Teil unserer Mannschaft musste in den Gottesdienst, der andere in die Desinfektionsanstalt. (…)
Oh Paula, wenn nur einmal, einmal ein Ende zu sehen wäre. (S. 308/9)

269, Colombo Max: Selvigny, 6.XII.1916
Liebe, liebe Paula!
Gestern habe ich mich wieder gelaust und unter anderem eine riesige Mutterlaus gefunden. Ich habe sie lebend in einer Schachtel aufbewahrt. Soll ich sie Dir schicken? Vielleicht ein gutes Mittel gegen „Hurra!" Patrioten? (S. 325)

284, Colombo Max: Straßburg, 5.II.17
Liebe Paula!
(…) Das Schrecklichste ist die Kriegserklärung von Amerika. Das letzte hoffnungsvolle Land. Jetzt können wir nicht mehr damit liebäugeln. Es kommen noch schreckliche Zeiten. (…) Heute bin ich wieder Typhus geimpft worden. (S. 338)

374, Paula Max: Sonntag, 14. Okt. 1917
Lieber, lieber Colomb!
(…) Weißt Du, wie Harden unseren Reichskanzler nennt? „Reichskanzler – Ersatz". Es wäre gut Reden in einem Jünglingsverein zu halten ect. Harden spricht von unserem <u>Kinderland</u>, nicht bloß Vaterland. Er will, dass wir für unsere Kinder sorgen. Keine Kriege mehr. Er ist davon überzeugt. Es <u>müsse</u> ja abgerüstet werden für immer nach Friedensschluss. Schon aus Klugheit, aus Pekuniären Gründen des deutschen Reiches und überhaupt. Er meint halt, dass es uns am ehrlichen Willen fehle. Gewiss, wenn wir uns friedfertig zeigen, würden die anderen auch Frieden machen. Die – leider größere Menge der Lungenhelden im Inland sei aber immer für Sieg, d.h. für einen Sieg mit Landgewinn. Als ob Deutschland nicht vordem auch glücklich gewesen wäre. (S. 438)

418, Paula Max: 28. Januar 1918
Merkwürdige, merkwürdige Ansichten hat diese Vaterlandspartei. (…) Denke Dir, sie sagen, es sei eine große Rundfrage an alle Soldaten an der Westfront gerichtet worden und alle seien fürs Weiterkämpfen, kein einziges „Nein" sei gekommen und alle freuten sich auf die Offensive. Ich war starr und hätte sagen mögen: „Und <u>ich kenne</u> keinen einzigen Soldaten, der nicht für sofortigen Frieden (und Verständigungsfrieden) ist." (S. 485)

475, Colombo Max: Berlin, 17. Okt. 1918, Donnerstag
Liebe, liebe gute Paula!
Hier ist es schrecklich. Berlin und Militär zusammen, das ist das Furchtbarste, was es auf der Welt gibt. (…) Das ganze Haus Hohenzollern hängt an der Wand. Wir liegen zu 80, wie die Schweine zusammen, kaum, dass man sich umdrehen kann. Staub, Dreck und Luftheizung. Ein Eldorado für die Grippe. Der Boden hat nie Wasser gesehen. Behandelt werden wir, wie die Rekruten. Mein Vorgesetzter ist ein Gefreiter. Alles flucht, ekelhafte Preußenstimmen. In der Kantine sind nicht einmal Tische.
Jetzt weiß ich es sicher, Berlin war der Seuchen und Kriegsherd. (S. 542/3)

479, Paula Max: (Mittwoch) München, 30. Oktober 1918
Lieber, mein Liebster Colomb!
Endlich komme ich zum Schreiben. Wollte zuerst noch gestern Abend nach Heimkommen schreiben, aber es wurde ½ 1 Uhr nachts, bis wir zu Hause waren. (...) Denke Dir nur, nun kann man nicht mehr so einfach nach Murnau. Vom 1. Nov. ist jeder Privatverkehr gesperrt (wegen Ernährung heißt es). Ohne ärztliches Zeugnis dürfte ich also nicht reisen. (S. 547)

482, Paula Max: München, Mittwoch 6. November 1918
Lieber, lieber Colomb!
(...) Heute wollte ich doch nach Murnau reisen, hatte Zeugnis, alles hergerichtet, Zimmer bestellt. Tommi hatte aber gestern gegen Abend wieder 37,6 und war so matt, dass ich ihn zu Bett legte. So reise ich nicht. Es ist schrecklich. Wenn es nur endlich zu einer Entscheidung käme. Gestern Vormittag hatte wir einen Schrecken. Um 10 Uhr großer Fliegeralarm. Sirenen und Bombenschüsse. Ein schauerlicher Lärm. (...) Wie Du aus der Zeitung gelesen haben wirst, war es ein Irrtum. Es waren österreichische Flieger, die sich verflogen hatten. Gefasst sind wir ja schon auf Flieger hier. (..) Eben wieder --- S i r e n e n --- !!! – Aber keine Bombenschüsse. Da kennt sich kein Kuckuck aus. Ich gehe nicht in den Keller. Ich will jetzt Mittag essen. München ist entsetzlich. Eben 2tes Sirenenzeichen! Ohne Schießen! Soll das heißen 1.tes Zeichen. Sie kommen wohl in 50 Min. Wieder Sirene. – Scheußlich! – Man kennt sich nicht aus. Die Trambahn geht aber. Wer kennt sich aus??
So: ½ 2 Uhr. Jetzt ist es vorüber. Wir waren doch unten, nachdem auch die Bombenschüsse krachten. (S. 552)

484, Paula Max: München, 8. Nov. 1918
Mein lieber Colomb!
Ich will Dir von Anbeginn alles erzählen, was ich selbst gesehen und alles, was ich gehört. Es war ein aufregender Tag gestern. Vorgestern, der Fliegeralarm war ja eine Kleinigkeit dagegen. Es hieß, um 3 Uhr sei eine große Versammlung auf der Wiesn. Wir hatten natürlich alle daran ein großes Interesse. (...) Wir sahen eine riesige Menschenmenge zusammenkommen. Die Hänge waren ganz schwarz. Es waren vielleicht 150 000 Menschen. Nachdem an verschiedenen Stellen Reden gehalten waren, setzen sich alle in Bewegung. Einige große rote Fahnen und Schilder immer dabei. Der Zug wurde gemeinsam angeführt von Auer und Eisner.
Zunächst ging es zu den Kasernen. Dort würden die Soldaten, welche Ausgehverbot hatten, befreit werden. Eigentlich gesprengt wurden die Kasernen. (S. 555)

492, Paula Max: München, 15. Nov.1918
Lieber, lieber Colombo!
Die Welt ist rund und mir kommt es wie ein Bild immer vor. Zuerst standen oben die Herrscher und Generäle und die alle, die führen, und die Soldaten unten und – eine Drehung und alles ist umgedreht. --- Das Leben macht Wellen. (...) Wenn ich mal wieder Kartoffeln und alles richtig und genug und Frieden habe, will ich auch so eine kleine Tochter. Absolut! Sehr schöne Sonne ist heute. Aber kalt! Und Republik! Und Demobilmachung. Ich bin konfus. Und an was ich alles denken soll. Und jetzt stinkt gerade der Ofen. Ich kenne mich gar nicht mehr aus. Ich höre auf. (S. 566/7)